HISTORIOGRAFIA BRASILEIRA EM PERSPECTIVA

HISTORIOGRAFIA BRASILEIRA EM PERSPECTIVA

Marcos Cezar de Freitas (org.)
Laura de Mello e Souza – Laima Mesgravis
Maria Odila L. Silva Dias – Izabel A. Marson
Suely Robles R. Queiroz – Maria de Lourdes M. Janotti
Claudio Batalha – Vavy Pacheco Borges
Maria Helena R. Capelato – Mary Del Priore
Maria Stella M. Bresciani – Paulo Miceli
Kazumi Munakata – Marisa Lajolo
Marta M. Chagas de Carvalho – Leandro Konder
Jorge Coli – Renato Janine Ribeiro

editoracontexto

Organização
Marcos Cezar de Freitas

Diagramação
Kalinka Marcondes de Oliveira
Texto & Arte Serviços Editoriais

Revisão
Marisa Leal
Apparecida Pereira Moreira
Texto & Arte Serviços Editoriais

Dados Internacionais de Catalogação na Publicação (CIP)
(Câmara Brasileira do Livro, SP, Brasil)

Freitas, Marcos Cezar.
Historiografia brasileira em perspectiva /
Marcos Cezar de Freitas (org.) 7. ed., 2ª reimpressão. –
São Paulo : Contexto, 2024.

Bibliografia
ISBN 978-85-7244-088-2

1. Brasil – História. 2. Brasil – História – Historiografia.
I. Freiras, Marcos Cezar de.

98-0499 CDD-981.0072

Índices para catálogo sistemático:
1. Brasil: Historiografia 981.0072
2. Historiografia: Brasil 981.0072

2024

EDITORA CONTEXTO
Diretor editorial: *Jaime Pinsky*

Rua Dr. José Elias, 520 – Alto da Lapa
05083-030 – São Paulo – SP
PABX: (11) 3832 5838
contato@editoracontexto.com.br
www.editoracontexto.com.br

SUMÁRIO

PARTE II – HISTORIOGRAFIA BRASILEIRA: NOVAS FONTES PARA NOVOS OLHARES

PARA UMA HISTÓRIA DA HISTORIOGRAFIA BRASILEIRA

Marcos Cezar de Freitas (USF)

A história do cerco de Lisboa, por um instante, esteve às mãos de Raimundo Silva, o revisor a quem Saramago torturou com a hipótese de que a inserção de uma palavra – um *não* – em meio a uma reconstituição histórica, ocasionaria a revisão de todo o fato, ou seja, da própria história do cerco. Naquele instante, *o da dúvida*, ocorria ao revisor a posse de um poder cujo exercício poderia facultar a obliteração da memória já cristalizada sobre a cidade cercada. A dúvida, aos poucos, passou a ser a sensação de posse sobre o fato em si. Quando se acredita na existência de tal poder supõe-se também ser verossímil possuir autoridade sobre a permanência dos sentidos sociais dos fatos reorganizados no corpo de um texto. Seria o senhor da narração também o senhor do fato?

No instante seguinte, *o da conspiração*, quando num gesto de rebeldia acrescentou o *não* indevido à narração, ocorreu-lhe que a atitude representava a garantia de autonomia do leitor sobre o fato. A existência e a permanência de um e de outro (intérprete e história) independiam das formas através das quais se reconheciam um *no* outro. Tal independência recíproca era, contudo, instável e efêmera. Isso porque no terceiro instante, *o da proclamação da farsa*, recompuseram-se a integridade do fato – como entidade alheia às conspirações da narrativa, e a autoridade do historiador – como preceptor único da possibilidade de um *não* ocupar o lugar de um *sim*, ou vice-versa. Ao revisor insurrecto restava tornar à solidão de sua lida e deixar que historiador e história prosseguissem seus caminhos (cf. Saramago, 1989). Ao historiador retornava a autoridade sobre o acontecido.

Ao historiador de ofício, a fabulação de Saramago sugere a presença fantasmagórica do *simulacro* a assombrar permanentemente suas práticas. A realidade caçoa do profissional da história testando a tenacidade de seus olhos. Essa caçoada pode ser mais bem entendida se for comparada às metáforas que a literatura nos oferece. Lembremos Macondo:

> Os únicos casos de classificação impossível eram os de José Arcadio e Aureliano Segundo. Foram tão parecidos e travessos durante a infância que nem a própria Santa Sofia de la Piedad os

> podia distinguir. No dia do batizado, Amaranta colocou neles as pulseiras com os respectivos nomes e vestiu-os com roupas de cores diferentes, marcadas com as iniciais de cada um, mas quando começaram a ir à escola, optaram por trocar a roupa e as pulseiras e a se chamarem eles mesmos com os nomes ao contrário. O mestre Melchor Escalona, acostumado a conhecer José Arcadio Segundo pela camisa verde, perdeu as estribeiras quando descobriu que este trazia a pulseira de Aureliano Segundo, e que o outro dizia que se chamava, entretanto, Aureliano Segundo, apesar de vestir a camisa branca e trazer a pulseira marcada com o nome de José Arcadio Segundo. A partir daí não se sabia mais com certeza quem era quem. Mesmo quando cresceram e a vida os tornou diferentes, Úrsula continuava a se perguntar se eles mesmos não teriam cometido um erro em algum momento do seu intrincado jogo de equívocos e não teriam ficado trocados para sempre. Até o princípio da adolescência, foram dois mecanismos sincrônicos. Acordavam ao mesmo tempo [...] e até sonhavam as mesmas coisas. Em casa, onde se acreditava que coordenavam os seus atos pelo mero desejo de confundir, ninguém percebeu a realidade até que um dia Santa Sofia de la Piedad deu a eles um copo de limonada e este demorou mais [...] do que o outro para dizer que estava faltando açúcar. O tempo acabou de desarrumar as coisas... (García Marquez, 1976: 166)

Em meio às palavras de García Marquez pode ocorrer ao historiador reconhecer-se, não na confusão das personagens que *soberanamente* trocam a própria identidade, o próprio papel e desconcertam o observador que sempre soube que determinados indicadores correspondem a determinadas identidades (trocadas a pulseiras, trocados os nomes...). O historiador, ao contrário, pode perceber-se em quem não está no texto – o leitor.

Há uma expectativa cochichando nos ouvidos de quem lê de que há alguém que zela pela ordem dos fatos, pelo nome das personagens, pela indicação dos seus papéis. Santa Sofia de la Piedad perseguiu o simulacro até o flagrante. O historiador pode se assustar ao supor-se como ela. Esse susto ganha sentido quando se lembra de uma convicção que o acompanha: é dado como certo que a insistência do olhar, a troca de ângulos para o vislumbre (a nova perspectiva) são recompensadas com o desvelamento da realidade.

A historiografia, por sua vez, pode ser entendida como um universo similar à postura de Santa Sofia de la Piedad, ou seja, com indiferença ao fato de que muitos olhares vislumbram a mesma coisa, confirma duas hipóteses que acompanharam como sombra as fantásticas personagens da cidade de espelhos: 1) há sempre um novo olhar sobre o cotidiano, o que impede que o mesmo se repita, mesmo que analisado no passado, quando já se sabe (?) o que se passou. Há sempre um olhar disposto a "rastrear" uma personagem ou um fato até que ambos se revelem em seus simulacros, e esses, por sua vez, podem ser procurados em suas cotas de realidade. A historiografia quer oferecer-se para dirigir os olhares ao já visto, encarecendo-lhes: "olhem novamente". Em contraposição a essa hipótese, 2) há sempre um novo olhar que apanha o "novo" quando ele não é o novo, mas a repetição; que percebe a ruptura quando ela falseou a realidade e tornou-se persistência, continuidade (uma vez tragédia outra vez farsa?).

Talvez, por tudo isso, a historiografia esteja fadada a ser sempre uma parte da história das ideias (e vice-versa) uma vez que sua ocupação com o registro está impregnada das impressões (fantasmagóricas ou não) do "não registrado". Paradoxalmente isso não a torna uma depositária fiel da verdade, ao contrário:

> um fato pode não ter acontecido, contrariamente às alegações de um cronista. Mas o fato de ele ter podido afirmá-lo, de ter podido contar com a sua aceitação pelo público contemporâneo, é pelo menos tão revelador quanto a simples ocorrência de um evento [...]. A recepção dos enunciados é mais reveladora para a história das ideologias do que sua produção; e quando um autor comete um engano ou mente, seu texto não é menos significativo do que quando diz a verdade; o que importa é que o texto possa ser recebido pelos contemporâneos, ou que seu produtor tenha acreditado nele. Nessa perspectiva a noção de falso é não pertinente. (Todorov, 1991: 52)

A historiografia pode conceber a si mesma, no fluxo da prática dos historiadores, como o espaço investigativo no qual até o simulacro consegue ser trazido à luz com grandeza de reconhecimento. E porque isso diz respeito a sua natureza, a historiografia sempre encaminha o enfrentamento de uma questão que diz respeito à configuração de seus domínios: o que é a dimensão política de seus conteúdos, métodos e práticas?

Em 1995, Fernando Novais comentava a multiplicação editorial dos estudos e dossiês sobre historiografia no Brasil. Na ocasião, referia-se também à necessidade de "analisar mais de perto a suposta incompatibilidade entre o marxismo e a nova historiografia" (cf. Novais, 1995: 1º abr. 1995, Q1).

Pois bem, uma coisa é a política na história, outra é a dimensão que ganha na historiografia. Nesse particular, a historiografia pode ser entendida como o *locus* de intervenção no qual *a* política (diluída ou magnificada) manifesta-se nas práticas discursivas dos historiadores.

Aqui nos deparamos com uma questão de fundo: já faz algum tempo que o esforço no sentido de trazer a sociedade "para dentro" dos livros de história cindiu-se numa frágil dicotomia entre os planos microscópico e macroscópico, entre a história política delimitada pela relação entre os homens e o Estado e a história social procurada (e encontrada) para além dos limites da ação estatal na vida pública.

De forma simplista, podemos indicar a ocorrência, especialmente no âmbito universitário, de uma espécie de "divisão de tarefas". Segundo essa, os estudos sobre os planos estruturais, macropolíticos, ideológicos etc., são os mais indicados para abordar as sociedades nos seus aspectos públicos.

Em contraposição, um outro campo de intervenção teórico-metodológica se apresenta afirmando que nem todas as histórias são tocadas e definidas pelos eventos políticos. Procura-se, assim, um (outro) espaço social (privado) capaz de se oferecer à pesquisa histórica exigindo, contudo, novas abordagens pois, afinal de contas, trata-se de recuperar (invadir) os espaços íntimos da sociedade.

É pesaroso que não sejam, os dois planos, esforços cumulativos e complementares.

Dias assinala que:

> O descortinar as estruturas do cotidiano ao nível da organização domiciliar, familiar e das parentelas e vizinhanças constitui terreno difícil, onde a historiografia penetra esporadicamente com resultados brilhantes, porém sempre com enormes dificuldades de documentação.
>
> Não são caminhos trilháveis por historiadores preocupados com métodos que pressupõem equilíbrio, funcionalidade, estabilidade, conservação e "*status quo*"; estes, voluntariamente ou não, se veem enredados nos conteúdos formais e normativos das fontes... (Dias, 1995: 51, 2ª ed.)

É necessário sustentar que a história, como campo disciplinar, deva se manter oferecendo leituras sobre qualquer sociedade dividindo-se, metodologicamente, nas práticas historiográficas do macro e do micro, do público e do privado?

Há que se lembrar que a atenção aos microuniversos, na maioria das vezes, dá-se em virtude da capacidade que o historiador desenvolve de apreender tudo o que transborda e escapa aos domínios dos determinismos (econômicos ou qualquer um); e tudo o que é sólido desmancha nas determinações.

Mas ainda está por ser dito de forma mais detida que se o "campo propício" à investigação dos universos microscópicos é delimitado a partir da distância que se toma em relação aos determinismos, de qualquer espécie, o esforço delimitativo é vão.

É vão porque o acesso aos eventos que transcorrem à margem do evento político, desvinculados dos grandes processos, como o da formação de um Estado nacional, por exemplo, não é dado em função da distância maior ou menor que se torna em relação aos determinismos. O determinismo só se materializa na vã ilusão de que o senhor da narração é também o senhor do fato.

É como se os historiadores, direta ou indiretamente, constantemente proclamassem a insurreição do Hegel adormecido em cada qual contra o Marx onipotente das estruturas ou, ao contrário, como se preservassem o guardianato da dialética que cada um sabe ter em defesa do rigor acadêmico contra as demanda do supérfluo.

A esse respeito a sociologia tem se divertido a nossa custa:

> Conhecemos os estragos feitos na descrição científica pelos esquemas da "contradição", da "superação" ou da "dialética", pois em Marx, ainda que sério sociólogo e historiador, é o que há de mais incansavelmente hegeliano e que pior funciona. Como ímãs, esses esquemas sempre atraem [...]. Para dar apenas um exemplo visível da atualidade do malefício hegeliano, observe-se o apressado acolhimento da micro-história ou da pesquisa biográfica [...]. A minúcia ou a originalidade não têm muita importância para o leitor apressado ou o seguidor precoce. O que o fascina é um princípio de interpenetração dialética que desperta nele o dorminhoco hegeliano sonhando [...] – ... contando-me a menor historieta, me contam a história de toda a sociedade e de toda a época. [...] Este princípio hegeliano marxista deixou perceber seu sentido totalitário na política, onde consiste em acertar as contas do Espírito absoluto nas costas de cada indivíduo, pois cada um é um microcosmo da dinâmica social. Basta aliás enunciá-lo assim para despertar um dos mais antigos fantasmas descritivos – o da reciprocidade especular do micro e do macro... (Passeron, 1995: 89-90)

Tais questões foram chamadas com o objetivo de repartir com o leitor as dificuldades que acompanham a ideia de colocar a historiografia brasileira em perspectiva.

Os jovens que chegam às faculdades de história e aos cursos de pós-graduação hoje em dia já são leitores longínquos dos clássicos que após os anos 30 do século XX passaram a discutir o país a partir da releitura de nossa história. Desde os anos 70, nas várias universidades do país, disseminou-se um novo debate entre historiadores, o que significa dizer que os sucessores de Sérgio Buarque de Holanda, Caio Prado Júnior, Gilberto Freyre, José Honório Rodrigues, entre outros, concretizaram a partir de então uma nova historiografia brasileira, nem sempre de ruptura em relação aos grandes mestres, nem sempre de continuidade.

Um pouco dos caminhos e descaminhos entre o público e o privado, entre o micro e o macrocosmos, diz respeito às vicissitudes da pesquisa histórica representada por pesquisadores como aqueles que comparecem a esta coletânea.

Para investigar a historiografia brasileira, a distância de posicionamentos como "historiador do micro" ou "historiador do macro", é necessário flagrar a pesquisa histórica no seu fazer-se. É necessário, por assim dizer, surpreender os olhares sobre as fontes, não olvidando que, muitas vezes, no caso da pesquisa histórica a fonte faz o olhar de quem olha. É preciso também ir além: perceber a emergência constante de novas fontes para novos olhares.

O livro *Historiografia brasileira em perspectiva* apresenta-se ao debate sem ocupar-se com a recuperação direta dos ícones de nossa historiografia, ou seja, não há um capítulo especial dedicado a Capistrano, a Varnhagen, a Francisco Lisboa, a Buarque de Holanda, Prado Júnior, Honório Rodrigues, entre tantos, embora todos tenham sido revisitados pelos autores que comparecem nesta coletânea.

A "cartografia" aqui buscada baseia-se em dois critérios: trazer à luz as fontes que têm conduzido a pesquisa histórica no seu fazer-se constante, o que quer dizer, evidenciar com quais recursos descritivos, normativos e filológicos o acesso ao passado brasileiro tem sido buscado. Mais importante do que reavivar as discussões em torno da pertinência de determinadas periodizações, de determinadas rupturas, de determinados "sentidos históricos", foi solicitar aos pesquisadores que aqui estão que relessem as fontes cujo manuseio os investe da condição de intérpretes de momentos decisivos da história do Brasil. Os critérios de cada autor revelarão ao leitor que em torno de "momentos decisivos" há uma compreensão multifacetada, sem nada que sugira unanimidade, e cuja escolha de fontes para o acesso aos mesmos revela o ângulo visado em cada qual.

Após isso, o segundo movimento analítico quer trazer ao debate os processos de "aquisição" de novas fontes para a produção de novos olhares sobre o passado. Nesse sentido, é necessário operar um desdobramento na exposição. Primeiramente, encaminha-se a discussão sobre a recepção de novos aportes e escolas na historiografia brasileira. Desdobram-se de tais preocupações as indagações sobre as possibilidades heurísticas presentes na configuração de campos singulares na historiografia, com o do gênero, das artes e das cidades.

Na sequência, abre-se espaço às análises sobre a presença do conhecimento histórico na arquitetura teórica e metodológica de outros campos epistemológicos e disciplinares. Basicamente busca-se explicitar a emergência de campos históricos particulares. Indaga-se, por exemplo, se os dilemas entre o particular e o universal também interferem na imagem de história que a literatura elabora "no seu interior" quando quer referir-se a uma história da literatura. E mais: – que configuração historiográfica confere (ou não) autonomia à história da educação em relação à história. É aquela um subcampo desta? Com quais recursos a filosofia abre interlocução com a história para, em "território estrangeiro", problematizar a produção de imagens nas práticas discursivas da historiografia? Em que momento a intelectualidade brasileira interveio no debate político mediante a evocação da história como base de autoridade argumentativa? E, por fim, como a história e a historiografia se convertem em produtos *do* e *para* o mercado, ou seja, o que é o livro de história?

No seu aspecto material um livro é um espaço finito. Essa fatalidade somada às inúmeras possibilidades que se abrem quando se pretende discutir historiografia torna esta publicação ciente de que vem a público com lacunas. Enseja-se, contudo, que seja a primeira de uma série de publicações que articule a produção permanente de uma história da historiografia brasileira.

O leitor talvez estranhe a disparidade entre os capítulos quanto ao tamanho de cada um. Considerou-se conveniente facultar aos analistas liberdade de intervenção, com um mínimo de monitoramento, para que interviessem movidos pelo desejo de opinar sobre os temas solicitados. Os caleidoscópios são fabricados assim.

Por fim, é necessário enaltecer o profissionalismo de cada autor aqui envolvido. Cada qual retirou-se por um pouco de seus muitos afazeres para compor um texto inédito para este *Historiografia brasileira em perspectiva*. Foram solícitos, gentis e diligentes.

A pequena parte de esforço que me cabe neste empreendimento gostaria de dedicá-la à memória de Ênio Silveira. Aliás, qualquer tentativa de resgatar ideias na história das ideias, o debate na história dos debates, é, inevitavelmente, um tributo a ele.

Parte I

HISTORIOGRAFIA BRASILEIRA: OS OLHARES SOBRE AS FONTES

ASPECTOS DA HISTORIOGRAFIA DA CULTURA SOBRE O BRASIL COLONIAL

Laura de Mello e Souza (USP)

Procurarei aqui traçar um painel geral da produção historiográfica referente à cultura no período colonial: tempo em que Brasil ainda não era Brasil, sendo melhor chamá-lo de América Portuguesa, pois como portugueses da América, mais do que como brasileiros – designativo dos comerciantes de pau-brasil –, se viam os próprios habitantes do território.

Evidentemente, impuseram-se certos critérios e recortes. Em primeiro lugar, meu objeto é a produção historiográfica realizada pelos brasileiros. Esta opção nada tem de xenófoba, visando apenas facilitar a sistematização e salientar as linhas mestras que têm norteado os brasileiros em suas reflexões sobre o país. Uma próxima etapa talvez fosse examinar as preferências temáticas de brasileiros e estrangeiros, se é que elas existem e apresentam um sentido definido. De qualquer forma, lembro, à guisa de homenagem, que alguns dos mais expressivos trabalhos a tratarem de nossa história colonial foram realizados por estrangeiros, ensinando-nos, muitas vezes, a melhor enxergar nossa realidade: a magnífica obra de Charles R. Boxer, os trabalhos definitivos de Alan Manchester, Dauril Alden, John Russell-Wood, Kenneth Maxwell, Stuart Schwartz.[1] Cabe ressaltar, contudo, que se trata, no conjunto, de obras de história política, social ou econômica, deixando de lado a problemática cultural – ou fazendo, como Boxer e Russell-Wood, que ela tangencie, muitas vezes com brilho, outros temas, destacados como primordiais.

Em segundo lugar, examinam-se aqui trabalhos que, mesmo sem dizer respeito única ou exclusivamente ao período que se convencionou chamar de história colonial – e que, iniciado com a chegada de Pedro Álvares Cabral, estende-se até 1822 –, trazem subsídios importantes à compreensão do período, conferindo-lhe inteligibilidade por intermédio da análise da cultura. Trabalhos que fixaram temáticas, sugeriram fontes e ditaram orientações teórico-metodológicas ao longo de todo o século XX, criando, ao fim e ao cabo, uma *tradição*. Na verdade, é da gênese desta tradição que trata este artigo. Os estudos mais contemporâneos foram, em alguns casos, apenas indicados, e no geral tratados de forma mais rápida e superficial do que os estudos precursores ou fundadores da referida tradição. Nas abordagens históricas, é sempre prudente tomar distância ante o objeto focalizado.

Não cabe ao historiador definir o que seja cultura, mas creio ser necessário, no âmbito deste artigo, explicitar o que estou entendendo por tal. Penso em definições simples e abrangentes, como a de Carlo Ginzburg, para quem a cultura é uma "jaula flexível", ou, mais ainda, na de Clifford Geertz, que vê cultura como "teia de significados".[2] Na produção historiográfica aqui examinada, não se privilegia a cultura erudita, ou letrada, procurando captar, ao contrário, a dinâmica e a multiplicidade dos níveis culturais. Vai-se, inclusive, do nível mais simbólico ao nível mais concreto: tanto os autores que buscaram sentido na produção letrada quanto os que se debruçaram sobre a vida material estarão presentes neste artigo. Muitas vezes, a história da cultura e a história das mentalidades aparecerão aqui muito próximas. Não creio que este seja o lugar para definir os campos, atribuições e limites de uma e de outra, mas é bom lembrar que também na Europa – e sobretudo na França, pátria das análises de mentalidades – tal vizinhança, e até mesmo a superposição têm-se feito presentes.

Por fim, a ressalva sempre necessária em trabalhos deste tipo: não há aqui a pretensão de dar conta do assunto nem de arrolar todos os trabalhos produzidos. De antemão, peço desculpas por omissões e esquecimentos.

Ensaios Formativos: A Ênfase Nas Relações Gerais Entre História E Cultura (1907-1936)

Sem ser obra sobre a cultura brasileira, os *Capítulos de História Colonial* (1907) de Capistrano de Abreu abrem perspectivas analíticas que até hoje inspiram historiadores. Grande mestre de seus contemporâneos, descobridor da autoria de alguns dos documentos básicos de nossa história, o grande erudito cearense foi uma espécie de promessa não cumprida.[3] Nos *Capítulos*, contudo, apresenta perspectiva de análise muito original: ver nossa formação sob o impacto da cultura material, que o meio específico e não raro adverso moldou decisivamente mas que acabou se tornando elemento diferenciador, capaz de conferir certa identidade aos agentes sociais – "homens capazes para penetrar todos os sertões" durante anos a fio, não tendo outro sustento senão "caças do mato, bichos, cobras, lagartos, frutas bravas e raízes de vários paus"; ou ainda homens capazes de se sustentar com "um punhado de farinha e um pedaço de cobra, quando o há".[4]

Cultura material influenciada igualmente pela pluralidade étnica dos habitantes: mestiçagem geograficamente condicionada, variada e cambiante, composta das "três raças irredutíveis" que a colonização compelira à convivência, na Amazônia prevalecendo o elemento indígena ("abundavam mamelucos, rareavam os mulatos"); à beira-mar e na zona aurífera sobressaindo o negro, "com todos os derivados deste radical"; ao Sul dos trópicos elevando-se "a porcentagem dos brancos".[5]

Mas cultura material dotada de importância a caracterizar todo um período da história da América Portuguesa: "a época do couro", quando de couro se faziam as portas das cabanas, "o rude leito aplicado ao chão duro, e mais tarde a cama para o partos", as cordas, o alforje que carregava a comida, "a maca para guardar roupa, a mochila para milhar cavalo, a peia para prendê-lo em viagem, as bainhas de faca, as broacas e surrões, a roupa de entrar no mato".[6]

Marcada mais por um antiufanismo construtivo do que pelo pessimismo que unanimemente se lhe atribuiu quando de sua publicação, em 1928, é *Retrato do Brasil*, obra do discípulo e *mecenas* de Capistrano, Paulo Prado. Obra curiosa e um tanto deslocada, mescla de inovação e de conservadorismo, em que se enfoca a história do Brasil sob viés cultural e se busca uma curiosa tipologia qualificativa com base em sentimentos. Assim, a *luxúria* impera nos primeiros tempos, de fixação do homem ao meio; a *cobiça* norteia o estabelecimento da atividade econômica e a expansão do território; a *tristeza* e o *romantismo* dão o tom aos hábitos desfibrados e decadentes dos luso-brasileiros e, em seguida, dos brasileiros propriamente ditos. O objetivo último é a compreensão de um *caráter nacional*, como no contemporâneo *Macunaíma*, de Mário de Andrade – que, como se sabe, dedicou esse livro a Paulo Prado. Curioso, contudo, que o percurso escolhido seja essa tipologia dos sentimentos, e que se atente para o significado mais simbólico de certos fenômenos da colonização. Assim, se são datadas as considerações iniciais sobre o degredo e a imagem do Brasil como uma grande terra de delinquentes, é absolutamente atual a preocupação expressa sobre o seu significado: "O português transplantado só pensava na pátria d'além-mar: **o Brasil era um degredo ou um purgatório**".[7]

Vida e morte do bandeirante (1929), de José de Alcântara Machado de Oliveira é, como *Retrato do Brasil*, trabalho que se beneficiou diretamente da publicação de fontes documentais até então inéditas. Se para Paulo Prado contou muito a leitura das *Visitações do Santo Ofício* que seu amigo Capistrano ajudara a organizar, para Alcântara Machado foi fundamental a leitura dos *Inventários e Testamentos* que, sob iniciativa de Washington Luís, vieram à luz em 1920. Apesar de ainda muito descritivo, *Vida e morte do bandeirante* capta com grande sensibilidade e pioneirismo o sentido do cotidiano no que tem de litúrgico, mostrando, portanto, grande atualidade temática. Na valorização da vida material como elemento de inteligibilidade da cultura de um povo, aproxima-se de Capistrano, mas leva mais longe a ênfase nos aspectos menos nobres e aparentemente sem importância da vida, mostrando como podem ser altamente reveladores. Na rudeza dos hábitos, na pobreza de objetos imperante nos inventários, no alto valor das vestimentas e no pequeno preço das moradias, Alcântara Machado enxerga pistas para desvendar a pobreza de São Paulo, abalando definitivamente a ideia de uma capitania opulenta, presente na mistificações de linhagistas como Pedro

Tacques de Almeida Pais Leme e Frei Gaspar da Madre de Deus. Num dos mais belos capítulos, "Em face da morte", empreende o que hoje se chama de análise de mentalidades, mostrando como o medo do moribundo leva a arrependimentos capazes de revelar as mazelas profundas da sociedade escravista. E fragmentos de análise deste tipo se encontram em outras passagens: "Haverá coisa mais relativa do que o luxo?", indaga com acuidade. E constata: "É na baixela e nas alfaias de cama e mesa que a gente apotentada faz timbre em ostentar a sua opulência".[8] Merece relevo ainda o belo tom ensaístico com que se abre o capítulo "O sertão", traçando analogia entre este e o mar. Por fim, não há como não pensar em "A samaritana do sertão", capítulo de *Caminhos e fronteiras*, de Sérgio Buarque de Holanda, quando Alcântara Machado ilustra sua ideia de que os hábitos se pautam pelas necessidades cotidianas e brinda o leitor com esta passagem: "À míngua de água para beber, se dessedenta (o bandeirante) com o sangue dos animais, o suco dos frutos, a seiva das folhas e das raízes".[9]

Mas o marco inaugural nas análises da cultura brasileira seria *Casa-Grande & Senzala*, estampada em 1933. Fecho de um período do pensamento brasileiro, e início de outro, é também, como **Retrato do Brasil**, obra híbrida de tradição e inovação, em muitos pontos nostálgica de um Brasil que chegava ao fim – o de antes de 1930, visto por Gilberto Freyre de forma análoga à da *douceur de vivre* que coloriu certas análises saudosistas do Antigo Regime francês.

Se do ponto de vista ideológico o autor ainda se filia a um país arcaico, desejando que o Brasil fosse um vasto engenho Japaranduba – como o de seu primo, Pedro Paranhos, segundo confessa em *Tempo morto e outros tempos* – é inegável a inovação documental e temática trazida por sua primeira obra e mantida nas que se seguem de perto: *Sobrados e mucambos* (1936) e *Nordeste* (1937).[10] Freyre dignificou os anúncios de jornais, os diários e a correspondência familiar, os escritos de viajantes estrangeiros, os livros de receitas, as fotografias, as cantigas de roda e toda a tradição oral, multiplicando os "suportes culturais" à disposição do historiador.[11] Antes de toda a produção historiográfica contemporânea, centrada na questão das mentalidades e da cultura, mostrou-nos que os tempos da vida são objetos da história tanto quanto suas invariantes ou como o próprio ecúmeno. Foi, assim, pioneiro nas análises da infância, da velhice, da festa, da família, do amor, do sexo, da morte, da comida, da natureza e da paisagem.

Freyre inovou também no método, onde contudo as fragilidades e incongruências se fazem notar de forma mais evidente, como ressaltaram posteriormente vários críticos. Assentou as bases de seu livro inaugural no critério de diferenciação entre raça e cultura: a primeira deixaria de ser categoria explicativa, papel doravante atribuído à cultura. Se a exploração econômica foi violenta e iníqua, a mestiçagem atuou como elemento atenuador, diminuindo as distâncias entre a casa senhorial e a senzala. Os males tradicionalmente imputados à mestiçagem – as doenças, a amoralidade, a apatia, a aversão ao trabalho – passariam a ser atribuídos ao sistema econômico. Ao contrário da monocultura, a mestiçagem mostrou-se benéfica no Brasil, e em *Casa-Grande & Senzala* viu-se, pela primeira vez, abordada como fato social, como dado sociológico, em que a transmissão cultural – o momento da cultura – conta mais do que a transmissão genética.[12]

A percepção da mestiçagem como um valor positivo permitiria a Freyre exaltar a superioridade dos portugueses como colonizadores: muito mais tolerantes, plásticos e flexíveis que os demais povos, empreenderiam a colonização sob a égide da mobilidade, da miscibilidade e da aclimatabilidade. Teórico de um *lusotropicalismo* e, em última instância, justificador do imperialismo português, Freyre ganharia grande prestígio em Portugal durante o regime ditatorial de Salazar.

Mas a percepção positiva da mestiçagem, aliada à valorização da cultura, permitiria igualmente a Freyre destacar a originalidade de práticas, crenças e costumes cotidianos tributários do entrecruzamento dos três grupos que constituíram o povo brasileiro: portugueses, africanos, indígenas – aqui, não mais "as três raças irredutíveis" de Capistrano. Segundo sua concepção, as culturas indígena e negra jamais teriam se enquistado no Brasil, nem contra elas se teriam desenvolvido ódios; ao contrário, viram-se responsáveis pela dinamização da cultura dominante, da mesma forma que a miscigenação suavizara as relações sociais e inter-raciais.

Sem utilizar a expressão ou problematizar o conceito, Freyre lançou, portanto, as bases da análise da mestiçagem cultural no Brasil, vista numa perspectiva predominantemente harmônica, posto que capaz de equilibrar os antagonismos entre culturas: a europeia e a indígena; a europeia e a africana; a africana e a indígena. Tal mestiçagem pôde ocorrer devido ao estabelecimento de certa reciprocidade cultural que, não raro, teve valor estratégico. Hábitos alimentares e culturais depois muito arraigados ao cotidiano luso-brasileiro foram gerados nesse ambiente propício à reciprocidade.

No que diz respeito às contribuições culturais dos indígenas, Freyre chamou a atenção para a "couvade"; para a afinidade com os animais; para o "mito do bicho" – que designou como sobrevivência de tendências totêmicas e animistas presentes, entre outros exemplos, nas histórias horripilantes de bichos-papões que comem crianças –; para o "complexo da mandioca"; para o "mito do anjo menino" – ou seja, a valorização das crianças mortas, operada pelos jesuítas a fim de responder à terrível mortandade infantil entre os curumins.

Entretanto, a abordagem de Freyre valoriza sobretudo o aporte cultural africano, destacando-lhe o caráter positivo e mostrando que tudo quanto se lhe imputou como traço negativo dizia respeito antes à escravidão. "Parece às vezes influência da raça o que é influência pura e simples do escravo: do sistema social da escravidão. Da capacidade imensa desse sistema para rebaixar moralmente senhores e escravos". Se índios e lusos eram tristonhos e melancólicos, o negro trouxe à mistura cultural uma extraordinária alegria e vitalidade. Influenciou as crenças, os costumes, a fala. A língua portuguesa, tão dura, dada a colocar os pronomes em ênclise, foi amolecida pelo negro, que lhe abrandou os SS e os RR, criando uma linguagem falada de crianças grandes que acabou por se generalizar.

Se a percepção da mestiçagem cultural é traço *estruturante* na obra de Freyre, cabe destacar outros assuntos que, mais acessórios, abrem contudo possibilidades inestimáveis para a investigação. Assim, o relevo dado às relações sexuais e à religiosidade popular, considerados objetos dignos de análise e ricos em elementos explicativos da cultura brasileira – mesmo que a perspectiva então adotada não se sustente nos dia que correm.

É bem verdade que a sexualidade surge como temática subordinada à questão mais ampla da mestiçagem, desdobrando-se em constatações discutíveis sobre o priapismo do africano ou a menor lubricidade do índio. De qualquer forma, ninguém, antes de Freyre, se detivera com tal vagar na questão, o que lhe confere precedência de mais de quarenta anos sobre interesse muito atual na história das mentalidades francesa ou na história cultural dos anglo-saxões.[13] As páginas sobre o sadismo sexual, imperante nas relações entre senhores e escravos, permanecem antológicas: sadismo manifestado desde a infância, nos "meninos-diabos" a se beliscarem e a darem bolos uns nos outros, e atingindo a plenitude na idade adulta: "a exagerada tendência para o sadismo característica do brasileiro, nascido e criado em casa-grande, principalmente em engenho".[14] E alguns *insights*, relegados à condição de nota de rodapé, têm suscitado bons estudos contemporâneos. Veja-se um exemplo: "Não deve ficar sem reparo o fato de, num país por longos séculos de escravos e de mulheres recalcadas pela extrema pressão masculina, o culto dominante entre a maioria católica ser o masoquista, sentimental, do Coração de Jesus. É comum entre os poetas como exibicionismo do coração sofredor. A nossa literatura amorosa, tanto quanto a devocional e mística, está cheia de corações a sangrarem voluptuosamente; ou então magoados, doloridos, feridos, amargurados, dilacerados, em chamas, etc. etc."[15]

Pois é justamente no tocante à religiosidade que sua posição envelheceu bem menos, e tem inspirado um bom número de trabalhos. Aproxima-se dos estudos europeus seus contemporâneos de sociologia das religiões e antecede-se, ainda uma vez, aos mais recentes, voltados para a distinção entre religiosidade e religião, entre prática vivida e dogmas abstratos. Nesta perspectiva, indica a afetivização da vida religiosa e a sexualização dos santos como traços fundamentais da religiosidade luso-brasileira. Como exemplos de um e outro traço, vejam-se as intimidades desabusadas com os santos da casa, muitas vezes invocados em diminutivos carinhosos – "Santo Antoninho", "amigo santinho" – mas nem por isso isentos de irem parar atrás da porta em castigo de uma promessa não cumprida; vejam-se os nomes de doces conventuais de sugestiva conotação fálica – papos de anjo, barriga de freira, levanta-velho, língua de moça. Considerem-se as prática das jovens ansiosas por engravidar e, por isso, dadas a esfregar a genitália com santos patronos da procriação: "É São Gonçalo do Amarante só faltando tornar-se gente para emprenhar as mulheres estéreis, que o aperreiam com promessas e fricções. E São João Batista festejado no seu dia como se fosse um rapaz bonito e namorador, solto entre moças casadouras, que até lhe dirigem pilhérias".[16] Recordem-se trovinhas populares, como esta:

> São Gonçalo do Amarante
> Casamenteiro das velhas
> Por que não casais as moças
> Que mal vos fizeram elas?

Ou ainda como esta outra:

> Dai-me noivo, São João, dai-me noivo,
> dai-me noivo, que me quero casar.[17]

De *Casa-Grande & Senzala* caberia ressalvar que não se trata de estudo sistemático sobre o período colonial, mas de miscelânea iluminada sobre a história do Brasil até o final do século XIX. Apesar dessa inegável atemporalidade, o produto final revela aspectos até então nunca abordados da cultura na América Portuguesa – razão por que influenciou decisivamente os estudos posteriores sobre esse período.

Raízes do Brasil (1936), de Sérgio Buarque de Holanda, marca, na verdade, o início de uma história cultural madura e rigorosa do ponto de vista teórico e metodológico. Gilberto Freyre obtivera boa formação acadêmica nos Estados Unidos, e divulgara, entre nós, a antropologia cultural norte-americana. Seu estilo irreverente e caudaloso, contudo, mascarava incoerências, contradições e graves falhas na composição da obra. Se *Raízes do Brasil* é ainda um ensaio, na boa tradição brasileira de pensar o país – como Freyre, como Prado, como Capistrano –, aborda, pela primeira vez, temas ligados à cultura com metodologia rigorosamente adequada ao objeto, manejando conceitos com segurança, ancorando-se na sociologia da cultura dos alemães, na teoria sociológica e na etnologia. Em prefácio clássico, Antonio Candido mostrou tal filiação, acrescentando, às suas influências, a "nova história social dos franceses".[18] Creio ser possível detectar, mais do que influência propriamente dita, uma surpreendente afinidade e coincidência temática e metodológica entre Sérgio e os fundadores da moderna historiografia francesa, os homens dos *Annales* – Marc Bloch, Lucien Febvre e, já na segunda geração, Fernand Braudel. A vida material, as mentalidades, o imaginário foram objetos que se impuseram a um e aos outros na mesma época, e certamente em decorrência das leituras semelhantes que todos faziam então, combinando história, sociologia e antropologia. Gilberto Freyre foi um precursor da moderna história da mentalidades e da nova história cultural; Sérgio foi um dos seus criadores, e o fez simultaneamente aos franceses, mesmo que os autores a guiarem-no tenham sido diferentes.

Delimitação Do Objeto: Uma História Da Cultura (1945-1959)

Os trabalhos que, nos anos 40 e 50, voltaram-se para a problemática das relações entre História e Cultura na formação do Brasil diferem sensivelmente dos que lhes antecederam, marcados pelo tom ensaístico e pela abordagem mais fluida. Um exemplo significativo é *A cultura brasileira*, de Fernando de Azevedo (1943), esforço de sistematização de nossa vida cultural desde os tempos coloniais e afinado conforme o diapasão teórico da sociologia europeia. Obra acadêmica, preocupada com a explicação cientificamente fundamentada, rompe, neste sentido, com a tradição ensaística vigente. Ao adotar a diferenciação entre cultura e civilização, acredita que esta se achava, na época, bem repartida entre os brasileiros, faltando-lhes o apreço pelos valores culturais que só a educação sistemática poderia trazer.[19] Tal perspectiva trai opção teórica já na época discutível e hoje insustentável: identificar cultura e educação, acreditando que a primeira se resume às instituições – escolas, bibliotecas, academias – e aos suportes – livros – ligados ao universo das letras.[20] Assim, apesar do bom panorama acerca das crenças religiosas – identificadas ao catolicismo oficial, acossado por "impurezas afro-índias" que o ameaçavam sem cessar de "contaminação"[21] –, das atividade literárias, artísticas e científicas constitutivas do que entende ser a cultura propriamente dita, e objeto da segunda parte do livro[22], a obra de Fernando de Azevedo fica, em todos os sentidos, aquém da de Freyre. Para este, cultura, então, já era muito mais do que instrução; multifacetada e plural, não se restringia às elites, constituindo uma espécie de escala cromática de todo um povo.

Muito mais rica e complexa é a posição de Sérgio Buarque de Holanda. *Monções* (1945) e *Caminhos e fronteiras* (1957) marcam sua consolidação como historiador da cultura, voltado para o estudo minucioso das técnicas e práticas da vida cotidiana. Nessa época, sua inspiração veio de Koch Grünberg, Nordenskiöld, Friederici, a antropologia mostrando-se como via necessária à reflexão sobre processos históricos, notadamente no viés da análise cultural. No plano o mais genérico possível, o objeto de **Monções** e **Caminhos e Fronteiras** é a história dos paulistas antigos: populações mamelucas que viviam a cavaleiro de duas culturas, equilibrando-se na tensão entre mobilidade – o *caminho*, a penetração fluvial (*monção*) – e sedentarização – a *fronteira*, onde tradições de natureza diversa se combinavam, produzindo técnicas, costumes, atitudes, artefatos. Do ponto de vista metodológico, o autor busca compreender, em toda a sua complexidade, o mecanismo das trocas, sínteses e soluções culturais. Não se trata de constatar *difusão* de traços, mas de perceber que a forma assumida por tais traços foi definida pela situação histórica: esta é, afinal, a prova dos nove de todo o processo. Por fim, no plano mais circunscrito, a análise incide sobre a vida material – viés de que parte a compreensão mais funda, restabelecendo-se, assim, o percurso de volta do particular ao geral.[23]

Apesar da mútua afinidade entre os dois livros, *Caminhos e fronteiras* é mais complexo metodologicamente e muito mais rico nas possibilidades temáticas que abre, sobretudo em "Índios e mamalucos na expansão paulista" – análise voltada para "as situações surgidas do contato entre uma população adventícia e o antigos naturais da terra com a subsequente adoção, por aquela, de certos padrões de conduta e, ainda mais, de utensílios e técnicas próprios dos últimos".[24] Os nove artigos que compõem este núcleo são pequenas obras-primas, capazes de surpreender e maravilhar a cada parágrafo. Muito antes das considerações de Carlo Ginzburg sobre o conhecimento indiciário, Sérgio Buarque de Holanda aborda este problema em "Veredas de pé posto" e "Samaritanas do sertão", detendo-se sobre a dimensão cultural dos sentidos e da percepção. No primeiro, discorre sobre a arte de se orientar no mato por meio da leitura de pegadas e ramos quebrados, mostrando ainda como há um "jeito de corpo" próprio para a marcha longa – os pés devem ficar ligeiramente voltados para dentro –, desde cedo incorporado pelos mamelucos de São Paulo. No segundo, trata da questão do abastecimento de água durante as longas jornadas sertão adentro, e da forma própria aos caminhantes de decifrarem sinais referentes à existência de mananciais ou reservatórios.[25]

"Iguarias de Bugre", "Caça e Pesca" e "Botica da Natureza" são um marco na trajetória do autor, contendo já algumas das questões posteriormente exploradas em *Visão do paraíso*, onde o "gosto do maravilhoso" iria adquirir importância central. Exploram a incorporação, por parte do europeu, de hábitos alimentares, venatórios e curativos inusitados e exóticos, mostrando que, mesmo se subordinada à fome – "companheira da aventura" –, à itinerância ou à premência da doença, ela se fazia quase sempre através de critérios ora seletivos, ora analógicos. Estes últimos se encontram presentes, por exemplo, na crença na virtude de certas pedras existentes nas entranhas dos animais, identificadas pelos colonos à lendária pedra bezoar. Manifestam-se ainda na adoção de certas práticas indígenas de pesca como o hábito de intoxicar os peixes, velhas conhecidas dos portugueses. Na nova terra, diante de peculiaridades do meio natural, "onde não se reproduzem exatamente as visões habituais, a imaginação adquire direitos novos", apesar de haver sempre quem insistisse nas analogias, procurando "o honesto pão de trigo" na mandioca, a castanha europeia na araucária, a uva na jabuticaba, a carne de vaca na de tamanduá – como registraram tantos dos primeiros cronistas.

Tais procedimentos, portanto, mostraram-se muito mais complexos do que as aparências levam a supor: "nada tão difícil [...] como uma análise histórica tendente a discriminar [...] entre os elementos importados e os que procederam diretamente do gentio. Traços comuns prepararam, sem dúvida, e anteciparam, a síntese desses diversos elementos [...] são dignos de interesse, por outro lado, os processos de racionalização e assimilação a que o europeu sujeitou muitos de tais elementos, dando-lhes novos significados e novo encadeamento lógico, mais em harmonia com seus sentimentos e seus padrões de conduta tradicional".[26]

Escrevendo num momento em que muitos acreditavam na sobredeterminação do econômico, e quando se começava a cogitar, entre os historiadores franceses, na autonomia das mentalidades – fenômenos de longuíssima duração – Sérgio Buarque de Holanda fica numa espécie de meio-caminho extremamente sugestivo: *Caminhos e fronteiras* mostra que foi nos aspectos da vida material que o colono e seus primeiros descendentes se mostraram mais sensíveis "a manifestações divergentes da tradição europeia", mantendo, sempre que possível, o legado ancestral no tocante à vida familiar e em sociedade.[27] Mas foram determinados traços de mentalidade, peculiares aos colonizadores portugueses, que permitiram operar a seleção das técnicas adotadas, a retirar, da botica da natureza, certas substâncias e não outras, imprimindo sentido nos arranjos culturais e influindo sobre a história dos homens. Mentalidade que não se apresentava quase imóvel, como nos trabalhos de Philippe Ariès, mas passível de alterar-se aos poucos, sob o impacto da "agitação de superfície" representada pela adoção de novas técnicas e de novos costumes.[28] Mentalidade, por outro lado, a constituir o substrato comum de práticas diversas: há analogia, para Sérgio, entre o fascínio lusitano pelo ultramar e o fascínio dos mamelucos paulistas pelo interior, as monções assumindo, neste imaginário, a forma de uma "migração ultramarina".[29] Trata-se, assim, do mesmo objeto repensado já à luz de outras cogitações: a que embalavam a feitura de *Visão do paraíso*.

Defendido como tese em 1958 e publicado em 1959, *Visão do paraíso* constitui, sem nenhuma dúvida, o atestado de maioridade dos estudos de história da cultura no Brasil, e, neste gênero, não foi até hoje suplantado. Obra precursora, traça a história do universo mental dos colonos portugueses da época dos descobrimentos, enfatizando-lhe o caráter mítico e explorando, como em seus livros anteriores, a tensão entre mudança e persistência. É, pois, a história de uma projeção imaginária – a crença lusitana no mito do paraíso terrestre – ou, como se diz hoje, uma história do imaginário. Não deixa de ser uma história comparativa, pois há constante referência ao contexto espanhol: diante da riqueza mitificadora dos vizinhos – "frondosidades" –, a imaginação portuguesa aparece pobre e rasteira, apegada à experiência, *madre de todas as coisas*, em detrimento da fantasia; imaginação enfastiada "de portentos e prodígios": "os olhos que enxergam, as mãos que tateiam, hão de mostrar-lhes constantemente a primeira e a última palavra do saber".[30] O espírito de aventura e o fascínio pelo desconhecido levam os espanhóis a aceitarem o maravilhoso, enquanto o predomínio da tradição amarra os portugueses à rotina.

Um ou outro mito, como o da presença do apóstolo Tomé em terras brasílicas – o Sumé invocado pelos jesuítas para justificar sua ação catequética junto aos índios – faria carreira na América Portuguesa. Sempre reelaborados, contudo, e reduzidos às proporções mais concretas do dia a dia. Era assim que, mais do que as frutas, interessava a Frei Antônio do Rosário o que a aparência delas pudesse dissimular: "seus secretos significados e seu hieróglifo misterioso. Aferrado, embora, às coisas visíveis e concretas, não lhe importava tanto o vê-las com os olhos ou apalpá-las com a mão, queria, sim, ver e sentir através dos olhos e das mãos".[31]

Os demais mitos, quase sempre de inspiração espanhola – "os grandes mitos da conquista ibérica foram, com uma única exceção, de lavra castelhana" –, entrariam no mundo de influência lusa atenuados, reelaborados e reduzidos à dimensão mais concreta da vida cotidiana.[32]

O substrato mental dos colonizadores, ou o seu imaginário, nunca havia sido abordado como elemento imprescindível para se compreender a constituição do espaço geográfico da América Portuguesa e do processo colonizador. Retomando as analogias anteriormente utilizadas em *Raízes do Brasil*, Sérgio Buarque de Holanda dá nova inteligibilidade – de forma aliás originalíssima – ao *sentido* tomado pela nossa colonização – para usar a problemática levantada mais de dez anos antes por Caio Prado Jr. em *Formação do Brasil contemporâneo*. A Espanha que traçava na América cidades quadriculadas e bem dispostas em torno de sua praça central era, por paradoxal que pudesse parecer, afeita a mitificações. Já os portugueses, desleixados na urbanização, deixaram-se sempre guiar pela experiência. Também paradoxal é a constatação de que a incapacidade de mitificar não implica, obrigatoriamente, modernidade mental. Seria antes o lado arcaico da mentalidade lusitana que imporia a pobreza imaginativa, a rotina, aliás presente em tantos atos da administração portuguesa no império.

E este é outro ponto ao mesmo tempo brilhante e controverso de sua análise. O que foi considerado inovação e pioneirismo para muitos autores, antes e depois dele – lembre-se, nesta qualidade, Joaquim Barradas de Carvalho e toda a sua discussão sobre a especificidade do Renascimento português – aparece, em *Visão do paraíso*, como apego ao passado e, em última instância, entrave à modernização.[33] A crônica do século XVI, minuciosamente descritiva no tocante às coisas do Novo Mundo e da Ásia, aproxima-se antes do "verismo naturalístico [...] constante de fragmentos e falho, por assim dizer, de perspectiva", muito mais próprio aos homens medievais do que aos escritores do Renascimento.[34] A atividade colonizadora, de caráter "disperso, fragmentário, linear" discrepou em tudo da atividade castelhana, verdadeiramente inovadora em termos coloniais.[35] Chega a parecer que, não fossem os paulistas – centrais, em toda a obra de Sérgio, como elementos modernizadores em nossa história –, os portugueses ficariam indefinidamente arranhando a costa como caranguejos, na famosa formulação de Frei Vicente do Salvador.

A influência de Sérgio Buarque de Holanda no plano dos estudos de cultura talvez não se tenha feito notar de imediato. Nos finais dos anos 50, a historiografia começava a se caracterizar por trabalhos mais econômicos, gravitando em torno das obras de Caio Prado Jr. e de Celso Furtado. Como se verá adiante, a história da cultura só começou a ganhar força no final dos anos 70. Então, o recurso aos escritos de Sérgio se tornaria imperativo, e sua poderosa personalidade intelectual dominaria a cena. Além do que, tal influência continuaria após sua morte com a edição de um volume extraordinário dedicado mais à história da literatura e à crítica literária, *Capítulos de literatura colonial*, decisivo na orientação do interesse de vários pesquisadores para os estudos sobre o século XVIII literário, notadamente o arcadismo.[36]

Apesar de se situar numa área mais propriamente literária, *Formação da literatura brasileira*, de Antonio Candido, publicada quase ao mesmo tempo que a obra magna de Sérgio (1959), viria a ter algum impacto sobre as análises históricas. Isto pode ser constatado tanto no âmbito dos estudos sobre cultura e sociedade portanto, em campo afim ao da obra – quanto no plano dos estudos mais voltados para a análise dos movimentos sociais, notadamente a contestação sediciosa própria ao fim do período colonial.

Antes do século XVIII, diz Antonio Candido, a criação literária algumas vezes conheceu formas privilegiadas e originais. Lembre-se, como exemplos máximos, Gregório de Matos Guerra e Padre Antônio Vieira, em quem a percepção da especificidade da vida na colônia já se faz notar, influindo na obra poética de um e nos sermões do outro. Contudo, é preciso diferenciar *manifestação literária* de *literatura*, esta entendida como "*sistema* de obras ligadas por denominadores comuns, que permitem reconhecer as notas dominantes de uma fase". Além das características internas (língua, temas, imagens), tais denominadores consistem em "certos elementos de natureza social e psíquica, embora literariamente organizados, que se manifestam historicamente e fazem da literatura aspecto orgânico da civilização": a existência de um conjunto de produtores literários, "mais ou menos conscientes do seu papel"; um conjunto de receptores, "formando os diferentes tipos de público, sem os quais a obra não vive"; um mecanismo transmissor – uma linguagem, traduzida em estilos, "que liga uns a outros".[37]

Neste sentido – na constituição de um sistema – a literatura brasileira teria surgido apenas no século XVIII, marcada pelo neoclassicismo, pela ilustração e pelo arcadismo.[38] Ligada, em maior ou menor grau, à tomada de consciência da situação da colônia e à luta pela emancipação política dos luso-brasileiros.

Formação da literatura brasileira representa etapa significativa na constituição de uma história da cultura no Brasil porque não se limita à análise de uma de suas manifestações, a literatura: vai além, estabelecendo as relações entre ela e a sociedade. Tal perspectiva seria retomada nos ensaios que compõem *Literatura e sociedade* (1965), onde o que diz respeito diretamente à história da cultura na América Portuguesa é apenas "Letras e ideias no período colonial". Pelas sugestivas páginas iniciais, referentes a São Paulo na colônia, cabe contudo destacar "A literatura na evolução de uma comunidade", voltado para a análise das sociabilidades tecidas em torno da prática literária e para o papel de uma e outra em conferir "expressão intelectual coerente ao sentimento localista dos naturais de São Paulo".[39]

Já as obras de Sérgio Buarque de Holanda anteriormente referidas constituem, a meu ver, a própria criação de uma história da cultura no Brasil. Antes dele, alguns momentos brilhantes de autores como Capistrano de Abreu e José de Alcântara Machado e Oliveira atestam a preocupação com o papel da cultura material na formação social brasileira. Gilberto Freyre, precursor em tantos sentidos, inaugura temas, renova o uso de fontes e inicia a análise da cultura numa perspectiva fortemente influenciada pela história, sem contudo conseguir, no enfoque e no método, suplantar certa superposição entre esta disciplina e a antropologia. Com Sérgio, o conceito de cultura procura abarcar uma gama significativamente maior de espaços, dando nova inteligibilidade ao processo histórico: a vida material, o cotidiano, as mentalidades, as práticas e usos populares e também as mais altas manifestações do espírito humano se combinam e se relacionam dialeticamente com a sociedade. A história da cultura concebida por Sérgio Buarque de Holanda entre os anos 40 e 50 não difere muito da história cultural praticada hoje, ressalvando-se evidentemente o maior rigor e cuidado que o conceito de cultura tem recebido mais recentemente no âmbito da antropologia, de onde vem ganhando os domínios da história.

Entre a História da Cultura e a História das Mentalidades: Os Primeiros Momentos (1967-1986)

Como já foi dito, a produção historiográfica sobre o período colonial não conheceu, durante a década de 1960, obras particularmente significativas no tocante às abordagens de história da cultura. Isto se deveu, possivelmente, à influência conjugada da conjuntura histórica – o início do longo período ditatorial no Brasil, que afetou de forma particular as ciências humanas – e da reação a ela. O processo de politização, crescente desde a era Juscelino Kubitscheck, não foi interrompido de imediato quando do golpe militar, e o maior interesse, no âmbito dos estudos de história, sociologia e antropologia, era despertado pela análise das várias formas assumidas pela luta política, do funcionamento da economia – a problemática do modo de produção – ou das estrutura fundamentais da sociedade, como a escravidão. Naqueles tempos difíceis, os estudos sobre cultura pareciam menos urgentes, e talvez por isso tenham sido momentaneamente deixados de lado. Aliás, como diria Maria Beatriz Nizza da Silva já no final da década de 70, a história da cultura era vítima de um sem-número de preconceitos – fosse por utilizar fontes amplamente manuseadas e conhecidas de todos, fosse pelo seu caráter menos "preciso" e "científico" – conforme então diziam os adeptos da história serial e quantitativa.[40]

Sempre buscando a perspectiva eminentemente histórica, cabe destacar, em 1967, a publicação de uma notável edição crítica, acompanhada de seis belos ensaios onde a análise de historiador e a de crítico literário aparecem interligadas, assemelhando-se ao que vinha sendo feito na Europa em geral e na França em particular desde, pelo menos, o início da década de 1960, e então batizado de *história das mentalidades*. Refiro-me a *Resíduos seiscentistas em Minas – textos do século do ouro e as projeções do mundo barroco*, de Afonso Ávila, bastante influenciado pela teoria estética do barroco – Wölfflin, Weisbach, Hatzfeld. Centrando o foco nos fenômenos culturais próprios às Minas setecentistas, e realizando análise definitiva das duas grandes festas barrocas que então lá tiveram lugar – a festa do Triunfo Eucarístico, ocorrida em 1733, e a do Áureo Trono Episcopal, que em 1748 celebrou a criação do bispado de Mariana – Ávila postula a tese do caráter residual, arcaico, extemporâneo das manifestações barrocas mineiras, ocorridas quando o gênero já desaparecia da Europa – ou pelo menos de sua porção ocidental. Quatro anos depois, praticamente todos os ensaios seriam publicados, sem a edição crítica, numa coletânea intitulada *O lúdico e as projeções do mundo barroco*, que trazia ainda uma parte inicial, nova, denominada "O elemento lúdico nas formas de expressão do barroco".[41]

Não fosse pela qualidade da edição crítica, que por dizer respeito a textos literários foge ao escopo deste artigo, o trabalho de Afonso Ávila se sustentaria pela originalidade dos ensaios. "A transplantação de uma mentalidade e um estilo de vida" e "O primado do visual na cultura barroca mineira" apresentam contribuição marcante para o melhor entendimento da sociedade surgida nas Minas do século XVIII e responsável por uma das mais extraordinárias florações culturais de nossa história. Mais do que o aspecto propriamente artístico, ressalta dessas análises o enfoque do barroco como "um estilo mais de civilização [...] o qual, favorecido pelas condições geográficas da região, acabou cristalizando-se no seu insulamento e marcando fundamente a trajetória mental do povo das montanhas".[42] O barroco mineiro surge, assim, como uma mentalidade peculiar, vastamente compartilhada pelos diferentes segmentos da população – como aliás conceituou a formulação clássica, se bem que discutível, de Jacques Le Goff anos depois.[43] Civilização e mentalidade marcadas pelo primado do visual, pela eclosão de uma "nítida consciência ótica", que Ávila rastreia nos poemas, na pintura, nos cartazes e em toda a excitação visual presente nas festas barrocas. Sensibilidade, mentalidade, vida econômica são instâncias articuladas num todo: "Entre os esquemas de significados culturais capazes de explicar o sentido totalizador da civilização mineira do século XVIII, o do primado do visual representará, se não o mais válido, pelo menos aquele que conduz mais objetivamente à compreensão da homogeneidade caracterizadora de suas abrangentes raízes barrocas. O modo de ver, a sensibilidade visual, a consciência ótica, tal como se formaram e desenvolveram ao longo do ciclo do ouro, eram projeções de um mundo concebido ainda à imagem do ideal de beleza seiscentista, mundo residual que desapareceria enfim com a economia que o condicionara".[44]

Se a problemática das mentalidades entra nos ensaios de Afonso Ávila por meio da reflexão mais teórica da estética do barroco, é de forma muito mais direta e deliberada que ela influi no trabalho pioneiro e inovador de Anita Novinsky, *Cristãos novos na Bahia*, concluído como tese no início de 1970 e publicado em 1973. Apesar de haver sido estudado anteriormente, de forma pontual, aqui e no exterior, só então foi o problema dos cristãos novos e de sua relação com o Santo Ofício abordado sob um ponto de vista mais fecundo, contando-se hoje, no Brasil, com um número significativo de estudos neste sentido.[45]

A grande originalidade do trabalho de Anita Novinsky está na forma como enfoca o problema do cristão novo. Mais do que esmiuçar a autenticidade de sua crença judaica, como fizera Yves Révah ou, no sentido oposto, vê-lo como quimera fabricada pelo Tribunal do Santo Ofício – na linha das interpretações ilustradas do século XVIII que impregnaram a historiografia liberal do século XIX e, nos anos 60, influenciaram a perspectiva marxista de Antonio José Saraiva, discutível mas, sem dúvida, brilhante –, a autora procura entender o universo mental e cultural daquele homem.[46] O aspecto religioso só lhe interessa na medida em que lança luz sobre a cultura, mesmo porque as evidências históricas não indicam que houvesse maior ênfase naquele plano: "O cristão novo baiano não sobressai pela sua religiosidade em nenhum momento de nosso estudo. As práticas judaicas, que vagamente lembravam e algumas vezes praticavam, faziam parte menos de uma necessidade interior de caráter religioso do que de um conjunto de atitudes, que respondiam a uma necessidade de adesão, participação e identificação. Suas respostas agressivas eram defesas que se expressavam num espírito de inconformismo religioso, representando uma força de oposição, na qual se reflete toda uma maneira de pensar e sentir o mundo".[47]

"O homem dividido", último capítulo do livro, sintetiza bem a posição de Anita Novinsky: o cristão novo é um heterodoxo, podendo ser caracterizado "por sua independência religiosa, por suas ideias heréticas, por seu espírito crítico, mas nunca por sua religiosidade". Nada, na documentação inquisitorial referente à Bahia, indica que tivesse apreço especial por ritos, fossem eles católicos ou judaicos. Era, acima de tudo, um desenraizado, que os judeus viam como cristão, e estes viam como judeu. Homem dividido, dizia-se "cristão novo com a Graça de Deus".[48]

É curioso que *Cristãos novos na Bahia* chegasse a posições próximas às das análises francesas de mentalidade realizadas mais ou menos na mesma época, pois, então, Anita Novinsky ainda não indicava, em sua bibliografia, conhecimento desse tipo de trabalho. Depois, contudo, aproximou-se de Robert Mandrou, que estudara os heterodoxos europeus num trabalho importante, sendo mesmo uma das introdutoras de seus trabalhos no Brasil.[49]

Já nos trabalhos de Evaldo Cabral de Mello é evidente a influência da historiografia francesa, combinada à da tradição historiográfica pernambucana. Sua obra, iniciada em 1975 com *Olinda restaurada*, é hoje, sem dúvida, uma das mais significativas que temos: em 1984, veio à luz *O Norte agrário e o Império*; dois anos depois, *Rubro veio*, e em 1989 publicou-se *O nome e o sangue*; por fim, em 1995 surgiu *A fronda dos mazombos*.[50] Todos estes livros versam sobre a história de Pernambuco, e todos, praticamente, realizam importante revisão historiográfica e documental, num empreendimento de *história da história* que se desenvolve em paralelo às preocupações principais. *Rubro veio* e *O nome e o sangue* abordam mais diretamente a construção de um imaginário social, enfatizando, no primeiro caso, a problemática do nativismo pernambucano; no segundo, as estratégias de afirmação e de busca de *status* por parte de elementos da sociedade pernambucana que tinham origem judaica. Ambos representam uma contribuição significativa para o estudo do universo mental das camadas dominantes numa das mais significativas regiões da colônia, e *A fronda dos mazombos* completa, de certa forma, este quadro. Nos três, são muito importantes as relações entre sociedade, imaginário e universo mental. Em *Olinda restaurada*, um dos aspectos mais interessantes é o recurso à análise da cultura material para avançar na compreensão da guerra contra os holandeses. Esta é vista como o espaço onde aflora certa maneira específica de ser dos luso-brasileiros, expressa na luta de guerrilhas e nas formas próprias do comer e do vestir. Fontes variadas – Schkoppe, Waerdenburch, as *Informações e sugestões do capitão Vicente Campelo* – atestam a superioridade dos soldados luso-brasileiros sobre os europeus, ou mesmo dos mazombos sobre os reinóis – no caso de ser portuguesa a fonte em questão. Roupas leves e sumárias, dieta rústica, capacidade de acomodar-se às condições ecológicas fizeram com que os luso-brasileiros se saíssem melhor nas refregas. Excêntrico em relação aos grandes conflitos da época, e ocupando, nesta qualidade, posição inferior ante a arte europeia da guerra, Portugal adotou sem dor maior a aclimatação de técnicas indígenas: "saudável heterodoxia", constata o autor, ponderando que a prática da "guerra volante" tivera início antes, moldando-se durante os "mais de cem anos de convívio ao longo da marinha ou no fundo do 'sertão'" e mostrando-se incorporada ao patrimônio cultural da população luso-brasileira em começos do século XVII, "proporcionando a sertanistas e a soldados da terra os meios de se espalharem pelo interior e de resistirem a estrangeiros".[51] Como a guerrilha preenchia a função da mobilidade a custos muito mais baixos, restringiu-se ao mínimo o uso da cavalaria e da artilharia, muito dificultada pela predominância das matas, dos mangues, dos canaviais, dos atoleiros nos meses chuvosos, pela ausência dos grandes espaços abertos e pela precariedade dos caminhos.[52]

Ao ver o início do processo de tomada de consciência dos colonos como influenciado por condições ecológicas e culturais – fossem estas relacionadas a etnias distintas, fossem decorrentes de uma cultura material específica – Evaldo Cabral de Mello realizou um avanço considerável nos estudos de história da cultura referentes ao período colonial. Retomou, sem dúvida, preocupações que, em outra chave, haviam sido caras a Gilberto Freyre – no tocante à ecologia, argumento central de *Nordeste*[53] – e aos estudos de Sérgio Buarque de Holanda acerca da expansão paulista. Sua perspectiva, contudo, já era a da moderna historiografia europeia da cultura e das mentalidades.

Por fim, ainda nesse período em que o estudos europeus e norte-americanos contemporâneos sobre a cultura, o imaginário e as mentalidades começam a fecundar as preocupações de alguns historiadores brasileiros, cabe destacar os trabalhos de Maria Beatriz Nizza da Silva, autora que se dedicou não apenas a uma história da cultura mais afiliada à história das ideias – como denota seu estudo sobre Silvestre Pinheiro Ferreira – quanto ao universo das práticas culturais e da cultura material – objeto de pelo menos dois livros importantes sobre a sociedade, o cotidiano e a cultura no final do século XVIII e durante o período joanino.[54]

Como diz no prefácio de *Cultura e sociedade no Rio de Janeiro*, a autora se baseia na concepção de cultura própria à antropologia, à sociologia da cultura e até aos estudos de folclore, vendo grande benefício no fato de "o historiador ter abandonado um conceito restrito de cultura por um conceito amplo, como aquele que domina as obras dos antropólogos".[55] De fato, a importância desse livro reside no fato de procurar estabelecer as conexões entre sociedade, cotidiano e produção cultural, entendendo como componentes da cultura não apenas as atividades próprias à cultura erudita e sua produção, os livros, como também os hábitos e costumes – alimentação, vestuário, moradia, religiosidade, lazer – e, ainda, as leituras populares pertencentes sem dúvida a circuito cultural distinto daquele dos letrado. A cultura surge, assim, como multiforme: no âmbito da cultura e da produção letrada, tem-se, para a autora, a *cultura explícita*; já no espaço das práticas populares e dos costumes, tem-se a *cultura implícita*.

Balanço Dos Principais Temas Constantes Das Abordagens Mais Recentes Sobre A História Da Cultura No Período Colonial

Nas últimas décadas, com abordagens e perspectivas diversas, surgiram trabalhos significativos voltados para a questão da cultura nos séculos XVI, XVII e XVIII. Mesmo correndo-se o risco de deixar alguns de lado, pode-se dividi-los em quatro núcleos temáticos básicos: os que destacam grupos de pessoas, suas ideias e obra; os que incidem sobre a publicação de livros, sua circulação e influência; os que se atêm a sistemas de crenças na América Portuguesa; os que refletem sobre as trocas culturais verificadas entre Europa e América.

Ideologia e escravidão, de Ronaldo Vainfas, publicou-se em 1986 e versa sobre os escritos de quatro letrados, todos religiosos, que produziram obras fundamentais à compreensão do escravismo na América Portuguesa: Antônio Vieira, Jorge Benci, Antonio José Andreoni, o Antonil, e Manuel Ribeiro da Rocha. Preocupado com a forma por meio da qual "a sociedade escravista foi percebida, pensada ou recriada pelos letrados coloniais entre os séculos XVI e XVIII", o próprio autor considerou o trabalho como pertencendo ao âmbito da história das ideias.[56] De fato, tem muitas afinidades com o tipo de análise que se fazia, neste campo, por volta dos anos 70 – Eliseu Verón é autor central em sua explicação; contudo, pela luz que lança sobre o universo mental dos letrados coloniais, traz subsídios importantes para uma análise de cultura. Um dos méritos do trabalho é explorar as contradições entre cristianismo, missionarismo catequético e defesa da escravidão, verdadeiro lodaçal em meio ao qual se moviam os jesuítas no mundo luso-brasileiro. No esforço em relacionar literatura e sociedade, fica evidente a influência da obra de Antonio Candido.

Publicado em 1989, *A sátira e o engenho*, de João Adolfo Hansen, ganhou repercussão imediata e, creio, vem desempenhando papel fundamental na revivescência do interesse pelo barroco e, indiretamente, pelo arcadismo. Traça um painel da sociedade baiana e do seu universo cultural no final do século XVII, buscando uma compreensão mais acurada da polêmica figura de Gregório de Mattos Guerra – por ele considerado mais um cultor dos cânones satíricos, que permitiam a crítica e a mordacidade para assim preservar a ordem, do que o iconoclasta consagrado tradicionalmente pela crítica.[57] Mesmo predominando no estudo a perspectiva do crítico literário, é digno de nota o trabalho de historiador, familiarizado com os conflitos próprios à época e com a documentação mais propriamente histórica – como a inquisitorial.

Em posição análoga, misto de cuidadosa crítica literária e perspectiva histórica, situa-se *Teatro do sacramento*, de Alcir Pécora (1994). Debruçando-se sobre os sermões de Antônio Vieira, refuta as análises que, a seu ver, descontextualizaram a obra do grande jesuíta por desconhecerem a possibilidade de conviverem, naquela época, lado a lado, domínios aparentemente conflitantes como a pregação e a política.[58]

No tocante ao segundo grupo referido – o que se volta para o estudo de livros e leitores –, há trabalhos interessantes que, sem estarem diretamente ligados à problemática da cultura, tangenciam-na por tratarem da influência desempenhada pelas ideias libertárias no contexto de crise do final do século XVIII e início do século XIX, merecendo, nesta qualidade, ser mencionados. Assim, *Presença francesa no movimento democrático baiano de 1798*, pequeno estudo de Kátia de Queirós Mattoso publicado em 1969 e útil inclusive por publicar documentos, como o inventário das bibliotecas de alguns revolucionários de então – prova indiscutível da influência das ideias francesas sobre o movimento sedicioso dos baianos.[59] *Atitudes de inovação no Brasil – 1789-1801*, livro editado em 1970 e depois reeditado com o nome de *Ideia de revolução no Brasil (1789-1801)*, retoma a questão da influência das ideias estrangeiras sobre o surgimento da consciência da condição colonial. Ao reiterar a influência francesa sobre o movimento da Bahia e indicar a maior afeição dos mineiros de 1789 ao ideário norte-americano, considera o primeiro episódio mais radical, qualificando o segundo de eminentemente burguês.[60] *No rascunho da nação: inconfidência no Rio de Janeiro*, de Afonso Carlos Marques dos Santos, realizado em 1983 mas publicado apenas em 1992, analisa a presumida inconfidência fluminense 1794, quando o poeta Silva Alvarenga e demais membros da Sociedade Literária viram-se presos e devassados por ordem do vice-rei Conde de Resende.[61] Nesse trabalho, que em muitos sentidos segue as pistas indicadas por Antonio Candido em *Formação da literatura brasileira*, fica evidente o papel das ideias no questionamento da dependência colonial; o quanto eram temidas, e o quanto, de fato, podiam ser corrosivas no contexto das colônias. Por fim, *Na Bahia, contra o Império*, de István Jancsó, vindo à luz em 1996, volta a abordar a questão das influências intelectuais francesas sobre a "Revolta dos Alfaiates", destacando, com originalidade, o envolvimento no episódio de homens abastados – o que daria ao movimento uma abrangência social muito maior do que se cogitara anteriormente.[62] O apreço às ideias francesas não teria, na Bahia, conhecido limites, afetando tanto os leitores ricos quanto os pobres.

No que diz respeito aos estudos mais recortados sobre hábitos de leitura e circulação de livros no mundo colonial, trata-se de campo que só agora começa a se desenvolver. Houve, é certo, precursores, como Rubens Borba de Moraes, Eduardo Frieiro ou Sílvio Gabriel Diniz, que se debruçaram sobre bibliotecas e comércio de livros.[63] Agora, contudo, há toda uma bibliografia francesa e norte-americana a nortear as análises – para citar apenas dois nomes, invoco os de Roger Chartier e Robert Darnton –, e estas não se dedicam apenas à cultura erudita, procurando captar as formas mais populares de se ter acesso ao texto escrito, como a leitura em voz alta.[64] Recentemente, a Revista *Acervo* dedicou todo um número a "Leituras e Leitores", onde, num conjunto de dez artigos, mais da metade versa sobre leitura e intelectuais na sociedade colonial.[65] Um deles, "Os clérigos e os livros nas Minas Gerais da segunda metade do século XVIII", de Luís Carlos Villalta, fornece informações preciosas sobre a composição de bibliotecas de eclesiásticos nas Minas dos setecentos, para tanto se valendo sobretudo de inventários *post-mortem*. Em texto mais recente, o mesmo autor traça vasto painel da pedagogia, da língua falada, das forma de leitura e de escrita, esboçando ainda o elenco das obras mais lidas em toda a América Portuguesa e aprofundando as relações entre literatura, formas de leitura e sociedade.[66] A confirmar o valor dos inventários de bibliotecas, sejam elas de particulares ou de instituições, o interessante artigo de Leila Mezan Algranti, "*Os livros de devoção e a religiosa perfeita* – normatização e práticas religiosas nos recolhimentos femininos do Brasil colonial", trata de tema pouco trabalhado até hoje: as leituras feitas pelas religiosas nas instituições de reclusão.[67] A predominância de artigos e a inexistência propriamente de obras de arte sobre a problemática dos livros e da leitura indicam que o estudo do tema é de fato recente entre nós, e que as empreitadas de maior fôlego ainda se encontram em fase de elaboração.

No que diz respeito ao terceiro conjunto temático indicado, ou seja, o referente aos sistemas de crenças, lembro a publicação, em 1986, de minha tese de doutorado, *O diabo e a terra de Santa Cruz*, que utilizou, creio que pela primeira vez entre nós, os processos do Santo Ofício para estudar as práticas mágico-religiosas nos três primeiros séculos de nossa história.[68] As conclusões indicavam a existência de um enorme fosso entre a religião pregada pelos catequistas ou pela Igreja como instituição e as práticas adotadas no dia a dia, ressaltando ainda que a mestiçagem religiosa e cultural avançou juntamente com o processo colonizador. Apresentando preocupações análogas, e mostrando-se igualmente sensível à história antropológica, Luís Mott deu ao público, em 1993, o notável *Rosa egipcíaca – uma santa africana no Brasil*, no qual estuda a trajetória de uma ex-escrava e ex-prostituta que, saindo em meados do setecentos do arraial do Inficcionado, nas proximidades de Mariana, ingressa paulatinamente no mundo da mística e do visionarismo, reivindicando santidade até ser presa e processada pela Inquisição.[69] Tanto em *O diabo e a Terra de Santa Cruz* quanto em *Rosa egipcíaca* é evidente a presença das abordagens de Gilberto Freyre no tocante à religiosidade popular, e óbvia a influência decorrente do uso exaustivo dos processos inquisitoriais – fonte riquíssima que, sem dúvida, interfere nas opções narrativas, impondo minúcias e histórias de vida.

Outro estudo de mestiçagem cultural apoiado nos processos do Santo Ofício é *A heresia dos índios*, de Ronaldo Vainfas, de 1995, talvez o mais bem realizado de toda esta série.[70] Trata-se do mais completo estudo já realizado sobre a Santidade do Jaguaripe, seita indígena de caráter milenarista que sacudiu o recôncavo baiano e os sertões adjacentes na segunda metade do século XVI. O autor consegue realizar um admirável trabalho de etnografia para, a seguir, procurar destrinchar o sistema da crença: na verdade, o movimento é um fruto perfeito da catequese, espelhando suas contradições incontornáveis e sua natureza perversa. Os jesuítas levam aos índios a palavra de Deus, e eles a entendem como podem, criando a Santidade.

Um último trabalho a se destacar neste bloco é *Maria Padilha e toda a sua quadrilha*, de Marlyse Meyer, análise brilhante e interdisciplinar de uma pomba-gira da umbanda contemporânea que, no século XIV, fora amante de um rei de Castela.[71] Num texto vertiginoso, a autora abre possibilidade notável para o estudo dos cultos religiosos populares: a de que algumas de suas personagens – as entidades que sistematicamente "baixam" nos terreiros Brasil afora – tenham origem histórica, mostrando-se, neste sentido, em estreita associação com a memória coletiva.

Só me deterei em dois trabalhos para ilustrar o quarto grupo: o de Ronald Raminelli, *Imagens da colonização*, publicado em 1996, e o de Plínio Freire Gomes, *Um herege vai ao paraíso*, de 1997.[72] Ambos se debruçam sobre a questão das trocas culturais verificadas entre a Europa e a América Portuguesa, reintroduzindo, em nova chave, a preocupação que fora cara a pensadores latino-americanos como Fernando Ortiz e Mariano Picón-Salas, ou seja: o fenômeno da transculturação.[73] Em ambos os trabalhos, fica claro que o processo das trocas culturais tem sempre mais de uma via. Raminelli pensa as imagens da colonização tanto do ponto de vista da produção escrita quanto da iconográfica; retoma, aprofundando, questões que eu havia indicado em *Inferno atlântico*, a saber, de que a demonologia europeia sofreu impacto considerável com a leitura dos relatos sobre o canibalismo tupinambá; traz subsídios importantes para se repensar o papel ocupado pelas teorizações acerca do índio no pensamento renascentista português assunto central porque auxilia na compreensão do projeto colonizador lusitano.[74] Aliás, todo o livro de Raminelli gravita em torno dessa grande questão, e, como *Visão do paraíso*, procura captar os sentidos do império português pelo viés do imaginário.

Plínio Freire Gomes conta a história de um heresiarca português que, filho de pai batavo, andou pelo Brasil minerando ouro, pensou aqui encontrar o Paraíso terreal e, de volta à metrópole, pôs-se a teorizar sobre o sexo dos anjos, a androginia de Nossa Senhora e os mistérios da criação. Esmiuçando crenças de filiação diversa, sugerindo que protestantismo, judaísmo e catolicismo se entrecruzam nas concepções desse homem, cujo nome era Pedro de Rates Hennequim, Freire Gomes volta à questão dos mecanismos de transmissão cultural operantes no seio do mundo português, e realiza um belo estudo sobre o fenômeno da intermediação, posto que sua personagem não passa de um formidável intermediário cultural.

Conclusão

Como se disse no início deste artigo, enfatizou-se aqui mais o momento formador de uma história da cultura no Brasil do que a produção recente. Como palavras finais, ressalte-se que a reflexão sobre aspectos da cultura colonial teve entre nós um brilhante tom ensaístico superado apenas com a obra de Sérgio Buarque de Holanda, com quem nasce, na acepção completa do termo, uma história da cultura em nosso país.

Sem igualar nem aproximar-se do brilho daquela obra, a maior que nossa historiografia jamais realizou, os trabalhos recentes vêm apresentando crescente rigor teórico e metodológico, e é sensível a aproximação com um conceito de cultura mais abrangente, tal como o formulado por Clifford Geertz e que serviu de baliza inicial a esta reflexão. Sensível, de igual maneira, a aproximação crescente entre estudos que se autodenominam de cultura, os de mentalidade e mesmo os do imaginário. Proximidade que permite, pelo menos no momento, enquadrá-los todos sob a denominação de história da cultura.

A SOCIEDADE BRASILEIRA E A HISTORIOGRAFIA COLONIAL

Laima Mesgravis (UNESP FRANCA)

A pesquisa histórica no Brasil, com metodologia e reflexão científicas, é fenômeno recente, nascendo a partir dos anos 30 do século XX. No século XIX, autores como Varnhagen, Capistrano de Abreu e outros ligados ao Instituto Histórico e Geográfico Brasileiro pesquisaram temas de História do Brasil, utilizando documentos de arquivos nacionais e estrangeiros. Seguiam o exemplo de nossos primeiros "brasilianistas", como Robert Southey, John Armitage e Heinrich Handelman, que nas primeiras décadas do século XIX anteciparam os brasileiros com suas Histórias do Brasil.

Sob a égide do Instituto, realizaram obra de grande mérito divulgando e procurando manuscritos esquecidos ou esgotados. Devemos a ele a revelação de inúmeros cronistas e memorialistas que constituem, por assim dizer, a base das informações sobre a vida colonial.

O uso dessas fontes riquíssimas deve, no entanto, ser sempre cauteloso e precedido de uma crítica realista prévia, o que nem sempre tem acontecido. Testemunhos das mais diversas conjunturas históricas e contextos sociais, econômicos e políticos distintos têm sido utilizados como válidos e verdadeiros para os trezentos anos do período colonial como um todo estático e sem mudanças.

Os relatos do século XVII, por exemplo, com suas descrições de plantas, animais e índios se caracterizam por uma constante repetição de estereótipos e imagens consolidados nos primeiros cronistas-informantes (jesuítas e leigos) que escreveram de 1550 a 1580. As variações, por vezes, são só de estilo e maior ou menor minúcia ou prolixidade. As deliciosas descrições do mundo natural de Gabriel Soares de Sousa[1] já se encontram em Pero de Magalhães Gandavo[2] e de muitas cartas jesuíticas anteriores.[3]

Há estereótipo incansavelmente repetidos em Simão de Vasconcelos, Brandão, Sousa, Gandavo e jesuítas[4] como é o caso da célebre constatação de que a língua dos índios do litoral não possuía as letras F, L e R, provando, portanto, não terem Fé, nem Lei, nem Rei. Essa imagem retórica, à primeira vista engenhosa, é na verdade um sofisma, pois as línguas indígenas poderiam conter estas expressões com outras letras ou sons. Era um fecho para as longas descrições da organização social, política e religiosa dos índios, procurando demonstrar o perigo o estado de anarquia moral de suas vidas e a necessidade de impor a autoridade e os valores da civilização europeia que, assim, ocuparia os espaços vazios.

A partir de Gandavo, cuja *História da província Santa Cruz* teria sido publicada em 1576, é ponto pacífico para os cronistas que a submissão ou extermínio dos indígenas do litoral ocupado pelos portugueses – de Pernambuco até São Vicente – está garantida, com exceção das regiões mais escarpadas e de floresta fechada da Mata Atlântica, onde os aimorés e botocudos irão resistir até o século XIX.

A escravização ou utilização do trabalho dos índios ditos forros é a base da sobrevivência e da prosperidade dos colonos. A participação da mão de obra escrava africana é cada vez maior, principalmente na produção açucareira.[5]

Mas é preciso destacar dois aspectos em que os testemunhos das cartas jesuíticas (principalmente de 1550 a 1570) e os cronistas leigos diferem apreciavelmente.

Os jesuítas, ainda que adotando posições baseadas em visões contraditórias da cultura indígena, vão sempre denunciar a violência do processo da conquista com o extermínio e a exploração do índio. Essas posturas dos jesuítas podem ser esquematizadas em três estágios.

No primeiro, o da chegada, nos contatos iniciais, deslumbramento com a aparente pureza, falta de malícia, docilidade e inconsciência do pecado do índio. É o momento da euforia dos batismos em massa, da crença na possibilidade de um povo cristão perfeito e do conceito de *papel branco* onde se inscreveria a verdade.[6]

No segundo, quando do retorno às aldeias para convivência mais prolongada com os índios que não abandonavam em nada a sua cultura, principalmente nos aspectos mais repugnantes ao cristianismo, como a poligamia, as festas orgiásticas com bebida e sexo livre e, sobretudo, o canibalismo após a guerra, vinha o horror, a irritação e a defesa da conversão forçada até pela espada.[7] Um fato importante e, com certeza, parcialmente determinante, foi a morte do bispo D. Pero Fernandes Sardinha e seus companheiros de viagem, devorados pelos caetés da Paraíba.

Mas, mesmo apoiando a repressão aos caetés contra os quais foi declarada a *guerra justa* com morte (até na boca do canhão) e a escravização dos capturados, já condenavam os excessos que alcançavam caetés de outra capitanias e outras tribo distanciadas do caso.

No início do terceiro estágio, que poderíamos chamar de síntese, concluem ser a maioria das revoltas indígenas provocada pelas injustiças dos colonos. Passam a defender o agrupamento dos silvícolas em aldeias permanentes afastadas dos brancos, onde poderiam fiscalizar o uso de seu trabalho assalariado e se concentrar na catequese das crianças, procurando apenas controlar as práticas mais chocantes da cultura indígena.

No testemunho dos jesuítas[8], encontramos informações mais amplas sobre o processo de miscigenação pela exploração sexual da mulher indígena, em curso desde os primeiros povoadores. Torna-se claro ser uma visão moralista católica, porém existe a preocupação com a desordem religiosa, social e política que estas uniões não legalizadas e passageiras propiciavam ao tecido social. Daí sua preocupação em promover casamentos como o de João Ramalho em São Paulo.[9]

Sobre a questão do extermínio dos índios, cronistas como Gandavo, Sousa e Brandão[10] pouco se estendem, tratando o fato como contingência natural da colonização e atribuindo toda a culpa aos próprios silvícolas por não se submeterem à escravidão. A questão indígena é encarada mais ou menos como uma praga daninha a ser exterminada ou afastada a fim de que a conquista das terras para a produção e enriquecimento seja garantida.

Sobre a miscigenação e o seu produto – os bastardos – nenhuma palavra, a não ser quando se dá informação sobre um indivíduo específico.

Gandavo insiste muito na imagem do Brasil como lugar onde os pobres de Portugal poderão enriquecer e ascender socialmente com a exploração do trabalho indígena. Nunca se detém na possibilidade do trabalho do próprio imigrante português, mas sempre aponta como meta a ser alcançada a existência de ricos lavradores possuidores de rendas de 20 a 30 mil cruzados.

A mesma preocupação tem Gabriel Soares de Sousa ao informar a existência nas diversas capitanias de homens de muitos mil cruzados que vivem nobremente, *honradamente* com estilo de vida luxuoso nas roupas, casas e cavalos ajaezados.

Quando organizou sua expedição para o sertão, pediu e obteve, entre outros, o privilégio de outorgar foro de fidalgo a cem companheiros ricos. A nosso ver, isso comprova a incipiente formação de uma sociedade escravista em que a ascensão inicial se fazia por meio da aquisição da riqueza, prenunciando, de certa forma, uma sociedade de classes. Mas, uma vez obtida a riqueza, o poder e a preeminência social eram confirmados por uma institucionalização legal garantidora de privilégios estamentais para uma pequena elite que iria se perpetuar além do período colonial. Para gozar e transmitir o privilégio eram proibidas as uniões com negras, mulatas, índias, "cristãs-novas", artesãs ou comerciantes de loja aberta.[11]

Nesse ponto os intentos da nova sociedade dos colono e dos jesuítas divergiam, sendo que os primeiros têm o apoio da metrópole, onde predomina a aristocracia até a segunda metade do século XVIII.

Os jesuítas do século XVI parecem ter acalentado um projeto de sociedade diferente da europeia, com certa integração racial pelo casamento, sem levar em conta as proibições estamentais, no que revelavam uma posição realista de aceitação das novidades demográficas em curso.

Outro era o realismo dos colonos, apoiados pela coroa que, em última análise, queriam reproduzir aqui a sociedade portuguesa com a supremacia branca e estamental, mesmo forçando e mascarando as realidades coloniais. Talvez desta forma tenham prolongado a duração dos laços coloniais reforçados pelo mecanismo da legitimação do *status* da elite por meio de patentes, processos *de genere*, privilégios de nobreza, etc.

Ambrósio Fernandes Brandão nos seus *Diálogos das grandezas do Brasil*[12], de 1618, é o primeiro e o último cronista colonial a destacar, em diversos momentos de sua obra, a grande importância da atividade comercial[13] como fator de enriquecimento, embora acompanhe a hierarquização costumeira ao colocar os senhores de engenho no topo da escala. Entre os que comerciam destaca a gente *marítima* (não são propriamente os marinheiros, mas sim armadores que trazem mercadorias do reino e as trocam por produtos coloniais); os *mercadores* com suas lojas abertas nas vilas e os *mascates*, que iam pelos engenhos e fazendas obtendo lucros de mais de 100%. Aliás, os lucros mencionados são sempre de 40% a 50% nas lojas, mas a sua maior indignação é contra certo comerciante que comprou uma partida de escravos da Guiné e sem entrar na posse dos mesmos, vendeu-os com lucro de 85% a um lavrador.

A informação de Brandonio, completada por outros documentos esparsos, permite concluir ser o comércio, na verdade, a atividade mais lucrativa a curto prazo e, consequentemente, dentro da lógica de uma acumulação capitalista, o comerciante deveria ser a classe mais importante da colônia. No entanto, em todos os informantes, evidencia-se ser a classe ou estamento dominante, o dos grandes proprietários de terras – senhores de engenho e lavradores de cana. Brandonio diz que os "mais ricos têm engenhos com títulos de senhores deles, nome que lhe concede Sua Majestade em suas cartas e provisões" (p. 39), de certo modo transferindo para a colônia o conceito de "senhorio" de Portugal.

O mesmo cronista destaca ainda a existência de *oficiais mecânicos* e *homens que servem por soldada* em número considerável, que exerciam seus ofício e trabalhavam como feitores, carreiros e guardas pessoais, mas não como braçais na lavoura.[14]

Na sua avaliação da mentalidade da sociedade colonial destaca duas características importantes, que em apenas setenta anos de efetiva implantação já estavam consolidadas: a preocupação com a ostentação da riqueza para fins externos e o descaso pelo bem público (ou coletivo). Atribuía o desinteresse por qualquer plantio ou obra mais permanente como pomares, jardins, estradas, pontes a um sentimento, um plano de impermanência no Brasil, sempre sonhando com a volta a Portugal.

A propósito disso, somente a historiografia mais recente sobre a família e a mulher pode propiciar esclarecimentos sobre essa visão de mundo, quando comprova o fato já conhecido de que até o século XVIII, os colonos portugueses vinham em geral sozinhos, solteiros ou deixando as esposas, impedindo, a nosso ver, a elaboração de um projeto de sociedade igual ao da europeia. Não havia contestação ao modelo metropolitano, pois ele era satisfatório para a ascensão de homens sós com suas recompensas individuais e seu desencorajamento às atitudes coletivas que os enraizassem verdadeiramente no país.

Essa sociedade delineada por Brandão encontraremos perfeitamente consolidada e definida em Antonil, quase um século depois, por volta de 1710.[15] Sua obra escrita com propósitos semelhantes aos de Brandão, isto é, a divulgação e exaltação das riquezas do Brasil será a consolidadora definitiva da imagem do senhor de engenho e do complexo microcosmo social que ele encabeçava.

O início da descrição do que representa econômica, social e politicamente o senhor de engenho é um texto de prosa clássica com sabor da épica camoniana do *Lusíadas*, com suas *armas e barões assinalados* e já definindo magistralmente o conteúdo de toda a Primeira Parte dedicada ao açúcar.

> O ser senhor de engenho é título a que muitos aspiram, porque traz consigo o ser servido, obedecido e respeitado de muitos. E se for, qual deve ser, homem de cabedal e governo, bem se pode estimar no Brasil o ser senhor de engenho, quanto proporcionalmente se estimam os títulos entre os fidalgos do Reino. (p. 139)

A sociedade açucareira do Nordeste vista por Antonil tem em seu topo o senhor de engenho do qual dependem econômica, social e politicamente os lavradores que moem suas canas no engenho com diferentes graus de sujeição e de exploração econômica. Formam uma espécie de classe média rural. Abaixo estão os lavradores arrendatários ou independentes, produtores de suprimento alimentar para o engenho. O segmento assalariado, que hesitamos em chamar de classe, dada a sua exiguidade numérica, é representado por caixeiros, feitores, mestres de açúcar, *banqueiros* e alguns artesãos livres.

Nas minuciosas recomendações de Antonil quanto ao tratamento a ser dado a todos esses dependentes em suas relações produtivas ou sociais fica evidenciado o enorme poder de que dispõe o senhor de engenho sobre esses homens, enriquecidos ou arruinados conforme suas decisões certas ou erradas, justas ou injustas. Em passagens discretas, surge a possibilidade de uma quase irresistível constatação de relações pessoais de cunho anacronicamente feudalizante entre o senhor de engenho e os seus lavradores. Ultrapassando as meras relações econômicas percebe-se esperarem os senhores de engenho apoio político e militar nas disputas, e jurídico perante os tribunais.

Não se pode esquecer o papel do capelão do engenho como fiador religioso e ideológico do poder do senhor de engenho, pois lhe cabe a obrigação de encorajar a submissão da família e dos escravos ao *pater familias*, que desta forma pode exercer seu arbítrio com as bênçãos de Deus e da Igreja.

A complexa estrutura social delineada para a sociedade açucareira não transparece na descrição da produção do tabaco e surge bem atenuada na sociedade pastoril muito mais simples e menos definida.

A incipiente sociedade minerador[16] não é definida por Antonil, mas já se insinua, pela descrição dos modos de enriquecimento, que ela iria assumir formas mais diversificadas e menos rígidas de ascensão social.[17] Isso acontece quando menciona os cabedais dos primeiros habitantes acumulados com mineração, produção de alimentos, criação de gado e comércio.

Em 1787, o português Luiz dos Santos Vilhena assumia a cadeira de grego em Salvador, onde lecionaria até 1799, quando voltou à pátria para cuidar da saúde. Além de seus deveres habituais dedicou-se à observação da vida baiana e à pesquisa de informações nos arquivos sobre as outras capitanias. O resultado desse longo trabalho foi publicado sob a forma de 28 cartas dirigidas aos correspondentes fictícios Filipono e Patrifilo, intituladas *Recopilação de notícias soteropolitanas e brasílicas*.[18]

As informações de Vilhena se destacam de outros cronistas por serem mais centralizadas na vida urbana de Salvador. As suas descrições e críticas pintam um vigoroso painel dos costumes e do cotidiano de todas as classes – dos ricos senhores de engenho, passando por comerciantes, burocratas e militares até chegar às humildes quitandeiras, escravas de ganho e prostitutas.

O que distingue Vilhena é o tom crítico assumido por suas descrições da sociedade onde não poupa nem os humildes nem os poderosos, atribuindo a estes últimos a maior responsabilidade pelo mau exemplo.

O orgulho da nobreza, ostentado por certas famílias ilustres, é caricaturado com a constatação de que se trata de ramos bastardos, de genealogias falsas e de parentescos vagos com antigos governadores.

Ainda mais ridículos são os que

> seus Pais vindo não há muitos anos para o Brasil, para serem caixeiros, quando tivessem capacidade para o ser, porque a fortuna lhes foi propícia e juntarão grandes cabedaes, cuidem seus filhos que o Imperador da China hé indigno de ser seu criado.[19]

Os piores são os que se julgam nobres mas vivem na mais negra pobreza em casa e só se empavonam ridiculamente quando vão à rua.

A questão dos militares com foro de fidalgos devido às promoções obtidas com proteções indevidas e sem competência militar é particularmente irritante para Vilhena pois são eles os que mais se excedem nas opressões feitas aos soldados e povo em geral.

As leis restringindo a participação nas Câmaras aos membros da nobreza são burladas pelos que

> armão muitos taes ligeirezas, que indevidamente se fazem introduzir nas Pautas, valendo-se de *empenhos* de personagens que logo os certificão da eleição no apurar das mesmas, e quando se dispoem para a condecoração de Vereadores, hé já com tenção formada de conseguir dos companheiros mil couzas injustas tendentes às suas utilidades, dos parentes, amigos e patronos,...

Essas práticas dos "homens-bons" da Bahia eram os processos *de genere* burlados, pelos quais elementos em processo de ascensão social conseguiam ser introduzidos no "rol da nobreza" para se candidatarem à vereança, bastando para isso terem a proteção de elementos já consagrados da elite.[20]

Vilhena rebate os boatos maldosos, que atribuíam às senhoras da Bahia práticas devassas, ressaltando, ao contrário, a sua dignidade e a adesão à reclusão costumeira no Brasil. Quando saíam a passeio, vestiam-se com grande luxo, estendido às escravas acompanhantes. Atribui a má fama ao fato do clima quente exigir o uso doméstico de camisas de cambraia de linho fino e muito abertas e andarem descalças.

A segunda classe em importância é a dos comerciantes dos mais variados níveis e ramos. Os comerciantes matriculados são 164, mas há muitos *comissários* representantes de estabelecimentos metropolitanos e todos comerciam com a Europa, a África, a Ásia e com as outras capitanias do país.

No pequeno comércio de abastecimento alimentar cotidiano é que se encontram os abusos mais irritantes para a população em geral, mais especialmente os pobres.[21]

Era a combinação dos militares de baixa patente com as negras *ganhadeiras* que se dedicavam à venda do peixe e da carne. Os soldados compravam à força o peixe, mesmo antes de desembarcado, a qualquer preço, e o repassavam às suas companheiras e estas os revendiam a outras, encarecendo sensivelmente este artigo de primeira necessidade. Como as *ganhadeiras* eram ou foram escravas de casas ditas nobres, ninguém se atrevia a lhes opor objeções, pois não queriam questões com as senhoras interessadas nesse comércio.

Outro momento de extorsão era quando havia escassez de carne e os mesmos soldados invadiam os açougues a pretexto de combater privilégios mas, na verdade, para repassar o produto a suas associadas que o revendiam aos poucos com alto preço.

O comércio estabelecido era constantemente tumultuado pela concorrência dos escravos das casas mais ricas da cidade que vendiam os produtos mais humildes como: mocotós, carurus, vatapás, acaçás, acarajés, abarás, angus, pão de ló, roletes de cana queimados e doces infinitos. Para o cronista este comércio deveria ser exercido pelos pobres e não por senhoras ricas.

As casas comerciais estabelecidas também acabaram por usar esse recurso de enviar as vendedoras ambulante de fazendas contrabandeadas, sem o pagamento de direitos, e ninguém as multava, dada a importância dos seus senhores.

Como membro da Arcádia das Letras, Vilhena com certeza era versado nos estudos de Economia Política, tão em voga na época, e isso transparece na sua obra apesar de não fazer citações eruditas a respeito. Como muitos memorialistas do fim do período colonial, Vilhena, ao descrever os males que encontra, procura apontar remédios e soluções onde a lucidez e a perspicácia causam espanto a um leitor de nossos dias. Aliás, mais do que isso, constrangem pela atualidade, comprovando o pouco que avançamos no campo social e político.

A prepotência dos militares rasos ou de baixa patente, escudados pelos seus superiores e autoridades em geral, refletia a formação viciada pelo constante uso que a classe dominante fazia de monopólio da força armada. Essa prepotência era exercida contra escravos,[22] pobres e quaisquer elementos da população que não fossem prontamente reconhecidos como seus superiores hierárquicos ou sociais.

O vício já começava pela forma de recrutamento, onde todas as violências eram permitidas, só restando lavradores pobres, desocupados e marginalizados de toda sorte, pela exclusão dos que tivessem padrinhos fortes. Aqueles que envergavam a farda descobriam subitamente serem parte do esquema do poder e que usando de suas migalhas poderiam obter algumas vantagens pessoais.

Escandalizava-se com a quantidade de mendigos brancos, pretos e mulatos que pululavam na cidade, pesando ao Estado e à população. Os brancos eram geralmente marinheiros doentes, egressos da Santa Casa, juntavam-se a adventício sem condições de vida para mendigar e se embriagar. As mulheres eram prostitutas envelhecidas e destruídas pela vida que levavam. Os negros e mulatos, na maioria dos casos, eram escravos estropiados, libertados pelos senhores que se livravam da obrigação legal de sustentá-los, enquanto outros, mais requintados na perversidade, os mantinham na escravidão e os mandavam mendigar, cobrando taxas diárias do que recolhiam.

Critica com muita acuidade os males da escravidão, pondo em dúvida os pretensos benefícios da retirada dos africanos de sua cultura a pretexto de cristianizá-los e educá-los. Ressalta os perigos políticos da multidão de escravos que formigavam na cidade com suas festas e conluios perigosos.

Mas o que mais o incomodava era a degradação do trabalho e a corrupção moral resultante da promiscuidade sexual precoce dos meninos, e o espetáculo dos vícios para as meninas, por mais bem guardadas que fossem.

O resultado da mestiçagem das uniões ilegais eram os mulatos, nos quais reconhecia a beleza e a inteligência, mas criticava o orgulho e a pretensão de se equipararem aos brancos. Reconhecia não lhes caber culpa dos vícios dos quais eram as primeiras vítimas, mas não deixava de notar saberem aproveitar todas as brechas permitidas pela sociedade.

Ainda que a maior parte das informações de Vilhena sejam sobre a sociedade urbana de Salvador, na sua descrição da lavoura açucareira revela conhecimento acurado do processo de produção e dos problemas inerentes (pp. 173 ss.).

No capítulo das relações com os lavradores dependentes, de cana obrigada ou não, revela um aspecto já presente em Antonil: ter o senhor de engenho inúmeras possibilidades de prejudicá-los ou beneficiá-los. Podiam exigir repentinamente as terras arrendadas de volta sem pagar os prejuízos; deixavam de moer as canas na época certa pondo a perder a colheita; roubavam na divisão dos diversos tipos de açúcar produzido. Estes e muitos outros expedientes podiam arruinar um lavrador em uma única colheita pois, geralmente, estavam endividados com a compra de escravos e gado. Isto era feito por mero capricho e arrogância ou de caso pensado para se apoderar dos lucros.

O trecho a seguir resume bem o pensamento dos senhores de engenho:

> Aqui tens, meu Filipono, descrito, tosco, mas fielmente, o trafico e familia dos chamados Senhores de Engenho, soberbos de ordinario e tão pagos de sua gloria vã que julgão nada se pode comparar com eles; logo que se veem dentro nas suas terras, rodeados dos seus escravos, bajulados dos seus rendeiros, servidos dos seus mulatos e recreados nos seus cavalos de estrebaria, como lhes chamão huns de folgar, que são os que tem diversos passos, trocadilhos e habilidades, outros esquipadores e são os que tem hum passo velosissimo e composto, e outros com diferentes qualidades e predicados, comprados por exorbitantes preços e ricamente jaezados. Esta hé a gloria dos Senhores de Engenho e para maior auge della, tem na cidade cazas próprias, ou alugadas; cumpre muito que tenham cocheira, ainda que não haja sege, o que suprem aceadas cadeiras que todos tem, em que sahem acompanhados dos seus lacaios mulatos, ornados de fardamentos aceados. (p. 187)

Na 24ª carta, dirigida a Patrifilo, Vilhena desenha um grande projeto de desenvolvimento do Brasil baseado em algumas premissas básicas, a saber: 1º) a necessidade de uma lei agrária dividindo as terras inaproveitadas entre os milhões que não possuíam nada para trabalhar; 2º) o encorajamento ao trabalho pela persuasão ou pela força; 3º) a incorporação dos índios despojados de suas terras e dos homens livres sem meios de subsistência; 4º) o estímulo aos casamentos para que as famílias gerassem maior responsabilidade e permanência.

Na sua definição bem conhecida da massa da sociedade brasileira conclui que:

> [...] Casas antigas há muito poucas. Todo o mais povo à exceção de alguns lavradores aparatosos como os senhores de engenho hé uma congregação de pobres; pois que alem de serem muito poucas as artes mecanicas e fabricas em que possam empregar-se, nelas mesmas o não fazem pelo ocio que professão, e a consequencia que daqui pode tirar-se hé que infalivelmente hão de ser pobrissimos. (p. 927)

Ao recomendar a divisão das terras, põe em dúvida o sistema sesmarial implantado desde o início da colonização como fator de povoamento e o faz com argumentos magistrais (que infelizmente ainda têm atualidade depois de duzentos anos!).

> Para que no Brasil há de um só individuo chamar seu a hum terreno de vinte, trinta e mais legoas que sem reflexão se conferirão a hum de seus progenitores, com a obrigação de povoa-lo dentro de certo prazo de tempo, como tenho visto em foraes dos antigos donatarios, se tem passado mil prazos sobre aquele e se não acha de todo o terreno povoado mais que huma porção que vem a ser pouco mais de nada em comparação do todo? A condição com que foi conferida não se preencheo, nem preenche, parece logo não haver razão de queixa, se esses desertos divididos em menores porções se distribuirem por quem os povoe, pois que não deixará de haver quem queira espulsar onças e tigres para meter gados, plantar mandioca, milho, arroz, algodão, etc. e será esta uma porta, que naquele estado se abra para o augmento da população que valha o dizer se deem de renda pela diferença que vai de proprietarios a rendeiros e jornaleiros. (p. 931)

Continua sua argumentação afirmando ser a propriedade a geradora da cidadania, daí o proprietário se preocupar em criar família que possa herdar seus bens, aumentando assim a riqueza da sociedade. Este homem terá algo mais para vender além de sua força de trabalho, o que lhe dará maior poder de barganha no mercado.

Mais uma vez o nosso cronista demonstra conhecer o ideário econômico e político da época como o de Adam Smith, pois enuncia com clareza o conceito do valor-trabalho no embate entre proprietários e trabalhadores.

No grandioso painel de sugestões formuladas, ainda sobra lugar para a ideia de que o Brasil teria todas condições de ser um império, não apenas pela extensão, mas pelo potencial produtivo traduzido em exportações para o mercado mundial, competindo com as potências da época. É claro, desde que fossem realizadas as profundas reformas sociais por ele propugnadas.

No contexto da crise do sistema colonial, a partir da década de 1780, multiplicam-se às dezenas as *Memórias* e *Notícias* que descreviam o potencial econômico do Brasil prejudicado pelas mazelas da má administração, dos costumes viciados de corrupção e desleixo e da ignorância generalizados. Essa produção intensa de reflexões e planos evidencia o crescimento da exígua elite intelectual de burocratas coloniais, muitos dos quais participariam do processo da independência e da criação do novo Estado e Nação. Infelizmente, a exiguidade do espaço não nos permite resumir e analisar outros memorialistas que se preocuparam, ainda que parcialmente, com a sociedade brasileira.

Com a transladação da Corte e da sede burocrática do império português para o Brasil, a abertura dos portos em 1808 trouxe consigo a visita de dezenas de viajantes estrangeiros que vieram se somar aos observadores nativos.

A contribuição dos viajantes estrangeiros vem sendo analisada e largamente utilizada como fonte de informações sobre o Brasil do século XIX, desde as primeiras produções historiográficas. Ainda há muito o que fazer do ponto de vista da crítica a esta fonte importante mas eivada de problemas interpretativos sobre sua validade devido às condições de sua elaboração. É preciso lembrar tratar-se de viajantes com problemas de comunicação devido à língua, de tempo de permanência nos lugares visitados e de possibilidade de aceitação pela sociedade local. Outrossim, eles diferem muito no que se refere à formação cultural, interesses específicos e preconceitos raciais ou nacionais.

Como o nosso tema principal neste trabalho cingiu-se na sociedade colonial do Nordeste, por ser a primeira região ocupada, onde se concentrou a população e a economia agrária exportadora, optamos por dois viajantes que estiveram em Pernambuco no início do século XIX. Referimo-nos ao comerciante francês L. F. Tollenare, que veio exercer suas atividades no Brasil de 1816 a 1818[23] e ao inglês Henry Koster, nascido em Portugal, que aqui chegou em busca de melhorias para a saúde em 1809 e permaneceu com intervalos até 1820.[24]

Homens cultos e de mente aberta, cujos caminhos se cruzaram durante a Revolução de 1817, onde ambos atuaram como mediadores entre autoridades portuguesas, revolucionários e estrangeiros, deixaram testemunhos ricos e originais sobre os conflitos que permeavam a sociedade pernambucana. Talvez por serem contemporâneos da explosão revolucionária anterior à independência, puderam perceber melhor as contradições entre as classes e com isto iluminaram, mais do que outros viajantes, a rigidez das estruturas sociais com suas desigualdades extremas.

Tollenare divide os habitantes da zona açucareira de Pernambuco em três classes:

> 1. os senhores de engenho, proprietários de usinas, seja de grandes plantadores que possuem as terras; 2. os lavradores, espécie de rendeiros; 3. os moradores, ou pequenos colonos. (tradução nossa) (p. 406)

Os senhores de engenho não se interessavam pela administração racional de suas plantações ou pelas novidades técnicas. Os poucos que o faziam eram fama os pelas zombarias de seus iguais.

> Pernas nuas, vestido com camisa e calção, algumas vezes um roupão de indiana, mas daí sem calção, o senhor de engenho, armado de um chicote e visitando suas oficinas, é um rei que não vê ao redor dele senão animais: são os negros, os escravos que maltrata; são os moradores e alguns vassalos inimigos; são os lavradores. (p. 406)

As casas não têm jardins, alamedas, pequenos bosques ou pavilhões de repouso e por um quarto de légua ao redor tudo é nu e ardente. O luxo consiste em grandes baixelas de prata que também é abundantemente usada nos arreios e aparelhos dos cavalos. Às vezes existem serviços de porcelana inglesa. Tollenare desconhecia que este uso de aparelhamento doméstico luxuoso, aliado às vestimentas preciosas, eram o signo da vida nobre ou "honrada" como se dizia na época, e eram obrigatórias para os que quisessem ser considerados como tais.

Os lavradores são arrendatários cultivadores de cana, sem contrato e por isto sujeitos a serem despedidos sem indenização a qualquer momento. Os acordos duram pouco, o que não encoraja qualquer benefício para a lavoura. São agricultores com capital e trabalham eles mesmos com o auxílio de sete ou oito escravos. Para Tollenare, caso fossem beneficiados por leis que garantissem seus direitos, poderiam vir a ser uma classe importante para o futuro do Brasil. O próprio autor testemunhou a expulsão de todos lavradores e moradores de um certo engenho (cerca de seiscentos) que tinham se estabelecido por concessão de donos anteriores.

Os moradores são pequenos colonos estabelecidos em um diminuto lote que podem cultivar com a permissão do proprietário pagando algum foro, mas também sem contrato. Essa incerteza incentivava a indolência e o cultivo só de alimentos, assim como a construção de cabanas precárias.

Dependiam totalmente do proprietário que explorava sexualmente suas mulheres, mas se arriscava a ser objeto de vinganças sangrentas.

A justiça era demorada e corrupta e os juízes que porventura tentassem ser honestos corriam perigo de vida, enquanto os mais complacentes em poucos anos acumulavam um cabedal considerável. A forma mais comum de obter a justiça era fazê-la pelas próprias mãos.

Tollenare (p. 415) cita o caso de certo senhor de engenho que expulsara todos seus lavradores e moradores, provocando fúria pela perda de seus lares e bens. Eles se agruparam em povoado vizinho de onde exerciam vinganças contra o antigo patrão.

Uma das tentativas de controlar a insegurança era a militarização geral da população masculina, toda ela engajada em regimentos de Ordenanças e de Milícias dos quatorze aos sessenta anos. Os oficiais eram os grandes proprietários, daí a enorme quantidade de coronéis, majores, capitães e tenentes que existiam em todas localidades. Os milicianos podiam ser recrutados para o exército enquanto os ordenanças ficavam em suas localidades mantendo a segurança contra crimes, escravos fugidos, etc.

Henry Koster, durante sua estada de onze anos, viajou pelo litoral e sertão de Pernambuco, tendo mesmo alugado lavouras de cana que dirigiu com eficiência. Não rejeitando contatos e amizades com senhores de engenho, burocratas e eclesiásticos, revela nos seus escritos a preferência pelos homens das camadas populares. Conviveu com escravos, moradores, lavradores, sertanejos e vaqueiros. Em que pese a saúde precária, realizou viagens penosíssimas para o Rio Grande do Norte e o Ceará, percorrendo o sertão árido bem no meio das secas que começaram em 1814 e se prolongaram até 1817, com grande mortalidade e miséria. Experimentou na própria carne as privações que pesavam sobre a vida sertaneja e concebeu uma admiração indisfarçada pelas virtudes espartanas de seus habitantes, perdoando e compreendendo seus excessos de violência. A sua posição fica bem evidenciada no final da viagem ao Ceará quando comenta: "Deixara o sertão e, embora tivesse sofrido, sempre desejei regressar" (p. 202).

A descrição da vestimenta e aparelhamento do sertanejo é antológica e merece ser transcrita:

> É a figura comum do sertanejo em viagem. Montava um pequeno cavalo com cauda e crinas compridas. A sela era um tanto elevada adiante e atrás. Os estribos eram de ferro ferrugento e os freios da mesma forma. As rédeas eram duas correias estreitas e longas. Sua roupa consistia em grandes calções ou polainas de couro tanado, mas não preparado, de cor suja de ferrugem, amarrados da cinta e por baixo víamos as ceroulas de algodão onde o couro não protegia. Sobre o peito havia uma pele de cabrito, ligada para detrás com quatro tiras e uma jaqueta também feita de couro, a qual é geralmente atirada num dos ombros. Seu chapéu de couro tinha a forma muito baixa e com abas curtas. Tinha calçado os chinelos da mesma cor e as esporas de ferro eram sustidas nos seus pés nus por umas correias que prendiam os chinelos e as esporas. Na mão direita empunhava um

> longo chicote e, ao lado, uma espada, metida num boldrié que lhe descia da espádua. No cinto uma faca e um cachimbo curto e sujo na boca. Na parte posterior da sela estava amarrado um pedaço de fazenda vermelha, enrolada em forma de manto, que habitualmente contem a rede e uma muda de roupa, isto é, uma camisa, ceroulas e, às vezes, umas calças de nanquim. Nas bruacas que pendiam de cada lado da sela, conduzem geralmente farinha e a carne assada do outro lado, e o isqueiro de pedra (as folhas servem de mecha), fumo e outro cachimbo sobressalente. A todo esse equipamento, o sertanejo junta ainda uma pistola, cujo cano longo desce pela coxa esquerda, e tudo seguro. (pp. 133-4)

A minuciosa e admirável descrição do sertanejo retrata um homem autossuficiente, perfeitamente adaptado às condições de vida locais, preparado para enfrentar todos os perigos e surpresas.

O personagem em questão demonstrou mais uma vez as qualidades de gentileza e solidariedade sem servilismo quando se afastou de seu caminho para ensinar uma fonte de água escondida entre as pedras que em boa hora dessedentou o viajante, seus companheiros e os animais exauridos.

Em outra ocasião, encontrou uma residência de vaqueiro onde observou a ordenha de cabras. Enviou um empregado para buscar algum leite com ordem de pagar. O guia desaconselhou o pagamento. O leite foi enviado e a moeda devolvida, mas logo a seguir três vaqueiros vieram perguntar se o objetivo do pagamento era insultá-los. Koster desculpou-se alegando ser estrangeiro, desconhecendo os costumes locais, mas depois estabeleceu um bom relacionamento com os sertanejos ganhando ainda carne assada para a viagem.

O nosso viajante os considerava "*corajosos, sinceros, generosos e hospitaleiros*" (p. 206), mas extremamente vingativos, fazendo justiça pelas próprias mãos.

A distância dos centros urbanos e a estrutura social do sertão permitiram o aparecimento de potentados como a família Feitosa que vivia no interior do Ceará e do Piauí, desafiando as leis civis e criminais do país. Vingavam ofensas com a morte, oprimindo os pobres e aterrando os ricos.

> O chefe da família era Coronel de Milícias e podia, ao primeiro chamado por em armas cem homens, o que equivale a dez ou vinte vezes esse número numa região povoada. Os desertores eram bem recebidos por ele e os assassinos que haviam cometido o crime vingando injúrias. O ladrão era repelido e mais ainda aqueles que, para entregar-se ao saque, tinham tirado a vida a outrem.

Pouco antes da visita de Koster ao Ceará, o então governador João Carlos (Oeynhausen) recebeu ordens de Lisboa para prender o chefe dos Feitosa. Como sabia que este não iria ao palácio se fosse convidado, mandou avisá-lo que o visitaria para passar em revista seu Regimento. Foi com pequena escolta de dez ou doze pessoas e, após os exercícios, dispensou a tropa, aceitou a hospitalidade do Feitosa, e quando todos se retiraram, prendeu-o sem fazer bulha. Levando seu prisioneiro, galopou sem cessar até chegar ao mar onde já o esperava um barco que o levou para a capital e daí a Lisboa, onde morreu na prisão (pp. 176-8).

O poder no sertão, tal como transparece nas informações de Koster, não era baseado propriamente na riqueza e nas estruturas de dependência econômica como na sociedade açucareira. Está mais ligado ao número de seguidores e agregados leais que formavam uma espécie de exército particular informal ou formalizado caso o chefe tivesse patente militar de Ordenanças ou das Milícias. A mobilidade social também era mais fácil dependendo da habilidade, coragem e inteligência do vaqueiro que conseguia acumular um pecúlio e iniciar sua própria criação em terras alugadas ou apossadas.

Quando voltou para o Recife, em 1812, reiniciou suas viagens pela zona açucareira, onde resolveu instalar-se como lavrador de cana.

Ao aceitar o convite de um capitão-mor de distrito vizinho a Recife para acompanhá-lo em sua viagem de inspeção, teve oportunidade de tomar contato com o sistema de tropas de 2ª e 3ª linha, as Milícias e as Ordenanças, responsáveis pela ordem e segurança na colônia.

Concluiu então que "o conjunto da administração no Brasil é militar". (p. 259) Observação um tanto exagerada, pois revela o desconhecimento da organização do poder das Câmaras Municipais com seus vereadores e "homens-bons" inteiramente nas mãos dos grandes proprietários e comerciantes.

Mas não é de todo errada porque na segunda metade do século XVII a metrópole, ao reforçar seu controle sobre a colônia, paulatinamente transferira muitas atribuições e poderes para os comandantes das tropas de 2ª e 3ª linha. Dessa forma subordinava a massa dos pobres aos grandes proprietários seus oficiais e estes à disciplina militar que visava coibir os excessos de independência que ameaçassem o sistema colonial.

Todos os homens válidos dos dezesseis aos sessenta anos estavam arrolados nas Ordenanças ou Milícias. Para o oficialato dos Regimentos de Milícias iam os mais ricos dos proprietários, dos comerciantes e os burocratas; para a tropa, os lavradores e comerciantes médios. As companhias de Ordenanças, voltadas para o policiamento e segurança locais, absorviam o restante dos proprietários e os artífices na tropa.

O serviço era gratuito para todos, devendo ainda possuir uniforme e armas, e cavalos quando fossem da cavalaria. Como a população era bastante pobre, muitos oficiais, para ganhar méritos, às vezes fardavam e armavam seus regimentos.

O Capitão-Mor era a maior autoridade local e muito temido porque podia prender quem lhe parecesse e mandar levar recados oficiais ou pessoais sem auxílio ou recompensa.

> Os abusos nesse exercício de capitão-mor são inúmeros e as classes baixas de pessoas livres são oprimidas por esses grandes homens e seus subalternos até mesmo cabos. Os camponeses são mandados longe, sem a menor relação com o serviço público e, por léguas e léguas, esses pobres homens são obrigados a deixar seu trabalho, sob pretexto de levar mensagens particulares do seu chefe, seus capitães, ou de seus tenentes sem qualquer remuneração. Raramente esses chefes se lembram de empregar seus escravos em tal fim. Fui várias vezes testemunha, ouvindo, de camponeses de toda parte, queixas. É uma injustiça pesadíssima. Nada mais irrita um camponês do que a certeza de perder seu tempo e trabalho num serviço que não foi solicitado pelo seu Soberano. (pp. 259-61)

O recrutamento para os Regimentos de Linha era um momento de terror, convulsionando toda a capitania pois, apesar das ordens do governador de que de cada família de filhos solteiros só se recrutasse um e que se desse preferência aos maus elementos, as injustiças se multiplicavam.

> É nessa ocasião que a tirania tem o seu esplendor, que o capricho e o arbítrio se aliam e que a mais injusta parcialidade prevalece, e se executa a mais intolerável opressão. O fato é que todo o país se arma, uns contra os outros, e todos os meios de surpreender cada um são usados pelo vizinho. (pp. 388-9)

Foram feitas tentativas de forçar casamentos com pessoas desconhecidas e protegidas do Capitão-Mor em troca da isenção da conscrição. A oferta foi recusada e o jovem foi alistado. Outros, arrimos de família foram indicados por vizinhos espiões que viviam na ociosidade.

> Por algumas semanas o país pareceu devastado por uma guerra civil. Bandos armados eram vistos em todas as direções procurando prender os recalcitrantes. (p. 390)

Como bem percebeu Koster, apesar de todas críticas e revoltas provocadas pelo sistema de recrutamento, ele servia admiravelmente às estruturas de dominação, pois era um momento privilegiado para o exercício do poder. Este podia ser paternal quando defendia ou favorecia os protegidos que assim aprendiam a lição da humildade e submissão aos poderosos. Mas também podia ser cruel e brutal quando se abatia sobre os que resistiam ao mecanismos do sistema.

Após a independência, diante das pressões dos elementos mais liberais, as Milícias e Ordenanças foram extintas em 1823, mas o vácuo do poder e o temor das classes dominantes em relação à massa dos excluídos resultou na criação da Guarda Nacional em 1832, que assumiu todas as funções das antigas instituições.

O coronelismo, associado apenas à República Velha, na verdade tem raízes bem fundas e antigas na própria colônia.

As relações que se estabeleceram no Brasil entre os grandes proprietários, fossem eles senhores de engenho, criadores de gado, bandeirantes ou mineradores e seus subordinados, foram baseadas na dependência econômica dos excluídos da posse da terra ou dos engenhos, condição básica para produção voltada para o comércio de exportação. O caráter escravista e comercial da produção a inclui bem concretamente no processo inicial da acumulação capitalista e exclui qualquer possibilidade de se pensar um modo de produção feudal no Brasil.

Mas as relações que se estabeleceram entre os povoadores não se limitaram à simples divisão de trabalho porque a luta pela ocupação da terra que era posse dos índios exigiu a solidariedade militar para a sobrevivência.

É natural que homens saídos da Idade Média e das lutas da Reconquista Ibérica retivessem a lembrança das relações feudalizantes no que e referia aos laços de fidelidade, lealdade e submissão entre senhores e dependentes.

O sistema escravista, com a presença do *inimigo doméstico*, como era chamado o escravo, e o isolamento das propriedades, criou condições para que certas visões de mundo e do imaginário social da Idade Média permanecessem vivas apesar das novas condições de produção.

Diante disso, são perfeitamente compreensíveis as reflexões de Koster quando vivia na sua propriedade:

> Noutras ocasiões pensamentos diversos a esses ocupavam-me o espírito. Imaginava a vida estranha que levava e a semelhança com a época feudal na Europa aparecia-me, e não a deixava de comparar com estado atual do interior brasileiro. O grande poder do agricultor, não somente nos seus escravos mas sua autoridade sobre as pessoas livres das classes pobres; o respeito que esses barões exigiam dos moradores das suas terras, a assistência que recebem dos rendeiros em caso de insulto por parte de um vizinho igual, a dependência dos camponeses e seus desejos de ficar sob a proteção particular de um indivíduo rico, que seja capaz de livrá-los de toda opressão e de falar em sua defesa ao Governador, ou ao Juiz, todas essas circunstâncias se combinam para fazer a similitude ainda mais flagrante. (pp. 295-6)

Continua dizendo que seus próprios trabalhadores livres cometeram crimes esperando sua ajuda e foi um custo convencê-los a mudar de ideia.

E como uma conclusão denotativa dessa mentalidade, relata o caso de seu feitor, que dele cuidou durante sua enfermidade, dizendo:

> Assim vivo literalmente no meio desse povo. Tomo minhas refeições sozinho, mas geralmente duas ou três pessoas, empregados no engenho, estão na sala, enquanto almoço ou janto, sentados ou de pé, falando comigo. Entregam-me o prato ou outra causa quando peço e são felizes de estar próximos quando tenho alguma necessidade. O feitor e sua mulher narram-me casos raros e repetidos. É um homem de temperamento feudal, honesto e fiel em todos os respeitos, por uma atenção pessoal à entidade a quem serve e não pela opinião geral do mundo. Não tem o critério do justo ou do injusto. É caso frequente entre esse povo. (pp. 296-7)

A rica fonte das informações de Koster ainda poderia ser explorada sobre inúmeros temas da sociedade brasileira, mas acreditamos ter completado com ele o processo de formação iniciado com a chegada do colono português no século XVI e que se revela cristalizado às vésperas da Independência.

SOCIABILIDADES SEM HISTÓRIA: VOTANTES POBRES NO IMPÉRIO, 1824-1881*

Maria Odila Leite da Silva Dias (USP)

A historiografia do Império foi durante muito tempo matriz do estudo das instituições políticas e do discurso fundador da nacionalidade. Dentro dessa característica ideológica, só se podia endossar a consolidação da hegemonia política das elites que projetaram a nação. Esse projeto homogeneizante consistia numa missão de controle social, disciplinador e civilizador das imensas desigualdades sociais herdadas da sociedade escravista. Era impossível – dentro dessa visão de sistema, de equilíbrio maior de uma sociedade que se via do prisma do poder – chegar a documentar a pluralidade, as diferenças, os regionalismos, as conjunturas que envolviam modos de sobrevivência de grupos sociais oprimidos.

Um dos primeiros historiadores que se voltou para o estudo da massa de homens livres pobres na sociedade colonial foi Caio Prado Jr., em seu livro *Formação do Brasil contemporâneo* (1942), em que trata de sua inserção ambígua no sistema produtivo escravista. Marxista dado a interpretações concretas e específicas, apontou este setor dos homens pobres livres como um grupo social que, em princípio, estava fora do sistema produtivo dominante. Somente no dia em que estivesse integrado na sociedade é que se poderia considerar consumado o processo de formação do país.[1]

Escrevia na década de 1940, quando ainda não se desencadeara o processo de industrialização e de urbanização que transformou drasticamente as perspectivas da sociedade brasileira como um todo. A urbanização trouxe perspectivas novas de redefinição do político em vias de serem exploradas. Ultrapassar certa fronteira de perspectivas metodológicas ainda consistia em desafio para historiadores e para as ciências humanas em geral. Era preciso começar por documentar processos sociais não determinantes, o que por si já exigia uma abertura ideológica e metodológica inovadora, difícil para uma intelectualidade formada num sistema centralizador, autoritário e inserida na compartimentação do saber universitário. Nas décadas de 1950 e 1960, olhares ambíguos, ainda forjados pelas escolas funcionalistas e mesmo estruturalistas, vislumbraram a possibilidade de uma pluralidade de sujeitos históricos.

Grupos sociais "outros" apareciam, contudo, ainda inseridos numa perspectiva globalizante, vistos como desordeiros ou subordinados ao todo da nação, do poder, da ordem dominante. Para descortinar diferenças foi preciso transcender enquadramentos amplos. Aceitar o outro implicava abrir-se para uma pluralidade de possibilidades de participação até então negadas para o conjunto da sociedade.

Uma sociedade como a brasileira, radicalmente dividida de si mesma, caracterizada por enorme concentração de poder, de riqueza e de cultura, sofreu há poucas décadas o impacto da experiência urbanizadora. Da mesma maneira, movidos por idêntico contexto social, procuraram os historiadores no seu *métier* armar-se de métodos diferentes de abordagens para aceitar uma pluralidade de experiências históricas sem lhes atribuir aspectos de desintegração, de inerente desordem ou de anomia. Documentar experiências diversas de vida, aceitar conjunturas sociais fragmentadas que desafiam globalidades tidas como certas, nacionais, coerentes com sistemas ideológicos predefinidos, globalizantes, fundadores, ainda faz parte da construção por conceitos como o do social por oposição ao político ou ao nacional. Interpretar o social implica passar pelo crivo de redefinição da cidadania política.

A historiografia social, da cultura, do cotidiano enfrentou como ainda enfrenta um caminho árduo, pois carecia de novos prismas teóricos e ideológicos para interpretar fenômenos sociais que não se deixavam apreender através de enfoques tradicionais.

O processo de urbanização que concentrou nas cidades as populações regionais, rurais, contribuiu indiretamente para transformar parâmetros interpretativos viciados pelo etnocentrismo e por conceitos sistêmicos predeterminados. Os termos compreender ou interpretar têm uma conotação precisa nas humanidades, pois sugerem a necessidade de reconstruir o conhecimento de modo a poder trabalhar com especificidades e não com conceitos abstratos. Esta forma de trabalho subentende valorizar os pormenores, o fragmentário e o não determinante, para que se possa construir um conhecimento que nasce da desocultação, do decifrar como um processo que aspira a reconstruir seu todo sem ter para isso chaves conceituais formalizadas. O conhecimento que desvenda é um processo de descoberta.

A nova experiência urbanizadora do país abriu novas possibilidades de interpretação para os fenômenos das *diferenças* que sempre tiveram um peso exagerado no processo desigual de nossa formação. Nada mais importante do que explorar diferenças e especificidades numa sociedade que se caracteriza por uma concentração de renda em nível excepcional.

Trata-se de um conhecimento polêmico e engajado pois chega a uma visão de conjunto através da percepção de fenômenos para os quais não se formulou hipóteses iniciais. Da urdidura dos pormenores é que o intérprete chega a uma visão de conjunto das sociabilidades, das experiências de vida, que traduzem necessidades sociais. Aderir à pluralidade é uma condição para este sondar das possibilidades de coexistência de valores e necessidades sociais diversas que coexistem entre si mas não têm uma necessária coerência. Trata-se, na historiografia, de aceitar o provisório como necessário. Do passado, na verdade, só vislumbramos temas e fragmentos de experiências que nossa contemporaneidade nos permite entrever. Esses temas e fragmentos, por sua vez, mudarão com a linha do horizonte do nosso conhecimento, que nunca é fixo.

Tudo isto para enfatizar a importância na historiografia de desvendar conjunturas parciais de grupos sociais em formação sem impor-lhes de antemão conceitos e categorias abstratas. Estas terão de dar precedência à interpretação possível das condições de vida de grupos sociais que mal começamos a discernir através de parâmetros ideológicos distantes daqueles que os relegavam a um lugar subordinado, subalterno ou de antemão configurado. Trata-se de uma perspectiva inovadora para a historiografia da passagem da escravidão para o trabalho livre.

Esse momento, que desencadeou o processo de formação das classes trabalhadoras na diferentes regiões do país, representou um impasse para as classes dominantes, provocando processos políticos decisórios para fortalecer sua hegemonia. Durante muito tempo, o grau de consolidação da hegemonia das classes sociais, que lidaram com o problema da desagregação final da escravidão, ocultou por completo a possibilidade do desvendar da experiência de grupos não determinantes nem hegemônicos e das vicissitudes pelas quais passaram no processo de sua nova inserção nas sociedades locais, regionais, para não nos remetermos de novo à própria hegemonia do poder que constituía o país, a nação, o governo. Custou muito poder de discernimento para que os historiadores conseguissem o espaço necessário para o estudo da resistência que ofereceram os grupos sociais à política de dominação da época da Abolição. Trata-se de tentar um caminho que nos possibilite construir uma historiografia dos homens pobres livres dentro da desigualdade de crescimento econômico do diverso regionalismos de fins do Império, e partindo da reconstituição das conjunturas locais e regionais nas décadas que antecederam a Abolição.

Tanto na economia cafeeira do Centro-Sul, como no nordeste açucareiro, a massa dos habitantes livres permanecia à margem da economia de exportação, resistindo à integração no sistema produtivo, baseado na mão de obra escrava. O processo de sua integração na força de trabalho, após a abolição, foi eminentemente local, variando conforme as economias regionais e, principalmente, a imigração estrangeira, que tornou específico este processo no Centro-Sul, sobretudo na Corte do Rio de Janeiro e em São Paulo, após 1886. No Nordeste, com a decadência precoce da escravidão, a população de livres pobres se elevava, no recenseamento de 1872, a 83% em Pernambuco e na Bahia. A lenta transformação em parceiros e assalariados das usinas é processo peculiar que antecede a Abolição e vem sendo estudado em suas particularidades regionais, tais como a falta de disponibilidade de terras no agreste, as migrações para a zona da mata, as condições específicas de exploração do trabalho na economia açucareira.[2]

De longa data, a questão dos agregados e homens livres pobres, pequenos sitiantes, ou pequenos posseiros, voltados principalmente para a economia de subsistência, tem sido vista em oposição à presença de escravos e à inserção na economia internacional ou ao grau de crescimento da economia capitalista. Enquanto se formava um mercado escravo no plano nacional, com sua conjuntura de preços determinada por circunstâncias globais do país, o mercado do trabalho livre permanecia ainda inteiramente local, ditado por condições fortuitas, estritamente regionais.

Alguns autores identificam os trabalhadores livres nacionais com o subdesenvolvimento da economia do Centro-Sul, ressaltando, como o faziam os contemporâneos, a sua resistência à integração como assalariados nas fazendas de café. Em São Paulo, a opção pelo imigrante italiano e a política de excedente de oferta de mão de obra acabou por comprimir salários e consumar a concentração da propriedade da terra em grandes unidades e nas mãos de poucos.[3] Teria sido outro o destino da economia se se tivesse permitido a disseminação de pequenas propriedades e a comercialização de pequenas lavouras.

A massa dos habitantes livres do Centro-Sul tem pois sua historicidade necessariamente fragmentária e regional, em face da economia cafeeira e da construção do Estado-Nação. É sempre delineada, de maneira opositiva, ou confrontante; seja ao projeto elitista de integração na nacionalidade, ou às necessidades da economia capitalista, a que resistiam.

Entretanto, o estudo de aspectos localistas, aparentemente fortuitos e fragmentários, tem o condão de tornar mais concretos os limites de atuação da hegemonia das elites dirigentes que moldaram a sociedade global, tanto através da sua política de arregimentação do trabalho às vésperas da Abolição,[4] como na definição dos direitos de cidadania que integravam os homens pobres no Estado-Nação.[5] A política de dominação se fazia sentir principalmente através do sistema eleitoral e da estratégia de recrutamento para as forças policiais locais, a guarda nacional ou para o exército de primeira linha. Diz essencialmente respeito à centralização do poder e à política do governo de controle do mandonismo local.[6]

Nesse sentido, ressalta-se na conjuntura do Centro-Sul a expansão da economia cafeeira e os seus efeitos sobre os setores da população até então voltados para a economia de subsistência. A oposição estrutural que se estabelece entre a economia de subsistência e as fazendas de café configura a historicidade de integração do homem livre na história local: o processo de lenta desapropriação de suas posses com a concentração das terras é um aspecto que chama de início a atenção dos historiadores.[7]

Até o presente, o que se sabe sobre a existência dos setores "marginalizados" da população do Império deve-se a estudos de comunidades, como seria de se esperar em face da massa dos desclassificados sociais do país. Trabalhos de história social e econômica de comunidades como Vassouras (Stanley Stein), Bofete (Antonio Candido), Guaratinguetá (Lucila Herman, Maria Silvia Carvalho Franco), Itu (Eni Mesquita), Parnaíba e Taubaté, descortinam dados preciosos sobre as formas de organização da sobrevivência e as mudanças que ocorreram na vida desses setores da população.

Estudá-los, na perspectiva mais abrangente de sua integração na história econômica e política do Império, significa aproveitar o conhecimento acumulado nos estudos de comunidade, acrescentando a reconstituição de conjunturas específicas de condições de vida, necessariamente fragmentárias, necessariamente locais, que possam iluminar o modo de sua inserção gradativa na força de trabalho (1870-1888). Estudar os homens livres no pano de fundo de suas historicidades regionais, como parte componente do eleitorado pobre das províncias do Centro-Sul (1824-1881), significa ainda um esforço de síntese, no sentido de compor um quadro mais amplo, abarcando ao mesmo tempo a reconstituição de suas experiências de vida local, formas de sobrevivência e nuanças ou conjunturas de inserção na sociedade nacional.

Documentar no plano da história social a sua luta pela sobrevivência,[8] assim como a sua resistência às formas de cooptação (recrutamento, patronato) e ao trabalho assalariado nas fazendas, sondar as possibilidades das fontes escritas, sempre indiretas e comprometidas com a ideologia das classes dominantes, discernir os limites de viabilidade da reconstituição de sua experiência de vida marginal com relação às forças do capitalismo e do projeto hegemônico das elites do Império parecem desafios promissores no estágio atual da historiografia do século passado.

A limitação das fontes escritas pode eventualmente ser suprida pelo historiador, tendo em vista as perspectivas mais abrangentes do conjunto da sociedade da época. A inserção da experiência dos homens livres no eleitorado pobre, ao mesmo tempo inclui a perspectiva hegemônica e abre espaços para o estudo das tensões sociais ocasionadas pela sua resistência à política de dominação.[9] A partir das próprias experiências de vida e não de conceitos abstrato, atendo-se à especificidade dos testemunhos, lutando por reconstituir as particularidades dos processos sociais mais abrangentes, o historiador documenta o plano da história social.

Um dos conceitos básicos que precisam ser postos à prova é o da clientela paternalista, do favor, das relações pessoais de dependência e de proteção; é preciso relativizar sua abrangência, delimitando as situações específicas em que se definiam como tal: os agregados propriamente ditos, que viviam de favor nas fazendas de café, indicam situações definidas de vida, que abrangem uma parte relativamente pequena da massa dos habitantes livres do Centro-Sul.

Segundo o relatório do presidente da província de São Paulo, em 1854, existiriam nas fazendas de café de toda a província, apenas 4.223 agregados, para 55.834 escravos; nas lavouras de açúcar, a proporção era ainda menor: cerca de 698 agregados para 15.641 escravos. Nas fazendas de criação de menor valor comercial aumenta a proporção dos homens livres: 1.767 agregados para 4.342 escravos. As mesmas proporções provavelmente se mantêm para a província do Rio de Janeiro e para a zona da mata no sul de Minas Gerais.[10]

A porcentagem global dos homens livres na população do Centro-Sul como um todo era claramente majoritária, embora menor do que a do Nordeste. Refere-se à massa da população que vivia à margem da economia de exportação ou nas fímbrias da monocultura comercial, onde sobrevivia e resistia de uma forma certamente mais fluida e mais provisória do que a sugerida pelo conceito do favor e da clientela pessoal. Aqui é importante atentar para a concentração demográfica de escravos e para a distribuição da população livre nos municípios, principalmente nos municípios cafeeiros ou açucareiros. Em Vassouras, por exemplo, algumas das paróquias, como Conceição e Paty do Alferes, concentravam, em 1872, cerca de 71% de escravos, enquanto outras, como Tinguá, área de terras pobres e improdutivas, reunia quase exclusivamente homens livres (75%), posseiros, sitiantes e roceiros. No município de Rio Claro, em 1872, 37% da população era livre. Em Parnaíba, no começo do século, perfaziam 59% da população local e 84% dos que se declaravam lavradores.[11]

A condição subalterna e subordinada dos homens livres na sociedade escravista é indiscutível, porém as relações de dependência no conjunto da população dos marginalizados era certamente mais fluida do que deixam entrever alguns autores. A mobilidade da população livre dentro de uma mesma região, de uma paróquia para outra, de um município para outro, de um distrito eleitoral para outro, dentre freguesias, tem sido constatada por diferentes historiadores. Eni Mesquita demonstrou a frequência com que os agregados de Itu mudavam de uma propriedade para a outra. A contínua mudança de domicílio também foi analisada dentro do perímetro urbano da cidade de São Paulo por Alzira Lobo Arruda Campos.[12] Com a aproximação da economia cafeeira e a intensificação da política de controle social, costumes ancestrais de roças volantes, transformavam-se em recursos de resistência à fixação, à dependência pessoal, ao trabalho permanente.

Os homens livres destituídos de propriedades viviam em trânsito. A lavoura de subsistência implicava trabalho em determinadas épocas do ano e disponibilidade em outras. As referências às migrações sazonais dos trabalhadores livres assomam com relativa frequência nos relatórios dos presidentes de província. Em Minas Gerais, os homens livres migravam para a zona da mata e o vale do Paraíba e, ao chegar a época das semeaduras, voltavam para os municípios de origem, na região central da província. Também em São Paulo, deslocavam-se temporariamente de suas lavouras, procurando trabalho nas regiões de fronteira, nas fazendas de café, nas lavouras de açúcar. As regiões de Uberaba, da Mogiana, e de Franca a Mogi Mirim recebiam migrantes das áreas de criação de gado do sul de Minas Gerais (Pouso Alegre, Campanha, Aiuruoca).[13]

Além do costume das roças volantes, a perda de suas pequenas posses ou questões de terras também deslocavam os moradores de uma localidade para a outra. Com a consolidação do sistema de controle social, sobressai a preocupação das autoridades locais, das juntas de qualificação, dos juízes de fora e dos chefes de polícia, em registrar as mudanças de domicílio; demonstrando uma atenção especial em atualizar as listas dos moradores das paróquias, para as eleições e os recrutamentos. A ideologia do trabalho na sociedade escravocrata discriminava os andarilhos, tropeiros, roceiros, como "vadios", desocupados ou ociosos, perseguindo-os com posturas e alvarás de recrutamento para o exército de primeira linha.[14]

Quase todas as ocupações onde predominava o trabalho livre refletiam a natureza temporária e o nomadismo dos costumes dos homens livres da província. Era o caso do transporte das tropas de muares, do trabalho em obras públicas esporádicas e, posteriormente, nas estradas de ferro, cujo papel importante na transição para o trabalho assalariado, vem sendo estudado nos últimos anos.[15]

A economia de subsistência na região do Centro-Sul, tinha suas conjunturas históricas marcadas e diferenciadas por fatores externos, tais como a disponibilidade de terras, que influía decisivamente sobre o destino das roças. O processo de desapropriação acentuava-se em áreas de penetração do café ou do açúcar, provocando um contínuo deslocamento dos lavradores pobres, das regiões mais estabelecidas para as terras novas de fronteira em área de índios bravos.[16]

A organização das famílias de sitiante e o sistema de heranças também contribuíam para distribuir a população e opor as áreas de frentes pioneiras às áreas de retaguarda, decadentes.[17] Nas primeiras, predominavam os homens novos e, nas segundas, as mulheres de maridos ausentes, chefes sós de fogos pobres, cuja tendência era abandonar os sítios improdutivos e refugiar-se em localidades urbanas. Este sistema de povoamento, estudado por Sérgio Buarque de Holanda, perpetuava-se na província de São Paulo no século XIX, principalmente quando era intensificada a penetração das lavouras comerciais.

O sistema de concentração das terras nas mãos de alguns poucos proprietários apenas se esboçava em 1818, quando foram feitos os registros dos bens rústicos analisados pela historiadora Alice Canabrava.[18] O mesmo foi documentado na obra de Stanley Stein para a Vassouras da década de 1830. Em 1850, a consolidação das propriedades de grandes posseiros já tomava forma de lei.[19]

O sistema de valorização das terra de fronteira dependia, de início, da ocupação temporária por homens livres, contratados para a derrubada da mata. Depois, eram expulsos ou despedidos das terras recém-formadas, enquanto os grileiros se encarregavam de garantir o usufruto e a valorização das terras para empresários absenteístas ou homens de negócio das cidades. É interessante observar a perpetuação dos papéis, sempre provisórios, de ocupadores iniciais desempenhados pelos homens livres em Botucatu (1860), em Rio Claro (1870), em Casa Branca e Mococa (1880) enquanto se processava a saga de expansão do povoamento, acelerado sobretudo a partir de 1880 pela prosperidade das áreas novas de café da Mogiana e, posteriormente, da Alta Paulista. Em 1920, o ciclo se repetia na região da Noroeste, onde ainda se destaca na tradição oral a violência dos costumes que opunham os grileiros aos posseiros pobres em nome do capital.

A propriedade efetiva da terra demorou muito a se tornar clara e bem documentada. As roças volantes dos homens pobres eram substituídas por grandes posses de limites obscuros e cercas de penumbra, tanto melhor asseguradas quando menos documentadas. O registro exigido pela lei de 1850 subentendia impostos que eram proibitivos para os pequenos posseiros.

A política de concentração das terras vinha firmemente abalizada nos recursos legais das classes hegemônicas. Tratava-se, a todo custo, de manter os moradores pobres itinerantes e, sobretudo a partir de 1870, despossuídos de terras próprias para que pudessem ser contratados como assalariados ou parceiros. A partir desta época, tornavam-se desnecessários os impostos e taxas, pois as terras já estavam bastante valorizadas para começar a substituir os escravos como garantia de hipotecar.[20] Com a iminência do fim da escravidão, tornou-se urgente vislumbrar formas de atrair e de reter nas fazendas a mão de obra livre, com decretos e leis de serviços, como a de 1873, que punia o trabalhador que abandonasse a fazenda antes de cumprido o tempo de contrato.[21]

A historicidade da itinerância dos homens livres pobres e de suas conjunturas de sobrevivência pressupõe o processo sempre renovado de dominação que os mantinha despojados. O destino de suas roças de subsistência e a contínua necessidade de renovação das táticas de sobrevivência determinavam o ritmo do processo de povoamento. A itinerância e a mobilidade eram características essenciais de sua sobrevivência: a contínua mudança espacial, a par da contínua mudança ou improvisação dos costumes, inclusive a transitoriedade da organização familiar, dos casamentos, das ausências.[22] Ao mesmo tempo eram empurrados pela necessidade e pelo recurso de resistência ao controle social dos fazendeiros, das autoridades policiais, do fisco.

Também as ocupações a que se dedicavam, em complementação às roças de subsistência, eram de natureza essencialmente temporária: transportar tropas, servir como camaradas ou auxiliares de tropeiro, aceitar empreitadas de derrubadas de mata, capinar, preparar terras ou, sobretudo, contratar-se como jornaleiros em obras públicas. As oportunidades mudavam conforme as conjunturas de momento e como tais eram aproveitadas a seu tempo e vez. As frentes de povoamento, as retaguardas de terras empobrecidas, as terras públicas, os ensaios de colonização estrangeira – que muitas vezes também recebia nacionais[23] – e a própria Guerra do Paraguai, abriam oportunidades de ocupação para homens pobres disponíveis.[24]

Alice Canabrava estudou a oportunidade de sobrevivência oferecida a partir de 1865 pela cultura do algodão, que se expandiu na província de São Paulo nas regiões de sitiantes pobres, oferecendo refúgio para os desvalidos da região de Sorocaba, justamente quando se tornava crítica a crise dos tropeiros e do comércio de muares em geral; em São Luís do Paraitinga, no vale do Paraíba, o algodão veio abençoar os moradores pobres com possibilidades de sobrevivência.[25]

Era sugestiva a sensibilidade dos roceiros e sua capacidade de improvisação dos meios de ganhar a vida, assim como seu olhar sempre aberto para conjuntura favoráveis de serviços ocasionais, ou de comercialização dos pequenos excedente de suas lavouras. A comercialização da parcas colheitas era costume antigo, como sempre inserido na sanha de dominação de atravessadores, intermediários urbanos e de almotacéis das vilas. O pequeno comércio local era atividade bastante independente para atrair homens avessos a qualquer forma de trabalho manchado pela escravidão, principalmente quando feitorizados, em turmas. Em várias localidades e pequenas vilas da província, o comércio local contribuía, apesar de sua pobreza, com mais de 60% das rendas municipais.[26] O fisco encarregava-se de cobrar dos moradores e posseiros em trânsito uma série de contribuições e taxas de consumo, desde a aguardente até as pequenas transações de comércio de gêneros de primeira necessidade. As multas eram parte tão certa de sua posição subalterna, quanto a política de recrutamento.

As atividades de pequeno comércio também eram muito dificultadas pela falta de liberdade de que dispunham quando e aventuravam por regiões mais densamente povoadas, principalmente junto às vilas. Desde a época da Independência, as autoridades interessadas em organizar feiras e fomentar o comércio local tinham de prometer a suspensão de eventuais recrutamentos ou de quaisquer formas usuais de arbitrariedade ou violência, a que se viam usualmente expostas as populações pobres no Império. Procuravam garantir-lhes, pelo menos no texto dos decretos, o direito de vender, comprar e transitar livremente, ao menos no percurso de ida e volta de sua casas às feiras:

> aos feirantes, compradores e vendedores seja outrosim concedido o direito e privilegio da isenção de quaesquer licenças, alcavallas e contribuições, assim como de embargos pessoaes de seus escravos, moços e apagniguados, e de quaesquer socios ou agentes, e emfim dos seus carros, bois e bestas de qualquer serviço, sem que haja autoridade alguma, por maior que seja possa fazer-lhes a este respeitos o mais leve embaraço, porque qualquer estorvo nesta matéria seria de péssimas consequencias como turbativas do commercio, que tem por principal alimento a mais ampla liberdade,

> não tendo por isso mesmo os compradores preferencia alguma uns sobre os outros para as suas compras, antes concorram todos na mais perfeita igualdade, sendo o maior preço offerecido o unico principio da pretendida ou desejada preferencia...[27]

O pequeno comércio era parte importante das atividades de subsistência, desdobrando-se em cadeias infindáveis de múltiplos intermediários, desde o caminho das roças aos ranchos de tropas, às vendas de beira de estrada onde eram considerados presença constantemente subversiva, amplamente documentada pelos viajantes e pelas posturas das municipalidades. Este setor de atividade foi se intensificando dentro das limitações impostas pela economia doméstica e pela falta crucial de transportes, à medida que se ampliavam as necessidades locais do comércio interno na região Centro-Sul.[28]

A historiografia contemporânea tem produzido trabalhos interessantes sobre história social da comida e da distribuição local dos gêneros alimentícios em vários países da América Latina, que sugerem pontos interessantes de confronto e temas por elaborar.[29]

A comercialização dos excedentes foi se intensificando com a carestia galopante dos gêneros de primeira necessidade a partir de 1850, na província do Rio de Janeiro e, de 1860, no sul de Minas e em São Paulo. A consolidação da economia de exportação agravava a desorganização estrutural do setor de subsistência limitando cada vez mais o espaço reservado para pequenas colheitas. A medida que pequenas posses eram cobertas por cafezais e que esta monocultura do café absorvia o tempo de lazer que os escravos tinham para suas hortas, as pequenas colheitas já não satisfaziam as necessidades locais, implicando a compra de alimentos do Sul, ou a importação de regiões mais distantes, ou mesmo do Prata e do exterior.[30] A consolidação do mercado interno tem muito a ver com a sorte dos homens livres pobres. O problema do abastecimento interno ainda preocupava os estadistas da República Velha, podendo-se considerar que, enquanto dependiam de importar de fora os alimentos necessários para a reprodução da força de trabalho, estava incompleto o processo de construção da nação e de formação de uma economia propriamente nacional.

Contemporâneos como Sebastião Ferreira Soares destacavam como um contrassenso a proliferação de homens pobres errantes, sem-terra, e a consequente carestia dos gêneros alimentícios. Propunha remediar o problema com a fundação de colônias agrícolas de agregados sem-terra e desocupados dos cortiços da Corte, para os quais seriam distribuídas pequenas propriedades.[31]

A proliferação de botequins, de lojas de molhados e de carne seca, logo depois concentrados nas mãos de grandes monopolistas, é um aspecto da sobrevivência dos roceiros, parceiros e agregados, que diz respeito ao estudo do processo incipiente de urbanização, seja junto às localidades e vilas próximas às fazendas de café ou próximo aos centros urbanos como São Paulo e a Corte. Cuidar de tavernas e pequenos armazéns era atividade preferida pela população forra e mulata, que compunha a extrema diversidade dos setores livres (caipiras, libertos, imigrantes), focalizados neste artigo.[32]

A mentalidade dominante, a partir de meados do século passado, do progresso do capitalismo e do advento da civilização coloria de nuanças pejorativas os costumes dos lavradores pobres, cujo atraso muitos atribuíam ao isolamento das povoações, à mestiçagem, à falta de ambição ou à preguiça; preconceitos inveterados contra a diligência e o trabalho assalariado, que as próprias classes dominantes apontavam como produto das sociedades mais adiantadas. A historiografia não propiciou a acumulação de conhecimentos sobre esses grupos importantes no conjunto da população, concentrando sua atenção, primeiro nos escravos, depois nos imigrantes estrangeiros.[33]

A declaração de cor nos recenseamentos parece seguir os padrões dos preconceitos dominantes e exagerar a presença dos brancos, tanto no censo de 1872 como no de 1890. O fato é que estariam provavelmente subcontados os lavradores e parceiros pobres de localidades distantes, sobretudo os mais dispersos e em contato menos direto com o mundo das autoridades ou dos fazendeiros, sem falar nos caboclos e mestiços de índios, dispersos pelas regiões novas e, de forma geral, por toda a província.[34]

É interessante lembrar que, em todo o decorrer do século passado, o processo de mestiçagem transformava aos poucos os roceiros caipiras de antiga ascendência mameluca, em mulatos, dada a presença dos escravos. O grupo da população que mais crescia era o dos mulatos, mestiços forros, que persistentemente se acrescentavam às populações caipiras tradicionais. Na província de Minas Gerais, de longe a mais densamente povoada, era fator predominante, deslocando-se para as frentes agrícolas das regiões do sul da província. De cerca de 48%, em 1814, passou a quase 70%, em 1872. A província do Rio de Janeiro passou de 28% de forros mulatos para 38% em 1872. A província de São Paulo, de cerca de 38% de libertos mulatos, em 1836, para 57%, em 1872.[35]

É claro que o fenômeno delimita as fímbrias da escravidão concentrando-se nas regiões de açúcar e de café. Nestas áreas, apenas 10 a 15% da população dos municípios perfaziam o grupo dos agregados; uma minoria em processo de desaparecimento. Ex-escravos concentravam-se nas regiões mais antigas e populosas, como o vale do Paraíba. Muitas vezes, para evitar as proximidades de fazendas, procurariam meios de sobrevivência sertão adentro, nas fronteiras ou em áreas de criação de gado. Está por fazer um mapa aproximado das tonalidades raciais e do convívio dos forros e libertos com a população caipira tradicional.[36]

É de particular interesse estudar o fenômeno de arregimentação dessa população pelas elites dominantes e a construção paulatina de recursos administrativos e de leis para cooptá-los à população do Império como cidadãos pobres, porém efetivamente integrados no sistema político, na medida em que formalmente podiam votar.

O sistema político e administrativo de construção do Império processou-se lentamente, à medida que as classes dominantes puderam colocar-se de forma mais eficiente acima das localidades, em nível provincial e sobretudo no nível da Corte do Rio de Janeiro. Na época da Independência, interessadas em exercer um controle social mais eficiente, procuraram arregimentar e integrar as populações marginais ao corpo da nação. Essa preocupação inicial dos grupos liberais e radicais sobreviveu na Constituição outorgada de 1824. Entre essa data e 1846, o censo mínimo exigido para o cidadão votante era muito baixo, fixado em apenas 100$000 de renda anual, e sofria a desvalorização do processo inflacionário englobando um número cada vez maior de homens livres pobres. Era conveniente ao mandonismo local, e a manipulação eleitoral aproveitou-se amplamente desse aspecto da lei. Em 1846, o requisito mínimo passou a ser computado em prata, equivalendo mais ou menos ao dobro, o que ainda era quantia irrisória para a época.[37]

Os vadios, os pobres, os desocupados, os que não tinham sequer condições de ser votantes, eram recrutados para o exército de linha. A partir de 1833, a guarda nacional tornou-se o centro de arregimentação dos setores intermediários de pequenos proprietários, roceiros e lavradores pobres.[38]

As autoridades locais, os juízes de paz, os párocos que recebiam as côngruas do governo central e os juízes municipais controlavam o processo, fundamental no sistema de eleição indireta, de qualificação dos votantes pobres. Após 1841, os juízes de direito e os chefes de polícia suplantaram as autoridades municipais e passaram a exercer um relativo controle sobre os métodos de dominação exercidos sobre os votantes pobres.[39]

Os pequeno sitiantes, lavradores pobres, parceiros e meeiros também eram recrutados para as forças policiais locais, ou para a polícia rural, cada vez mais necessária onde a população escrava crescia e onde as elites muitas vezes se desentendiam. A guarda nacional na província do Rio de Janeiro e na Corte, em troca de favores e de proteção local, monopolizava os recrutas que deveriam caber ao exército de primeira linha. O mesmo se pode dizer das forças de policiamento provincial, que eram diretamente subordinadas ao presidente da Província.[40]

Qualquer recrutamento envolvendo deslocamento no espaço e a obrigação de servir seis anos longe das suas roças ou vilas impunha sacrifícios e a resistência a todo custo, inclusive a deserção sistemática.[41] As fontes mineiras, fluminenses e paulistas comentam o horror dos roceiros ao serviço militar. Mesmo quando se tratava de serviços meramente locais, como no caso das polícias rurais, que não passavam de agrupamentos de capangas e como tal eram sistematicamente mal vistas pelos presidentes de Província que pretendiam substituí-las por forças provinciais, mais diretamente controladas pelo poder central.[42]

A resistência ao recrutamento dificultava a organização das forças provinciais, o mesmo acontecendo com a guarda nacional. Pior de tudo, para os contemporâneos, era o exército de primeira linha considerado como castigo pela população mais pobre, que o identificava, com razão, a trabalhos forçados.

Permanecem mal documentadas na história as mediações sociais dos conhecidos processos de violência eleitoral. A partir da reforma eleitoral de 1846, as juntas de qualificação dos votantes das eleições primárias passaram a controlar também o recrutamento. As forças de repressão local parecem, nesta época, ganhar novo alento sobre as populações marginais de pequenos sitiantes ou mesmo de homens destituídos de terras: coletores, párocos, juízes de paz vigiavam as mudanças de domicílio, tratavam de conhecer a gente nova que chegava das vizinhanças, relatar os desentendimentos e os termos de bom viver, saber das multas, fiscalizar os deveres dos cidadãos pobres.

> Todos os Juizes de Paz da comarca serão obrigados a participar immediatamente ao Chefe da Policia, os acontecimentos extraordinários, que interessem à segurança e tranquilidade pública, e quaesquer outros, que demandem promptas providencias, informando-o da existencia de quaesquer ajuntamentos illícitos ou em que houver perigo de desordem. Alem disso, lhe remetterão uma relação semanal, contendo declaração: 1º das pessoas, que de novo tiverem vindo habitar o seu districto, com individuação de seus nomes, filiações, naturalidades, profissões, gênero de vida e motivo por que para ahi vieram; 2º das pessoas, que tiverem sido obrigadas a assignar termo de bem viver, ou de segurança; 3º das pessoas indiciadas de crimes ou pronunciadas ou presas em consequência delles; 4º das pessoas mandadas retirar do districto, ou expulsas delle na conformidade do disposto no Codigo do Processo.[43]

Evidentemente, tais medidas partiam antes de tudo das próprias necessidades das elites locais, no seu afã de reunir adeptos e de angariar clientes para reforçar seu poder sobre as facções que os desafiavam. Este era o processo invariável das localidades onde os grandes proprietários não se entendiam.[44]

Nas regiões mais desfavorecidas economicamente, onde predominavam pequenos sitiantes e lavradores pobres, mesmo considerando a diversidade local das pobrezas que hierarquizavam umas em relação às outras[45], as autoridades locais sempre exerciam pressão para coletar impostos, multas e serviços, porém não exerciam a mesma força repressiva dos outros centros de disputas entre grandes proprietários locais.

A resistência à rede de poder era constante tanto com relação às multas como com relação ao recrutamento. Alegavam o sacrifício do trabalho nas pequenas roças de consumo, o trato de suas famílias, interesses de sobrevivência mais prementes.

As leis de recrutamento diziam imediatamente respeito ao processo eleitoral, porém, desde sempre procuravam pactuar com as necessidades de mão de obra dos proprietários rurais. As leis isentavam do recrutamento empregados de confiança, que não podiam ser dispensados pelos fazendeiros, assim como os administradores, caixeiros e tropeiros, concentrando-se muito mais sobre a massa dos pequenos roceiros sem-terras ou dos proprietários de pequenas posses instáveis, entre os quais forçavam cooptações e procuravam angariar por violência as clientelas. Muitas vezes, os recrutamentos eram pretexto de vinganças e rixas entre vizinhos, que apelavam para autoridades no sentido de prejudicar aqueles com os quais tinham ajustes e desforras pendentes.

As eleições primárias ficaram em geral na alçada dos interesses meramente locais. A urdidura de manipulação provincial e do governo central só se exercia no nível dos eleitores e do reconhecimento dos títulos dos novos deputados e senadores.

Entretanto, havia por parte do governo central a vontade de influir sobre os ânimos locais, de pacificar as facções em luta e de conseguir um *modus vivendi* mais fácil. Criticava-se, no âmbito provincial, os excessos de prepotência dos potentados locais e, sempre que possível, procurava-se estender as malhas do poder central. O patronato, sem dúvida, exerceu influência sobre a arregimentação da população pobre, distribuindo empregos públicos e desta forma criando os laços de clientela pessoal. Mas, como nem sempre se tinha o que oferecer à grande maioria dos cidadãos livres, as malhas do patronato eram contidas pelo número relativamente restrito de cargos públicos a preencher nas localidades e nas províncias. Assim, meeiros, escrivães, pequenos funcionários, porteiros e guardas de registro não chegavam a ter a importância decisiva que tinham na Corte.

Em 1864, comentava Alexandre Ferreira Soares o número elevado de pequenos funcionários públicos empregados pelo governo no arsenal da marinha, no Ministério da Guerra, na alfândega, no consulado, na tipografia imperial. Eram o núcleo dos cooptados dentre a massa dos desfavorecidos e, com o tempo, definiriam-se como uma classe urbana de intermediários entre os escravos, os libertos trabalhadores de construção, os carregadores, os artesãos mais ou menos qualificados e os operários das manufaturas locais que contratavam trabalhadores nacionais. O poder público arregimentava a população local, os libertos, os mestiços, em vez de recorrer, como fazia a maioria das indústrias, ao trabalho dos imigrantes estrangeiros.

O recurso aos recrutamentos, tão comuns na década de 1840, arrefeceu com a reforma eleitoral da lei dos círculos (1856) no âmbito das disputas provinciais. Porém, na eleição primária, da qual participavam votantes pobres, as juntas de qualificação sempre representaram o modo como os proprietários e chefes políticos eleitorais manipulavam o poder local, de modo que os costumes de violência eleitoral e de recrutamentos arbitrários, que já tinham raízes na sociedade colonial, persistiriam até que a crise da escravidão impôs a necessidade de novos recursos para atrair o trabalhador livre.

A década de 1870 a 1880 vem sendo aos poucos estudada como período de mudanças iminentes, aceleradas pela necessidade da mão de obra livre, a ponto de se registrarem contínuas intervenções no sentido de anular os excessos do recrutamento, de abolir violências e de não sobrecarregar os trabalhadores livres com exigências que os afastassem do trabalho produtivo, registrando-se muitas intervenções das autoridades no sentido de dispensar o recruta que tivesse emprego fixo.[46]

Com o surto de interesse pela mão de obra livre, a máquina de repressão e controle das eleições passou a ser criticada, como geradora de tensões perigosas, cada vez mais indesejáveis. Às vésperas da Abolição, a ideologia urbana elaborava argumentos humanitários e apelos no sentido de suavizar a violência dos costumes locais do interior da província. Pede-se a reforma da guarda nacional que passava a fazer concorrência com os empregos, com a necessidade cada vez mais premente de mão de obra livre no âmbito das localidades, ao passo que cresciam, com a Guerra do Paraguai, as necessidades do exército de primeira linha.

A palavra de ordem era deixar os sitiantes e agregados livres serem contratados pelos fazendeiros e recrutar para o exército de primeira linha apenas aqueles desocupados, ociosos, que notoriamente resistissem ao convite para o trabalho sistemático. Somente estes seriam punidos com o recrutamento militar. As novas leis de 1874 e 1876 mal conseguiam suplantar os costumes de prepotência e de controle social já enraizados nas localidades. Há mesmo exemplos de motins de resistência ao novo serviço militar obrigatório, que continuava, por sorteio, a afetar toda a população pobre local e a estar inteiramente sob o controle das mesmas autoridades municipais.

A Lei Saraiva (1881), após uma década de discussões relatadas nos *Anais do Parlamento*, viria a acabar com as eleições primárias de votantes pobres e, conforme esperavam certos políticos da Corte, restringir a prepotência dos potentados locais. Marcava o fim de uma longa etapa de cooptação da participação política formal das populações mais pobres do país. Esta reforma do sistema eleitoral proibiu o voto do analfabeto e elevou o censo mínimo para 400$000, reduzindo drasticamente o eleitorado, que passou de cerca de 1,2 milhão de eleitores para menos de 140 mil.[47]

A lei coincidiu com fenômenos importantes da formação das classes trabalhadoras livres às vésperas do abolicionismo e com uma fase estratégica da economia do país, quando se processavam mudanças aceleradas, com a penetração de capitais estrangeiros, as primeiras estradas de ferro, novas fontes de crédito e investimentos. O modo como o crescimento econômico, ligado ao mercado internacional do café, repercutia sobre as condições de vida das populações mais pobres do Império[48] continua assunto por explorar e certamente viria a completar o quadro final da história do eleitorado pobre do Império. Sucediam-se as crises de abastecimento e de carestia dos gêneros alimentícios, tanto no Nordeste como no Centro-Sul.[49] O motim do vintém poria em evidência as classes trabalhadoras livres na corte do Rio de Janeiro, às vésperas da intensificação do processo de industrialização e da imigração estrangeira.[50]

O abolicionismo propunha reformas sociais que afetavam o futuro dos libertos, mas também diziam respeito ao sistema de propriedade de terras e à integração das populações pobres no mercado interno de trabalho livre. André Rebouças, Joaquim Nabuco e outros esmiuçavam as perspectivas que se abririam aos setores ainda marginalizados da sociedade às vésperas de enfrentarem a concorrência, simultaneamente do trabalho dos ex-escravos e dos colonos estrangeiros. As reformas sociais advogadas pelos abolicionistas seriam abortadas nos primeiros anos da República.[51] A geração de 1870 despertara para a consciência social dos problemas iminentes, mal pressagiando os problemas do futuro imediato, sob a forma da intensificação da marginalidade, da pobreza e do desemprego estrutural, sobretudo com o advento da concorrência dos imigrantes italianos, espanhóis e portugueses.[52]

O estudo das condições locais de vida dos diferentes grupos sociais que compunham o eleitorado pobre na fase de integração política formal do Império (1824-1881) prefigura o fenômeno de pauperização e de marginalidade, simultâneo ao crescimento econômico e à industrialização nas décadas finais do século. Formas de sobrevivência, condições de vida, sistemas de dominação e de controle social delimitam os parâmetros da história social dos cidadãos pobres do Centro-Sul, ainda por construir. A continuidade da sua resistência e a intensificação da política de dominação persistem como uma ponte entre a crise da escravidão e as vicissitudes de suas trajetórias durante as primeiras décadas da República Velha.

O IMPÉRIO DA REVOLUÇÃO: MATRIZES INTERPRETATIVAS DOS CONFLITOS DA SOCIEDADE MONÁRQUICA

Izabel Andrade Marson (UNICAMP)

Os conflitos políticos e sociais que marcaram a história do Brasil durante o Império se exteriorizaram numa multiplicidade de acontecimentos que revelam uma sociedade complexa em sua configuração e interesses. Nos recintos parlamentares, afloraram na disputa entre grupos ou partidos políticos; durante o primeiro reinado, enfrentaram-se *portugueses* e *brasileiros*, defensores de projetos políticos diversos. Na Regência, opuseram-se *restauradores* e *liberais exaltados* e *moderados*. No Segundo Reinado, *liberais* e *conservadores* ocuparam a cena política até 1870, quando a emergência dos *republicanos* veio adensar a disputa partidária.

Todavia, fora dos lugares da luta política oficializada, a agitação se evidenciou mais ampla. Entre 1822 e 1850, os principais centros urbanos do Império (Rio de Janeiro, Salvador e Recife) assistiram a inúmeros episódios de confronto físico entre *nacionais e portugueses* ligados ao comércio, ao retalho e ao artesanato, os *mata-marinheiro*. Presenciou-se também, particularmente na Regência, movimentos de insubordinação da tropa de linha ou de participação dos militares em eventos mais significativos como a abdicação de D. Pedro I em 1831 e nos acontecimentos que se seguiram. Notou-se ainda intensa atuação popular nas vilas e cidades, desencadeada pelas sociedades patrióticas de tendência restauradora ou liberal. Entre 1824 e 1848, explodiram levantes liberais de diferentes configurações políticas, organização e composição social: a Confederação do Equador, a Farroupilha, a Sabinada, a Revolução de 1842 em São Paulo e Minas e a Praieira. Por sua vez, os homens livres pobres e escravos aquilombados marcaram sua presença em insurreições como as Cabanadas do Pará e de Alagoas, a Balaiada, o Ronco da Abelha e o Quebra-Quilos. E, acompanhando esses episódios de maior projeção, é importante lembrar a atuação escrava, tanto nos enfrentamentos cotidianos e nas pequenas rebeliões quanto na revolta dos Malês na Bahia, em 1835.

Esse amplo e denso conjunto de conflitos ficou registrado em dois tipos de fontes. Na fragmentária documentação criada pelos próprios acontecimentos (que só passou a ser explorada sistematicamente a partir dos anos 60 do século XX): nos relatórios de autoridades civis e militares; processos-crime; jornais contemporâneos e nas Atas das sessões do Parlamento do Império (Câmara e Senado); e em obras impressas, entre as quais se destacam, por sua presença na historiografia, a *História do Brasil* de John Armitage (1836); *O libelo do povo*, de Francisco Sales Torres Homem (1849); *Ação, reação, transação: duas palavras acerca da atualidade*, de Justiniano José da Rocha (1855); a *Circular dedicada aos senhores eleitores de senadores pela província de Minas Gerais*, de Teophilo Ottoni (1860), e *Um estadista do Império*, de Joaquim Nabuco (1893).[1]

Esses textos tornaram-se os mais divulgados relatos dos grandes eventos políticos do Império – a independência, a regência, a maioridade, as rebeliões do primeiro e do segundo reinados – e acabaram por estabelecer sua memória. Esta reflexão pretende sintetizar e comparar as interpretações que tais fontes construíram para a sociedade monárquica e para a *revolução* no século XIX, e apreender os vínculos que criaram entre a história, a política e a memória.

História Do Brasil: A Revolução Como Trajeto Entre A Barbárie E A Civilização

> Se a transição no Brasil tivesse sido mais violenta, sua estabilidade teria perigado. O regime a que o povo estava acostumado era o monárquico, e este foi o instrumento mais próprio para a introdução da civilização que faltava, e para se adotarem os aperfeiçoamentos sociais que formam uma parte inerente e essencial do sistema representativo.[2]

A **História do Brasil** escrita pelo comerciante inglês John Armitage foi publicada em Londres em 1836 e traduzida no Brasil em 1837. Teve como objetivo imediato divulgar os "negócios políticos e financeiros do Império do Brasil, país com o qual as relações da Grã-Bretanha eram muito vastas".[3] Para isso, Armitage traçou a história dos confrontos entre os grupos atuantes na política no período de 1808 e 1831 – *realistas, liberais moderados* e *exaltados* – assim como fez uma apreciação de personagens que se destacaram neste processo: D. Pedro I, Evaristo da Veiga, o senador Vergueiro, José Bonifácio, Feijó, Bernardo de Vasconcelos, Borges da Fonseca, dentre outros, ou num sentido mais amplo, descreveu "o progresso gradual de um povo desde a barbárie até uma relativa civilização", a superação do *sistema colonial* e do absolutismo, sinônimos de isolamento, ignorância e tirania.

Mas a obra teve ainda outras finalidades: apontar incorreções em textos sobre o Brasil que circulavam na Europa[4]; demonstrar a singularidade da ex-colônia ante as nações civilizadas; a importância da monarquia para a formação do império brasileiro, e a inevitabilidade da revolução de 1831. Inspirando-se em Herschel, instrumentalizou a história a serviço da política liberal:

> a história não pode ser considerada como mera resenha de tiranias e carnificinas, mas antes como arquivo das experiências tendentes a mostrar a maneira de assegurar aos governados a vantagem do governo.[5]

Assim, Armitage projetou uma imagem positiva da monarquia constitucional; insistiu na importância de D. Pedro I na construção do Império; nas vantagens da prática política enquanto moderação e na oportunidade do movimento conduzido pelos liberais em 7 de abril de 1831. Para ele, a história da nação se confundiu com o processo de amadurecimento político de uma elite majoritariamente nativa; por isso, reconstituiu as etapas de formação do grupo liberal moderado que dominava a política regencial em 1836. Reconheceu seus primeiros passos, no final do século XVIII e início do XIX, nas manifestações de rebeldia contra a restritiva política colonial portuguesa, na sedição de Vila Rica e na conspiração e revolta de Pernambuco em 1817. Destacou a importância da Revolução Francesa nas transformações que levaram o Brasil à independência política. O traslado da Corte para o Rio de Janeiro e a implantação de instituições e práticas civilizadoras – a imprensa, o Banco do Brasil, a abertura dos portos, e a consequente agilização do comércio e das comunicações – haviam resultado na formação de uma opinião pública, no envolvimento da elite brasileira com os negócios, a administração e a cultura, fazendo com que ela superasse a ignorância em que vivia sob o sistema colonial.[6]

Para Armitage, os anos de 1820 a 1831 assistiram ao despertar político dos cidadãos do Império do Brasil. Num primeiro momento – 1820-21 – ainda exaltada e desordenadamente, eles procuraram se impor à Coroa exigindo o direito de assento e voto nas Cortes, a permanência do príncipe-regente no Brasil e o juramento da futura Constituição Portuguesa e da Espanhola. Num segundo momento, 1822-23, aliaram-se ao príncipe D. Pedro I e, já com mais habilidade, negociaram a independência. Num terceiro, 1824, radicalizaram novamente, e enfrentaram o imperador na Confederação do Equador, mas foram derrotados. Num quarto momento, 1826-30, transferindo a luta para o Parlamento, neutralizaram, habilidosamente, muitas das imposições de D. Pedro I e, finalmente, em 1831, desarticularam com prudência manobras dos *realistas e dos federalistas* e conduziram a *revolução* que consolidou a independência e preservou a unidade do Império.

Armitage considerou que os acontecimentos de 1831 constituíram um desfecho incontornável dado o impasse que se instaurara entre o Ministério e o imperador, por um lado, e a maioria representada pela Câmara, por outro. Na origem desse impasse, somaram-se a peculiar configuração social e eleitoral do Brasil e os equívocos políticos de D. Pedro I. Argumentou que, diferentemente da Europa, a base do sistema eletivo no Império era bastante ampla, dada a inexistência de uma nobreza e ao fato de que "*a quase totalidade da população livre goza do privilégio de votar*", garantindo representatividade na Câmara. Por isso, o governo ficava impossibilitado de constituir maiorias no Parlamento:

> Em Inglaterra, onde então muitos membros do Parlamento eram nomeados pela nobreza e na França, enquanto foi governada pelos Bourbons, onde o voto duplicado dos grandes colégios, e o pequeno número de cidadãos qualificados para serem eleitores mantinham uma representação fictícia do país, era possível ao Ministério ter a maioria na Câmara sem te-la na nação.[7]

Foi justamente esta diversidade que o imperador não apreendeu. Ao se espelhar em outros soberanos (especialmente os Bourbons), apesar de não ser um tirano e demonstrar muitas habilidades políticas, D. Pedro não conseguiu se identificar com os brasileiros natos, e pareceu aproximar-se dos interesses estrangeiros, particularmente os portugueses. Não atuou com a prudência exigida pelas circunstâncias: empregou forças estrangeiras; assinou um Tratado com Portugal considerado lesivo aos interesses nacionais; interferiu continuadamente nos negócios de Portugal; nomeou portugueses naturalizados para altos cargos do Estado, com a suposta exclusão de brasileiros natos. Enquanto o Império solicitava um negociador, procurou projetar-se como herói militar (daí o envolvimento na desastrosa Campanha da Cisplatina) e agiu de forma considerada inconstitucional, contrária aos interesses da nação, fato que o privou da força moral necessária para a condução da política. Em suma, não soubera tornar-se *um homem do seu povo*.[8]

A revolução de 1831 pautou-se pela *prudência e moderação* e foi articulada por homens ilustrados que receavam a *recolonização* do país, dentre os quais e destacaram o senador Vergueiro, o jornalista Evaristo da Veiga, o padre José Custódio Dias e os irmãos Lima. Combinou uma conspiração entre setores civis e militares; uma sedição militar e a manipulação controlada da *populaça*, procedimentos que evitaram uma guerra civil e criaram a pressão necessária que promoveu, embora não deliberadamente, a oportuna e sensata abdicação do imperador. Assim, preservaram-se a ordem e a integridade da nação. Se conduzida pelos exaltados federalistas, o Império ter-se-ia esfacelado, ou pela guerra civil, ou devido a uma rebelião escrava. As origens desse indesejado desfecho podiam ser pressentidas na inexperiência política desse grupo, demonstrada na imprensa e nas agitações de rua, assim como em sua ignorância, atributos de homens despreparados e sem ilustração.[9]

Empenhado em apontar a singularidade do Brasil ante a Europa, Armitage cristalizou as tensões inerentes à sociedade em três formas de rivalidades: a que opunha brasileiros e portugueses; moderados e exaltados; e senhores e escravos. A primeira tinha raízes na antiga condição colonial e se corporificava nos privilégios preservados pelos portugueses de nascimento, mesmo após a independência. Os conflitos existentes entre os membros do *povo* do Brasil fundamentava-se em diferenças sociais e de formação política e cultural. Por fim, o confronto entre senhores e escravos tinha sua origem na escravidão. Respaldou seu relato em fontes oficiais e jornalísticas que ilustraram o texto; no testemunho dos eventos mencionados; e, principalmente, no argumento de que, pelo fato de ser estrangeiro, poderia avaliar com isenção ocorrências e personagens.[10]

O Libelo Do Povo: A Revolução Como Conquista Da Soberania Nacional

> A revolução da independência, que devolveu-nos a posse de nós mesmos, firmava como dogma fundamental da nova ordem social o grande princípio da soberania do povo. No interior como no exterior, esse princípio, que é a pedra angular dos estados livres, tornava-nos os árbitros únicos, supremos e absolutos de nossos próprios destinos. Só do povo; só de suas luzes, e espontânea deliberação pendia a escolha da organização política, que desde então devia rege-lo; só a ele e a mais ninguém cabia traçar e erguer o novo edifício, em que havia de abrigar-se a nascente nacionalidade. Todos os laços, que prendiam-nos ao passado, estavam mortos; tínhamos recebido uma segunda vida, uma segunda natureza, que anulava e excluía as pretenções da realeza, da conquista.[11]

Diferentemente da obra de Armitage no que concerne à pretensão de imparcialidade, o panfleto do deputado liberal Francisco Sales Torres Homem, escrito quando da dissolução da Câmara em fevereiro de 1849, foi criado para a disputa partidária. O compromissamento político é, portanto, seu traço mais significativo e transparece, tanto no conteúdo e estrutura do texto – a contundente defesa da Rebelião Praieira e o ocultamento do autor sob o pseudônimo *Timandro*[12] quanto nas condições de sua emergência: um opúsculo apresentado na Corte, que acabou censurado e recolhido pelo governo imperial. O sentido eminentemente político e o fato de o autor tê-la renegado posteriormente, parece ter sido a razão mais explícita para o esquecimento a que a obra foi relegada. O apoio à *Conciliação* (em 1855) e a adesão ao Partido Conservador (em 1858), fizeram com que o próprio Torres Homem, assim como seus antigos correligionários, se empenhassem em apagar os vínculos do panfletista com a causa liberal.[13]

O *Libelo do povo* reconstituiu, em forma de drama, a história da *revolução* no Brasil desde a independência até o ano de 1849, para recolher argumentos que justificassem as revoltas liberais ocorridas no Império, em especial a Praieira. Ou, em outros termos, da luta entre o Partido Liberal e o Poder Moderador, exercido pelos príncipes da Casa de Bragança e por uma *facção recolonizadora*.

Timandro procurou fundamentar a legitimidade da conduta dos praieiros. Relacionou-a com um Partido Liberal Nacional indistinto no tempo (1822-49) e a um também genérico *povo* brasileiro. Identificou suas origens no passado, no confronto que vinha se desenrolando desde a independência entre a "*soberania nacional* e a *prerrogativa real*", ou entre o *povo* e o imperador e sua camarilha. A rebeldia armada era também uma tentativa de desmascaramento da Monarquia Constitucional praticada no Império. Ela se constituía ora numa "comédia de mau gosto", quando o poder moderador intervinha nos ministérios e no desempenho da Câmara; ora em "drama sanguinolento", quando os cidadão, reagindo às interferências inconstitucionais dos Príncipes, recorriam às armas e eram violentamente reprimidos.[14]

Apresentou, também, a reação praieira como representativa de seu tempo, aproximando-a das revoltas europeias que em 1848 impuseram constituições aos Bourbons e aos Habsburgos. A sim, a rebelião da Praia foi interpretada como sucedâneo nacional da luta entre "a *liberdade e a tirania*", característica política essencial do século XIX. Para o autor, a América em geral e o Brasil em particular, estavam próximos das conquistas do século XX, uma vez que aqui a realeza e o feudalismo não tinham raízes históricas. Nesse sentido, as prerrogativas política dos cidadãos e o direito de resistência à opressão tinham plena legitimidade:

> A maioria da sociedade brasileira não estava longe do nível do século XIX; o fanatismo, o gênio da servidão, o embrutecimento e degradação das classes industriais, que em outros lugares abrem passagem às pretenções do mando arbitrário, aqui felizmente não existiam. A resistência e a guerra civil estavam pois contidas como consequências indeclináveis no atentado à dissolução da constituinte, e no regime abominável, com que em seguida tornou-se cada vez mais flagrante o antagonismo entre o trono e a liberdade, entre o espírito nacional e o interesse recolonizador.[15]

Timandro historiou o embate entre o *espírito nacional* e o *interesse recolonizador*, para apontar os momentos de sucesso e os revezes da causa liberal. Assinalou o primeiro marco desta luta na "*revolução da independência*", quando ter-se-ia estabelecido um *novo pacto* entre a nação e a monarquia, esta última entendida como livre escolha da nação:

> preferiu a nação a monarquia do mesmo modo que poderia preferir a República de Franklin e de Washington; aclamou por seu rei o primogênito da casa de Bragança como aclamaria o filho do Grão Turco, se fora isso do seu gosto. Esse rei era simples feitura de nossas mãos; nenhum título antigo e preexistente o assistia, porque tudo era novo [...] seu único título de legitimidade vinha da eleição nacional...[16]

Este pacto foi desrespeitado pela primeira vez em 1824, quando o príncipe, que herdara os vícios do Braganças[17], associado com uma "*facção antinacional*", arvorando direitos que não possuía, confiscou os poderes da nação fechando a Assembleia Constituinte, outorgando a Constituição e reprimindo a reação de legítima defesa dos cidadãos na Confederação do Equador. Diante de tal agressão, "a consciência pública ofendida jurou vingança", concretizada no 7 de abril com a abdicação.[18]

Os anos de 1831 a 1837 assistiram ao governo da revolução. Ele saneou as finanças da nação, abaladas pela bancarrota resultante da política de gastos de D. Pedro I, com austeridade, trabalho e economia, quitando quase completamente as dívidas públicas. Instaurou a verdadeira democracia: substituiu a hipocrisia, a lisonja, a troca de favores e o artificialismo que grassavam na Corte pelo nacionalismo, a lealdade, a franqueza e a igualdade. Dispensou o cerimonial, a etiqueta e os títulos de nobreza; separou o público do privado.[19] Ainda reprimiu a *desordem*, reorganizando e salvando o país da anarquia remanescente do governo anterior. Timandro fez questão de marcar as diferenças existentes entre a revolta liberal de 1842 – "que reuniu a flor da sociedade brasileira", da "desordem que não se pode conjurar" durante o exercício da regência, "acidente funesto e lamentável" que exteriorizou as "paixões e os instintos grosseiros da escória da população". Acentuou ainda a diversidade entre conservadores e liberais no tratamento dado às rebeldias. Enquanto os primeiros as instigaram para "conquistar e exterminar o adversário", os liberais trataram a "desordem que não podiam evitar", com moderação, promovendo a "conciliação dos ânimos".[20]

Mas o feito mais significativo da revolução se cristalizou no Ato Adicional de 1834, que instaurou o princípio da eleição dos regentes; delegou às províncias o direito de intervir na escolha de seus administradores, praticamente instaurando o "regime federativo, seiva animadora da civilização... porque multiplica os focos de vitalidade e de movimento a esse imenso corpo entorpecido, onde a vida aparece aqui e ali, mas em cujo restante não penetra".[21]

Porém, a queda de Feijó em 1837, resultado da "rotação caprichosa do destino" assinalou um segundo rompimento do pacto constituído na independência, pois a regência de Araujo Lima deu início à desconstrução da obra revolucionária. Instaurou-se o princípio do *regresso*, e com ele, retomaram-se as práticas do primeiro reinado:

> o culto exclusivo do ouro; o reinado bruto do interesse; a corrupção e a imoralidade; o particular se sobrepondo ao público; o enriquecimento não pelo honesto trabalho e generosa indústria, mas pela ruína do Estado e dos cidadãos.[22]

A partir deste momento os liberais teriam poucas chances de realizar sua missão progressista porque a *facção recolonizadora* aliada ao Poder Moderador dominaria a cena política interferindo, inconstitucionalmente, na formação dos ministérios e nas dissoluções da Câmara. Foram manobras deste teor que propiciaram, em 1840 e 1841, a aprovação da Lei de Interpretação do Ato Adicional e a Reforma do Código do Processo, destruindo-se a obra da revolução e embargando as tentativas de reformas limitadoras das atribuições do Poder Moderador e restauradoras da autonomia da Câmara.[23]

As investidas do Partido Liberal para romper esta hegemonia não tiveram sucesso devido a *traições* de membros do próprio partido e às manobras dos adversários. A antecipação da maioridade do imperador, em 1840, resultou numa verdadeira *journée des dupes* pois, oito meses após a ascensão de D. Pedro II ao trono, os Luzias foram traiçoeiramente afastados dos cargos de representação devido à dissolução da Câmara e à realização de eleições fraudulentas. Foi este golpe que deu origem à revolta de São Paulo e Minas de 1842, quando, novamente, os liberais recorreram às armas para garantir seus direitos usurpados. Mas foram duramente derrotados e perseguidos.[24]

Para Timandro, os gabinetes empossados entre 1844 e 1848 não representaram o Partido Liberal, pois, contrariando o propósito de *conciliação* (de efetiva combinação dos partidos) que apregoavam, haviam sido moldados pelo Poder Moderador e constituíam apenas um "amálgama de entidades heterogêneas, onde apenas um ou outro liberal era incluído". Uma única exceção é feita ao ministro Holanda Cavalcanti (5 de maio de 1846 a 21 de maio de 1847) por ter ouvido a Câmara e realizado uma verdadeira aproximação entre os partidos. Foi ele o responsável pelo *apaziguamento* do Rio Grande do Sul, pelo saneamento financeiro do Império e pela recuperação da ordem. Todavia, a partir de 1847, instaurara-se completo descompasso entre os gabinetes e os deputados liberais, que não se rebelaram naquele momento por temer que uma guerra civil ocasionasse o "desmoronamento do país". Eles agiram "com a prudência que seus adversários não tinham".[25]

Mas esta cautela se inviabilizou quando, após a demissão do ministro Paula Souza em setembro de 1848, o governo imperial interveio com violência em Pernambuco, ameaçando vidas e propriedades. A partir daí, a revolta se tornou o único meio possível para denunciar o desvirtuamento da monarquia constitucional e reivindicar a convocação de uma Assembleia Constituinte, com poderes para restringir os atributos do Poder Moderador e do Senado vitalício e ampliar a atuação do Câmara. A conduta arbitrária e ilegítima do ministro e do imperador impelira os praieiros, assim como os liberais europeus, às armas para completar a "revolução da independência":

> Quando raiará o dia da regeneração? Quando estiver completa a revolução, que há muito se opera nas ideias e sentimentos da nação; revolução que caindo gota a gota arruinou a pedra do poder arbitrário; revolução que não poderão conter as cabalas palacianas, nem as baionetas, nem a corrupção; revolução que trará insensivelmente a renovação social e política sem convulsões e sem combate, da mesma maneira que a natureza prepara de dia em dia, de hora em hora a mudança das estações; revolução finalmente, que será o triunfo definitivo do interesse brasileiro sobre o capricho dinástico, da realidade sobre a ficção, da liberdade sobre a tirania.[26]

Este era o compromisso histórico da "flor da sociedade brasileira" com o progresso e com o séc. XIX, uma vez que, nas mãos da "escória da população", a revolução se metamorfosearia, de ordem e regularidade (conforme se apresentava na natureza) em "desordem e anarquia", ameaçando a sobrevivência dos cidadãos, da monarquia e do Império. Este entendimento da revolução cristalizou as tensões inerentes à sociedade em duas oposições. A primeira opôs o *povo* e a *facção recolonizadora* aliada ao Poder Moderador; a segunda antagonizou o "*povo* (a flor da sociedade) com a *escória da população*".

Mas, ao interpretar a especificidade da sociedade brasileira, diversamente de Armitage, Timandro não a concebeu como defasada em relação à europeia, embora admitisse os problema herdados da colonização portuguesa. Do ponto de vista político, a América e o Brasil estavam plenamente afinados com o século XIX, ou com o progresso, certeza que reforçou sua esperança no futuro da nação. Também não reivindicou a imparcialidade do observador, e não conferiu rostos precisos aos personagens do drama que criou sobre a revolução. Suas fontes mais recorrentes são textos e figuras literárias e seu poder de convencimento provém, juntamente, do profundo envolvimento com os fatos.

Ação, Reação, Transação: A Revolução Como Domínio Da Ação Democrática E Da Anarquia

> A revolução apareceu, e triunfou na noite de 7 de abril de 1831, na capital do império, e cumpre dizê-lo e proclamá-lo, invocando as reminiscências dos coevos, que tudo no país para ela estava tão disposto que o seu triunfo era infalível... Na manhã de 7 de abril de 1831 a nação brasileira achou-se em perfeita anarquia.[27]

Se o opúsculo de Timandro foi um libelo em defesa da causa liberal, o folheto *Ação, reação, transação*, do jornalista e deputado conservador Justiniano José da Rocha, pretendeu fazer uma avaliação "franca, justa e leal" do desempenho de "ex-adversários e ex-aliados" no período de 1822 a 1852. Buscou compreender as razões de sua conduta, apontar erros e orientar como "um farol que acendemos à borda do abismo"[28] o caminho a seguir daí por diante, em especial na montagem da *transação*. Foi publicado às vésperas das eleições de 1855, quando amainavam os ressentimentos provocados pela rigorosa punição aos praieiros, e despontavam desentendimentos entre os conservadores a propósito da política de *conciliação* do marquês de Paraná.

Na introdução e no último capítulo (*último período: 1852-1856: transação*)[29] definiu, para os leitores em geral e para os políticos da época, o conteúdo e o significado histórico da *transação*. Foi apresentada como uma fase histórica possível e oportuna da "eterna luta entre a autoridade e a liberdade", aquela circunstância em que, cumpridos os ciclos de hegemonia da ação democrática e da reação monárquica, a nação poderia ingressar numa era de "quietação, equilíbrio e moderação" das paixões políticas. A transação era uma intervenção deliberada no movimento da história, sinônimo de maturidade política, progresso e racionalidade, a ser concretizada *pela* "sabedoria dos governantes e estadistas". Portanto, não deveria ser confundida, conforme vinha ocorrendo, com a simples conciliação de interesses individuais. Muito mais do que isso, pressupunha a combinação de práticas resguardadoras da ordem e da autoridade, com procedimentos preservadores dos direitos individuais. A transação preveniria que a reação iniciada em 1840 exorbitasse e se transformasse em *moscovitismo*, provocando o instinto de ação e, com ele, novas revoluções.[30]

Apoiando-se neste arcabouço teórico que amalgamou traços orgânicos e mecânicos, o autor ordenou os eventos políticos do passado em três períodos: um de predomínio da *ação* (1822-1836), outro da *reação* (1837-1852), e um terceiro de *transação* (1852-1856). Depois os subdividiu em cinco fases: *ação: luta* (1822-1831), *ação: triunfo* (1831-1836); *luta da reação* (1836-1840); *triunfo monárquico* (1840- 1852); e *transação* (1852-1856). Além de periodizar a história política, disciplinou-a, submetendo-a a duas leis. A primeira, de *ação-reação*, compreende etapas cíclicas inevitáveis, resultantes do confronto instintivo e "eterno entre a liberdade e a autoridade". A segunda, a *lei do progresso*, imprime a esse ritmo a possibilidade de algum avanço, quando a luta ação-reação fosse substituída pela moderação e racionalidade da transação. Tal esquema interpretativo concebeu a política como ciência e atrelou-a ao movimento da natureza, tornando suas origens e desenvolvimento transparentes e previsíveis. Dessa forma, o autor pretendeu superar outras explicações mais instáveis e subjetivas para as ocorrências históricas, em voga na época: os interesses pessoais, a moral, o destino, o drama, a farsa, e a tragédia.

Apoiado "no estudo refletido da história e na ciência do político demonstrada"[31], almejou colocar-se acima das paixões partidárias, e, professoralmente, fazer uma releitura do passado para retirar lições a serem ensinadas aos políticos do presente.

Segundo Justiniano, os anos de 1822 a 1836 assistiram à luta e ao triunfo da ação democrática, que pode ser reconhecida na acolhida que os princípios republicanos tiveram junto à elite brasileira, e na recusa da moderação como conduta política, procedimentos que inspiraram vários episódios: a independência, a convocação da Constituinte, a revolta de Pernambuco em 1824, a revolução de 7 de abril, e as rebeliões regenciais. O período de *luta entre a ação democrática e a reação monárquica* (1822-1831) caracterizou-se pela *inexperiência* dos políticos brasileiro que, por diversas razões, entre as quais se destacou o ódio aos portugueses e o receio da recolonização, antagonizaram radicalmente o governo. O *poder*, entretanto, reagiu ponderadamente pela mão do imperador, salvando o Império da desagregação em 1823, dissolvendo a Constituinte; em 1824, outorgando uma Constituição afinada com as mais avançadas proposições liberais e com o progresso; e em 1831, abdicando e evitando uma guerra civil.[32]

A revolução do 7 de abril marcou o início do triunfo da ação democrática que perduraria até 1836: "estava senhora do governo a democracia".[33] O traço característico deste momento foi a ambiguidade política, pois a conciliação da ordem com a democracia só foi possível pela "compressão da anarquia", com a contínua recorrência ao despotismo. Justiniano elogiou o desempenho dos homens que conduziram a revolução, já que a abdicação fora uma completa surpresa e "ninguém estava preparado para assumir o poder"; por isso "o país mergulhou na anarquia". Louvou o *instinto* patriótico que os inspirou, e atribuiu a ele a descoberta de medidas que possibilitaram a preservação da unidade do Império.[34]

Para o autor, a desordem estava instalada nas próprias leis que regiam a democracia, ou seja, no texto do Ato Adicional, "gérmen da anarquia, ruína da unidade brasileira"[35] porque aniquilador do poder. Ele promoveu a soberania das Câmaras sobre o executivo, e concedeu todo poder eleitoral, policial e judiciário às freguesias e municípios:

> Assim achou-se consumada a obra da democracia; ela por toda a parte, mais ou menos intervindo em tudo, tudo subordinando: o poder legislativo era todo seu; o judicial o não era menos; pois tinha o júri, e os juízes de paz, e os promotores, e os juízes de órfãos e os municipais. Não lhe escapava o poder executivo; pois tinha o regente, filho imediato da mesma eleição que os deputados;... tinha esse regente limitadíssimas atribuições; pois os seus delegados imediatos, os presidentes de província, estavam subordinados às assembleias provinciais...[36]

Entre 1831 e 1833, o governo "*defendeu a sociedade*" e a ordem recorrendo ao despotismo: reprimiu motins, sedições e insurreições militares e a paixão que eclodiu na imprensa licenciando o exército, criando a guarda cívica e promulgando leis contra os ajuntamentos. Mas, à medida em que apareceram os resultados práticos da legislação democrática, e a rebeldia se instalou no Pará e no Rio Grande do Sul, *o* "regente percebeu que não tinha meios para agir contra a anarquia".[37] A partir de então, formou-se um consenso entre os políticos de que era preciso recompor o poder para salvar a unidade da nação. Em 1837 a obra democrática atingia seu limite e chegava o tempo da reação: era o começo do *regresso*.[38]

A reação monárquica iniciada com a regência de Araujo Lima em 1837, não significou um retorno ao passado, nem foi tão somente realização de uma *facção recolonizadora* como queriam os liberais. Pelo contrário, constituiu, ao mesmo tempo, o sinal do esgotamento, inevitável, de uma fase histórica; um ato instintivo do poder, no sentido de sua conservação; e uma demonstração da experiência e maturidade que políticos de várias origens haviam adquirido com a desastrosa vivência democrática; um passo a mais na direção do progresso.

A inevitabilidade da reação pode ser reconhecida na forma e no conteúdo dos atos que instauraram seu triunfo absoluto entre 1840 e 1852: liberais e conservadores trabalharam em projetos que desconstruíram a obra da democracia. A maioridade, encaminhada pelos liberais em 1840, antecipou em quatro anos o retorno do imperador. As leis que se seguiram, proposição dos conservadores, restauraram a ordem. A Lei de Interpretação do Ato Adicional retirou o poder dos municípios e freguesias e o devolveu ao centro; a reativação do Poder Moderador submeteu as Câmaras; a reforma do Código do Processo tornou a magistratura escolha do governo, retirou poderes do júri, centralizou a ação policial; a reforma da Guarda Nacional burocratizou a milícia cidadã, subordinou-a ao Estado e militarizou as cidades." A tarefa centralizadora prosseguiu entre 1844-48, quando gabinetes majoritariamente liberais a complementaram com a aprovação do *veto presidencial* e a *interpretação dos dois terços*:

> Confundamos pois na obra da reação monárquica todos os ministérios que de 1840 até 1851 se sucederam; todos foram instrumentos mais ou menos voluntários, mais ou menos hábeis dessa reação...[40]

O período de hegemonia da reação se completou apenas em 1851, pois o "*poder estava muito forte para aceitar imposições da democracia*". A insensibilidade para perceber esta exigência histórica explica o insucesso das tentativa de reformas liberais, visando o equilíbrio entre ação e reação, tentadas pelo gabinete Paula Souza; e das rebeliões de 1842 e 1848. Impulsionados pela "vertigem revolucionária" dos movimentos europeus, pela impaciência das paixões típicas da imaturidade política, os liberais praieiros ignoraram a negociação, a razão pública e os recursos da Constituição, "que não fora feita para ser eterna"[41] e estava preparada para acolher a lição da experiência e a lei do progresso. Preferiram recorrer às arma para atingir seus objetivos:

> O partido liberal não teve fé em si, nem confiou no futuro; quis tudo apressar, e tudo comprometeu; quis evocar as paixões da revolta, e teve de exagerar suas pretenções, a fim de dar arras a essas paixões...[42]

Com esta consideração, Justiniano reiterou um conceito de revolução que já aparecera nos comentários sobre a Confederação do Equador e o 7 de abril. A revolução é sinônimo de violência, despotismo, predomínio da paixão sobre a razão, ignorância da "ciência do político" demonstrada pela história; ato ameçador da nação, próprio de homens despreparados para o exercício do poder – a grande maioria da população do Império. Diante dela qualquer procedimento de contenção se justificaria, mesmo as mais drásticas medidas tomadas pela reação monárquica contra os liberais em 1842 e 1848.

Mas o tempo da hegemonia da reação se cumprira em 1852 com a "*quietação dos ódios e das paixões*". Se mantida, a reação monárquica corria o risco de transformar-se em *moscovitismo*, e desencadearia um novo ciclo de ação democrática. Chegara o momento da transação, ou da recorrência a atenuantes democráticos capazes de reativar a sociedade que se tornara "*inerte e morta*". Por exemplo, a restauração da garantia dos direitos individuais (o *habeas corpus*); a recuperação do poder local e a gradativa desmilitarização da sociedade.[43]

Apesar dos protestos de franqueza, lealdade, moderação e justiça de *sua pena*, e da preocupação em compreender e absolver os procedimentos dos políticos no passado, sob o sofisticado esquema interpretativo colocado como argumento de objetividade, é nítida a preferência do autor pela obra da reação monárquica. Ela se projeta, por exemplo, na valorização das decisões do Poder Moderador; na defesa do texto da Constituição e na recusa da ideia de convocação de uma Constituinte; no reiterado reconhecimento da imprescindibilidade da reação para a sobrevivência do Império, neutralizando armadilhas criadas pela ação democrática; e, finalmente, no ato de conceber a transação como aprimoramento da reação monárquica. Entretanto, o compromisso conservador é ainda mais nítido na concepção de sociedade que o texto pressupõe: um conjunto composto por uma maioria de homens ignorantes e dominados pelos instintos que deveriam ser instruídos e governados por estadistas dotados de experiência e saber. Nela há apenas uma oposição: aquela que confronta ignorantes e sábios, traço significativo da imaturidade do país e da sua defasagem ante as nações europeias, já que ainda não superara o exercício da política enquanto um império de paixões.

A Circular De Teophilo Ottoni: A Revolução Como Conciliação Entre A Monarquia E A República Pacífica

> Somos da opinião que se deve lentamente republicanizar a constituição do Brasil, cerceando as fatais atribuições do poder moderador, organizando em Assembleias provinciais os Conselhos Gerais de província, abolindo a vitaliciedade do Senado... Mas se, contra nossa humilde opinião, a Câmara dos Deputados se conservar estacionária, nem por isso apelaremos para golpes da nação, pelo contrário, continuaremos a reprovar altamente os meios violentos que podem levar-nos à anarquia, e depois ao despotismo militar, que oprime a quase todas as chamadas Repúblicas ex-espanholas...[44]

A *Circular dedicada aos senhores eleitores de senadores pela província de Minas Gerais*, de autoria do ex-deputado liberal Teophilo Ottoni, foi um texto produzido na campanha eleitoral de 1860 para preenchimento de uma vaga na Câmara dos Deputados. Teve como objetivo imediato fazer um agradecimento aos eleitores que o haviam apoiado nos escrutínios de 1859 e 1860 para o Senado, nos quais Ottoni fora o candidato mais votado pela província de Minas mas, por duas vezes, a escolha imperial preterira sua indicação; e, também, diante da impossibilidade de assumir tal posto, pedir votos para um mandato de deputado geral na legislatura de 1861 a 1864.

Mas a *Circular* resguarda outras finalidades. Em primeiro lugar, divulgar um programa político: defender a supressão do governo pessoal no Império; a extinção da vitalicidade do Senado; a abolição da prisão arbitrária e do recrutamento forçado e a retirada das funções judiciárias dos agentes policiais, estabelecidas pela lei de 3 de dezembro de 1841. Em segundo, instrumentalizando a autobiografia de Ottoni, que se confunde com a própria história da nação entre 1822 e 1860, demonstrar sua fidelidade a este programa[45], além da coerência e moderação políticas que marcaram toda sua trajetória, desde 1831. Em terceiro, denunciar a falácia do sistema constitucional no Brasil, desvirtuado pela intervenção do governo pessoal, e manipulado pelos interesses de uma *oligarquia* acobertada pelo Conselho de Estado e o Senado vitalícios.

Ottoni rememorou circunstâncias de sua vida pública nas quais pugnou pela igualdade entre os cidadãos, e pelo respeito à vontade popular e às decisões da Câmara; e aquelas em que foi vítima de perseguição por defender esses princípios. Iniciou a narrativa lembrando seu incondicional apoio, e de sua família, à causa da independência, "assunto de meus ensaios poéticos nos verdes anos". Sua primeira reivindicação da "igualdade dos cidadãos perante a Constituição" ocorreu ainda quando aluno da Academia da Marinha. Em 1827, ascendeu, por méritos próprios (fora o melhor estudante), ao grau de praça de aspirante graduado em guarda marinha, posto que "os que tinham quatro avós nobres" obtinham por indicação.[46] Foi o primeiro cargo que perdeu devido à sua origem e convicções políticas: por participar da sociedade liberal dirigida por Evaristo da Veiga e Bernardo de Vasconcelos, foi impedido, em 1830, de continuar o estudo de matemática na Academia, com o qual tornar-se-ia engenheiro. Ao receber ordens de embarque para a costa da África e o baixo Amazonas, preferiu deixar a corporação e deslocar-se para a Vila do Príncipe, em Minas, onde instalou uma tipografia e passou a publicar a *Sentinella do Serro*, folha engajada na luta dos patriotas liberais contra o arbítrio imperial.

O 7 de abril foi um marco importante deste embate, no qual Ottoni atuou intensamente. No Serro, comandou a resistência contra as imposições do governo *absolutista* (as prisões decorrentes da noite das garrafadas na Corte e a demissão do Ministério liberal), angariando fundos e munições, reunindo e organizando a Guarda Nacional e fundando a Sociedade Promotora do Bem Público. Considerou-se o responsável pela moderação com que a revolução foi ali conduzida:

> A exacerbação dos espíritos prognosticava cenas horrorosas; mas minha influência, graças a Deus era imensa. À porta do ouvidor, depois de uma cena tumultuosa, pude conseguir silêncio e atenção. Arenguei ao povo, pregando e exigindo moderação e generosidade, e pedindo que os *morras* somente ecoassem contra o tirano...
>
> Revolucionário de véspera, o redator da *Sentinella do Serro* era o ordeiro tipo no dia do triunfo. Não significa este procedimento que eu houvesse de aprovar a direção que os moderados iam dar à revolução.[47]

A moderação de Ottoni não se confundia com o encaminhamento que os liberais moderados da Corte deram ao 7 de abril, pois previa profundas reformas na Constituição – pretendia *republicanizá-la* – por meios pacíficos. A revolução seria edificada pelos representantes do povo, no Parlamento. Desaprovou tanto o radicalismo da oposição exaltada, partidária de métodos violentos, quanto a excessiva cautela dos moderados que, assim como os *retrógrados* frequentemente respeitaram os dispositivos da Constituição vigente. Sua interpretação sobre o significado do 7 de abril tornou-se célebre:

> O 7 de abril foi um verdadeiro *journée des dupes*. Projetado por homens de ideias liberais muito avançadas [...] o movimento tinha por fim o estabelecimento do governo do povo por si mesmo, na significação mais lata da palavra...
>
> A ordem de ideias que depois de 14 de julho predominou no governo do 7 de abril não me agradava por certo. E se a

> democracia criasse então uma oposição regular, eu me não chegaria para os moderados. Porém, a oposição começou a revolver na Corte e na Bahia os mais perigosos instintos da nossa sociedade, chamou em seu apoio a espada de soldados indisciplinados, quando se tratava da solução das mais graves questões institucionais.[48]

Convencido da *imaturidade da nação*, após as *desordens* ocorridas no Rio de Janeiro em 1831, pois "300 anos de escravidão não podem preparar um povo para entrar no gozo da mais perfeita liberdade"[49], considerou que o Império não estava devidamente preparado para usufruir de instituições equivalentes àquelas dos americanos do norte. A escravidão criara "um povo acomodado na ignorância e no despotismo" a quem faltava instrução pública e moralidade política, por isso as circunstâncias recomendavam muita prudência e moderação. Neste sentido, a monarquia, a junção dos princípios do partido liberal, a presença de bons guias e a união das províncias em torno da Assembleia dos Deputados eram os recursos políticos para a preservação da imprescindível unidade da nação. Reiterou:

> Nunca fui separatista. Com o direito das gentes do século atual, a maior das desgraças para uma nação é ser pequena.[50]

Achava possível conciliar a monarquia com a *republicanização* da Constituição, desde que *a* "monarquia fizesse por meio de reformas legais na Constituição largas concessões ao princípio democrático", entre elas, restrições ao poder moderador, ao Senado e a ampliação das prerrogativas das Assembleias Provinciais. Em 1831, na *Sentinella*, já propunha dispositivos que, mais tarde, seriam incorporados pelo Ato Adicional. Mas, naquele momento, suas propostas para uma *democracia pacífica* não agradaram nem aos exaltados, nem aos moderados que conduziam a revolução no Rio de Janeiro, e acabaram resultando, em fevereiro de 1832, no fechamento do jornal, num processo contra o redator e no isolamento político:

> Homem impossível para o partido conservador, repudiado pelos moderados que me perseguião, e sentindo a mais pronunciada repugnância pelos anarquistas, democrata pacífico, recolhi-me a quartéis de inverno e passei a viver retirado na mais perfeita abstenção.[51]

Todavia, não ficou afastado da política por muito tempo. Em março de 1833, uma sedição militar restauradora em Ouro Preto depôs o presidente da província Manoel Inácio de Mello e Souza e o vice Bernardo Pereira de Vasconcelos, que precisaram do apoio da Guarda Nacional de Queluz e do Serro. A ameaça do retorno do imperador reaproximou as facções liberais, solidificando as bases políticas que encaminhariam o Ato Adicional de 1834 e as reformas defendidas por Ottoni, exceção apenas da extinção da vitalicidade do Senado. Mas a incorporação da cláusula que suprimiu o Conselho de Estado anulou a essência do poder moderador:

> Abolido o Conselho de Estado, os ministros, mais desassombrados em presença do Senado, se inspirarão, se apoiarão na seiva de uma camada popular, renovada periódicamente, e assim poderião, mais facilmente, levar à legislação as reformas que houvessem amadurecido no seio da nação.[52]

A partir daí, Ottoni se engajou permanentemente na defesa do Ato Adicional no Parlamento e fora dele. Acreditava que se as suas determinações fossem respeitadas, "o sistema representativo se tornaria entre nós uma realidade"; os liberais poderiam confiar mais "no progresso da razão pública do que nas lutas revolucionárias".[53] Poderia ser o "penhor de aliança entre os liberais adiantados e os moderados", esperança que, todavia, não se concretizou porque "a concessão tinha sido arrancada aos moderados, não às convicções, mas ao medo do retorno do Duque de Bragança". Por isso, a morte de Pedro I em setembro de 1834 (um mês após a aprovação das reformas) separou, novamente, as facções liberais e aproximou os moderados dos ex-restauradores, que se uniram para formar uma *oligarquia* política e de interesses, cujo objetivo maior estava na "restauração da monarquia e na aniquilação do sistema constitucional". Para atingir este propósito encaminharam a *interpretação* do Ato Adicional, a restauração do Conselho de Estado e a instalação do governo pessoal.

Ottoni dedicou sua carreira política à luta contra essa "oligarquia tenebrosa, apoiada no poder e no dinheiro dos traficantes da costa da África, a cujas empresas se associara, em defesa do sistema representativo". Em nome dessa missão, fez parte do Club da Maioridade, grupo de deputados liberais que, à revelia da Constituição, propôs a antecipação da maioridade do imperador, expediente político que poderia deter as manobras da *oligarquia* para aprovar a Lei de Interpretação do Ato Adicional e a Reforma do Código do Processo. No seu entender, a importância da causa e as circunstâncias da nação justificavam o expediente anticonstitucional. Apoiando-se em Jefferson argumentou:

> Segundo meus princípios, em certas circunstâncias e ocasiões, pode o executor das leis e da constituição tomar sob sua responsabilidade, o não proceder inteiramente de acordo com a letra ou mesmo o espírito da lei, quando motivos muito ponderosos justificam este seu procedimento.[54]

O insucesso deste recurso, quando a *oligarquia*, em 1841, não apenas ocupou o Ministério quanto logrou promulgar as leis tão temidas, impeliu o "democrata pacífico" a apoiar a revolta paulista de 1842, e juntamente com outros deputados mineiros, a ingressar nela. Rememorando o episódio, lamentou o *indeclinável* recurso e admitiu que o "sistema constitucional teria ganho mais se, apesar da rebelião ao governo e à constituição, a oposição mineira, em vez do recurso às armas empregasse os meios pacíficos que lhe restavam." Mas também não deixou de considerar que, apesar do *erro*, os liberais não desejavam uma guerra civil; queriam apenas dar um *basta* ao governo, porque, lembrando Silvestre Pinheiro Ferreira, "o cidadão tem direito à resistência e à insurreição todas as vezes que é violado o contrato social... Logo que cessa o império das leis, cessa o dever de obediência".[55]

O apoio dos direitos inscritos no Ato Adicional explicariam duas outras atuações de Ottoni: sua intervenção no apaziguamento do Rio Grande do Sul e a prolongada batalha contra o governo pessoal. Posicionando-se contra o projeto separatista dos rebeldes gaúchos que previa o reconhecimento da República do Piratinim mediante a federação com o Império, defendeu a pacificação e negociou com David Canavarro uma capitulação honrosa, pois "ambicionava ver o Rio Grande livre, reforçando o partido liberal das outras províncias irmãs".[56]

Por sua vez, a batalha contra o governo pessoal, apoiado no poder moderador e associado ao Conselho de Estado e ao Senado vitalício, ocupou o deputado geral de 1840 a 1848, e o fez retornar à política em 1858.[57] A propósito deste tema, Ottoni relembrou argumentos veiculados desde 1841 sobre as bases do poder imperial. Naquele ano, em debate com Carneiro Leão, defendeu a hegemonia das prerrogativas da nação sobre o imperador, uma vez que os direitos do soberano provinham da "*aclamação dos povos*" que, portanto, tinham o direito de resistir ao rei se fosse necessário. Nesse sentido, o governo pessoal era ilegítimo e negador do sistema parlamentar, e Ottoni o combateu em inúmeras circunstâncias. Em 1841, quando o imperador nomeou um ministro apoiado na *oligarquia*, o qual encaminhou as leis que anularam o Ato Adicional. Em 1844, quando Pedro II possibilitou a aproximação dos áulicos com os liberais, que resultou na demissão do ministro Carneiro Leão (de 20 de janeiro de 1843), e a ascensão do gabinete de 2 de fevereiro de 1844. Em 1848, quando o Soberano apoiou novamente a *oligarquia* e entregou o governo ao ministro Olinda, responsável pela dissolução da Câmara em fevereiro de 1849. E, finalmente, em 1859 e 1860, quando a escolha imperial preteriu o senador mais votado por duas vezes em Minas, desdenhando a vontade popular.

Todavia, ao abordar a crítica ao governo pessoal, Ottoni assumiu uma postura original. Por um lado, fez questão de mencionar sua aproximação com dois expoentes do Partido Conservador – Honório Hermeto Carneiro Leão e o mineiro Bernardo Pereira de Vasconcelos, políticos que não inscreve na *oligarquia*; e, por outro, denunciou a cumplicidade dos gabinetes liberais (entre 1844 e 1848) com o grupo áulico de Aureliano Coutinho e com o poder moderador. Esta leitura sobre o chamado *quinquênio liberal*, permitiu que *conciliasse* depoimentos originariamente antagônicos. Do *Libelo do Povo* recolheu a reprovação ao desempenho liberal nesse período; e do trabalho de Justiniano José da Rocha aproveitou a imagem de uniformidade política do momento, entendido como um tempo de reação inevitável.

Justamente, a proposta de *conciliação* é o traço essencial deste texto. Ela fundamentou o recorrente apelo à moderação e à democracia pacífica; a aproximação com Honório e Vasconcelos; a combinação de Timandro com Rocha; a concordância de Ottoni com a máxima de Holanda Cavalcanti de que, pelo menos em Minas, "não há cousa mais parecida com um luzia do que um saquarema"[58] e, principalmente, a candidatura do autor ao Senado, em 1859 e 1860, sem filiação partidária definida, que só não se concretizou devido à intervenção do poder pessoal. Nesse sentido, o poder moderador, na forma como estava estruturado, tornava-se um entrave à verdadeira conciliação proposta pelo marquês de Paraná.

Em nome da conciliação, Ottoni bateu forte contra o governo pessoal e as instituições que o sustentavam: o Conselho de Estado, o Senado vitalício, os ministérios e, na sombra de todos eles, a *oligarquia*. Todavia, suas restrições não atingem a pessoa do imperador, um homem culto e competente, com quem, enquanto parlamentar, se encontrara por várias vezes. O Imperador sozinho não podia fazer mal. Responsabilizou os políticos:

> E quem é o culpado desta situação? Será o Imperador? Não, por certo. Os culpados somos nós, e especialmente os ministros liberais, conservadores e palacianos [...] os nossos homens de estado nunca dizem ao Imperador a verdade. Não lha dizem, porque lho proíbem a ambição do poder e o temor de que lhes faltem os graciosos sorrisos e boas graças. Desde o verdor dos anos o espírito do monarca tem estado perenemente exposto à ação corrosiva da lisonja [...] E os cortesãos justificam o governo pessoal [...] Esquecem que o papel dos reis constitucionais é essencialmente passivo.[59]

Como romper este círculo? Como restituir a verdade ao sistema constitucional? O candidato retomou os instrumentos da revolução pacífica e conciliadora que fez questão de frisar, reiteradamente defendeu: a supressão da subordinação ao poder pessoal; da prisão arbitrária; do recrutamento forçado; das funções judiciárias atribuídas aos agentes policiais pela Lei de 3 de dezembro de 1841; do Senado e do Conselho de Estado vitalícios. "O senado temporário é fiador da monarquia constitucional".[60]

Preocupado em esclarecer as dificuldades para uma possível conciliação, Ottoni expôs as fraturas da sociedade imperial. Nesse sentido, seu depoimento revelou oposições de diferentes abrangências. Num plano mais geral, antagonizou o governo pessoal (que inclui o imperador, o conselho de Estado e o Senado vitalício, o ministério e a *oligarquia*) e a nação. Mas, adentrando a luta política, os conflitos se desdobraram. Ressaltaram-se os confrontos internos ao Partido Liberal, que se fragmentou em avançados, moderados e exaltados; e emergiram diferenças entre os conservadores, de um lado a *oligarquia* signatária do poder pessoal e, de outro, aqueles que não compactuavam com ela.

Um Estadista Do Império: A Revolução Como "Turbilhão Popular", Luta De Classes, República Jacobina

> Não se pode deixar de reconhecer no movimento praieiro a força de um turbilhão popular. Violento, indiferente a leis e princípios, incapaz de permitir em seu seio o mínimo desacordo, empregando sempre meios muito mais enérgicos do que as resistências exigiam, embriagando-se dos seus excessos de autoridade: tudo isto é exacto do domínio da Praia, e esses são os característicos próprios da democracia. Mas a verdade é que a Praia era a maioria, era quase o povo pernambucano todo, e o povo julga o seu direito tão extenso como a sua vontade, sobretudo quando luta com as classes que se servem das delongas infinitas da lei para conservarem os seus privilégios e perpetuarem os seus abusos. Muito provavelmente a Praia representava a queixa de uma população adiantada de instintos contra a sua triste condição.[61]

Um estadista do Império foi preparado entre 1893 e 1894, durante a Revolta da Armada "quando ao revolver a poeira de nossas lutas pacíficas eu ouvia o duelo da artilharia do mar e da terra nesta baía", pelo ex-deputado monarquista e conhecido abolicionista Joaquim Nabuco, e foi publicado entre 1896 e 1899. Seu texto teceu, conjuntamente, a biografia do pai do autor, o ministro, senador e conselheiro José Thomaz Nabuco de Araujo, e a história da monarquia no Brasil até 1878.

Nabuco periodizou e caracterizou de forma original esta história, dividindo-a em dois grandes momentos, o primeiro de consolidação da opção monárquica (1813-1840), e o segundo (1840-1889) – período do segundo reinado, a *Grande Era Brasileira* – de vivência plena do regime. Ainda, subdividiu *grosso modo* esta última etapa em três fases: 1840-1850, momento de consolidação da ordem interna com o fim das revoluções e o aperfeiçoamento do sistema parlamentar; 1850-1878, apogeu da Monarquia e, finalmente, 1879-1889, fase que não chega a explorar (pois o biografado faleceu em 1878), etapa de declínio devido à doença do imperador, o retorno das agitações (abolicionista, republicana e militar) e o desaparecimento dos grandes estadistas. Apesar de fazer considerações sobre todo o período de duração da Monarquia, Nabuco privilegiou os anos de 1850 a 1878, época de "lutas pacíficas e de conciliação política". Expôs minuciosamente a atuação de Pedro II e de Nabuco de Araujo; o funcionamento do regime monárquico constitucional: a ascensão e queda dos gabinetes; o exercício do poder pessoal; as reorganizações partidárias, em especial a reforma do Partido Liberal, considerada como obra magna de Nabuco de Araujo; e o encaminhamento das principais questões da política interna (a conciliação, o fim do tráfico, a emancipação gradual, a política financeira, a reforma eleitoral) e externa (as relações com a Inglaterra, a questão do Prata e a guerra do Paraguai).

Homenagear a memória do pai e demonstrar a superioridade da Monarquia sobre a República foram as razões mais evidentes do livro. Nabuco retomou o passado para destacar a contribuição do regime monárquico parlamentar na construção, sobrevivência e progresso da nação; no exercício do autêntico liberalismo, aquele que permitia a prática da política civilizada; além de comprovar sua adequação às condições históricas e físicas do país. Nesse sentido, contrapôs as vicissitudes vivenciadas na Independência e, principalmente, na Regência – momento de uma primeira experiência republicana – com a tranquilidade propiciada pelos cinquenta anos do segundo reinado. Para ele, a República de inspiração girondina ou jacobina, sinônimo de revoluções, anarquia, despotismo e risco à integridade do Império, constituía a negação da obra monárquica, e já tivera, sem sucesso, sua chance histórica. E, se fora tolerada como uma atitude imatura e de despreparo inscrita na juventude da nação, não haveria como justificá-la nestes tempos outros de amadurecimento.

Fundamentando-se nestas premissas, criou sua leitura dos acontecimentos ocorridos entre 1822 e 1837. Representou o Império como um ser vivo, e construiu a história de sua vida conciliando o depoimento (e os documentos) de Nabuco de Araujo, com fragmentos das interpretações de Armitage, Justiniano da Rocha e Ottoni, e informações de outras fontes.[62] A recorrência ao imaginário orgânico permitiu uma analogia entre a vida de Nabuco de Araujo e o percurso da Monarquia. Assim, a infância e a adolescência do estadista coincidem com o nascimento e a mocidade da nação (a Independência e a Regência). O autor mesclou as atribulações da vida do pai e do avô (que desempenhava a função de juiz da alfândega em Belém do Pará e, portanto, pertencia ao Partido Português) com o desassossego vivenciado pelo país nos anos de 1821 a 1835. Integrando política e natureza, interpretou o confronto entre patriotas e portugueses e a revolução que se seguiu, como resultado de um *antagonismo de raça* que deu vazão à "explosão demagógica do novo espírito nacional, excitada pelos especuladores políticos". Descrevendo os acontecimentos vividos pela família, comentou:

> A vida paraense nesses anos contíguos à Independência, foi extremamente agitada. Em nenhuma outra parte do país deixou a Independência o mesmo sulco profundo de ódio. Desde 1823... até

> o combate de nove dias dentro da cidade e às convulsões de 1835, Belém foi teatro de lutas políticas e nacionais de caráter selvagem peculiar. Isto causou o abandono da cidade por todos que podiam fugir dela, o estrago e a ruína das propriedades.[63]

Mas foi no 7 de abril que a vida do biografado (então um jovem acadêmico de Olinda) e da geração que o acompanhava, espelhou mais nitidamente a trajetória do país. Nesta época, "a pena dos jovens escritores acadêmicos desprendia chispas". No *Echo de Olinda* (1831-32), o primeiro jornal que escreveu, juntamente com Ferraz e Sinimbu, Nabuco de Araujo foi "de um federalismo exaltado, que não se pode diferenciar da aspiração republicana". Assim como qualquer patriota, foi "girondino, americano, melodramático". Mas, no *Velho de 1817* (1833), sua segunda folha, já é francamente *reacionário*. A revolução brasileira, ardentemente preconizada, assim como outras revoluções liberais, perdera todo encanto porque se transfigurara em tirania e risco para a integridade da sociedade e do Império. Voltando atrás, o acadêmico reavaliou o comportamento de Pedro I na abdicação, tornando-a uma atitude *magnânima*, e apontou o equívoco de comparar-se "a nossa situação à da França":

> Saídos de um governo opressor, ignorantes do sistema constitucional, nós tínhamos a necessidade da proteção de um monarca que domasse a ambição, para que pudéssemos nivelar o nosso caráter com o espírito das instituições às quais éramos estranhos; carecíamos estar abrigados pela força da monarquia para não sermos arrebatados pelo espírito inovador que, tornando-nos versáteis e inquietos, destruiria certa adesão que um povo deve consagrar às suas instituições...[64]

Que argumentos estariam na origem desta guinada de Nabuco de Araujo e de seus companheiros? Em primeiro lugar o traço orgânico, "a versatilidade intelectual da adolescência. As opiniões são nessa fase apenas impressões novas. As paixões cessam de repente por motivo ignorado, ou transformam-se nas opostas".[65] Em segundo, a voz da experiência dos Andradas que se manifestou pela boca de Antonio Carlos: "a ingrata experiência convenceu-me que nem a Liberdade, nem a Independência se arraigaria no Brasil senão à sombra da monarquia". E a lição dos acontecimentos ocorridos em Recife, em 1831 e 1832, quando "na setembrizada a cidade foi entregue à anarquia e ao saque pela tropa que se apossou dela".[66]

Recorrendo a vários depoimentos e interpretações, particularmente a Armitage, Rocha e Ottoni, o autor projetou diferentes significados para o 7 de abril. Para o imperador fora um "desquite amigável" com a nação, pois assegurou-lhe o trono português e sua reputação de "herói de dois mundos".[67] Para outros segmentos da sociedade foi uma *journée des dupes*, expressão apropriada a Ottoni, mas para a qual Nabuco conferiu significados diversos. Para o exército, o 7 de abril foi um grande equívoco, pois o imperador sempre o promovera, ao passo que os regentes o combateram e dispersaram. Para os *exaltados* foi um completo engodo, pois foram alijados da aliança revolucionária no dia seguinte e, não poderia ter sido de outro modo:

> A fatalidade das revoluções é que sem os exaltados não é possível fazê-las e com eles é impossível governar. Cada revolução subentende uma luta posterior e aliança de um dos aliados, quase sempre os exaltados, com os vencidos. A irritação dos exaltados trará a agitação federalista extrema, o perigo separatista, que durante a Regência ameaça o país de norte a sul, a anarquização das províncias.[68]

Da mesma forma os *patriotas*, especialmente os soldados arregimentados pelo *ressentimento nacional*, compreendido como *antagonismo de raça*, razão que sobrepujou o "*fermento político ou as excessivas declamações da oposição*" no apoio da tropa à revolução. Deste ponto de vista, Nabuco considerou o 7 de abril "uma repetição e uma consolidação do 7 de setembro", preservando inclusive, para os vencidos, a "subserviência à influência portuguesa".[69]

Porém, "*a maior decepção de todas*" é atribuída à *nação*, ou à "*minoria política que ela representa*", quer dizer os *Moderados*; aquela classe que assumira o governo e fizera "*os jovens príncipes seus reféns*". Os dirigentes que "*a revolução produziu eram na sua maior parte homens novos sem tirocínio cuja inexperiência devia inspirar quase compaixão ao grupo de estadistas provectos do primeiro reinado*"[70] pois, ao fazerem a revolução esperavam do imperador apenas a mudança de ministério ou o "*abandono de uma camarilha suspeita*". A abdicação os surpreendera profundamente mas, coube a eles reagir e "*voltar a máquina para trás, fato nada singular nas revoluções: os revolucionários passavam, de um momento para outro a conservadores, quase reacionários*".[71] Referendando Justiniano José da Rocha, comentou: "*o que fez a grande reputação de Feijó, Evaristo e Vasconcelos, não é o que eles fizeram pelo liberalismo, é a resistência que opuseram a anarquia*".[72]

Assim, a reação monárquica de 1837 e a antecipação da maioridade do imperador em 1840, tornaram-se medidas inevitáveis que sinalizaram a superação, ao mesmo tempo, de um estágio orgânico – a passagem da adolescência para a maturidade –, e de uma etapa de experiência histórica, a anarquia que se seguiu à abdicação. A inspiração em Justiniano é evidente e Nabuco, citando *Ação, reação, transação* reiterou: "para o estudo da evolução monárquica ler cada palavra deste opúsculo".[73] Mas, apesar desta enfática menção, introduziu algumas nuanças nas imagens sugeridas por sua fonte. Ao substituir o movimento de *ação-reação* pela linearidade da trajetória de um organismo vivo, embora preservando a ideia de uma etapa que se cumpriu (a adolescência), Nabuco transformou os ciclos (ação-reação) em fases sucessivas, sem retorno (infância, adolescência, maturidade e declínio) suavizando a passagem da ação para a reação. Ela perdeu sua característica original de luta pela sobrevivência para tornar-se o comportamento de um organismo cansado, exaurido por um longo período de turbulência, momento em que "a nação se deixa deslisar suavemente para a monarquia".[74]

A interpretação do autor sobre a revolução do 7 de abril e a Regência foi um argumento essencial na tese que relacionou fortemente Liberalismo e Monarquia e rejeitou a República sob sua forma sul-americana. Em primeiro lugar, Nabuco descartou a ideia de que os *moderados* tivessem feito algo pelo Liberalismo no Brasil; apenas resistiram "à anarquia que eles mesmos haviam provocado". Em segundo, interpretou a Regência como *a* "república de fato" praticada:

> nas condições mais favoráveis em que a experiência poderia ser feita. Ela tinha diante de si pela Constituição do Império treze anos para fazer suas provas; durante este prazo, que é o da madureza de uma geração, se o governo do país tivesse funcionado de modo satisfatório – bastava não produzir abalos insuportáveis – a desnecessidade do elemento dinástico teria ficado amplamente demonstrada.[75]

Concluiu que a vivência da República no Brasil não tinha contribuído para a autêntica causa liberal. Pelo contrário, ameaçara a existência do país que, com a maioridade, retornara *suavemente* à Monarquia e ao Liberalismo. Mas, apesar de seus riscos, havia sido uma experiência necessária. A revolução do 7 de abril e a Regência poderiam ter sido "economizadas com grande vantagem, se em certos temperamentos as loucuras da mocidade não fossem necessárias para a mais elevada direção da vida. A agitação desses dez anos produz a paz de cincoenta que se lhe vão seguir". Elas cumpriram uma função histórica: "desprender o sentimento liberal da aspiração republicana".[76]

Embora concordasse com Justiniano da Rocha sobre a ascensão da reação monárquica em 1837, Nabuco relativizou sua hegemonia, considerando os anos de 1840 a 1848 como de "aperfeiçoamento da monarquia parlamentar". Nesse sentido, deu maior importância ao quinquênio liberal (1844-48) comparando-o à Regência, pelo fato de a integridade do Império ter sido novamente ameaçada pelos republicanos. No seu entender, a queda do último gabinete liberal em setembro de 1848 repetiu a situação de setembro de 1837. Portanto, a reação de 1837 não consolidara plenamente a Monarquia e o sistema parlamentar, questionados novamente, em 1848, pela Revolução Praieira.

Diferentemente de Rocha e Ottoni, Nabuco, apoiando-se nos escritos do pai, historiou detalhadamente os acontecimentos de Pernambuco, e criou uma outra interpretação para a Revolta da Praia. Para ele, a revolução explodiu por várias razões. Originou-se nas paixões e instintos constitutivos do comportamento das massas (no caso a população de Pernambuco), quando instigadas por demagogos (o Partido da Praia) e pelo abuso das classes "que se servem das delongas da lei para preservarem seus privilégios". Foi um "turbilhão popular violento, indiferente a leis e princípios", e despótico, caracteres que atribuiu à democracia; a "queixa de uma população adiantada de instinto contra sua triste condição"; e, "mais que um movimento político, foi um movimento social, uma guerra do povo contra os portugueses que monopolizavam o comércio nas cidades e os senhores de engenho que monopolizaram a terra no interior".[77]

A revolução progrediu devido aos erros do Partido Praieiro na orientação do movimento, e à moderação com que o gabinete Olinda administrou, de início, a revolta. Por ser um partido sem disciplina (congregava monarquistas e republicanos e seus chefes não dominavam os correligionários), a Praia envolveu-se, e acabou por promover uma guerra que suas lideranças (a exemplo de Nunes Machado) não desejavam e não controlavam. Por sua vez, errara o Ministério de 29 de setembro que, "por medo e finura" não enviara para a província, logo no início do rompimento, um homem forte e de "prestígio nacional" (como Honório ou Caxias) e só dissolvera a Câmara dos Deputados em fevereiro de 1849, quando poderia tê-lo feito em setembro de 1848.[78]

Mas a revolução não se tornaria vitoriosa mesmo que a Praia tivesse tomado Recife, pois não tinha um pretexto, ou um "princípio por causa do qual fosse legítimo ensanguentar a província". Além disso, os rebeldes não contavam com forças para sustentar-se por muito tempo, pois não receberam ajuda de outras províncias. Ainda, "o efeito da revolução de fevereiro na França estava gasto".[79] Na verdade, ela se fundamentara, por um lado, nos equívocos da prática liberal jacobina: a impaciência em aguardar a sua vez na sequência dos partidos prevista no jogo parlamentar; a facilidade com que, quando alijados do poder, recorriam às revoluções; ao hábito de copiar as experiências estrangeiras, inspirando-se, neste caso, na proclamação da República na França e no "fermento socialista"[80]; e à falta de coesão das lideranças do partido (não se entendiam), que resultou no seu esfacelamento, impedindo-o de "fazer frente à cerrada falange conservadora", e provocando a queda do gabinete Paula Souza, em setembro de 1848, por falta de sustentação parlamentar. E, por outro, explicava-se pela "*inexperiência política*" e o radicalismo dos praieiros, resultantes de sua origem e trajetória singular. Nascera de uma cisão interna ao partido liberal pernambucano e, por seu *jacobinismo político*, e falta de identidade com os liberais históricos da província, de Minas e São Paulo, nunca conseguira participar dos ministérios liberais. Chegara à presidência de Pernambuco graças à intermediação da facção áulica, e ali fizera uma administração truculenta que revolveu a província, colocando-a num estado revolucionário. Na gestão de Chichorro da Gama (1845-48), para consolidar seu poder, a Praia fizera uma completa inversão administrativa e, pela violência, alterara os costumes obrigando rendeiros e moradores a votarem contra seus senhores tradicionais com quem tinham uma relação antiga e justa.[81] Ainda, embora fizessem proclamações monarquistas, aliaram-se a conhecidos políticos republicanos (Borges da Fonseca, por exemplo) e adotaram um programa impraticável, que conciliava "o preconceito vulgar e retrógrado da nacionalização do comércio a retalho, com a republicana e socialista reivindicação do trabalho como garantia de vida para os cidadãos brasileiros".[82]

O fracasso da revolução deveria ser creditado também a três outras razões: a atuação enérgica e oportuna de dois administradores da província – o presidente Tosta e o juiz Nabuco de Araujo; à experiência adquirida pelo Partido Liberal para "resignar-se à vez do adversário", e ao fato de o tempo das revoluções ter se esgotado, pois "o organismo precisava de repouso":

> A reação de 1848, como a de 1837, correspondia a uma necessidade invencível de repouso; o organismo abalado precisava refazer-se pelo sono. Pressentiu-se que esta seria a última das revoluções.[83]

Os argumentos se complementam: a atuação providencial dos estadistas revela a ciência dos meios adequados para lograr a reeducação dos político inexperientes e a percepção do percurso natural da história. Nesse sentido, eles foram também responsáveis pela superação dos obstáculos que impediam o pleno exercício do sistema parlamentar e, portanto, pelo ingresso do país em sua *grande era*, aquela das *lutas pacíficas*, e do verdadeiro liberalismo. Esclarecem-se o objetivos de Nabuco em privilegiar a análise da Revolução Praieira. Além de torná-la um episódio sob medida para a crítica das revoluções de caráter republicano jacobina, justificou a participação de Nabuco de Araujo no episódio, particularmente sua cerrada oposição à Praia e a rigorosa sentença, prisão perpétua com trabalhos forçados, que ele, como juiz, aplicou às lideranças rebeldes. Tratava-se de uma grande causa. Seria uma punição exemplar e necessária, com o intuito de por fim às revoluções, corrigindo a atuação dos liberais no jogo parlamentar, dispositivo que o experiente juiz sabia ter duração limitada:

> sabia que a pena de prisão perpétua durava apenas o tempo de se acalmarem os ânimos e de deixar de ser perigoso para a ordem pública a liberdade dos chefes praieiros [...] tinha certeza que a condenação seria em pouco tempo nulificada pela anistia.[84]

O empenho em defender a missão paterna na edificação do verdadeiro liberalismo no Brasil, de comprovar a superioridade do regime monárquico sobre a República jacobina, e de sua adequação ao Brasil do século XIX, levaram Nabuco a adensar o teor das oposições latentes na sociedade monárquica, já mencionadas por suas fontes, em especial, Armitage, Rocha e Ottoni. Obteve este resultado redefinindo categorias e comportamentos; incorporando novos personagens; desdobrando a configuração da sociedade em várias entidades distintas – "o Estado, a nação, o país; as forças sociais; a Escravidão"; imbricando biografias e processo histórico. Nesse sentido, registrou a complexidade da luta partidária; o antagonismo entre a aristocracia e seus dependentes – "algumas famílias transitoriamente ricas e dez milhões de proletários"; a contraposição entre as *forças sociais* (o Exército, a Igreja, a Imprensa, o Parlamento, os Partidos) e o Estado; e, a mais significativa, o confronto entre a *escravidão* e a *nação*.[85] Este procedimento, além, evidentemente, do fato de rememorar o passado a partir do final do século XIX, permitiu-lhe enriquecer o conceito da revolução, incorporando a *luta de classes* entendida, pela associação, mais uma vez, de razões orgânicas e históricas, como resultado das paixões e queixas da população, penalizada pelo monopólio sobre o comércio e as terras, exercido pelos portugueses e pela feudalidade territorial do Império e avalizado pela escravidão. E, sobretudo, agigantar as consequências da escravidão, e com elas a *singularidade* da sociedade brasileira.

Esta *singularidade* era um argumento essencial para explicar as limitações e, sobretudo, a performance *desvirtuada*, negação do *self government*, que a Monarquia vivenciara no Brasil. Para Nabuco, a recorrente intervenção do imperador no jogo parlamentar (na montagem dos gabinetes, na atuação dos estadistas, nas decisões do Senado e da Câmara e no desempenho dos Partidos) e a farsa eleitoral eram práticas condenáveis, sem dúvida (por isso ele próprio batalhara arduamente por uma reforma da Monarquia nos anos que antecederam a República) porém, necessárias. A condição colonial e, principalmente, o império da escravidão, haviam impedido o desenvolvimento de uma opinião pública e criado uma sociedade imatura e dependente do governo. Nessas circunstâncias, o imperador soubera apreender as solicitações do país, e tornar-se a sua *consciência*, papel que desempenhara com competência pois, "onde D. Pedro II naufragou qualquer outro naufragaria antes dele e talvez de pior modo".[86]

Fontes e Memória: O Império da Conciliação

Os relatos apresentados apreenderam e interpretaram, sob o impacto da revolução burguesa, oposições da *nação-cidadã* típica do Império, aquela integrada pelos proprietários com requisitos para atuar nos escrutínios eleitorais; exceção feita a Joaquim Nabuco que, escrevendo no final do século, momento de redefinição da cidadania, ampliou o quadro de tensões incorporando, com mais clareza, *proletários e escravos*. Dessa forma, a historicidade dos textos, juntamente com a opção partidária dos autores contribuíram significativamente no esclarecimento da maneira como representaram a *sociedade monárquica* e a *revolução*. Justiniano José da Rocha e Nabuco compreenderam essa revolução como atributo de uma maioria indistinta e imatura, comportamento instintivo e irracional, negador da política civilizada, sinônimo de violência, desordem e anarquia; por isso, um fenômeno inevitável que, entre 1822 e 1850, ocorreu repetidas vezes, todas elas contornado pela habilidade dos estadistas do Império. Por sua vez, Armitage, Timandro e Ottoni, embora com algumas nuanças, consideraram-na missão *exclusiva* dos moderados, prática garantidora da ordem (livraria a nação da opressão e da anarquia), da propriedade, dos direitos dos cidadãos, e da democratização política. Tratava-se de uma conquista incontornável do progresso.

Apesar das leituras divergentes sobre a nação e a revolução, uma tese comum permeia todos os textos: a da singularidade do Brasil ante as nações americanas e europeias. Ela assumiu conteúdos específicos em cada autor, fazendo um percurso ao longo do tempo e dos relatos. Em Armitage (1836), a singularidade advém, por um lado, como decorrência de um passado colonial fundado sobre o isolamento físico e a barbárie, donde resultaram a exaltação, a violência e impaciência presentes no início da vida do país, mas gradativamente superados; por outro, de traços específicos da formação social: a falta de uma nobreza tradicionalmente estabelecida e poderosa; a participação política de camadas mais amplas e a presença da escravidão. Em Timandro (1849), a ausência da inconveniente herança do Antigo Regime: os direitos da realeza, os privilégios da nobreza, "o fanatismo, o gênio da servidão"; e as decorrências indesejáveis do progresso, "o embrutecimento e degradação das classes industriais". Em Rocha (1855), os sinais da incapacidade e do descompasso com a civilização: o exercício da política como paixão, o predomínio do instinto de ação e reação, a incerteza da transação. Em Ottoni (1860), os prejuízos do legado colonial: o despotismo e a escravidão. A emergência de um povo acomodado na ignorância, sem opinião e moralidade, despreparado para a vivência republicana e impedido de atingir a maturidade pelo descaminho da revolução e do sistema parlamentar. Em Nabuco (1896), uma conciliação entre Armitage, Rocha e Ottoni redefinidos construiu uma teoria sobre a singularidade e o descompasso do Brasil: a herança colonial, particularmente o monopólio da escravidão, criou um país despreparado para o exercício da política porque ainda dominado pelos instintos e paixões, sem opinião pública, acomodado à dependência do governo, e responsável pelo desvirtuamento do sistema parlamentar.

Os textos aqui apresentados fundamentaram, quase que exclusivamente, os estudos sobre a sociedade monárquica e a revolução, até a década de 1960, quando outras fontes primárias passaram a ser exploradas. Armitage, Rocha, Ottoni e, sobretudo Nabuco, provavelmente por ter elaborado uma síntese das interpretações que o precederam, dominaram soberanamente, por décadas, análises de tendências diversas. A pequena recorrência a Timandro se ressalta neste procedimento, e instiga o pesquisador a indagar sobre suas possíveis razões. Teria origem na dificuldade em acessar um panfleto que fora recolhido pela censura? Tratava-se de um texto que inspirava pouca credibilidade por usar uma linguagem dramática e, por isso, menos convincente? Ou ainda, pelo fato de ser obra de um *trânsfuga*, cuja memória incomodava liberais e conservadores?

Tais evidências não podem ser desprezadas mas se apequenam quando contrapostas a outra constatação. Além da recusa à moderação, Timandro apresentou um entendimento destoante dos demais sobre a *singularidade* da nação: tornou-a um atributo *positivo*. A ausência da herança do Antigo Regime integrou o país na América, equiparou-o aos Estados Unidos e o avantajou perante a Europa. Em outros termos, negou a condição de imaturidade para o pleno exercício da cidadania e de despreparo para a concretização da revolução liberal. Nesse sentido, sua leitura não poderia ilustrar interpretações conservadoras, que confundiram a revolução com a desordem e a anarquia, nem as progressistas, que pugnaram por revoluções burguesas ainda por serem concretizadas no Brasil.

ESCRAVIDÃO NEGRA EM DEBATE*

Suely Robles Reis de Queiroz (USP)

Ao publicar *Casa-grande & senzala* em 1933, escreveria Gilberto Freyre: "Desde logo salientamos a doçura nas relações de senhores com escravos domésticos, talvez maior no Brasil do que em qualquer outra parte da América".[1]

A frase expressa com clareza a visão que perpassa o livro e a obra em geral do sociólogo pernambucano sobre a escravidão brasileira: a amenidade dessa escravidão, sobretudo se comparada com a de outros países escravocratas.

Essa visão daria margem à grande polêmica historiográfica sobre a caracterização do sistema escravista, até hoje não resolvida, pois condicionada às influências ideológicas e, consequentemente, ao enfoque teórico de cada autor. Justamente por isso, também são polêmicos os inúmeros aspectos abrangidos pelo tema e pela bibliografia, que é vasta, em função da importância assumida pela escravidão nos países onde foi implantada. Como dirá Eugene Genovese, ela engendrou uma "psicologia especial, costumes, vantagens e desvantagens econômicas e problemas sociais, que apareceram em toda sociedade escravocrata, mesmo se apenas como tendências fracamente manifestadas".[2]

Nosso objetivo nestas páginas será, pois, o de rememorar as referidas polêmicas – cujo conteúdo já foi objeto de um livro de Jacob Gorender[3] – oferecendo aos leitores o que os franceses chamariam de "estado atual da questão".

Dado o limitado espaço destas páginas[4], caberá sintetizar essas questões controversas, identificando-as, apontando-lhes os fundamentos teóricos, os argumentos utilizados pelos autores em defesa da concepção adotada, o momento histórico em que elas surgiram. Como nota Maria de Lourdes Monaco Janotti: "a validade dos estudos de historiografia supõe um julgamento da obra de história, não como simples trabalho de inspiração individual, mais ou menos bem-sucedida, segundo a formação cultural do autor, mas compreendida como resultado material e intelectual de uma determinada sociedade com problemas econômicos, sociais, políticos e ideológicos bem definidos..."[5]

A matriz do dissenso historiográfico está na caracterização do sistema escravista, tido por alguns como violento e cruel, por outros como brando, benevolente.

Quem inicialmente obteve grande repercussão ao difundir essa última concepção foi o já citado Gilberto Freyre, cuja influência ignorou os limites do Brasil, alcançando também os historiadores estrangeiros.

Embora suas ideias tenham sido intensamente debatidas pela historiografia, convém relembrá-las, pois elas vêm sendo repensadas hoje por vários estudiosos, dos quais falaremos mais à frente.

Lançou-as numa época ainda sensível ao pensamento racista europeu, que atraiu estudiosos como Oliveira Viana e Nina Rodrigues[6], por exemplo, convencidos da inferioridade do negro e da sua contribuição negativa para a formação do povo brasileiro.

Preocupado, como os de sua geração, com a questão da raça e atento à intensa miscigenação ocorrida no país, Freyre buscou explicar-lhes o significado, concebendo uma sociedade de tipo paternalista, onde as relações de caráter pessoal assumiam vital importância. A família patriarcal foi a base do sistema: resultante da transplantação e adaptação da família portuguesa ao ambiente colonial brasileiro, constituía uma vasta e hierárquica rede de parentesco, uma "ordem privada" impermeável a formas públicas de organização e controle.

Na sociedade assim estabelecida, predominavam a empatia entre as raças e a amenidade na relação senhor-escravo, características que explicariam a miscigenação e seriam peculiares no quadro geral do escravismo americano. Decorriam elas da plasticidade racial do colonizador português, cujos traços psicológicos diferenciavam-no dos anglo-americanos em valores e personalidade. Uma linha de raciocínio que o levará a considerar o Brasil uma "democracia racial", pois a miscigenação largamente praticada corrigia a enorme distância social existente.

Em defesa de suas ideias, não hesitaria o autor de *Casa-grande & senzala* em idealizar as práticas escravistas e mesmo exagerar-lhes os resultados, ao dizer que o cativo talvez tenha sido "o elemento melhor nutrido de nossa sociedade patriarcal"[7]; que os castigos a ele infligidos tinham por finalidade educar e disciplinar, que as "numerosas" alforrias, em conjunto, teriam constituído "antecipações nada insignificantes ao Treze de Maio..."[8]

Paradoxal, como ele próprio se qualificaria, Gilberto Freyre foi um "conservador-revolucionário", para utilizar a expressão de José Honório Rodrigues.[9]

Revolucionário quanto ao método – antropológico-cultural –, quanto à originalidade da pesquisa dos fatos e à força de interpretação dos mesmos, provocou a mudança de curso das ideias pseudocientíficas sobre a inferioridade da raça negra, ao destacar de modo incisivo as raízes africanas e a importância destas na cultura brasileira.

Mas foi conservador também. Seus argumentos para ressaltar a benignidade da escravidão revelam ter sido influenciado pelo pensamento conservador do século XIX, cuja substância seria "a apologia do passado e a consequente defesa do *status quo*".[10] Fontes daquela época como os viajantes, os parlamentares que representavam os interesses dos proprietários ou os historiadores saudosos do Império[11], difundiram a ideia de brandura na escravidão, devida à "índole" do povo brasileiro, "bondoso e equânime" por natureza.

Os discursos de José de Alencar no Parlamento, por exemplo, reiteravam continuamente "a moderação e doçura" de que se revestia a escravidão no país, por força dos costumes e da "índole generosa" da raça.[12]

Também os de Andrade Figueira, segundo o qual, o escravo, um "verdadeiro fidalgo proletário", vivia melhor que seus senhores, "condenados ao deperecimento" em razão de um clima no qual o negro se sentia à vontade, pois, "debaixo dos mesmos graus de latitude da África, no mesmo solo, no mesmo clima..."[13]

Soam familiares tais frases quando se lê em Gilberto Freyre que a escravidão brasileira foi moderada e que os cativos seriam "talvez mais felizes no Brasil patriarcal do que, quando na África negra, oprimido por sobas e, sobretudo, maltratados nas próprias tribos: vítimas, por vezes, de tirânicas opressões tribais sob o aspecto e ritos compressores".[14]

As ideias de Freyre não sofreram contestação imediata. Ao contrário, reforçaram os mitos da brandura do senhor, da submissão do escravo, e continuaram influenciando autores como o norte-americano Frank Tannembaun, por exemplo, que em 1947 publicou o ensaio intitulado *Escravo e cidadão*[15], no qual admite a peculiaridade da escravidão brasileira, se comparada à dos países de formação anglo-saxônica. Nestes, a instituição seria muito mais desumana enquanto naquela, a matriz moral, legal e religiosa teria favorecido a preservação da individualidade do escravo como ser humano. Stanley Elkins[16], igualmente, assimilou tais ideias e atribuiu as diferenças a sistemas socioeconômico-culturais também diferentes: um pré-capitalista, católico e outro, protestante e de economia capitalista.

Mas a partir dos anos 1950, aproximadamente, uma nova concepção revitalizou os estudos sobre a escravidão negra, originando uma também nova corrente historiográfica, que se opôs frontalmente às ideias de Gilberto Freyre.

A derrota do nazismo liquidara as pretensões arianistas de uma raça pura; intensificou-se a luta do negro norte-americano pela igualdade racial e a ampliação dos direitos civis; a historiografia avançou com o surgimento de novos enfoques teóricos, maior rigor no método, o aporte de subsídios multidisciplinares.

Essas circunstâncias renovaram nos Estados Unidos o interesse pela escravidão negra, surgindo então os trabalho de David Brion Davis, Charles Wagley,

Boxer e Genovese[17], entre outros, que questionaram as teses de Tannebaum, Elkins e, consequentemente, Gilberto Freyre. Argumentaram que o escravismo anglo-saxônico pouco diferiu daquele instituído por povos de outra origem, inexistindo um sistema mais brando que outro e sendo as variações ao longo do tempo menos significativas que os padrões subjacentes de unidade.

No Brasil, a repercussão de tais ideias somou-se à progressiva conscientização das condições periféricas a que sempre esteve submetido o país no quadro das relações internacionais, à maior visibilidade das injustiças e tensões sociais, ao crescimento do nacionalismo. Foi um tempo de efervescência política e intelectual em que o interesse por classes espoliadas e minorias oprimidas também mudou a historiografia da escravidão.

Nesta, desde logo podem ser citados os nomes de Florestan Fernandes, Otávio Ianni, Emília Viotti da Costa, Fernando Henrique Cardoso, cujas teses divergem diametralmente das de Freyre.

Para eles, a escravidão é pedra basilar no processo de acumulação do capital, instituída para sustentar dois grandes ícones do capitalismo comercial: mercado e lucro. A organização e regularidade da produção para exportação em larga escala – de que dependia a lucratividade – impunham a compulsão ao trabalho. Para obtê-la, coerção e repressão seriam as principais formas de controle social do escravo.

Apontam a "violência como vínculo básico da relação escravista". O cativo, legalmente equiparado a uma mercadoria, poderia – no dizer de Fernando Henrique Cardoso – chegar até a coisificação subjetiva, isto é, a "sua autoconcepção como a negação da própria vontade de libertação; sua autorrepresentação como não homem".[18]

A violência também se transmitia ao escravo que, transgredindo as normas, desacatando os senhores, roubando-os, assassinando-os, exprimia de forma brutal, o seu inconformismo ante o cativeiro.

Como a lei consagrava a exploração de um grupo pelo outro, "as duas camadas raciais permaneciam, a despeito de toda sorte de contatos, intercomunicações e intimidades, dois mundos cultural e socialmente separados, antagônicos e irredutíveis um ao outro".[19]

Esses pontos de vista são reforçados por Jacob Gorender em *O escravismo colonial*[20], obra de elaborada pesquisa e reflexão, na qual o autor afasta-se das interpretações que têm como categoria central explicativa a atividade exportadora e propõe o "historicamente novo" modo de produção escravista colonial, para explicar o início da formação social brasileira.

Esse autor também destaca a violência do cativeiro, que implicava "o extermínio da vitalidade do escravo num prazo calculado. Como implicava a coação física num clima de aterrorização permanente da massa escrava, o que exigia castigos diários rotineiros e castigos excepcionais de exemplaridade 'pedagógica', no Brasil não menos iníquos que em outras regiões escravistas".[21]

A despeito, pois, das nuanças na fundamentação teórica e nas interpretações, os historiadores revisionistas chegam a conclusões, em tudo – ou quase tudo – opostas às de Gilberto Freyre, cuja obra foi, então, objeto de duras críticas. Segundo aqueles estudiosos, o sociólogo pernambucano generalizou para o Brasil e para toda a massa escrava uma interpretação calcada apenas no nordeste canavieiro e no escravo doméstico: – "Essa extrapolação" – lembra Gorender – "é totalmente infundada no escravismo colonial, em que a maioria esmagadora dos escravos se destinou ao trabalho produtivo...".[22] Um escravismo "patriarcal brasileiro, familialista e benevolente para com os escravos, não lida, afinal de contas, senão com uns poucos fiapos adrede pinçados do tecido sócio-histórico".[23]

Ao generalizar sobre espaço e tempo, Gilberto Freyre deixa de lado a dinâmica do processo histórico, ignora a historicidade da escravidão: "a constante empatia com que trabalhou, não foi complementada por uma compreensão dos andamentos, desenvolvimentos, descontinuidades e antagonismos que produziram as transformações e o eclipse da escravatura".[24]

Quanto à miscigenação, existiu em todos os sistemas escravistas e nem por isso alterou a situação do escravo ou desestabilizou a instituição. Portanto, está longe de desempenhar o papel que lhe foi atribuído por Freyre, cujas afirmações tiveram uma intencionalidade ideológica: a de justificar o passado escravista.

Contestando, pois, as concepções do sociólogo de Pernambuco, a historiografia revisionista foi sendo ampliada por novas obras, entre elas, as que focalizaram aspectos particulares da escravidão ou analisaram-lhe as diferenças ao longo do tempo. Clóvis Moura[25], por exemplo, foi um dos pioneiros no estudo da rebeldia negra, ao tratar das revoltas baianas ocorridas na primeira metade do século XIX.

O livro *Escravidão negra em São Paulo*[26], surgido em 1977, fundamentou-se em documentação variada, mas sobretudo nos autos-crime de Campinas e da capital, para concluir que as práticas abusivas dos senhores, a legislação altamente repressiva, a revolta do escravo contra a privação da liberdade, caracterizaram a violência do sistema.

Dez anos mais tarde, um outro estudo, também baseado em autos-crime[27], não deixa de apontar a violência estrutural do sistema, geratriz de permanente tensão e desgastes.

Leila Mezan Algranti analisa a escravidão urbana, considerada mais suave pela historiografia, em função das peculiaridades do meio urbano, e recoloca a questão. Para ela, "a fluidez do movimento vivenciado pelo negro de cidade não deve mascarar sua realidade, nem ser confundida com a liberdade de fato...".[28] Isto porque "o escravismo no mundo urbano continuou a se configurar como o elemento básico de articulação da sociedade [...] não pode ser compreendido sem se levar em conta o escravismo rural próprio do sistema colonial. Ele é parte integrante desse conjunto que o engendra e transforma, absorvendo-o em seus limites".[29] Ou seja, o cativeiro para o escravo da cidade não era melhor nem pior que o rural, era diferente apenas.

A historiografia em análise produziu inúmeras outra obras sobre os mais diversos ângulos, todas divergindo de Gilberto Freyre e confirmando a face cruel da escravidão. Esmaeceu a visão por ele transmitida de um regime em que se moviam iaiás dengosas, senhores severos mas paternais, escravos submissos e fiéis...

A partir dos anos 1980, uma nova e polêmica corrente historiográfica aproximou-se da linha interpretativa de Gilberto Freyre, configurando o que Jacob Gorender chama de "neopatriarcalismo". Ela repensa o conceito de violência do sistema, admitindo a existência de espaço para o escravo negociar um cotidiano mais brando. Nesse cotidiano, ele iria lançando mão de "estratégias" para sobreviver, ora curvando-se aos ditames do senhor, ora a eles resistindo.

Enfim, punha em prática o binômio que Stuart Schwartz[30] chama de "resistência-acomodação", no qual, "o ato de resistência já conteria embutida a finalidade da acomodação a um regime social bastante flexível para assimilar as reivindicações de sua força de trabalho e de lhe propiciar melhorias tangíveis".[31]

A escravidão teria, pois, um caráter consensual que nega a coisificação e seria aceita pela grande maioria dos cativos.

Gorender analisa essa concepção no já citado livro *A escravidão reabilitada*, cujo título revela o que pensa o autor sobre a intenção da mesma: à semelhança de Gilberto Freyre, justificar o passado escravista.

Trata-se, talvez, da primeira crítica sistematizada, abrangente e solidamente fundamentada sobre um amplo leque de aspectos da escravidão e sobre os autores que os abordaram, razão pela qual recorreremos nas páginas seguintes a várias de suas observações.

Para ele, o "prenúncio da virada de retorno" às ideias de Gilberto Freyre é o livro *Ser escravo no Brasil*, de Kátia Mattoso[32], cuja "enfática reafirmação do sistema patriarcal na escravidão" constituiu um referencial para obras surgidas posteriormente.

A "exaltação da acomodação e do ajustamento" perpassaria o trabalho da autora, para a qual era possível ao escravo manifestar-se como agente do ambiente onde vivia. Um ambiente também determinável por ele que, sendo humilde, fiel, obediente ao dono, estimularia a amenidade na relação entre ambos. Nesse caso, a condição de "mercadoria" desaparece e ele será um "ser humano levemente limitado por estatuto social inferior".[33]

A nosso ver, Kátia Mattoso não é tão radical em suas ideias quanto a apresenta seu crítico, parecendo-nos situar-se entre a perspectiva anterior e as que surgiriam pouco depois. Embora enfatize a necessidade de adaptação do negro ao cativeiro, "pois a própria sobrevivência do homem preto depende absolutamente de sua 're-personalização', de uma certa aceitação de sua posição no corpo social"[34], ela o faz, levando a questão para o plano psicológico e quase sempre em tom especulativo. Não é taxativa, levanta dúvidas, não omite os fatos ou observações que poderiam contradizê-la e realmente contradizem. Assim, aponta o engano dos cientistas sociais que tentaram "localizar nessa forma de relações escravistas um êxito e uma perfeita adaptação do escravo ao ambiente que o acolhe", pois os mundos dos senhores e o dos escravos "permanecem cultural e socialmente separados, antagônicos, confrontando-se de maneira irredutível".[35] Contraditoriamente ainda, acha curioso "que precisamente no nordeste, reputada terra acolhedora para os escravos, onde a adaptação era fácil, fugas e revoltas são mais numerosas, mais violentos os conflitos. Os senhores, tão paternais, vivem na realidade o temor constante das reações imprevistas dos negros".[36]

A afirmação é paradoxal e arriscada. Se no Nordeste a "adaptação era fácil", qual a razão das fugas e conflitos? Além disso, fugas numerosas e conflitos violentos ocorreram em todo o Brasil. Não há trabalhos quantitativos e de comparação suficientes para que se possa dizer onde foram mais frequentes, embora algumas revoltas tenham tido maior divulgação.

É ainda mais arriscado dizer que a violência surgia como "simples eventualidade", quando a própria autora recheia seu livro de exemplos da crueldade do sistema.[37] Como os aponta, sem contudo lançar mão de raciocínios tortuosos para justificá-los, e a julgar por trabalhos posteriores[38], "neopatriarcalismo" talvez seja uma expressão forte demais para definir sua concepção sobre o escravismo brasileiro.

Neopatriarcalista será a visão de Sílvia Lara no livro *Campos da violência*, para quem Jacob Gorender reserva algumas de suas mais cáusticas considerações. A autora nega enfaticamente a coisificação, rejeitando o conceito de violência na caracterização do escravismo. Atribuir-lhe violência, diz ela, "não explica coisa alguma, ou melhor, exprime o óbvio, com a desvantagem de sermos induzidos a pensar que, nas sociedades contemporâneas, as estratégias de reprodução das relações desiguais não são violentas".[39] O castigo físico eventualmente sofrido não poderia ser identificado com violência, pois possuía uma dimensão pedagógica, sendo em geral aceito pelos escravos. Embora estes fossem juridicamente equiparados a uma mercadoria, a coisificação não existia; caso contrário, lhes excluiria a existência como pessoas.

Portanto, o conceito de violência é inadequado para caracterizar o escravismo. A relação pessoal entre senhor e cativo se fazia através de mediações, em um cotidiano no qual o negro desdobrava-se em estratégias, ora de resistência, ora de acomodação.

Não havia uma relação imposta e sim de consenso. Um contrato em que o escravo era parte e, como tal, ser-lhe-ia vantajoso confirmar expectativas de fidelidade, obediência e humildade para obter vantagens. Revoltas, fugas e crimes deviam-se aos negros inadaptados. Sendo os demais a maioria, foram agentes históricos mais relevantes que aqueles revoltados contra o sistema.

As convictas conclusões da autora são fundamentadas empiricamente em fontes historiográficas e processos judiciais de Campos dos Goytacazes para o período 1750-1808. Uma documentação que Gorender considera de "diminuta evidência", utilizada "sem as devidas cautelas da crítica interna e externa".

Para ele, os processos teriam sido tomados ao pé da letra, "atribuindo ao escravo a expressão autêntica do seu pensamento", quando, na verdade, obrigado legalmente a recorrer à justiça por interposta pessoa, esta poderia "em nome do escravo", expressar-se no contexto da ideologia dominante no meio judicial. Essa circunstância não autoriza, pois, "a tirar conclusões sobre o pensamento dos próprios escravos".[40]

É injusta a crítica à "diminuta evidência empírica". Embora cubra um período relativamente curto, de apenas cinquenta e poucos anos, baseia-se em manuscritos de diversos tipos, de difícil leitura como qualquer pesquisador que os examine pode constatar. Complementados por fontes impressas e uma copiosa e pertinente bibliografia, ajustam-se perfeitamente às exigências de uma análise.

O conteúdo desta, sim, é que pode ser contestado, como o fez o autor de *O escravismo colonial*, segundo quem, a argumentação de Silvia Lara encerra alguns sofismas. Um é o de negar a coisificação porque, então, ela excluiria a existência do escravo como pessoa. Mas justamente a contradição entre ser coisa e ser pessoa é que constituiu a vivência do escravo: uma contradição que a legislação, o Estado, os senhores não conseguiam anular, ora tratando-o como mercadoria, ora como ser humano passível de produzir atração sexual, de condenação às galés e o mais: "suprimida essa contradição como o faz Sílvia Lara, a escravidão deixa de ser escravidão".[41]

Outro sofisma está contido na crítica à ideia de violência do escravismo, alegando que ela embute a sugestão de não violência em outros regimes, como o do capitalismo, por exemplo.

É um sofisma – diz Gorender – porque "da violência do regime escravista não se infere, por necessidade lógica, a não violência do capitalismo".[42]

Difícil é aceitar a argumentação da autora, muito semelhante à de Gilberto Freyre, negando-se a identificar o castigo físico com violência e situando "fora dos condicionamentos históricos" quem admita tal identificação.

Difícil ainda é não concordar com Gorender, que suas razões chegam a ser fantasiosas. A própria documentação utilizada no livro oferece inúmeros exemplos desse tipo de violência, sempre reconhecida como tal pelos estudiosos e sobretudo pelos que a sofrem na carne. Estes, certamente, se indignariam com explicações frias e racionalizadas para a sua dor.

Provocativa, a autora arremata sua polêmica interpretação, indagando se o discurso da vitimização não é também "a fala do intelectual insensível ao potencial político do outro, do diferente". Ao que Gorender responde com outra indagação, segundo a qual, cabe saber se "a escravidão benemerente, paternal, legalista, com negociações pacíficas, acordo sistêmico e paz social entre classes antagônicas, não é ideologia reacionária travestida de historiografia moderníssima do ponto de vista metodológico".[43]

Seja como for, essa concepção tem prevalecido em vária obras e autores surgidos nos últimos anos, como Eduardo Silva[44], por exemplo, para quem certos padrões de relacionamento entre senhores e cativos eram impostos por estes últimos, que abriram caminho para um "acordo sistêmico". Ou Ronaldo Vainfas[45], ao supor um "pacto social" na escravidão e Sidney Chalhoub[46], que recusa terminantemente a coisificação do escravo. Ou ainda Ciro Flamarion Cardoso[47], ao defender o caráter estrutural e comercial das atividades autônomas dos escravos. O cultivo feito por estes para si próprios em lotes concedidos pelo senhor, uma prática que o autor chama de "brecha camponesa", teria aquele caráter e seria costumeiro.

Vários dos autores citados e outros mais[48] sofreram a influência das obras de Thompson e Genovese[49], cujas ideias foram também analisadas e criticadas por Gorender, que, em diversos pontos, discorda da aplicação das mesmas ao cativeiro do Brasil.[50]

Muitos ângulos da escravidão têm sido repensados, à luz, agora, da nova linha interpretativa, com vistas a confirmar a maior amenidade do sistema. Entre eles, o da família escrava, sobre o qual falaremos mais longamente.

É bastante recente o interesse dos estudiosos pela família escrava como objeto de pesquisa.

A historiografia sempre atribuiu pequeno significado à mesma, baseando-se sobretudo nos seguintes argumentos:

- A predominância de escravos do sexo masculino, provocando um desequilíbrio entre os sexos que dificultou as uniões.
- A baixa taxa de fecundidade das cativas, em função de vários fatores, entre os quais aqueles relacionados à própria escravidão: o desalento em gerar um filho já privado da liberdade ao nascer, o receio de vê-lo sofrer castigos ou ter de separar-se dele; até mesmo o temor do parto, que assustava as sinhazinhas e seria muito mais terrível ante a condição da escravizada.
- O repúdio ao cativeiro, ampliado por práticas senhoriais arbitrárias e prepotentes. Os proprietários exerciam seus direitos sem limitações, engravidando as escravas, fossem elas casadas ou não, interferindo na escolha dos cônjuges, não poupando as mães que amamentavam...
- A falta de privacidade, materializada nas senzalas coletivas e separadas por sexo, que constituíam grande obstáculo à organização da vida familiar.

Fundamentando-se nessas realidades e nos testemunhos de época, os estudiosos negaram expressividade à família escrava, concluindo que a sociedade senhorial impediu o desenvolvimento da instituição.[51]

Ultimamente, diversos historiadores têm se oposto a tais considerações.

Tannenbaum já argumentara em *Slave and citizen*, que nos Estados Unidos a reprodução natural dos cativos revigorava a instituição da propriedade e, desse modo, estimulara um rentável negócio de criação que fortaleceu a vivência familiar.

Herbert Gutman[52] e outros[53] falam numa família escrava fortemente enraizada, que adquiriu traços próprios e peculiares, imprimindo-os à cultura negra norte-americana.

No Brasil, foram sobretudo os estudiosos da demografia histórica que agitaram a questão, cabendo-lhes o mérito de identificarem numerosas famílias entre os escravos. Iraci del Nero, Robert Slenes, Horácio Gutiérrez, José Flávio Mota, entre outros, depois de analisarem a população cativa em vários municípios brasileiros, apontaram neles uma frequência expressiva de famílias escravas.

Slenes, por exemplo, encontrou 1.975 escravos em 78 fazendas de Campinas no período 1872-1888, dos quais, 41% dos adultos, isto é, daqueles acima de quinze anos, estariam unidos, legalmente ou não.[54]

Uma outra pesquisa do autor, em colaboração com Iraci del Nero e Stuart Schwartz[55], desta vez sobre o município de Lorena, no ano de 1801, encontrou 912 cativos em 162 propriedades: 53,4% viviam naquelas que tinham de 10 a 41 escravos. À semelhança de Campinas, as unidades com grande número de escravos é que apresentavam as uniões mais frequentes.

Os muitos estudos de natureza demográfica, todos baseados em listas populacionais de diversos tipos que relacionam o número de cativos, seu estado civil, a quantidade de filhos, levou os autores a encarecerem o significado da família escrava e a contestarem os estudiosos que a negam.

Cabem aqui algumas considerações sobre o tema. Como lembra Gorender, a historiografia nunca negou a existência de casais, com filhos e vida familiar, durante o regime escravista. Basta ver as inúmeras referências às propriedades religiosas, na quais o casamento era incentivado e grande o número de famílias escravas.[56]

O que ela nega é a predominância do tipo de vivência exigido pela família nuclear, conceituada como um grupo constituído de pai, mãe, filhos legítimos ou não, vivendo sob o mesmo teto, em caráter privado e permanente.

Essa é também, em parte, a conceituação adotada pela nova corrente. Dizemos em parte, porque os autores a empregam com grande flexibilidade ao admitir, como Slenes, uniões em que crianças poderiam passar apenas os seus primeiros anos de vida na companhia dos pais.[57]

Portanto, a existência de uma família escrava do tipo nuclear depende principalmente de estabilidade, privacidade e facilidade para se constituir, além da qualidade de vida que possa obter.

Sobre tais fatores, os dados dos demógrafos não têm oferecido respostas satisfatórias. Números são inquestionáveis quando se trata de esclarecer dúvidas mais concretas, tais como, no caso dos escravos, o já referido desequilíbrio entre os sexos, quantos negros são casados, se têm descendência, etc. Mas não informam a duração do casamento, se todos os filhos arrolados são do mesmo pai, que tipo de privacidade pode ter a família e assim por diante.

São as fontes qualitativas que respondem a essa espécie de dúvida e complementam a concretude dos números.

Mas ela pouco falam a respeito, como nota Stuart Schwartz[58] nas pesquisas em que defende a existência da família escrava no Brasil.

Certamente por isso também, muitos dos autores já citados aqui, como Florestan Fernandes, Emília Viotti, Jacob Gorender, Kátia Mattoso, negam-lhe expressividade.

Pensamos do mesmo modo. Por essa razão, voltaremos a reexaminar os argumentos que utilizaram a fim de acrescentar-lhes outras considerações.

Para formar-se a família escrava haveria grandes dificuldades a superar. A começar, como foi dito e repetido, da predominância numérica do elemento masculino na população cativa.

Os proprietários preferiam os homens, cuja constituição física suportava melhor as duras e exaustivas tarefas a eles impostas. A despeito de autores como Herbert Klein[59] e outros encontrarem explicações engenhosas para o desequilíbrio na composição dos sexos, descartando o fundamento econômico da escravidão, os números apresentados pelos pesquisadores são claros: apontam sempre maior quantidade de homens no cativeiro. Para citar apenas um exemplo, nas tabelas organizadas por Robert Conrad para o livro *Os últimos anos da escravatura no Brasil*, o Rio de Janeiro contava em 1884 com 140.751 escravos e 117.487 escravas; Minas Gerais tinha 160.931 e 140.194 respectivamente e São Paulo, 96.737 homens e 70.756 mulheres cativas.[60] Como se sabe, as três províncias concentravam, nessa época, o maior número de escravos do país.

Embora a desproporção entre os sexos não seja um obstáculo intransponível, certamente contribuiu para dificultar as uniões em um regime, ao qual, a nosso ver, o escravo nunca se conformou.

Aliás, os historiadores da nova corrente não negam a superioridade numérica masculina, nem a baixa taxa de fecundidade da mulher cativa. Slenes explica esta última pela proibição no Brasil do casamento entre escravos de propriedades diferentes, o que não ocorria nos Estados Unidos. Sua argumentação, no entanto, é refutada por Gorender que, citando Sílvia Lara e Alida Metcalf[61] aponta uniões desse tipo no Brasil. Embora fossem raras, não eram proibidas.

Quanto aos norte-americanos, citam Genovese e Blessingame, os proprietários tinham por certo que os filhos do casamento pertenciam ao dono da escravaesposa, sendo essa uma das razões pelas quais encaravam com relutância e até hostilidade essas uniões.

Cremos, no entanto, como outros estudiosos, que a baixa taxa de fecundidade constatada nos dados quantitativos é em grande parte explicável pelo inconformismo do escravo ante o cativeiro.

É preciso levar em conta as referências históricas sobre as tentativas que fazia para impedir a formação da prole. A documentação da época menciona os constantes abortos e infanticídios praticados pelas escravas com o intuito de subtrair o filho à condição de escravizado.

O jurista, historiador e político, Perdigão Malheiros dirá, em 1860, que os cativos viviam em uniões ilícitas, e só por exceção permitiam a propagação regular da prole. Utilizando a terminologia do direito, afirmará que a escravidão surgia como um impedimento dirimente ao casamento entre escravos.[62]

Estudiosos de hoje, como Ronaldo Vainfas, por exemplo, também falam na frequência do infanticídio praticado pelos negros para se impedirem de ter filhos.

E as pesquisas de Alida Metcalff em Santana do Parnaíba mostram que apesar de perfeitamente possível a união legal de escravos, sua ocorrência era diminuta. A autora encontrou 504 casamentos formais nos registros paroquiais da localidade para o período 1720-1820, ou seja, uma média anual de cinco uniões apenas. Mesmo que se constituísse facilmente, a família escrava teria de ser estável. Ora, a separação forçada, pela venda de um dos cônjuges ou dos filhos, era uma constante ameaça à unidade familiar. A mesma Alida Metcalf confirma que essa unidade era frágil: dependia do ciclo de vida ou de vicissitudes econômicas do senhor. Não hesitavam os herdeiros em separar os membros de uma mesma família quando o proprietário morria. E este fazia o mesmo, se enfrentasse dificuldades nos negócios.

Robert Slenes constatou que em Campinas, nas grandes e médias propriedades, quase 20% das crianças entre dez e quatorze ano já não contavam com pai e mãe, mas descartou a mortalidade como causa, atribuindo a ausência de ambos a uma provável venda.

Esses dados reforçam a convicção de que a separação forçada foi um dos grandes obstáculos para a vida familiar.

Kátia Mattoso é enfática na questão: os escravos não se casavam e, se o faziam, evitavam ter filhos. Com parceiros geralmente escolhidos pelo dono, as uniões eram múltiplas, passageiras e não visavam à procriação. Se esta acontecia, os filhos nasciam de "mãe certa e pai incerto". Assim, a família da criança passava a ser o conjunto da comunidade e a vida social do grupo, "mais importante que a vida familiar propriamente dita, praticamente inexistente".[63]

Vale dizer que tais observações também descartam a privacidade, outro elemento significativo para caracterizar a vida familiar tal qual a concebemos usualmente.

Como nota Gorender, a posição da autora aproxima-a singularmente daqueles que atribuem pouca expressividade à família escrava.[64]

Seja como for, parece-nos que, pelo menos até o momento, as fontes qualitativas, não têm apoiado satisfatoriamente as observações da demografia sobre uma significativa presença da família escrava no Brasil.

Tomemos como exemplo os viajantes. Percorrendo o Brasil de ponta a ponta, comparando os costumes locais com os dos países de origem, esses estrangeiros, quase sempre muito minuciosos, construíram uma importante "memória" para o estudo do país, especialmente no século XIX.

Recorrer a eles, contudo, levanta algumas questões de ordem metodológica, decorrentes em boa parte da diversidade sociocultural dos mesmos. Artistas, comerciantes, religiosos, cientistas, aventureiros em busca de fortuna, quase todos relataram suas impressões sobre o Brasil e a sociedade brasileira, inclusive no tocante à escravidão e seus vários aspectos. Mas é preciso encará-los com cuidado. Preconceituosos, pouco familiarizados com a língua, suas observações poderão ter sido influenciadas, por diversas circunstâncias: ou o êxito, ou o fracasso de seus objetivos na terra que visitavam; a hospitalidade encontrada, a bagagem cultural ou religiosa que possuíssem.

Daí as divergências que revelam sobre um mesmo assunto.

Daí também a necessidade de se levar em conta, em qualquer análise, as características acima referidas.

Em pesquisa recente, consultamos os relatos de 61 viajantes, num total de 75 volumes, que não poderemos arrolar por falta de espaço.

Dos 61, cerca de 25 se referem à família escrava. Alguns são explícitos e enfáticos, mas boa parte deles faz observações vagas ou contenta-se em apontar indícios de que ela existe.

Pohl, Lucock e Von Tschudi[65], por exemplo, sem discorrer sobre casamentos e família de escravos, mencionam, no entanto, habitações separadas para aqueles casados.

Já Burton e Burmeister[66], lançam dúvidas sobre a presença de casas isoladas, falando em separação entre casados e solteiros, mas sugerindo que os primeiros coabitam todos juntos, em divisão à parte na senzala.

Uns poucos, como Rugendas[67] ou Koster, referem-se taxativamente à facilidade de casamento entre cativos. Segundo este último, cujos relatos tratam principalmente de Pernambuco, na segunda década do século XIX, "os escravos no Brasil são regularmente casados de acordo com as fórmulas da Igreja católica. O senhores estimulam o casamento entre escravos".[68]

Schlichthorst chega a dizer que "todos os escravos em geral são casados ou vivem maritalmente".[69]

Também Saint-Hilaire se refere a casamentos e privacidade familiar. Em *Viagem à província de São Paulo* e *Viagem a Curitiba e à província de Santa*

Catarina[70], fala de casas isoladas para escravos e arrola números sobre o seu estado civil.

Todavia, em obra tão minuciosa e cuidada como a sua, o naturalista francês foi extremamente parco sobre o assunto. Caso houvesse muito o que contar, certamente o faria, pois dele se pode dizer ter sido o maior, talvez, de quantos estrangeiros nos visitaram no século XIX, sobretudo pela capacidade de sentir e compreender o país visitado. Não se pode esquecer que publicou suas descrições de viagens somente dez anos após ter deixado o país. Durante e se tempo refletiu largamente, atualizou seus apontamentos e leu praticamente tudo o que surgiu sobre o Brasil.

Há viajantes, no entanto, que negam terminantemente a possibilidade de formação de famílias escravas. Não obstante admitirem a ocorrência de casamentos – legítimos ou não – mencionam grandes impedimentos à sua duração. Para Biard, por exemplo, um deles é a sempre possível separação dos casais que, vendidos para diferentes donos, desinteressam-se de criar um lar.[71] Já Burmeister assinala a mesma razão, mas sob o ângulo senhorial: – "os casamentos legítimos entre os escravos não são tolerados pelos senhores, dado que não poderiam ser desfeitos mais tarde e assim prejudicariam a venda em separado".[72]

Segundo Maximiliano de Habsburgo, o decréscimo anual da população negra, "para desespero das oligarquias escravistas", estaria nos "maus-tratos dos negros, na sua falta de moral, na falta total de uma união regularizada, assim como na necessidade de as mães reprodutoras trabalharem até os meses avançados de gravidez".[73]

Eschwege menciona um dos fatores em que a historiografia se apoiou para ignorar a família escrava: a grande desproporção entre os sexos.[74]

Quando Von Tschudi fala dos "recintos menores devidamente separado" para os negros casados, diz também que tais uniões "raras vezes (hão) de perdurar a vida inteira. As pretas possuem, em geral, filhos de dois ou três homens diferentes".[75]

Para Ribeyrolles, "a religião os acolhe só ao pé dos altares. Casa-os, mas não lhe garante a família, a esposa, os filhos".[76] E segundo o reverendo Walsh, "o horror dos negros à escravidão faz com que matem, não só a si próprios como também os filhos".[77]

Vários desses viajantes – D'Alincourt, Eschwege e também Saint-Hilaire – opinam que entre as razões do declínio entrevisto em algumas regiões como as de mineração, por exemplo, estaria a de ser interdito ao escravo, casar-se. O primeiro desses memorialistas condói-se da decadência da área e do sofrimento dos cativos, acrescido da "falsa política com que proíbem os casamentos dos escravos e desta forma uma boa parte destes infelizes pereceu [...] e assim acabaram todas as grandes casas que firmavam o seu forte na mineração".[78]

Lembram também quanto o interesse senhorial se sobrepunha ao da legislação e da religião. Rugendas assinala que o cumprimento dos preceitos contidos em ambas "não encontra outra garantia que não a desses elementos morais constitutivos da sociedade civil que acabam sempre por se resumir ao que se chama de opinião pública: é esse o tribunal que pode realmente temer o senhor em relação à sua conduta para com o escravo".[79]

Lembremos, no entanto que, se na cidade o clamor da opinião pública era audível, não tinha ressonância no campo, em propriedades rurais isoladas, distantes umas das outras, onde a vontade do dono era a religião e a lei.

Corroborando essa afirmação, Saint-Hilaire conta que, durante a sua estada no Brasil, o governo ordenou aos proprietários de Campos, no Rio de Janeiro, que casassem seus escravos: – "alguns obedeceram a essas determinações mas outro responderam que era inútil dar marido às negras porquanto não seria possível criar seus filhos".[80]

Como se pode ver, não existe unanimidade entre os viajantes sobre a família escrava e o cativeiro. Nesse particular, são sempre contraditórios, refletindo – como já foi dito – a formação de cada um, a maior ou menor carga de preconceitos, as circunstâncias do momento em que registraram suas impressões e outras peculiaridades.

De toda forma, dos 61 pesquisados, – cujo percurso alcançou diferentes regiões do Brasil – cerca de 36 – ou 60% deles – não fizeram referência alguma à família escrava, um silêncio significativo quando se pensa nas minúcias com que descrevem as riquezas naturais do país, a gente que o habita, os variados aspectos da escravidão.

Quanto aos 25 restantes, grande parte fala em escravos casados, em filhos, em uniões legais ou não. Mas nenhum cita exemplos de organização familiar estável, de laços permanentes. Ao contrário, falam nas sempre possíveis separações de casais, nas dificuldades que os senhores antepunham à regularização das uniões, nas mulheres que tinham "filhos de dois ou três homens diferentes..."

A exceção é a das fazendas do clero. Quase todos apontam ali a presença de um bom número de famílias escravas, regularmente organizadas e constituídas há longo tempo...

O realce conferido a essa presença não significará que ela era incomum nas demais propriedades?

O certo é que os relatos consultados permitem constatar – como de resto, a historiografia sempre admitiu – a existência de uniões entre os negros, indicando que estes tentaram estabelecer laços afetivos mais sólidos que os da simples promiscuidade sexual.

Mas não permitem referendar conclusões taxativas sobre a expressividade da família escrava estável no Brasil.

Seja como for, a questão continua polêmica, como polêmicas continuam as demais questões referidas nestas páginas sobre a escravidão negra.

O DIÁLOGO CONVERGENTE: POLÍTICOS E HISTORIADORES NO INÍCIO DA REPÚBLICA

Maria de Lourdes Monaco Janotti (USP)

A intenção deste artigo é estabelecer o diálogo possível entre as explicações políticas oferecidas pelos testemunhos de época e as posturas historiográficas mais marcantes. Para tanto, tornou-se necessário explicitar algumas concepções gerais sobre historiografia que precisaram o objeto em análise e apresentar, de forma crítica, o período tão complexo da passagem do Império para a República.

Sem a pretensão de oferecer um balanço exaustivo da produção historiográfica, o corpo documental circunscreveu-se à visão político-social das décadas de 1960 a 1980, e as menções a autores orientaram-se segundo o critério da exemplificação das tendências da crítica histórica. Por essa razão, o texto exigiu difíceis opções, facilmente compreensíveis ante o volume considerável de obras significativas sobre o advento da República no Brasil.

Pressupostos

Estudos de historiografia supõem o julgamento da obra de História, não apenas como trabalho de inspiração individual, mais ou menos bem-sucedido, mas também como resultado intelectual do confronto das concepções que uma sociedade tem sobre si mesma em um determinado momento vivido de seu percurso. Por esta circunstância, as condições históricas sob as quais a obra historiográfica foi produzida são tão importantes quanto as citações bibliográficas nela contidas.

Explicar, compreender a vida das sociedades e registrar os acontecimentos presentes e passados foram sempre os objetivos mais aparentes da historiografia. Entretanto, essas ações são impelidas pela busca, sempre renovada, dos elementos constitutivos de uma identidade coletiva que se articula dialeticamente com o campo abrangente das relações político-sociais.

No século XIX, a historiografia foi definida como gênero literário, para depois ser elevada à categoria de conhecimento científico. Até hoje essas duas posturas estão presentes no discurso historiográfico, apesar de revestirem-se de novas roupagens, concebidas nas oficinas da crítica ao cientificismo da escola Metódica e ao marxismo estruturalista. Exemplos dessas posturas são os trabalhos de Hyden White sobre as formas literárias da narrativa histórica e, no outro extremo, os de historiadores ingleses como E. P. Thompson, Eric Hobsbawm e Raymond Wiliams que reafirmam a permanência da dialética marxista. Constituindo-se a História em referencial teórico obrigatório para a organização de qualquer tipo de pensamento social, o discurso historiográfico dificilmente deixará de se ligar às formas literárias, à filosofia, bem como às demais disciplinas sociais.

Uma outra questão em aberto refere-se ao objeto da História da historiografia. Consideramos matéria prioritária do estudo historiográfico obras que deliberadamente recorreram a fontes documentais no esforço de compreender o passado vivido, dando-lhe inteligibilidade na compreensão presente. Mas não excluímos aquelas que, sem empreenderem investigações originais, se utilizaram largamente desse conhecimento como premissa indispensável para fundamentar seus argumentos dando-lhes um novo nexo. Incluímos igualmente escritos circunstanciais, normalmente empenhados em defender uma causa política, que apelam à reconstrução da História em busca de sua própria legitimação. Dessa maneira, não só obras originais, fruto de pesquisa inédita, mas também alguns textos de natureza jornalística, memorialística, biográfica e didática – que chamaremos de manifestações historiográficas – podem ser suscetíveis de uma análise historiográfica. Evidentemente, os métodos de análise aplicados a cada um desses tipos de produção comportam procedimentos específicos no processo analítico.

Não obstante condenarmos uma análise mecanicista que privilegia o condicionalismo baseado na relação classe social-autor-obra, acreditamos fundamentais as diretrizes da Sociologia do conhecimento sustentadas por Karl Mannheim, quanto à natureza coletiva da criação intelectual. Este é um aspecto de relevância, pois intercepta na mensagem de uma obra ou em seu estilo o resultado do pensamento de um ou mais grupos sociais sobre a realidade vivida.[1]

Acrescentaríamos ainda, para precisar nossa posição, algumas menções aos textos de Lucien Goldmann e Michel de Certau.

Goldmann, prosseguindo nas pegadas de Georg Lukacs, redefine em termos da dialética marxista os liames do autor com seu pensamento conceitual, enfatizando que os aspectos biográficos (subjetivos) nem sempre colaboram no entendimento da obra produzida (objetiva), pois esta comporta o conjunto dinâmico das relações sociais, nem sempre conscientes para o seu próprio criador. Disso resulta que determinados livros não representam a posição da classe a que pertence seu criador, mas sim sua adesão a uma determinada "visão de mundo", conceito fundamental nos estudo de Lukacs.[2]

Também Certau, investigando nesse mesmo sentido, reafirma ser o estatuto do pensamento histórico definido principalmente pelo lugar social de sua produção em sintonia com procedimentos de análise próprios de uma disciplina, a História. Assim, a inteligibilidade da obra do historiador inclui antecedentes referenciais que o discurso não menciona, em função dos quais instauram-se métodos, interesses e indagações presentes na leitura e interpretação dos documentos.[3]

Quanto à difusão das obras e suas releituras subsequentes, convém salientar que, embora tenham sido teóricos do campo de outras disciplinas como filosofia, literatura e psicologia do conhecimento os que mais se preocuparam em afirmar a independência da trajetória da obra em relação ao seu autor, suas estimulantes conclusões aplicam-se com pertinência ao estudo da historiografia.

Notadamente Walter Benjamin, levado por sua amarga experiência com o totalitarismo nazista, explora as diferentes circunstâncias coetâneas que revalorizam momentos do passado e obras já esquecidas:

> O historicismo se contenta em estabelecer um nexo causal entre vários momentos da história. Mas nenhum fato, meramente por ser causa, é só por isso um fato histórico. Ele se transforma em fato histórico postumamente, graças a acontecimentos que podem estar dele separados por milênios. O historiador consciente disso renuncia a desfiar entre os dedos os acontecimentos, como as contas de um rosário. Ele capta a configuração em que sua própria época entrou em contato com uma época anterior, perfeitamente determinada. Com isso, ele funda um conceito do presente como um "agora" no qual se infiltraram estilhaços do messiânico.[4]

Neste mesmo caminho, Claude Lefort renova a possibilidade de compreender o pensamento historiográfico, visto como testemunho engajado de sua época e interessado em "redescobrir" o passado, segundo suas próprias perspectivas, integrando-se dialeticamente com seu objeto.[5]

Esta pequena relação de autores, que poderia ser bem mais extensa, permite submergir a produção historiográfica na ampla esfera da história político-social, perspectiva essa que orienta a concepção de nosso trabalho.

Conquanto a difusão dos livros de História esteja sujeita, como a dos demais ramos do saber, às condições do mercado editorial e à ligação dos seus autores a um grupo privado, institucional ou político de influência reconhecida, comporta também relevantes implicações no plano da educação e do ensino. A História absorvida influirá na maneira como os indivíduos estabelecerão suas relações com o Estado e a sociedade. Neste campo movediço, cruzam-se os interesses ideológicos, resultando disso a maior ou menor difusão de determinadas obras.

Apesar do discurso histórico ser um campo fértil de produção e reprodução ideológicas, esta relação, no entanto, não se processa mecanicamente, havendo diversos níveis de mediação entre a obra de História e as exigências das metas de dominação e controle social. São essas mediações, consubstanciadas em métodos e técnicas, que permitem a formação de um "saber", malgrado as diferentes visões de mundo dos historiadores. Portanto, não é sem razão que a atual perspectiva crítica postula prioritariamente o próprio desvendamento dos princípios orientadores dessas mediações.

Nos momentos históricos em que a dominação é contestada, surgem novos instrumentos teóricos que estimulam o aparecimento de obras comprometidas com a denúncia da situação, introduzindo novas formas de ver o passado, pois as classes ascendentes buscam sempre suas origens com a finalidade de definir seu papel social atual.

Essas revisões críticas impulsionam o conhecimento, abrindo caminhos para novas interpretações. Representam, sem dúvida, estágios da consciência política de determinadas classes ou segmentos sociais sobre a História do seu país. Por esta razão, para captar a interação da historiografia com a própria História nacional, pensamos que apenas trabalhos de autores nacionais podem conter essa dimensão. Apesar de existirem excelentes obras escritas por historiadores estrangeiros sobre o Brasil, elas adquirem maior sentido no contexto historiográfico dos países de origem desses historiadores.

A historiografia brasileira surgiu no momento da Independência comprometida definitivamente com a questão nacional. História e historiografia, ação e pensamento, Estado nacional e suas subsequentes representações são componentes de um mesmo momento pleno de historicidade.

Se, em importante livro de Antonio Candido fica bem caracterizada a literatura brasileira da Independência, como "empenhada" na construção de valores nacionais, da mesma maneira chamaríamos de empenhada a historiografia brasileira do século XIX que, de certa forma, "nasce" nesta época:

> Aliás, o nacionalismo artístico não pode ser condenado ou louvado em abstrato, pois é fruto de condições históricas, – quase imposição nos momentos em que o Estado se forma e adquire fisionomia nos povos antes desprovidos de autonomia ou unidade. Aparece no mundo contemporâneo como elemento de autoconsciência, nos povos velhos ou novos que adquirem ambas, ou nos que penetram de repente no ciclo da civilização ocidental, esposando as suas formas de organização política.[6]

A *Revista do Instituto Histórico e Geográfico Brasileiro* é um bom exemplo dessa postura historiográfica inicial, pois congregava a elite intelectual do país. Os artigos dos primeiros anos demonstram preocupações com a busca e veracidade da documentação, inspirados em uma leitura antilusitana do passado colonial fortemente influenciada pelo indianismo romântico. Esses trabalhos integravam-se nos esforços que, no plano político, correspondiam à construção da memória e da História de um novo país.

Entretanto, uma avaliação da mesma revista na década de 1980 – na qual o Brasil passou por profundas transformações econômico-sociais e políticas – mostra o quanto os seus colaboradores se dissociaram das temáticas do progresso então correntes, pois seus temas permaneceram quase os mesmos das décadas anteriores quando foi consolidada a teoria do Estado monárquico, que encontrara na maioria desses historiadores seus ideólogos mais consequentes. Os anos de 1888 e 1889 não se fizeram sentir na revista; nem uma só vez aparece a palavra Abolição ou República. Não é para admirar que muitos intelectuais de vanguarda não mais lá se encontrassem e mesmo lhe ostentassem sua indiferença. Pactuado com a Monarquia, o Instituto que nem sequer a defendeu, deixou de contemplar as aspirações do presente.

Mais do que estagnar-se no passado, transformou-se em um reduto monarquista, onde eventualmente era permitida a presença republicana. Passou a ser uma instituição cuja própria existência e produção intelectual confirmava a ideia de uma passagem natural e pacífica para o regime republicano.

Poder-se-ia igualmente afirmar que a historiografia brasileira do Instituto desenvolveu-se nas lutas da Regência (aparecimento das histórias regionais) e chegou à sua primeira construção ideológica abrangente com a idealização do Império brasileiro como fórmula política da integração nacional, cuja expressão máxima é a obra de Francisco Adolfo de Varnhagen, *História geral do Brasil*.

A luta pela afirmação da cultura nacional, que Sílvio Romero e historiadores do pensamento nacional como João Cruz Costa situaram na década de 1870, com a chegada de "um bando de ideias novas" ao país, tem também nas manifestações historiográficas da época da Regência seus antecedentes; hesitantes ainda, muito ligadas às culturas francesa e portuguesa, mas já contendo uma autêntica problemática nacionalista. Assim se expressa Sílvio Romero:

> O decênio que vai de 1868-1878 é o mais notável de quantos no século XIX constituíram a nossa vida espiritual. Tudo tinha adormecido à sombra do manto do príncipe feliz que havia acabado com o caudilhismo nas províncias e na América do Sul e preparado a engrenagem da peça política de centralização mais coesa que já uma vez houve na história de um grande país. De repente, por um movimento subterrâneo que vinha de longe, a instabilidade de todas as coisas se mostrou e o sofisma do Império apareceu...[7]

Parte dessa geração que viveu entre a tradição do Império e o advento incerto da República não se contentou mais com as antigas fórmulas políticas nem com as anteriores versões da historiografia. Com o advento da República, ao mesmo tempo em que se davam as lutas políticas entre os interesses das várias agremiações na criação do novo Estado, surgiu a necessidade de compreender o que estava acontecendo.

Por que caíra o Império de tão sólida aparência? Convinha fazer um balanço das condições que possibilitaram o golpe de Estado para redimensionar os parâmetros de identidade nacional. Confundiram-se nessa tarefa militantes da política e toda sorte de intelectuais. Artigos de jornais, entrevistas, depoimentos, manifestos, livros de História, biografias e autobiografias tentam explicar de imediato os novos rumos do país. Constituem-se correntes de opinião diferentes: dos militares, dos republicanos parlamentaristas ou presidencialistas, dos monarquistas, dos jacobinos, dos católicos e dos desiludidos. Toda essa produção atesta o forte e indissolúvel vínculo político dos escritos historiográficos.[8]

Testemunhos Da História

Apesar dos testemunhos evidenciarem uma rica gama de opiniões complementares ou antagônicas sobre os inícios da República, cristalizou-se uma memória preponderante dos acontecimentos na qual o novo regime foi acolhido em clima de paz e consenso nacionais.

Esta versão privilegiada começou a ser construída pelos próprios contemporâneos interessados em minimizar as contendas travadas pela conquista do poder, durante os três primeiro governos republicanos, revitalizando-se nos vários momentos em que se estabeleceram tensos "congraçamentos" políticos entre segmentos das classes dominantes.

Posteriormente, pelo menos até a década de 1920, essas imagens harmônicas e conciliatórias foram reforçadas por julgamentos comprometidos com exigências políticas do momento em que se engendraram, encobrindo as dissensões e as fraturas partidárias. Apesar da força inconteste desse discurso político republicano, vozes subjugadas não deixaram de denunciar o véu negro que se procurava lançar sobre os conflitos, trazendo a público as iniquidades que acompanharam a decretação de vários estados de sítio: prisões de políticos civis e militares, empastelamento de jornais, assassinatos, depredações, além de intenso conflito parlamentar.

Um momento em que se tentou romper com a ideia de consenso foi em 1910, por ocasião da candidatura do Marechal Hermes da Fonseca, em oposição à candidatura civil de Rui Barbosa. Ressurgiu, então, com vigor, o antagonismo entre civis e militares, resultando desse confronto um discurso que pretendeu revalorizar os testemunhos da década de 1990, denunciantes das traições mútuas entre políticos de carreira e militares. Entretanto, passados os primeiros momentos das "salvações" militares nos estados, promovidas pelo governo de Hermes da Fonseca, compuseram-se as preeminentes tendências militares e oligárquicas, tendo o choque novamente sido acobertado. Permaneceram apenas os rancores que eclodiriam na década de 1920 como componentes das lutas e do discurso tenentista.

Também a historiografia acompanhou esses mergulhos políticos do presente no passado e, ao fazê-lo, manteve uma relação tão estreita com seu objeto que as visões dos testemunhos entrelaçaram-se às narrativas dos historiadores na constituição do próprio discurso histórico.

Até hoje, quase a totalidade das "manifestações historiográficas" de divulgação e de caráter didático, importantes veículos para a consolidação de uma memória nacional, tendeu a valorizar somente o discurso elaborado pelos grupos político republicanos civis, destacadamente os cafeicultores paulistas.

É interessante notar que, para a constituição dessa memória, contribuíram tanto obras nitidamente de orientação conservadora – poderíamos tomar por exemplos as de Pedro Calmon e Hélio Vianna[9] – mas, também obras de cunho marxista como a de Caio Prado Jr., marco teórico fundamental da renovação historiográfica das décadas subsequentes à de 1930. Se Calmon e Vianna, por sua forte e explícita simpatia pelo Império, não perscrutaram os meandros das lutas políticas dos inícios da República por desprezá-las enquanto objeto do conhecimento, Caio Prado Jr., por outras razões, igualmente não lhes deu nenhum destaque. Sua inovadora teoria não se deteve em acontecimentos políticos de curta duração, mas sim realçou a força das transformações econômicas e sociais que, a partir de 1850, impulsionaram o país rumo ao progresso varrendo com seu ímpeto propulsor o velho regime.[10] Ao incorporar esta nova percepção de historicidade, muitos autores posteriores varreram para debaixo do tapete as "questiúnculas" menores e, com isso, não entenderam as possibilidades que o novo método lhes traria.

No entanto, os contemporâneos oposicionistas, durante os inúmeros conflitos que pontilharam os princípios da República, aventaram diferentes formas de solução política e de organização da Nação que não a instituída. Por não terem triunfado, passaram como fantasias irrelevantes. Sob este ponto de vista, os depoimentos que atestavam a pluralidade de opções abertas para os rumos da sociedade foram submetidos às versões hegemônicas, em proveito da construção ideológica de um discurso interessado em afirmar que a paz e o consenso presidiram o advento da República.

Isto foi percebido claramente por Alberto Sales, teórico do republicanismo, que denunciou em seu artigo de 1901, "Balanço Político – necessidade de uma reforma constitucional", a manobra eleitoral de seu irmão, o presidente Campos Sales, que legitimava as oligarquias estaduais no poder.[11]

Essa necessidade de aparentar uma união nacional em torno da República encobriu a inexistência de coesão entre os próprios grupos militares e grupos civis que ascenderam ao poder.

Enredados pelos argumentos bem articulados dos senhores da situação, muitos historiadores desconsideraram as tentativas de desestabilizar o regime perpetrada por monarquistas e republicanos desiludidos. Contudo, o Visconde de Ouro Preto, presidente do último gabinete do Império, publicou em 1891 o *Advento da ditadura militar no Brasil* advertindo que necessitava dar o seu testemunho, porque sabia que "a versão dos vencedores procuraria ocultar a realidade do fatos". Intuição que se comprovou na denominada memória nacional.[12]

Certamente, os acontecimentos desencadeados em 1889 expressaram desdobramentos no panorama político da segunda metade do século XIX. Assumiram relevância, a partir da década de 1970, crises ministeriais, cisões partidárias seguidas por alianças entre grupos dissidentes dos Partidos Liberal e Conservador, muitas vezes incluindo membros do nascente Partido Republicano. A instabilidade política demonstrava as dificuldades do Parlamento em enfrentar questões imperiosas como: a descentralização político-administrativa, a limitação do poder moderador e os empréstimos para a agricultura.

Em meio ao clima contestador, duas forças novas cresceram no cenário político: o abolicionismo e o republicanismo, ambas conjugadas ao desenvolvimento da ingerência militar nas questões parlamentares. Colaborando na desordenação do sistema, o abolicionismo se estruturou como uma organização suprapartidária, espécie de frente ampla. Talvez ele pudesse se transformar em um elemento de forte poder renovador, mas falhou ao não se constituir em partido após 1888, dispersando então o grupo que o constituíra.

Mas a partir dessas uniões oportunistas, formou-se um grupo de políticos que ao rejeitá-las partiram em defesa da Monarquia em seus momentos finais. Os partidos do Império nunca basearam sua prática política em uma teoria do regime monárquico – daí se compreender por que, nos anos 80, havia entre eles a tácita convicção da improbabilidade do reinado da princesa Isabel, figura pouco apreciada.

A maioria preparava-se para as mudanças da estrutura jurídico-administrativa do Estado que se concretizavam na esfera econômica, enquanto a minoria resistia às transformações e se apegava à situação vigente, construindo a ideia de uma tradição a ser preservada no monarquismo. Poucos políticos permaneceram à margem desses concertos momentâneos. Obstinando-se em não compactuar com *alianças espúrias*, estes tornar-se-iam os principais chefes do movimento monarquista, chegando mesmo em 1896 a se organizarem em partido, já sob a República.

Na esfera social, as transformações econômicas que a partir da segunda metade do século XIX se processaram no Brasil, em consonância com as novas exigências do capitalismo, corresponderam ao aparecimento de diferentes camadas urbanas, ao fim do escravismo, à utilização do trabalhador livre e à ascensão da burguesia agrária ligada aos novos polos dinâmicos da economia.

Com o advento da República, coube ao Exército a missão temporária de ocupar o poder e institucionalizar o novo regime, enquanto a burguesia se organizava para nele se instalar definitivamente e de forma hegemônica.

A passividade de D. Pedro II perante os militares que o depuseram estava contida em sua declaração de *submeter-se, pela força das circunstâncias e para a tranquilidade do povo brasileiro, à imposição que lhe era feita...* Isto granjeou-lhe o reconhecimento dos revolucionários e, naturalmente, o ressentimento dos monarquistas, bem expresso na fala de Lourenço Cavalcanti de Albuquerque, ex-ministro do Gabinete Ouro Preto:

> Se houvesse cabido em minhas forças, eu teria feito a contrarrevolução até o dia 18; mas, depois do embarque do imperador [...] eu não a promoveria, ainda que tivesse à minha disposição o mais poderoso exército do mundo. As monarquias restauradas são fatalmente reacionárias e efêmeras.[13]

Por não se ter solidificado uma adesão ideológica da maioria dos políticos ao Império, foi imediata a enxurrada de adesões de liberais e conservadores à República. Abaladas as bases partidárias tradicionais, era esperado que continuassem as alianças e os conchavos eleitorais. Como os republicanos não tinham quadros suficientes para prescindir da influência dos políticos das extintas organizações partidárias, compuseram-se facilmente com os antigos chefes, mormente quando se lhes afigurou a necessidade de frear a influência militar e os movimentos populares jacobinos.

Os grupos políticos, responsáveis pela turbulência que agitou os primeiros tempos republicanos, empenharam-se em sangrentas lutas – das quais a Revolução Federalista foi a mais contundente –, atestando a ausência da propalada passagem pacífica para o novo regime.

O período que se estende de 1889 a 1898 foi pontilhado pelos entrechoques da forças que haviam se unido para a deposição do antigo regime.[14]

A partir do Governo Provisório evidenciaram-se as diferenças ideológicas entre o Estado-Maior do Exército e a oficialidade de menor patente. Enquanto as altas patentes assumiram o poder, em grande parte motivadas pelo desentendimento que se convencionou chamar de "questão militar" no final do Império, o oficialato menor, imbuído pela doutrina positivista e dominando o Clube Militar tinha perspectivas definidas quanto ao futuro do regime republicano. Esta contradição interna colocava em choque duas atitudes: a do reformismo parcial e a da mudança radical. O que as aproximava era a noção de "soldado-cidadão", expressão cunhada pelos próprios contemporâneos que, em síntese, defendia o direito dos militares se pronunciarem sobre questões da política nacional quando estas afetassem sua condição corporativa ou individual.

O malogro do governo de Deodoro deve-se, em grande parte, à falta de coesão dos militares quanto à ordenação político-jurídica do Estado e às medidas administrativas imediatas. Em março de 1890, grassava a indisciplina entre os militares: os pronunciamentos de caráter político eram constantes; as ordens, nem sempre cumpridas, provocavam polêmicas; as escolas criticavam abertamente os atos do governo. Deodoro, de certa forma, passou a representar o continuísmo da política imperial conservadora. Sua renúncia, decidida por sua inabilidade em relacionar-se com o Congresso Nacional e pela revolta de Custódio de Melo, foi acolhida com satisfação pelos partidários do vice-presidente Marechal Floriano Peixoto. Viam-no como a figura indicada para conter os politiqueiros, promover a união militar em torno da construção de uma sociedade ordeira e progressista e eliminar as resistências restauradoras.

Essas representações encontraram forte ressonância nas camadas populares urbanas do Rio de Janeiro e, em menor escala, nas dos demais estados. Em torno de clubes patrióticos e jornais radicais jacobinos, de orientação nacionalista e xenófoba, congregaram-se os vigilantes da pátria, denunciando qualquer suspeita de traição à causa nacional. A caça aos subversivos restauradores e antiflorianistas, incentivada pelos mentores políticos do movimento, serviu para facilitar a eliminação de perigosos adversários republicanos, seus aliados de véspera.

Nesses primeiros embates, que eliminaram parte da dissidência deodorista, continuavam a coexistir facções diametralmente opostas no poder. Assim, no apoio a Floriano Peixoto – sem necessariamente se aliarem – encontravam-se jacobinos e republicanos paulistas, estes ameaçados pela campanha em favor do continuísmo do governo do marechal que, em última instância, abalava suas expectativas de implantação de uma República civil, presidencialista, federativa e liberal.

Entre os republicanos civis também não havia se estabelecido um consenso. A crescente liderança paulista no Congresso intimidava os estados nordestinos e os aproximava do Rio Grande do Sul sem, contudo, haver entre eles identidade ideológica. Neste estado confrontavam-se poderosos grupos oligárquicos liderados por Júlio de Castilhos e Gaspar Silveira Martins. Castilhos liderava o grupo adepto da ditadura positivista e Silveira Martins, cogitado por D. Pedro II a substituir o visconde Ouro Preto na crise final, congregava monarquistas e republicanos defensores do sistema parlamentarista de governo. Naturalmente, Floriano Peixoto reconheceu em Castilhos seu verdadeiro aliado. O agravamento da crise sulina se deu com a adesão do almirante Saldanha da Gama, chefe da segunda Revolta da Armada, às hostes de Silveira Martins.

Nesse conflito de dimensões nacionais, jacobinos e republicanos paulistas auxiliaram decisivamente o governo federal. Ao tentar justificar este apoio, jacobinos atribuíram aos paulistas um plano maquiavélico que visava unicamente preparar sua próxima ascensão ao poder, garantindo a posse do presidente Prudente de Morais. Da mesma forma, os republicanos liberais conferiram à resistência comandada por Júlio de Castilhos intenções meramente oportunistas, oriundas do caudilhismo sulino, cujo secreto desejo era o reconhecimento oficial da particular organização constitucional-administrativa do Rio Grande do Sul, em evidente conflito com a Constituição Federal de 1891.

Jogou-se na Revolução Federalista muito mais do que a memória vencedora registrou. Desvaneceram-se os sonhos de implantação de uma República parlamentarista e as esperanças de convocação de um plebiscito para referendar o regime. Vencida a resistência da Marinha e responsabilizando-se os monarquistas visando encobrir os quistos de oposição da área militar, fortaleceu-se a ditadura.

Foram arrastados no roldão da violência as dissidências estaduais, a liberdade de imprensa e diversos núcleos da organização monarquista. Ignorar a presença histórica de monarquistas no período obscurece e limita a compreensão dos embates travados, mesmo porque Deodoro e Floriano insistiram em justificar o fechamento do regime pelo perigo da ameaça restauradora. As fontes insistem em denunciar as maquinações monarquistas para desestabilizar o regime e isto ocorreu porque, embora frágil, elas existiram e, também, porque convinha aos republicanos manter o clima de beligerância que lhes facultava reprimir suas dissensões internas.

Desde o Governo Provisório, a imprensa monarquista e antimilitarista assumira o papel de principal denunciante da ditadura militar instituída. Em 1890 *A Tribuna Liberal*, no Rio de Janeiro, congregava a voz monarquista e, de certa forma, favorecia os desentendimentos no próprio reduto republicano.

Nos *Fastos da ditadura militar no Brasil*, título do livro que reuniu os artigos da *Revista de Portugal*, Eduardo Prado realizou a primeira sistematização das críticas à República brasileira, contendo já os seus escritos a maioria dos elementos que caracterizaria todo o discurso monarquista. Comentando a protelação da convocação da Constituinte pelo Governo Provisório afirmava:

> Com este adiamento, ele obedeceu apenas à ambição própria e ao jacobinismo sectário que, nos jornais do Rio, em artigos oficiosos aconselha ao governo que trate a nação como a um vencido, excita as paixões e os ódios, e pede, implora, mais despotismo, mais arbítrio, com a mesma exaltação com que a mocidade nobre, de outras eras e de outros países, pedia mais liberdade.

Compreendia Prado a ascensão do militarismo pela nova instrução que invadiu os quartéis após a Guerra do Paraguai, não mais valorizando as virtudes características do ensino da prática militar e sim os discursos bacharelesco de cunho positivista. O ensino tornou-se a tal ponto teórico que "não fez senão abacharelar o oficial do exército que agora naturalmente revela um tão pronunciado furor politicante, discursante e manifestante". Este militar, fruto de tal formação, subverteu o papel que o Exército possuía dentre as nações civilizadas e de defensor das fronteiras do país passou a dirigi-lo ditatorialmente.[15]

A oposição de um atuante grupo monarquista aos governos republicanos até Rodrigues Alves foi liderada pela facção liberal, destituída do poder exatamente quando se propunha a promover profundas reformas, há tanto tempo reclamadas, e por isso mesmo já anacrônicas.

Aglutinaram-se, então, políticos excluídos, saudosistas, cultores da tradição temerosos das mudanças, mas, principalmente, ativistas da imprensa próximos ao visconde de Ouro Preto e aos conservadores católicos ultramontanos. Agiram eles, no exterior, em busca de apoio internacional e, no Brasil, denunciando as arbitrariedades do poder republicano e participando de todos os levantes para combatê-lo, até por volta de 1906. Contudo, debilmente organizados, os monarquistas tornaram-se instrumentos da luta indireta das facções republicanas.

Os republicanos paulistas, ameaçados em sua sobrevivência política durante os dois governos militares, subterraneamente encorajaram a imprensa monarquista, quando esta era a única voz que se levantava contra a ditadura. Da mesma forma, facções militares – afastadas do poder em 1897, com o atentado de 5 de novembro a Prudente de Morais – aproximar-se-iam dos monarquistas, durante o governo de Campos Sales, atraídas pelo vigor da crítica restauradora contra as oligarquias. Gradativamente, a reação monarquista se diluiu nas oposições consentidas e seus argumentos, juntamente com os de outros grupos vencidos, foram absorvidos e reelaborados pelo discurso hegemônico burguês, que habilmente construiu o mito da paz e do consenso, apesar dos evidentes e profundos desentendimentos no interior dos quadros políticos republicanos.

Todavia, os grupos dominantes que disputaram o poder, a partir de 1889, tinham diferentes concepções sobre a República a ser implantada e, consequentemente, diferentes expectativas sobre seu destino político. Essas expectativas vão adquirir contornos nítidos apenas no desenrolar da própria História, não sendo, portanto, postulados de projetos aprioristicos, em grande parte reconhecidos pela historiografia a partir dos anos 1960.

Interpretações Historiográficas

A complexidade em abordar todos os aspectos e momentos da produção historiográfica, já contemplada por importantes balanços, levou-nos a considerar apenas as proposições mais abrangentes no interior dos discursos que se constituíram a partir da década de 1960. Dessa forma, escolhemos autores representativos de uma consciência histórica esposada por grupos de intelectuais que influenciaram as produções posteriores. Aí estão presentes as respostas de historiadores que viveram a Revolução de 30, o Estado Novo, as crises subsequentes da década de 1950, o golpe militar de 64 e seu decepcionante "processo de abertura". Esta vivência impregna as narrativas e os julgamentos emitidos tanto quanto os métodos que utilizaram.

Os historiadores depararam com quatro principais conjuntos de explicações sobre o processo político da implantação da República: a dos militares, a dos republicanos paulistas, a dos castilhistas e a dos monarquistas.

Mesmo admitindo matizes e nuanças no interior das doutrinas liberal, positivista e monarquista, seus discursos concentraram-se em discordâncias básicas conceituais: Monarquia ou República; presidencialismo ou parlamentarismo; federalismo e limites das atribuições do Estado e dos municípios; limites dos poderes executivo, legislativo e judiciário; intervenção do Estado nos mecanismos de mercado.[16]

Em linhas gerais, o discurso dos militares, senhores da primeira hora, idealizou a instituição de uma República democrática conduzida pela ditadura nacionalista, tomando como modelo o governo de Floriano Peixoto. Mas esse início auspicioso foi traído pelos republicanos civis paulistas e mineiros que afastaram o país dos rumos revolucionários, entregando-o submisso aos grupos oligárquicos e ao imperialismo inglês.

O discurso civil, hegemônico até a década de 1920, idealizou as conquistas obtidas com os sucessos da implantação do modelo da República liberal e presidencialista. O Partido Republicano Paulista, seu maior porta-voz, com sutileza política, reconhecia a importância dos militares nos primeiros momentos, mas priorizava a ação contínua e decisiva da propaganda republicana desde 1870. Identificava-se com o progresso e a modernidade, frutos da dinâmica econômica cafeeira, defendendo a autonomia municipal como um dos esteios da sociedade democrática.

Esse modelo resistiu e racionalizou a defecção de vários republicanos históricos, de defensores da República Parlamentar e de críticos do domínio oligárquico, atribuindo a muitos desses dissidentes o honroso título de "próceres da República", incluindo-os na memória ao excluí-los da arena política. Foi também obrigado a conviver com "a excepcionalidade" sul-rio-grandense do Estado castilhista sem, contudo, nunca aceitá-lo completamente. Durante a Revolução paulista de 1932, os ressentimentos contra os gaúchos cristalizaram-se em fórmulas retóricas radicais de condenação.

Os republicanos sul-rio-grandenses, vencedores da Revolução Federalista, idealizaram a concretização da ditadura republicana na prática do governo castilhista. Embora negassem que o positivismo tivesse tido influência decisiva em sua Constituição, seu discurso era repleto de referência obre Auguste Comte. Divergiam da perspectiva militar, principalmente no que tange à participação popular.

Às vésperas da Revolução de 30, momento que alguns consideram, anacronicamente, o da adoção dessas diretrizes em nível nacional, João Neves da Fontoura assim se expressava:

> O que caracteriza a obra política de Júlio de Castilhos é que ele era um presidencialista sobre os demais presidencialistas, porque linha horror à chamada demagogia. Quero dizer que ele não acreditava, [...] como eu não acredito, na chamada soberania do povo, do povo ignorante e amorfo.[...]
>
> Que é que se chama ditadura? Para o povo ignorante e amorfo, ditadura é despotismo.[...] Para os homens de estudo, de gabinete, a ditadura é uma forma de Governo, tão ou mais legítima do que todas as outras, porque não só ela haure a sua origem da própria natureza humana, que é, no ponto de vista de pensar e agir, profundamente individualista, senão, também, a ditadura representa uma fórmula aperfeiçoada e nobre de Governo dos povos.[17]

Os destituídos do poder, os monarquistas, estruturaram um sólido e coerente discurso de idealização do Império. A publicação de 1899 a 1901 de artigos sob o título de "A década republicana", que pretendia ser uma avaliação "imparcial e judiciosa" sobre a política do Império e os primeiros anos do regime, condensou o pensamento divergente e se constituiu em libelo de todos os alijados do poder, fossem eles monarquistas ou republicanos.

Toda a crítica que estes oposicionistas desenvolveram sobre os governos militares, a dominação oligárquica, a Abolição como responsável pelo fim do Império, o indiferentismo da população e as excelências da monarquia parlamentar sobre o presidencialismo republicano foi absorvida pelo discurso historiográfico de diferentes orientações teóricas, sendo, contudo, desqualificadas as origens históricas de sua produção, acoimadas de saudosistas e antiprogressistas.

Em 1909, o deputado paulista Júlio Prestes declarava na Assembleia Legislativa:

> Estamos legislando para a classe dos agricultores que constitui toda a vida, toda a riqueza, toda a prosperidade do nosso país, que vem honrando nossas tradições, formando a nossa nacionalidade.[18]

A consciência de Júlio Prestes tornou-se uma questão historiográfica primordial: a hegemonia econômica inconteste de São Paulo identificou a sua história com a História do Brasil do período republicano.

A história do complexo agroexportador cafeeiro e da industrialização passou a constituir-se em temática privilegiada nas obras de História do Brasil de 1950 até hoje.

Os estudos historiográficos, pelo menos até a Revolução Constitucionalista de 1932, tenderam a escamotear o sentido real da história paulista, personificando o estado de São Paulo e transformando-o em sujeito do discurso histórico. Mas a reviravolta dos anos 30, significativamente atestada pelo pensamento de Caio Prado Jr., e a produção acadêmica, a partir da década de 1950, desmistificaram o sujeito São Paulo, substituindo-o pelo real conteúdo que ocultava: a história da dominação exercida pelas burguesias agrária e industrial.

Os cientistas sociais, desde então, com absoluta prioridade teórica, foram obrigados a se definir sobre o sistema capitalista que se instaurou no país e, nessa tarefa, utilizaram como ponto referencial o modelo de desenvolvimento da economia paulista. Rejeitando ou não esse modelo, necessitaram pesquisá-lo e compreendê-lo como centro dinâmico do capitalismo brasileiro que, por isso mesmo, se tornou o sujeito subjacente de suas análises. A importância da obra de Celso Furtado avulta entre as demais pela introdução da temática do desenvolvimentismo na historiografia.[19]

Contudo, e talvez mesmo devido à necessidade de uma maior precisão teórica, as formas de reprodução do capital em São Paulo ainda são as que mereceram mais atenção dos historiadores da economia.

Enquanto na "República Velha" o exercício direto do poder pela burguesia agrária cafeeira impôs à historiografia brasileira o estudo de temas onde a história de São Paulo e da elite política paulista são dominantes – republicanismo, política dos governadores, expansão cafeeira, imigração, urbanização, política cambial e financeira –, a mesma relação não se configurou nos períodos subsequentes.

Após 1930, apesar da burguesia paulista não ter exercido diretamente a direção do Estado, continuou a deter o poder econômico, compartilhado sucessivamente por seus setores agrário, industrial e financeiro. Foi então que a industrialização paulista, camuflada sob o tema abrangente "história da industrialização brasileira", passou a ocupar espaços privilegiados da história econômica nacional, da mesma forma que o operariado paulista tornou-se modelo para a história da classe operária no Brasil.

A revolução de 1930 e o Estado Novo propuseram inúmeros problemas teóricos para os historiadores. Tratava-se agora de entender as relações do Estado centralizador e autoritário com os interesses das classes sociais no Brasil. Obras de cultura política como a de Victor Nunes Leal (1949) e históricas como a de José Maria Bello (escrita em 1940 e revista em 1952 e 1956) tornaram-se referenciais no diálogo historiográfico que se lhes seguiu, mesmo que fosse no sentido de contestá-las.[20] Era necessário compreender os motivos do enfraquecimento do Estado liberal, controlado pela burguesia agrária, e o surgimento de um *Estado de compromisso* entre as classes sociais. Dividiram-se as opiniões avolumando-se as interpretações ao questionar-se o novo papel histórico das classes dominantes.

O desenvolvimento do capitalismo e o crescimento do poder da burguesia industrial, conjugados à ampliação das classes médias e do proletariado urbano, tornaram-se categorias explicativas para a compreensão do populismo e do golpe militar de 1964. Este último, sobretudo, evidenciou de forma mais aguda a exigência de compreender as linhas de força da evolução histórica nacional e a natureza do Estado Militar, suscitando polêmicas sobre o estágio do desenvolvimento capitalista sob o Estado Militar e sua dimensão classista. Destacaram-se nesse debate Caio Prado Jr. (*A revolução brasileira*), Otávio Ianni (*Estado e planejamento econômico no Brasil 1930-1970*) e Florestan Fernandes (*Revolução burguesa no Brasil*).[21]

É fácil depreender que, dificilmente, se desenvolveria sobre a história paulista um conjunto historiográfico fecundo, baseado em uma visão regionalista e localista, pois as metas da burguesia industrial e financeira, ultrapassando os limites econômico-geográficos da burguesia agrária cafeicultora, se estenderam por todo o território nacional. A identificação de São Paulo com a história da República demonstra o vínculo dialético, e não apenas ideológico, que a História mantém com a historiografia.[22]

Muitos trabalhos biográficos sobre figuras republicanas, embora trouxessem a público fontes sobretudo oriundas de acervos particulares, adotaram a perspectiva dos republicano paulistas e compuseram uma "galeria" original de fundadores da República, na qual se encontram, lado a lado, ex-monarquistas, republicanos e dissidentes.[23] Essa produção prende-se, em grande parte, a uma cultura histórico-política do Instituto Histórico e Geográfico Brasileiro e de seus congêneres estaduais. Evidentemente, admitindo a circularidade dos bens culturais, a encontraremos também presente em trabalhos das tendências mais conservadoras do meio acadêmico, que e atém apenas aos aspectos mais aparentes dos acontecimentos políticos.

Contra essas tendências colocaram-se historiadores das décadas de 1950 e 1960 que investigaram níveis mais profundos das relações estruturais da formação histórica nacional.

Emília Viotti da Costa publicou em 1964 e 1965, respectivamente, os ensaios "Sobre as origens da República" e "A Proclamação da República" que, além de traçarem um balanço crítico dos trabalhos anteriores, salientam a importância da obra pioneira de Caio Prado Jr. *Evolução política do Brasil e outros estudos* (1933) para o movimento revisionista marxista da historiografia brasileira em curso, no qual ela própria se incluía.[24]

Para Caio Prado Jr. "as instituições imperiais representavam um passado incompatível com o progresso do país, e que por isso tinham de ser, mais dia, menos dia, por ele varridas. A questão servil é disto o mais frisante exemplo. Na sua solução não fez o Império outra coisa que protelar...". As decorrências econômicas da extinção do tráfico, em 1850, seriam o motor progressista que levaria o Império ao seu fim e não os sucessos políticos dos gabinetes. Nesse momento foram dados os primeiros passos para a "modernização" do país e sua inclusão no sistema capitalista internacional surgindo, então, "uma parte 'progressista' da burguesia nacional, ávida de reformas, e cujos interesses se vinculavam à transformação econômica do país". Identifica os burgueses progressistas com as atividades do comércio e das finanças, em luta com os burgueses conservadores retrógrados, detentores da propriedade fundiária mantida pela força de trabalho servil:

> na ala esquerda dessa burguesia democrático-liberal vamos encontrar os republicanos que, em 1870, se agrupam em partido político. A Monarquia entrevada pelos escombros do passado agonizava...[25]

Não resta dúvida que a historiadora Emília Viotti da Costa se identificava com essa "nova historiografia", fruto da produção acadêmica que definia seu trabalho pela adoção de critérios científicos. Reconheceu que a formulação inicial de Caio Prado Jr., desenvolvida em suas obras posteriores, deixava em aberto questões fundamentais a serem pesquisadas:

> referindo-se à inadequação do quadro institucional vigente às novas forças, [Prado] quase nada diz sobre quais eram as forças e como atuavam. Menos ainda sobre quais os grupos interessados na preservação do passado e quais os interessados nas mudanças. Acrescenta ainda que novos historiadores procuraram estabelecer a conexão entre a Proclamação da República e as transformações ocorridas na estrutura econômica e social do país no decorrer do 2º Reinado.

Nos dois ensaios mencionados, oriundos de suas pesquisas sobre a escravidão nas áreas cafeeiras, a autora oferece um quadro, até então o mais abrangente, sobre as relações entre as fontes de época e a historiografia. Não deixou, contudo, de apontar a necessidade de serem melhor investigadas as classes sociais do Brasil, sua ideologia e participação nos movimentos políticos, bem como as diversidades e as oposições dentro do seu interior, em momentos específicos. Professava que "o verdadeiro revisionismo da história brasileira será feito a partir do momento em que a pesquisa venha testar as novas teorias" e o historiador, cônscio das amarras que mantém com a sua época, "possa dar enfim às investigações caráter mais científico, integrando e superando as imagens que os intérpretes da história republicana construíram sucessivamente através do tempo".

Fundamentalmente propunha-se a revisionar a historiografia tradicionalista que não supera a versão oferecida pelos testemunhos dos vencedores e dos vencidos. Estendendo-se sobre as transformações econômicas do século XIX, o desenvolvimento da urbanização e os inícios da industrialização, analisa seu impacto nas áreas da lavoura tradicional e nas fazendas de café no Oeste paulista, onde novas relações de produção foram introduzidas. Explorando as contradições do sistema e a novas aspirações federativas, consorcia-as às exigências financeiras e ideológicas adstritas principalmente à lavoura cafeeira. Faz reparos às chamadas *causas da República* – a Abolição, a questão religiosa e o republicanismo –, como decisivas para o 15 de Novembro, considerando-as como sintomas de uma mesma realidade condenada desde 1850.

Para a autora, o movimento de 1889 "resultou da conjugação de três forças: uma parcela do Exército, fazendeiros do Oeste paulista e representantes das classes médias urbanas que para obtenção de seus desígnios contaram indiretamente com o desprestígio da Monarquia e o enfraquecimento das oligarquias tradicionais. Momentaneamente unidas em torno do ideal republicano conservavam entretanto, profundas divergências, que desde logo se evidenciaram na organização do novo regime...".

A essência de toda sua análise é o reconhecimento da Revolução de 1930 como fato inaugurador de novo período na história do Brasil e não a Proclamação da República. 1889 "não significou uma ruptura do processo histórico brasileiro. As condições de vida dos trabalhadores rurais continuaram as mesmas; permaneceram o sistema de produção e o caráter colonial da economia, a dependência em relação aos mercados e capitais estrangeiros".

Vários autores dedicaram-se posteriormente a explorar a temática do sistema de produção colonial e aspectos de sua sobrevivência sob o capitalismo, tornando-se esse tema centro de importantes polêmicas.[26]

Foi vital para os historiadores das décadas de 1960 e 1970, influenciados pelo materialismo dialético, compreenderem os limites das propostas ideológicas de uma revolução burguesa e dos insucessos das propostas revolucionárias do proletariado no Brasil. Da mesma forma que para os golpistas de 1964, foi vital afastá-los de suas cátedras, encarcerá-los e torturá-los, reconhecendo pela violência da repressão a força renovadora intelectual e política que representavam.

No grande debate do revisionismo, onde se configuraram as diferenças teóricas da esquerda intelectual brasileira sobre a coexistência do modo de produção escravista e feudal no Brasil, seus defensores, Leôncio Basbaum e Nelson Werneck Sodré, uma das figuras marcantes do ISEB, tiveram considerável influência. Seus livros, objeto de ruidosas controvérsias, repensaram, principalmente, o papel do militares nas diferente etapas da revolução burguesa em curso. Partindo da avaliação dos governos e do jacobinismo nos inícios da República, projetaram suas análises para a compreensão do tenentismo, da revolução de 1930 e do golpe de 1964, sempre tendo como horizonte a identificação da luta de classes de que se travava.[27]

O historiador Nelson Werneck Sodré analisou os inícios da República como sendo o momento em que surge a burguesia nacional e se confronta com os proprietários rurais tradicionais imersos nas relações de produção semifeudais. Os militares, defensores do nacionalismo e da democracia, são por ele identificados como um setor da pequena burguesia ou da classe média, vanguarda na luta contra o latifúndio.[28]

Um dos pontos mais discutíveis de sua teoria é sua concepção, reiterada em várias ocasiões, de que um dos traços específicos da formação brasileira foi o aparecimento da pequena burguesia antes mesmo da burguesia propriamente dita. Essa classe, sem projeto político próprio, oscila politicamente entre aspirações populares e burguesas, constituindo-se na ponta de lança dos embates dos quais a burguesia sai vencedora.

Baseado nessa teoria, argumenta ter sido o governo de Floriano altamente positivo porque, além dos interesses da pequena burguesia, defendeu os interesses populares da ganância dos exploradores e do imperialismo europeu. Contestando as fontes monarquistas que execraram o militarismo e o jacobinismo, assim as julga:

> vigilância contra os privilégios de classe, o sectarismo era o resguardo das instituições democráticas, e o jacobinismo era a preservação da soberania nacional.

Divergindo dessa perspectiva colocaram-se Raymundo Faoro e Sérgio Buarque de Holanda.

Em 1957, Faoro publicara *Os donos do poder. Formação do patronato político brasileiro*, obra que obteria maior repercussão com sua edição revista de 1975, período em que o autor se empenhou na Ordem dos Advogados do Brasil pela redemocratização do país. Propunha uma teoria do patrimonialismo no Estado brasileiro, largamente inspirada em Max Weber, na qual o estamento burocrático acima das classes teria exercido o poder mais constante sob o capitalismo orientado.

Discorda do revisionismo marxista na avaliação do papel das forças armada por admiti-las integradas "no estamento condutor, com presença própria no quadro do poder, ostensiva nos momentos de divisão no comando superior, divisão que, na estrutura estamental, conduz à anarquia". Expressão do estamento e não das classes, o Exército fora um veículo da modernização contraditória que conjugava peças anacrônicas da dominação portuguesa e ideias de vanguarda do capitalismo. Esse processo, baseado no pressuposto da incultura e da incapacidade do povo, gerou crises manifestadas pelo nacionalismo do século XIX e pelo jacobinismo antiluso dos começos da República, e também por desentendimentos na camada dirigente que o sistema controlou autoritariamente para não se destruir.[29]

As teses de Faoro foram a alternativa ideológica mais consistente para o pensamento liberal na grande crise democrática de 1964, assim como ofereceram sustentação para intelectuais que não se alinhavam às críticas marxistas, imersas na discussão da prática das ações partidárias.

A partir de 1960, começaram a ser publicados os volumes da *História geral da civilização brasileira*, coleção dirigida por Sérgio Buarque de Holanda até o fim do Segundo Reinado, e a seguir por Boris Fausto. Como toda obra coletiva não apresenta homogeneidade entre seus colaboradores, nela se identificando as diversas linhas interpretativas e ideológicas do momento.[30]

Entretanto, avulta nesse conjunto e dele se distingue o volume *O Brasil monárquico* (1972), obra-prima da historiografia brasileira, de autoria exclusiva do historiador Sérgio Buarque de Holanda.

Fruto de cultivada erudição e de profundo diálogo com as fontes, o autor faz sua primeira e definitiva incursão na história política, revendo fontes e interpretações anteriores. Discorda dos que acreditavam ver a emergência e participação de novas classes na conjuntura do final do Império, não reconhecendo na insatisfação militar elementos identificatórios de anseios progressistas de uma pretensa classe média ou da pequena burguesia, para ele inexistentes.

Tampouco atribui às manifestações de rua da época do jacobinismo reivindicações classistas específicas, uma vez que a população urbana do Rio de Janeiro costumava há decênios manifestar seus protestos em praça pública, como bem o havia feito com o imposto do vintém. Mais longe ainda se colocam as posturas de Floriano Peixoto, vistas por muitos como vocação democrática do Exército.

Retomando em detalhes a questão da corporação militar e sua condição de classe, enquanto atividade profissional e não por sua origem civil, o autor detém-se em mostrar os desgastes sofridos pelas relações entre a oficialidade do Exército e os sucessivos gabinetes, desde a Guerra do Paraguai, para ponderar:

> Nessas circunstâncias os oficiais militares podem inscrever-se na vanguarda das aspirações populares e figurar como porta-bandeiras dessas aspirações. Não porque agem na qualidade de representantes ou componentes das camadas desfavorecidas, mas porque eles próprios, distanciados como se acham dos donos do poder, e sujeitos como estão dos caprichos do favoritismo oficial também se sentem desfavorecidos e podem desforrar-se, por si e pelos outros. Ainda aqui é importante frisar que, por oficiais militares, são entendidos, neste caso, principalmente os do exército. A marinha de guerra embora possa ter traços comuns, no que diz respeito à mentalidade militar e ao 'espírito de corpo', com o exército, sente-se muito próxima das camadas dirigentes, e menos inclinada a contestar essas camadas.

Em sua concepção não houve sequer peso considerável dos progressistas fazendeiros do café no episódio da queda do regime, pois seu poder somente cresceu posteriormente.

Empreendendo uma análise minuciosa da cultura política brasileira, redimensionou o significado do poder pessoal do imperador, enfraquecido pela participação na causa servil, na queda do regime, pois ele se constituía na única instância decisória sólida, visto que não existia representatividade efetiva eleitoral:

> seria injusto atribuir toda a responsabilidade pela inércia administrativa aos homens que detinham o poder. Grande parte da inércia cabe, sem dúvida, à instabilidade desse poder, que vedava qualquer ação contínua e a longo prazo.[31]

A extensa análise de Sérgio Buarque de Holanda estabelece um diálogo oculto peculiar com historiadores e suas fontes. Nesse diálogo, a historiografia consiste em fonte ela própria. Mais do que explorar as interpretações oferecidas, o autor examina rigorosamente o seu conteúdo empírico entrelaçando-o com as fontes de época.

Ruptura ou continuidade, revolução ou conciliação foram categorias exploradas pelos historiadores, até pelo menos a década de 1980, quando as tendências da "nova história francesa" – críticas da teoria marxista da História penetraram fortemente no Brasil.

Notam-se sensíveis mudanças ocorridas no interior do discurso acadêmico, vai desaparecendo a utilização do vocabulário marxiano. Assim, os discursos que antes eram denominados de "ideias" não são mais só palavras que expressam interesses, mas práticas faladas, fatos concretos, simultaneamente real e representação.

A atenção do olhar historiográfico em direção ao "discurso popular discordante", abriu um leque de novos objetos de pesquisa, como por exemplo: habitação, saúde, lazer, alimentação, costumes, emoções, religiosidade, o saber e o pensamento enquanto prática, etc. É sintomática a emergência da palavra cotidiano, quase sempre representando a luta pela sobrevivência dos mais pobres, vista como ato político e estratégia de resistência à dominação que permeia o tecido social. Emergem nesse conjunto da produção atual, e com forte presença, temáticas relacionadas à situação feminina, à situação do menor e à situação dos excluídos.[32]

Em seu conjunto a produção historiográfica dos anos 70 e 80, embora profundamente influenciada pela corrente revisionista, mergulhou nas investigações de caráter monográfico, abandonando a história de longa duração. Nesse momento, já solidificada por anos de elaboração, a cultura acadêmica passou a oferecer a face plural do Brasil. Os grandes esquemas teóricos foram testados nas realidades regionais, nos estudos de caso e na abordagem interdisciplinar. Nesse esforço de compreender o país, as categorias por demais abrangentes, testadas, não resistiram. Poder-se-ia afirmar que o povo e as classes sociais começaram a mostrar sua face, emergindo do processo histórico como indivíduos.[33]

Multiplicaram-se as pesquisas nos diversos Estados sobre a prática do poder, em seus aspectos conjunturais, estruturais e episódicos, identificando seus conflitos e contradições nas relações das oligarquias regionais, dos partidos políticos, das classes sociais e etnias.[34]

A abrangência da esfera do político passou também a ser sondada no universo sociocultural urbano. Estudos localizados na cidade do Rio de Janeiro na passagem do século, como os de Nicolau Sevcenko e José Murilo de Carvalho interrogaram-se sobre as relações das tensões político-sociais entre, respectivamente, a criação cultural e as manifestações populares.[35]

Enquanto, anteriormente, os agentes políticos do período – republicanos, jacobinos e monarquistas – foram contemplados por reflexões de cunho geral da cultura. política, agora passaram a constituir-se em objeto específico do conhecimento, ganhando historicidade em seus contornos e distinções.[36]

Suely Robles Reis de Queiroz, autora que se dedicou a investigar em profundidade o discurso e a prática do *jacobinismo*, empreendendo avaliação crítica do tratamento dado pela historiografia ao *tema*, na qual contempla o intrincamento das diferentes posições, *salienta* a complexidade desse movimento:

> Identificar o grupo jacobino encerra uma série de dificuldades. A historiografia em geral privilegia os exaltados elementos urbanos que aos gritos de "mata galegos" perseguiam portugueses pelas ruas do Rio de Janeiro, perturbando a ordem pública. Daí as expressões pejorativas – extremistas, malandros, desordeiros – com que eram apodados.
>
> Mas a leitura das fontes revela muito mais: além de intelectuais, parlamentares e políticos ligados a oligarquias estaduais ou coniventes com elas, a presença ponderável de militares a imprimir suas características particulares ao movimento.
>
> É possível perceber que, não obstante a participação instigadora de civis interessados em utilizar o exército como instrumento de propósitos políticos na continuação de uma prática inaugurada com a República e recorrente no processo histórico brasileiro; não obstante ainda a participação entusiástica de um segmento das camadas médias urbanas, a retórica jacobina é nitidamente castrense.
>
> Nela ressalta um conteúdo já visto no episódio de 15 de novembro e sempre presente em sucessos posteriores, isto é, o conteúdo moralista, reformador e sectário, característico dos eventos de que participam militares.[37]

Da mesma forma que os jacobinos, os monarquistas, seus principais inimigos, foram contemplados sob nova ótica. Observava-se, então, que a historiografia, à revelia das próprias fontes republicanas, havia desqualificado seu pensamento e sua ação.

O fato de o movimento monarquista desenvolver-se em consonância com a confrontação dos diferentes projetos de dominação republicana não agiu em seu desfavor. Pelo contrário, possibilitou-lhe atuar, apesar de palidamente, em momentos revolucionários, vitalizando e dando sentido à sua propaganda.

Seus escritores esforçaram-se em negar o envolvimento monarquista em revoltas e conspirações, salientando apenas o vigor da propaganda jornalística realizada: ao movimento reacionário de uma fração da classe dominante convinha mais ser lembrado por suas convicções políticas do que pela prática que empreendera. E com isso, passados os embates mais acirrados com os republicanos, puderam não só desfrutar da consideração que a sua situação de classe lhes conferia, como também ocupar cargos no novo regime. A culpa das violências sofridas por membros do movimento foi atribuída a *exaltados jacobinos*; com isto queriam dizer, a elementos de outras classes sociais e não à nova facção hegemônica, facilitando dessa forma a futura convivência entre rivais políticos, que se respeitavam mutuamente. A memória monarquista expurgou tudo o que pudesse lembrar o ativismo do movimento, sendo assim corresponsável pelo seu desaparecimento na historiografia. O discurso monarquista apresentou uma força incontestada, tanto na época quanto posteriormente.[38]

Por ocasião do centenário da proclamação da República, publicações diversas, congressos realizados e depoimentos divulgados atestaram a convivência de posturas historiográficas diametralmente opostas. De fisionomia não acadêmica, a História-memória-nacional reconsagrou as imagens caras aos testemunhos da época, mostrando a permanência no campo ideológico das questões por eles discutidas. Obras acadêmicas atestaram, principalmente, a pluralidade da atual produção historiográfica, aqui já apontada.

A República Como Fatalidade

Tanto os contemporâneos como a maioria dos historiadores viram o advento da República como uma fatalidade histórica.

A percepção fatalista, utilizada como categoria para a compreensão do passado, baseia-se na inevitabilidade da evolução dos acontecimentos. De modo geral e esquemático, esse discurso articula-se em torno de avaliações conjunturais do final do Império, concluindo que as instituições monárquicas haviam a tal ponto se esclerosado que, dentro dos antigos moldes do poder, não seria possível absorver quaisquer mudanças provenientes da rearticulação das forças econômico-político-sociais. O mundo transformara-se, modernizara-se e o velho regime estava, pelas leis da natureza, ou da ciência – dependendo da formação teórica do autor –, fadado a ser substituído pelo novo, a República:

> À medida que avançamos na evolução do Império, a agitação interna vai perdendo em intensidade e as questões externas vão sendo resolvidas [...] a Monarquia realizou e, mais do que isso, preservou a unidade nacional. Mas... com isso, terminou a sua missão. Esgotada a seiva que a alimentava a Monarquia acabou se esgotando, perdendo a sua razão de ser. Tanto se dedicou ao problema da unidade que, se não se esqueceu, pelo menos deu muito pouca atenção a outros problemas que agora, resolvido o da unidade, surgiam como os problemas básicos. Referimo-nos ao desenvolvimento econômico, ao estímulo à emigração, à educação pública, às escolas técnicas, etc.: problemas que a Monarquia não se apresentava em condições de resolvê-los. Daí a Monarquia ter sido abandonada, e daí se explicar a facilidade pela qual ela caiu.
>
> Surgia a República, recebendo como herança os problemas da Monarquia e aos quais vão ser acrescentados os seus próprios problemas.[39]

Apesar do discurso historiográfico revestir-se de estilo próprio, acabou por utilizar os mesmos argumentos levantados pelos homens da época para justificar a inviabilidade de um terceiro Reinado.

E não foram simplistas ou ingênuos os políticos da Monarquia. Recorreram várias vezes à documentação de áreas técnicas e econômicas. Mesmo entre os parlamentares mais expressivos do Partido Conservador, duvidava-se da concretização de um terceiro Reinado no Brasil.

A coexistência e as alianças dos partidos tradicionais com o Partido Republicano, a partir de 1870, vinham envoltas por discursos onde a temática da "evolução dos tempos" era constante. Recorria-se ao exemplo do progresso dos Estados Unidos da América do Norte como uma meta a ser atingida. Não foram poucas as vozes que advertiram D. Pedro II do perigo que a Abolição seria para a dinastia.

Assim, a explanação fatalista do final do Império e o consequente advento, cedo ou tarde, da República, encontra sua origem no próprio momento em que a sociedade se confrontava com seus caminhos. No entanto, enquanto para os contemporâneos a história imediata abria-se em perspectivas e expectativas de um futuro não prefigurado, para os historiadores o futuro foi visto definitivamente como passado.

A persistência dessas ideias pode ser rastreada em produções de diferentes matizes, tanto nas que privilegiam os fatos como portadores de verdades absolutas, mas também entre os revisionistas da década de 1960 e seus seguidores que analisaram as mudanças estruturais do século XIX. Estes viram a República como uma necessária adequação da superestrutura do nível político-administrativo às exigências do modo de produção capitalista, desconsiderando as especificidades contidas nesse processo.

Embora existam diferenças substanciais no percurso explicativo das diferentes interpretações teóricas, o seu discurso acaba por desaguar no mesmo resultado: a única solução para as "crises" do fim da Monarquia só poderia ser a República cafeicultora, precedida da ditadura militar, como foi. Portanto, percebe-se que posições divergentes lidam com os mesmos pontos referenciais, isto é, os fatos consumados. Seria temerário admitir ou recomendar que a historiografia não o fizesse, mas este não é o único ponto. Entre o momento imprevisível e o futuro já mumificado em passado, situa-se a historicidade.

Desse modo, os discursos historiográficos elaboraram uma narrativa lógica e contínua na qual os testemunhos contestadores cederam lugar às nuanças dos triunfadores e os acontecimentos se ajustaram em encadeamentos que não possuíam, adquirindo inatacável coerência.

Surpreende que se tenha constituído um discurso sobre a proclamação da República, onde os conflitos e as divergências foram de tal forma racionalizados que apareceram minimizados ou rotulados de "minúcias", enquanto os testemunhos da época apontam exatamente o contrário. Esse discurso é de inequívoca eficiência, na medida em que conhece e utiliza as próprias fontes que o contradizem, reduzindo, contudo, o seu significado.

Nos últimos dez anos, a produção historiográfica brasileira vem procurando se libertar das determinações fatalistas mas, muitas vezes, equivocadamente fragmentando, no exame da multiplicidade dos seus objetos, a própria abrangência do seu discurso. Ao lado de inegáveis avanços no conhecimento histórico, nota-se em parte dessa produção a tendência de descartar, sem utilizar parâmetros críticos seguros, a valiosa contribuição do revisionismo marxista e da mal denominada "historiografia positivista". Descer ao particular é uma incursão desejável, assim como perceber historicamente o cotidiano, a memória e as manifestações culturais. Entretanto, esses procedimentos exigem um retorno dialético ao geral. Impõe-se uma volta à história da longa duração com o objetivo de redimensionar a descobertas realizadas e, nesse fazer criativo, a erudição indubitavelmente assumirá papel primordial.

A HISTORIOGRAFIA DA CLASSE OPERÁRIA NO BRASIL: TRAJETÓRIA E TENDÊNCIAS

Claudio H. M. Batalha (UNICAMP)

INTRODUÇÃO

O objetivo deste texto é tratar da produção historiográfica sobre a classe operária no Brasil, da produção anterior à existência de um espaço acadêmico para essa história à situação atual dos estudos nessa área.

O próprio título reflete o processo ocorrido nesse campo de estudos: falo de história operária, ou seja, da história da classe operária sob todos os aspectos, em vez de empregar o termo história do movimento operário, limitado ao estudo dos segmentos organizados dessa classe, ainda que sem dúvida mais corrente.

A intenção é cobrir cronologicamente o período que se estende dos anos 1950 aos dias de hoje, através da análise das principais tendências de interpretação da história da classe operária. Deixando, desde já, claro que as mudanças ocorrida na interpretação da história operária ao longo desse período, refletem não apenas a evolução teórica e metodológica que se processou nesse campo de estudos, mas também a conjuntura política atravessada.

Todo artigo que pretenda dar conta da produção dentro de determinada área de estudos sofre de algumas limitações inevitáveis. A primeira limitação diz respeito ao espaço, que é restrito, impossibilitando que tudo que efetivamente foi produzido seja mencionado. Desse modo, a bibliografia citada não pretende esgotar a produção sobre o tema nesse período de mais de trinta anos. Os títulos mencionados têm fundamentalmente o objetivo de ilustrar as tendências interpretativas tratadas.

Portanto a bibliografia citada é incompleta e limitada. Ela se concentra majoritariamente na produção referente à Primeira República, que afinal é o período quantitativamente mais representado nos estudos sobre a história operária. Um número reduzido de teses não publicadas foi incluído (é difícil ter acesso a toda produção existente, particularmente nos programas de pós-graduação com menor tradição nesse campo de estudos). São citados apenas alguns estudos a tratarem de casos fora do Rio de Janeiro e de São Paulo (poucos chegam a ser publicados e quando o são, saem por editoras universitárias ou locais que não têm distribuição nacional). E os estudos que indiretamente dizem respeito à história operária (dedicados a temas como: industrialização, políticas patronais, políticas urbanas e sanitárias, movimentos e revoltas populares urbanas, cultura popular, etc.) foram deixados de lado, mesmo tendo consciência de que nem sempre é possível delimitar com clareza as fronteiras. Essa dificuldade é particularmente sentida no caso da história da esquerda, que frequentemente se confunde com a história operária. As obras dos brasilianistas ou publicadas no exterior também só aparecem nestas linhas na medida em que exercem uma influência marcante sobre a produção nacional (o que ocorreu particularmente nos anos 70), ou que representam inovações significativas. Havendo, ainda, poucos exemplos da produção sociológica e da ciência política posterior aos anos 60, preferi concentrar a análise na produção de caráter propriamente historiográfico.

Por último, convém mencionar que toda análise desse tipo também é tributária da formação daquele que a escreve e de seus interesses e escolhas pessoais. Assim, se é muito provável que a maioria dos historiadores concordem no que diz respeito às obras que possam ser consideradas "clássicas", o recorte aqui proposto dificilmente atingirá o consenso.

A Produção Militante

Como no caso de outros países os primeiros estudos sobre a classe operária no Brasil foram produzidos por militantes. E, por militantes, refiro-me tanto a sindicalistas e ativistas políticos de esquerda, como também jornalistas ou advogados, vinculados de forma militante ao movimento operário. São portanto os escritos historiográficos desses não acadêmicos que chamo de produção militante.

Dentro dessa tradição é difícil, para não dizer impossível, determinar com certeza qual o primeiro trabalho que tanto se preocupasse com a história operária, como que tivesse algum cunho historiográfico. Não faltam exemplos, desde o início do século XX, de artigos e obras que contenham elementos de uma história da classe operária no Brasil ou, pelo menos, de suas parcelas organizadas. Referências às condições de existência e trabalho da classe operária estão presentes na coletânea de artigos *Apontamentos de direito operário* (1905) de Evaristo de Moraes (Moraes, 1971), publicados originalmente no *Correio da Manhã*. No mesmo sentido, históricos de associações operárias podem ser encontrados em artigos na imprensa operária e sindical; em relatórios, como os encaminhados por várias associações operárias ao Segundo Congresso Operário Brasileiro de 1913 e publicados na *Voz do Trabalhador*[1]; em folhetos, a exemplo do que é publicado pela União dos Operários em Construção Civil (1919) do Rio de Janeiro; e, em publicações oficiais ou semioficiais do tipo de Barbosa (1908) e de *Assistência Pública e Privada no Rio de Janeiro* (Prefeitura do Distrito Federal, 1920).

No entanto, esses vários exemplos ainda não comportam uma preocupação historiográfica central, somente presente de forma mais sistemática em obras já dos anos 50 e 60.

Nesses anos, a produção militante assumirá fundamentalmente duas formas: a da efemérides (a exemplo de Linhares, 1977, originalmente publicado em 1955); e daquilo que poderíamos chamar de histórias "corte" ou histórias "inaugurais" (tendo como principal exemplo Pereira, 1962). Frequentemente uma única obra assume mais de uma dessas formas. As primeiras são compostas de um arrolar cronológico dos grandes feitos do movimento e de suas organizações: greves, congressos, lançamentos de publicações, fundações de associações e partidos... As últimas, cujo exemplo mais óbvio são as histórias do Partido Comunista e a historiografia a ele vinculada, dividem a história da classe em dois momentos: uma pré-história inconsciente; e uma verdadeira história que só tem início com a fundação do Partido Comunista em 1922, momento de corte, inaugurador de uma nova etapa na vida da classe (Pereira, 1962; Telles, 1962).

Há ainda um terceiro gênero, as memórias, cujo aparecimento é mais difícil de limitar a um determinado período, parece atravessar incólume as modas literárias e acadêmicas, como fica claro pelos vários exemplos (Dias, 1920; Lima, 1982; Batini, 1991), e, muitas vezes, incorporam elementos das duas primeiras.

Em comum, esses três tipos de produção militante têm a função legitimadora, da classe, da política sindical, da corrente ideológica ou partido, ou, ainda, do indivíduo militante.

Até o anos 60, quando as sínteses sociológicas tornaram a história operária sindical um tema de análises acadêmicas, o que existia era a produção militante na sua maioria produzida por comunistas. Entretanto, isso não quer dizer que a produção militante esteja limitada ao período anterior a 1964, ou que ela esteja reduzida à produção de historiadores "amadores", talvez ainda hoje seja possível encontrar exemplos dessa produção; entre os muitos casos mais ou menos recentes cabe mencionar a vasta obra de Edgar Rodrigues, (1969; 1972; s.d.; 1979), e histórias do PCB como a de Segatto (1981) e de Sodré (1984). Além disso, esse gênero certamente não é uma exclusividade de velhos anarquistas ou dos simpatizantes dos partidos comunistas, não faltando exemplos em outros setores da esquerda, ou melhor, na versão local da "nova esquerda", como é o caso de Sader (1980).

Essa produção possui certos traços característicos, tanto no Brasil como em outros países, tais como: o estilo hagiográfico (como já apontava Haupt, 1985); a já mencionada função legitimadora do papel e das políticas das organizações ou dos indivíduos de que trata; a criação de uma cronologia própria; e a concepção teleológica da história.

A coletânea de artigos de Astrojildo Pereira escritos entre 1947 e 1961, que em 1962 saíram em livro com o título *A formação do PCB* (Pereira, 1962), reúne todas as características dessa produção. Esses artigos cobrem o período que vai dos anos que antecedem a fundação do PC ao terceiro congresso desse partido, realizado entre 29 de dezembro de 1928 e 4 de janeiro de 1929. E já nessa obra está presente a noção, que até hoje pode ser encontrada, de que a fundação do PC inauguraria um novo período na história operária brasileira e uma demonstração do amadurecimento político dessa classe. 1922 torna-se uma data inaugural na história operária, um marco.

Há uma dimensão fortemente anacrônica nessa obra, uma vez que as críticas de Astrojildo Pereira à política do PC naqueles anos são sempre formuladas do ponto de vista da política vigente no partido à época em que os artigos foram escritos, ou seja, com uma distância de mais de vinte anos.

Apesar de suas óbvias limitações, a produção militante sobre a história operária tem méritos. Antes de tudo, o ineditismo e pioneirismo dessa produção. Esses autores militantes são os primeiros a escrever uma história, ainda que idealizada e hagiográfica, da classe operária em uma época na qual só havia espaço para o estudo das classes dominantes. Além disso, esses trabalhos (particularmente as memórias) contêm informações preciosas para o estudo da história operária, malgrado seu caráter partidário.

As Sínteses Sociológicas

Ao longo dos anos 60 teve início no Brasil uma tradição de estudos acadêmicos relacionados com a classe operária. Essa tradição abarcava sociólogos preocupados em elaborar grandes sínteses, que estabeleciam teorias explicativas do movimento operário e de suas opções ideológicas. Foi com ela que foram introduzidas e cristalizadas noções tais como: a origem estrangeira da classe operária; o vínculo entre a introdução do anarquismo e essa origem; a hegemonia do anarquismo no movimento sindical da Primeira República.

Anos antes, porém, tinha sido publicada uma das primeiras obras a buscar uma análise do sindicalismo brasileiro, incluindo dimensões históricas, dentro de uma perspectiva acadêmica, *O problema do sindicato único no Brasil* (1952) de Evaristo de Moraes Filho. Sob vários aspectos sustentava posições diametralmente opostas àquelas que marcariam a produção sociológica dos anos 60; insurgia-se, por exemplo, contra a perspectiva de cortar a história operária em antes e depois de 1930. Permaneceu um caso isolado, não tendo sido sucedido por outros trabalhos, e somente reeditado nos anos 70 (Moraes Filho, 1978).

Mas é Juarez Brandão Lopes, com os artigos publicados em 1960, "Os ajustamentos do trabalhador à indústria: mobilidade social e motivação", e 1961, "Relações industriais em duas comunidades brasileiras", republicados juntos no livro *Sociedade industrial no Brasil* (Lopes, 1964), que costuma ser apontado como o pioneiro das análises sociológicas do movimento operário. A partir da análise empírica da fábrica, o autor pinta em grandes traços as características que seriam consideradas como sendo as da classe operária pós-1930: origem rural e ausência de estabilidade profissional, de padrões de ação coletiva, de tradições e crenças de classe.

A contar de Juarez Brandão Lopes, surge uma linhagem de trabalhos que dão dimensão histórica aos traços estabelecidos por esse autor na análise de casos concretos e historicamente situados, a começar pelo artigo de Fernando Henrique Cardoso, "Situação e composição social do proletariado brasileiro" (Cardoso, 1961). Nessa análise, desde a Primeira República faltam condições para que a classe se constitua enquanto tal. Esse período seria marcado pela ausência de industrialização forte e homogeneizadora das relações sociais. A marca dos anos 30-40 seria a falta de liberdade sindical. E nos anos 50, o principal traço seria a ausência de valores industriais entre esses trabalhadores sem tradição de classe. Essa situação só poderia ser remediada com a transformação da sociedade brasileira numa verdadeira sociedade capitalista urbano-industrial, "adestrando" a ação proletária para situação de classe.[2]

Leôncio Martins Rodrigues (1966), que constitui o modelo mais acabado da síntese sociológica, divide a história do movimento operário brasileiro em pré e pós-1930. A passagem de um momento para outro seria caracterizada pela mudança na composição sociológica da classe operária, que teria como consequência mudanças nas aspirações e no comportamento político dessa classe. O pós-1930 corresponderia à situação descrita por Lopes e Cardoso; já antes de 1930 o operariado seria de origem estrangeira, minoritário, sem participação política, com lideranças mais voltadas para a luta contra o capitalismo e a propriedade privada do que para problemas colocados pela realidade brasileira.

José Albertino Rodrigues (1968), que pioneiramente critica 1930 como marco, apontando descompasso entre movimento sindical e legislação trabalhista, propõe uma divisão cronológica da história do movimento operário sindical brasileiro em cinco fases:

1ª – período mutualista (antes de 1888);
2ª – período de resistência (1888-1919);
3ª – período de ajustamento (1919-1934);
4ª – período de controle (1934-1945);
5ª – período competitivo (1945-1964).

Já Azis Simão (1966) é talvez o único dos trabalhos acadêmicos desse período em que a análise histórica está fundada numa pesquisa empírica de fôlego, ainda que restrita a São Paulo. No demais casos predomina a tendência de generalizar para o

Brasil, o que supostamente seria o caso paulista, mas mesmo a caracterização deste último está baseada em pesquisa empírica limitada.

Os Brasilianistas e o Início da Historiografia Acadêmica do Movimento Operário

Nos anos 1970, a história acadêmica entrou no campo dos estudos operários que até então estava limitado à sociologia e em menor grau à ciência política. Para isso tiveram contribuição decisiva os trabalhos desenvolvidos pelos acadêmicos americanos especializados no Brasil, conhecidos como "brasilianistas".

Ainda que desenvolvida no campo dos estudos da imigração, a tese de doutorado de Michael Hall (1969), cujas posições são parcialmente sintetizadas em um artigo do autor com Paulo Sérgio Pinheiro (Hall e Pinheiro, 1990), teve um peso fundamental para a revisão da composição da classe operária proposta pela produção sociológica, ao apontar a origem rural da maioria dos imigrantes, em experiência industrial anterior, e sem participação política nos seus países de origem.

O debate sobre imigração prossegue com a tese de Sheldon Leslie Maram (1979), defendida em 1974, na qual desenvolve também uma das primeiras análises historiográficas das correntes do movimento operário na Primeira República.

Mas a contribuição dos brasilianistas provém também de historiadores conservadores no posicionamento político e na produção historiográfica, como J.W.F. Dulles (1977), livro originalmente publicado em 1973. Um grande volume de informação e pouca análise própria marcam esse autor. Seu trabalho mostra porém a possibilidade de usar as fontes disponíveis e teve acesso à documentação reunida por Edgard Leuenroth, em poder da família deste, numa época em que tal acesso era restrito.

Outros estudos importantes de brasilianistas, ainda que de menor alcance, foram os de Michael L. Conniff (1975; 1976) e a tese de Eileen Keremitsis (1982). Esta última constitui um dos primeiros trabalhos sobre o movimento operário no Brasil, a utilizar a comparação entre diferentes categorias de trabalhadores.

Menos preocupados com grandes explicações teóricas do que uma parte significativa da produção brasileira de até então, os brasilianistas introduziram um uso muito mais vasto e rigoroso das fontes, particularmente da imprensa operária.

Ainda na primeira metade dos anos 70, o diagnóstico feito por alguns brasilianistas obre situação dos estudos relacionados à classe operária no Brasil era pouco lisonjeiro, porém exato:

> O início da classe operaria brasileira e do movimento operário foi raramente estudado por acadêmicos e, com a exceção em parte

> do trabalho de Azis Simão, a literatura existente não foi baseada na pesquisa de jornais do movimento e de publicações do período. (Gordon, Hall, Spalding, 1973: 29)

Já na produção brasileira há que mencionar o artigo pioneiro de Maria Cecília Baeta Neves, "Greve dos sapateiros de 1906" (Neves, 1973) que constitui talvez o primeiro exemplo da historiografia do movimento operário que nascia nos anos 70.

Mas é Boris Fausto (1976), que é provavelmente o mais conhecido trabalho brasileiro nesse campo de estudos desses anos, a ter uma perspectiva historiográfica. Mesmo contendo alguns elementos da produção sociológica anterior, em cuja trilha situa seu próprio trabalho (Fausto, 1976: 9), e uma tendência a julgar negativamente o movimento operário do início do século XX, o autor recorre às fontes de imprensa e à pesquisa no Arquivo do Estado de São Paulo, na Biblioteca Municipal Mário de Andrade, na Biblioteca Nacional e no Arquivo Edgard Leuenroth, adquirido em 1974 pela Universidade Estadual de Campinas (Unicamp). Desse modo, inaugura entre os estudiosos brasileiros da classe operária, procedimentos de pesquisa que são de praxe no ofício de historiador, mas que até então eram pouco seguidos.

Outro exemplo contemporâneo é fornecido por Vianna (1978), originalmente em sua tese de doutoramento em Ciência Política defendida em 1976, na qual, preocupado em relacionar movimento operário com ação do Estado, constrói uma explicação da história em grande parte apoiada sobre a legislação trabalhista e sindical de 1889 a 1946 e recorrendo fundamentalmente a documentos oficiais e à literatura secundária. Se não nas interpretações, pelo menos nos procedimentos. Vianna está mais próximo da literatura sociológica dos anos 60.

Mas um sintoma evidente de que a história operária encontrara uma inserção acadêmica na década de 1970 foi a defesa das primeiras dissertações de mestrado nesse campo de estudos, como Lígia O. Silva (1977), Sílvia Magnani (1978), Ferreira (1978), trabalhos iniciados nos primeiros anos da década. Dos três exemplo citados, os dois últimos seriam mais tarde publicados.

Os anos 70 assistiram também ao surgimento de centros de documentação dedicados à história operária, para citar apenas alguns exemplos além do já mencionado Arquivo Edgard Leuenroth da Unicamp: em 1977 foi criado em Milão junto à Fundação Giangiacomo Feltrinelli, o Archivio Storico del Movimento Operaio Brasiliano – ASMOB (Arquivo Histórico do Movimento Operário Brasileiro); e em 1980 em São Paulo, o Centro de Memória Sindical. Ao mesmo tempo, o rico acervo relativo ao Brasil contido na coleção Max Nettlau do Internationaal Instituut voor Sociale Geschidenis (Instituto Internacional de História Social) de Amsterdã, já vinha sendo explorado desde o início da década pelos brasilianistas.

O interesse tardio dos historiadores brasileiros pelos estudos relacionados com o operariado, não pode evidentemente ser explicado sem se levar em conta a situação vivida no Brasil sob o regime militar. A exigência de "atestados ideológicos" e de serviços internos de informação em várias universidades eram alguns dos entraves menos sutis à plena liberdade acadêmica. Tratar de temas considerados sensíveis pelas autoridades podia significar para muitos assumir risco exagerados. A dimensão mais sutil da ação repressiva residia precisamente na sua capacidade de levar a que as pessoas se autopoliciassem, exercessem aquilo que no vocabulário do período era conhecido como "autocensura".

A Produção Dos Anos 80: Ampliação, Fragmentação E Crise

O final dos anos 1970 e o início da década de 1980 foram marcados por mudança na conjuntura que deu novo alento à história operária, particularmente, a volta à cena do operariado em 1978 com a greve dos metalúrgicos do ABC paulista. Esse momento foi captado com precisão na comunicação apresentada no encontro regional da Associação Nacional dos Professores Universitários de História (ANPUH) daquele ano, em Araraquara (SP), por Kazumi Munakata (1980).

Por outro lado, a diminuição da repressão política com o crescimento do movimento de contestação aberta à ditadura militar, se refletiria, inclusive, na maior liberdade acadêmica. Isso acarretou o aumento do número de programas de pós-graduação que abriam espaço para o estudo da história operária, com o consequente aumento das dissertações sobre o tema. Ao mesmo tempo, o interesse dos editores em publicar estudos dentro desse campo e, especificamente, a aparição em livro de vários desses trabalhos acadêmicos, expressava a crescente receptividade do público leitor.

Entretanto, a contribuição e a influência da produção historiográfica vinda do exterior, não podem ser desprezadas para explicar esse quadro. Um papel primordial coube à historiografia marxista inglesa, particularmente, *A formação da classe operária inglesa*, de Edward Thompson (1987), cujo original data de 1964, e *Trabalhadores* e *mundos do trabalho*, de Eric Hobsbawm, (1981; 1987). Mas também tiveram grande repercussão as críticas à história do movimento operário tradicional em textos como Cornelius Castoriadis (1985) e Georges Haupt (1988).

Convém ainda lembrar o peso dos estudos de diversas orientações, produzidos no exterior que refletiram mudanças de enfoque na história operária, tais como: Michelle Perrot (1974); Gareth Stedman Jones (1983); Herbert G. Gutman (1977).

Alguma influência também pode ser atribuída aos debates em torno de alguns temas clássicos da história operária, como a aristocracia operária (Hobsbawm, John Foster, Stedman Jones, e outros) ou a revolução industrial (John Foster, Raphael

Samuel, Maxine Berg, John Rule). Além evidentemente do peso da discussões em torno do processo de trabalho (Harry Braverman, Stephen Marglin, David Montgomery, Benjamin Coriat, Patrick Fridenson).

Entre os efeitos produzidos por essas influência, há que ressaltar a ampliação do temas e enfoque. A história operária deixou de ser unicamente a história do movimento operário organizado. Assim, sindicatos, partidos, correntes ideológicas deixaram de ocupar o primeiro plano dando lugar para a classe. Momentos de luta excepcionais cederam espaço para as condições de existência diária, o cotidiano operário (Chalhoub, 1986; Decca, 1987). Ocorreu também uma ampliação da cronologia; a história operária, que não ultrapassava os anos 30, invadiu o terreno anteriormente deixado para a sociologia e a ciência política, conseguindo chegar em suas análises até o início dos anos 80 (Maroni, 1982). Além disso, temas anteriormente não tratados ou colocados como secundários ganharam novo espaço, tais como condições de trabalho (Ribeiro, 1988), processo de trabalho (Velasco e Cruz, 1986), condições de vida do operariado (Lobo, 1981), cultura operária (Hardman, 1983), mulheres operárias (Pena, 1981), correntes sindicais reformistas (Batalha, 1986 e 1990; Velasco e Cruz, 1981; Zaidan, 1981), origens da legislação trabalhista (Gomes, 1988a; Munakata, 1981), etc.

Um filão que no exterior teve uma larga tradição, particularmente nos anos 50 e 60, o que aliava estudos dos ciclos econômicos com o movimento operário, praticamente inexistiu no Brasil, cabendo citar entre as exceções, Lobo e Stotz (1985).

Todo esse movimento foi acompanhado da diversificação das fontes tradicionais (fundamentalmente a imprensa e outras fontes impressas), com o recurso às fontes judiciais, à documentação policial, aos arquivos de empresa, à história oral. E de modo geral, pode-se dizer, que o acesso às fontes foi facilitado, tanto através da organização e da publicação de inventários dos acervos reunidos nas instituições criadas na década precedente (particularmente nos casos do AEL e do ASMOB), como também mediante edições fac-similares, de depoimentos (Gomes, 1988b), e de diversas coletâneas de documentos (Carone, 1979-1984; Pinheiro e Hall, 1979 e 1981; Khoury, 1981).

Entretanto esse processo implicou uma crescente fragmentação do campo de estudo. A teoria cedeu espaço para estudos de caráter mais empírico, em parte, uma reação natural à produção de sociólogos e cientistas políticos nesse campo. Sínteses e histórias gerais – com raríssimas exceções como o bem-sucedido esforço de Foot e Leonardi (1982) ou livros paradidáticos (Rezende, 1986; Segatto, 1987) – foram substituídas por temas bem mais delimitados e circunscritos.

Isso também trouxe mudanças aos recortes geográfico e cronológico. Antes – ao menos nos títulos – o recorte geográfico era o Brasil, ainda que a base empírica raramente fosse nacional, recorte que foi substituído por uma cidade, um bairro, ou até uma empresa (Weid e Bastos, 1986), ao mesmo tempo que começaram a surgir estudos sobre estados raramente trabalhados pela bibliografia tradicional (Andrade, 1986; Dutra, 1988; Rezende, 1981). Quanto ao recorte cronológico, um período na história política ou algumas décadas cedem lugar a conjunturas mais limitadas. Estas últimas características respondiam, em parte, às exigências metodológicas da própria área de conhecimento para dissertações e teses, que afinal de contas compunham a imensa maioria desses trabalhos.

No entanto, o que tinha sido – até então – um campo de estudos relativamente bem definido passa a fundir-se (e confundir-se) com outros campos (estudos urbanos, cidadania e política, etc.) e chega ao final dos anos 80 em crise.

Essa crise tem várias explicações: a fragmentação do campo de estudo e a aproximação com outras áreas conduzindo a uma crise de identidade, é apenas uma delas. Entretanto alguns dos seus efeitos são facilmente perceptíveis.

Houve uma perda de interesse acadêmico na história operária que se traduziu no decréscimo do peso das pesquisas nesse campo, mensurável através da diminuição proporcional das dissertações e das teses sobre o tema e até nas alterações na nomenclatura de alguns programas de pós-graduação (caso da Unicamp que passou de História Social do Trabalho para a mais abrangente História Social).[3]

Em parte, a mudança na conjuntura ocorrida em fins da década de 1980, marcada pelo descenso do movimento operário sindical, teve um peso nesse processo. Mas talvez o raciocínio inverso seja mais apropriado, isto é, a conjuntura de início dos anos 80 e o interesse que o movimento operário despertou na sociedade e na academia foram excepcionais e dificilmente se repetirão nos mesmos moldes. Esse processo acaba resultando, entre outras consequências, também em uma crescente perda de interesse editorial por textos que tratem do tema.

De outra parte, é evidente que a crise da esquerda, agravada pelo desmantelamento do socialismo real, também exerceu um efeito significativo, afinal boa parte da pesquisa no campo da história de que estamos falando foi realizada por pessoas que em algum grau se identificavam com a esquerda.

A interpretação dessa crise sugere que a história operária deixou de ter valor explicativo para o presente, papel que parecia desempenhar no início dos anos 80, quando o movimento operário-sindical ocupava o primeiro plano.

Evidentemente, essa crise não foi e não é uma particularidade brasileira; tem dimensões internacionais. Uma parcela da crise nesse campo de estudos advém da crença no desaparecimento do próprio objeto, isto é, da classe operária. Mitos à parte, é certo que nos países de industrialização avançada ocorre uma mudança significativa na classe operária industrial que marcou o capitalismo no século XIX; isto afetou particularmente certos setores, como os mineiros e os metalúrgicos. A política de reestruturação industrial, eufemismo empregado por vários governos para falar da mudança da composição orgânica do capital, trouxe o fechamento de minas, estaleiros e siderúrgicas e um desemprego endêmico.

Com essa transformação na classe operária coincidiu um recuo eleitoral da esquerda e mais grave ainda, uma crise da cultura de esquerda na Europa Ocidental, que se expressou na perda de força do movimento pacifista e no progressivo abandono da solidariedade internacional, ambos igualmente consequências do fim da oposição entre os dois blocos político-militares.

Do ponto de vista acadêmico também ocorreu uma perda de espaço para a história operária. Eis alguns exemplos sintomáticos: a revista especializada italiana *Movimento Operario e Socialista* transformou-se em *Ventèsimo Sècolo*; o Museu do Movimento Operário de Budapeste tornou-se Museu de História Contemporânea, sem mostra de acervo permanente e com exposições temporárias voltadas para mostrar os males do antigo regime e as virtudes da sociedade de consumo; em diversos países tornou-se comum que especialistas de outros campos da história encarem a história operária com um misto de condescendência e desprezo...

Entretanto, no caso europeu e norte-americano há limites para o processo de desmantelamento da área, já que está institucionalmente consolidada por intermédio de arquivos, centros de pesquisa, programas de pós-graduação, associações, revistas especializadas, etc. No Brasil, essa crise interveio em um momento em que esta consolidação mal tinha dado seus primeiros passos. Seria exagero falar de um desmantelamento da área, mas os recuos são evidentes.

Impasses e Novas Tendências

Até o presente parece claro que a crise iniciada no final dos anos 80 está longe de ter sido superada. As recentes vitórias eleitorais de partidos de esquerda e certa reanimação do movimento sindical em países da Europa Ocidental não parecem suficientes para alterar o quadro atual nos estudos da classe operária. No entanto, algumas possíveis soluções têm sido levantadas por alguns autores.

Para uns, esta crise é antes de tudo uma crise do paradigma, que estaria reduzido a duas vertentes estruturalistas e culturalistas. Emília Viotti da Costa (1990), apresentou sistematicamente essa interpretação em vários congressos internacionais (LASA, ADHILAC, ANPOCS, ANPUH) e propondo como saída a síntese entre essas duas abordagens. Num texto mais recente, Daniel James (1994) propõe uma leitura diferente do mesmo problema ao enumerar algumas das dificuldades para combinar uma análise estrutural com a agência, mas cita o trabalho do antropólogo José Sérgio Leite Lopes (1988) como um do exemplos daqueles que conseguem essa combinação com sucesso.

Ao menos por enquanto, as dificuldades teóricas e metodológicas atravessadas pela área tem propiciado a busca de saídas, mais ou menos convincentes. A imensa perplexidade provocada pelo chamado *linguistic turn* entre os pesquisadores da história operária norte-americanos e, em menor grau, europeus, não atingiu seus colegas brasileiros de forma significativa.[4]

Ao mesmo tempo, um desdobramento do processo de renovação da área, iniciado nos anos 80, começa a ser perseguido através do aprofundamento de algumas tendências que só haviam sido esboçadas. Esse processo de revigoramento passa pelo modo com que as fontes são usadas, pelo tratamento dado ao tema e pela consolidação dos instrumentos e instituições que contribuam para esses estudos.

No que diz respeito às fontes de pesquisa, já está patente em muitos trabalhos a necessidade de empreender uma reavaliação das fontes tradicionais e de ampliar o leque das fontes empregadas. Seguramente é possível propor novas leituras de fontes tradicionais (como jornais, texto literários, e outras), e, ao mesmo tempo, há toda uma série de "novas" fontes, como processos na Justiça do Trabalho ou a iconografia do movimento operário, que ainda precisam ser devidamente exploradas.

A produção dos últimos anos tem demonstrado que o repensar do tratamento da história operária passa por uma série de caminhos e por novas preocupações. Um deles é o aprofundamento dos estudos regionais, fugindo do paradigmas de São Paulo e do Rio, como propôs Sílvia Petersen (1994).[5] Outro seria o de dar continuidade aos estudos por setor de produção e por categorias de trabalhadores, como vem ocorrendo em uma série de dissertações e teses recentes (Silva, 1995). A rediscussão de temas clássicos certamente ainda tem um papel, como demonstra trabalhos que ao tratarem da história operária do pós-guerra (Costa, 1995) são capazes de ultrapassar os limites da análise dominante dos cientistas políticos sobre o movimento operário no período dito "populista" (Weffort, 1975; Moisés, 1978). O caminho para essa reavaliação dos efeitos do populismo sobre o movimento operário foi aberto pelo livro de French (1995), cuja versão original data de 1992, e que também introduz como novidade a retomada de recortes cronológicos mais amplos, no esforço de melhor compreender o processo histórico estudado. Uma periodização mais larga também é utilizada por Wolfe (1993), que confere particular atenção ao papel de gênero no seu estudo sobre a classe operária paulista.

Na prática, a "divisão de trabalho" que reservava aos cientistas sociais os estudo de períodos mais recentes, cuja ruptura – como já vimos – começava a se insinuar na década de 1980, foi definitivamente abolida nos últimos anos. Mas a grande novidade é que a cronologia também está sendo ampliada para o passado, com estudos que versam sobre o operariado antes de 1888, rompendo assim com um marco *tabu* na história operária (Hoffnagel, 1994; Vitorino, 1995). Até recentemente, neste aspecto, aceitavam-se sem questionamento as visões presentes desde a década de 1960, que consideravam inconcebível a existência da classe operária juntamente com a escravidão e/ou que ligavam seu nascimento ao surto industrial dos anos 1880. Desse modo, toda referência aos trabalhadores livres urbanos e às associações que estes constituem ao longo do século XIX aparecem majoritariamente na bibliografia como uma espécie de "pré-história" ligada apenas remotamente ao operariado da Primeira República.

Novos problemas têm sido colocados para a análise, por meio de trabalhos que situam em novos termos, questões como os binômios: liderança/liderados, indivíduo/classe, e assim por diante. Situam-se nesse caso os esforços para trabalhar com biografias (justamente em um campo de estudos que por razões óbvias privilegia os sujeitos coletivos), caso da pequena obra-prima de Duarte (1991) ou para uma discussão mais teórica do gênero – do trabalho de Schmidt (1996).

No que diz respeito aos arquivos e centros de documentação, se alguns acabaram por fechar as portas, outros foram capazes – até o momento – de sobreviver à crise e de inclusive ampliar seus acervos. De particular interesse, para todos os pesquisadores da história operária foi a vinda para o Brasil do ASMOB, que juntamente com o Centro Mario Pedrosa (Cemap), foi incorporado ao Centro de Documentação e Memória (Cedem) da Universidade Estadual Paulista (Unesp).

O quadro descrito acima pode deixar dúvidas sobre a efetiva existência de uma crise nos estudos da história operária. Afinal existe uma produção que sob muitos aspectos é inovadora. Eu diria que, mesmo havendo dificuldades teóricas e metodológicas a serem enfrentadas, o principal problema está na consolidação institucional da área, na afirmação desse campo de especialização no próprio conjunto da produção historiográfica. Essa situação torna-se clara quando, de modo muito sintomático, um livro bastante recente que trata dos campos da produção histórica (Cardoso e Vainfas, 1997), não dedica nenhum capítulo à história do trabalho ou à história operária, ao passo que a história empresarial, a história das paisagens, ou o uso do computador no trabalho historiográfico merecem capítulos específicos. Para ser exato, são reservados exatos dois parágrafos sobre esse campo de trabalho no capítulo dessa obra, redigido por Hebe Castro, sobre a história social.

É certo que a história operária adquiriu, em pouco mais de duas décadas, um *status* acadêmico e um determinado espaço institucional, ainda que dificilmente voltará a ter o prestígio extra-acadêmico do início dos anos 80. Resta porém muito a fazer pela profissionalização da área e pela ampliação desse espaço institucional. A história operária viveu seu momento de glória no início dos anos 80, em boa parte graças à ascensão do movimento operário, sem ter depreendido um grande esforço para obter essa posição, e sem ter resistido ao desprestígio desse campo de estudos que se seguiu ao descenso do movimento operário. Portanto, uma parcela considerável da culpa pela situação atual recai sobre os próprios pesquisadores da área. Nesse aspecto, os estudos de gênero e de história das mulheres constituem um exemplo a ser lembrado, pois foi num momento de refluxo do movimento feminista, que esse campo soube conquistar um espaço acadêmico, que vem sendo continuamente ampliado.

No campo da história operária há muito que não são realizados encontros especializados. Apesar da existência de uma série de arquivos e centros de documentação dentro e fora das universidades, a ligação de grupos de pesquisa com essas instituições é tênue, para não dizer inexistente. Tampouco existem revistas especializadas. A experiência mais interessante nesse campo foi a de *Trabalhadores* (Campinas/São Paulo, 1989-1990), de duração efêmera, apesar dos esforços de seu editor Kazumi Munakata. Acrescente-se a isso a falta de projetos coletivos, problema que em maior ou menor grau atinge toda a disciplina, já que ao contrário da ciências sociais os historiadores não têm uma tradição consolidada de trabalho coletivo de pesquisa (ainda que lentamente isto esteja começando a mudar).

Nesse sentido, iniciativas como a de Eulália Lobo (1992), com a publicação de um livro que reúne artigos de vários autores abrangendo temas diversos da história operária do Rio de Janeiro no período que se estende dos anos 30 aos anos 70, ainda permanecem limitadas.

Em suma, a despeito dos problemas de diversas ordens enfrentados pela historiografia da classe operária no Brasil, trata-se de uma produção que vem demonstrando vigor e capacidade de inovação, faltando porém um maior empenho dos pesquisadores desse campo de estudos na afirmação institucional e dentro do conjunto da disciplina histórica.

ANOS TRINTA E POLÍTICA: HISTÓRIA E HISTORIOGRAFIA

Vavy Pacheco Borges (UNICAMP)

Anos Trinta e Revolução

> Procede-se nessa grande crise – a maior certamente de que tenha conhecimento a memória dos homens – à revisão dos antigos valores materiais e espirituais, até hoje consagrados, e pelos quais se bateram durante séculos Oriente e Ocidente. Entram em luta de vida ou morte os mais variados "ismos" com que nunca sonhou a filosofia humana: Capitalismo, Comunismo, Fordismo, Leninismo. Força que surge como destruidora das velhas civilizações e das quimeras do passado. É a Revolução.
>
> Paulo Prado
> *Retrato do Brasil*, 1926-1928

Em outubro de 1930, iniciou-se um largo período – podemos dizer, um quarto de século – em que Getúlio Vargas foi a figura predominante no cenário político nacional; isso parece propiciar uma certa ideia de continuidade para uma história política vista a partir das grandes figuras, como a que predominou muito tempo na historiografia e que permanece até hoje no senso comum.[1] Em fala à imprensa em 1933, refletindo sobre a situação conturbada do país, disse o historiador Rocha Pombo: a solução está "nas leis da história. [...] Nem Lenine, nem Mussolini, nem Hitler representam a solução. Ainda não apareceu um homem-síntese, um homem-figura pelo qual temos que esperar muito".[2] Para muitos esses são os "anos Vargas", um período temporal que constituiria uma totalidade marcada por essa forte presença política e que por ela, em última instância, se explicaria.[3] Embora ainda se encontre frequentemente essa periodização, a história pelas grandes figuras está há décadas proscrita na universidade; entretanto, com a reafirmação recente do papel do indivíduo na sociedade, os historiadores da política voltam a se preocupar com o papel que os grandes personagens tiveram, têm e provavelmente sempre terão na política;

suas ações, se não explicam a história toda, têm nela um peso muito significativo que cabe ao historiador aquilatar.[4]

No anos 30 do século XX, a história política brasileira foi marcada por forte instabilidade e por vivo debate; a década se inicia com uma ruptura institucional, consagrada desde então como Revolução de 30, terminando sob a égide de nova ruptura, a decretação do chamado Estado Novo. Sob a perspectiva de uma história das instituições políticas, sem sombra de dúvida esses são momentos de rupturas. A República teve diferentes ordens jurídico-políticas em seu primeiro século e muitas datas constituem-se em marcos (1889, 1891, 1894, 1930, 1937, 1945, 1964, 1985, 1989) que datam as diversas rearticulações que até nossos dias, na prática, ainda excluem uma imensa maioria da população de uma verdadeira participação política, ao contrário do que seria de se esperar para uma forma de governo republicana. Assim, muitas das questões e dos problema estruturais aparecem ainda como os mesmos e por vezes as mesmas soluções são apontadas, o que de certa forma também propiciaria uma visão de continuidade: a questão da República, do fim do Liberalismo, que aos poucos se transmuta na questão da democracia-não democracia, da ditadura militar e do desprestígio da política, a questão nacional, a questão da federação, do regionalismo, a industrialização, a reforma agrária, a busca de um caráter (depois identidade nacional).[5] Todas essas questões e problemas, nos anos 30, parecem se agrupar em torno da ideia de uma ruptura revolucionária.

Há uma relação do conhecimento histórico com uma concepção de história e uma forma de explicação política e nacional, bastante tradicional, herdada do século XIX europeu e brasileiro.[6] Pode-se perceber a elaboração de uma certa biografia nacional, com um "sentido verdadeiro" quase "natural" – o da construção da nação brasileira a partir de um descobrimento, sentido esse que se pretende passar para toda a sociedade.[7] Nessas formas de se pensar a história brasileira, o Estado ou o poder político têm sido os atores ou sujeitos que permitiriam inteligibilidade a essa história. Sua forma de periodização não é válida para as outras mudanças ou permanências, não significa nada para outras áreas do conhecimento histórico e revela claramente algumas formas da dominação; essas denúncias já vêm desde o final dos anos 70. Entretanto, a periodização das rupturas político-institucionais continua organizando mesmo uma história produzida com outro tipo de preocupação.[8]

O campo da história política evidencia, mais do que qualquer outro, o laço inextricáveis entre essa forma de conhecimento e o poder, os laços entre uma história política vivida e uma história política escrita por memorialistas e historiadores. Escrever história sob essa perspectiva nos faz rever nossa posição ante as relações de poder, aos conflitos sociais. A visão de um desenvolvimento temporal – de passado, presente e futuro – parece estar sempre por trás de quem atua, discute ou escreve sobre as práticas e/ou ideias políticas; o exame da história sob esse ângulo nos põe, inexoravelmente, diante do antigo problema da história como mestra da vida, em que se pensaria o passado em função do presente, como um guia de ação para o momento que se vive. E na sociedade, tanto uma camada não acadêmica mas interessada em cultura quanto um interesse pela política do país continuam exigindo dos historiadores que lhes forneçam uma história sob essa perspectiva.

No intenso debate político que se travou no início dos anos 30, estão presentes sempre um ou mais dos conceitos que procuram estruturar a discussão, impondo interpretações da vida política como um todo e dos fato em particular, segundo visões e conveniências de cada um. Por vezes encadeados cronologicamente, outras, opostos em falas adversárias, surgem e/ou se repetem inúmeros termos: oligarquia/burguesia, República Nova/República Velha, Primeira República/Segunda República, movimento de outubro/revolução de outubro/Revolução de 30, Revolução Constitucionalista/Contrarrevolução, Governo Provisório/Ditadura, Tenentes/tenentismo, politicalha/ciência/sociologia.

Em todas as falas, seja no debate mais amplo que agitava o meio político nacional, seja nas disputas políticas menores do dia a dia, o conceito de "revolução" colocava-se claramente como central para todas as vozes envolvidas; isso se percebe nos variados registros (na imprensa, em anais, como em ensaios, memórias e até na literatura). Essa infinidade de fontes comprova a centralidade e a predominância do conceito em diferentes conteúdos, e essa "revolução" aparece quase que permanentemente adjetivada como "brasileira". A expressão "questão social", embora nem sempre de maneira explícita, alinhava-se à ideia de revolução: era para enfrentar esse problema maior da sociedade, por caminhos diversos e opostos, que se pretendia tomar o poder. Já nos anos 20, essa questão havia penetrado no universo das autointituladas "classes conservadoras" e, em última instância, parecia determinar suas decisões, sobretudo a partir do imediato quadro de instabilidade após outubro de 1930. Em discurso, Lindolfo Collor afirma que "a revolução brasileira, com a criação do Ministério do Trabalho, veio substituir o antigo conceito de luta de classe, pelo conceito novo orgânico e construtor, humano e justo, de cooperação entre as classes". Frederico Buys, militar e membro do Club Três de Outubro, em carta a Vargas afirma: "A questão social, na época contemporânea, pode ter duas soluções: uma, a materialista, defluente das teorias de Karl Marx e Engels; outra, a cristã, deduzida da Encíclica Rerum Novarum – de Leão XII".[9]

Assim se explica que o termo apareça não somente em seu sentido do senso comum – o de um movimento militar de força que substituiria as práticas políticas legais, movimentos esses muito frequentes nos anos 20 e 30 – mas também no sentido de transformações estruturais para a sociedade brasileira.[10] Pode-se esquematizar dois conteúdos que, no limite, estão naquele momento por trás do conceito. Um primeiro, para o qual houve uma revolução política, eminentemente civil, a qual teve que passar necessariamente por um movimento militar organizado a partir da Aliança Liberal; uma vez realizada a "troca" ou "substituição" de homens no poder, a revolução terminou ou deve terminar. Um segundo, no qual se acentua o caráter de transformação estrutural e que afirma estar havendo uma revolução social, um movimento mais amplo de transformações, cujo início se deu pelas armas de insatisfeitos das revoltas militares de 1922, 1924 e Coluna Miguel Costa – Prestes; a presença de militares em postos-chaves, como Juarez Távora, João Alberto, Miguel Costa, etc. representaria sua continuação.[11]

O tão empregado conceito é apontado como tendo se tornado uma "entidade mítica" ou uma "palavra mágica"; encontram-se falas retóricas ou demagógicas e Oswaldo Aranha, em discurso em dezembro de 1931, chegou até a definir revolução como uma enteléquia: "A revolução de outubro articulou-se conosco, venceu com nosso sangue, revigorou-se com nosso idealismo, armou-se com a força de nossos estados, mas ela nem nasceu da Aliança Liberal, nem do heroísmo de Copacabana, nem da audácia dos cruzadores do nosso sertão. Ela não é militar nem civil; é ela mesma. Não tem donos, nem senhores, nem chefes. A própria ditadura é uma expressão passageira da Revolução. Estendemos, apenas, a mão para que ela passasse sobranceira sobre o país em esperanças. Ninguém sabe onde nascem as revoluções, como vivem, nem quando morrem. Suas origens são longínqua e obscuras, vêm do passado que violou as leis econômicas e sociais, e os seus destinos perdem-se num futuro, cujo mistério ultrapassa o estado atual de nossos conhecimentos. Passam como as tempestades e os terremotos, deixando na própria natureza que revolveram os elementos da recomposição. Seus males são grandes e por vezes extremos. Têm estranho poder renovador. A revolução, como a lança de Aquiles, fere e cura as feridas. A revolução brasileira foi uma ressurreição. É a primavera de nossos destinos. Podem os homens falhar, como terei falhado eu e os outros, pode a ditadura não corresponder, pode a nossa capacidade para a organização revolucionária ficar aquém das aspirações nacionais, mas ela, como a alma mesma do povo, sobreviverá aos nossos erros, aos nossos ódios".[12]

Atrás da luta pelo poder existia, obviamente, a luta pela legitimidade dita "revolucionária", pelo espólio do movimento de outubro, pela parceria na "revolução". Desde antes do movimento de 1930, militares promoviam movimentos de rebeldia e se autointitulavam "revolucionários": civis como Assis Brasil e Maurício de Lacerda, por exemplo, em diferentes registros políticos falavam publicamente em revolução; o extremo limite à esquerda era o declaradamente revolucionário Partido Comunista Brasileiro e sua proposta de uma revolução operário-camponesa. Após a vitória em outubro de 1930, muito se colocavam como os legítimos promotores da revolução; no grupo que realmente se efetivou no poder destacavam-se os "jovens turcos", gaúchos que cercavam Vargas, seu "Gabinete negro" e os militares que lhes estavam próximos. No estado de São Paulo, o Partido Democrático (PD) e o jornal *O Estado de S. Paulo* comemoraram o final da luta como se ele tivessem realmente concorrido para a vitória, e o PD se achava com direito à chefia do estado. Existem menções de um grande número de adesistas, como o que ocorrera logo após a proclamação da República. Os críticos da oposição negavam que se tivesse dado qualquer mudança com a troca de homens no poder, e as críticas mais radicais vinham daqueles com propostas socialistas ou comunistas e que não podiam aceitar o movimento como realmente "revolucionário".

O grande parceiro da revolução, em todas as falas apontado como seu legitimador, era o "povo", tanto no movimento militar como para as propostas futuras. Em análise crítica e lúcida do papel dos sujeitos-parceiros que efetivaram a revolução, um artigo de época de José Maria dos Santos, jornalista monarquista e oficial do Exército, explica: "A Revolução de outubro segundo seus antecedentes morais, resultou da convergência de três forças, a saber: a) a grande massa da nação constantemente revoltada, desde os primeiros instantes da República de 15 de novembro, contra a organização governamental e as suas várias manifestações de ordem administrativa e econômica; b) o vigoroso núcleo dos revolucionários de 1922 e 1924, que se tornaram, por assim dizer, os expoentes sentimentais do grupo a); c) os políticos que se destacaram da grande casta governamental anterior, por motivos de discordância em torno à sucessão presidencial do sr. Washington Luiz. Sabemos que, dos dois primeiros desses elementos, nenhum tinha noção exata das renovações que desejava, no caso de se tornar possível a destruição da autoridade constituída. Nem a grande massa sabia que formas novas podiam ser dadas à República, nem os revolucionários propriamente ditos estiveram jamais em condições de instruí-la a respeito. Quanto aos políticos dissidentes, os do grupo c) só poderiam desejar a volta, mais ou menos fiel ao *status quo* anterior, em sua imediata instalação nas vagas deixadas pelos vencidos".[13]

O que é chamado por Lucien Febvre de "estado íntimo de uma sociedade" se evidencia naquele momento numa pluralidade de imagens que surgem de imediato em praticamente qualquer incursão em fontes da época. O imaginário dito coletivo ou social incontestavelmente exerce enorme papel na política pois, em nossas mentes e corações, o real e o quimérico se interlaçam, se entremeiam inextricavelmente, como mostram filósofos, psicanalistas, sociólogos, antropólogos, literatos e historiadores. Esse imaginário intervém em muitos dos níveis da vida coletiva e em especial na política, em relação às esferas de decisão sobre os nossos atos, na memória social, nas dimensões de se pensar o futuro.[14]

Após outubro de 1930, numa frequentemente apontada situação de "crise", sucediam-se as imagens de "confusão", de "desordem", de "anarquia", de "erro", de "turbilhão", "encruzilhada", "carnaval", de "atoleiro", de o país estar "na beira do abismo", de "caos" e até de "inferno". Por exemplo, em falas de literatos: para

Humberto de Campos, o Brasil "cavalga um corcel desenfreado"; para Afrânio Peixoto, "só um profeta poderá dizer neste momento para onde vai o Brasil"; Gilberto Amado finalizava uma longa reflexão sobre a economia do país e sua política, atônito: "Eu daria um prêmio àquele que me dissesse qual é o problema, qual o programa, qual a política nacional do Brasil. Assim, como saber para onde vai nossa pátria?"; Humberto Freire diz: O país é como "uma barata num terreiro de galinhas...".[15]

A imagem do "novo" tem sido até nossos dias uma forte arma na luta política.[16] Como as instituições republicanas eram apontadas como periclitantes e/ou falidas, parecia que tudo seria possível. A prática política era vista como "carcomida", por vezes como um "circo".[17] Tudo isso fazia parte de um "velho", ao qual muitos procuram, das mais diversas formas, contrapor um "novo", uma "renovação", uma "reconstrução", uma "regeneração". O mais evidente exemplo disso era o discurso oficial mostrando que foi iniciada uma "República Nova", opondo-se à "República Velha". Nessa linha de enfatização de uma ruptura, quer-se mostrar a República Velha ou Primeira República como um todo homogêneo, cujas características teriam desaparecido, levadas pelo movimento revolucionário: as condenáveis práticas políticas, a federalização/descentralização, o predomínio paulista, a "questão social" vista como "questão de polícia". O que constituiria esse "novo" destacava-se nos títulos das obras e era desenvolvido nas mais diversas vozes de ensaístas e memorialistas.[18]

Os "problemas" desse "caos" precisavam ser "organizados"; havia uma crítica ao fato de que, para tais soluções, não se consultava nossa própria realidade. A essa perspectiva contrapunha-se uma visão que se repete constantemente em editoriais, entrevistas e ensaios: o que ocorrer no mundo ocidental, o mesmo ocorrerá no Brasil. Encontram-se críticas em falas e títulos de que a revolução era uma "aventura", um "salto no escuro".[19] À realidade dos inúmeros "ismos" incessantemente citados contrapõe-se uma frase de Oswaldo Aranha (que até hoje é repetida sem autoria): "O Brasil é um deserto de homens e de ideias".

Essas falas e imagens exprimem não somente a grande instabilidade política mas também a pluralidade de colocações e propostas – muitas vezes só desejos de mudanças e não projetos articulados. Nas épocas de transformações sociais, a perseguição a uma sociedade nova propicia o surgimento de um gênero de adivinhos e profetas, chamados por B. Baczko de "mi-utopistes" ou "mi-prophètes", pois não formulam utopias fechadas, completas, mas somente o que se pode chamar de dispositivos utópicos, ideias-imagens, ideias-forças ou ideias-guias, que marcariam as escolhas e decisões individuais e de grupos.

Nesse debate, dava-se de modo geral uma grande desvalorização da política; enfatizava-se a urgência de uma sociologia que traria intensa carga de reflexão para influir nas análises do país com um "conhecimento aplicável"; na ironia de Mário de Andrade, a sociologia constituía-se na "arte de salvar rapidamente o Brasil".[20]

Em um meio editorial que, pela primeira vez, se dirigia com determinação para temas e mercado nacionais, livros e coleções se sucedem. Em sua editora fundada em 1930, Augusto Frederico Schmidt criou a Coleção Azul, cuja finalidade explícita era apresentar o debate político. Nessa, destaca-se uma tríade de livros numa polêmica exemplar? Surge em primeiro lugar *A desordem: ensaio de interpretação do momento*, publicada em 1932, da autoria de Virgínio de Santa Rosa, que provocou a réplica de Alcindo Sodré: *A gênese da desordem*, e em seguida a contrarresposta do primeiro, *O sentido do tenentismo*. Esses livros, como muitos outros, se propõem explicitamente como livros de análise sociológica, isto é, como explicações objetivas.

No primeiro volume, ao ver o Exército como representante das diversas camadas e regiões do país, Santa Rosa explica os motins militares como "sementeira" e a "desordem" como "positiva"; ao prever o fim do sistema capitalista, deseja que o Estado organize economicamente o país. Em resposta, Alcindo Sodré, ao contrário, deseja a manutenção da ordem, afetada basicamente pela presença militar na direção da República desde sua fundação, mas naquele momento se manifestando com uma conotação de socialismo e de comunismo.[22]

Na tréplica, Santa Rosa pretende, a partir de sua visão sociológica e distante de lutas partidárias, explicar o fenômeno do tenentismo como as vanguardas das classes médias, no seio de um movimento ascensional da pequena burguesia em todos os países europeus ou mesmo universal.[23] Explica que em outubro de 1930 se confrontavam duas correntes: uma que queria somente reformas política e outra que queria mudanças radicais, para "atender aos reclamos da pequena burguesia"; seu programa é "um capitalismo moderado pequeno-burguês", uma "social-democracia". Essa pequena burguesia, para ele, inclui o proletariado e as massas rurais, além das classes médias urbanas. Assim, em uma visão de lutas de classe marxista nada ortodoxa, com um referencial muito próprio, Santa Rosa vê esse amplo grupo se opor a uma burguesia ao mesmo tempo agrária e industrial, apoiada nos latifúndios e nas oligarquias políticas. O estado de equilíbrio entre essas duas forças de ação e reação durante a Primeira República fora provisório. Deseja a implantação de uma ditadura forte e enérgica, apta a transformar a sociedade brasileira com a decretação de reformas profundas e radicais.

Sua visão evolutiva e determinista de um processo histórico ocidental e mesmo universal, sua terminologia organicista, apoia-se explicitamente, segundo informa, nos trabalhos de Alberto Torres, Oliveira Vianna e Tristão de Athayde, "os demolidores da grande burguesia". Analisa nossa história da República como o "gráfico fiel da evolução da burguesia nacional", com o crescimento paralelo da pequena burguesia, que são as classes médias, o operariado e as massas rurais, mas sem uma consciência de classe. Getúlio Vargas teria acolhido os anseios das classes médias ao mudar o Código eleitoral, ao instituir o voto secreto. Santa Rosa se via como um social-democrata; para os membros do Partido Comunista

Brasileiro (Octávio Brandão, Astrogildo Pereira e posteriormente Luis Carlos Prestes), os chamados tenentes seriam representantes da pequena burguesia, o que constituía uma crítica pejorativa; Santa Rosa inverteu essa conotação negativa, transformando-a em positiva. A Revolução de 30 como fruto e efetivada pelas aspirações políticas das classes médias contrapõe-se à interpretação ortodoxa do PCB: essa revolução seria o resultado da luta entre o capitalismo americano incipiente no Brasil e o inglês, em decadência.

Também na mesma coleção Martin de Almeida, em *Brasil errado*, assevera que a revolução de outubro de 1930 se deu sob o peso do regionalismo, como uma reação do estados contra a centralização federal. Vê os tenentes "marcados por um sentimento vivo de classe como não se encontra em nenhum outro agrupamento social entre nós". Critica a "mística revolucionária", as oligarquias "profundamente radicadas em nosso solo", os tenentes e o Club 3 de outubro. Em suma, realmente "tudo" estava errado, as classes desorganizadas, numa "desordem transparente"; mas 1930 permitiu aflorar a insatisfação da pequena burguesia, das classes médias rurais e das camadas inferiores da sociedade. Numa visão de processo, destaca "agitações surdas da massa popular a caminho de suas finalidades históricas" e diz: "Eu me utilizo da dialética materialista como instrumento de trabalho intelectual, sentindo, entretanto, que essa dialética não resolve profundas e íntimas interrogações".[24]

Barbosa Lima Sobrinho, em 1933, publica a sua *A verdade sobre a revolução de outubro*. Propõe-se a fazer um relato neutro de uma testemunha "que acompanhou de perto os sucessos e conhece, também de perto, quase todos o seus atores". Em seu capítulo XVI, intitulado "Análise das causas da revolução", diz existirem causas aparentes e reais para o movimento. Também para ele o movimento foi uma "guerra de estados", uma cisão das oligarquias estaduais originada no sentimento regionalista, com uma feição pequeno-burguesa e grande apoio popular, baseada na impopularidade do poder público. Destaca: "É possível que, ao lado dessas causas, militassem outras, verdadeiramente subterrâneas, de uma revolta extensa e profunda contra o regime de propriedade rural e a opressão capitalista". Desacredita expressamente a versão do PCB então em voga como "a fantasia" das interpretações de luta entre o capital inglês e o americano. Numa crítica irônica, afirma que, para o poder, "com o golpe de Estado de 24 de outubro estava bem perto a terra de Canaan. Tudo havia de ser maravilhoso e puro. Ficava encerrado, para sempre, o período dos políticos profissionais exploradores do poder, da advocacia administrativa, dos crimes contra o erário público, das oligarquias nefastas, do nepotismo impenitente, dos abusos de autoridade".[25]

De um ponto de vista da concepção de história, pensando-se essas interpretações de uma forma global, existe, além da já citada visão de síntese de história nacional, uma preocupação em se delinear um processo histórico (não necessariamente expresso nesses termos) como um percurso, pressupondo ou não uma ideia de progresso e um diálogo com o marxismo, mesmo que discordando das interpretações oficiais do PCB. Ao lado desse diálogo, como por exemplo em Santa Rosa e em Martins de Almeida, encontra-se uma explicação da luta política mais direta através da oposição entre o que chamam de "oligarquias", contra o "tenentismo"; as oligarquias entendidas como os grupos que estavam no poder e o tenentismo, como o fenômeno pelo qual a geração mais jovem do Exército (a maioria deles tendo participado dos movimentos anteriores) e que ocupavam então posto político-administrativos. O então chamado "caso de São Paulo" seria o exemplo maior desse confronto.[26]

Mais para o final da década surgiu a preocupação com a gênese do golpe de 1937; na fala oficial e oficiosa, procurou-se imprimir a ideia da ruptura de novembro de 37, como tendo já vindo no bojo da ruptura processada em outubro de 1930; o que entre essas datas se passou teria sido um processo de "transição" "inevitável" e/ou "natural". Francisco Campos, autor da Constituição outorgada de 1937 e novo ministro da Justiça, escreveu em 1938, em *Os problemas do Brasil e as grandes soluções do Novo Regime*:

> Em 1930 [...] Toda a nação se incorporou ao movimento revolucionário, porque era um caminho novo que se abria. Mas o movimento foi detido pela reconstitucionalização que se operou segundo os velhos moldes. Voltaram os erros, os vícios e os males do falido regime liberal que a política, restaurada da sua breve derrota e para satisfação de seus mais obscuros propósitos, insistia em restabelecer [...] Assim novembro de 37 efetiva outubro de 30, aplicando na ordem as forças deflagradas na subversão.[27]

Também os livros de Oliveira Vianna e Azevedo Amaral apresentam

> esse caráter hifenizante entre a Revolução de 1930 e o Estado Novo, projetando-se como uma passarela sobre a desorientação contraditória e claramente efêmera da Segunda República.[28]

Em geral, todos os envolvidos no debate mais amplo acreditavam que se estava construindo a "nação"; e, se não se estava, dever-se-ia estar. Nessa linha, entra-se numa temporalidade mais longa, próxima a propostas de mudanças em uma perspectiva evolutiva na qual encontramos inúmeras definições de uma revolução social anterior. Em 1926-1928, por exemplo, Paulo Prado em seu post-scriptum ao *Retrato do Brasil*, dá sua definição:

> É a própria pulsação vital da História. A Revolução virá de mais longe e mais fundo. Será a afirmação inexorável de que quando

tudo está errado, o melhor corretivo é o apagamento de tudo que foi malfeito. A humanidade [...] encaminha-se aos poucos para modificações radicais...

Propostas de revolução se sucedem, por exemplo, em Manoel Bonfim: em 1928, ele declara: "Em face à civilização, na marcha em que ela vai, e como a conduzem, os povos não têm muito que escolher: ou participam do trotear geral, ou são esmagados"; adverte que a América Latina está ameaçada e conclui que há uma "necessidade imprescritível de atender-se à instrução popular, se quer a América Latina salvar-se", pois "não há regime livre na ignorância [...] a necessária regeneração tem de ser inicialmente uma obra de educação e de formação do povo". Em 1931, não mais advoga esse tipo de revolução e a substitui pela "verdadeira revolução":

> conquista do poder por uma classe que nunca o ocupara, em vista de impor ao grupo todo um novo padrão de valores [...] Concretamente – que se pode esperar, na necessária e inevitável revolução brasileira? A revolução tem que ser inicialmente contra a classe dirigente, fator constante de nossas desgraças [...] é um movimento para grande maioria da nação mas inspirado, e derramado nos ânimos por uma minoria ativa, intelectual, esclarecida, absolutamente desinteressada, sinceramente exaltada, cordialmente revoltada contra a injustiça sublime de abnegação.[29]

Em 1936, foi publicado *Raízes do Brasil*, de Sérgio Buarque de Holanda; em seu último capítulo, intitulado "Nossa Revolução", o autor define sua ideia de um processo revolucionário. Começa por mostrar que, entre o final da Abolição e a proclamação da República,

> existe um elo secreto estabelecendo entre esses dois acontecimentos e numerosos outros uma revolução lenta, mas segura e concertada, a única que, rigorosamente, temos experimentado em toda nossa vida nacional. Processa-se é certo, sem o grande alarde de algumas convulsões de superfície [...] A grande revolução brasileira não é um fato que se registrasse em um instante preciso; é antes um processo demorado e que vem durando pelo menos há três quartos de século. Seus pontos culminantes associam-se como acidentes diversos de um mesmo sistema orográfico.

O ano de 1888, nessa linha, é "o marco mais visível entre duas épocas", pois que a partir desse fato "estava melhor preparado o terreno para um novo sistema, com sua sede não mais nos domínios rurais, mas nos centros urbanos". Reconhece que nossa política se dá através de "fundamentos personalistas" que precisam ser liquidados e continua:

> Se o processo revolucionário a que vamos assistindo, e cujas etapas mais importantes foram indicadas nestas páginas, tem um significado claro, será a dissolução lenta posto que irrevogável, das sobrevivências arcaicas, que o nosso estatuto de país independente até hoje não conseguiu extirpar.

Ruptura e Processo

> É isto o que eu queria fazer os historiadores compreenderem: que o lugar do político é provavelmente o mais favorável para se perceber a história total de uma coletividade. [...] O que me interessa é aquilo que fabrica as grandes individualidades históricas, ou seja, as nações, os povos, a história [...] O elemento que parece ser mais importante para a inteligibilidade do comportamento de um grupo é o político. É a estrutura do imaginário coletivo [...] A história deve tornar inteligíveis as grandes articulações da mudança no passado, no mundo de onde viemos e que nos fabricou. É por isto que me coloco a meio caminho entre a abstração filosófica e o empirismo dos antiquários.

François Furet (entrevista)
"O historiador e a História"
Estudos Históricos, 1988, n. 1.

As reflexões que quero introduzir, mais do que inovadoras, se pretendem provocativas a respeito de parte de um conjunto de trabalhos que marcou de forma significativa os últimos cinquenta anos; tenho também um objetivo didático de sistematizar ou reunir indicações de análises historiográficas esparsas já publicadas sobre o assunto. O recorte feito – trabalhos de história política que tiveram impacto na vida universitária e na forma de se escrever a história política do país nesse período – partiu de minha própria experiência de ensino e pesquisa, que se deu na vida universitária paulista. São contribuições quase que exclusivamente de historiadores brasileiros e não de sociólogos, cientistas políticos ou filósofos; trabalhos desses últimos serão retomados na medida de sua influência na produção historiográfica propriamente dita.[30]

É possível perceber uma forte imagem que atravessa essa história política brasileira: a imagem e/ou ideia da "revolução"; algumas das interpretações ligadas à ideias de continuidade e ruptura que foram trabalhadas nos documentos e texto de época na primeira parte deste capítulo dão a impressão de se fixarem (não de forma direta, linear e total). Não quero estabelecer matrizes que determinem linhagens contínuas mas algo mais pontual, pois suponho continuidades e cruzamentos, descontinuidades e intermitências na historiografia.[31] Assim, vou sobretudo pinçar essa imagem de revolução em algumas obras selecionadas e examiná-las introdutoriamente.

Minha pós-graduação se iniciou em 1966 com a criação, no Departamento de História da USP, do primeiro curso de pós-graduação em História da Civilização Brasileira; ministrado por Sérgio Buarque, intitulava-se "A crise da ideia liberal" e cobria o momento brasileiro de 1889 a 1937. Assim, as ideias e imagens de ruptura e de crise foram colocadas para mim desde o início de minhas pesquisas, embora não de forma problematizada. A história política brasileira de 1930 a 1937 tem sido escrita sobretudo numa perspectiva linear, na qual as ideias de continuidade e ruptura são fundamentais; esse período aparece como transição, como um processo, identificado ou não sob esse termo, com uma continuidade em geral necessária ou inevitável, mais complexa do que as visões simples ou do senso comum referidas no início deste artigo.[32] Em especial para o período 1930-1934, boa parte – se não a maioria dos autores, das mais diversas ou opostas tendências políticas – persiste na análise já apontada: esse momento político se explicaria fundamentalmente pela luta oligarquias *versus* tenentismo, na linha da documentação de época.

Pode-se afirmar que essa história política tem sido marcada por duas interpretações que datam dessa época. A primeira, que destaca uma ruptura, o que constituíra a intenção bastante bem-sucedida daquele no poder, que acabou por constituir uma "história oficial"; a ideia de ruptura perdura até em revisões que se querem radicais. A ideia oposta – a negação da ruptura ou visão de continuidade – interpreta o movimento de outubro de 1930 como uma simples troca de homens no poder; na época, essa ideia estava presente tanto naqueles que desejavam uma grande transformação no momento (como a "esquerda", por exemplo) quanto naqueles que a isso se opunham (como os políticos tradicionais, como Antônio Carlos e Epitácio Pessoa). É essa interpretação que se faz presente posteriormente entre aqueles para quem as mudanças concretizadas não eram as desejadas.

A ideia de ruptura, porém, reina quase que soberana. Isso se baseou sobretudo no fato de que, do ponto de vista político-administrativo, inúmeras alterações se deram a partir desse momento, ainda que algumas tenham sido esboçadas anos antes, como por exemplo a centralização administrativa iniciada sob a reforma constitucional de 1926, sob Artur Bernardes.[33] De uma forma genérica, tem-se a reconstituição de um percurso único e linear, desaparecendo a ideia de pluralidade, a visão de um campo de possibilidades históricas – aquele em que, pela indefinição política, "tudo parecia possível". Do final dos anos 30 à segunda metade dos anos 70 aproximadamente, os historiadores parecem esquecer as inúmeras possibilidades que as alternativas diversas então representavam, ao montar sua própria explicação do passado. Nessa perspectiva, a revolução de 1930 teve mais um sentido de ruptura do que de continuidade.

Podemos esquematizar, para fins de análise, a produção como condicionada a partir de dois eixos: um primeiro, que parte da situação concreta dos movimentos da sociedade em que o historiador vive e diante das quais ele se posiciona; e um segundo, que parte da situação do conhecimento histórico no momento em que o historiador escreve seu trabalho, de suas visões teórico-metodológicas; embora eu não pretenda estabelecer relações diretas de causas e efeitos, obviamente penso estes dois eixos como imbricados. A partir desses eixos, minhas reflexões na segunda e terceira parte deste capítulo seguirão um critério temático-interpretativo mas também uma certa perspectiva cronológica.

Uma primeira sistematização do período republicano foi a *História da República*, escrita pelo político José Maria Bello, que circulou nos anos 50.[34] Pretende fazer uma "síntese de 65 anos da vida brasileira", organizada em boa parte (embora não somente) a partir dos quadriênios presidenciais.[35] Descreve as mudanças político-administrativas, as reações da opinião pública, as atitudes das grandes figuras, descendo a uma análise detalhada sobre a conduta de Vargas e das elites. Essas, segundo ele, sempre dominaram a política brasileira, em uma "sociedade hierarquizada de senhores", uma "República conservadora", em que as massas fizeram pressão de pouco peso pois "a incipiente 'consciência de classe' do proletariado – virtualmente urbano – é fenômeno novo no Brasil"; menciona pressões populares. Em eu relato da "era do sr. Getúlio Vargas", a revolução de 1930 ocupa grande espaço, examinada como uma revolução com causas civis e políticas e na qual era necessária a participação militar.

Ainda no final da década de 1950 vem à luz uma "história pátria" que pode ser vista com certo caráter exemplar e que passa a fazer parte das bibliotecas de um público letrado dos anos 60: a *História do Brasil*, de Pedro Calmon. A parte relativa ao período republicano se intitula: "A República e o desenvolvimento nacional" (não por acaso, o título, nesses anos do desenvolvimentismo, depois chamados pela mídia de "os anos dourados"!). A apresentação é um exemplo de erudição e atualização teórico-metodológica, mas as interpretações podem ser vistas como bastante coladas na interpretação oficial da época. Calmon aceita a ideia de ruptura entre as repúblicas "Velha" e "Nova", pois assim nomeia seus itens; a ruptura seria a queda da legalidade. Embora se percebam certas contradições em sua forma de analisar o momento, ele declara: "Em agosto a revolução era inevitável como uma precipitação meteorológica"; trabalha com a ideia de uma crise explicativa dos acontecimentos. Para ele, como para Vargas, Revolução Constitucionalista de 1932 é chamada de contrarrevolução ou "insurreição", baseada segundo lembra, numa "nevrose constitucional (como se dizia)"; o Estado Novo é a "segunda ditadura" de Vargas, explicado dentro de uma "atmosfera internacional" que o propiciava: com "as elites passivas", "o tempo era do homem (GV), no sentido carismático da ação esperada, na angústia profética da 'salvação' pela espada [...] ou simplesmente pelo verbo!" Percebe-se sua crítica ao estado de guerra, ao golpe, à ditadura, mas ele reconhece a ordem nova e endossa a versão oficial de continuidade; lembra a interpretação de Francisco Campos e afirma que o governo era, sempre sob a direção de Getúlio Vargas, o mesmo governo conservador: era o "'Estado de fato' que continuava – unindo a revolução de 1930 (com a frustração de 1932) ao clima de 1937".

Em 1945, foi publicada a *História econômica do Brasil*, de Caio Prado Jr. O autor se coloca explicitamente dentro dos pressupostos do "materialismo dialético" como teoria do conhecimento, como expõe no prefácio da primeira edição.[36] Ao pensar a nossa história nacional, vê, desde seu início, uma inserção do Brasil enquanto colônia no desenvolvimento do sistema capitalista; o sentido da colonização seria dado pelo capitalismo comercial, estando sempre presente a noção de dependência, que indica a ótica nacional. Para ele, a República é vista nesse processo nacional mais amplo: as instituições imperiais eram inadequadas ao progresso do país e 1889 teria sido a "aurora burguesa". O período de 1889 a 1930 é classificado como a "República burguesa"; os fatores de adaptação do Brasil são uma "crise de transição", de "crescimento", que fará do Brasil uma nação ajustada ao equilíbrio mundial moderno, no círculo internacional do imperialismo financeiro. Embora renove seu sentido maior, conserva os marcos de periodização políticos tradicionais, marcados por um viés econômico explicativo: se para ele a história é um processo marcado pelo desenvolvimento das forças produtivas, a República e 1930 são explicados como reajustamentos políticos ao desenvolvimento material.[37]

Como no período pós-1930, desde o final da Segunda Guerra Mundial e do Estado Novo abriu-se um período fértil em reflexões sobre a sociedade brasileira, com a produção de análises e a circulação de projetos. Em especial a partir dos anos 50, emergiu com força e se generalizou pela sociedade uma discussão sobre os rumos do capitalismo no país, sobre a questão da "pobreza", do que para muitos aparecia como "atraso", "terceiro-mundismo", "subdesenvolvimento"; as propostas do desenvolvimento nacional procuravam conquistar a opinião pública, sobretudo devido ao retorno do debate político com as eleições; a industrialização aparecia como solução para o desenvolvimento econômico da nação brasileira. Grandes ensaios de História do Brasil foram elaborados; um dos mais significativos para a vida acadêmica foi o de Celso Furtado, ligado à Cepal (assim como outros ligados ao Iseb, para o qual o papel do Estado nesse processo era básico); revistas debatiam esses problemas sobretudo no seio da esquerda, como a *Revista da Civilização Brasileira* e a *Revista Brasiliense*.

Nesses trabalhos, tanto nos marxistas quanto nos não marxistas, metáforas de uma dualidade mostram uma oposição fundamental entre novo – velho, arcaico – moderno, adiantado – atrasado, capitalista – semifeudal ou tradicional, etc. A República e a revolução de 1930 são examinadas à luz dessas oposições. A maior discussão entre os intelectuais marxistas era sobre a efetivação de uma revolução burguesa no Brasil, ou seja, pretendia-se determinar quando e como o país se tornou capitalista. Os modelos de desenvolvimento histórico de nações europeias são usados como parâmetros explicativos no campo do marxismo nas análises econômicas, sociológicas e da ciência política; havia também outros gêneros de interpretação, na linha do pensamento liberal ou autoritário, mas o marxismo se difundiu no mundo acadêmico; nos cursos de pós-graduação dos anos 70 (pelo menos, no paulista) parecia primordial entender-se a nação a partir de seu modo de produção.[38]

Depois de 1964 e sobretudo de 1968 – outro momento fortemente atravessado pela discussão da noção e da viabilidade de uma "revolução" – marcados pelos eventos políticos e pela necessidade de compreendê-los, os historiadores procuram entender melhor a República e suas falha. Volta-se à revolução de 1930 com muito vigor, pois ela é considerada como marco de grandes transformações responsáveis pelo que depois se passou no país. Isso se dá, porém, de forma muito marcada pelos trabalhos de ciências sociais, muitas vezes fundadas no marxismo.[39] Esse aparece nos anos 60 como o grande renovador de uma "historiografia tradicional", sendo colocado como a grande e única alternativa, como constituindo a "historiografia revisionista" e "científica".

Segundo observou um autor em meados de 1970 (ao denunciar os laços entre "o historiador e a camada dominante" em relação à história republicana mais contemporânea), o historiador brasileiro sempre fora "avesso aos estudos teóricos" e dotado de "reacionarismo congênito". Esse autor acha, entretanto, que num momento de "um processo de conscientização ideológica" como os historiadores viviam naqueles anos, esses aspectos tenderiam a desaparecer.[40] Percebe-se um novo tipo de posicionamento dos historiadores, pressionados pelo profundo clima de repressão e pelo exemplo da militância política.[41] Assim, se até os anos 60 as relações entre os historiadores e as camadas dominantes eram evidentes, tal tendência se reverteu nas décadas seguintes.[42] Em relação à história política, o conceito mais empregado tanto para se trabalhar seus objetos como para classificar produção era o de ideologia.[43]

O que distinguiu fortemente esse período da historiografia foi a influência interdisciplinar. O fato de essa ter sido muito importante na historiografia francesa (nossa maior inspiração) pode ter jogado aqui algum papel. Bom exemplo da influência das ciências sociais na historiografia é o 3º volume do Tomo III de *Brasil republicano, sociedade e política (1930-1964)*, editado em 1981. Apresenta uma porcentagem grande de autores que são cientistas sociais. Em suas colocações, tanto na introdução quanto na conclusão, o organizador Boris Fausto menciona a obra como produto de intelectuais com formação diversa; enquanto organizador, afirma que condenava tanto uma história factual quanto grandes generalizações.[44]

Em relação à questão de uma ruptura revolucionária, a problemática das relações Estado-sociedade se configura como eixo de análises a partir da influência interdisciplinar. Destaca-se como fundamental a análise de Francisco Weffort sobre o "Estado de compromisso". Ao se pensar a Primeira República como a hegemonia da burguesia cafeeira e seu fim em 1930, como se explicaria o exercício do poder, a dominação no governo Vargas pós-1930? A categoria "Estado de compromisso" resolveria o problema: "nenhum dos grupos participantes pode oferecer ao Estado as bases de sua legitimidade".[45] Desta forma, segundo Weffort, Getúlio Vargas "estabelece o poder do Estado como instituição, e este começa a ser uma categoria decisiva na sociedade brasileira".[46] Se nessa análise a hegemonia estava vinculada ao poder econômico, só um compromisso entre os grupos resolveria essa questão.

Outro marcante trabalho foi *Os donos do poder*, de Raymundo Faoro, reeditado em 1975. Inspirado em teorizações weberianas, é apontado como um dos responsáveis pelo papel atribuído ao Estado na vida do país: o Estado seria dirigido por um estamento patrimonial desde a colônia, burocratizando-se fortemente; isso explicaria ênfase no papel do Estado, o que constituiria a marca fundamental das relações na sociedade brasileira.[47] No campo da discussão da revolução burguesa, outra análise significativa foi a de Luiz Werneck Vianna; para ele, um Estado bonapartista conduziria as relações sociais, cumprindo o papel de guardião dos interesses da burguesia, incapaz de se impor hegemonicamente; isso constituiria uma revolução pelo alto, mas sempre uma revolução, isto é, uma ruptura.

Naquele momento, não só os brasileiros estão interessados na situação do país, e surge uma grande produção de brasilianistas; dentre eles, Thomas Skidmore se fez presente nos cursos de história, depois dos meados dos anos 60, com uma síntese factual que surgiu como imprescindível, publicada em português no final dessa década (*O Brasil de Getúlio a Castelo*).[48] Ao analisar a "era Vargas (1930-1945)", a revolução de 1930 foi para ele uma "revolução de elite", uma revolução no plano político, ou seja, reformas no sistema político e nas estruturas administrativas, sem mudanças na estrutura social. De 1930 a 1937 vê uma "agitada improvisação" e o surgimento de um Estado paternalista forte, sem depender de apoio popular e sem base ideológica; endossa a visão do "Estado de compromisso". A ação de Vargas é bastante destacada, surgindo como atores históricos elites políticas e a classe média; o poder, de 1938 em diante, repousa nas forças armadas, sem base ideológica e sem apoio das massas.

Edgar Carone e Hélio Silva podem ser vistos como os inventores da República nos anos 60; impuseram-se pela quantidade de pesquisas que trazem à luz. Hélio Silva foi o criador (ou divulgador) da periodização *O ciclo de Vargas*; seu relato é criticado pela superficialidade e "falta de interpretação"; baseia-se sobretudo em entrevistas, documentos de época e apresenta cronologias factuais." Carone é o pesquisador que tem o maior número de títulos publicados sobre o período republicano; em 1965, seu *Revoluções do Brasil contemporâneo*, ao descrever os fatos políticos numa periodização que vai de 1922 a 1938, interpreta-os numa perspectiva processual revolucionária primeiramente "ascendente", depois "triunfante" e finalmente "descendente".

Em 1968, especificamente – e não por acaso – surge uma coletânea de artigos, *Brasil em Perspectiva*[50], na qual a cientista política M. do Carmo C. de Souza começa a pôr em dúvida uma "noção geralmente aceita": a de que o movimento de 1930 teria sido um embate entre latifúndio (e estruturas agrárias) e indústria (e estruturas urbanas nascentes), "à semelhança da revolução burguesa no desenvolvimento capitalista europeu". Um capítulo de Boris Fausto sobre "A revolução de 1930" discute as interpretações dessa revolução pensando-as "dentro de uma dinâmica própria" do movimento e de suas contradições. Desqualifica a versão do PCB da revolução de 30 como luta entre capitalismo americano *versus* capitalismo inglês e não vê na Primeira República uma oposição entre esses setores, nem as classes médias como marginalizadas. A revolução de 1930 teria resultado basicamente de uma aliança temporária entre as facções burguesas não vinculadas ao café, as classes médias e o tenentismo. O período entre 1930 e 1934 explicar-se-ia sobretudo pela luta entre as oligarquias e o tenentismo.

Boris Fausto endossa a explicação de Francisco Weffort sobre um "Estado de compromisso" criado depois de 1930 e que perduraria por toda a década, no qual o Estado não representaria qualquer setor da sociedade, e o governo assumiria o papel de árbitro das lutas políticas. Para ele, 1930 foi uma acomodação; como, entretanto, não se volta ao passado, novos tempos se iniciam com a repressão e a manipulação da classe operária. A partir desse artigo, percebe-se que Boris Fausto, tendo sido o responsável por uma primeira revisão publicada em 1970 (*A Revolução de 1930: História e historiografia*, subtítulo inovador) torna-se uma referência obrigatória. Ao analisar o legado do marxismo em duas vertentes, aponta as linhagens da matriz da ideia de ruptura marxista vinda dos anos 30, seja na visão dualista de um antagonismo em suas variantes, seja na revolução das classes médias representadas pelas forças armadas e o tenentismo.[51] Essa versão ganhara força nos anos 50 porque ia de encontro ao pensamento da esquerda e às formulações de um projeto de capitalismo nacional. Ao refutar as duas vertentes explicativas anteriores, Fausto nega a existência de classes nacionais cujos conflitos polares nos anos 20 poderiam explicar a revolução de 1930.

Pelo conjunto de sua obra, pode-se dizer que a "revolução de 1930" é analisada como uma ruptura, um conflito intraelites e com configuração marcadamente regional (talvez influenciado pela análise de Barbosa Lima e por interpretações trotskistas de época).[52] Representa o fim da hegemonia da burguesia cafeeira e o início de grandes mudanças na ação do Estado: centralizado, intervencionista, básico para a industrialização, além de mudar as relações entre poder estatal e operariado. Ao aceitar o "Estado de compromisso" que explicaria não somente o movimento, mas o conjunto do sistema político posterior, vê um vazio de poder pela crise de hegemonia, a partir das análises de Antonio Gramsci e Nicos Poulantzas, que criticam o economicismo marxista. Esse "Estado de compromisso" explicaria não somente o movimento, mas o conjunto do sistema político posterior. Boris Fausto parece aceitar uma temporalidade processual una, com um sentido determinado, ao encerrar sua revisão dizendo que então o Brasil "entra na maioridade", marcado certamente pelo desenvolvimentismo que considera o Estado como o maior agente histórico, em função da não constituição definida de classes.

Após sua revisão, a noção de dualismo explicativo desapareceu na maioria das interpretações marxistas, embora desde os anos 40 já tivesse sido rejeitada por Caio Prado; provavelmente o grande impacto do livro deste último, publicado em 1966 (*A revolução brasileira*) ajudou a enterrar o dualismo na academia. Entretanto, com a interpretação de Boris Fausto não desaparece nas ciências sociais a problemática da revolução burguesa. A ideia de uma nova forma de Estado vai se tornar quase que consenso: 30 seria uma ruptura com um Estado oligárquico. De forma genérica, podemos dizer que o corte em 1930 assim aparece nas análises das ciências sociais: antes de 1930 o Estado era liberal, oligárquico, federativo, baseado na economia de exportação; depois de 1930 (por vezes depois de 1937), esse é autoritário, centralizado, e voltado para o mercado interno. A maioria das interpretações de ruptura em 1937 vai nessa direção do fim do Estado liberal.

Assim, marxismo e ciências sociais imbricados é uma vertente modular que chega à historiografia dos anos 70, vinda através das ciências sociais.[53] A influência do marxismo era muito ampla, mas mesmo dentro de uma história vista como propriamente marxista há um largo espectro de trabalhos. Entre esses, Nelson Werneck Sodré é aquele que apresenta uma interpretação histórica mais reducionista. Ele escrevia desde 1939, mas sua *Formação histórica do Brasil*, – "resultado de um curso" que ministrava no Iseb a partir de 1956 – me parece exemplar.[54] Nessa obra ele vê a história do país como uma sucessão dos modos de produção que desembocariam no capitalismo. Para ele, a história é o desenvolvimento progressivo das forças produtivas, os eventos políticos são reajustamentos ao desenvolvimento material, são passos à frente num processo progressista. Vê um dualismo nas contradições básicas que afirma existirem entre um Brasil pré-capitalista, feudal, de setores agrários associados ao imperialismo: esse é "o velho"; o "novo" seria o Brasil da burguesia e do mercado interno capitalista. Os dois teriam se chocado na revolução de 1930, que é vista assim dentro desse processo mais amplo. Afirma a existência de uma burguesia revolucionária (na linha de uma influência do PCB determinada por uma estratégia global do movimento comunista e pela política de alianças de classes dos anos cinquenta). A crise dos anos 20 seria a pressão burguesa por seus interesses de um mercado interno e em 1937 ter-se-ia dado finalmente o "atrasado" início do capitalismo no Brasil. Ilustra perfeitamente, assim, no campo da história, o uso dos modelo da ciências sociais: parte-se de um ponto determinado, com um referencial que determina sua partida, seu percurso, sua chegada; a pesquisa vem confirmar seu referencial, ou vem estabelecer o que varia em função do modelo, seja de Estado, de desenvolvimento, de revolução. O referencial é que é sempre o parâmetro explicativo, dificultando o desvendamento de formas históricas particulares.

Em 1957, Leôncio Basbaum publica a *História sincera da República*, na qual faz uma exposição cronológica definida a partir de sua vivência de militante comunista. As "causas do movimento de 30" se encontrariam nas condições internacionais, na crise de sistema em 1929: "já não causa espanto ou ceticismo afirmar que a intervenção americana foi fator decisivo da Revolução de 30". Não vê "significado técnico ou político" no termo revolução, pois o que houve foi a "substituição de um setor das classes dominantes por outro, sem que nada mais se alterasse no país". Porém, no volume que cobre de 1930 a 1960, a primeira parte sobre 1930-1937 é intitulada de "O Brasil Novo".

No início dos anos 70, surge a *Pequena história da República*, de João Cruz Costa, que é, segundo o autor, resultante de notas para seminários e artigos, "rápido ensaio", um "depoimento" escrito num "impressionismo". No momento havia muita gente no Brasil e fora que, fazendo estudos e teses, procuravam-no para discutir os anos 20/30 e as "causas imediatas de nossa Revolução de Outubro de 1930". Assim, quis lançar à discussão "a marcha das ideias e dos acontecimentos que conduzem a essa importante encruzilhada da História brasileira que é a Revolução de 1930". Acentua bastante a ideia de ruptura, embasado em bibliografia em que se notam tanto análises de época quanto os trabalhos de Nélson Werneck Sodré e José Maria Bello. Em sua interpretação se destacam classes, frações de classe mas também elites e indivíduos.

Em meados dos anos 70, os historiadores começaram a fazer a crítica aos modelos, pensando a pesquisa em seus pontos de saída e de chegada, a partir do que destacava-se a "indeterminação".[55] Além disso, procurava-se subordinar a pesquisa dos objetos da nossa história a uma determinação interna e não em função do fator externo que preponderava, devido à predominância nas análises de uma ideia fundamental de dependência como fator explicativo e ao uso de modelos externos. A negação das classes e a visão do Estado foram objeto de críticas acerbas, em especial de Marilena Chaui.[56] Mas, com a lentidão intrínseca à produção do conhecimento histórico, essas reflexões teórico-metodológicas demoram a se impor na academia e, em decorrência, no mundo editorial.

Em 1980, alguns encontros, debates na mídia e publicações marcaram o cinquentenário da revolução de 1930.[57] Um seminário internacional da Universidade de Brasília em conjunto com a Fundação Getúlio Vargas do Rio de Janeiro pretendeu "avaliar a importância, o significado e as implicações do movimento revolucionário de 1930 no processo de modernização da sociedade brasileira, bem como identificar suas repercussões nos diversos segmentos sociais e na estrutura de poder".[58] Alguns autores tratam da problemática de 1930 como ruptura ou continuidade de forma explícita. Por exemplo, Aspásia Camargo, ao rever interpretações nessas duas linhas, acaba por concluir que, entre 1932 e 1937, houve "uma renovação geracional das elites políticas".[58] Gerson Moura, lembrando uma discussão centralizada na "natureza conservadora ou transformista dos novos equilíbrios de poder" que se estabeleceram depois de 1930, vê uma clara continuidade na política externa brasileira sem qualquer ruptura significativa. Ao reavaliar interpretações, Luciano Martins conclui que não houve ruptura em 1930: "o que se contesta, em síntese, é a oligarquia enquanto elite dirigente e não enquanto classe dominante". Para ele há um "processo iniciado na década de 1920 e que vai culminar na implantação do Estado Novo", com inclusão seletiva de novos grupos sociais à vida política, e de novos atores ao poder". Interpreta que somente em 1937 se fecharia um "processo" (termo empregado constantemente por ele), que resolve questões colocadas desde a década de 1920.

Em 1973, fora criado no Rio de Janeiro (a partir de um arquivo de Getúlio Vargas, hoje com mais de uma centena), o Centro de Pesquisa e Documentação Histórica – CPDOC.[59] Esse implementou pesquisas e publicações, o que permitiu, segundo afirma Aspásia Camargo, coordenadora dessas pesquisas, "retraçar com surpreendente clareza as etapas sucessivas do movimento revolucionário [...] as grandes linhas de um processo que os registros disponíveis pincelavam de forma tumultuada e incerta. Evidenciaram-se, nesta leitura, as graves omissões de nossa precária historiografia, que ora apresentava o bloco revolucionário coeso e monolítico [...], ora o reconstituía anarquicamente, como uma sucessão desordenada de conflitos pessoais fragmentados e erráticos [...]." Diz ela ainda:

> Ao optar por uma análise conjuntural do período que se inicia com a Revolução de 1930 e se estende até o golpe de 1937, ficou patente que o fio condutor do processo de consolidação da nova classe política – elemento ordenador da lógica e da sucessão dos diferentes períodos – era o eixo dos conflitos que contrapunham as tendências regionais (em grande parte respon-

> sáveis pela eclosão revolucionária) ao projeto de centralização política assumida pela forças hegemônicas que definiram a natureza do regime.[60]

Ângela de C. Gomes, outra coordenadora do centro, retoma análises de Francisco Weffort de que há "a imagem da história do Brasil como a de uma série de 'fases descontínuas' em que acontecimentos revolucionários assinalariam um novo tempo [...] [que] não só teriam o efeito de amenizar as linhas de continuidade de nossa história, como principalmente possibilitariam o obscurecimento de permanência da dominação, que o êxito das elites políticas só viria confirmar e reforçar". Propõe que seja repensado "um tipo de periodização que toma como bloco coeso o período que vai de 1930 a 1945" segundo a qual a "Revolução de 1930 assinalaria um novo ponto de partida" e o "Estado Novo é visto como a conclusão lógica do movimento de 1930". Assevera que "esta concepção, [ao] esquece[r] literalmente as marchas e contramarchas do período que vai de 1930 a 1937". Para "romper com esta abordagem dominante na análise da história política do país" é preciso "não só a presença das forças populares, mas também levar em conta "a presença dos próprios conflitos no interior das elites".[61] Insiste: em "uma situação de indeterminação política", esse período "é rico em exemplos de continuidade e descontinuidade políticas", sua "marca essencial é a instabilidade", há uma "efervescência que dominava amplos setores da sociedade civil", "um verdadeiro leque de propostas políticas que toma conta do campo político e intelectual da época".[62] Em outra obra, retoma a relação entre a revolução de 1930 e o Estado Novo através da fala de Azevedo Amaral, em que "A Revolução de 1930 assumia assim o caráter de um movimento de libertação da trágica experiência liberal da Primeira República". Segundo ela, "os 'revolucionários' de 1937 interpretavam o período que vai de 1930 até o golpe de novembro como um interregno do projeto de fundação do novo estado".[63]

Em contacto direto com as fontes da época, portanto, apesar de uma permanência de explicações mais tradicionais, evidenciava-se a intenção oficial de ligar 1930-1937 e a pluralidade política do momento. Essa noção de pluralidade implica mais do que uma simples menção à oposição existente no período entre esquerda-comunismo e direita-fascismo/integralismo, à qual a maioria dos trabalhos necessariamente se referia. Em torno da discussão de uma "revolução de 1930" (com as mais diversas grafias) vista como ruptura ou continuidade – que, em artigo em 1983, Boris Fausto classificou como "clássica" – houve a discussão sucessiva de outros temas que dessa derivam, como o nacionalismo (anos 50), a industrialização, (sobretudo em pauta após 1964), as classes médias e finalmente, na segunda metade dos anos 70, a classe operária.[64]

Concluindo: Da Régua Ao Caleidoscópio Ou Da Ideologia À Representação

Aos poucos, foi se esgarçando a concentração das análises em torno desse eixo de periodização e interpretação, acabando por perder qualquer importância na produção histórica que se pretende renovadora. À crítica aos modelos se agregou a já antiga crítica aos finalismos, ao historiador visto como um profeta do passado, pois ele, colocado no que por vezes é visto como ponto de chegada, procuraria construir corretamente o percurso de um "processo" percorrido, visto como o único possível.

A crítica da problemática da natureza da revolução de 1930 e de um percurso revolucionário posterior foi desenvolvida, ainda nos anos 70, por Edgard De Deca e Carlos Alberto Vesentini; um artigo dos dois surgiu em 1977, com caráter de denúncia da memória desse tema e se tornou mais uma referência obrigatória. Quatro anos depois, Edgar De Decca em *O silêncio dos vencidos* afirma:

> A Revolução é apresentada como unitária e monolítica e eis a lógica do exercício da dominação: divide a história, memorizando-a e a historiografia, através de enfoques diversos, assume de ponta a ponta as oposições constituídas no interior desse campo simbólico.[65]

Vesentini, em mais um artigo, mostra as falas do poder enquanto constituindo sua própria cronologia e sua legitimidade.[66]

A perspectiva de uma retomada de uma "memória oficial dos vencedores" mostrou quão "ideologicamente" essa problemática tinha se constituído, quão de forma oficial ou oficiosa a história da revolução de 1930 tinha sido contada.[67] A concepção da história não como um processo único e por vezes inexorável, mas como um campo de possibilidades, começava a despontar para alguns historiadores. Os trabalhos lembrados apresentavam a memória e a historiografia como produzidas dentro de um campo de lutas sociais; e o próprio conhecimento por esses produzido também o foi dentro das lutas sociais de um novo tempo. Alguns historiadores se alinharam não somente como cidadãos aos operários do ABC paulista. Um analista, mais tarde, assinalou a construção de um objeto – "movimentos sociais" – como manifestação desse compromisso, no que chama de "neomilitância".[68] E mesmo a primeira revisão mais impactante dessa memória oficial de 1930 (que foi *O silêncio dos vencidos*) conserva a ideia de ruptura a partir de outro processo e propostas de revolução.[69]

Vesentini, pouco depois, aprofunda a "memória histórica" de 1930 de uma forma mais ampla, como algo de social, de coletivo e marcada pela perspectiva oficial já anteriormente estudada. Discute uma "criação do fato" em relação à "pluralidade dos possíveis" e à "instituição de sua memória", a partir de uma diversidade de fontes de diferentes momentos.[70]

Minha pesquisa sobre *Tenentismo e revolução brasileira* foi publicada no início dos anos 90. A partir da ruptura jurídico-política inquestionável de outubro de 1930, ao estudar os documentos da época para recuperar a concepção de revolução, a pluralidade de conceitos, imagens e interpretações se patenteou. A visão de história por trás dessa pesquisa não era mais a de uma história-processo, mas sim a de história como um campo de possibilidades. A pluralidade, por conseguinte, se colocava tanto do ponto de vista do objeto, quanto do ponto de vista da concepção de história.

Essa pluralidade aparece em alguns trabalhos recentes. Kazumi Munakata, em artigo, pinça algumas das ideias presentes no debate político dos anos 30: autoritarismo, educação, nacionalismo, racionalização, todos temas que remetem a um Estado autoritário em construção.[71] Ilka S. Cohen, em tese de doutoramento, emprega as balizas tradicionais de 1930-1937, procurando repensá-las a partir da ideia de pluralidade e não de processo.[72] Mostra como a revolução de 1930 permanece como referência de ruptura durante esses anos e é a partir dessa ideia de ruptura que se delineavam as inúmeras alternativas.[73]

A retomada da "memória dos vencidos" (que por vezes adquiriu um irritante caráter de modismo, como sói acontecer entre historiadores, e não somente os brasileiros), não foi a única preocupação teórico-metodológica que impulsionou o final da discussão em torno da revolução de 1930 como ruptura ou continuidade. O reexame de uma história marxista *grosso modo* militante, a visão da história como um forma de discurso sobre o passado e a retomada do conceitual político de época, entre outras muitas formas de se repensar a história política (com tudo que surgiu de influência interdisciplinar a partir da psicanálise, da filosofia política, da antropologia) levou os historiadores para outros interesses e outras preocupações de pesquisa sobre o que passamos a chamar de "anos 30".[74] Fazendo um paralelo entre essa história-processo e a denominada "história em migalhas" (com uma pluralidade de temporalidades, abordagens e objetos) lembro-me de imagens que representariam um certo percurso historiográfico: da régua ao caleidoscópio.[75]

Ao se aproximarem os anos 90, estava jogada uma pá de cal no problema da revolução; se se discutira bastante nessa década sobre as alternativas políticas de reforma ou revolução, passou-se depois a discutir a "questão democrática", reaberta na segunda metade dos anos 80, no debate político-intelectual brasileiro. Em artigo na segunda metade dos anos 80, Edgar De Decca chamava a atenção para as "representações da revolução elaboradas sobretudo a partir das experiências políticas dos anos 60". E concluía afirmando que "no debate político e no campo historiográfico a questão da revolução se esvanece", lembrando as vertentes inglesa e francesa que marcaram esse percurso de denúncia.[76] Assim, sublinho mais uma vez uma passagem: de referências às interpretações da revolução a partir do conceito de ideologia, para um enfoque mais amplo, em torno do conceito de representação.[77]

Para Mara

ESTADO NOVO: NOVAS HISTÓRIAS

Maria Helena Rolim Capelato (USP)

O populismo, fenômeno amplamente analisado por sociólogos, cientistas políticos e economistas, mereceu, nos últimos anos, a atenção dos historiadores brasileiros. Especial interesse foi demonstrado pelo estudo do varguismo, sobretudo o denominado "primeiro período" – anos 30 e Estado Novo. O objetivo deste texto é refletir sobre as razões que levaram os historiadores a se debruçar sobre essa fase da história do Brasil, explorando temas relacionados ao Estado Novo e os resultados mais significativos das pesquisas realizadas sobre o assunto a partir de 1980. Tais estudos têm inclusive possibilitado uma revisão de tipo conceitual sobre a experiência estado-novista.

As análises sobre a época se valem de conceitos diversos para definir a natureza do regime: populista, bonapartista, autoritário, fascista, totalitário. No movimento de revisão analítica, alguns autores brasileiros, valeram-se do conceito de totalitarismo para tentar reinterpretar o Estado Novo. Pretendo examinar de que forma essa noção foi utilizada pelos historiadores e indagar sobre a sua adequação para caracterização do regime.

As investigações mais recentes sobre o varguismo buscam esclarecer aspectos dessa história não contemplados nas análises anteriores. O modelos e tipologias construídos para explicar o fenômeno populista na América Latina em geral, ou no Brasil em particular, não levaram devidamente em conta as particularidades nacionais nem as especificidades conjunturais; visto em conjunto, o populismo é enfocado de forma genérica, o que impossibilita a recuperação do evento na sua plena historicidade. Mesmo no tratamento dos casos isolados, os especialistas realizaram grandes sínteses, abarcando períodos extensos da história dos países.

O estudos sobre o populismo brasileiro elaborados até a década de 1970 tendiam a enfocar o processo histórico mais geral, tomando como balizas as décadas de 1930 a 1960: a "Revolução de 1930" é indicada como marco inicial e a "Revolução de 1964" como marco final. Nessa perspectiva, vários trabalhos se referem ao populismo como um todo indiferenciado, em levar em conta as diversas conjunturas que permitem explicar, de forma mais aprofundada, a "Revolução de 1930", o Governo Provisório de 1930 a 1937, o advento do Estado Novo, a redemocratização de 1945, o segundo período Vargas, a política desenvolvimentista de JK, os conflitos políticos do início dos anos 60 e o desfecho na "Revolução de 1964". O método explicativo mais amplo não permite a colocação de questões específicas sobre cada momento desse processo, interpretado como um modelo econômico e político particular que tipifica uma etapa do capitalismo brasileiro.

A nova historiografia propõe um caminho inverso: privilegia as particularidades nacionais e os recortes mais específicos. Em lugar das grandes síntese e das generalizações teóricas – que, certamente, trouxeram contribuições muito importantes para a compreensão do período –, os pesquisadores na área buscam hoje a "reconstituição histórica concreta" dos vários populismos. Nesse contexto, o varguismo ganhou destaque na produção historiográfica brasileira, mas a atenção se voltou, sobretudo, para a fase de 1930-1945; o Estado Novo aí se coloca como tema de especial interesse, principalmente para os que se dedicaram ao estudo dos aspectos políticos e culturais dessa experiência. Em contrapartida, o segundo governo Vargas foi relegado a um plano secundário, registrando-se poucos trabalhos na área de História referentes a esse momento. Cabe indagar sobre o significado dessa escolha.[1]

A resposta a essa questão implica levar em conta o contexto interno e externo que motivaram a proliferação de estudos no campo da história política. Muitos autores estrangeiros e brasileiros têm feito referências à renovação na área.[2] Eles consideram que a história política se impôs, nas últimas décadas, como uma reação, não só à ênfase no estrutural enquanto definidor do processo histórico, mas também aos enfoques deterministas que não levavam devidamente em conta a liberdade de escolha e de ação do sujeitos na história.

O tema da revolução, que norteou as interpretações sobre a sociedade brasileira até os anos 70, estimulou pesquisas sobre as estruturas econômicas e sociais. Mas, à medida que os diferentes modelos de revolução foram demonstrando sua fragilidade, os esquemas teóricos predominantes entraram em crise. O questionamento dos paradigmas estruturalistas, de diferentes tendências, provocou desconfianças com relação às análises generalizadoras, que privilegiavam os atores coletivos e baseavam-se em explicações racionalistas/materialistas. Segundo Ângela Castro Gomes, foi nesse contexto que a história política ganhou espaço, trazendo consigo algumas orientações inovadoras.[3]

Concordo com a autora quando afirma ser impossível compreender os avanços dos estudos políticos no Brasil tanto sem uma "remissão aos debates interdisciplinares travados no nível internacional, quanto sem uma clara referência ao impacto dramático trazido pelo restabelecimento do autoritarismo e da aberta repressão política, particularmente desde fins da década de 1960". Não é portanto casual que nos anos 70 tenha surgido uma literatura voltada para a compreensão do fenômeno do autoritarismo e das causas do golpe de 1964. Nesse contexto, houve um significativo retorno ao pré-1964, orientado pela busca das raízes mais profundas do autoritarismo brasileiro (Gomes, 1996: 63-5). Essa realidade levou os estudiosos da sociedade brasileira a se indagar sobre a constituição e natureza do autoritarismo no passado mais recente e no de longa duração, e a dar destaque ao Estado Novo (1937-1945).

O surgimento, nos anos 70, de movimentos sociais com características particulares e do "novo sindicalismo" explica a profusão de estudos históricos sobre o movimento operário realizados no final dessa década e início dos anos 80. Não apenas os sociólogos e os cientistas políticos se voltaram para esse campo de trabalho, mas também os historiadores, que passaram a se dedicar às pesquisas sobre a formação da classe trabalhadora e seu comportamento político, suas condições de vida, formas de organização e aspirações políticas. Os estudos mais recentes sobre partidos, sindicatos e movimento operário apresentam um elemento comum: a recusa das teses predominantes até os anos 60/70, que insistiam na fragilidade, no desvio e na inviabilidade de organização dos trabalhadores. As análises referentes aos anos 30 buscaram recuperar traços de resistência de trabalhadores à nova política trabalhista, ou as razões da sua aceitação. A tese de Ângela Castro Gomes sobre *A invenção do trabalhismo* explica a adesão dos trabalhadores a essa política varguista a partir da existência de uma "dupla lógica" no processo histórico, que conferiu poderes ampliados ao Estado e possibilidades de intervir na sociedade: se essa adesão, por um lado, pode ser explicada pela lógica material – os interesses nos benefícios trazidos pelo direito trabalhista –, por outro pode ser entendida segundo uma lógica simbólica de formação e mobilização de identidade. Esta última relia as demandas e valores dos trabalhadores, transformando seu atendimento num ato de generosidade que reclamava, implicitamente, reciprocidade (Gomes, 1988: 327).

Maria Célia Paoli, referindo-se especificamente ao Estado Novo, comentou que a história das classes populares durante esse período não pode ser reduzida a uma história institucional, pois não se enquadra num modelo paradigmático previamente construído. Os trabalhadores tinham suas próprias experiências, suas práticas políticas e culturais cotidianas, que não se enquadravam em modelos teóricos bem definidos. O Estado Novo "produziu ideologicamente sua própria significação ao emitir um discurso que procura apagar o espaço social, despolitizá-lo, ao tentar representar este espaço em suas leis e fazer desta representação o significado de seu tempo" (Paoli, apud Schemes, 1995: 8).

A Literatura Sobre O Populismo Posta Em Questão

Um dos elementos apontados pelos modelos e tipologias construídos em torno do populismo como tipificador do fenômeno, diz respeito aos movimentos sociais entendidos como reflexos de variáveis socioeconômicas. Nessa perspectiva, explica-se o comportamento político das classes a partir de determinantes estruturais (processo de industrialização, origem rural da classe trabalhadora). A adesão ao populismo é então entendida a partir da estrutura social, sem se levar em conta qualquer elemento de ordem política ou cultural. Tal enfoque, que descreve os processos históricos em seus resultados, sem se preocupar com o ato de sua produção, foi contestado pelos analistas que revisitaram o período (Piozzi, 1982).

Nos questionamentos das interpretações sobre o populismo, a teoria da modernização foi alvo de críticas. Elaborada pelo sociólogo argentino Gino Germani nos anos 50, essa teoria teve grande impacto na América Latina; autores como Leôncio Martins Rodrigues, José Albertino Rodrigues e outros basearam-se nela para analisar o período que se estende de 1930 a 1964. Na perspectiva da sociologia da modernização, o populismo era caracterizado como um momento de transição de uma sociedade tradicional para a moderna (implicando um deslocamento do campo para a cidade, do agrário para o industrial). No que se refere ao político, o populismo foi entendido como uma etapa do desenvolvimento de sociedades latino-americanas que não conseguiram consolidar uma organização e ideologia autônomas. A ideologia classista deveria substituir a ideologia populista quando o desenvolvimento do capitalismo tivesse se completado na região. No momento de transição, caracterizado pela mescla de valores tradicionais e modernos, a política de massas foi interpretada como etapa necessária de passagem para uma sociedade desenvolvida e democrática.[4]

O capitalismo constitui referencial de análise nesse tipo de interpretação, mas a distinção proposta entre países "atrasados" e "desenvolvidos" indica uma relação de exterioridade entre esses dois mundos. Dessa forma, o mundo capitalista se desintegra pela dissociação das partes em relação ao todo. A sociedade capitalista "moderna" é apresentada como modelo a ser seguido pelas sociedades "tradicionais", e a divisão entre as duas partes indica o lugar onde se localiza o modelo ou caminho a ser seguido pela história na sua evolução por etapas. Essa perspectiva progressista, etapista, foi posta em xeque pelos autores que se propuseram a rever as análises sobre o período.

Além da dissociação entre o moderno e o tradicional, as interpretações em causa acenavam para um futuro de desenvolvimento econômico e consolidação democrática nos países que viveram a experiência transitória do populismo. Os golpes militares dos anos 60 e 70 desencadeados na América Latina abalaram a credibilidade desse enfoque.[5]

As explicações de Octávio Ianni sobre o período embasam-se numa perspectiva marxista muito mais refinada do que a do Partido, mas também não rompe com a perspectiva de que o populismo representa uma etapa transitória para o socialismo. Procura mostrar que nessa fase a contradição entre as classes ficava em segundo plano, já que o conflito principal se dava entre dois modelos de desenvolvimento econômico: o modelo agroexportador e o modelo nacional desenvolvimentista. A consolidação deste modelo, que instauraria no país a sociedade capitalista, criava as condições necessárias à passagem para a sociedade socialista.

Trilhando outro caminho, que permite pensar essa experiência em termos de totalidade não dissociada, é possível conceber o mundo capitalista reproduzindo-se contraditoriamente no tempo e no espaço. Considerando o "moderno" e o "tradicional" como partes constitutivas de um mesmo todo onde se integram de forma contraditória, pode-se encarar o populismo como um momento específico da conjuntura histórica mundial (o período entreguerras), em que novas formas de controle social foram engendradas com vistas à preservação da ordem ameaçada por conflitos sociais. Num movimento simultâneo e internacional, as sociedades europeias e americanas buscaram soluções específicas, adequadas a suas realidades históricas.

Quando partimos do princípio de que as diferentes realidades não se mantêm isoladas, havendo entre elas um movimento constante de circulação de mercadorias, experiências e ideias, cabe indagar de que forma as vivências externas foram interpretadas e reproduzidas entre nós, como indicou Maria Sylvia Carvalho Franco em suas análises sobre a sociedade brasileira.

As pesquisas realizadas na década de 1980 recusaram as teses que apontavam para a fragilidade e inconsciência da classe trabalhadora e da classe burguesa, privilegiando o Estado como sujeito do processo histórico. Os estudos de Francisco Weffort sobre o populismo representaram uma contribuição importante para a revisão das análises. O autor interpreta o populismo a partir de dois níveis: o das determinações estruturais e o das conjunturas (campo da história). As determinações estruturais constituem um nível de abstração válido somente porque se inscrevem na história das relações sociais e das estruturas de uma formação social, mas são as determinações históricas que possibilitam a passagem das determinações estruturais para as análises concretas. Nesse sentido, propôs o estudo das situações históricas específicas para se chegar à compreensão do populismo na América Latina, apresentando como traço comum a emergência das classes populares no cenário político (Weffort, 1980).

A Política De Massas Nos Anos 30 E As Análises Sobre O Estado Novo

A revisão das interpretações sobre o populismo no Brasil começa pela periodização. Os historiadores de hoje recusam os marcos cronológicos consagrados nas análises anteriores – 1930-1964 –, argumentando que esse período abarca conjunturas muito diversas; mesmo quando o populismo é circunscrito à "Era Vargas", o investigador defronta-se com o problema de englobar numa mesma conceituação experiências tão distintas como a de 1930-1937, 1937-1945 e 1950-1954. Terá que se colocar, ainda, a pergunta: em qual desses momentos se configura com maior nitidez a política populista?

Para alguns autores, só se pode considerar como populista o "segundo governo Vargas", já que os primeiros anos da década de 1930 são marcados por indefinições políticas e ideológicas. Alegam que no caso do Estado Novo a definição de populismo fica comprometida pelo caráter autoritário e impositivo da nova organização política. Resta, portanto, o período final, que curiosamente tem despertado pouca atenção dos historiadores atuais, muito mais voltados para os anos 30 e para o Estado Novo.

Retomemos agora a indagação colocada no início – o porquê do interesse dos historiadores pelo Estado Novo. O processo de luta para a consolidação da democracia no Brasil deixou evidente que, além das dificuldades relacionadas aos problemas de natureza socioeconômica (dívida externa, inflação, concentração extrema de riquezas e consequente aprofundamento da desigualdade social e miséria), a persistência de traços autoritários na política brasileira representa obstáculo ao jogo democrático. Na tentativa de compreender a natureza desses elementos autoritários e suas raízes históricas, os pesquisadores se voltaram para os anos 30, demonstrando especial interesse pelo Estado Novo. Nesse período, ocorreu a consolidação de uma nova cultura política, a política de massas, que deixou marcas ainda visíveis entre nós.

A política de massas no Brasil, como em outras partes do mundo, configurou-se a partir das críticas ao sistema liberal, considerado incapaz de solucionar problemas sociais. O mundo do "entreguerras" vivenciou, de forma genérica, uma crise do Liberalismo. Os impactos da Primeira Guerra e da Revolução Russa provocaram, segundo inúmeros autores, uma crise de consciência generalizada, que por sua vez resultou em críticas à democracia representativa parlamentar individualista. O pensamento antiliberal e antidemocrático de diferentes matizes revelava grande preocupação com a problemática das massas. Os ideólogos nacionalistas de extrema direita continuavam, na trilha das teses de Gustave Le Bon, Sighelli e outros, manifestando desprezo e horror às massas "primitivas e irracionais". Mas, nessa época, outras vozes se levantaram, colocando novas soluções para o controle popular: para evitar a eclosão de revoluções, propuseram que o controle social fosse feito através da presença de um Estado forte comandado por um líder carismático, capaz de conduzir as massas no caminho da ordem.

A integração política das massas também preocupou as elites de países latino-americanos. O crescimento de movimentos sociais e políticos nos anos 20 fez com que o fantasma da Revolução Russa assombrasse ainda mais os mantenedores da ordem. A questão social colocou-se, desde então, no centro das críticas ao Liberalismo.

As economias latino-americanas foram muito afetadas com o "crack" da bolsa de Nova York, em 1929. A conjuntura de crise favoreceu as mudanças políticas e, em alguns países, como no caso do Brasil, as correntes antiliberais se fortaleceram e passaram a atuar com vistas à derrocada das instituições vigentes. A "Revolução de 1930" preparou o terreno para o advento de uma nova cultura política, que se definiu a partir de um redimensionamento do conceito de democracia, norteada por uma concepção particular de representação política e de cidadania; a revisão do papel do Estado se complementa com a proposta inovadora do papel do líder na integração das massas e a apresentação de uma nova forma de identidade nacional.

Contrariando as interpretações que apontam como principal característica do populismo a manipulação e controle das massas e sua passividade enquanto ator social, os pesquisadores procuram explicar, por novos ângulos de abordagem, a adesão da maioria das classes populares ao varguismo, inclusive ao Estado Novo, período marcado pela extrema repressão política e forte controle social.

O interesse mais específico sobre o Estado Novo, sua natureza política, aspectos ideológicos e culturais, data, como já foi dito, do início dos anos 80, quando o regime estado-novista passou a ser abordado, como um objeto particular de estudo.

A Historiografia Brasileira Revisitando o Estado Novo

Na década de 1970, foram realizados alguns trabalhos relacionados a ou sobre o Estado Novo – a maioria por especialistas de outras áreas. O artigo de René Gertz, "Estado Novo: um inventário historiográfico", corrobora esta afirmativa. O autor comenta que os estudos sobre o regime são poucos, especialmente quando comparados à vastíssima literatura relacionada ao nazismo e ao fascismo. O importante a salientar é que, no elenco de trabalhos por ele mencionados, a grande maioria produzida até os anos 70, é de autoria de sociólogos e cientistas políticos.

A bibliografia mais específica sobre o Estado Novo está agrupada em três linhas: estudos que procuram mostrar a política trabalhista como uma conquista da classe trabalhadora, e não como uma doação (como, por exemplo, o de Evaristo de Moraes); estudos que defendem a tese da hegemonia e da autonomia do Estado na condução do processo histórico (como, por exemplo, os de Leôncio Martins Rodrigues), e estudos que relacionam o processo de forma direta aos interesses do capital industrial (como, por exemplo, o de Luiz Werneck Vianna). René Gertz comenta que, apesar da importância dos temas e das polêmicas instigantes, a maioria desses textos carece de embasamento empírico e se fundamenta em fontes secundárias; as posições são defendidas através da reinterpretação de dados antigos, poucas fontes novas sendo exploradas. Foi nesse aspecto que a contribuição dos historiadores a partir da década de 1980 veio preencher lacunas importantes (Gertz, 1990).[6]

René Gertz procurou explicar a pouca representatividade dos estudos sobre o período, apontando três ordens de problemas: 1) a ambivalência relacionada ao fato de que "o Estado Novo foi uma ditadura, teve traços fascistas, mas muitos autores não conseguem negar avanços na economia, na construção do Estado, na questão social"; 2) os artífices do Estado Novo afirmavam que o regime era autoritário, mas não fascista ou totalitário; analistas modernos concordam com isso, mas temem expressar tal tese, que poderia identificá-los como mancomunados com o poder; em consequência, procuraram temas menos comprometedores; e 3) a predominância das análises estruturais, de longa duração, que privilegiaram a "história social", deixando de lado a "história política", que focaliza os períodos curtos. Comenta que mesmo o "Primeiro Governo Vargas" como um todo (15 anos) foi merecedor de maior atenção do que o Estado Novo (curto período de oito anos).

Concordo com o autor quando afirma que os historiadores se interessaram pouco pelo Estado Novo, campo mais explorado pelos especialistas de outras disciplinas.[7] Mas as duas primeiras razões que apresenta para explicar o problema parecem pouco relevantes, porque não permitem explicar por que os estudiosos das outras áreas refletiram, com mais intensidade, sobre o tema. Considero o último aspecto abordado por René Gertz o mais importante. Cabe ressaltar que, até os anos 70, havia uma tácita divisão de trabalho entre os historiadores e outros cientistas sociais. A historiografia colocava para si como limite temporal a década de 1930, e raramente os historiadores avançavam para além desse marco. Prevalecia a concepção de que o distanciamento no tempo era imprescindível à boa reconstituição historiográfica.

Com as revisões interpretativas da história nas últimas décadas, e sobretudo com a renovação da vertente política, o "tempo presente" ganhou prestígio. Na França, o grupo de "Histoire du Temps Présent", ligado ao CNRS, passou a ter grande repercussão a partir dos bons resultados de pesquisa sobre décadas mais recentes. Para seus representantes, o desenvolvimento dessa prática está relacionado ao "retorno à história política", que repousa sobre uma definição repensada do "acontecimento". A novidade não tem a ver com a oposição entre o dois tempo, mas com a análise das interações entre o tempo curto e o tempo longo. Insurgindo-se contra a ideia de que o historiador do político se liga ao efêmero do instante, e diferenciando-se dos analistas da história social ou das mentalidades, citam René Remond, que afirma: "Essa oposição [tempo longo *versus* tempo curto] despreza a pluralidade de ritmos que caracteriza a história política. Esta se desenvolve simultaneamente sobre registros desiguais: ela articula o contínuo e o descontínuo, combina o instantâneo e o extremamente lento" (Peschanski, Pollak, Rousso, 1991: 27-8).

Levando em conta as grandes transformações que ocorreram no mundo nos último anos, e também o enorme desenvolvimento das tecnologias da comunicação, que metamorfosearam os modos de percepção do real (passado, presente, futuro), os referidos historiadores consideram que o acontecimento mudou de dimensão: é agora imediato, posto em cena e compartilhado por indivíduos, grupos e nações. Nesse aspecto, insistem que o historiador não pode, como antes, mostrar desinteresse pelo acontecimento do tempo presente, devendo, ao contrário, conferir-lhe um lugar especial (idem: 14).

Os historiadores brasileiros motivados pela discussão que atribuiu enorme importância ao conhecimento histórico do tempo presente, passaram a encarar, com maior segurança, a possibilidade de contribuir, partindo de novas abordagens, para a melhor compreensão dos períodos mais recentes. Nesse contexto, inserem-se os últimos estudos sobre o Estado Novo.[8]

As revisões historiográficas ocorridas no Brasil na década de 1980 estão, ao mesmo tempo, relacionadas com as mudanças que ocorreram na historiografia no plano internacional e com as transformações da conjuntura política do país, como já foi dito anteriormente. Procurando compreender o significado da experiência autoritária mais recente, os olhares se voltaram para o período do Estado Novo na tentativa de esclarecer melhor a problemática relação entre autoritarismo e democracia. Essa questão, colocada numa perspectiva histórica, motivou os historiadores a penetrarem nesse tempo já antes percorrido por estudiosos de outras áreas. Trata-se, pois, de uma novidade que muito beneficiou a historiografia brasileira.

O Estado Novo Sob Novo Prisma

Os historiadores que revisitaram o período procuraram compreendê-lo a partir de novos ângulos. As questões postas pelo presente não poderiam ser respondidas a partir dos dados já pesquisados. Abriu-se, então, a possibilidade de reconstituir essa história a partir da pesquisa de material inédito.

O Estado Novo foi muito fértil na produção de textos: as memórias, as biografias, os escritos políticos, os discursos foram pouco explorados nos estudos anteriores. A figura de Getúlio inspirou uma produção muito vasta de obras de natureza biográfica: cerca de 30 títulos desse gênero foram publicados no período, mas eram textos laudatórios que colaboraram na construção do mito Vargas. Esse tema tem despertado muito interesse nos historiadores de hoje.[9] Além disso, as fotos, objetos, músicas, livros escolares, filmes, cartazes, panfletos, obras arquitetônicas e outros produtos culturais ou de comunicação compõem um elenco de fontes originais que permitem lançar novas luzes sobre a época.

A hipótese de que, nos anos 80, os historiadores se voltaram para os estudos sobre o Estado Novo tendo em vista as dificuldades de consolidação da democracia, confirma-se quando se leva em conta as novas questões postas para o estudo do período. Essas questões motivaram a escolha de novos objetos e a busca de fontes inéditas, importantes para a compreensão do fenômeno sob outros ângulos; novidades exigiram um tratamento teórico e metodológico adequado ao exame dos materiais de pesquisa. O diálogo com a historiografia internacional auxiliou na elaboração de instrumentos adequados para as análises. A história política relacionada à cultural foi privilegiada nesse retorno ao Estado Novo.[10]

Além das obras anteriormente referidas, cabe mencionar os trabalhos de organização bibliográfica e de acervos fotográficos sobre o período Vargas: Ana Lígia Medeiros e Mônica Hirst, *Bibliografia Histórica, 1930-1945* (1982); Margarete Tavares, *Bibliografia sobre Getúlio Vargas* (1983); Ana Maria de Lima Brandão, *O acervo fotográfico do CPDoc/FGV* (1980); e Cássia Maria Mello da Silva, *Acervo fotográfico CPDoc* (1986).

O livro *Estado Novo: ideologia e poder* publicado em 1982, é composto por um conjunto de artigos de pesquisadoras do CPDoc. A obra contribuiu para mostrar a importância do tema e incentivou a realização de outros trabalhos. Os historiadores que deram continuidade aos estudos sobre o Estado Novo tomam esses textos como marco no redimensionamento da historiografia sobre o assunto.[11]

Na apresentação do trabalho, Lucia Lippi Oliveira faz um comentário significativo: "O período conhecido por Estado Novo, que vai de 10 de novembro de 1937 (promulgação da nova Constituição) a 29 de outubro de 1945 (deposição de Vargas), permanece envolto em uma nuvem de relativo esquecimento. O espírito da redemocratização que marcou o pós-1945, aparentemente jogou uma pá de cal no período anterior, na suposição de ter sido uma época de exceção, que deve ser esquecida o mais rápido possível. Nada melhor que o silêncio para garantir o esquecimento" (Oliveira, 1982: 7).

Os artigos da coletânea indicam a especificidade do Estado Novo; nesse sentido, contestaram identificação simplista com o fascismo europeu, posição adotada por muitos contemporâneos que procuravam explicar esse regime como um momento de exceção, semelhante ao que ocorreu em outros países, mas definitivamente ultrapassado pela vitória definitiva da democracia liberal. Para melhor compreender a natureza do regime que se inspirou naquela realidade europeia, as autoras se colocaram como meta "desenhar o perfil doutrinário do Estado Novo". Essa proposta as remeteu não só ao estudo dos princípios doutrinários, mas também à exploração das relações entre a cultura, as formas de organização política e econômica e o modo de compreender a existência humana na sociedade brasileira. Segundo as autoras, os princípios estado-novistas não foram formulados em 1937, mas receberam aí uma roupagem oficial e foram utilizados como instrumentos de poder.

Os artigos exploram temas como a contribuição dos intelectuais na construção doutrinária do Estado Novo, a natureza do Estado nacional que se fundamenta na ideia de democracia social e justiça social, a relação entre cultura e poder político, e o significado das oposições liberdade/controle social, indivíduo/coletividade, autoritarismo/democracia, cidadania/trabalho. A grande receptividade do trabalho se explica pela conjuntura vivida nos anos 80 e pela novidade das questões apresentadas.

Ângela Castro Gomes se indaga: "Por que no Brasil a vivência política transcorre, contraditoriamente, entre a 'desconfiança' nos políticos e o culto carismático da imagem pessoal? Como se definem a cidadania e a experiência democrática?".

Essas interrogações expressam as inquietações de alguns grupos intelectuais e políticos ante os problemas colocados pela transição política; a abertura negociada pelo alto e os desafios relacionados à consolidação da democracia provocaram muitas reflexões sobre como se realizaria a conquista de direitos sociais e da cidadania em novos moldes.

A tese *A invenção do trabalhismo*, já mencionada, inspirou outros trabalhos sobre o assunto: *Trabalhadores do Brasil. O imaginário popular*, de autoria de Jorge Ferreira, incorpora essa nova abordagem ao estudar a relação dos trabalhadores com o Estado no período 1930-1945. Na apresentação desse livro, Ângela Castro Gomes refere-se "às conexões entre o discurso varguista do pós-30 e às demandas da classe trabalhadora no pré-30, ressaltando a importância de se considerar que os 'verdadeiros' interesses dessa classe se definem em uma complexa interação com a ação do Estado e também do empresariado, longe dos 'desvios' ou da 'traição' de um curso preestabelecido como 'natural e previsível'".

Jorge Ferreira estuda os trabalhadores, não como "objetos" da política varguista, mas como sujeitos políticos, com relativa margem de autonomia para realizar escolhas. Para demonstrar a sua hipótese de trabalho, procurou reconstituir "ideias, crenças, práticas políticas e estratégias de vida de grupos sociais", no primeiro governo Vargas. Nesse caminho procura explicar como foi possível a construção de um pacto entre "povo e presidente", o que permite também entender como, Vargas – ditador do Estado Novo – transformou-se no maior mito da política brasileira (Ferreira, 1997).

A historiografia sobre o Estado Novo na década de 1980 recebeu outras contribuições igualmente importantes pelas questões levantadas e abordagens inovadoras. Maria Luiza Tucci Carneiro publicou, em 1988, o polêmico livro *O antissemitismo na era Vargas: fantasmas de uma geração*, no qual mostra que altos representantes do poder, como Oswaldo Aranha, estavam afinados com as teses raciais do nazismo e manifestavam preconceitos contra os judeus; essas e outras informações inéditas sobre o assunto provocaram acalorado debate sobre o conteúdo interpretativo da obra. A autora orientou várias pesquisas sobre o período, enfocando outros aspectos da política repressiva do Estado Novo: por exemplo, a Dissertação de mestrado de Stella Maria Floresani Jorge sobre *Felinto Muller: memória e mito* (1933-42), apresentada ao Departamento de História da USP em 1993, estuda os mecanismos de poder através dos quais o famoso chefe de polícia atuava na perseguição e punição dos que eram considerados "inimigos da Pátria".

O Departamento de Imprensa e Propaganda também foi objeto de estudo dos historiadores. Silvana Goulart, em *Ideologia, propaganda e censura no Estado Novo*, realizou análise minuciosa desse mecanismo de poder posto em prática a partir dos anos 30 e consolidado no Estado Novo para exercer o controle da comunicação social. A pesquisa sobre o DIP teve como objetivo investigar os processos de sua organização, as conjunturas e os atores que, entre 1930 e 1945, conduziram à monopolização dos meios de comunicação social no país: o Estado assumiu o monopólio da mídia e procurou eliminar a contrapropaganda dos opositores.

Esse órgão foi criado para atuar na difusão sistemática do projeto político-ideológico do Estado Novo, visando criar uma base social capaz de conferir legitimidade às propostas de unidade nacional, de harmonia social, de intervencionismo econômico e de centralização política.[12]

A organização autoritária dos meios de comunicação não desapareceu com o fim do Estado Novo; as estruturas e dispositivos elaborados naquela época permaneceram até os anos 80, deixando à Constituição de 1989 a tarefa de desmontagem desse arcabouço, que cerceou a liberdade de expressão no país por cerca de cinquenta anos.

Essas primeiras investigações que retomaram o tema do Estado Novo apresentam em comum a integração dos aspectos políticos e culturais, característica do novos estudos na área da história política. Neste campo, cabe mencionar a análise do historiador Arnaldo Daraya Contier, que explorou o tema *Música, nação e modernidade: os anos 20 e 30*, em sua Tese de livre-docência. O autor discute as conexões entre música e poder, apontando as fortes marcas ideológicas que permeiam toda a produção musical brasileira nos anos 20 e 30.

Tendo como eixo de reflexão a ideologia nacionalista, a tese mostra que, na primeira fase (anos 10 e 20), ela se configurou numa determinada visão estética da sociedade, propiciando o surgimento de novas experimentações no âmbito da composição musical propriamente dita. Numa segunda fase (pós-1930), transfigurou-se em arma de propaganda do regime político. As obras escrita por Heitor Villa-Lobos e Lorenzo Fernandez contribuíram para a mitificação e a sacralização de um conceito sobre a música brasileira que impôs um caminho a ser trilhado pelos compositores. Na verdade, procurava-se privilegiar o nacionalismo musical como a única alternativa possível para criar-se, no Brasil, um polo cultural independente dos centros artísticos tradicionais, comenta Arnaldo Contier.

O trabalho explora o significado do projeto de Villa-Lobos sobre o canto orfeônico, apoiado pelo regime que, nas manifestações cívico-artísticas, tentava veicular, através dos sons, a grandeza, a riqueza e a singularidade do Brasil. "Sob o impulso da ideologia nacional-populista, Villa-Lobos organizou grandes manifestações culturais nos estádios de futebol ou nas praças públicas, procurando incutir, nas massas, os ideais de trabalho, civismo e disciplina, e transformando, assim, a arte num forte canal de propaganda das realizações do governo Vargas", afirma o autor. Estabelecendo correlações entre o Estado Novo e o "totalitarismo", observa que em regimes desse tipo (hitlerismo, stalinismo) refutou-se o sentido autônomo da arte musical, tentando inseri-la nos quadros da vida política. A vinculação – arte + política – pode ser observada em alguns textos escritos por Villa-Lobos e Lorenzo Fernandes (Contier, 1988, p. IV e VI). Esta análise inovadora, que explora as conexões entre cultura e política é, também, representativa dos novos estudos realizados sobre o Estado Novo, a partir da década de 1980.[13]

No elenco de trabalhos sobre o período, o tema da educação ganhou destaque. Além das publicações de Helena Maria Bousquet Bomeny, referidas anteriormente, há que se mencionar a Dissertação de mestrado de Luiz Reznik, *Tecendo o amanhã (a história do Brasil no ensino secundário: programas e livros didáticos. 1931 a 1945)*, apresentada ao Departamento de História da UFF em 1992. Esses trabalhos, além de mostrarem o caráter político-ideológico da educação no período, permitem compreender a transformação do processo educacional e dos instrumentos pedagógicos em arma de propaganda do regime.

O "redescobrimento" do Estado Novo, além de motivar a realização de pesquisas sobre política e cultura, incentivou alguns historiadores a aceitarem o desafio de desvendar os significados dos imaginários políticos construídos no período. Alcir Lenharo foi pioneiro: reconstituiu, através de textos políticos e literários, a construção do imaginário político com vistas à reafirmação do controle social. Interpretou o significado de várias imagens difundidas no período. Estudou, por exemplo, o sentido da "marcha", utilizada como imagem na obra de Cassiano Ricardo para compor um itinerário mítico que vai das bandeiras paulistas ao Estado Novo, e a emergência do "corpo" como metáfora da nação, associando a imagem cristã do Corpo Místico de Cristo (sentido religioso) com o corporativismo (sentido político); tal associação o levou a concluir que, no Estado Novo, produziu-se uma "sacralização da política", visando dotar o Estado de uma legitimidade capaz de tornar mais eficientes os novos dispositivos de dominação engendrados pelo poder.[14]

O historiador esclarece, na apresentação do livro, que o interesse pelo tema foi motivado por questões colocadas pelo presente. Nesse sentido, afirma: "A decepção para o historiador tensamente ligado à relação passado-presente origina-se do receio de não se investir, de fato, na aventura democrática; sob a capa dos contornos formais restam o continuísmo e as alianças obstaculizadoras da gestão do novo". A decepção de Lenharo e de muitos outros relaciona-se ao fato de que as forças conservadoras conseguiram impedir a realização da primeira escolha de um presidente civil pelo voto popular: "O fazer da democracia por vias não democráticas" dava continuidade a um padrão político de exclusão e de tratamento discriminatório dos que não se enquadravam em padrões morais aceitáveis pela "boa sociedade" (Lenharo, 1986: 12).

A sacralização da política representa o legado de um historiador engajado, preocupado com os problemas sociais e políticos do seu tempo. Movido pelas angústias do presente, produziu um texto inovador não só pela abordagem do período por novos ângulos, mas, sobretudo, por ter mostrado que o significado político da reconstituição desse "imaginário" se evidencia na sua continuidade e capacidade de refazer-se. De fato, ao estudarmos os anos 30 e o Estado Novo, nos deparamos com palavras, gestos, imagens, ideias, projetos e soluções políticas que o período histórico recente reproduziu e continua reproduzindo, com reestruturação de significado, mas sempre na perspectiva de domínio político e controle social.

A retomada dos anos 30 pela historiografia brasileira inspirou outros estudos na linha dos imaginários sociais. A Tese de doutorado de Eliana Freitas Dutra, *O ardil totalitário ou a dupla face na construção do Estado Novo* (1990), reexamina o período nessa perspectiva. O trabalho se destaca pela cuidadosa elaboração de um instrumental teórico e metodológico, que incorpora, inclusive, os conceitos da psicanálise. Dessa forma, foi possível interpretar, de maneira original, o significado das representações expressas na vasta documentação pesquisada. A autora afirma ter se deparado, no momento da pesquisa, com um quadro esboçado em torno de dispositivos, estratégias e conteúdos que revelavam uma disposição totalitária na sociedade de então.

Reconstituindo os embates entre anticomunistas e comunistas, e os seus respectivos projetos de criação de uma identidade nacional, a análise destaca a polaridades temáticas que alicerçam a construção do edifício totalitário. Esse edifício se sustenta sobre quatro pilares (anticomunismo/revolução, trabalho, pátria, moral), a partir dos quais se definem normas e valores para orientar práticas destinadas à preservação da ordem, ao controle das relações sociais e ao enquadramento do mundo do trabalho.

A leitura desse texto deixa evidente que o campo do imaginário é o campo do enfrentamento político, onde a luta das forças simbólicas provoca mudanças na sociedade. Como as imagens respondem aos conflitos sociais e às relações antagônicas, elas têm um peso muito grande nas prática política de arregimentação: mobilizam ressentimentos, frustrações, medos e esperanças com intuito persuasivo. Apesar de referir-se aos anos 30, o texto guarda impressionante atualidade: nos discursos políticos, nas reportagens jornalísticas, na propaganda eleitoral, nas falas do poder e até mesmo em situações do nosso cotidiano, podemos perceber a representação de um jogo de símbolos e imagens já presentes no imaginário político que Eliana Freitas Dutra mostrou em seu trabalho.

Na linha de estudos do imaginário, Jorge Luiz Ferreira apresentou, em 1996, sob minha orientação, o doutorado, com o título *Prisioneiros do mito: cultura e imaginário político dos comunistas no Brasil (1930-1956)*. Há uma aproximação temática entre este trabalho e o de Eliana Dutra: ambos perseguem o tema do comunismo mas com objetivos diferentes. Enquanto *O ardil totalitário...* contrapõe o imaginário comunista ao anticomunista, apontando similaridades, a análise de Jorge Ferreira se volta para a cultura e o imaginário político dos comunistas brasileiros no período stalinista, resgatando vivências e experiências dos militantes. Ao invés do discurso dos grandes líderes, o autor privilegiou os militantes comuns, homens e mulheres que encontraram no comunismo o projeto de sua existência e de sua identidade social.

Analisando o conjunto de ideias, valores, conceitos, padrões de comportamentos e imagens socialmente reconhecidos pelos "revolucionários", a tese reconstitui a maneira de pensar, interpretar e dar significado ao mundo em que viveram. Discute os mitos que moveram a trajetória política e cultural dos comunistas e as imagens que delinearam a identidade dos militantes, (tanto na sua vida partidária quanto na sua vida privada), o perfil dos inimigos, os modelos exemplares da sociedade e dos líderes. O autor indica, baseado em Mircea Eliade, os elementos de religiosidade que se integram na concepção materialista/profana da vida: parte da hipótese de que "embora os comunistas se apresentassem como produto mais acabado de um longo processo de dessacralização do mundo, eles não conseguiram repudiar, por completo, a herança religiosa das sociedades do passado" (Ferreira, 1996: 4). Cabe lembrar que, com objetivos e objetos diversos, Alcir Lenharo e Eliana Freitas Dutra também procuraram interpretar o significado das representações religiosas presentes no imaginário político do período.

A Revisão Do Conceito De Totalitarismo

Em 1986, o Estado Novo fez cinquenta anos sem ter nada a comemorar. Mas, para lembrar que também não deve ser esquecido, foram organizados colóquios visando propiciar reflexões sobre o tema. A obra *O feixe e o prisma: uma revisão do Estado Novo* recupera contribuições do colóquio promovido pela Universidade Federal do Rio de Janeiro. Publicada em dois volumes (1. *O feixe. O autoritarismo como questão teórica e historiográfica*; 2. O *autoritarismo como prática do Estado Novo*), a coletânea de textos aí apresentados coloca questões novas sobre o período e promove a discussão sobre os conceitos definidores do Estado Novo.

O historiador José Luiz Werneck, organizador do primeiro volume, deixa evidente, na Introdução, o sentido político do encontro que deu origem à publicação. Lembra que, já na abertura do evento, foi sugerido que as discussões não se restringissem aos marcos cronológicos de sua duração formal – os dois golpes de Estado, de 1937 e 1945. Tais estudos deveriam ter uma concepção mais ampla, de tal maneira que o seu eixo fosse a análise do fenômeno do autoritarismo nos múltiplos tempos em que ele ocorreu no processo ideológico brasileiro, dando ênfase às perspectiva de história comparada, nacional e internacional. E, numa evidente alusão à expressão "para não esquecer", subtítulo do colóquio, alguns participantes manifestaram o receio de que regimes autoritários, como os de 1937 e 1964, poderiam voltar a acontecer no país se os setores progressistas e democráticos do país não se organizassem numa força política capaz de fazer frente a novas tentativas de implantação do autoritarismo (Werneck da Silva, 1990: 23).

Na mesma coletânea, alguns autores discutiram a adequação de certo conceitos nas análises sobre o Estado Novo. Já foi mostrado antes que a historiografia mais recente sobre o período assimilou, de diferentes maneiras, o conceito de totalitarismo na interpretação da época. Isto em grande parte se explica pela repercussão que tiveram, na intelectualidade brasileira, as reflexões críticas sobre o stalinismo, que introduziram o totalitarismo como noção definidora dessa experiência política. Essas análises abriram uma nova perspectiva para a compreensão do poder, indicando a importância do imaginário e do simbólico em estudos dessa natureza.

O referido conceito foi utilizado para redefinir o Estado Novo, mas não se restringiu a ele. Alguns autores estabeleceram relações entre o golpe de 1937 e o de 1964, e paralelos entre o Estado Novo e o Regime Militar, com base nessa conceituação.

Passado o momento em que a contraposição do totalitarismo à democracia cumpriu seu papel político de crítica e denúncia dos vários tipos de violência e repressão cometidos em vários países, observa-se, já no final da década de 1980, que houve uma mudança de interpretação no que se refere ao totalitarismo. Segundo Pierre Birnbaum, os novos dados de pesquisa impuseram uma reflexão mais sistemática sobre os conceitos, para que se pudessem distinguir melhor situações totalitárias (como nazismo, fascismo e stalinismo) que, embora próximas em certos aspectos, diferenciam-se fundamentalmente em outros (Birnbaum, 1986: 725).[15]

A discussão sobre o totalitarismo também se introduziu entre nós. Em *O conceito de totalitarismo na América Latina*, o filósofo Roberto Romano argumenta que a noção não se aplica, em sua plenitude, a nenhum país americano. Mesmo no campo europeu, que apresenta uma constelação de discursos e práticas definidos como tal, apenas em alguns momentos históricos mais agudos, e dentro de certos espaços nacionais, pode-se falar em coincidência entre o termo e sua efetiva realização. Numa perspectiva ideal, o totalitarismo implica a união absoluta entre massas nacionais e Estado: "Mesmo nos momentos mais críticos, sob o regime nazista, fascista e stalinista, não é possível dizer que desapareceu absolutamente a oposição ao poder no interior da sociedade". Na América do Sul, acrescenta o autor, mesmo os casos mais conspícuos de regimes autoritários dos anos 30 e 40, o argentino e o brasileiro, não se mostram adequados à noção. Apenas em níveis ideais, propagandísticos, ou em tentativas isoladas, pode-se falar em totalitarismo (Romano, 1996: 311).

Concordo com o argumento de que os traços totalitários são identificáveis nos discursos e práticas de Vargas, mas não se pode dizer que tenha havido, no período, "efetivação histórica do conceito em plano macroinstitucional e societário", como diz Roberto Romano. Durante o Estado Novo, as oposições democráticas e os adversários do varguismo na luta pelo poder continuaram atuando. A repressão foi intensa, e as liberdades foram anuladas, mas não ocorreu o monopólio absoluto do Estado no plano físico, jurídico ou econômico. O imaginário totalitário tinha receptividade numa parte significativa da sociedade, como mostra o trabalho de Eliana Freitas Dutra, mas a imagem da sociedade UNA, homogênea e harmônica veiculada pela propaganda política, esteve longe de se traduzir numa prática de constituição da opinião única em torno do regime e de seu líder. Cabe ressaltar que nem mesmo entre os ideólogos do regime havia convergência quanto à aceitação do nazifascismo como modelo de organização da sociedade e do Estado.

O conceito de totalitarismo não se ajusta, portanto, à caracterização do regime denominado Estado Novo. Esta é a conclusão que as pesquisas mais recentes sobre o período permitem apontar.

Contestando as análises que, afinadas com os teóricos do "totalitarismo" aproximaram o governo Vargas dos regimes políticos de Hitler e Stalin, Jorge Ferreira, na obra já mencionada anteriormente sobre os *Trabalhadores do Brasil*, afirma que "Multiplicando muitas vezes a capacidade da repressão policial, até elevá-la à categoria de terror generalizado, e ampliando ao máximo a eficácia da propaganda política, comparando-a às práticas nazistas e stalinistas, Vargas passou a ser definido como um líder 'totalitário'". Sem querer minimizar a capacidade repressiva e, sobretudo, persuasiva do projeto político estatal, o autor argumenta que a repressão policial e judiciária, a propaganda e a doutrinação políticas, por mais avassaladoras que sejam, não garantem o sucesso dos governantes. Não há propaganda que transforme um personagem em líder político, em figura legendária, sem realizações que afetem a vida material e simbólica dos homens e mulheres que o reverenciam. Partindo do princípio de que o reconhecimento político dos trabalhadores em relação a Vargas, bem como a permanência de seus feitos na memória popular, não podem ser apenas reduzidos a uma eficiente máquina de fabricar mitos; procura mostrar em sua pesquisa como os trabalhadores e as pessoas comuns receberam o líder, aproximaram-se dele, reagiram e mesmo resistiram a ele. Argumenta que as ideologias dominantes naqueles anos, por mais dominantes que tenham sido, não poderiam ter eliminado completamente as ideias, crenças, valores e tradições anteriormente presentes na cultura popular. Esta é a questão central de sua análise (Ferreira, 1997: 15-6).

As considerações do historiador Francisco C. Falcon sobre o fascismo também são válidas para se pensar a adequação dessa noção nas análises sobre certos períodos da história brasileira. No artigo "Fascismo: autoritarismo e totalitarismo", o autor afirma que, nesse campo de estudo, hoje se busca "perceber as diferenças, [...] desconfiando-se das generalizações apressadas, produzidas no calor da hora, talvez eficazes para a prática político-ideológica, mas de pequena ou nenhuma valia para o trabalho sério do historiador". Observa que a tendência historiográfica mais recente destaca a visão das especificidades: "tem-se, então, a impressão de que – passado o tempo das grandes sínteses, ou das brilhantes generalizações 'teóricas', tremendamente ambiciosas nas abrangências de suas pretensões – buscam os historiadores a reconstituição histórica concreta dos vários fenômenos de natureza similar" (Falcon, 1991: 41-2).

Essas observações podem ser perfeitamente incorporadas às discussões em torno da caracterização do Estado Novo. A ampliação das pesquisas empíricas sobre o período permite apontar os traços comuns da experiência universal e a particularidades da experiência brasileira. Nesta perspectiva, os estudos comparativos ganham importância, porque permitem identificar as semelhanças sem perder de vista as especificidades dos fenômenos históricos comparáveis.

O método comparativo tem se revelado muito profícuo na investigação que venho desenvolvendo, nos últimos anos, sobre a propaganda política varguista e peronista, de forte inspiração nazifascista. Procuro refletir sobre aspectos importantes da política e cultura no Estado Novo, comparando-os com a experiência peronista; nessa comparação, tenho encontrado novas possibilidades de compreensão da política de massas posta em prática nos dois países.[16]

O grande interesse dos jovens historiadores sobre os aspectos da cultura e política no Estado Novo resultou na constituição de alguns grupos de trabalho em torno desses temas. Estimulada pelos resultados das pesquisas mais recentes sobre o período, optei por orientar trabalhos que também contribuíram para a revisão de teses e conceitos, sobretudo no que se refere ao poder de manipulação da consciências através dos meios de comunicação e produção cultural. Esses trabalhos, que serão mencionados mais adiante, mostram, por um lado, os limites do controle do Estado sobre a sociedade e, por outro, a participação de grupos sociais junto ao Governo, reivindicando maior intervenção do Estado em certas áreas. Isto significa que a construção do regime autoritário do Estado Novo foi, ao mesmo tempo, resultado do trabalho de lideranças políticas e intelectuais e de setores da sociedade, interessados na elaboração de um novo tipo de política. A preocupação comum a essas análises reside na tentativa de compreender de que forma as experiências nazifascistas foram assimiladas e reinterpretadas no período.

Em meu próprio trabalho, parto do princípio de que as diferentes realidades (fascismo, nazismo, varguismo, peronismo) não se mantêm separadas, havendo entre elas um movimento constante de circulação de ideias, imagens e práticas políticas que, ao se transportarem da Europa para a América, são apropriadas e reproduzidas, ganhando novo significado. Não há, portanto, possibilidade de se abordar os dois casos latino-americanos sem levar em conta a sua relação com as referidas experiências europeias. Investigar essa relação é indispensável para a compreensão da propaganda política varguista e peronista.

Como bem frisou Alcir Lenharo, nos anos 30 os regimes fascistas, o nazismo e o stalinismo, não necessariamente identificados entre si, intercambiaram febrilmente fórmulas e experiências que pretendiam congelar os focos de tensão da história e resolver, definitivamente, a questão social, redimindo da exploração as populações trabalhadoras (Lenharo, 1986: 13). Nesse contexto, houve, na política brasileira, uma incorporação de imagens e símbolos à propaganda varguista que veiculou mensagens carregadas de cargas emotivas com vistas a gerar respostas no mesmo nível, ou seja, reações de consentimento e apoio ao poder.

A propósito dessa questão, Roberto Romano adverte: "Para quem vive em sociedades como a nossa, a construção dos imaginários tem uma importância particular. [...] Não se mexe com símbolos impunemente. Eles são o resíduo ético de tradições seculares, preconceitos arraigados nos corações e mentes" (Romano, 1986: 316).[17]

Imagens e símbolos difundidos pela propaganda nazifascista foram incorporados à propaganda estado-novista; muitos deles encontraram terreno cultural fértil para penetração na sociedade brasileira, habituada ao uso e culto de imagens e símbolos que o catolicismo propagou desde a colonização. Desconstruir esse imaginário, analisar seus elementos constitutivos e relacioná-lo com o contexto histórico da sua produção é tarefa a que alguns historiadores têm se dedicado ao revisitar o Estado Novo.

A Propaganda Política E A Construção Dos Imaginários

A propaganda política, entendida como fenômeno da sociedade e da cultura de massas, adquiriu enorme importância nas décadas de 1930 e 1940, quando ocorreu, em âmbito mundial, um avanço considerável dos meios de comunicação. A versão nazista, que se inspirou na publicidade comercial norte-americana, teve enorme impacto não só na Europa, mas também na América. O regime brasileiro procurou seguir esse modelo.

Alguns autores realizaram estudos relevantes sobre a propaganda política do Estado Novo, mostrando sua enorme importância na construção e manutenção do regime.[18] Eles representaram um ponto de partida para a pesquisa que me propus a realizar sobre a propaganda varguista. Seguindo noutra direção, procuro estudar os aspectos políticos e culturais abarcados pela propaganda, privilegiando a análise do imaginário político divulgado pelos diferentes canais de comunicação.[19]

A propaganda política se vale de ideias e conceitos, mas os transforma em imagens e símbolos; os marcos da cultura são também incorporados ao imaginário, que é transmitido pelos meios de comunicação. A referência básica é a sedução, elemento de ordem emocional de grande eficácia na atração das massas.

Nesse terreno onde política e cultura se mesclam com ideias, imagens e símbolos, define-se o objeto propaganda política como um estudo de representações políticas. Tal perspectiva de análise se relaciona diretamente com o estudo dos imaginários sociais, segundo Bronislaw Bazcko. O autor afirma que a história dos imaginários sociais se confunde, em larga medida, com a história da propaganda (Bazcko, 1984).

Nas sociedades contemporâneas, os meios de comunicação de massa passaram a dispor de aparatos técnicos e científicos altamente sofisticados, que permitem a fabricação e a manipulação dos ideais coletivos. Os meios de comunicação fabricam necessidades, abrindo possibilidades inéditas à propaganda, que se encarrega, ela mesma, de satisfazê-las. Em qualquer regime, ela é estratégica para o exercício do poder, mas adquire uma força muito maior naqueles em que o Estado exerce censura rigorosa sobre o conjunto das informações, manipulando-as com o objetivo de bloquear toda atividade espontânea, como aconteceu no Estado Novo.

A propaganda estado-novista recorreu amplamente à imagem da sociedade unida e harmônica, organizada em torno do líder Vargas. A ilusão do UNO, segundo Claude Lefort, oferece o acabamento perfeito para o ocultamento dos sinais de divisões e conflitos sociais; serve, também, para eliminar a indeterminação que persegue a existência democrática e tende a "soldar" o poder à sociedade (Lefort, 1983).

No Estado Novo, o poder utilizou meios espetaculares para marcar sua importância na história. A exemplo do que acontecia na Alemanha e Itália, organizou comemorações e festas de todo tipo. Cláudia Schemes analisou as *Festas cívicas e esportivas no populismo*, mostrando a importância das comemorações oficiais nesses regimes.[20] Nessas ocasiões, procura-se ostentar a grandeza do poder; além disso, as festas são propícias para exaltar as sensibilidades. Em organizações políticas dessa natureza, os sentimentos são manipulados de forma intensa com o objetivo de provocar forte comoção. As emoções tendem a se exacerbar nos espetáculos festivos organizados pelo poder (Ansart, 1983).

No campo da propaganda política, não apenas as imagens, símbolos e manifestações cívicas foram intercambiados entre os regimes brasileiro e europeu, mas também técnicas de manipulação e formas de organização/planejamento dos órgãos encarregados do controle dos meios de comunicação. No entanto, apesar da forte presença do modelo nazifascista na organização da propaganda estado-novista, ela apresentou características particulares e produziu efeitos distintos das congêneres europeias.

A propaganda política desencadeia uma luta de forças simbólicas, que visa ao reforço da dominação, ao consentimento em relação ao poder e à interiorização das normas e valores impostos através das mensagens propagandistas. No entanto, como esclarecem De Certeau e Chartier, a incorporação da dominação pelo receptor não exclui a possibilidade de desvios. A eficácia das mensagens depende dos códigos de afetividade, costumes e elementos histórico-culturais dos receptores. Por isso, o efeito não é unívoco, e mensagens similares podem ser interpretadas de maneiras diferentes, produzindo ações diferentes. Essa constatação ajuda a explicar por que uma propaganda política brasileira organizada a partir do modelo europeu produziu resultados bem diversos.

O Controle Dos Meios De Comunicação No Estado Novo

A propaganda política organizada por Goebbels na Alemanha impressionou fortemente alguns homens do poder, intelectuais e jornalistas brasileiros que passaram por esse país nos primeiros tempos do nazismo.

Em 22 de setembro de 1934, Simões Lopes, assessor do presidente Getúlio Vargas, em visita oficial à Alemanha, escreveu-lhe para dizer da sua admiração pela organização da propaganda política: "O que mais me impressionou foi a propaganda sistemática, metodizada do governo nacional-socialista. Não há em toda a Alemanha uma só pessoa que não sinta diariamente o contato do 'nazismo' ou de Hitler, seja pela fotografia, pelo rádio, pelo cinema, através de toda a imprensa alemã [...]. A organização do M. da Propaganda fascina tanto que eu me permito sugerir a criação de uma miniatura dele no Brasil. [...] O M. da Propaganda é uma espécie de superministério que superintende todos os outros e também as 'câmaras' especializadas (rádio, cinema, etc.), que são autônomas até certo ponto [...]". Após enaltecer a figura de Goebbels, Lopes acrescentou que, do controle da vida política, resultava a força esmagadora do governo alemão, capaz de liquidar ou absorver as últimas resistências dos inimigos do nazismo (*Jornal da Tarde*, 12 abr. 1997, Caderno de Sábado, p. 1).

No ano seguinte, Assis Chateaubriand aconselhou Getúlio Vargas a seguir à risca o modelo de propaganda alemão, cuja "técnica obtém resultados até a hipnose coletiva [...]; o número de herético se torna cada vez mais reduzido, porque o esforço de sugestão coletiva é desempenhado pelas três armas mais poderosas de combate da técnica material de propaganda: o jornalismo, o rádio e o cinema [...]" (*Diário de S.Paulo*, 30 abr. 1935, editorial).

Durante o "primeiro governo Vargas" surgiram os primeiros órgãos de controle e repressão das ideias e atos. A organização da propaganda foi sendo feita ao longo da década de 1930, mas com o advento do Estado Novo consolidou-se a peça fundamental para a realização desse trabalho: o Departamento de Imprensa e Propaganda (DIP), que resultou do aperfeiçoamento da intervenção estatal nos meios de comunicação; o órgão se vinculava diretamente à Presidência da República.

Além da censura, o DIP era encarregado da produção e divulgação das mensagens propagandistas; para esse fim foram produzidos livros, revistas, folhetos, fotos, cartazes, programas de rádio, cinejornais, documentários cinematográficos, etc. O órgão estava estruturado da seguinte forma: Divisão de Divulgação, Divisão de Radiodifusão, Divisão de Cinema e Teatro, Divisão de Turismo, Divisão de Imprensa e Serviços Auxiliares.[21]

Imprensa e rádio foram os veículos privilegiados para transmissão das mensagens de propaganda. As empresas jornalísticas só podiam se estabelecer se obtivessem registro no DIP, e as atividades profissionais também ficaram sob seu controle; a partir de 1940, 420 jornais e 346 revistas não conseguiram registro no departamento. Os que insistiram em manter sua independência tiveram sua licença cassada.

A imprensa desempenhou as tarefas que lhe foram atribuídas sem nenhuma independência. Em São Paulo, os jornais liberais, que tiveram importante atuação política, sobretudo a partir dos anos 20, foram praticamente silenciados, e tiveram que aceitar em suas redações elementos nomeados pelo governo. Os proprietários do jornal *O Estado de S. Paulo* tentaram reagir, e o resultado foi a expropriação do jornal, em 1940, por representantes do Estado Novo, que o converteram em órgão oficioso. Este periódico, juntamente com *A Noite*, de São Paulo, e *O Dia*, do Rio de Janeiro, foram os principais encarregados de fazer a propaganda do regime. A cooptação de jornalistas foi significativa. O fato se explica, em parte, porque o governo atendeu às reivindicações da categoria, regulamentando a profissão, e, de outra parte, pela dependência da atividade em relação ao Poder Público, que sobre ela exercia fortes pressões (Capelato, 1989).

De fato, a imprensa foi o setor mais atingido pelo controle do DIP. No que se refere ao rádio, considerado meio fundamental para a divulgação da propaganda política, houve brechas para atividades relativamente autônomas. O veículo era encarado pelos regimes de massa como o mais importante em termos de manipulação, tendo sido alvo de extremo controle na Alemanha e Itália; no Brasil, o desenvolvimento da radiodifusão apresentou características distintas.[22]

Desde 1932, o governo Vargas estabelecera que a radiocomunicação constituía um serviço público cuja utilização dependia de concessão do governo. O sistema firmou-se nos anos 30, adquirindo grande prestígio entre os ouvintes, graças aos programas humorísticos, aos musicais, às transmissões esportivas, ao radiojornalismo e às primeiras radionovelas. Em 1937 havia 63 estações e, em 1945, o número se elevara para 111. A quantidade de radiorreceptores aumentou, durante o Estado Novo, de 357.921 para 659.762 em 1942.

O uso político do rádio esteve voltado para a reprodução dos discursos, mensagens e notícias oficiais. Em 1931, foi criada a "Hora do Brasil", reestruturada em 1939, após o surgimento do DIP. O programa tinha três tipos de finalidade: informativa, cultural e cívica; divulgava os discursos oficiais, os atos do governo, procurava estimular o gosto pelas artes populares e exaltava o patriotismo, rememorando os feitos gloriosos do passado. Nas praças das cidades do interior, era reproduzido por alto-falantes (Jahar Garcia, 1982: 103-4).

A Divisão de Rádio do DIP controlava toda a programação radiofônica: em 1941, por exemplo, foram examinados 3.971 programas, 487 peças radiofônicas e 1448 esquetes, proibindo-se 44 programas (em 1940, o número de proibições fora bem maior: 108) (Goulart, 1990: 69-70).

Além de divulgar as mensagens e atos oficiais, os diferentes programas deveriam decantar as belezas naturais do país, descrever as características pitorescas das regiões e cidades, irradiar cultura, divulgar as conquistas do homem em todas as atividades, incentivar relações comerciais. Muito se insistia no fato de que o rádio deveria estar voltado para o homem do interior, com o objetivo de colaborar para o seu desenvolvimento e integração na coletividade nacional.

Fernando Limongeli Gurgueira, na Dissertação de Mestrado sob minha orientação, intitulada *A integração nacional pelas ondas. O rádio no Estado Novo*[23], analisa os significados dos projetos constituídos em torno do rádio nesse período. O autor mostra o embate entre os objetivos expressos por um grupo de intelectuais ligados ao Estado Novo, que concebia o rádio como instrumento político-ideológico, e os interesses da esfera comercial de radiodifusão que atuavam, igualmente, junto ao poder, buscando transformar o rádio em instrumento de publicidade comercial; essa proposta se chocava com os ideais educativos e culturais relacionados ao veículo. Apesar da importância política que o governo atribuía ao rádio e do controle exercido sobre esse veículo, não foi possível impedir que o sistema se desenvolvesse para além das esferas de educação e cultura.

Do conflito entre os diferentes projetos resultou a definição do sistema de radiodifusão brasileira: um sistema misto em que o Estado controla e fiscaliza a atividade, deixando sua exploração a cargo da iniciativa privada.

A conclusão a que chega o autor contraria as teses que insistem na capacidade de manipulação total das consciências pelos meios de comunicação: o controle do rádio pelos órgãos do regime não foi tão rígido ou tão eficaz como se pretendia. O projeto de "integração nacional pelas ondas" permitiu que as ideias e as mercadorias fossem "vendidas" num mesmo pacote; portanto, pelo que se constatou, o controle do rádio no Estado Novo não foi rigoroso, a ponto de anular os interesses divergentes.

Um plano para a criação de uma grande rádio estatal com objetivos propagandísticos, no estilo do que existia na Alemanha de Goebbels, foi apresentado por Lourival Fontes, diretor do DIP, mas não teve acolhida. O projeto de Genolino Amado para a utilização intensa do rádio na propaganda do regime também caiu no vazio. Na verdade, o controle do rádio durante o Estado Novo foi fragmentado: Fontes controlava a "Hora do Brasil", o ministro do Trabalho, Alexandre Marcondes Filho, tinha sua faixa própria de atuação dentro do horário governamental, Capanema controlava o Sistema de Radiodifusão Educativa, e Cassiano Ricardo encarregava-se do Departamento de Divulgação Político-Cultural da Rádio Nacional. Segundo José Inácio de Melo Souza, o receio do governo de fazer uso de um meio tão poderoso de mobilização popular explica a fragmentação em aplicações isoladas (Souza, 1990: 263).[24]

O cinema também recebeu especial atenção no varguismo. Acompanhando a experiência alemã, onde a indústria cinematográfica teve um desenvolvimento excepcional (o ministro Goebbels era cinéfilo), os ideólogos do Estado Novo e o próprio Vargas demonstraram interesse nesse campo. Promovendo a realização de películas que valorizassem os aspectos naturais do Brasil e as ações do governo, ou as que realizassem reconstituições históricas, institucionalizou-se, no período, uma política de proteção à indústria cinematográfica que vinha ao encontro das reivindicações dos cineastas, expressas desde a década de 1920. Essa indústria, até então deficitária, pôde contar com o apoio do presidente, que concebia o cinema como veículo de instrução, tendo, nesse sentido, declarado: "O cine será o livro de imagens luminosas em que nossas populações praieiras e rurais aprenderão a amar o Brasil. Para a massa de analfabetos, será a disciplina pedagógica mais perfeita e fácil" (apud Mello Barreto Fº, 1941: 135-6). No fim da década de 1920, o cinema já estava sob controle: proibia-se o que era considerado perigoso para as mulheres e as crianças, havendo sessões só para homens.

Depois da Primeira Guerra, o cinema norte-americano penetrou no Brasil de maneira avassaladora. A partir de então, os filmes e as agências publicitárias dos Estados Unidos empenharam-se em vender o "american way of life", introduzindo o consumo de diversos produtos, como a Coca-Cola, as revistas e os próprios filmes. O comportamento liberado da mulher projetado nesses filmes provocou reação entre os defensores dos "bons costumes", preocupados com o efeito "contaminador dos conteúdos nocivos". A solução estava na educação pela imagem (Souza, 1990: 29-46).

Alguns nomes do cinema, dentre eles Humberto Mauro e Carmem Santos, lutaram, desde essa época, para fazer do Estado o grande mecenas da atividade, reivindicando que ele desempenhasse um papel ativo e protetor. Como consequência, o governo Vargas decretou em 1932 a lei de obrigatoriedade de exibição de filmes nacionais. O incentivo ocorreu, portanto, no pós-1930, numa tentativa de se fazer frente ao cinema norte-americano. As iniciativas do governo nesse campo fizeram com que Getúlio Vargas fosse considerado "o pai do cinema brasileiro". Mello Barreto Filho, no livro *Anchieta e Getúlio Vargas*, transcreve a fala de um entusiasmado "cinematólogo" que enaltece o governante: com o intuito de proteger o cinema nacional, que, "coitadinho, era um fedelho raquítico, enfezado, quase a morrer à míngua, alimentado, apenas, pela tenacidade e pela obstinação de alguns visionários", o governante deu existência real ao setor. "Tonificou-lhe o anemizado organismo, injetou-lhe força, energia, descobrindo, para isso, como se descobrisse um ovo de Colombo, a mais benéfica e providencial das vitaminas: o 'short' brasileiro de exibição obrigatória, estabelecida pelo decreto número 21.240, de abril de 1932" (Mello Barreto Fº, 1941: 119).

Em 1934, o ministro da Educação baixou instrução tornando obrigatória a inclusão de uma película brasileira nos programas cinematográficos. A classe dos produtores exultou e se lançou ao trabalho: até o final do ano apresentaram no mercado 104 complementos, com 330 cópias. Os produtores cinematográficos prestaram significativa homenagem ao "Chefe da Nação".

Roquete Pinto, o grande defensor e incentivador do cinema didático, tornou-se, em 1936, Diretor do Instituto de Cinema Educativo (INCE) do Ministério de Educação e Saúde. No momento da posse, afirmou: "O cinema deve cada vez mais auxiliar a educação do povo".

Com a criação do DIP, a Divisão de Cinema e Teatro ficou encarregada de realizar a censura prévia dos filmes e a produção do Cinejornal Brasileiro. As regras de orientação para a censura indicavam como casos de veto, dentre outros, o incitamento contra o regime vigente, à ordem pública e às autoridades constituídas. As orientações eram tão amplas que permitiam a proibição de qualquer cena. José Inácio de Melo Souza cita como exemplo a proibição de um cinejornal por Vinicius de Moraes, descrita por ele mesmo, ao relatar suas experiências como censor-substituto do tio Prudente de Moraes Neto. A proibição se fez em nome do "bom gosto": tratava-se de um filme sobre uma escola pública do interior do Rio. Criticando o cinegrafista que realizou o trabalho num dia de chuva, comentou: "Quando estava tudo bem sujo, bem enlameado, bem alagado, o nosso prezado cinegrafista partira para a sua filmagem. Lá chegando, fez reunir a garotada (quase todo pretinhos, positivamente imundos, resfriadíssimos, o nariz escorrendo) em frente à tal escola (um barracão troncho de taipas...) e pôs-se a fazer a sua reportagem. A 'fessora', toda prosa, ia e vinha, arrumando o grupo, batendo palmas, dando ordens, fazendo o pessoal marchar muito dentro do meio. E que alegria para eles! Metiam o dedão com vontade na terra encharcada, mostrando as cancelas da dentadura e enxugando o resfriado na manga da camisa mesmo. Nunca quis tanto bem aos nossos pretinhos como naquele dia" (Souza, 1990: 213).

Os documentários cinematográficos, de exibição obrigatória, mostravam as comemorações e festividades públicas, as realizações do governo e os atos da autoridades. A intensidade da produção pelo DIP gerou protestos dos produtores, que a consideravam uma forma de concorrência desproporcional, já que os exibidores preferiam cumprir a lei de obrigatoriedade com os filmes produzidos pelo governo. Havia concursos, com prêmios em dinheiro, para os melhores documentários, o que levava à abordagem de temas do agrado do regime (Garcia, 1982: 104-5).

A censura atingia, também, os filmes estrangeiros. Proibiu-se, até 1939, a entrada de filmes americanos antinazistas, para regozijo da Alemanha.

O projeto do ministro Capanema para o cinema consistia em retirar o caráter de diversão desse veículo para transformá-lo em instrumento de educação. O seu modelo era a "L'Unione Cinematografica Educativa", a LUCE da Itália fascista. O trabalho realizado no INCE era sempre alvo de sua aprovação e elogio: "Excelentes são os 'shorts' nacionais que demonstram o trabalho e as atividades do governo (aberturas de estradas, construção de obras de arte, montagem de fábricas, vida de portos, etc.)". No que se referia à atuação da Divisão de Cinema do DIP, o ministro reclamava da falta de uma "censura enérgica", falta essa que facilitava a exibição de filmes "imorais, tendenciosos, corruptores".

Além do controle da produção cinematográfica, o ambiente político da época estimulava a criação de filmes de ficção que reproduzissem os valores apregoados pelo regime. Como exemplo, cabe mencionar a película *Argila*, produzida com roteiro de Roquete Pinto e direção de Humberto Mauro, que expressava muito bem os componentes ideológicos do Estado Novo. A esse respeito, Cláudio Aguiar Almeida escreveu *O cinema como "agitador das almas": Argila, uma cena do Estado Novo*.[25]

O trabalho aborda a trajetória do cinema brasileiro desde os anos 20 até 1945, mostrando as reivindicações dos cineastas, as formas de organização do cinema, as dificuldades enfrentadas pelos cineastas, a relação do cinema com o poder, as tendências cinematográficas e suas perspectivas até a realização de filmes de caráter educativo e engajados politicamente, como foi o caso do referido longa-metragem, cuja estreia ocorreu em 1942. *Argila* foi resultado do trabalho de atores, técnicos e educadores (Humberto Mauro, Carmem Santos, Roquete Pinto, Oswaldo Teixeira, Lídia Matos e Celso Guimarães), que pretendiam colocar o público em contato com personagens e situações capazes de modificar sua conduta.

Inserindo o filme no contexto da produção cinematográfica do Estado Novo (filmes de curta metragem e longa metragem), Cláudio A. Almeida interpreta o conteúdo ideológico da obra: o roteiro indica a preocupação de condenar a atitude de grupos burgueses alienados, consumidores de cultura estrangeira, que vivem em meio ao luxo, ócio, fausto, orgia de festas, sem se preocupar com os problemas do país. Em contraste com esses personagens, são valorizados os trabalhadores honrados, de moral impoluta, cuja conduta é pautada pelos valores cristãos. Para se contrapor à cultura burguesa estrangeira, o filme valoriza a cultura autóctone, expressa na arte marajoara, que inspirava a fabricação artesanal de vasos e potes.

A conclusão mais importante desse estudo diz respeito, porém, à recepção do filme pelo público: o "desastroso fracasso de *Argila*", segundo o autor "acabaria expondo não apenas as dificuldades do cinema brasileiro, mas também os limites daquela estratégia que pretendia conquistar as massas para a causa nacionalista através do filme educativo".

Comparando a produção cinematográfica brasileira da época com a dos regimes nazista e fascista, constata-se que, tanto na Alemanha como na Itália, a grande maioria dos filmes produzidos era de diversão, gênero considerado mais eficiente para a divulgação dos ideais dos regimes entre as plateias que ainda não se haviam convertido ao credo nazifascista. Considerando que os filmes de propaganda política explícita se limitavam a "galvanizar os fiéis", sem "persuadir os indiferentes e os adversários", Luigi Freddi, o diretor da Divisão de Cinema do Ministério da Cultura Popular, imprimiu essa orientação à produção cinematográfica italiana, acreditando que, movidos pelo amor ao cinema, esse público compareceria às salas de exibição, travando contato com os temas de propaganda oficial, sugeridos de forma sub-reptícia em enredos aparentemente apolíticos.

Filmes como *Argila*, *Romance Proibido*, *Aves sem ninho* e *Caminhos do céu* tinham um conteúdo pedagógico explícito, o que os tornava indigestos. Além disso, disputavam público com as produções norte-americanas. Sem possuir uma indústria cinematográfica capaz de suprir as necessidades do mercado, já convertido em bom receptor dos filmes hollywoodianos, o cinema educador/nacionalista brasileiro resultou em fracasso de bilheteria: os temas que deveriam caminhar a reboque de enredos espetaculares capazes de seduzir o espectador convertiam-se em lemas nacionalistas. Sem conseguir penetrar no mercado exibidor nem atingir seu grande público, *Argila* e outros longas-metragens não cumpriram a "função dinâmica de constante agitador das almas" definida por seus realizadores. As "almas" brasileiras continuaram entregues ao culto de heróis, divas e ideais veiculados por Hollywood (Almeida, 1993: 3-12 e 200-3).

O texto reconstitui o debate entre os que defendiam a ideia do cinema como agente pedagógico e os que o viam como entretenimento e mercadoria capaz de gerar lucros. Tanto no caso do cinema como no do rádio, os projetos pedagógico-ideológicos formulados pelos adeptos do regime tiveram que competir com os interesses do setor privado – no caso do cinema, interesses estrangeiros que utilizavam esses mesmos veículos para "vender" mercadorias. Como estes últimos dispunham de melhor técnica de produção e sensibilidade empresarial para captar o gosto do público consumidor, obtiveram melhores resultados que os ideólogos nacionalistas da época.[26]

A Concepção De Cultura E A Participação Dos Intelectuais

Os ideólogos estado-novistas, alegando que o Estado liberal separara o homem, cujo domínio é o da cultura, do cidadão, cujo domínio é o da política, defendiam a necessidade de unificar as esferas política e social através do estabelecimento de uma "cultura política". Nessa perspectiva, a política era compreendida como força disciplinadora, coordenadora e organizadora das forças sociais; as manifestações culturais só poderiam ocorrer sob a "tutela" da ordem política (Velloso, 1982: 88).

A revista *Cultura Política*, encarregada da produção do discurso ideológico do Estado Novo, explicitava as concepções da intelectualidade oficial que colaborava ativamente nesse veículo. Segundo os editores da publicação, a cultura se integrava ao político e deveria ter um conteúdo socialmente útil e um sentido de orientação para o bem comum coerente com a diretriz geral do Estado e com a vida nacional. A função do artista era definida como socializadora; cumprindo a sua missão de testemunhar o social, ultrapassava a mera veiculação da beleza. Para exprimir os valores nacionais, ele deveria se inspirar em nossos temas e motivos mais típicos. (Goulart, 1990: 100). A arte se voltava para fins utilitários, e não ornamentais; através dela, buscava-se ampliar a divulgação da doutrina oficial.

O discurso estado-novista afirmava a coincidência de interesses entre a nova política e os anseios dos intelectuais. Atribuía-se papel vital a estes últimos na "nova ordem", porque constituíam o setor "mais dinâmico da sociedade". Eram vistos como intermediários entre o governo e o povo, porque pensavam e criavam, ficando encarregados de indicar os rumos estabelecidos pela nova política, dirigindo ou assegurando o processo de mudança no Brasil. Eram apontados, ainda, como as expressões mais lúcidas da sociedade: o que nas massas ainda era uma ideia indecisa ou aspiração mal definida, deixa de sê-lo por intermédio dos intelectuais, seus intérpretes (Velloso, 1987: 15-8)

Considerava-se, ainda, que o intelectual, antes isolado no seu mundo interior, havia tido a oportunidade de integrar-se na política a partir de 1930, especialmente com o advento do Estado Novo, quando se desfez o divórcio entre a inteligência e o Estado (Velloso, 1982: 93-4). Enquanto a política liberal se comportara como a "madrasta da inteligência", na medida em que a excluía dos processos decisórios, no Estado Novo o governo transformou-se em tutor ou pai da intelectualidade, e esta deveria converter-se em sua fiel colaboradora, por ter um dever para com a pátria (idem: 14).

Em torno da revista *Cultura Política* (dirigida por Almir de Andrade) e dos jornais oficiais *A Manhã* (do Rio, dirigido por Cassiano Ricardo) e *A Noite* (de São Paulo, dirigido por Menotti del Picchia), reuniram-se as correntes mais heterogêneas da intelectualidade brasileira. Escreviam nessas publicações autores de grande projeção e perfil político menos marcado, mas também representantes da extrema direita católica e comunistas, dentre eles Carlos Drummond de Andrade, Cecília Meireles, Gilberto Freyre, Vinicius de Moraes, José Lins do Rego, Manuel Bandeira, Nelson Werneck Sodré, Graciliano Ramos, Oliveira Viana e Gustavo Barroso. A revista *Cultura Política* afirmava aceitar a colaboração de todos, independentemente de seu cunho ideológico (Velloso, 1987: 40).

Intelectuais de diferentes tendências também gravitaram em torno do Ministério da Educação. Segundo Sérgio Miceli, a gestão Capanema erigiu uma espécie de território livre infenso às salvaguardas ideológicas do regime (Miceli, 1979: 161). Dentre os nomes que ocuparam postos junto ao Ministério da Educação, muitos deles não se identificavam ideologicamente com o regime. Drummond, por exemplo, foi chefe de Gabinete do Ministro; em 1945, declarou-se simpatizante do comunismo. Capanema convidou Mario de Andrade para dirigir o Departamento de Teatros e para participar do Instituto Nacional do Livro; o escritor viveu intensos conflitos a propósito da participação ou não nos órgãos do poder. A presença de intelectuais renomados no Ministério não implicou uma adesão ao autoritarismo; eles se colocavam na posição de funcionários públicos, e deles não foi exigida, como de outros, fidelidade ideológica.

Na composição dos cargos governamentais estavam presentes tanto os nomes de grande projeção como os de escritores menores, praticantes de uma chamada subliteratura, que trabalhavam sob encomenda, com o que procuravam retribuir os favores de seus protetores nos serviços públicos, afirma Sérgio Miceli. O autor estabelece uma distinção entre essas duas categorias de intelectuais: os primeiros são denominados "escritores funcionários" e os segundos "funcionários escritores". Enquanto aqueles ocuparam postos de direção de instituições culturais, estes se valeram de seus instrumentos de produção intelectual para o cumprimento de tarefas subalternas nas instituições de difusão cultural, de propaganda e de censura (Miceli, 1979: 150-3).

Apesar do alto índice de participação dos intelectuais na política do Estado Novo, não se pode dizer que a produção literária varguista tenha sido significativa. Também não se tem notícia de obras antivarguistas publicadas no período. A literatura brasileira da época não se constituiu num elemento importante de expressão das emoções dos atores políticos individuais ou coletivos, ou dos conflitos sociais e políticos. A política de consenso talvez tenha desmotivado o literatos a escrever sobre o período. Como disse Graciliano Ramos: "O Estado Novo não nos impediu de escrever; tirou-nos a vontade" (*Memórias do cárcere*).

Os intelectuais brasileiros foram, ao mesmo tempo, vitimados pela repressão e favorecidos pela posição privilegiada que lhes foi atribuída pelos ideólogos estado-novistas, que os convocaram a participar da organização do novo governo e a teorizar sobre a "questão nacional". Essa convocação, em última instância, servia para legitimar o regime oriundo de um golpe.

Não se observava, da parte de Getúlio Vargas, um grande empenho na mobilização das massas para participar da política. O autoritarismo do Estado Novo se caracteriza, como já foi dito, pelo seu aspecto desmobilizador. Considerando o povo brasileiro inepto para a participação política (a grande massa de analfabetos servia de reforço para esse argumento), propunha-se a organização do novo Estado pelo alto, o que explica a preocupação do governo em ganhar o apoio das elites intelectuais. A proposta de consenso era dirigida a elas, e não aos setores populares.

A abertura do regime em direção a esse grupo não ficou sem resposta. Muitos deles se preocupavam em construir o "sentido da nacionalidade", retornando às "raízes do Brasil" para forjar uma unidade nacional. O Estado Novo, além de permitir liberdade de criação, desde que não implicasse críticas ao governo, valorizou o papel das "elites bem pensantes" e as considerou a "opinião pública" digna de expressão. Cabe lembrar que Getúlio, em nome do interesses nacionais, atendeu a reivindicações de vários grupos ligados à cultura, apoiando a organização de associações e oferecendo recursos a iniciativas culturais.

A intelectualidade brasileira, que desde os primórdios da nacionalidade se autoelegera "consciência iluminada da nação", nos anos 30 foi chamada a direcionar sua atuação no âmbito do Estado, identificado como representação superior da ideia de Nação. No projeto político-pedagógico do Estado Novo destinado a educar as massas, o povo era concebido como potencialmente bom, mas carente de instâncias intermediárias – os intelectuais – para tornar-se autônomo (Velloso, 1987: 46-8).

Conclusão

Procurei mostrar, neste texto, como os novos estudos sobre o Estado Novo permitem repensar a natureza do regime, refletir sobre aspectos da política e cultura do período não abordados pelos estudos anteriores e apontar a especificidade dessa experiência em relação aos modelos externos.

Tomei como exemplo aspectos da propaganda política relacionados aos meios de comunicação e cultura para mostrar que, mesmo nesse terreno, onde o influxo externo foi forte, os resultados brasileiros foram particulares, deixando evidentes os limites do controle do Estado. A existência de perspectivas distintas em relação à radiodifusão e interesses divergentes na área cinematográfica revelam que não houve um enquadramento total dos veículos de comunicação nos moldes ideológicos do Estado Novo. A diversidade de projetos indica o caráter multifacetado da política estado-novista; o regime, embora apresentado pela propaganda política como um organismo homogêneo e harmônico, capaz de pairar acima dos anseios individuais e de grupos, foi palco de interesses conflitantes. No embate das forças políticas, houve a eliminação de planos ou de parte deles e a integração de propostas distintas, que resultaram em algo diverso do que fora idealizado inicialmente pelos diferentes grupos em disputa pelo controle dos meios de comunicação.

A política varguista, embora tenha inovado em muitos aspectos, em outros deu continuidade a procedimentos arraigados na tradição política brasileira, como é o caso da prática de valorização das elites e exclusão das massas, que explica a limitada preocupação em mobilizá-las para uma atuação mais próxima do poder.

Estas constatações corroboram a ideia de que o conceito de totalitarismo é inadequado à caracterização do Estado Novo. Cabe ressaltar, como já foi mostrado antes, que o governo descartou os projetos mais radicais de uso intenso dos meios de comunicação para fins de propaganda política.

A política cultural do regime, embora tenha se inspirado nas experiências nazifascistas, distanciou-se delas em muitos aspectos: enquanto na Alemanha e na Itália houve um grande esforço para se organizar uma "cultura de consenso", através da conquista de uma sólida base de apoio envolvendo diferentes setores sociais (populares, especialmente), no Brasil o governo preocupou-se em estruturar uma política de consenso que envolvia, prioritariamente, os setores de elite, onde foi buscar a legitimação do regime.

Os novos estudos sobre o período mostram que, na esfera da propaganda política e da política cultural, são identificáveis traços de concepções totalitárias na construção dos imaginários sociais, traços que, associados a concepções e conduta autoritárias oriundas de um passado mais distante, serviram de referência para a elaboração de novas formas de controle social nos anos 30, que se mostraram tão eficazes naquela conjuntura a ponto de garantir sua continuidade até o presente. A persistência, por sua vez, de componentes da cultura política introduzida pelo varguismo dificulta a consolidação de práticas democráticas na sociedade atual.

Por essa razão, a preocupação dos estudiosos em revisitar o Estado Novo, além de enriquecer a historiografia brasileira, permitindo que se compreendam melhor aspectos da política de massas pouco explorados pelas análises anteriores, possibilita uma reflexão mais apurada sobre o presente, abrindo perspectivas para discussão sobre o significado da permanência do passado e mudanças possíveis no campo da cultura política, que engloba todas as questões trazidas à baila neste texto.

Parte II

HISTORIOGRAFIA BRASILEIRA: NOVAS FONTES PARA NOVOS OLHARES

HISTÓRIA DAS MULHERES: AS VOZES DO SILÊNCIO[1]

Mary Del Priore (USP)

Homens e Mulheres, uma Questão Complicada!

Numa obra clássica, *O segundo sexo*, publicada em 1949, Simone de Beauvoir fez uma observação fundamental: as mulheres não tinham história, não podendo, consequentemente, orgulharem-se de si próprias. Ela dizia, ainda, que uma mulher não nascia mulher, mas tornava-se mulher. Para que isto acontecesse, ela deveria submeter-se a um complexo processo, no seio de uma construção histórica cujo espírito determinaria seu papel social e seu comportamento diante do mundo. Beauvoir sabia que o território do historiador manteve-se, durante muito tempo, exclusividade de um só sexo. Paisagem marcada por espaços onde os homens exerciam seu poder e seus conflitos, empurrando para fora destes limites os lugares femininos. Assim, sendo espaço comum de homens e mulheres, a família acabou por tornar-se uma região particular, uma espécie de geografia insular. Sobre este solo de história, as mulheres, de forma precária, tornaram-se herdeiras de um presente sem passado, de um passado decomposto, disperso, confuso.

O alerta dado pela filósofa francesa, serviu como um dos textos fundamentais para o movimento feminista, movimento nascido de outro, em prol dos direitos civis. Um dos primeiros objetivos do movimento consistia em apreender o passado legítimo das mulheres, introduzindo-as, definitivamente, na história. Mas como ouvir suas vozes, extraindo-as do limbo da memória, tirando-lhes o próprio limbo? Como melhor legitimar este campo de pesquisas, abrindo-o à crítica externa, colocando em termos históricos uma diferença de sexos, pouco estudada pela historiografia que era produzida, então? Como dar destaque à diferença de sexos e às mulheres, quando essas eram tradicionalmente vistas como espectadoras do teatro no qual se defrontavam seus mestres e senhores, os homens?

Na filosofia, a diferença de sexos é a primeira das diferenças; aquela sobre as quais todas as outras diferenças se expressam e se fabricam. No seu *A origem da família*, Engels já apontava a diferença de sexos como o fundamento mesmo da vida social, afirmando que a primeira divisão do trabalho e a primeira oposição de classe estabelecia-se, basicamente, entre homem e mulher.[2] Ele percebia, objetivamente, as relações entre os sexos como expressão do político: a diferença sexual era, para ele, a primeira das diferenças. Aquela que condicionaria a expressão de outras diferenças. Ela era, também, a diferença que o corpo carregaria como algo de irredutível. Mas Engels não está só. Para os antropólogos, por exemplo, a humanidade não pode ser pensada senão a partir desta irredutibilidade, desta irrecusável diferença. Para eles, diferença de sexos significa jogo, tensão, cara a cara entre o idêntico e o diferente, lugar no qual se fabrica o pensamento. Pensamento que encontra na dualidade e na alteridade sua fonte permanente de reflexão. Vista por este prisma, a empiria da diferença sexual estaria no fundamento mesmo do exercício do saber.[3]

Alguns lugares do saber filosófico confirmam esta preocupação. Desde a antiguidade, estes lugares são claramente observáveis. Para Aristóteles, cada registro metafísico, físico, biológico, econômico, moral, pedia um parágrafo sobre a questão. O livro I de *A metafísica*, consagrado ao "Uno", não ignora a contrariedade da diferença dos sexos. A reprodução sexual, também não está ausente nem em *A Física*, nem em *A Alma*.[4] A vida social, familiar e conjugal, solicita ainda mais a atenção do filósofo; veja-se, por exemplo sua *Ética a Nicomano*.[5] Aristóteles atravessa, sistematicamente, os campos do saber, sem eludir este preciso objeto, ou seja, a "diferença de sexos". Ele não se esquiva, jamais, como bem demonstrou uma historiadora, ao problema da definição.[6]

A época moderna é, sobre este tema, bem surpreendente. Descartes prefere pensar a questão do amor. Spinoza, por sua vez, insiste em sublinhar a irracionalidade da mulher, e no seu *Tratado da autoridade política* acaba por deixar inacabada a demonstração da exclusão das mulheres na vida pública.[7] Observa-se aí um deslocamento importante no pensamento filosófico. Ele torna-se mais abstrato e portador de um pensamento suficientemente idealista para esquecer a diferença de sexos. Até o final do século XVIII, os filósofos se esforçaram para não abordar, de frente, a questão dos sexos. O aparecimento do conceito de "igualdade", neste período, talvez ajude a entender tantas reticências. Com efeito, Platão, Aristóteles ou os Pai da Igreja não receavam, anteriormente, em afirmar a desigualdade do sexos. Para eles, tratava-se de um fato da natureza, ou melhor, de um fato da natureza que deveria obedecer a um fim qualquer. Um exemplo do comportamento desses pensadores em face da questão é o mal-estar de Aristóteles diante de uma justificativa para a escravidão, cuja naturalidade lhe parecia incerta, enquanto a sujeição das mulheres soava-lhe evidente.

A época moderna torna menos simples a tarefa filosófica de justificar a dominação masculina. Ainda assim, *O contrato social* de Rousseau parece ignorar o lugar das mulheres numa futura República. No verbete "educação", pensamos encontrar todo o seu pensamento político sobre as mulheres.[8] Mas é na *Carta sobre os espetáculos* que ele explicará mais claramente suas ideias sobre as diferenças entre o espaço público e o espaço privado e o papel da mulher em cada um deles.

Na mesma época, Condorcet é outro a dar um exemplo esclarecedor. Com exceção de seu célebre texto "*Sobre a admissão das mulheres no direito à cidade*", publicado em 1790, seus escritos célebres pela defesa das mulheres, passam desapercebidos e são publicados de forma discreta, misturados a leituras mais leves.[9] É como se os textos essenciais sobre as mulheres não estivessem lá onde esperamos que estejam, obrigando-nos a procurar suas pistas.

Há, também, uma outra razão para entender o quanto a questão da igualdade é insuficiente para separar a antiguidade da idade moderna; é o argumento da paixão, ou seja, da separação do indivíduo entre razão e paixão. Anteriormente, a binaridade do homem, sua distinção entre dois sexos emanava da cosmologia e da ontologia. A binaridade era qualquer coisa que se declinava ao infinito numa escala que ia do frio e o calor, ao seco e o úmido até o ativo e o passivo. Um historiador inglês mostrou como essa tradição, egressa do pitagorismo, perdurou até o Renascimento.[10] Neste período, em que o indivíduo perdia suas referências cósmicas centrando-se na própria unidade, a oposição entre sexos não era mais formulada da mesma maneira. O humanista colocava-se no centro de tudo, desqualificando a razão feminina, agora, não mais pelo jogo das binaridades, mas, por um outro registro: aquele dos limites. A razão das mulheres não lhe parecia lógica. Por faltar-lhes o controle, atributo do homem moderno, sua razão era considerada fraca, frágil, sem parâmetros, o que a dobrava obrigatoriamente à dependência da razão masculina. Mais além, esta peculiaridade obrigava as mulheres ao aprendizado das virtude e das regras de conduta. Por não possuírem razão, as mulheres seriam dotadas de paixões desenfreadas; paixões, tal como a razão, sem limites. Daí a educação moral que, de Fénelon a Rousseau, alimentará o discurso sobre as mulheres; uma educação moral que, segundo estes autores, as afastaria do acesso ao saber e do exercício de sua razão. Educação que imporia um limite à vontade, sem freios, da criatura insatisfeita que era a mulher. Nesta perspectiva podemos entender a insistência de Hume em querer impor a castidade às mulheres.[11] Baseado no argumento bastante comum na época sobre as nefastas consequências às quais levava o adultério feminino, o pensador inglês traçava uma linha entre a paixão masculina – sempre sob controle – e o apetite feminino, sem peias e de resultados imprevisíveis.

Temas como este, repassados do século XVIII ao XIX, mostram como o homem passa a pensar a diferença dos sexos: não mais a partir do mundo, mas de si mesmo. O paradigma desta desigualdade não se encontrava mais no Ser, mas no próprio homem. Por um lado, este não se preocupa minimamente com sua diferença da mulher. Descartes e Spinoza estavam ali para mostrar o quanto se esquivavam de pensar a diferença dos sexos. Por outro lado, o homem racional marginalizava as mulheres, estigmatizando sua dependência e sua semelhança com a natureza. Hume e Rousseau que partilhavam esta opinião afirmavam que tal como se faz com a natureza, era preciso adestrá-las, dominá-las.

Com o século XIX, chegaram as mudanças. Depois de Hegel, que pensou a "diferenciação sexual", o jogo entre o mesmo e o outro, o reconhecimento de si no outro, temas centrais na tese da dialética, e com a prática da ideia de "igualdade" dos sexos e o declínio da metafísica, tudo mudou. A questão da igualdade entre sexos não podia mais ser ignorada. Os pensadores da emancipação, os filósofos da política, de Fourier a Marx, passando por John Stuart Mill, procuravam (excetuando Proudhon) definir a liberdade, a emancipação, ou a igualdade entre homens e mulheres.

E no século XX? As mulheres continuam a ser pensadas, só que agora fora do exclusivo campo filosófico, invadindo o espaço das "ciências sociais e humanas": sociologia, antropologia, psicanálise e história. A empiria passou a ser, então, o ponto de partida para se pensar a diferença. Mas o problema é que ela não induzia a um pensamento sobre diferença. Daí a solução da historicidade como ponto de partida para uma reflexão a partir do material histórico. Uma historicidade que, concretamente trabalhada, retomasse a noção de fato histórico e de conjuntura, de ruptura e de cronologia, para compreender a partir de que referências podemos entender a diferença e falar de história da mulher. Donde também a importância, nos últimos anos, de fazer a história das mulheres, para a compreensão deste enorme problema, antes filosófico e agora histórico, que é a diferença dos sexos.

Ancorada na riqueza de representações sobre a diferença sexual na história, convencida da insuficiência de uma reflexão sobre as invariantes antropológicas, esta história é, consequentemente, promessa de diversidade tanto nos fatos quanto nas representações.

A História Da História Das Mulheres: Circunvoluções

Fundada, pois, na constatação da negação e do esquecimento, a história da mulher emergiu e ganhou musculatura, a partir de 1970, atrelada à explosão do feminismo, articulada ao florescimento da antropologia e da história das mentalidades, bem como às novas aquisições da história social e às pesquisas, até então inéditas, sobre a memória popular. Este foi um período fundamental, no qual as feministas fizeram a história da mulher, antes mesmo dos historiadores. Depois de um primeiro impulso dado à questão, as universidades abriram suas portas aos grupos de pesquisa, criaram laboratórios para abrigar reflexões sobre o tema, encorajaram trabalhos e monografias. Dois polos fundamentais de reflexão ou duas preocupações estruturavam esta efervescência intelectual: fazer surgir as mulheres no seio de uma história pouco preocupada com as diferenças sexuais e demonstrar a opressão, a exploração e a dominação que sofriam e que as subjugava.

Neste contexto inicial, em que ideologia e identificação constituíam-se em partes integrantes do objeto estudado, a história das mulheres mais parecia um adendo à história geral; um "algo a mais". Em várias teses, historiadores chegaram a escrever um capítulo suplementar sobre as mulheres, numa espécie de generosa esmola com que se premiava o nascente movimento feminista. Agraciavam, desta maneira, o feminismo mas não a história das mulheres, e embora vigorasse uma confusão ardilosamente alimentada entre ambas era preciso separar o feminismo e sua história da história das mulheres, por tratar-se de dois objetos em si. A questão era: qual deles era subparte do outro, e parte de uma parte já dificilmente reconhecida pela disciplina histórica? A articulação entre um e outro objeto não parecia tanto mais complexa quanto o feminismo histórico parecia engolfar, com seus questionamentos, a história mesma das mulheres? De todas as maneiras, no que diz respeito aos resultados concretos das pesquisas, a história das mulheres continuava, nos anos 70, majoritariamente um trabalho de mulheres, tolerado ou marginalizado, mas sem interferência direta sobre a disciplina histórica.[12]

Paralelamente a tantas incertezas, a história dita tradicional ganhava, nesses tempos, uma nova fisionomia devido à inflexões discretas, mas definitivas em sua trajetória. Uma notável plêiade de autores, tanto da área de etnologia quanto de história, faziam sua irrupção no campo de trabalho sobre os papéis sexuais e sua diferenciação. Georges Duby é, sem dúvida, um nome emblemático dessa espécie de tomada de consciência.[13] Essa mesma tomada de consciência afirmou-se graças ao aparecimento de uma tendência que estendeu-se, então, à pesquisa histórica; essa tendência colocava em cena objetos inéditos como a sexualidade, a criminalidade, a morte, a alimentação, os desvios. Tais questões, extremamente valorizadas, neste momento, deixaram, posteriormente, de sê-lo, e os problemas que introduziram na disciplina histórica ainda não foram resolvidos. Mas não foi só isso. Outros grandes temas, cujo risco maior era o de fazer desaparecer a leitura das relações sociais, emergiram então: o medo, o pecado, as relações entre vida privada e vida pública. Neste percurso um novo campo de pesquisas se inaugurava: a história das representações culturais e sociais – em escala menor, a das políticas.[14]

Foi neste cenário que surgiu a noção nova de "cultura feminina", no interior da qual gestos e práticas são pensados e analisados como formas de cultura. Sem nenhuma dúvida, o sucesso da história cultural e das representações, além do crescente aporte das abordagens etnológicas ou antropológicas, permitiram, aos estudos sobre os papéis sexuais, a aquisição de um novo perfil na historiografia.[15] Perfil que passou a ser escrutado tão mais atentamente quanto este tendia a se impor entre cientistas europeus e americanos e que, mais além, tinha a caução de uma corrente historiográfica inovadora e brilhante. Procurando descrever os papéis femininos, chegou-se a decifrar um certo número de práticas específicas que por meio de um jogo de compensações, de interferências ou de significações simbólicas terminaram por esboçar os traços de uma cultura feminina sem a qual o sentido social não existiria. Na mesma perspectiva, o jogo de oposições simbólicas entre masculino e feminino, jogo variável ao longo do tempo e de acordo com as condições históricas, jogo semovente e possuidor de diferentes significações, serviu para mostrar que os papéis sexuais se construíram para lutar contra qualquer forma de indiferenciação sexual, considerada mortal para todas as sociedades.[16] Como veremos adiante, dez anos mais tarde, as problemáticas introduzidas, nesse momento, pela história cultural e das representações, seriam retomadas pela historiografia das mulheres.

Outras questões menos teóricas estavam, contudo, em curso nos anos 70. Vale lembrar que o movimento feminista comportava, nesse momento, uma dimensão utópica da qual extraía toda a sua força. Tratava-se, então, de mudar não apenas a condição das mulheres, mas a sociedade inteira, opondo à glorificação da produtividade, da competição e do sucesso econômico, valores voltados para a qualidade de vida, a realização pessoal e uma sociedade mais humana. O projeto feminista se propunha revolucionário e, nesse sentido, ele fracassou. O mundo do trabalho como o mundo da política, que implica domínio dos sentimentos, da emoção em face das exigências da concorrência ou da brutalidade das relações de poder, eram pouco compatíveis com o frescor da sua utopia. Mas mesmo que esses objetivos tenham se dissolvido na integração com o mundo real, o olhar feminino e feminista sobre o mundo procurava trazer uma outra dimensão às coisas. Na prática, os anos 70 foram também aqueles do controle legal da procriação, pela contracepção, bem como do aborto. Contudo, os obstáculos ao controle contraceptivo ligado à questões religiosas ou à situação dos países em desenvolvimento, como o Brasil, faziam pesar, sobre os ombros das mulheres, um pesado fardo. Havia outros freios à realização das mulheres, mesmo nos países ditos ricos. O desenvolvimento da crise econômica e o das famílias monoparentais, nas quais as mulheres desempenham o papel de chefes, assumindo ao mesmo tempo a educação das crianças e sua subsistência, conduziu-as, no mais das vezes à marginalização. Poder-se-ia, ainda, falar de realização pessoal quando o limite da pobreza não permitia sonhar com outra coisa que a sobrevivência diária?[17]

A prática científica, por meio da pesquisa e da produção intelectual, somada a condições de vida materialmente difíceis e hostis à implantação do projeto feminista, levaram às primeiras revisões sobre a historiografia da mulher. Nos anos 80 e depois de uma farta produção, os historiadores se perguntavam em que os estudos sobre a mulher teriam modificado a história tradicional ou renovado seus métodos. Algumas historiadoras afirmavam que "sem fazer novas perguntas" era difícil fazer uma história diferente.[18] A verdade é que, diferentemente de outras ciências humanas, como a sociologia, a história não tinha conseguido concretizar as necessárias rupturas epistemológicas a fim de realizar uma redefinição e um alargamento de noções tradicionais na ciência histórica. Rupturas – diga-se de passagem – nas quais se levasse em conta a experiência pessoal e subjetiva, assim como as atividades públicas e políticas. Historiadoras americanas reagiam sugerindo criar não apenas uma nova história das mulheres, mas uma nova história "tout court"![19] Mas tudo se esboroava. Não se tinha conseguido revolucionar a ciência histórica de dentro para fora, inscrevendo aí uma diferença sexual que fosse além das funções e papéis codificados pelas sociedades masculinas. Constatava-se que, mesmo tendo revelado episódios inéditos do passado das mulheres, como as lutas feministas, a história das lésbicas ou o papel das mulheres no trabalho e no lar, estava-se condenando a fazer uma história paralela.

Duas razões eram invocadas para explicar os problemas acumulados pela história das mulheres: a falta de reflexão sobre a especificidade do objeto e a aplicação de categorias de pensamento que não eram egressas da história das mulheres, mas da história "tradicional". A nova fisionomia que a disciplina histórica tinha adquirido nos anos 70, com a inclusão de "novos problemas e novos objetos" também foi alvo de críticas.[20] O estilhaçamento – ou "émiettement"[21] – da história, que se seguiu, parecia enfraquecer o sentido mesmo da história e, mais ainda, da história das mulheres. Ao lado de estudos sobre a cozinha ou o clima, acumulavam-se biografias de mulheres célebres e romances históricos num emaranhado resultado. A história demográfica, por exemplo, com a pretensão de inferir a atitude das populações em face da contracepção, às taxas de fecundidade e de ilegitimidade, ignorava que não existia adequação entre as respostas institucionais das mulheres ao casamento e seus comportamentos sexuais e afetivos. "Era como se as mulheres dissessem tudo o que fazem e fizessem tudo o que dizem"![22]

Em vez de deixar-se contaminar pela corrida da pesquisa histórica na direção de "novos objetos", fuga que, apenas, mascarava o vazio deixado pela teoria marxista da história que alimentara, até então, uma grande parte das pesquisas, era tempo de perguntar-se por que fazer a história das mulheres não era a mesma coisa que fazer a história do movimento operário ou mesmo, a história do corpo e da sexualidade. E por quê? Porque o movimento operário, por definição, já tinha um lugar bem preciso na dinâmica social e tornara-se, por isso mesmo, um ator inelutável de uma história econômica e social, enquanto as mulheres não tinham papel, senão aquele sublinhado pelo padre Manuel de Arceniaga desde 1724:

> A mulher deve estar sujeita a seu marido, reverenciar-lhe, querer-lhe, obsequiar-lhe; não deve fazer coisa alguma sem seu conselho; seu principal cuidado deve ser educar e instruir a seus filhos cristãmente, cuidar com diligência das coisas de casa, não sair dela sem necessidade e permissão de seu marido.[23]

Outra razão para as dificuldades em fazer uma história das mulheres era a constatação do silêncio a que se era confrontado ao fazer uma interpretação das fontes. Não havia pistas nem marcas. Elas não nos deixaram suas próprias impressões no material histórico levando os críticos dos anos 80 a outra pergunta: o que é a história quando se é mulher e de que maneira se participa, ou não, enquanto mulher, do processo histórico? Era preciso não esquecer que as historiadoras raciocinavam sobre fatos, eventos, sistemas políticos, estruturas sociais e ideológicas cujo sentido, para as mulheres do passado, continuava desconhecido.

Uma coisa – diziam – é afirmar que as mulheres não tinham condições de interferir diretamente sobre os fatos históricos, outra é interrogar-se sobre a dimensão de um tal fato na vida das mulheres. Os historiadores estavam sensíveis ao fato de que a percepção do tempo nas mulheres não era a mesma dos homens; elas estavam eternamente encarregadas de perpetuar e manter a vida, enquanto eles tinham a escolha potencial de transmitir uma herança, defender ou estender o seu território familiar ou nacional, ou seja, de fazer a guerra que fora, até então, um dos principais motores de transformação e dominação. Era preciso admitir que a história das mulheres só começava quando uma delas rompia com o círculo infernal da história masculina e de suas leis, para tornar-se fonte e matéria da dinâmica social. Era, também, preciso não esquecer que nos anos 70, o interesse pela história das mulheres manifestou-se como fruto de várias rupturas que as levou a buscar, no passado, uma explicação para a sua opressão e para a sua rebelião. Ao final dessa década, as historiadoras feministas admitiam que a história das mulheres não podia reduzir-se nem a um combate por um estatuto igualitário nem a uma guerra de sexos, e que era difícil reconstituí-la na sua diversidade e complexidade. Parecia-lhes que a história só retinha na sua memória aquilo que ela era capaz de entender, quer dizer, tudo o que emanava da norma masculina e de uma integração à história dos homens e de suas leis.[24]

No início dos anos 80, a história das vitórias desconhecidas ou da conhecidas humilhações das mulheres deixa de interessar um grande número de historiadores.[25] Eles reconheciam que fora preciso tirar as mulheres do silêncio e do esquecimento, mostrando os incessantes episódios de sua lutas, as incansáveis formas de resistência com que se inscreviam no tecido social e histórico, o seu abandono pela memória coletiva. Até reconheciam que o poder masculino lhes cedera um lugar no "*hit parade*" da história: elas vendiam, apareciam nas vitrines das livrarias e assim não podiam queixar-se de que não tinham espaço. Mas era preciso, contudo, reconhecer que a manobra era deliberada. O tal espaço era controlado, tratava-se de um lugar previamente assinalado, do qual não se saía sem alguns arranhões. Para estar na estante de bibliotecas e livrarias, as mulheres tinham que abrigar-se sob o guarda-chuva das minorias étnicas, nacionais, religiosas ou sexuais. Era importante, então, interrogar-se sobre essa reabilitação. Existiria, ela, de fato? A tolerada diferença não seria uma ilusão?

A solução foi mudar a abordagem. Tornava-se urgente abraçar o campo histórico como um todo, sem restringi-lo ao território do feminino. Era preciso interrogar as fontes documentais sobre as mulheres de outra maneira. Doravante, a divisão sexual dos papéis é que seria sublinhada.[26] Teria sido justamente sobre a partilha entre homens e mulheres que o silêncio da história se abatera com maior peso. Desse silêncio, o masculino saíra vencedor, inscrito na trama dos fatos históricos, enquanto o feminino desaparecia duas vezes: uma primeira vez, sob a dominação efetiva do poder masculino e sua lenta integração a um papel que lhe foi imposto. Uma segunda vez, escondida pela memória coletiva e política que não fazia surgir das sombras do evento masculino.

Esta segunda ocultação parecia mais escandalosa. A mulher que se encontrava nos arquivos impunha uma presença, ao mesmo tempo natural e paradoxal. Natural, pois, evidentemente, ela estava lá todo o tempo. Ela estava presente de forma importante, necessária, ao mesmo tempo pacificadora e revolucionária. Ela era presença eloquente, trabalhadora, móvel, agitada, fecunda, desejante e desejada. Presença em relação com o mundo e, entre outros, com o mundo masculino. Natural e paradoxalmente no lugar onde se instalara, sem percalços, a supremacia masculina: o político e a memória. Uma imensa vaga de amnésia a submergiu. A prova é que nos arquivos a encontramos entre a arraia-miúda, os "de baixo", o povo.

Ora, asseverava-se importante destrinchar a história de outra maneira, buscando nas atitudes e sensibilidades coletivas, nos fatos e práticas cotidianas, os espaços onde se abrigava a relação homem-mulher. Este olhar diferente obrigava, inicialmente, a identificar a mulher em cada lugar observável, e eles não eram poucos. Era preciso nomeá-la, reconhecê-la e compreender em que circunstâncias, nem sempre evidentes, ela foi espoliada na sua relação oficial com o mundo masculino. Explorada não por falta de presença, mas exatamente em função dessa presença.

Interessava, então, muito mais saber como funcionaram os mecanismos familiares, sociais e políticos para sufocar a mulher ou dela fazer pior imagem, do que denunciar em altos brados que os textos do século XVIII eram misóginos e que colocavam a mulher nos bastidores da história. Poder-se-ia afirmar, sempre, que tal e qual escritor, padre, pregador, filósofo ou médico do século XVII, tinha enorme desprezo pela mulher. Estas afirmações não esclareciam coisa alguma e faziam o historiador cair na armadilha fácil de achar que o passado era "um atraso, um horror"! Era muito mais importante conhecer os instrumentos e engrenagens que motivaram tais imagens e por que elas subsistiram; era muito mais importante entender quais mecanismos ordenaram o poder masculino no sentido de submeter a mulher, ocultando toda a sua atividade... Mas enquanto esses questionamentos evoluíam no estrangeiro, vejamos o que acontecia no Brasil.[27]

A História Da Mulher No Brasil

Uma primeira pergunta: em que medida estas circunvoluções da história da mulher, feitas entre Europa e Estados Unidos, atingiram a produção da mesma história, no Brasil? Tratar-se-ia dos mesmos silêncios, das mesmas faltas, dos mesmos objetos e abordagens? Que tipo de reflexão se fazia, deste lado do mundo?

Como recentemente diagnosticou uma historiadora, os estudos sobre a mulher têm tido dificuldade em encontrar um lugar nas universidades brasileiras[28], sendo vistos ora como expressão de um problema feminista, ora como simples curiosidade. Os periódicos sobre o assunto são raros e circulam em círculos fechados, atendendo a uma clientela restrita e que se alterna, ela mesma, entre a leitura e a produção de artigos.[29] Livros sobre história da mulher são raramente reeditados, o que significa que sua recepção, mesmo quando elogiada pela crítica acadêmica, não é abrangente.[30] As teses defendidas sobre as questões que envolvem a mulher, incidem mais sobre a história da família, do casamento ou da sexualidade do que sobre a mulher.[31] Cursos sobre o assunto são ministrados sem regularidade para alunos de graduação ou pós-graduação, nas faculdades de História e ocasionalmente para professores ou um público leigo, por ocasião de simpósios, bienais, ou congressos, cujo temas servem de guarda-chuva para a história da mulher.[32] Portanto, houve uma recepção morna e irregular do objeto e dos trabalhos realizados em torno do mesmo, no Brasil.

O interesse que a história da mulher recebeu no estrangeiro teve um primeiro reflexo no Brasil ao final dos anos 70. Desde 1978, os pesquisadores da Fundação Carlos Chagas de São Paulo começaram a coletar material para a realização de uma bibliografia concernente a trabalhos, na área de ciências humanas, voltados para o tema "mulher".[33] O papel relevante desta fundação para estudos sobre a mulher não parou aí. Uma série de concursos, realizados bianualmente, fizeram aflorar pesquisadores e temas bastante interessantes numa paisagem, ainda, vazia de autores. A cada concurso, as pesquisas, agraciadas com uma bolsa da Fundação Ford, desembocavam num artigo posteriormente reunido num volume. Entre 1978 e 1985 surgiram *Vivência*, *Trabalhadoras do Brasil*, *Mulher, mulheres*, *Rebeldia e submissão*, *Entre a virtude e o pecado*, *Novos olhares: mulheres e relações de gênero no Brasil*, além de um número especial do *Caderno de Pesquisas*, revista trimestral da Fundação Carlos Chagas. No ano de 1996, a Fundação resolveu suspender os concursos para historiadores. A decisão instiga, certamente, a uma crítica sobre o papel das pesquisas e sua eficácia no contexto acadêmico mais geral.[34]

O diagnóstico já mencionado [35] aponta para outra característica importante para o desenvolvimento de uma história das mulheres no Brasil: ela teria passado por uma verdadeira revolução documental, pela redescoberta da pesquisa em arquivos, por temas no seio dos quais, descortinavam-se as mulheres: sobretudo a família ou a demografia. A influência da *Nova História* em curso na Europa colocara também entre nós o desafio de pensar a sexualidade, a criminalidade, os desvios. As obras de Michel Foucault, então traduzidas e publicadas, incentivaram, por sua vez, o que no jargão acadêmico convencionou-se chamar de "historiografia da transgressão".[36] Vários historiadores, debruçados sobre as fontes egressas das instituições de poder –

a Igreja ou o Estado – varriam os escaninhos da vida social no Brasil colonial e imperial, e também republicano, em busca de práticas que se desviavam da norma no campo dos amores e do imaginário. Surgiram, assim, em artigos, teses ou livros, as histórias das concubinas[37], das prostitutas[38], das escravas rebeldes[39], das freiras[40], das lésbicas[41], das defloradas[42], das "malfaladas"[43], das pecadoras[44] , das "doidas"[45] , das pobres[46] , das escritoras feministas.[47] Devassavam-se processos de toda a ordem, lugar mesmo da transgressão. Interrogavam-se mulheres do Norte[48] ou do Sul[49] do país. Por outro lado, procurava-se compreender a perseguição movida por algumas instituições de poder masculinas (a Inquisição, a Igreja, a magistratura, a polícia) contra essas que eram apresentadas como capazes de uma surpreendente bricolagem cotidiana, quando bricolagem significava invenção, engenhosidade, e a capacidade de criar, na precariedade do dia a dia, a malha mais fina do tempo social em torno do qual a história se fazia.[50]

A inspiração vinda de fora, na escolha dos temas e no recorte das abordagens era inequívoca. Muitos historiadores bombearam na história da família feita na França, Inglaterra e Estados Unidos, temas que foram, depois, escrutados contra as fontes documentais encontradas nos nossos arquivos. Era normal que assim o fosse. Nesse momento, o casamento entre a vulgarização da história e a iniciativa de editores arrojados[51] servia para fazer circular, primeiro no estrangeiro e depois aqui, uma enorme massa de publicações sobre temas históricos que acabaram por tornar-se verdadeiros marcos dentro da disciplina. A presença de historiadores americanos, trabalhando na mesma área, acabou por estabelecer um diálogo agradável, digerido posteriormente, no coro da produção brasileira.[52]

A exploração de fontes documentais e arquivos, que até então não suscitavam maior interesse, foi fundamental para o desabrochar de uma história da mulher no Brasil. Na esteira dos demógrafos historiadores e dos historiadores da família, os arquivos passaram a ser visitados e seus documentos compulsados no sentido de deles extrair alguma luz sobre a história dos grupos subalternos.[53] As mulheres são encontradas "nas margens" junto a outros grupos como os escravos[54], os índios[55], os judeus e cristãos-novos[56], e os homossexuais.[57] São mortas e mortos que falam, contando sobre a violência ou a humilhação que sofreram, sobre os prazeres que tiveram. Essas vidas corriqueiras, absolutamente ordinárias, capturadas nos arquivos de polícia ou eclesiástico permitem, de fato, auscultar as vozes femininas, mas não nos enganemos: elas são ouvida à luz dos constrangimentos impostos pelas práticas de poder que orientam tal e qual interrogatório. A partir de restos de discurso, de fragmentos de vidas é que o historiador consegue, então, perceber as formas de racionalidade que modelavam as prática e as atividades, as relações sociais, as relações entre mulheres e homens.[58]

É importante lembrar que neste momento os utensílios de trabalho do historiador ganhavam um aliado importantíssimo: o computador. A exploração de grandes fontes seriais permitia dominar *corpus* até então inacessíveis por sua amplidão, transformando-os em quadros de cifras e gráficos. Mas não só. O computador introduziu a possibilidade de trabalhar com um número mais elevado de variáveis, ajudando o historiador a restituir o objeto a um cenário bem mais diversificado, em vez de cruzar, simplesmente, dois ou três elementos. A informática, permitiu, também, que o historiador recorresse a modelos formais para sopesar a importância de tal e qual fator no processo histórico; e mais tarde, quando a história retomava seu interesse pelos indivíduos e suas trajetórias, o computador passou a ser um diligente gestionário de dados qualitativos. O poder do computador permitiu, então, identificar indivíduos descritos por fontes diferentes, estabelecer a lista e o encadeamento de textos, de ideias, de opiniões, de reconstituir o campo semântico de uma palavra ou de um *corpus*. Documentos como as listas nominativas de populações, os processos e denunciações da Inquisição, os processos-crime eclesiásticos e civis, os relatórios de polícia, as fontes impressas literárias, religiosas ou médicas, as listas de pacientes internados em hospícios e hospitais, a lista de nomes de freiras, estudantes, professoras, as crianças abandonadas, enfim, serviram para orientar a produção de sentidos oriundos das fontes, para explicações ou interpretações.[59]

Para além destes documentos, a história da mulher beneficiou-se enormemente das fontes literárias impressas: romances, biografias, jornais e revistas abriram um vasto território de pesquisas permitindo explorar vários aspectos da vida social e do imaginário através do qual as mulheres invadiam os sonhos masculinos. Os clássicos da literatura em língua portuguesa, assim como as obras de escritoras e literárias dos séculos XIX e XX, incentivaram a reavaliação e a discussão sobre as representações femininas. Heroínas como autoras foram repertoriadas e estudadas na busca de respostas sobre as relações entre o real e suas representações, bem como sobre uma definição das representações do mundo e da mulher, como constitutivas do próprio social. Esse riquíssimo material documental permitiu, também, compreender como as mulheres (e os homens) de um determinado período se apropriavam, de uma maneira que lhes era peculiar, dos códigos e regras que lhes eram impostos. Partindo das personagens, ou das autoras, os historiadores traçavam seus percursos interrogando-se sobre suas experiências e sobre o modo de formação de suas identidades sociais. Não apenas as fontes literárias foram extremamente úteis mas a colaboração direta de cientistas vindos da área de literatura foi fundamental. E por quê? Nossos colegas literários, egressos de uma disciplina precisa, que possui discurso e métodos próprios, intervieram sobre alguns pontos nevrálgicos da documentação em questão. Esta intervenção, externa ao trabalho do historiador, permitiu-lhe importar conceitos e confrontar interpretações. Tal acréscimo de mobilidade e liberdade só resultou em maior inteligibilidade das fontes. Como não há uma epistemologia instituída, *a priori*, nos estudos sobre a mulher, a colaboração resultante de pesquisas transversais resultou na importação pontual de conceitos ou mesmo na comparação de discursos – o literário e o histórico. O encontro de duas disciplinas e de duas metodologias não reforçou nenhuma teoria sobre estudos femininos, mas, certamente, revelou trabalho de grande qualidade.[60] Das fontes literárias impressas, passou-se ao estudo das fontes seriais, ou não, da mídia contemporânea. As revistas femininas revelaram-se um território fértil para pensar ou reler a história das pequeno-burguesas, das leitoras urbanas, fazedoras de uma cultura conservadora e identificada com as regras impostas pelo Estado e a Igreja. Nas páginas coloridas do magazines desfilam modelos enraizados em símbolos – "a rainha do lar", "a mamã ideal", "a abelhinha trabalhadora" –, condutores de todas as formas de expressão que permitem às mulheres reificar, sem resistências aparentes, saberes e atitudes diante da vida. As revistas femininas, invasoras dos espaços públicos e dos privados, ajudam ainda a interiorização da dominação masculina pela interferência direta no imaginário feminino. As tensões, contudo, explodem nas "cartas das leitoras" onde se descobre o frágil equilíbrio entre as aspirações e as realidades das mulheres.[61] A mesma invasão do imaginário encontramos nos retratos das heroínas de filmes[62], de novelas da televisão ou nas letras das músicas populares.[63] As representações visuais têm, elas também, uma correspondência como modelos ideológicos de uma sociedade, e elas ajudam o historiador a percebê-los. Estudos sobre o imaginário da mulher na cultura brasileira permitiram reconstituir um conjunto de representações que transbordam para além das constatações da experiência das vidas femininas ou do encadeamento dedutivo que estas autorizam.

Os historiadores continuaram a proceder de forma eclética, tirando daqui e dali, o que lhes parecia mais importante para "fazer história", mais eficiente para compreender as fontes documentais, mais válido na determinação da abordagem a ser utilizada. Este empiricismo – não nos enganemos – é o solo no qual se constrói a própria disciplina e é parte de sua inextricável natureza. Nesta perspectiva, outra abordagem utilizada com êxito para ouvir a história vinda de baixo baseou-se na história oral e na recuperação da memória feminina. Tornava-se, então, indispensável reabilitar a subjetividade e introduzi-la na interpretação das fontes, ao nível do observado mas, também, do observador. A história oral insiste sobre este aspecto que, aliás, desabrocha nas entrevistas. A consciência de falar de um certo lugar – aquele, entre outros da opressão, da ocultação e mesmo aquele que separa pesquisadores de pesquisados – acabou por destruir a pretensa neutralidade da ciência histórica. Evocando a subjetividade do privado, a história oral ajudou a restituir-lhe a dimensão política, dando significação política aos discursos pessoais das mulheres.[64] A oralidade permitiu, assim, resgatar a identidade e a vida daquelas que vivem no anonimato: donas de casa, solteironas, viúvas, empregadas, trabalhadoras, ou miseráveis. Quanto maior a sua opressão, tanto mais importante dar-lhes voz, pois contar a sua história significa a possibilidade de reconstituição de suas identidades femininas. Os historiadores brasileiros têm dado extrema atenção ao fato de que tais lembranças e memórias apoiam-se em convenções e noções culturais capazes ou não de dar credibilidade aos relatos de mulheres.[65] Há todo um contexto cultural e histórico que os embasa, que irriga estas vozes do silêncio. Mas diante dos preconceitos contra a história oral é importante, contudo, não esquecer que a oralidade é subjacente a tudo o que se escreve em História e que grande parte dos documentos antigos sobre os quais trabalha o historiador foram produzidos pela tradição oral.

Mas a história pode se fazer também a partir de palavras, ditas na privacidade, que se transformaram em textos escritos – em diários, por exemplo. Aí, nessa infinita diversidade de palavras, na imensa complexidade dos fatos cotidianos, o historiador trabalha, ordenando as particularidades. Reagrupando as memórias femininas deixadas em cartas ou diários, o historiador vê-se diante do campo desconhecido das relações e eventos cotidianos, das relações de força e de poder microscópicas mas reais que emanam do campo da privacidade ou do campo econômico e social. As memórias femininas são então convertidas pela linguagem e pela escritura do próprio historiador, pois é ele que lhes dá sentido, ordem e legibilidade.[66]

Privacidade e intimidade nos remetem a outra questão da história das mulheres: a mulher e seu corpo. Quantas vezes os médicos e alienistas o interrogaram, aventurando-se em explicações sobre o seu funcionamento ou sobre os mecanismos do parto, da ninfomania, enfim, da loucura? Nos livros e teses escritos por homens, o corpo feminino parece uma cidadela a ser submetida às regra de um novo saber: a medicina. Deste corpo escapam tantos segredos que é absolutamente necessário reduzi-lo e adestrá-lo. Por trás da ideia de um corpo que é também terra desconhecida, cartografia ilegível a ser devassada pelo conhecimento objetivo, existe igualmente o reconhecimento do corpo enquanto uma potência que desafia as argúcias do saber mesmo quando ele chega a compreender as obscuridades da fisiologia feminina. Os textos médico defrontam-se com a descoberta da violência feminina: a violência que brota do corpo da mulher no paroxismo de seus sintomas, de suas criações. Embora não esteja escrito em parte alguma que ela possa ser violenta e poderosa e o que se leia, na maior parte do tempo, seja sua fragilidade e vulnerabilidade ante o homem, os casos médicos revelam outra história. Eles nos contam sobre a inacreditável vitalidade feminina, a violência de suas entranhas, os sobressaltos de seu ventre, a força de seu punho, a voragem de seu inconsciente. Nos documentos dos séculos XVI ao XIX, os médicos parecem apavorados diante de um tal caos de possibilidades e eles parecem colocar sua técnica a serviço do medo que a mulher lhes inspira; eles estão lá para exorcizá-la.[67]

Violência, medo, desejo, tudo isso se mistura e o encontro com tantas diversas realidades os incita a criar estratégias que serão as da dominação. Prostitutas, mães pobres infanticidas, loucas, desesperadas desfilam aos olhos do historiadores. A sociedade sobre a qual eles se debruçam parece-lhes aprisionada numa contradição que só será resolvida mais tarde: a mulher precisa ser protegida mas ela possui uma força e um leque de possibilidades que desarmam qualquer um.

Uma outra maneira de saber, afinal, quem é a mulher na história é deter-se nos trabalhos sobre a história do feminismo. Inicialmente efervescente e combativo, o movimento feminista no Brasil encontra-se, hoje, num estado de interrogações, ambivalências e contradições, resultantes de seus sucessos, mas também de seus fracassos. No campo da pesquisa, o feminismo criou, por sua vez, uma trajetória à parte. Não há nenhuma relação entre a história da mulher, como ela vem sendo feita por historiadores sociais, e a história do feminismo. A primeira nasceu de várias e novas abordagens e métodos da história social e a segunda, do trabalho de pesquisa de cientistas sociais feministas. No primeiro caso, a transdisciplinaridade dá o tom e o historiador inscreve a história da mulher em um objeto de discussão mais abrangente, podendo este ser a demografia, a família, a feitiçaria, o sexo, a criminalidade, a literatura, o trabalho, etc. No segundo, destaca-se o esforço de desenvolver uma reflexão, não necessariamente dentro da universidade, mas à sua sombra. Grupos feministas informais, alternativos, comunitários extraem a energia de seus trabalhos da experiência e da vivência cotidianas. Mas seu isolamento intelectual e as características tautológicas de suas teses os tornaram uma categoria à parte na historiografia. Até os anos 80, algumas teses foram defendidas tentando unificar as duas tendências, cujas diferenças, a partir de então, se aprofundaram.[68] Depois, os caminhos se bifurcaram e os avanços políticos feitos pela mulher deixaram de ser objeto de estudo para historiadores.

No início dos anos 90, um conceito importado chegava ao Brasil: gênero. Seria o fim da história da mulher e o início da história de gênero? Acreditamos que não. Mas vejamos, primeiro, o que se entende por "gênero".

História De Gênero Ou História Das Mulheres: Mutação, Uma Alternativa Pragmática Ou Uma Nova Linha Divisória?

Na metade dos anos 70, historiadoras americana como Natalie Zemon Davies e Joan Kelly, entre outras, registraram sua crença na necessidade de estudar e compreender os grupos de gênero no passado, a construção dos papéis sexuais, seus sentidos e significações. É importante sublinhar que essas duas historiadoras, especialistas em história moderna europeia, tinham sido veementemente expostas aos novos rumos que vinha tomando a história social – voltada, então, como já explicamos para história das mentalidades, da vida material e a antropologia histórica – na Europa. A mesma Europa que sediara suas pesquisas na abordagem mais tarde configurada como uma ampla história cultural.[69]

O interesse pelo conceito cresceu a partir de uma discussão feita por Joan Kelly a respeito das "relações sociais entre os sexos"[70], na qual a autora expressa a necessidade de encarar o sexo como uma categoria necessária para a análise social e as relações entre os sexos referidas às mudanças históricas. Observe-se que, coincidentemente, na França já se fazia uma história das relações entre homem e mulher, e não apenas do feminino.

Na mão dos historiadores da cultura, a distinção sexual tornava-se um instrumento analítico a ser utilizado da mesma forma que o eram as distinções de classe social ou raça. Nesta perspectiva, homens e mulheres tornavam-se o produto de um processo de aculturação, eles eram, por assim dizer, fabricados e não nasciam como se apresentavam socialmente. Diante do fechamento dos "Women's Studies" desenvolvidos nas universidades americanas, parecia-lhe artificial e exagerado isolar o homem quando este era tão importante quanto a mulher para a compreensão da dinâmica cultural de uma dada sociedade. Contra as práticas elípticas dos "Woman's Studies", esta abordagem contribuía para transformar a história das mulheres em história do gênero, ou em "Gender Studies". A noção de uma história atrelada ao processo de definição do masculino e do feminino numa dada sociedade, em vez de uma história exclusivamente voltada para as mulheres foi imediatamente aceita.[71] Segundo ainda uma renomada historiadora[72], a maneira como a história de gênero iria incluir e apresentar a experiência das mulheres dependeria da maneira como o conceito poderia ser desenvolvido como uma categoria de análise possivelmente articulada com outras como classe ou raça. O interesse por estas categorias assinala não apenas o compromisso do historiador com a história vista de baixo, do ponto de vista dos oprimidos, mas que as desigualdades também passam por estes outros eixos.

No Brasil, esta questão ainda não foi explicitamente fagocitada sob o ponto de vista teórico, pelo menos entre historiadores.[73] Não podemos afirmar que já exista, aqui, uma tendência epistemológica definida sobre o assunto. Na sua grande maioria, os historiadores continuam preocupados com as mulheres, nas suas relações com os homens, no interior de recortes temáticos que como mostramos, podem ser os mais variados. Por outro lado, inúmeros grupos de pesquisa interdisciplinar, muitos deles localizados em faculdades de Educação ou Higiene e Saúde, outros em torno de centros de estudo populacional ou de trabalho, acabaram por adotar o conceito em busca de uma categoria analítica que dê conta da forma pela qual homens e mulheres vivenciam suas experiências – históricas ou não – de forma específica. A imprecisão conceitual e o desconhecimento de uma compreensão homogênea sobre o que seja "gênero" conduz, muitas vezes, a equívocos como a utilização da variável gênero em tabelas sobre sexo. Alguns centros, originalmente transdisciplinares, acabaram optando pela criação de núcleos com recortes bem definidos do tipo: "gênero e história da educação" ou "gênero e afetividade", na busca de resultados mais objetivos para suas pesquisas.

Além de não ter sido suficientemente digerido por historiadores, o conceito de gênero não dá conta de alguns problemas que surgiram na historiografia brasileira mais recente. Nesta, existem dois eixos que organizam, *grosso modo*, a produção. De um lado, trabalhos e ensaios sobre as representações da mulher (na literatura, na iconografia, nos discursos médicos, científicos, filosóficos e jurídicos) e de outro, trabalhos e ensaios sobre a história social das mulheres (família, economia, demografia, etc.). O conceito de gênero, segundo alguns autores, deveria servir para corrigir o empirismo, um pouco ingênuo, que caracterizaria a história da mulher feita até então. Esta correção permitiria mesmo o quase desaparecimento da mulher, pois do ponto de vista teórico ela não existiria. Seria, apenas, o resultado da construção de discursos convergentes filosóficos, religiosos, médicos, científicos, enfim, de uma "construção" que tem que ser desconstruída, nos moldes sugeridos por Jacques Derrida.

Como bem lembra Gianna Pomata[74], a história do gênero compreendida como história da construção social, através de discursos e práticas, de categorias do masculino e do feminino é legítima e representa um território útil à pesquisa histórica. Mas não podemos confundi-la com a história das mulheres nem, tampouco, obliterar a necessidade de uma história social das mulheres. A tarefa da história das mulheres – insiste a mesma autora, com a qual concordamos – não é a desconstrução dos discursos masculinos sobre as mulheres, mas, sim, a ultrapassagem da pobreza dos fatos que tornou a vida dessas atoras sociais tão descarnada. É preciso fazer uma história erudita, baseada num máximo de informações, guiada por um fio que conduza, através da realidade concreta, ao fato material e social, história capaz de criar um entorno que nos ajude a compreender qual o efeito prático dessa avalanche de discursos sobre a vida da mulher ou quais são as relações entre discursos e práticas.

A respeito dos estudos sobre as mulheres, Roger Chartier fez algumas observações que também devem ser levadas em conta, uma vez que incitam a reflexão sobre de como pensar a diferença, além de refletir os pressupostos da história cultural na história das mulheres. É fundamental não reduzir as clivagens entre homem e mulher a um único princípio de diferenciação (o sexo ou o gênero), mas focar a atenção sobre os usos sexualmente diferenciados de modelos culturais comuns aos dois sexos. Não devemos, pois, nos contentar com o diagnóstico apressado que caracteriza a especificidade a partir de uma diferença (sexo masculino ou feminino, gênero masculino ou feminino) mas definir a natureza desta diferença, diferença que imprime suas marcas nas práticas femininas, mas que encontra sua lógica no código de comportamentos partilhado pelos dois sexos. O essencial não é opor uma definição histórica e uma definição biológica da oposição masculino/feminino, mas de tentar identificar, para cada configuração histórica, os mecanismos que enunciam e representam, como um dado "natural", logo, biológico, a divisão social – logo, histórica – dos papéis e funções exercidos por homens e mulheres.[75]

Se todos estes comentários trazem luz ao debate sobre a história das mulheres, eles não definem as características do que fazemos no Brasil.[76] Aqui, a produção incide sobre as mulheres, mas também sobre o vasto território no qual elas se movimentam. A história das mulheres engloba, portanto, a história de suas famílias, de suas crianças, de seu trabalho, de seu cotidiano, de suas representações na literatura, na mídia, na sociedade na qual estão inseridas. Sua história é a história de seu corpo, de sua sexualidade, da violência que sofreu ou praticou, da sua loucura, dos seus amores e outros sentimentos. Sua história é, igualmente, a das representações que se fazem sobre elas, representações que fazem sonhar, como as que giram em torno da "casta", da "boa esposa e mãe", da "sedutora"; mas representações que fazem odiar, como as que cercam as feiticeiras, as lésbicas, as rebeldes, as anarquistas, as prostitutas ou as loucas. As mulheres exsudam de uma cronologia ditada pelas fontes documentais, fontes elas mesmas tradutoras de mudanças estruturais no mundo político, econômico, religioso. Elas circulam em documentos de toda a sorte: processos da Inquisição, processos-crime, leis, livros de medicina, crônicas de viagens, atas de batismo, casamento e óbito, diários, cartas, fotos, relatórios médicos e policiais, jornais e pinturas, livros de sua própria autoria, revistas, filmes e letras de música, textos produzidos em sindicatos ou no interior de movimentos sociais. O exame e a interpretação desses documentos faculta a realização de uma história relacional, uma história que envolve as aspirações e realizações, parceiros e contemporâneos, construções e derrotas femininas, marcando a produção historiográfica com a complexidade e a diversidade das experiências vividas por nossas mulheres.[77]

Outra característica interessante é que, contrariamente ao que ocorre na Europa ou Estados Unidos, a história das mulheres é feita, aqui, por mulheres, mas, também, por homens. Homens que estudam – é certo – as mulheres dentro de suas especialidades mas que, como qualquer historiadora têm habilidade para erguer o véu que cobre sua intimidade, revelando os comportamentos da vida diária, as formas de violência das quais elas são vítimas ou os sutis mecanismos de defesa de que lançam mão.[78]

Na historiografia sobre a mulher, certos problemas são, contudo, bastante visíveis. O primeiro deles diz respeito aos documentos comumente utilizados. Trata-se de documentos fragmentários em que na maior parte das vezes encontramos vozes masculinas, vozes estas que no passado raramente separavam o mundo do homem daquele da mulher. A informação documental disponível é pouca, para os primeiros séculos da colonização, tornando-se caudalosa a produção de fontes impressas a partir da segunda metade do século XIX até os dias de hoje. Outro problema é que faltam historiadores, homens e mulheres, que interpretem com maior frequência o estabelecimento, a gênese e a importância dos fato históricos que envolvem as mulheres, como falta um maior número de pesquisas regionais ou sínteses, que nos permitam resgatá-las de regiões do país onde o tema ainda não despertou vocações. Outro problema, ainda, é o fato de que, diferentemente do que ocorreu em países estrangeiros, a chamada História Social da Mulher não teve entre nós tanta repercussão a ponto de inundar o mercado editorial de publicações diversas, inspiradas por engajamentos ou convicções éticas, ou ainda por pesquisas acadêmicas que fornecessem sobre o assunto uma bibliografia mais vasta do que a existente. O historiador tem dificuldade em dialogar com um número representativo de pares, além do grosso da bibliografia publicada concentrar-se no sudeste. Faltam debates sobre a história da mulher, fora do círculo restrito das pioneiras e ainda hoje, poucas, feministas, e como sublinhou bem uma historiadora: "Até hoje não conseguimos realizar um congresso nacional sobre estudos de história da mulher"[79] *Last, but not least*, a abordagem metodológica, utilizada pela maioria dos historiadores, a da história social, encontra-se vincada pela complexidade dos problemas que a cercam e pelas dificuldades de transformar o material histórico em alavanca do próprio trabalho.

Mas ao cabo deste capítulo poderíamos nos perguntar: para que serve a história das mulheres? E a resposta viria simples: para fazê-las existir, viver e ser. Esta é, afinal, uma das funções potenciais da História. Acreditamos que não interessa ao historiador fazer a história das mulheres em termos de erros ou de acertos sobre o seu passado, contar a saga de heroínas ou mártires, o que seria de um terrível anacronismo. Sua função maior deve ser a de enfocá-las através da submissão, da negociação, das tensões e das contradições que se estabeleceram, em diferentes épocas, entre elas e seu tempo; entre elas e a sociedade nas quais estavam inseridas. Trata-se de desvendar as intricadas relações entre a mulher, a sociedade e o fato, mostrando como o ser social que ela é articula-se com o fato social que ela mesma fabrica e do qual faz parte integrante. Trata-se, igualmente, de um desafio no sentido de fazer uma história total da mulher, na qual se contemplem as grandes evoluções, profundas e silenciosas, dos comportamentos, aquelas, dos sentimentos religiosos ou das mentalidades, as demográficas e as técnicas. Mas história da qual não estejam ausentes o pequenos gestos, as práticas miúdas e repetitivas do cotidiano, as furtivas formas de consentimento e interiorização das pressões, simbólicas ou concretas, exercidas contra as mulheres.

Se sabemos que a empiria da diferença sexual funda o conhecimento e incita a pensar as diferenças, as vozes femininas na história, essas "vozes do silêncio" talvez nos ajudem a responder se a igualdade entre homens e mulheres pode existir, em detrimento da diferença? Ou se o verdadeiro espaço da mulher não passa, exatamente, pela sua diferença, pelo fato de ser mulher? Porque ainda há silêncios e porque esta história ainda está por ser feita, e contada, é que ela é tão necessária. Se há, ainda, tantas questões e perguntas é porque esta história se abre para novas histórias e para novas maneiras de fazer a história da mulher e das mulheres.

HISTÓRIA E HISTORIOGRAFIA DAS CIDADES, UM PERCURSO

Maria Stella M. Bresciani (UNICAMP)

As cidades são antes de tudo uma experiência visual. Traçado de ruas, essas vias de circulação ladeadas de construções, os vazios das praças cercadas por igrejas e edifícios públicos, o movimento de pessoas e a agitação das atividade concentradas num mesmo espaço. E mais, um lugar saturado de significações acumuladas através do tempo, uma produção social sempre referida a alguma de suas formas de inserção topográfica ou particularidades arquitetônicas.

Em um trecho do longo poema "Prelude", o inglês Wordsworth compõe literariamente o impacto visual da chegada à cidade de Londres na virada do século XVIII para o XIX.

> Rise up, thou monstrous ant-hill on the plain
> of a too busy world! Before me flow,
> Thou endless stream of men and moving things![1]
> (Wordsworth, Prelude, 1799-1805)

O recurso a metáforas, tal como "Levanta, oh! Tu monstruoso formigueiro na planície", se por um lado constitui figura de linguagem poética, por outro logra passar, através de uma representação estética, a impressão emocional causada por cenas jamais vistas, ou revisitadas com igual perplexidade. A imagem do formigueiro imenso, evidência "de um mundo muito atarefado", completa-se com a subsequente imagem do olhar maravilhado perante o fluxo infindável de pessoas caminhando pelas ruas, face a face, lado a lado, anonimamente, confundindo-se com a multiplicidade de objetos, cores, luzes e formas. Traduz o olhar do viajante e dos transeuntes mais atentos ao contraste com o bucólico das paisagens campestres. Aqui, na capital inglesa, Wordsworth assinala os brasões nas fachadas das lojas, outra imagem metafórica, anunciando a presença de uma nova aristocracia baseada no dinheiro. Sem dúvida uma representação que dá conta do impacto visual anunciando uma nova cena urbana, que fala da dificuldade de nomear coisas inéditas.

A Cidade, Uma Referência Estética

Entre as possibilidades de entrar na cidade moderna, escolhi aquela que se detém na sua materialidade: implantação no terreno, traçado de ruas e praças, as formas arquitetônicas de seus edifícios públicos e particulares. Proponho, pois, acompanhar como essa experiência do olhar se expressou formulando apreciações que constituíram contrastes persistentes, não só, entre campo e cidade, mas também, entre aspectos considerados positivos e o lado obscuro, negativo até, da vida urbana. São apreciações acumuladas, sobrepostas, amalgamadas ou polarizadas e fazem parte das opiniões comumente expressas, das mais variadas maneiras, por aqueles que vivem ou falam da cidade, por aqueles que, de um ponto de vista literário, técnico ou acadêmico (memorialistas, poetas, romancistas, sociólogos, urbanistas, economistas, historiadores, entre outros) dedicam-se aos temas urbanos.[2]

Comecemos com um trecho da crônica de Mário de Andrade, publicada no *Diário Nacional* em 11 de novembro de 1927[3]:

> A tardinha desembocava apenas pro lado da Lapa. Todo mundo enveredava já para casa e São Paulo num chinfrim de bondes e automóveis, era uma glorificação do pó. Encontrei seu Marcondes na esquina do Correio.

Descrições bastante extensas das cidades estão sempre presentes nos escritos de viajantes. Referências a certos lugares, descrições de bairros ou de transformações em determinadas áreas são constantes nos relatos de memorialistas e textos de literatos. Pontos de referência para o leitor, mas também algo relacionado à permanência das formas do traçado urbano e das edificações, ou mesmo da sua rápida transformação, fazem da materialidade dos núcleos urbanos um suporte da memória, recorte preciso com contornos apreensíveis, capaz de orientar o conhecimento ou o reconhecimento dos que por elas passam ou nelas moram.

Nem sempre a experiência visual resulta em impressões agradáveis. Se para Wordsworth, a paisagem de Londres lhe pareceu assustadora por sua variedade e dimensão, daí sublime, para Alfredo Moreira Pinto, a São Paulo que revê em 1900, após trinta anos de ausência, não causa num primeiro momento um impacto positivo. Seus registros do reencontro ao chegar à cidade dizem da má impressão causada pelo aspecto do nascente bairro industrial e operário separado, por terrenos alagadiços cortados pelo rio Tamanduateí, da área central mais antiga, o triângulo irregular formado pelas ruas 15 de Novembro, Direita e São Bento, celebrado por memorialistas e literatos:

> Para quem desembarca na estação do Norte, da Estrada de Ferro Central do Brazil, o aspecto da cidade não impressiona bem.

> Com effeito, o viajante depara logo com o Braz, arrabalde muito populoso, mas que não prima pelo asseio, nem pela belleza de seus predios particulares; depois passa por uma extensa varzea, muito maltratada, da qual se avista a cidade em um alto com os fundos das casa voltados para o viajante.[4]

No entanto, nas palavras de apresentação do livro, quase pede desculpas pela ousadia de "descrever a bella cidade de S. Paulo". Parece mesmo se antecipar, minimizando a descrição negativa que fará algumas páginas depois, dizendo, "são tantas as bellezas que ella encerra que receio fazer uma descripção que não esteja na altura a que ella tem direito".

Esta imagem positiva se funda na ideia de progresso. É a expansão territorial e a variedade das construções e da população, antes paulista, agora entremeada de imigrantes, que o encanta. É o passeio através dos novos bairros burgueses recém-abertos, pelas praças e jardins cuidados, que em suas anotações de viagem falam do efeito visual das mudanças e da amplidão da cidade. Ruas de traçado regular, amplas, arborizadas e iluminadas, mansões cercadas de jardins, a natureza domesticada e reelaborada para o prazer estético do homem.

Suas palavras expressam a familiaridade com os sinais do "progresso", assinalados por tantos outros autores, que, nesses anos iniciais do século, registram lado a lado o aumento de atividades na área central da cidade como resultado da instalação de cafés, confeitarias, bares e cervejarias, de hotéis luxuosos e confortáveis, quiosques e inúmeras lojas com suas vitrines bem-arrumadas, a instalação de indústrias e ferrovias. São vários momentos da sequência de modificações a modelar uma cidade, conferirlhe "a condição de metrópole do café".[5] Momentos que a separam do burgo pequeno, mal desenhado na área onde se originara, percurso assim descrito por Paulo Cursino de Moura[6], lembrando a formação de São Paulo "suas ruas tortuosas serpenteando no cabeço da colina", irregulares. Momentos comuns às cidades brasileiras:

> Para a formação de uma rua, primeiro fazem os pés dos viandantes o trilho, [...]. Depois, vem o caminho. Aí a enxada trabalhou. [...] Mais tarde, a estrada. Com nome, com cerca, com algum pedaço de muro, com duas ou três casas, com a venda na encruzilhada. Finalmente, surge a rua. A cidade, então, já tem Câmara Municipal, já tem vigário.

Frase que corresponde à escrita por Walter Benjamin décadas depois, definindo já conceitualmente a rua, qualquer rua:

> Para ser compreendida a "rua" deve se desembaraçar da noção mais antiga de "caminho". [...] O caminho leva em si os terrores

da errância, que aureolaram os chefes das tribos nômades. [...] Já aquele que toma uma rua não tem, aparentemente, necessidade de uma mão que o aconselhe e o guie. Na rua, o homem não se entrega à errância; ao contrário, ali ele sucumbe ao fascínio da faixa de asfalto que se desenrola frente a ele monótona.[7]

Este contraste entre o caráter rude, agressivo mesmo, atribuído à natureza maltratada ou descuidada e a avaliação positiva da natureza transformada pelas habilidades humanas remete certamente para uma das representações simbólica mais antigas que temos, da casa, e da caverna sua antecessora, como lugar de refúgio e conforto, e da cidade como aglomerado dessas unidades, ampliando para o plano coletivo a proteção e a segurança. Divisar ao longe os muros de uma cidade significou para o viajante, desde tempos imemoriais, a certeza de estar se aproximando do final da jornada fatigante e cheia de perigos através dos campos, desertos, montanhas, mares e rios. Sem dúvida, a sensação de conforto que sentimos ao final de uma viagem ou no regresso à cidade em que vivemos repõe em um registro semelhante essa antiga concepção de acolhimento.

A Cidade, Entre Vícios E Virtudes

Contudo, nos séculos XVIII e XIX, imagens e representações elaboradas sobre as cidades têm lhes conferido avaliações nem sempre positivas. Edmund Burke, autor de importantes textos políticos e estéticos, considerou, no final do século XVIII, que "no estado de rude natureza não é possível existir um povo". Faz-se necessária, prossegue, a ideia de corporação, um constructo, portanto algo totalmente artificial, uma ficção legal, ou seja, o contrato que forma a sociedade acordado em comum consentimento. Com essas afirmações, reproduzia uma noção anterior, já presente nos textos de pensadores políticos ingleses do século XVII, uma noção, entretanto, talvez tão antiga quanto o mito do roubo do fogo por Prometeu, mito que conferia às habilidades e astúcias do homem sua condição de sobrevivência independente dos humores de Zeus.

> Nos tempos da Renascença [diz Keith Thomas[8], estudioso das relações entre o homem e a natureza nos três séculos que precedem a formação da moderna sociedade industrial], a cidade era sinônimo de civilidade, o campo de rudeza e rusticidade, [era mesmo considerada] o berço do aprendizado, das boas maneiras, do gosto e da sofisticação. John Locke, no século XVII, afirma que os habitantes "civis e racionais" das cidades contrastavam com os moradores "irracionais e ignorantes dos bosques e florestas".

Esta imagem persistente, já que "séculos a fio os muros das cidades simbolizaram tanto a segurança quanto o empreendimento propriamente humano", veio a conviver no século XVIII com avaliações negativas referidas "à qualidade do ar londrino, [...] à poluição causada pelos gases e detritos gerados com a fermentação de cerveja, a tintura de roupas, a fabricação de gomas e tijolos, e todas as outras indústrias [lá] instaladas, [...] além da superpopulação que a tornou insalubre". Entretanto, ao lado de afirmações como as acima indicadas, eram frequentes, segundo Thomas, as expressões de satisfação com a beleza das suas praças, dos novos edifícios em Bath ou da Cidade Nova de Edimburgo, todos produtos de intervenções projetadas. Fica nítido, pois, o liame entre a imagem positiva das cidades e nossa capacidade de entendimento racional. Esta relação é dita de maneira explícita pelo poeta e ensaísta americano Ralph Emerson:

> The city delights the understanding. It is made up of finites; short, sharp, mathematical lines, all calculable. It is full of varieties, of successions, of contrivances. [...] It is the School of the Reason.[9]

A opinião, expressa no século XIX, fora reforçada por homens cultos do Século das Luzes, tais como Adam Smith e Voltaire, que viam na cidade a dinâmica da civilização, acompanhada contudo por seu cortejo de artificialidade e dependência do campo.[10] Essa concepção perdura, com traços acentuados e muitas vezes radicalmente contrastantes, como contraponto e referência das formas de vida na moderna sociedade industrial. Assim, se autores críticos das grandes cidades, entre eles Friedrich Engels, nelas identificam, já na primeira metade do século XIX, a relação perversa de criação da riqueza diretamente proporcional ao aumento da pobreza miserável, essa duplicidade é reiterada por pensadores importantes da virada do século XIX para o XX, ao aceitarem o desafio de avaliar o mal-estar inerente ao mundo civilizado[11] e a contrapartida de anonimato e solidão paga pelo citadino em troca da liberdade usufruída e criatividade potencializada.[12] Também a solidariedade e o conforto, supostamente presentes na vida em comunidade, desfeitos ambos pela concorrência e atomismo reinante entre os habitantes dos grandes centros urbanos, têm sido a tônica dos argumentos de autores, como Lewis Mumford que, desde os anos 30 propõe buscar nos pequenos agrupamentos a qualidade de vida das cidades pré-industriais[13], deles fazendo um antídoto para a expansão e congestão, movimentos complementares da vida na megalópole.

Permanece, dessa maneira, outra constante: a estreita relação entre a representação intelectualizada da vida urbana e a percepção da cidade pelas pessoas cultas. Mais ou menos idealizadas, francamente favoráveis ou criticamente exacerbadas, essas avaliações se encarregam de apresentar uma explicação apaziguada, porque traduzida em termos racionais, da vida citadina, mesmo quando iniciam sua exposição com uma imagem terrível e assustadora do "monstro urbano". Afinal, desde meados do século XVIII, pelo menos, sabemos com Edmund Burke, que equacionar um problema, por mais complicado que seja, reduz o impacto emocional, ou o "efeito do sublime", provocado em nossas mentes por fenômenos assustadores.[14]

O acúmulo de avaliações complexas e contraditórias inicialmente realizadas por filósofos, filantropos, médicos, logo depois, por engenheiros sanitários, historiadores, sociólogos e urbanistas compõe o campo dos estudos sobre as condições de vida nos núcleos urbanos. Pode-se dizer que, se durante o século XVIII, nas teorias sobre as cidades prevalecia a dimensão projetiva e idealizada, no século XIX, as cidades, em especial as grandes capitais europeias e os nascentes núcleos industriais, ofereceram material abundante para observação e avaliações dos efeitos materiais e intelectuais do crescimento urbano nas suas populações. É sobre essa base, constituída pelos estudos desenvolvidos na primeira metade do século XIX, que intelectuais – acadêmicos e homens de governo – elaboram propostas de intervenção, escolhidas e executadas pela iniciativa privada e pelos poderes públicos.

Penso que após esta introdução, posso propor como suporte teórico para o ensaio de avaliação dos estudos urbanos, que as formas de representação da cidade foram e continuam solidárias à políticas urbanas e práticas de intervenção. Importa enfatizar que os saberes constituídos formam imagens e representações das cidades, constructos intelectuais que colaboram na formação de campos conceituais que orientam a observação e a avaliação delas. Em outras palavras, não por acaso várias disciplinas se formaram a partir de preocupações sobre a vida nas grandes cidades modernas e, com base no conhecimento recolhido, constituíram seus recortes disciplinares específicos. Nessa ampla gama de estudos da questão urbana, a história representou parcela pouco significativa até há pouco tempo.

A solidariedade sugerida entre representações e avaliações de aspectos da vida urbana e um dado saber constituído acontece exatamente pela forma como se define uma área de competência acadêmica e/ou técnica através dos registros feitos pelo olhar amparado conceitualmente e a subsequente problematização dos aspectos observados. Pode-se falar de "invenções" eruditas que elaboram problemas com base em cenas do cotidiano, antes pouco merecedoras de atenção sistemática, atenção esta que não se confunde com as observações dos memorialistas, poeta e literatos. Um movimento de conhecimento que vai da observação "interessada" da cidade, à elaboração de imagens e representações que fornecem subsídios para a constituição de campos conceituais e práticas políticas. Ensaiemos trabalhar com esse pressuposto.

A Constituição De Um Campo Temático

A trajetória deste artigo mapeia uma pequena parcela da extensa produção acadêmica sobre as questões relativas às cidades. Percorre inicialmente a bibliografia internacional, já que as cidades formadas ou em expansão nos começos da industrialização constituíram o recorte temático básico da problematização das condições de vida dos núcleos urbanos e ponto de partida de minha própria trajetória. Passo em seguida para a produção acadêmica voltada para as cidades brasileira, fazendo, por impossibilidade de dar conta dos muitos trabalhos recentes sobre várias delas, medida de cautela pois, um recorte na cidade de São Paulo do período republicano. Considero estimulante, e um desafio para nós, a leitura crítica de parte da extraordinária quantidade de trabalhos existentes numa área temática atravessada por várias disciplinas, onde os historiadores representam uma minoria.

Reconhecidamente, o tema urbano tem sido, entre os estudiosos das cidades brasileiras, objeto das pesquisas de geógrafos, arquitetos e urbanistas, sociólogos, economistas e, mais recentemente, de antropólogos e historiadores. É importante notar que somente na década de 1980, uma área temática específica sobre *Cidades* ganha definição precisa como linha de pesquisa em programas de pós-graduação na universidade brasileira, dando lugar à formação de grupos de pesquisadores e estimulando os estudos urbanos nos domínios da historiografia.

Estará, assim, expresso neste texto muito de uma trajetória recente de produção de trabalhos, sem dúvida um percurso pessoal como responsável pela implantação da Linha de Pesquisa "Cultura e Cidades" do Programa de Pós-graduação em História Social na Unicamp em 1985. Neste percurso, marcado por indicações de colegas, descobertas ao acaso e, em especial, pelas discussões em sala de aula, laboratórios e seminários, acompanhamento de pesquisas e participação em bancas examinadoras de monografia de mestrado e Teses de doutorado, se impôs de maneira irrecusável a importância dos estudos interdisciplinares. A troca de informações e de resultados de trabalho e a presença em eventos reunindo arquitetos-urbanistas, sociólogos, economista, antropólogos e historiadores indicaram a necessidade de ampliar a avaliação da produção acadêmica sobre temas urbanos de maneira a acolher essa produção de origem diversificada.

Contudo, obedecendo a um impulso afetivo e ético, escolhi iniciar este balanço bibliográfico pela questão das condições de vida da população pobre das grandes cidades, a presença das multidões permanentes nas ruas e lugares públicos, indo e vindo do trabalho, mas também, em certos momentos, reivindicando o direito à expressão política. Prevaleceram as leituras da ampla bibliografia internacional, já que a preocupação com os "bairros ruins" aparece como resultado das apreensões relativas às epidemias de cólera e tifo, que desde os anos iniciais da década de 1830, assolaram a Europa dando lugar à observações detalhadas e sistemáticas das áreas de maior propagação das doenças. Forma-se uma preocupação constante relativa ao meio ambiente dos centros urbanos que até hoje prevalece, acrescida com a recente atenção ecológica para o desenvolvimento sustentável.

O artigo de François Beguin, publicado no número 29 da revista *Recherche*, constitui um marco importante nesse percurso. Com ele pudemos acompanhar a problematização das cidades através da elaboração intelectual de uma "questão urbana".[15] Em busca de belas soluções arquitetônicas, desenhos de novos traçados de ruas e avenidas, Beguin diz ter sido frustrado em suas expectativas ao se deparar com projetos e a implantação de um mobiliário urbano invisível, porque instalado nos subterrâneos da cidade de Londres. Equipamentos coletivos (tubulação para distribuição de água, gás, coleta de esgotos) fizeram da capital inglesa o primeiro local de realização de projetos de intervenção urbana efetivamente modernos, desvencilhados da preocupação de efeitos teatrais do período barroco.

A Paris de Haussmann, o prefeito de Luis Napoleão Bonaparte, responsável por dar à cidade sua configuração moderna nas décadas de 1850 e 1860, e exemplo modelar para outras reformas urbanas no século XIX e início do XX, manteve-se, do ponto de vista desse autor, ainda marcada pela tradição anterior. Grandes perspectivas interrompidas por edifícios magníficos, praças monumentais, já despidas de sua função de lugar de encontro de pessoas, pois cercadas por largas vias de circulação, edifícios com fachadas e altura obrigatoriamente padronizadas ladeando as novas avenidas e compondo um *décor* para as atividades da cidade, cruzavam-se nos planos do prefeito com a intenção moderna de desamontoar e limpar a cidade, dotá-la com um plano coerente que reduzisse os transtornos do que passou a ser considerado a inextricável trama de ruas estreitas e tortuosas, becos sem saída, resquícios medievais.

Acompanhando os argumentos de Beguin, pode-se identificar o começo do que virá a ser o urbanismo moderno no encontro necessário entre o saber médico e as técnicas da engenharia, configurando as bases das práticas sanitárias que até as primeiras décadas do século XX mantiveram-se como referência para as intervenções nas cidades. Pode-se também acompanhar o delineamento de uma estratégia para disciplinar os comportamentos da população através do conforto proporcionado por equipamentos coletivos que foram no decorrer de quase dois séculos multiplicando-se de maneira a fazer dos habitantes das grandes cidades seres domésticos, voluntariamente aprisionados pelas comodidades da água quente, das notícias fornecidas pelos jornais, rádio, televisão, internet, isolados mesmo quando nas ruas em seus automóveis ou coletivamente ensimesmados nos meios de transporte de massa.

Produzido no coletivo do Cerfi[16], traduz os embates e conflitos dos intelectuais marxistas após maio de 1968. Deleuze e Guattari, mas principalmente Michel Foucault, aparecem em cena, e introduzem nas pesquisas um campo de preocupações sobre a dimensão produtiva do "poder". Nas palavras de apresentação do número 13 dessa mesma revista, dedicada ao estudo dos "Equipamentos do Poder", os autores aderem à sugestão de Foucault de que "uma decisão do poder [a Grande internação de 1656[17]] está na origem da divisão entre Razão e Desrazão", e que "a Justiça, como instrumento material do poder, silenciosamente criou a divisão (agora 'natural') entre o proletariado e a 'canalha não proletarizada'".

A disciplina industrial, descrita em minúcias por Marx em *O capital*, ganhava assim uma leitura complementar. Nela seria enfatizada a forma insidiosa, porque imersa em silêncio, da domesticação de corpos e mentes através de mecanismos menos explícitos em sua dimensão violenta do que "as sanguinárias Leis dos Pobres"[18], que desde meados do século XVI colaboraram ativamente para a formação do proletariado na Inglaterra. Constituem mecanismos mais sutis, sem o caráter punitivo dos rígidos regulamentos de fábrica, obra de patrões sequiosos de lucros e despreocupados com as condições de trabalho e de vida dos seus empregados. Com essas leituras foi possível inserir o texto clássico de Engels, escrito no início da década de 1840, em um campo de preocupações partilhadas por diversos autores seus contemporâneos também atentos às condições de vida operária nas principais cidades inglesas.[19]

Walter Benjamin[20] constitui outro marco decisivo nesse percurso pelas modernas metrópoles: seu desconforto perante a voracidade da sociedade industrial, na qual o homem deixa de ser a finalidade de si mesmo, tendo seu lugar ocupado pela mercadoria, abriu uma perspectiva crítica ao progresso, à "modernidade", entremeada pela faceta romântica dos escritos de Marx.[21] A ele devo a percepção de uma sensibilidade para as coisas urbanas tornando-se nítida no homem do século XIX. Na trilha de outros autores, entre eles Georg Simmel[22], Benjamin ofereceu a possibilidade de se ler a cidade dentro do seu próprio tempo e ritmo: a velocidade acelerada e a simultaneidade. A percepção da vida urbana, não mais tão somente como oposição à tranquilidade da vida campestre idealizada, porém com sua lógica própria, voraz, criativa, anônima, niveladora e por isso mesmo tempo frustrante para a intenção humana de se destacar entre seus iguais. Entre nós, autores como Willi Bole, Olgária Matos e Jeanne Marie Gagnebin realizaram leituras extremamente instigantes da obra de Walter Benjamin fornecendo subsídios para um melhor conhecimento das suas reflexões, com frequência permeadas por alusões alegóricas.[23]

Cabe aqui também uma referência aos trabalhos de Raymond Williams[24] sobre literatura, sociedade e história, que com suas observações orientaram a leitura da produção literária, ficcional e ensaística, sobre o mundo inglês da era industrial. As novas palavras e o significado de antigos vocábulos ressemantizados a partir da década de 1780, os contrastes entre considerações positivas e negativas sobre as cidades modernas, entre a vida no campo e nos centros urbanos surgem em seu livros, alertando o leitor para o contexto em que foram produzidos, para a posição social e política dos observadores sociais e literatos.

Esta sequência de leituras realizadas nos começos da década de 1980 não se completa sem uma referência teórica fundamental: os trabalhos da filósofa Françoise Choay[25]. Com eles tornou-se possível relacionar os registros de observadores sociais com a formação de um domínio de saber específico sobre as cidades, o urbanismo. Seus textos permitiram relacionar o pensamento político com as políticas urbanas e concepções arquitetônicas. Leituras de Lewis Mumford e Leonardo Benévolo[26], aproximações anteriores e obrigatórias aos temas urbanos, assumiram sua devida proporção no quadro classificatório sugerido pela autora. Esforço bem sucedido de retirar o urbanismo e a arquitetura da neutralidade a eles atribuída pelos teóricos da arquitetura funcional e moderna. Essas leituras, apresentada em sala de aula e base da orientação de diversas pesquisas pós-graduadas sob minha responsabilidade, tem persistido enquanto referencial teórico e estímulo intelectual.[27]

Sem Casa, Na Cidade

Em tese, este subtítulo parece negar a própria concepção e finalidade da cidade. Entretanto, nada mais corriqueiro, para nós, do que as cenas de pessoas morando nas ruas das modernas metrópoles mundiais.

Aliás, São Paulo tem assistido ultimamente à versão urbana do movimento de invasão de áreas agrícolas pelos trabalhadores rurais "sem-terra". A ocupação de casarões no perímetro central da cidade, como que reproduz uma antiga forma de resolver a questão da moradia, a formação de cortiços. Não se trata, o que poderia parecer à primeira vista, de um movimento espontâneo. A existência do "Fórum de Cortiços" mostra que há organização e liderança, e o intuito de resolver um problema que aflige boa parcela da população urbana das grandes metrópoles. Fica-se sabendo, pelos artigos da imprensa, que o estímulo inicial para a formação do movimento dos "sem-teto" partiu do próprio Estado, tendo o governo de São Paulo patrocinado em maio de 1996 o "Fórum da Cidadania dos Cortiços", incentivando dessa maneira a organização das pessoas sem moradia certa.

Apropriações de terrenos em áreas periféricas da cidade ocorrem de maneira simultânea, mostrando a outra face da questão da pobreza urbana. As justificativas para as invasões repetem a mesma relação da disparidade entre o preço do aluguel e a remuneração salarial. As pessoas deixam muitas vezes casas de alvenaria para morar em barracos autoconstruídos. Os "invasores" não têm segurança alguma de permanecerem nos locais ocupados, mostrando enfaticamente que o acesso à moradia encontra-se entre os maiores problemas da metrópole paulistana. Evidência irrefutável de que, inserida na cidade formal, uma cidade informal, clandestina e indesejável se faz cada dia mais presente.[28] Falência da cidade? Má-formulação ou não aplicação de políticas urbanas? Incapacidade do mercado de trabalho oferecer emprego a todos e salários dignos a uma grande parcela da população?

A convivência diária com camelôs, moradores de rua, assaltos, trânsito difícil, poluição, ou seja, com uma longa série de problemas, faz do morador da grande cidade uma presa fácil da violência, das condições de vida degradada. Falar de violência urbana, considerando somente vitimada a parcela formalmente instalada da população, constitui sem dúvida um ato violento. O drama urbano tem duas faces, e com certeza a mais bárbara constitui a da negação de condições humanas mínimas para a população pobre, desempregada e mesmo para parte da formalmente inserida no mercado de trabalho.

As Moradias, Um Problema Antigo

> Os despejos unem os paulistanos. As ações de despejo unem a população da Pauliceia. Diariamente sobe e desce as escadarias do Palácio da Justiça uma multidão de velhos, moços, homens e mulheres que ali vão com as notificações em punho, nos lábios a pergunta inquieta: 'onde morar'? [...] A população está mesmo condenada a morar na rua.

Este trecho da matéria publicada pelo *Correio Paulistano* de agosto de 1946 foi citado pelo arquiteto Nabil Bonduki em artigo sobre a crise de habitação em São Paulo.[29] As vilas operárias, solução corrente no final do século XIX e início do XX para manter o trabalhador próximo da fábrica e, mais importante, controlar seu comportamento nas horas de descanso, manteve-se, na compreensão da socióloga Eva Blay, como duplo mecanismo de extração da mais-valia, enquanto representou um investimento lucrativo para os empresários.[30]

A relação entre o pós-Segunda Guerra, o fim do Estado Novo e a mobilização popular incentivada pelo Partido Comunista, em breve período de legalidade, sublinha o problema habitacional presente nos bairros tradicionais e consolidados da metrópole paulistana. Casarões da rua da Assembleia e prédios de apartamentos da praça da República, situados pois em áreas centrais da cidade, passaram a ser objeto de demanda da parte de seus proprietários, descontentes com os baixos preços do aluguel, incentivados também pelas possibilidades de empreendimentos imobiliários mais rentáveis nessas áreas bem servidas por equipamentos urbanos.

O processo de expulsão da população de baixa renda desses locais coincide com a abertura de loteamentos clandestinos que, afirmam Bonduki e Kowarick (sociólogo) em outro artigo da mesma coletânea, "desrespeitavam os padrões mínimos exigidos pela legislação urbanística e código de obras". Esse movimento de ocupação de regiões da periferia urbana acontece com o conhecimento e beneplácito do poder municipal que chega mesmo a incentivar a construção de casas sem plantas previamente aprovadas pela Prefeitura, já que a iniciativa privada deixara de interessar-se pela construção de moradias populares.[31] As soluções estatais, através dos Institutos de Aposentadoria e Previdência e a Fundação da Casa Popular deslocam, para áreas mais afastadas, a construção das casas baratas exigindo a expansão do serviço de transporte coletivo.

A cronologia da questão habitacional na capital paulistana confirma-se na leitura da pesquisa da socióloga Maria Ruth Sampaio e do arquiteto Carlos Lemos.[32] A Lei do Inquilinato de 1942, promulgada em plena ditadura de Getúlio Vargas, indica a estreita relação entre poderes públicos, a legislação e modalidades de enfrentamento do problema, configurando um longo período no qual prevalece o "modelo de ocupação periférica", prolongando-se até o final da década de 1970. Loteamentos irregulares e clandestinos, situados em áreas de declive acentuado ou próximos de locais sujeitos a inundações, lotes mínimos subdivididos entre duas ou mais famílias e vendidos em prestações de longo prazo constituíram a tônica de todo esse período.

Só em fins da década de 1970 e início da de 1980, com a "abertura política", desta vez do governo militar iniciado com o golpe de 1964, as reivindicações dos moradores começam a se fazer ouvir no sentido de ser regularizada a situação jurídica irregular dos loteamentos. Os autores afirmam que "a palavra *participação* começa a penetrar no discurso oficial, mesmo que ainda com um significado destorcido, beirando a cooptação". Em todo o período, o processo de autoconstrução impôs-se como forma possível de se "pôr de pé" a própria casa acompanhando o movimento de ampliação das áreas faveladas da cidade que, segundo os autores, cresce, entre 1973 e 1987, 1.000%, enquanto o aumento global da população mantém-se em torno de 60%.[33] Na pesquisa realizada em duas etapas, início dos anos 60 e em 1972, os autores preocuparam-se também em acompanhar o partido arquitetônico das casas autoconstruídas, na tentativa de obter uma resposta à indagação inicial, de que "os projetos 'eruditos' saídos da pranchetas civilizadas dos arquitetos, na verdade, poderiam não acolher as expectativas proletárias a respeito do que fosse a casa ideal".

Em mais um artigo da coletânea já citada, Lúcio Kowarick e Clara Ant sugerem uma cronologia dos problemas da situação habitacional da cidade bastante próxima a de Sampaio e Lemos, e pela qual pode-se acompanhar a curva crescente das habitações coletivas, tanto na forma do cortiço e de apartamentos de um cômodo nas áreas centrais, como das casas mínimas em regiões da periferia, nas décadas de 1980 e 1990, o que mostra de maneira clara a permanência do problema. "Cem anos de promiscuidade", afirmam os autores, resumindo a situação de moradia da população pobre da cidade.[34]

Só recentemente, Marisa Carpintéro[35], historiadora, ousou entrar no domínio dos estudos relativos à questão da moradia operária, deles fazendo uma avaliação crítica. Sobressai na relação dos trabalhos por ela analisados a parca contribuição específica de historiadores, num universo de pesquisas realizadas por arquitetos, cientistas políticos e sociólogos. Com seu trabalho, pode-se seguir os passos da formulação de uma política habitacional na década de 1930, na sequência dos debates do 1º Congresso de Habitação organizado pelo Instituto de Engenharia e Prefeitura de São Paulo em 1931. A estratégia proposta nas teses dos congressistas aliava a preocupação de projetos de "habitação econômica", subordinados aos preceitos higiênicos e morais do sanitarismo, à conquista dos operários para o "sonho da casa própria", condição para ascender à cidadania plena numa sociedade de proprietários. Superava-se, assim, a prática sanitária anterior circunscrita a avaliações tópicas das más condições ambientais responsáveis pela proliferação dos agentes mórbidos causadores de surtos epidêmicos sucessivos ou de aspectos do comportamento operário, alcoolismo, frequência de bordéis e outras práticas qualificadas como nocivas à própria saúde e prejudiciais à descendência.

Maria Alice Rosa Ribeiro e Liane Maria Bertucci[36] acompanham, atravessando caminhos historiográficos um pouco diversos, a aplicação dos procedimentos médicos de erradicação de doenças infectocontagiosas desvendando também a maneira pela qual a população operária apropria-se desse saber médico em proveito de suas próprias reivindicações por melhorias em suas habitações e bairros. A relação entre a formação do mercado de trabalho livre no estado de São Paulo com população imigrante europeia e as epidemias vindas do Velho Continente estimula a correlação pobreza-doença, o que num primeiro momento recai na ênfase à formulação da polícia sanitária, para depois se estruturar como política de saúde pública.

Para a cidade do Rio de Janeiro, a mesma relação doença-pobreza foi pesquisada por historiadores. Em dois estudos Myrian Bahia Lopes[37] relacionou as reformas da região portuária a práticas médicas contra as doenças endêmicas e epidêmicas. Foi além e avaliou, através dos escritos médicos e da variada campanha pela imprensa, as posições políticas que sustentavam o debate "científico" pró e contra a vacina, tanto no Brasil como na Inglaterra, país no qual o conflito de opiniões percorre todo o século XIX. O vínculo entre más condições de moradia-doença-pobreza e as políticas higienistas na corte imperial brasileira mereceu uma extensa pesquisa de Sidney Chalhoub, que já dedicara um trabalho anterior às condições de vida dos trabalhadores na cidade do Rio de Janeiro.[38] Ainda relacionada à trilogia acima referida, a cidade do Recife foi objeto de pesquisas recentes de dois arquitetos: Telma Correa, em trabalho obre a experiência de Delmiro Gouveia na implantação da cidade industrial de Pedra, analisa também a urbanização da área do Derby[39]; José Tavares Lima faz um recorte sobre a questão da habitação popular, trazendo uma contribuição inédita para o debate entre concepções arquitetônicas (regionalismo *versus* modernismo) e nacionalismo nas décadas iniciais do século XX.[40]

Contudo, devemos lembrar que, na área historiográfica, vários trabalhos pioneiros sobre a disciplina de fábrica e condições de vida operária resultaram do estímulo proporcionado pela pesquisa coletiva coordenada por Déa Fenélon Ribeiro, junto ao Departamento de História da Unicamp, no final da década de 1970 e início dos anos 80. Nesses estudos constatou-se que bairros e casas operárias, salários e dieta alimentar, organização familiar e lazer foram foco de preocupações para diversos analistas sociais nos primeiros quarenta anos da República, fornecendo subsídios tanto para as medidas sanitárias, quanto para intenção de hierarquizar o espaço urbano em áreas para ocupação diferenciada.

A pesquisa de Maria Auxiliadora Guzzo Decca recorta o cotidiano operário em São Paulo, nos momentos em que se encontra fora dos locais de trabalho e a de Margareth Rago pontua os comportamentos operários considerados inadequados à boa produtividade, dentro das fábricas e no espaço urbano, e as disciplinas voltadas para a adequada formação familiar, tema que voltou a tratar a partir das preocupações da "boa" sociedade ante os comportamentos desregrados dos frequentadores das noites paulistanas e suas parceiras, as prostitutas.[41] Pesquisas desenvolvidas em outras instituições detiveram-se nas condições de vida do trabalhador na capital paulista, como a de Maria Inez M. Borges sobre os trabalhadores informais no período inicial da República.[42]

Sanitarismo e Remodelação das Cidades

> Prefeitura inicia obras em quatro pontes. Além de recuperação de estrutura, Ponte Cidade Universitária, na Marginal Pinheiros, Freguesia do Ó, Piqueri e Anhanguera, na marginal Tietê, terão pista alargada.
>
> *O Estado de S. Paulo*, 19 jun. 1997

O recente problema com a Ponte dos Remédios, nas imediações do "Cebolão" que passa sobre o lugar de encontro dos rios Pinheiros e Tietê, constitui um índice evidente e preocupante da má manutenção das vias públicas na cidade de São Paulo. Rodízios de automóveis na época do inverno tornam-se uma necessidade para tornar o ar paulistano respirável, aliviam o trânsito da cidade reduzindo os engarrafamentos de 100 a 150 km na hora de pico do movimento de veículos a aceitáveis 30 a 40 km. O projeto de um anel viário em torno da cidade para possibilitar o tráfego entre estradas, evitando a travessia diária de caminhões pelas avenidas já saturadas, ganha destaque depois de passar anos esquecido nas gavetas da autoridades. Confirma-se dessa forma, com informações esparsas e as imagens de descuido, repetidas inúmeras vezes em jornais escritos e noticiários televisivos a pressão dessas representações sobre a população e o governo.

Mas não só transitar motorizado pelas ruas tornou-se uma tarefa extremamente cansativa, demorada e perigosa; também percorrer a cidade a pé não significa uma atividade amena. Na edição de domingo, 23 de março último, o título de uma matéria do caderno Cidades do mesmo jornal, diz em letras garrafais:

> Andar pela calçada vira prova de obstáculos. [E em seguida detalha o problema dizendo que] entre lixeiras, orelhões, bancos, floreiras, caixotes, mesas e cadeiras, instalados a pouca distância, os paulistanos têm dificuldade de caminhar especialmente na região central. [Os problemas não se esgotam aí. O articulista prossegue projetando uma imagem extremamente negativa ao afirmar que] caminhar pelas ruas de São Paulo é uma temeridade. É expor-se a cada passo ao susto de um empurrão súbito e queda de mau jeito, à dor de uma cotovelada, à humilhação de ser roubado em plena luz do dia [...] [a situação torna-se a cada dia mais complicada. Mais amedrontadora. E conclui:] assim é a ideia e a imagem da capital que se propagam pelo Brasil e mundo afora.

Sem dúvida, se a questão habitacional constitui um problema persistente em São Paulo e nas outras grandes cidades brasileiras, não é contudo o único. A precária manutenção do equipamento urbano – calçamento de ruas, avenidas e demais vias de circulação, cuidado com jardins e praças arborizadas, vistorias em vias elevadas e inúmera pontes e viadutos –, a incapacidade das autoridades públicas em resolver as demandas dos meios coletivos de transporte, e mesmo do transporte de cargas que congestiona as avenidas marginais e atravessam áreas densamente povoadas da cidade, se pontuam questões básicas não resolvidas no município de São Paulo, reaparecem de maneira pouco diferenciada em outras cidades menores.

As propostas de intervenção no traçado das cidades constitui a dimensão complementar das preocupações sanitárias das autoridades públicas. Planos de saneamento das várzeas, esforços para hierarquizar os espaços da cidade em áreas comerciais, industriais, residenciais ricas e operárias, a limpeza das ruas e coleta de lixo doméstico, a regulamentação das atividades dos vendedores ambulantes, a instalação de equipamentos coletivos, particularmente a extensão dos serviços de distribuição de água e coleta de esgotos, a instalação de energia elétrica, serviços telefônicos e gás, percorrem a documentação oficial de São Paulo desde os primórdios da República. Buscando formação universitária em instituições estrangeiras e participando de encontros científicos internacionais, médicos sanitaristas e engenheiros civis brasileiros, mostraram-se bastante atualizados a respeito das coordenadas da nascente disciplina do urbanismo.

Se os cortiços mereceram a atenção da administração da cidade de São Paulo, já nos primeiros anos da República, foi como parte das questões sanitárias mais amplas de saneamento de várzeas e melhoramentos das condições de mercados, matadouros e demais locais de venda de produtos comestíveis, além da regulamentação da venda de alimentos nos "quiosques" espalhados pelas ruas centrais. Essa preocupação com "um plano de saneamento bem combinado" vem expressa no relatório da "Comissão de exame e inspecção das habitações operárias e cortiços no districto de Santa Ephigienia", do ano de 1893. Era ideia expressa em seu texto que não bastava "tomar todas as medidas para manter em nível elevado a hygiene de uma cidade que cresce rapidamente, e cuja população triplicou em dez annos, é preciso cuidar da unidade urbana, a habitação". Não a habitação privada, mas "aquella em que se accumúla a classe pobre, a estalagem [...], o cortiço como vulgarmente se chamam essas construções acanhadas. Insalubres, repulsivas algumas..." completa.[43]

Chama a atenção no relatório o intuito explícito de definir o tipo de habitação e de vilas operárias a serem adotadas para satisfazer os requisitos necessários à concepção de habitações higiênicas, mas também o de indicar a localização conveniente para a construção dessas vilas. A área escolhida é a região suburbana de São Paulo, onde "num raio de 10 a 15 kilômetros", dizem, "não faltam logares preenchendo estes requisitos", referindo-se "à facilidade de communicação [menção aos trens de subúrbio] e barateza dos terrenos". O detalhamento das áreas disponíveis, algumas bastante próximas ao centro da cidade, bem como dos serviços de abastecimento dessas áreas e transporte coletivo, sugerem coordenadas bastante definidas para reordenar a ocupação da região de implantação mais antiga e estabelecer um plano de expansão para a cidade.[44]

No que diz respeito à reforma da área central, além da erradicação dos cortiços, o traçado das ruas centrais também mereceu amplo espaço nos jornais e debates na Câmara Municipal, Assembleia Legislativa e Secretarias municipais e do Estado. Dar a São Paulo o "aspecto de uma cidade moderna, prospera e civilizada" e ao mesmo tempo atender "à urgente necessidade de facilitar as communicações desse centro com os bairros", designa a subordinação dos destinos da cidade aos imperativos do "progresso", lema que não mais deixará de ser a bandeira de combate de autoridades públicas e empresários, assumida também pela grande maioria da população paulistana. Lema fundante da representação estética que dará as diretrizes para a conformação de uma imagem projetiva, futura, da cidade, orientando as políticas de intervenção do poder público e as iniciativas dos empreendimentos privados.

Em frase dita "com convicção", em 1891, o prefeito Raymundo da Silva Duprat, afirma ter "chegado o momento, para que a cidade de São Paulo entre com resolução no caminho que lhe é traçado pelo seu rápido movimento de progresso. [...] cuidar do futuro, traçar o programma do seu crescimento normal, do seu desenvolvimento esthetico [...] medidas reclamadas pela sua grandeza e importancia". Essa frase sintetiza um programa político que, raras vezes, sofrerá revisão no decorrer dos anos seguintes. Só muito recentemente a divisa de "cidade que mais cresce na América Latina", e depois no mundo, deixará de ser proferida e escutada como avaliação positiva e índice do desdobramento acelerado da cidade metrópole que em passos rápidos atingiu na década de 1960 a condição de megalópole, uma conurbação englobando os municípios industriais do ABC paulista.

Se para a questão das moradias populares pode-se seguir uma cronologia com base nos estudos existentes, o mesmo não pode ser dito no que concerne aos planos de reforma e urbanização da cidade. O estudo de Richard Morse[45], único que percorre quase quatro séculos de história de São Paulo, constitui referência obrigatória por fornecer um amplo painel de informações e indicações de documentos, além de ampla bibliografia. Contudo, nas mais de quatrocentas páginas de texto, poucas são dedicadas ao período posterior aos anos 40. Também o livro de Benedito Lima de Toledo, *São Paulo: três cidades em um século*[46], detém-se prioritariamente nas décadas iniciais do século XX, ficando o período mais recente restrito às imagens fotográficas.

Um parêntese aqui. Pode-se dizer que se dá com São Paulo o contrário do que acontece com a cidade do Rio de Janeiro, sem dúvida a cidade mais estudada e com maior número de textos publicados sobre a relação entre sanitarismo e intervenções remodeladoras.[47] Recentemente teve início a publicação da série "Dissertações e Teses" da Escola de Belas Artes da UFRJ, cujo segundo volume trata das reformas realizadas pelo prefeito Pereira Passos.[48] Essa coleção alia-se à "Biblioteca Carioca", coleção que publicou estudos pioneiros sobre temas urbanos do Rio de Janeiro.[49] É preciso assinalar, ainda que de passagem, o esforço de pesquisa de trabalhos esparsos de estudiosos de outras cidades brasileiras.[50] Campinas, a capital do café, "princesa do Oeste", ganhou recentemente amplo estudo historiográfico[51], além de uma série especial editada pelo Centro de Memória da Unicamp. A cidade portuária de Santos, no litoral paulista, mereceu trabalhos importantes nessa área de intervenções urbanas, focalizando um período em que o engenheiro Saturnino Brito, idealizador de vários projetos para sanear e embelezar cidades brasileiras, realiza a reforma que dará a ela sua configuração atual com os canais cortando a área central.[52]

Voltando ao recorte de nosso ensaio na cidade de São Paulo, o quadro muda. Os planos de reformas da capital paulista em 1911 não mereceram ainda um estudo de longo fôlego, sendo referência frequente o ensaio de Ugo Segawa apresentado como trabalho final ao Curso de Arquitetura e Urbanismo.[53] Mesmo o *Plano de Avenidas* de Francisco Prestes Maia, publicado em 1930, com apresentação iconográfica de caráter espetacular e muito sugestivo pela erudição demonstrada pelo autor, foi pouco estudado. Afinal, em relação a ele existe um estímulo especial: a presença do autor no comando da prefeitura por dois períodos, entre 1938-1945 e 1961-1965, assegurou a implantação de seu projeto. Contudo só mereceu uma Tese de doutorado em arquitetura de Maria Cristina Leme[54], importante, porém pouco acessível, porque não publicada, e, em 1996, o magnífico livro do arquiteto Benedito Lima de Toledo repleto de informações, e indispensável, sobretudo, pelas imagens excelentes pesquisadas e coletadas pelo autor. Um estudo sobre os anos 50 e o "Plano Regional para São Paulo", de Anhaia Mello e o "Anteprojeto de um Sistema de Transporte Rápido" de Prestes Maia também permanecem na forma de tese defendida pela arquiteta Regina Meyer.[55]

Em 1997 foi publicada a Tese de doutorado da arquiteta Raquel Rolnik[56], cobrindo parte do período republicano num estudo amplo do ponto de vista da legislação e das políticas urbanas. Trata-se de um exame da hipótese de que "a lei, aparentemente funciona como uma espécie de molde da cidade ideal ou desejável". Cruzando dispositivos legais com "formas concretas de produção imobiliária da cidade", a autora envereda por caminhos interessantes na relação entre a cidade legal e formal e a cidade clandestina, ou em suas palavras, "territórios dentro e fora da lei, [...] regiões de plena cidadania e regiões de cidadania limitada". Embora sejam novamente as décadas iniciais do século XX o período mais detidamente estudado, o trabalho se impõe desde já como referência importante para os estudos sobre urbanização da cidade de São Paulo.

Técnicas Construtivas e Patrimônio Cultural

Na vésperas do quarto centenário de São Paulo, duas autoras Emma Debenedetti e Anita Salmoni, concorrem a um prêmio de concurso organizado pelo Instituto Cultural Ítalo-brasileiro, com uma monografia sobre a arquitetura italiana na capital paulista. Nas palavras introdutórias vem expresso o entusiasmo prevalecente na época em relação ao vertiginoso crescimento da cidade:

> Negli ultimi sessant'anni San Paolo si é dilatata com velocità eccezionale, espandendosi in ogni direzione, transformando, nel giro di poche decadi, colline brulle in sone abitate e terreni pantanosi in ridenti quartieri giardino.[57]

Palavras que contrastam vivamente com as de Benedito Lima de Toledo, escritas no começo da década de 1980:

> A cidade de São Paulo é um palimpsesto – um imenso pergaminho cuja escrita é raspada de tempos em tempos, para receber outra nova, de qualidade literária inferior, no geral. Uma cidade reconstruída duas vezes sobre si mesma no último século.

Nelas, nos deparamos com a leitura pessimista das transformações sofridas pela cidade de São Paulo. Na sequência do texto a avaliação se desdobra e expõe seus argumentos:

> Uma cidade capaz de gerar um parque como o Anhangabaú, um dos mais belos centros de cidade das Américas, para destruí-lo em poucas décadas, e sem necessidade, apenas por imediatismo e imprevidência. Capaz de criar uma Avenida Paulista, única por sua posição na cidade e insubstituível em sua elegância, para aos poucos destruí-la minuciosa e repassadamente. E, sem remorso.
>
> Essa história começa há um século com um silvo de trem.[58]

Aqui a noção de "progresso" já assumiu seu significado pleno como movimento "criadoramente destrutivo". Nada permanece, a própria materialidade da cidade afigura-se fugidia, permanece sempre, porém sob diferentes formas. Ou como relembra David Harvey[59] citando Baudelaire: "a modernidade e o transitório, o fugidio, o contingente: é uma metade da arte, sendo a outra o eterno e o imutável". Cabe então uma pequena indicação dessa contraditória sensação de prazer e temor para quem vive nas megalópoles. A convivência com um tempo violentamente acelerado modifica radicalmente a experiência visual dos que por ela transitam: são imagens fugidias as que se apresentam ao olhar de quem se desloca por meios motorizados. A simultaneidade não exige mais uma composição artística de objetos extraídos de lugares e tempos diferentes e colados em uma única obra; faz parte de nosso dia a dia. Qual então o significado de se elaborar um projeto, algo necessariamente vinculado ao tempo futuro?

Urbanizar e conferir um aspecto moderno, regular o presente e prever as demandas futuras. Tal foi a intenção dos vários planos de intervenção nas cidades. Traçado de ruas, abertura de novos bairros, zoneamento, adoção de técnicas construtivas atualizadas, estilos adequados para expressar visualmente a "modernidade". Haussamnn exigiu dos proprietários de imóveis implantados ou projetados para serem construídos nas laterais dos grandes bulevares e avenidas da capital francesa a padronização das fachadas neoclássicas ou ecléticas, coadunando em sua concepção de modernidade a funcionalidade das vias de circulação desafogadas, o grande cruzamento central atravessando de norte a sul e de leste a oeste a cidade, as rotatórias em "estrela", a monumentalidade das perspectivas e das praças projetadas mais para serem vistas, seus monumentos centrais admirados pelos transeuntes, do que servirem como local de encontro para a população. Não de cuidou dos equipamentos coletivos mas sua maior atenção ficou com o desenho das ruas e a massa arquitetônica disposta de maneira teatral. O aspecto da cidade, hoje congelado pelas leis de preservação, confere-lhe a magnífica aparência de museu. Afirma-se mesmo que os parisienses se vêm obrigados a ficarem mal alojados no trabalho e em suas moradias, impedidos de modificar significativamente os antigos edifícios. Uma modernidade congelada, "*figée*", na expressão francesa. Contradição nos termos? Talvez.

Em São Paulo, os plano de reforma e os projetos de urbanização de áreas, com resultados expressos nos belos parques do Anhangabaú e D. Pedro II, nos anos 20 e 30, obedeciam a essa concepção estável, duradoura de moldar as cidades. Contudo, os debates entre urbanistas mostrava existir já nessa época adeptos da manutenção do traçado e formas arquitetônicas da cidade em sua parte já consolidada, avessos ao ímpeto arrasador das picaretas, defendido por alguns. Até certo ponto, a área central da cidade mantém ainda, talvez mais por desinteresse de investimentos modernizadores nessa região, parcela significativa das antigas construções da segunda São Paulo. Movimentos de preservação, renovação, "revitalização" ou "reenervamento" do centro da cidade traduzem uma preocupação atual de devolver a essa região, muito degradada pelos cortiços, meninos de rua, assaltantes, traficantes e consumidores de drogas, uma ocupação equilibrada com o uso comercial, financeiro, profissional em suma, da maioria dos imóveis.

Há uma relação solidária entre essas preocupações, em parte motivadas pela apreensões da população obrigada a transitar pelas ruas centrais e, em decorrência, das autoridades públicas, e a formação de uma "consciência de patrimônio" frequentemente aliada às noções de identidade, memória e cidadania. Carlos Lemos[60] expõe a concepção atual de "Patrimônio Cultural, também composto de bens destituídos de valor estético ou historicidade relevante", na mesma linha de argumentos do colega Nestor Goulart.[61] Uma marca identificatória de São Paulo, seu cosmopolitismo, seus milhares de profissionais estrangeiros com novas soluções arquitetônicas decorrentes de novos materiais e de novos "saber fazer". Para Lemos, estudioso das técnicas construtivas empregadas em São Paulo, são os profissionais de várias nacionalidades, sobressaindo mestres de obra italianos e alvanéus portugueses na longa sequência de pedreiros, calceteros, marceneiros, estucadores... que lhe conferem um aspecto de "ecletismo novidadeiro", em especial quando se trata das edificações encomendadas pela classe média paulistana. Seu estudo da "alvenaria burguesa" é uma excelente e imprescindível introdução às técnicas construtivas, padrões e partidos arquitetônicos, dispositivos legais relacionados às transformações na capital paulista. Dá sequência, em moldes acadêmicos, ao trabalho pioneiro de Emma Debenedetti e Anita Salmoni sobre a presença marcante de edificações ecléticas construídas pelos *capi maestri* peninsulares.

Nesse estudo, Lemos dá continuidade a trabalho anterior que se soma ao de Nestor Goulart Reis Filho, ao de Maria Amélia Salgado Loureiro e aos trabalhos de Murilo Marx.[62] Outros estudos vieram recentemente ampliar essa área de conhecimentos de modo a fixar, ao menos junto à população culta, uma consciência de preservação fundamentada na formação de um gosto por estilos arquitetônicos ou padrões culturais valorizados intelectualmente. A arquitetura do ferro e o ecletismo na arquitetura brasileira, as formas urbanas de morar da elite cafeeira foram analisadas de modo a formar um fundo de pesquisas a serem levadas adiante.[63] Ampliam o debate sobre técnicas construtivas e seus respectivos estilos arquitetônicos, antes mais voltados para o barroco e a arquitetura moderna.

Impossível deixar de sublinhar ainda uma vez a estreita relação entre experiência visual, o saber culto e a valorização de parte da cultura material da cidade; relação que se completa nas políticas de intervenção, neste caso, não de reforma, mas de preservação e constituição de uma memória imagética, uma história expressa em pedra, tijolos, ferro, vidro...

À Guisa De Conclusão

Neste percurso pela produção bibliográfica sobre a cidade moderna, e mais especificamente sobre a cidade de São Paulo no período republicano, a opção pela materialidade da cidade – edificações, traçados de ruas, intervenções, urbanização – inúmeros trabalhos importantes ficaram nas prateleiras sem serem mencionados. Mesmo para o recorte específico escolhido, foi impossível recolher e comentar todos os resultados de pesquisas realizadas nas várias universidades públicas e privadas de São Paulo. Reafirmo o caráter de trajetória pessoal. Assim, seria uma falha imperdoável não mencionar ao menos a importante colaboração para a área de estudos das cidades, de revistas e coletâneas de trabalhos apresentados em cursos, congressos e reuniões congêneres ou reunidos sob o estímulo de pessoas interessadas em ampliar esse campo de conhecimentos.

Novamente deixo claro que relaciono só o material a que tive acesso de maneira variada. Na área historiográfica, por exemplo, lembro o número duplo 8/9 da *Revista Brasileira de História*, reunindo em 1985 um conjunto de artigos sobre o tema cidade. Foi o único! Uma coletânea *Imagens da Cidade. Séculos XIX e XX*[64], organizada alguns anos depois, traz comunicações apresentadas em uma reunião da sede paulista da Associação Nacional de Professores de História (ANPUH). Lembro ainda, os dois volumes dos *Cadernos de História de São Paulo* sobre o tema "A cidade e a rua", editado pelo Museu Paulista (USP).[65]

Somam maior número as coletâneas preparadas pela iniciativa de associações profissionais ou programas pós-graduados na área de arquitetura e urbanismo. *Cidade & História*, *Olhares sobre a Cidade* e *Imagens Urbanas*[66] reúnem estudos de especialistas de áreas diversas e constituem referências importantes para o tema. Mais recentemente, *Cidade, povo e nação* compõe um universo de contribuições ao estudo da gênese do urbanismo moderno com pesquisadores de disciplinas e instituições diversas, brasileiras, de países latino-americanos de língua espanhola e francesas.[67]

Há também os textos dos Anais do IV Seminário de História da Cidade e do Urbanismo (novembro 1996) e os que compõem os três volumes dos Anais do 7º Encontro Nacional da ANPUR, realizado em Recife no mês de maio de 1997[68]. Esta relação ficaria incompleta se não mencionasse os *Cadernos IPPUR* da UFRJ e a importante Revista de Estudos Regionais e Urbanos *Espaço & Debates*, que há muitos anos vem sendo a principal publicação periódica na área de questões urbanas, e a mais recente, *Oculum*, Revista Universitária de Arquitetura, Urbanismo e Cultura da FAUPUCCAMP, cujo padrão de edição com nível internacional corresponde à excelência dos artigos publicados.

SOBRE HISTÓRIA, BRAUDEL E OS VAGA-LUMES. A ESCOLA DOS *ANNALES* E O BRASIL (OU VICE-VERSA)

Paulo Miceli (UNICAMP)

As reflexões iniciais de Antonio Candido no prefácio à quinta edição de *Raízes do Brasil*[1] apontaram para o significado que o livro de Sérgio Buarque de Holanda tivera no processo de constituição das novas formas de se pensar o Brasil, a partir da segunda metade dos anos 30: "os homens que estão hoje [1967] um pouco para cá ou um pouco para lá dos cinquenta anos aprenderam a refletir e a se interessar pelo Brasil sobretudo em termos de passado e em função de três livros: *Casa-Grande & Senzala*, de Gilberto Freyre, publicado quando estávamos no ginásio; *Raízes do Brasil*, de Sérgio Buarque de Holanda, publicado quando estávamos no curso complementar; *Formação do Brasil contemporâneo*, de Caio Prado Júnior, publicado quando estávamos na escola superior".[2] A importância de *Casa-Grande & Senzala*, de 1933, vinha de sua "composição libérrima" e da franqueza com que o autor tratara de temas pouco usuais nos estudos sobre a história do Brasil, especialmente relacionados à sexualidade; do livro de Sérgio Buarque de Holanda, editado em 1936, Antonio Candido destacou o fato de que a obra, "construída sobre uma admirável metodologia dos contrários", investia contra o dogmatismo e abria campo para "a meditação de tipo dialético", ao mesmo tempo que punha sob suspeita "o saber aparente, cujo fim está em si mesmo e por isso deixa de aplicar-se a um alvo concreto, sendo procurado sobretudo como fator de prestígio para quem sabe". Finalmente, o grande livro de Caio Prado Júnior, de longe o mais competente historiador marxista brasileiro, caracterizado por "uma exposição de tipo factual, inteiramente afastada do ensaísmo (marcante nos dois anteriores)".[3]

Além de assinalar, com precisão, um processo de nítida ruptura com o passado de nossa historiografia (Oliveira Viana, especialmente, e Alberto Torres), esses três livros exibem o fato de que a tarefa de pensar os problemas sociais a partir do passado – objetivo comum de seus autores – foi realizada externamente à Universidade, em desobediência a quaisquer cadeias de sucessão e mesmo de subordinação às *famílias* que, tradicionalmente, conformam e põem sob limites o saber acadêmico.

As relações de Caio Prado Júnior com a universidade, por exemplo, nunca foram de muita cordialidade, apesar da enorme influência que seus textos e reflexões exerceram sobre alguns professores e muitos estudantes. Sérgio Buarque de Holanda, por sua vez, que ingressara na Universidade do Distrito Federal[4] quando *Raízes do Brasil* já estava concluído, só foi lecionar História (Econômica) do Brasil, em 1948, ocupando a cadeira que fora de Roberto Simonsen na Escola de Sociologia e Política (SP), esperando até 1956 para ingressar na Universidade de São Paulo, onde assumiu a cátedra de História da Civilização Brasileira, conquistada por concurso, em 1958, com seu magistral *Visão do Paraíso*.

Embora seja extremamente sedutora a ideia de acompanhar as influências que esses dois autores exerceram na Universidade de São Paulo, importa reter apenas os traços mais gerais desse quadro e arriscar a síntese quase grosseira: o pensamento *de direita*, jamais apagado na universidade, produziu escassos resultados, preferindo seus representantes aproximar-se dos degraus inferiores da hierarquia em que se dispõe o poder político, ocupando postos administrativos que atingiram a própria reitoria. Quanto à historiografia marxista, muitas vezes com sacrifício da própria qualidade, foi sem dúvida a mais prolífica, gerando frutos e produzindo influências que se estenderam inclusive para outras áreas do saber acadêmico, como a sociologia, a filosofia e a crítica literária, por exemplo.

Entretanto, afora alguns exemplos quase isolados, apesar de valiosos, a abundância e, principalmente, a originalidade correram por fora da universidade, tantas vezes esquecida das advertências que Sérgio Buarque de Holanda pusera no sexto capítulo de *Raízes do Brasil* ("Tempos novos"), quando apontou algumas das razões do sucesso que o positivismo (de todos os matizes...) sempre teve no Brasil: "um amor pronunciado pelas formas fixas e pelas leis genéricas, que circunscrevem a realidade complexa e difícil dentro do âmbito dos nossos desejos".[5] Além disso, "essas construções de inteligência representam um repouso para a imaginação, comparável à exigência de regularidade a que o compasso musical convida o corpo do dançarino. O prestígio da palavra escrita, da frase lapidar, do pensamento inflexível, o horror ao vago, ao hesitante, ao fluido, que obrigam à colaboração, ao esforço e, por conseguinte, a certa dependência e mesmo abdicação da personalidade têm determinado assiduamente nossa formação espiritual. Tudo quanto dispense qualquer trabalho mental aturado e fatigante, as ideias claras, lúcidas, definitivas, que favorecem uma espécie de atonia da inteligência, parecem-nos constituir a verdadeira essência da sabedoria".[6]

Um ano antes da primeira edição de *Raízes do Brasil*, em fevereiro de 1935, Fernand Paul Achille Braudel chegava ao porto de Santos, a bordo de um luxuoso navio. Nascido no mesmo ano de Sérgio Buarque de Holanda (1902), Braudel substituíra um professor da Sorbonne, recentemente falecido, integrando a missão francesa encarregada de organizar a Universidade de São Paulo. Tinha início, desse modo, uma estada de três anos, responsável pela transformação de um obscuro professor de História da Civilização num dos grandes nomes da historiografia do século.

A importância que Braudel atribuiu à sua passagem por São Paulo é tema recorrente em todas as entrevistas onde tratou do processo de conformação de seu pensamento. Aqui, ao invés de complexos conceitos elaborados a partir das heranças e desdobramentos em que, de hábito, sustentam-se as reflexões sobre os processos formadores do saber, aparecem palavras como *amizade*, *comportamento sentimental*, etc.

Quando se lê, por exemplo, a entrevista que Fernand Braudel deu a um jornal paulista por ocasião do cinquentenário de fundação da Universidade de São Paulo[7], percebe-se a importância que o historiador atribuiu à sua permanência no Brasil. Como entender, então, que no prefácio à 1ª edição do *Mediterrâneo*, assim como nas edições subsequentes, não se faça qualquer alusão a uma influência considerada fundamental pelo orientador de sua tese, Lucien Febvre, para quem sua mudança fora maior com o Brasil, onde escreveu grande parte do livro, do que com o próprio Mediterrâneo, seu tema maior? A resposta que se arrisca é que, em São Paulo, Braudel encontrou apenas um ambiente para dialogar consigo mesmo, refletir sobre História e testar suas ideias nas aulas e conversas que mantinha com os alunos e alguns intelectuais, modestos iniciantes em uma área do saber cuja força renovadora, aliás, chegava de fora da universidade. O Brasil teria sido, assim, um vasto universo, cujos ritmos vinham do tempo mais lento das elites que tomaram para si a função de organizar e administrar o pensamento dentro da universidade. Mais do que um ambiente intelectual, o Brasil foi uma paisagem; um jardim que até podia ser aberto pela biblioteca de Cruz Costa, mas que se oferecia principalmente para a vida contemplativa do estrangeiro que, por olhar de fora, sem a força determinante do compromisso, consegue enxergar melhor a vida que se arrasta no imenso laboratório social. Sérgio Buarque de Holanda desafiava a inteligência em repouso dos intelectuais positivistas; Caio Prado Júnior alinhava-se com o pensamento militante, para o qual o saber se define e justifica como ferramenta para transformar a sociedade. Enquanto isso, Braudel mergulhava a História numa grande ampulheta, onde o tempo – matéria-prima fundamental de toda a teoria da História – flui com desesperadora lentidão, alheia e imune aos projetos e sonhos de todas as matemáticas sociais. O Mediterrâneo, mar interior e fechado que comprimiu a história conhecida do mundo durante séculos, opunha-se ao Oceano e à terra quase sem fim que se abria para além de um horizonte que só se compreendia no espaço do pensamento. Entre esses dois universos inconciliáveis, Fernand Braudel estendeu com palavras a ponte de seu tempo longo, desafiando para uma travessia que poucos se atreveram a seguir. Por isso, o exemplo de seu sucesso não pôde ser repetido. À diferença do projeto marxista, a historiografia braudeliana tem por objetivo a inspiração, um exemplo a ser conhecido e quase saboreado, mas não imitado. Um saber para ser apreendido e para despertar no leitor solitário um sentido da própria História, principalmente pelo espetáculo que o aproxima da história vivida pelas personagens que o historiador nos dá a conhecer ao colocá-las quase imóveis nos larguíssimos cenários sociais que desenha em seus livros, mesmo quando esse espaço parece reduzir-se à casa ou a mesa de uma família camponesa.

Assim, a exemplo dos antigos viajantes, Fernand Braudel encontrou no Brasil o espelho sobre o qual viu refletida a imagem da velha Europa, libertada de suas longuíssimas prisões temporais e espaciais, graças ao Atlântico, apenas quando os povos de suas praia enfrentaram a necessidade de lançar-se ao mar: "para mim – refletiu Braudel – vir ao Brasil foi muito mais importante do que para vocês virem para a França".[8] Essa importância começou a ser percebida já no navio, onde pôde travar contatos com representantes dos consórcios norte-americanos, das companhias seguradoras francesas e outros homens "que dominavam, no exterior, a vida econômica do Brasil".[9] Logo em seguida, as imagens do desembarque e da paisagem: "jamais havia visto algo de comparável ao que pude ver em Santos, a ferrovia de cremalheira que subia a serra de Santos até a estação da Luz [...]. Chegar a São Paulo foi maravilhoso. Não se tratava da cidade que vocês conhecem, isto é, magnífica e absurda. Só havia um arranha-céu, o Martinelli".[10]

De espanto em espanto, Braudel começou sua aprendizagem sobre o Brasil; um processo que exigiu, de início, o esquecimento de tudo quanto sabia de suas leituras sobre o país. Mais do que isso, refletiu, "um dia ou outro temos que nos separar do que já vivemos, do que sabemos, do que compreendemos, partindo para uma experiência de vida diferente. Com os alunos que tive, fui, na verdade, obrigado a recomeçar minha juventude [...]. Na verdade, foram os alunos que se encontravam diante de mim que me obrigaram a repensar e reexplicar [...]. Eu não conhecia os estudantes da mesma forma que eles não me conheciam. Não tinha ideia do que ia encontrar e tampouco sabia que tudo isso, anos depois, ia-me favorecer".[11]

Mais de uma vez, o historiador relacionou, com admiração, alguns desses estudantes e intelectuais brasileiros de quem guardou lembrança, aludindo à sua morte para explicar as razões pelas quais declinara do convite para comparecer ao 50º aniversário de fundação da Universidade de São Paulo (1984): "vi morrerem Júlio Mesquita Filho, Eurípedes Simões de Paula e Cruz Costa. E se não vou para os 50 anos da USP é porque essas pessoas não estão mais lá. Não é possível. Isso seria uma ferida no meu coração".[12] Além desse, Braudel lembrava-se de Paulo Prado – "um homem prodigioso que escreveu *O retrato do Brasil*" e que "tinha uma coleção de pinturas fantásticas" –, reservando impressões mais expressivas para um intelectual quase esquecido pelas novas gerações: "conheci um filósofo admirável, João Cruz Costa, um humanista de requinte extraordinário. Lembro-me de sua biblioteca e de sua cadeira de balanço. Foi nessa biblioteca que ele me ensinou a ver o Brasil. Ele estava sempre pronto a nos dizer o que tínhamos que ler sobre o Brasil e como nos devíamos comportar".[13] Em termos historiográficos, contudo, em que pese o mérito isolado de alguns de seus trabalhos, nenhum desses intelectuais produziu qualquer coisa de comparável a Sérgio Buarque de Holanda ou Caio Prado Júnior, por exemplo, valendo registrar, apenas, que a Eurípedes Simões de Paula, o aluno preferido de Fernand Braudel, devemos a *Revista de História*, de sua iniciativa e propriedade, e que foi sempre um importante espaço para divulgação de ensaios e reflexões sobre história e historiografia.[14]

Assim, em síntese, o Brasil ofereceu a Fernand Braudel uma grande lição de história. Na viagem, a presença insistente de traços característicos e reforçadores de um multissecular passado colonial. Na chegada, um dos polos conformadores da grande clivagem em que se assenta a sociedade brasileira, representada pela pujança material de São Paulo, pobremente ilustrada por seu primeiro arranha-céu, de onde se poderia enxergar, à distância, os bairros operários e cortiços que a valorização imobiliária afastava cada vez mais da região central. Além disso, durante os anos de permanência, a amizade que, no Brasil dos intelectuais, costuma-se dedicar ao estrangeiro. Finalmente, a possibilidade de efetivar eu trabalho, graças a uma espécie de *longa duração* em que se dispõe o trabalho acadêmico: ao ser perguntado se sua tese sobre o Mediterrâneo fora escrita no Brasil, Braudel respondeu: "Foi. Grande parte dela. Eu tinha toda a documentação. Os estudantes trabalhavam pouco e os professores também. Havia muitas distrações e feriados no Brasil. E como é possível a vida sem distrações? Um dia era festa de descoberta da América, depois festas de São João, etc. E não tinha aulas. Havia dias em que a faculdade estava fechada e isso não era minha culpa. Dessa forma, tinha muito tempo para ir escrevendo a tese escondidinho...".[15]

Por essas razões, mais do que refletir sobre as influências da Escola dos *Annales* no Brasil, parece mais correto considerar, numa relação dialética, a influências no sentido inverso. Por isso, Braudel jamais publicou um livro sobre o Brasil: não estavam aqui os seus problemas e questões, mas apenas e principalmente um vasto laboratório para aferição e desenvolvimento de seu conceitos fundamentais, o que pode ferir um pouco o orgulho de alguns de seus "herdeiros", que, aliás, quase nada produziram de significativo, já que não adianta alisar as pedras tocada pelo historiador, na esperança de apreender o sentido de sua filosofia da História, mesmo porque ela é sobretudo uma história elaborada a partir da experiência – como faziam alguns antigos viajantes –, e experiência é coisa que mais se exibe do que se transmite. Seria preciso, portanto, considerar a historiografia braudeliana no terreno pouco objetivo, mas fundamental, da sensibilidade, um risco excessivo que pode comprometer as sólidas e antigas prisões onde germina a pouco fecunda mentalidade de nossos historiadores positivistas, com seu espírito imerso em longo e profundo repouso: uma lentidão que foi lembrada com suave ironia pelo próprio Braudel que, ao ser indagado sobre os efeitos ideológicos da revolução russa ao tempo de sua permanência em São Paulo, desviou-se e respondeu que os brasileiros "tinham como referência a revolução francesa. Eles esperavam por uma revolução desse tipo. Acho que estão esperando até agora".[16]

Em Santos, no ano de 1937, o acaso pôs Braudel no mesmo navio em que Lucien Febvre embarcara em Buenos Aires a caminho da Europa. O país que ele deixava, em breve mergulharia na profunda tirania do Estado Novo, que tantos e tão pesado danos provocou na vida social brasileira e, consequentemente, nos esforços realizados para refletir sobre ela. A Europa, seu destino, logo depois também, seria soterrada por uma guerra cujos efeitos podem ser sentidos até o presente, mas que exerceria papel decisivo no processo conformador do pensamento de Braudel.

Na memória do passageiro, lembranças de um país que, para ele, apresentava traços característicos da Europa quinhentista, como o mateiro que, a facão, abriu caminho na floresta virgem próxima do litoral paulista reproduzira à sua frente imagens que o fizeram lembrar a vida camponesa na Idade Média. Mais ainda, gravada na lembrança, uma cena própria de noites distantes das luzes da cidade, de onde Braudel extraiu peculiaríssima conceituação de *acontecimento histórico*. O ano era 1935 e o lugar a Bahia, para onde fora com a mulher, Paule, por sugestão de Júlio Mesquita Filho. Em certo momento, por conta de um defeito mecânico, o automóvel que os levava de Feira de Santana para Salvador parou no meio da noite. De repente, o espetáculo, e a pequena comitiva foi cercada por uma nuvem de vaga-lumes que o historiador perseguia como criança, enquanto pedia à mulher que vestisse a roupa de couro comprada naquela tarde para que pudesse escapar de Lampião e seus cangaceiros...

A história de Lampião e seu bando seguiu seu próprio caminho pelos espaços áridos e miseráveis do Brasil interior, sem jamais cruzar-se, a sério, com as preocupações do historiador. A roupa de vaqueiro, anos depois, foi dada por Paule Braudel à filha de Lucien Febvre, que a procurou à busca de agasalhos, para defender-se do frio que a guerra tornava mais duro. Naquele tempo, Braudel já estava preso e Febvre fugia dos nazistas que, em 1944, fuzilaram Marc Bloch, o grande historiador de *A sociedade feudal*.

Entretanto, no navio, esquecido dos cangaceiros, Braudel reencontrava-se com seu orientador, e *parece* que foi nessa torna-viagem que Felipe II perdeu de modo definitivo o papel central no imenso espetáculo que o Mediterrâneo oferecia. *Parece*, já que poucas histórias esconderam-se tanto por trás dos acasos como aquelas com que se tenta explicar a trajetória intelectual de Fernand Braudel.[17]

Quanto aos vaga-lumes e sua luz efêmera, a lembrança ficaria, ajudando Braudel a compor uma surpreendente definição de *acontecimento* – questão central para compreender a essência da teoria da história da escola dos *Annales:* "os acontecimentos são como vaga-lumes nas noites brasileiras: brilham mas não aclaram".[18]

Isso também quer dizer que as grandes explicações históricas podem ser, por assim dizer, ilustradas pelos acontecimentos, tendo pouco resultado os esforços em sentido contrário. Nada disso, contudo, significa uma consideração menor do acontecimento, que Braudel entendia ser a base indispensável para se chegar à reflexão e à interpretação – tarefa fundamental do historiador. Por exemplo, ao tratar da questão do ensino de História na França e de uma espécie de apagamento dos fato e acontecimentos, praticada sob alegada influência da chamada História Nova, Braudel afirmou que "querer refletir antes de conhecer é uma estupidez", ou seja, os estudantes devem ser levados à reflexão histórica a partir do acontecimento, como fez, num sentido mais amplo, Georges Duby no seu importantíssimo livro sobre a batalha de Bouvines e suas diferentes reconstruções produzidas ao longo dos séculos.[19]

Fernand Braudel, importa lembrar, sempre considerou o ensino uma das principais razões da produção do conhecimento histórico, abrindo-se aí valioso espaço para discussão de seu pensamento, principalmente num país como o Brasil, onde a formação de professores tem sido posta em segundo plano nas universidades, verificando-se uma espécie de abandono dos cursos de graduação e promovendo-se lastimável distanciamento do ensino básico, em benefício de uns poucos e presunçosos especialistas em quase nada, e para os quais – orientadores e orientandos –, quase sempre, ensinar é atividade menor e de pouco prestígio.

A pesquisa, como se sabe, é indispensável para a renovação do conhecimento, mas é no ensino que as coisas devem ser finalizadas, pensava Braudel, ao enfocar o problema que desde cedo teria absorvido "o melhor de [sua] existência"[20], sempre valorizando a "arte difícil de ensinar" História, a começar pela simplicidade: não aquela "simplicidade que mutila a verdade, que denuncia o vácuo e que é um nome de empréstimo para a mediocridade, mas da simplicidade que é clareza, luz de inteligência, e que torna a verdade acessível ao pensamento".[21] A aula de História, prosseguia, é "uma viagem longa e difícil, para os aprendizes como para o guia, através do tempo e do espaço. Sejamos francos: viagem penosa, que há de exigir atenção, reflexão, esforço, compreensão e, direi ainda, viagem que é, e não poderia deixar de ser, tão somente instrutiva. Não é possível instruir-se [...] senão pelo constrangimento. Devemos repetir que a viagem histórica é um duro constrangimento".[22] Mais ainda, é preciso que a viagem não aporte em "terras mortas", devendo constituir-se numa "penetração na vida passada em toda a sua ebulição". E já que "o adolescente que nos ouve tende a preferir o presente a esse passado de ideias abstratas", é preciso fazê-lo "viver na realidade da história, entre coisas concretas.[23] É nossa missão, talvez, fazer com que entre largamente a vida no tumulto de ideias que provocam o espírito da infância e da juventude [...] A vida das coisas, a vida dos seres".[24] Por isso, Braudel insistiu sempre na importância da vida das coisas: "todo o acontecimento que tereis para contar tem um lugar no espaço e não se compreende fora de seu ambiente".[25]

A reconstituição de grandes cenários capazes de comportar a elaboração do vasto espetáculo da História era para Braudel uma tarefa que não deveria ficar submetida apenas aos procedimentos tradicionais da velha disciplina. Impunha-se a multidisciplinaridade, já que as questões postas pela História, ou mesmo as tentativas de sua explicação, poderiam ser ampliadas a partir de uma incursão – historicamente determinada, é verdade – aos territórios das outras ciências sociais, e Braudel foi mestre também nessa arte. Somente assim poderia estar mais perto de satisfazer sua imensa curiosidade, segundo uma "lenta acumulação que aos poucos vai lhe desenhando, não ideias e mais ideias e, menos ainda, um sistema de ideias, mas imagens aos milhões, o fabuloso espetáculo da história, misturando o ontem com o hoje. Em tudo isso, nenhuma preocupação com a lógica. Antes de tudo, o prazer da descoberta".[26]

Ante a frustração que frequentemente experimenta o pesquisador por não encontrar nos arquivos o que lá fora procurar, Braudel fascinava-se com as coisas que o imprevisto lhe punha à frente: antes de armar-se previamente com aquilo que se convencionou chamar concepção braudeliana da História, o autor do *Mediterrâneo* parecia carregar na cabeça "uma fantástica fantasmagoria de cores, de paisagens, de homens, de grandes acontecimentos e de pequenos episódios[27], extraídos dos milhares de documentos[28] reproduzidos nos arquivos durante anos a fio. Quanto ao documento, mais do que a prova sempre buscada para dar credibilidade à historiografia positivista, representava para Fernand Braudel uma porta aberta à imaginação, como recordou Paule Braudel: "lembro-me da emoção que sentiu um dia, em Valladolid. Colocaram sobre nossa escrivaninha enormes maços de papéis. Não tinham sido abertos desde o século XVI: era difícil destacar as folhas, havia cada vez um barulho de papel se rasgando e a areia dourada, que outrora havia secado a tinta, ainda estava ali. Braudel sonhava, passando os dedos sobre essa areia. Durante muito tempo, ele conservou um saquinho com essa areia dourada.[29]

Nos pequenos ou nos grandes sinais de humanidade, encontrados durante o garimpo nos arquivos ou recebidos graças aos oferecimentos do acaso, Fernand Braudel parecia ver e, acima de tudo, sentir ou quase saborear a História, dispensando, inclusive, a necessidade de dar explicações sobre seus procedimentos, "porque esta é ainda uma das contradições de Braudel: espontaneamente, ele não sente a necessidade de dar explicações a si mesmo, logicamente, metodicamente, a respeito do que vê, no momento em que o vê. Está ocupado em usufruir de tudo isso como poeta".[30] Este é um dos traços essenciais da escola dos *Annales*: antes mesmo da colocação de novos temas e problemas, novos modos de se perguntar sobre questões às vezes antigas, a começar pelo próprio sentido da História. Desse modo, as fontes passam a depender claramente do que faz delas o historiador; sua importância ou insignificância decorrem de seu uso e do que se constrói com elas, para pôr em funcionamento aquilo que Marc Ferro chamou de "usina de sonhos".

É daí que vem a proposta de avançar para além do estudo exclusivo das crises políticas ou das guerras, por exemplo, como aconselhou Lucien Febvre numa conferência realizada em São Paulo, em 2 de setembro de 1949, escolhida, aliás, para abrir o número inaugural da *Revista de História* (1950), criada sob inspiração direta de Fernand Braudel. Na ocasião, Febvre propôs um verdadeiro programa para o estudo da História, sugerindo temas e questões que apenas recentemente começaram a ser percebidos, e ainda timidamente, por alguns historiadores brasileiros. O ponto de partida deveria ser o estudo do "Homem, desde o início o homem, o homem que age, aflito, sofrendo e trabalhando, criando estes magnífico encantamentos da arte e da literatura, construindo, à medida de suas necessidades, as grandes religiões e as grandes filosofias, dotando-se, mental e sentimentalmente de um futuro humano que possa projetar para além de si mesmo e que o leve a libertar-se de seus humildes princípios de bruto, de pobre bruto, maldotado pela natureza, inferior a tantos brutos poderosos, ferozes e bem armados"[31] E para que a História possa se tornar a ciência do Homem, o orientador de Braudel conclamou os historiadores a encontrar "problemas onde ninguém vê problema algum", propondo, em desafio, que se fizesse, por exemplo, uma história do amor, outra do ciúme, ou da crueldade, do medo e do preço que, a cada época histórica, atribui-se à vida humana.

Assim, para compreender o homem do século XVI, seu tema maior, Lucien Febvre propunha o estudo de suas percepções sensoriais, com destaque para a audição, que teve importância crucial naquele século. Exemplo disso é a "tempestade rabeliana que se passa em gritos, em urros, em assobios de vento e em estalos de navios. Só é visível porque pode ser ouvida".[32]

Dois anos depois de Braudel voltar à Europa, começou a guerra.[33] No ano seguinte, o historiador foi preso pelo nazistas, e foi nesse confinamento forçado que ele desenvolveu sua concepção longa do tempo. A prisão na linha Maginot (1940-1945) foi de certo modo providencial, já que o cativeiro em Mogúncia e Lübeck acabou por enredá-lo nas reflexões que o levaram a formular as bases essenciais de suas concepções sobre a História: "Tive a má sorte, ou boa sorte, de passar pouco mais de cinco anos na prisão [...]. Tive uma sorte ingrata e padeci largamente".

Em 1941, Braudel encontrava-se na cidadela de Mogúncia, hoje desaparecida: "uma prisão terrível em absoluto, pois não havia espaço". Ele era um dos poucos que lia atentamente a imprensa alemã, o que lhe colocou um problema: "livrar-se dos acontecimentos que se ouviam a nosso redor, dizendo-nos, não é tão importante" .

O historiador acabara de chegar do Brasil e não se pode compreender seu pensamento sem considerar as influências dessa estada, associadas à experiência do cativeiro. No Brasil, "o espetáculo que tinha à vista era um espetáculo de história, um tal espetáculo de gentileza social que compreendi a vida de outra maneira", chegando a afirmar: "os anos mais belos de minha vida passei-os no Brasil, o que teve consequências para mim e me expatriou, de certa forma".

Essa expatriação atingida no Brasil acabou por completar-se, paradoxalmente, no exíguo espaço do cativeiro, cruzando-se assim a experiência pessoal, e traumática, com a história mais longa das formações sociais. Desse modo, também com Braudel, a ideia de que o historiador é prisioneiro de seu tempo encontrou formas efetivas de concretizar-se, tornando-se claro o sentido das reflexões que incluiu na introdução da coletânea que pesquisadores poloneses e espanhóis organizaram na segunda metade da década de 1960.[34] "Antes de tudo", avaliou, "esses artigos relidos, um após o outro, evocam para mim circunstâncias antigas. Revejo-me com Henri Brunschwig, medindo o campo de Lubeck durante nossa interminável prisão."

A expatriação que Braudel considerava indispensável para o historiador, associada às críticas que – se não a Marx – dirigiu ao marxismo, além de sustentar suas concepções sobre história, acabou oferecendo um alvo para seus críticos, já que, ao sugerir um distanciamento da história do presente e atribuir aos homens um papel quase passivo no largo cenário de uma historicidade que se move apenas lentamente, Braudel produziria uma espécie de história de diversão, de pouca utilidade.

Na verdade, o historiador confundiu-se ao atribuir a Marx um modelo de capitalismo comercial, no que evidentemente não está sozinho, principalmente no Brasil, mas fornece valioso material para reflexão quando, depois de afirmar que "o marxismo é uma multidão de modelos", incorpora parte das críticas que Sartre fizera à rigidez, ao esquematismo e à insuficiência dos modelos, que desconsideram o particular e o individual.

Ora, Braudel não protestou contra o modelo, mas contra a utilização que dele se faz, que muitos se julgaram autorizados a fazer. O gênio de Marx, sustenta ele, "o segredo de seu poder prolongado, deve-se ao fato de que foi o primeiro a fabricar verdadeiros modelos sociais, e a partir da longa duração histórica". O problema, avalia, é que "esses modelos foram congelados na sua simplicidade ao lhe ser dado valor de lei, de explicação prévia, automática, aplicável em todos os lugares, a todas as sociedades, com o que "se limitou o poder criador da mais poderosa análise social do último século", o que "não é culpa de Marx".[35]

Por tudo isso, Fernand Braudel propunha uma história organizada sobre o tempo longo e quase imóvel, preferível ao tempo dos acontecimentos, "o tempo, por excelência do cronista, do jornalista". E já que esse "tempo curto é a mais caprichosa, a mais enganadora das durações", Braudel sugeriu que o historiador procurasse "o abrigo da longa duração".[36] Referindo-se ao período de prisão, afirmou: "pessoalmente, no decorrer de um cativeiro bastante moroso, lutei muito para escapar da crônica desses anos difíceis" (1940-1945), acrescentando que "recusar os eventos e o tempo dos eventos era se pôr à margem, ao abrigo, para olhar um pouco mais longe, melhor julgar e não crer muito".

Entendem-se as razões pelas quais a universidade jamais conviveu em paz com Braudel e escrever sobre ele e sobre a escola dos *Annales* acabou virando um risco agradável. O risco vem de se viver num país onde autoproclamar-se salvador do mundo, em muitos casos, faz as vezes da competência acadêmica. O prazer vem de repor em cena a indesejável presença de alguém que ainda incomoda a modorrenta paz da universidade, pois, como ele próprio afirmou, "os quadros mentais também são prisões de longa duração". Prisões de limites muito estreitos, seria possível dizer.

Mas, a Braudel parecia não incomodar o fato de não ser bem compreendido, como deixou claro nas "Jornadas Fernand Braudel", realizadas no final de outubro de 1985. Na ocasião, foi perguntado pelo historiador inglês Theodore Zeldin se sua *História da França* seria ou não compreendida.

A resposta de Braudel, como aliás a maior parte de suas afirmações durante o colóquio, tem uma espécie de valor testamental, já que sua morte ocorreria no mês seguinte: "Serei compreendido obliquamente, mas já é uma satisfação, pois à medida que as pessoas não nos compreendem, definem-nos. Meu livro será acolhido seguramente com gentileza e com atenção, mas serei compreendido? Passei a vida sem ser compreendido, e por mim mesmo".[37]

Há um certo exagero quando e afirma a dificuldade de compreender Braudel e suas ideias. Nele próprio estão as chaves que nos abrem seu pensamento. No texto sobre a longa duração ele escreveu: "Para mim, a história é a soma de todas as histórias possíveis, uma coleção de misteres e de pontos de vista, de ontem, de hoje, de amanhã. O único erro", ponderou, "seria escolher uma dessas histórias com exclusão das outras."

Entretanto, para tornar possível essa história seria necessário abrir-se para os vizinhos: "Eis o que dá ao nosso mister estranhas fronteiras e estranhas curiosidades [...]; todas as ciências do homem, até mesmo a história, estão contaminadas umas pelas outras". Falam a mesma linguagem.

Sozinha, a história não poderia dar conta de seus largos objetivos, que, para Braudel, envolviam nada menos que seu uso para explicar "a vida dos homens e tecer sob nossos olhos, com ênfase à modificação ou à tradição, aquiescências e reticências, recusas, cumplicidades ou abandonos". Mas, quanto a basear-se nessa explicação para prever ou mesmo imaginar o futuro, Braudel era reticente. Em 1985, uma longa pergunta, que lhe foi dirigida por um participante do referido colóquio, terminava por indagar "que recursos pode dar Fernand Braudel para o futuro, à luz de sua sabedoria e de seu conhecimento da história lenta?".

Na também longa e divertida resposta, o historiador afirmou: "Esta pergunta é maravilhosa, mas é necessário dirigir-se a Deus Pai para obter a resposta. [...] Na hora atual, estamos mais ou menos seguros de que todos os modelos de recuperação que experimentamos não serão convenientes enquanto a crise não fizer a gentileza de desaparecer. [...] A pergunta que me faz evoca 'minha sabedoria'". Falando com rigor, contestou, "alguém é sábio para si mesmo – e eu duvido. Sábio para os demais já é mais difícil. Mas sábio para o porvir, é impossível". Braudel disse compreender bem que "nossas sociedades tenham necessidade de um alimento maravilhoso. A decadência temporária ou prolongada da Igreja Católica criou um vazio terrível; é necessário preenchê-lo com bons ou maus elementos", já que "o homem não pode viver sem o maravilhoso, não pode deixar de criar fábulas, não pode deixar de justificar sua presença na Terra".

Mesmo que para isso tenha de valer-se dos vaga-lumes...

HISTÓRIAS QUE OS LIVROS DIDÁTICOS CONTAM, DEPOIS QUE ACABOU A DITADURA NO BRASIL*

Kazumi Munakata (PUC-SP)

Nos anos 70 e 80, um gênero literário fez relativo sucesso no Brasil: o que se poderia denominar "As Belas Mentiras". Tendo talvez como matriz a obra *Mentiras que parecem verdades*, de Eco e Bonazzi (1980), ou também *A manipulação da história no ensino e nos meios de comunicação*, de Ferro (1983), uma série de pesquisas acadêmicas dedicaram-se a flagrar nos livros didáticos e paradidáticos brasileiros a presença insidiosa da mentira, da manipulação, do preconceito, da mistificação, da legitimação da dominação e da exploração burguesas – em suma, da ideologia.[1] Os títulos e os subtítulos de algumas dessas pesquisas já indicavam-lhes a intenção: "versão fabricada", "história mal contada", "belas mentiras".[2]

Certamente, esse gênero literário nutriu-se de uma conjuntura política em que, para muitos setores da sociedade brasileira, era fundamental a crítica do regime militar e de seus "entulhos autoritários" (como se dizia à época). Livro didático (e paradidático) era compreensivelmente objeto de suspeição, do mesmo modo que era suspeita – e não sem razão – toda a organização escolar consolidada pela ditadura. Em particular, não foi desprezível a luta dos educadores, historiadores e geógrafos contra o expurgo da grade curricular de História e Geografia, que cederam lugar aos Estudos Sociais, incluindo Organização Social e Política do Brasil (OSPB) e Educação Moral e Cívica.[3] Por isso, não surpreende que livros didáticos de História e Estudos Sociais tivessem sido alvo preferencial do gênero "As Belas Mentiras". Segundo Cordeiro (1994), nos anos 70 e 80 publicaram-se, entre artigos e livros, treze textos sobre livros didáticos de História, cuja "maioria [...] tem operado em termos da análise ideológica, examinando os seus textos quanto à consistência teórica e aos conteúdos veiculados" (p. 141).

Não há dúvida de que muitas belas (e também feias) mentiras foram perpetradas em livros didáticos (e paradidáticos). Mas não se pode deixar de constatar que esse tribunal de belas mentiras funcionou também como caça às bruxas, inquisição terrorista. O Terror, como observou Hegel em *Fenomenologia do espírito*, é a suspeição erigida como critério do entendimento e da ação. Assim como as agências de informação do Estado descobriam subversão por toda a parte, também se suspeitava da presença insinuante da ideologia ali, a espreitar, por trás das frases (aparentemente) inocentes dos livros. Claro, ela estava lá, nos livros apologéticos do regime militar, mas também nos que à primeira vista pareciam "neutros" ou até mesmo "críticos": a neutralidade, sabe-se, é um engodo e a "postura crítica" pode muitas vezes fazer o "jogo do inimigo". Franco (1982), por exemplo, ao analisar o tratamento conferido nos livros didáticos de História aos movimentos de Cabanagem e Balaiada, no Brasil regencial, constata que até nas obras com "uma visão mais progressista da História", há "algumas limitações básicas" e "informações [...] insuficientes e/ou ambíguas" (pp. 97-99). Mais grave ainda, a caracterização dos "'agentes sociais' dos movimentos insurrecionais" é feita de "forma precária" e esses livros "amenizam ou, às vezes, omitem a violência com que foram reprimidos os movimentos sociais" (p. 10). Numa linguagem arcaica, pode-se dizer que os autores desses livros, apesar de suas boas intenções, apresentam sérios "desvios" e "objetivamente" fazem jogo do "outro lado", adversário ou inimigo.

Nesse procedimento, tudo o que não correspondesse à ortodoxia (literalmente, opinião correta) era suspeito, e a suspeição já servia como peça de acusação. Por exemplo, num livro de Português há frases bem singelas:

> Numa manhã, bem cedinho, papai e eu fomos pegar siris;
> Num domingo, eu fui pescar com o papai [...];
> Há alguns dias, na hora do almoço, papai chegou com uma novidade:
> – Vamos para a praia.
> (apud Deiró, s.d.: 37)

Singelas apenas na aparência! – o leitor é logo despertado do seu torpor ideológico pela crítica vigilante:

> A mensagem ideológica, claramente presente nestes textos, reproduz, de maneira fixa, a figura paterna, limitando-a a dois comportamentos fundamentais: sustentar o lar e fazer passeios. Isto teria a finalidade de esvaziar a riqueza da personalidade de cada pai, tornando-o um indivíduo único. Há sempre uma imposição de comportamentos estanques, tanto para os pais como para os filhos, que correspondem a atitudes desejadas por um determinado tipo de sociedade, para a preservação de suas estruturas. (Deiró s.d.: 37)

A ideologia estava em toda parte onde se quisesse encontrá-la.

Nos anos 90, o gênero "As Belas Mentiras" sobreviveu como folhetim nas páginas da imprensa diária. Por exemplo, em abril de 1994, a *Folha de S.Paulo* publicou uma série de artigos sobre os trabalhos de uma "comissão de 23 professores universitários de todo o país", constituída para avaliar os livros didáticos de 1º grau e que concluiu que muitos desses livros "apresentavam 'distorções e erros crassos' de informação" (*Folha de S.Paulo*, 21 abr. 1994). Num outro artigo da série, o jornal afirmou: as "críticas mais duras são registradas pela comissão que analisou os livros de estudos sociais", na medida em que tais obras "não levam os alunos à compreensão da realidade e ainda impedem que eles 'se situem no espaço e no tempo da realidade social brasileira, indispensáveis para a formação da cidadania'" (*Folha de S.Paulo*, 23 abr. 1994). Pior que tudo, como denunciou o título desse mesmo artigo, "livros didáticos estimulam o preconceito":

> A família branca é passada ao aluno como padrão e o negro, frequentemente, aparece em posições socialmente inferiores. As fotos e gravuras enfatizam, na maioria das vezes, o branco.
>
> Em alguns livros, repetem-se antigos preconceitos, já superados há muito tempo por pesquisas históricas. Fala-se, por exemplo, que o índio, por ser indolente e acostumado à liberdade, não se adaptou à escravidão. Daí a preferência do colonizador pelo negro. (*Folha de S.Paulo*, 23 abr. 1994)

Nesses artigos, o que importa não são exatamente os erros e preconceitos apontados, mas o alarde a esse respeito, o escândalo – aquilo que, no jargão jornalístico, "dá matéria". Vale mais a pena ressaltar que uma comissão de especialistas condenou livros por "distorções e erros crassos" do que examinar o critério de composição de tal comissão ou de avaliação que ela efetivou. É mais sensacional registrar que os livros não "levam os alunos à compreensão da realidade" do que indagar se há, de fato, algum significado relevante em tal assertiva para além dos chavões da autodenominada "concepção histórico-crítica". Produz mais impacto jornalístico noticiar a persistência de "antigos preconceitos" já "superados há muito tempo por pesquisas históricas" do que lançar uma reflexão sobre as possibilidades de as pesquisas históricas "superarem" preconceitos. Em suma, identificação de erros realmente preocupantes e críticas fáceis e subjetivas misturam-se apenas para produzir notícia. Por exemplo, é um erro gravíssimo afirmar, como faz um livro didático de História para 8ª série, que nos "séculos XVI [sic] e XVII [sic], desenvolveu-se uma forma de pensamento, baseada na razão, denominada Iluminismo".[4] Mas talvez seja apenas sinal de intolerância, má vontade ou mesmo incompreensão do avaliador do livro, uma crítica como a que se publicou na *Folha de S.Paulo*, em 21 de abril de 1994:

> Os livros de estudos sociais (história e geografia) são, em sua maioria, atemporais. Nunca usam fotografias que poderiam

> contextualizar as atividades propostas em um determinado local e época.

O zeloso guardião da ortodoxia nos livros didáticos não informou, porém, onde obter essas fotos do Egito Antigo ou do Medievo Europeu (a não ser de ruínas e ilustrações).

Profissionalização Da Indústria Editorial

Isso tudo causa uma sensação de estranhamento. É como se os livros didáticos, ao menos os de História, não tivessem passado por substanciais alterações desde os tempos em que eram acusados de servir ao regime militar e difundir a ideologia dominante. Certamente, a crítica dos anos 90 acentua o tema do preconceito e da discriminação, próprio desses tempos do "politicamente correto", mas essa questão estava quase implícita nas denúncias, nos anos 70 e 80, do caráter "alienante", "acrítico", "oficialesco", "atemporal", "descontextualizado" – enfim, a-histórico ou anti-histórico – da história praticada nos livros didáticos de História. É como se os livros ou a sua crítica – ou ambos? – tivessem se petrificado no tempo.

Sabe-se, contudo, que ao menos com o livro houve mudanças não desprezíveis. Mercadoria, o livro precisa adaptar-se à demanda. Se a ventura sopra a favor das reivindicações democráticas, progressistas e até mesmo esquerdistas; e se isso se traduz, na disciplina de História, na valorização de abordagens que presumivelmente propiciem a "reflexão", a "crítica", a "conscientização" e a "promoção da cidadania", a empresa capitalista que produz livros a esse respeito prefere atender a essa demanda do que permanecer fiel à sua suposta "ideologia". Ou melhor, o mercado é a própria ideologia dessas empresas. Indagado se a editora Ática – a maior no setor de didáticos e paradidáticos, no Brasil – mantém uma opção político-ideológica e pedagógica, responde o gerente editorial João Guizzo, responsável pela área de Estudos Sociais:

> Não, isso não. Realmente, o pensamento educacional, a ideologia, a metodologia – isso tudo tem que atender à necessidade do mercado. A gente procura ter diversas coleções em cada área, diversas coleções. Assim, por exemplo, um livro com uma visão um pouco mais tradicional, um livro com uma visão um pouco mais avançada, mais crítica, assim por diante. Então, se você tem três, quatro, cinco coleções, a área está praticamente atendida, desde que se tenha uma venda boa, porque se eu tenho três coleções, mas nenhuma vende, então tem espaço para outras.[5]

É esse espaço, mostra Fonseca (1993), que possibilita a renovação dos livros didáticos, com a participação do meio acadêmico, cada vez mais atraído pela indústria cultural:

> No final dos anos 70 e início dos 80, o movimento de ampliação das pesquisas históricas e do repensar do ensino é acompanhado por um processo de mudanças nas relações entre o conjunto da Indústria Cultural e as instituições educacionais produtoras de conhecimento. A indústria editorial passa a participar ativamente do debate acadêmico, adequando e renovando os materiais, aliando-se aos setores intelectuais que cada vez mais dependem da mídia para se estabelecerem na carreira acadêmica. [...] No caso do ensino de História, ocorre um fenômeno interessante. Na medida em que se amplia o campo das pesquisas históricas [...], através da ampliação dos campos temático e documental, ao mesmo tempo que começam a ser publicadas experiências alternativas no ensino de História, o mercado editorial aponta também suas novidades.
>
> Constatamos um duplo movimento de renovação. Um tratou de rever, aperfeiçoar o livro didático de História. Como uma mercadoria altamente lucrativa, procuraram ajustá-la aos novos interesses dos consumidores. Renovaram os conceitos, as explicações de acordo com as novas bibliografia. Propuseram mudanças na linguagem, na forma de apresentação e muitas buscaram alternativas, tais como a seleção de documentos escritos, fotos, desenhos e seleção de textos de outros autores. Um outro movimento foi o lançamento de novas coleções de livros visando atingir o leitor médio. Os livros destas coleções, denominados paradidáticos, tornaram-se um novo campo para as publicações dos trabalhos acadêmicos. A nova produção historiográfica, abordando temas até então pouco estudados, tornou-se mercadoria de fácil aceitação no mercado de livros. (pp. 142-3 e 144-5)

Essa renovação não contou apenas com a incorporação, nos livros didáticos, de "novos problemas, novas abordagens, novos objetos" propostos pela chamada "Nova História". Ou melhor, para que isso se tornasse possível, as próprias editoras reorganizaram o processo de trabalho, consolidando-se como verdadeiras indústrias. Empresas que antes funcionavam com três ou quatro trabalhadores capazes e dispostos a fazer todo tipo de serviço foram recrutando mais e mais profissionais, distribuindo-os numa minuciosa divisão de trabalho de acordo com funções cada vez mais especializadas: edição e copidesque, leitura crítica, revisão, edição de arte, diagramação e paginação, ilustração, pesquisa iconográfica etc. Muitas dessas funções também passaram por especialização interna: a edição e o copidesque e sua equipe especializam-se por áreas (Estudos Sociais, Ciências etc.). Uma editora paulista chegou ao requinte de contar com um especialista em fotografia histórica, com nível de doutorado, para cuidar da pesquisa iconográfica dos livros didáticos de História.

A figura do copidesque[6] (ou editor de texto) é fundamental. É nessa função que o original do autor passa por várias alterações, desde a revisão gramatical até a "normalização" do texto, isto é, a sua adequação às normas estilísticas previamente definidas (grafia dos numerais, uso de maiúsculas ou de abreviações etc.). Não raramente, o copidesque intervém na organização do texto ou até mesmo em seu conteúdo caso identifique incorreções ou ambiguidades. Num caso rumoroso noticiado pelo jornal *O Estado de S. Paulo*, em 1996, um copidesque, contratado para fundir dois livros didáticos de História para transformá-los em uma única obra, foi acusado de ter copiado trechos inteiros de um terceiro livro. Essa função de a(du)lterar textos alheios é muitas vezes vista com desconfiança, mas muitos dos erros que se identificam nos livros (didáticos ou não) seriam evitados se houvesse uma copidescagem competente. Por exemplo, um bom copidesque não teria deixado passar, num livro didático de História, a legenda de uma ilustração com pinturas rupestres que diz: "A arte foi a primeira forma de comunicação do homem". Por sinal, erros e formulações inadequadas ocorrem principalmente (mas não exclusivamente) em publicações de editoras de pequeno porte, sem estrutura nem *know-how* profissionais, e que quase se limitam a enviar para a gráfica os originais do autor.

Toda essa profissionalização da indústria editorial, que se verificou nos anos 70 e, com maior intensidade, nos 80, também coincidiu, não por acaso, com forte processo de concentração do setor, liderado por editoras da área dos didáticos. Em 1990, um artigo da revista *Leia* faz um balanço desse crescimento:

> Após um período de intenso crescimento, até 1987 [ano base=1984], a produção editorial no país estabilizou-se num patamar de 72 milhões de exemplares, com crescimento praticamente zero entre 1988 e 89. [...] O balanço exclui as publicações oficiais, embora inclua as maiores editoras universitárias. A editora Ática, de São Paulo, lidera [em 1989] o ranking de publicações com 609 títulos, seguida pela Saraiva. Em volumes impressos, a recordista do ano foi a FTD, também paulista, com quase 12 milhões de exemplares.
>
> A Ática passou a liderar o ranking já em 1988, quando subiu da quarta posição. A Saraiva esteve na terceira colocação em 88 e na quinta em 87. Entre as dez maiores do ano, a editora que mais cresceu foi a FTD, com um incremento de 75% no volume de títulos publicados, seguida pela Editora do Brasil, com 45%. [...]

> [Bons desempenhos, apesar da inflação. *Leia*. Uma Revista de Livros, Autores e Ideias, ano XII, n. 142, ago. 1990, p. 25.]

Todas as editoras mencionadas, isto é, as que apresentaram bom desempenho, dedicam-se principalmente aos livros didáticos. A disparidade de suas cifras em relação às demais editoras é imensa: em 1987, enquanto a tiragem média da Record, que tem como sua principal fatia o mercado nada desprezível de *best-sellers*, era de 9.948 exemplares por título, as da Editora do Brasil, da Ática e da Saraiva, todas atuando na área de didáticos, foram, respectivamente, 35.133, 29.322 e 25.680. Essa disparidade pode também ser constatada numa mesma editora: em 1987, a "Saraiva [...] manteve uma média de tiragem de 5.200 exemplares para os livros jurídicos e 52 mil exemplares para os didáticos" (*Leia*, ano X, n. 116, jun. 1988, p. 25). De acordo com José Olavo Dutra, diretor do Sindicato dos Empregados em Empresas Editoras de Livros e Publicações Culturais de São Paulo (SEEL), as oito maiores editoras brasileiras dedicam-se basicamente a didáticos e concentram cerca de 70% dos trabalhadores do setor editorial.[7]

Sintonia Com O "Mundo Exterior"

Entre esses trabalhadores das grandes editoras, os que detém cargo de chefia têm, em sua maioria, formação em um ou mais cursos universitários, geralmente ligados à área temática em que trabalham. Não são, portanto, alheios à produção acadêmica, cujo desenvolvimento acompanham com certa regularidade.

Também os autores, ao menos das grandes editoras, têm formação universitária e experiência no magistério (em graus diversos). A maioria, acompanhando a profissionalização do setor, acabou se profissionalizando também, passando a destinar boa parte (senão a totalidade) do seu tempo de trabalho ao ofício de autor. Diz, por exemplo, Gilberto Cotrim, autor de livros didáticos de História:

> Eu reservo ao livro pelo menos quatro, cinco horas por dia. E eu divido, então, em períodos de estudo e períodos de escrita. Para escrever, você tem que estudar. E isso é uma coisa importante de ser dita. Exige uma profissionalização, essa coisa de você escrever constantemente o livro. Você tem que estar estudando. Você tem que estar lendo o que está saindo aí. Eu preciso ler esses livros. Eu preciso sentar e ler. Eu trabalho muito com jornais, artigo de jornais, artigo de revistas. Então, eu preciso ir de vez em quando à Biblioteca da Câmara Municipal de São Paulo e ficar lá uma tarde inteira, lendo o que me interessa, tirando xerox. Eu sou um caçador de textos vinculados

à minha atividade. Então, eu preciso estudar, eu preciso caçar coisas novas e preciso escrever. Então, eu divido o meu tempo sempre fazendo isso.

E escrever livro é reescrever. Então, eu vivo reescrevendo os meus livros constantemente. Eu não tenho muitos livros em quantidade; de vez em quando eu solto uma nova edição de alguma coisa. Então, eu estou sempre reescrevendo as minhas coisas. E é impressionante como esse processo é brutal, é de uma..., porque você reescreve e percebe que ali o texto precisava ser mais enxuto. Como também na História você vai percebendo as novidades temáticas: existem temas que estavam esquecidos, aí começam a ser revisitados, não é? Faz parte desse processo, quando digo que fico procurando textos e outras coisas. Eu procuro ler o que as autoridades educacionais estão pensando sobre o ensino. Isso implica você ler currículos escolares, o que o MEC está produzindo em termos de parâmetros curriculares. Você precisa se abastecer dessas coisas todas. Leio muito também, demais, o que a universidade está apontando em termos de algumas pesquisas, algumas tendências. O vestibular também nos dá certas... É um trabalho de realimentação. Eu sei que o vestibular usa muito livro didático para elaborar questões. E, por outro lado, o autor lê muito o que o vestibular coloca para ver se está dentro das coisas. É um trabalho de alimentação e retroalimentação das coisas, né? Então, se de repente eu percebo que a Fuvest ou a Unicamp está muito interessada em questões relacionadas a..., sei lá, movimento messiânico no Brasil, eu tenho que ver como é que está o meu livro, se ele está dando conta dessas questões.[8]

Com esse grau de profissionalização, não é de estranhar que esses trabalhadores, editores e autores, procurem sempre se atualizar em relação à produção acadêmica, às propostas curriculares elaboradas pelos órgãos do governo e também às demandas do público final a que seus produtos se destinam – os alunos e, sobretudo, os professores. Esclarece Lizâneas de Souza Lima, editor das áreas de História e Geografia de 2º grau, da FTD (São Paulo):

Se você se fecha aqui dentro [da editora], você está perdido. Por exemplo, agora os livros estão saindo com história do cotidiano, história das mentalidades, que é uma coisa que na universidade já tem uns 15, 20 anos, não é? O editor tem que estar ligado nisso. Por exemplo, no fim do mês, agora, nós temos uma palestra aqui com uma professora, discutindo a mudança do currículo. Nós temos uma reunião mensal de editores, em que a gente discute isso, passa informação.

A diversificação do público também não pode ser desprezada. Prossegue Lizâneas de Souza Lima:

> Por exemplo, a gente percebe: esse livro aqui vendeu tantos livros, está concentrado em Minas Gerais. Isso é um sinal. Se nós divulgamos no Brasil inteiro, por que vendeu exatamente em Minas Gerais e não aqui? Isso é um dado importante para você analisar: o currículo de Minas, o tipo de professor de Minas. Ou vendeu demais na escola pública, mas não nas escolas particulares.
>
> Há alguns livros que em algumas escolas a gente nem divulga. Porque a gente sabe que é um livro muito simples, muito bitolado, que lá a coordenadora vai dizer: "Não. Isso aqui é muito bitolado, muito decoreba". Mas, ao mesmo tempo, você vai lá no interior do Nordeste, a professora quer exatamente aquele, que ela só sabe trabalhar assim: ela quer respostinha, ela quer tudo certinho, ela não quer problema, né? Então, é uma coisa bem bitolada. Mas é isso que elas sabem fazer. Então, você sabe que esse livro vai vender mais no Nordeste. Pegue Minas Gerais, cheio de teoria e tudo, esse livro não adianta, né? Não vai vender. Então, existe coisa que você sabe que pedagogicamente é ruim, mas o professor só sabe trabalhar com aquele livro.[9]

O "Modelo Mineiro"

A menção a Minas Gerais não vem por acaso. Nesse Estado, em 1986, já sob um governo eleito por via direta – e, em certa medida, identificado como oposição ao regime militar –, a Secretaria da Educação promoveu a reformulação dos currículos, entre eles o de História. Na avaliação de Fonseca (1993), esse currículo

> fundamenta-se na teoria marxista de História: a valorização do método como garantia da objetividade e cientificidade, a valorização da teoria, dos conceitos instituídos para a produção do conhecimento histórico. E, mais que isso, a ideia de os homens, suas ideias, representações e valores serem condicionados pelo modo de produção de sua vida material e por um determinado desenvolvimento das forças produtivas. Categorias marxistas de análise da sociedade são utilizadas como contraponto à história positivista preconizada no programa anterior. Entretanto, a versão

> marxista utilizada, muito simplificadora, aproxima-se do que tem sido criticado por vários historiadores contemporâneos. [...] Os conteúdos propostos revelam a opção dos autores por substituir a cronologia mecanicista anterior pela evolução dos modos de produção. O homem primitivo evolui passando por diversas etapas: as comunidades primitivas, o escravismo, o feudalismo, o capitalismo e caminha para a via socialista. Trata-se de um quadro histórico com início, meio e fim, já determinados, não deixando brechas às contingências e às diferenças próprias do viver em sociedade. [pp. 96-97 e 106.]

Esse currículo, "cheio de teoria e tudo", municia o conteúdo, por exemplo, de *Construindo a História*, para 1º grau, publicado em 1988 pela editora Lê, de Belo Horizonte (MG). Seus autores são Ricardo de Moura Faria, Adhemar Martins Marques e Flávio Costa Berutti, todos eles graduados em História e professores em Minas Gerais. Na introdução da obra, intitulada "Bate-papo inicial", eles sugerem:

> Para que você possa tirar o melhor proveito de seu livro, é fundamental conhecer determinados conceitos que serão utilizados. Não se preocupe em decorar estes conceitos. Discuta-os com seus colegas e seu professor. (v. 1, 2, 3 ou 4, p. 9)

O "você" a que o texto se refere são alunos de 5ª a 8ª séries, já que essa introdução se repete nos quatro volumes da obra, cada qual correspondendo a uma série. Os conceitos são: trabalho; meios de trabalho; objetos de trabalho; meios de produção; força de trabalho; forças produtivas; modo de produção; relações sociais de produção; e classe.

Após essa introdução, o conceito-chave "modo de produção"[10] aparece pela primeira vez no Capítulo 2 da Unidade 2, quando já se afirmou que as "comunidades primitivas" (Unidade 1) cederam lugar a "sociedade de classes", com os homens dividindo-se em "ricos e pobres" (Unidade 1, Capítulo 1):

> Em vários aspectos existem semelhanças na história dos povos antigos. Tanto é que os historiadores classificam estas sociedades, agrupando-as com nomes variados. Alguns as chamam de Comunidades Antigas, outros de Sociedades Antigas e outros utilizam o conceito de Modo de Produção Asiático para definir com maior clareza a situação econômica, social, política e cultural em que elas viveram. (v. 1, p. 55)

Obviamente, presume-se que "Modo de Produção Asiático" seja, entre todas as denominações, a mais correta, já que apresenta "maior clareza" e se eleva ao estatuto de "conceito". A dificuldade da aplicação desse conceito para os incas (Unidade 2, Capítulo 4) é facilmente superada pela similitude:

> O nome "asiático" pode parecer estranho, pois os Incas não moravam na Ásia e sim na América. Entretanto, apesar da grande distância geográfica, havia uma série de semelhanças entre essa sociedade que se desenvolveu na América e aquelas que se desenvolveram na Ásia. (v. 1, p. 65)

Esses comentários, na realidade, apenas pontuam a vasta seleção de textos de que se constitui a obra. Obedecendo ao currículo proposto pela Secretaria da Educação de Minas Gerais, mesclam-se História Geral e História do Brasil, sendo esta *caso* daquela. O mesmo esquema foi retomado pelos autores que, em 1991, publicaram, também pela editora Lê, a obra *Os caminhos do homem*, para o 1º grau. Nesta, embora com formato editorial mais complexo (margens com ilustrações e textos complementares como comentários ao texto principal; *boxes*; textos selecionados, também com comentários à margem etc.), o eixo que organiza a narrativa histórica é formado pelos mesmos conceito do livro anterior: força de trabalho; divisão do trabalho; relações de produção; modo de produção etc. (v. 1, pp. 11-14)[11]

Evidentemente, esse modelo de exposição de conteúdo didático de História não é exclusividade dos mineiros. É muito mais certo afirmar que o currículo mineiro não fez mais que expressar e oficializar uma certa tendência que crescia na passagem dos anos 70 para os 80 entre uma nova geração de autores, que se lançaram à produção de livros didáticos de História não apenas para desenvolver seus projetos educacionais, mas concebendo esses mesmos projetos como forma de combate ao regime militar. E a linguagem bastante disponível à época, embora não a única, era a da vertente estruturalista, althusseriana, de marxismo, com todo o seu viés teoricista de construir a história – ou melhor, *a H*istória – mediante conceitos (mesmo porque Althusser era filófoso, não historiador). Isso se evidencia, por exemplo, na obra, já clássica, intitulada *História das sociedades*, para o 2º grau, publicada pela Ao Livro Técnico, do Rio de Janeiro. O volume que tem por subtítulo "Da comunidades primitivas às sociedades medievais" teve sua primeira edição em 1980 e seus autores, sobre os quais o livro não fornece nenhuma informação, são Rubim Santos Leão de Aquino, Denize de Azevedo Franco e Oscar Guilherme Pahl Campos Lopes. O segundo volume, "Das sociedades modernas às sociedades atuais", ao que parece, teve sua primeira edição em 1978, e conta com um quarto autor, Francisco Jacques Moreira de Alvarenga, além dos três já mencionados[12]. É nessa obra que se pode ler, por exemplo:

> Todo o período compreendido entre os século XV e XVIII, vulgarmente chamado de Idade Moderna, caracterizou-se por uma

série de transformações na estrutura da sociedade europeia ocidental. [...] Isso é o mesmo que dizer que ocorreram transformações em todos os níveis da realidade social: ao nível do jurídico-político, do econômico, do social e do ideológico. Melhor ainda seria dizer que ocorreram transformações ao nível da infraestrutura – econômica e social – que, por sua vez, determinam as mudanças da superestrutura – jurídico-política e ideológica.

Você compreende, agora, o que significa falar em período de transição? Mais ou menos?...

Uma era de transição apresenta a coexistência do velho com o novo. Na Época Moderna era velho tudo o que era feudal e novo tudo o que era capitalista. No entanto, esse período é confuso, pois nem sempre podemos distinguir bem o que seja o velho e o que representa o novo. Você deve se lembrar de que os níveis da realidade social são interdependentes, entretanto as mudanças não ocorrem simultaneamente em todos os níveis da realidade. Embora o que determine as transformações estruturais sejam as mudanças nas bases materiais, nem sempre o aspecto dominante do período é o econômico. [vol. "Das sociedades modernas às sociedades atuais", p. 7][13]

Impasses em São Paulo

Enquanto em Minas Gerais a reforma curricular, como mostra Fonseca (1993), fez-se a toque de caixa, em São Paulo uma iniciativa semelhante arrastou-se por anos, ao menos em relação à disciplina de História. Em 1986, a Coordenadoria de Estudos e Normas Pedagógicas (CENP), órgão da Secretaria de Educação de São Paulo, constituiu uma equipe encarregada de elaborar uma proposta curricular de História, em substituição a então vigente, de Estudos Sociais.[14] Duas versões da proposta foram redigidas antes que uma terceira viesse a público para um amplo debate. Assim como em Minas Gerais, tal empreendimento era visto como parte do processo de construção do Estado democrático e participativo, em que um dos sujeitos era um governo estadual identificado com a oposição ao regime militar. Do mesmo modo, o processo de elaboração da proposta curricular de História representaria emblematicamente os impasses e as dificuldades dessa construção do Estado democrático e participativo.

A grande imprensa paulista manifestou sua oposição à proposta: "São Paulo: Um governo servindo à subversão da educação", diz o título de um editorial do *Jornal da Tarde* (4 ago. 1987). "Ameaça à liberdade de ensino" (*O Estado de S. Paulo*, 9 ago. 1987); "a proposta foi preparada segundo o discurso da esquerda radical" (*O Estado de S. Paulo*, 25 jul. 1987); "uso da linguagem mais desgastada, dos clichê mais conhecidos, das cristalizações mais consagradas de todo um processo de ultrapolitização, de ultrassociologização do conhecimento científico" (*Folha de S.Paulo*, 30 jul. 1987) – foram algumas das condenações também veiculadas nos jornais (apud *Revista Brasileira de História*, 1987). No campo oposto, isto é, "não conservador", houve também muitas divergências. Segundo Fonseca (1993), em "1986, no encontro regional da ANPUH-SP[15], realizado na Unicamp, durante apresentação e debate da Primeira Versão da Proposta Curricular de História, o processo de difusão e debate da mesma foi alvo de críticas da parte dos professores" (p. 88). Quem participou desse debate deve se recordar que uma das divergências ocorreu entre participante identificados com o Partido Comunista do Brasil (PCdoB) e os "petistas" (do PT, Partido dos Trabalhadores), que supostamente estariam apoiando a *Proposta Curricular*.

Em meio a essas polêmicas, desentendimentos e desencontros, a *Proposta* permaneceu no limbo, até que uma nova versão, bem diferente das anteriores, veio à luz em 1991. Seus formuladores não eram os mesmos, o governo era outro e a conjuntura política já havia soterrado os sonhos do tipo "democracia participativa pela base", do período anterior. Ao Estado cabia apenas cumprir seu papel tradicional de baixar regulamentações e normatizações que dissessem respeito às atividades de sua competência e responsabilidade. Em 1992, sem nenhum alarde, a proposta tornou-se definitiva.

Durante todo esse tempo, a indústria editorial paulista – que, por sinal, praticamente monopoliza o mercado nacional – viu-se obrigada a elaborar seu próprio currículo de História. E também os próprios professores: numa época em que os livros didáticos eram sistematicamente denunciados pelos estudos acadêmicos, em que o "currículo oficial" estava em suspenso, mas em que a qualquer momento a proposta de 1986 poderia ser "oficializada", vários professores de História da rede estadual paulista passaram a elaborar seu "material", com base no que entediam ser o espírito daquela proposta – a chamada "história temática". Nisso, os professores demonstraram ser muito mais perspicazes do que a imprensa, que apenas conseguiam enxergar subversão, populismo, ortodoxia marxista (mesmo quando a proposta fazia-lhe crítica explícita) etc. Perceberam que se defrontavam com uma concepção de história diferente, muito mais voltada para a investigação de temas e não de períodos. Sentiam-se, no entanto, inteiramente desamparado no manejo desse modo de desenvolver o conteúdo da disciplina.[16] De certo modo, eles se deparavam com uma situação semelhante à que Le Goff descreveu a respeito das dificuldades suscitadas com a implantação da história temática no ensino de 1º e 2º grau na França:

> Se emiti algumas reservas a respeito da introdução da História por temas no ensino secundário, não foi, evidentemente, em relação ao princípio em si. Mas é preciso ver qual é o discurso escolar sobre

> o tema, e a mim parece-me que é o velho discurso. Existe um certo progresso quando se faz uma História narrativa desde a carroça ao avião supersônico. Mas se é, em primeiro lugar, de novo uma História narrativa e, em segundo lugar, uma História que, longe de ser a dos possíveis e da liberdade na História, [...] se torna, ao contrário, uma História mais determinista que nunca, que dá a entender que se devia forçosamente passar da carroça ao barco a vapor, ao comboio, ao automóvel e ao avião supersônico, receio que se tenham tornado as coisas ainda piores do que estavam, na medida em que o conteúdo deste ensino tem seduções óbvias e diminui ainda mais o espírito crítico dos alunos. Todos os que aqui estão saudaram a entrada de novos objetos na História: a História Nova pode fazer-se através do estudo de um objeto a partir do qual toda a História de uma sociedade se desmonta aos nossos olhos. Mas o que eu noto nesta História temática, tal como ela se esboça, é uma História que se encerra no tema e que não explica por que é que a carroça e o automóvel apareceram, e como isso se inscreve na História geral das sociedades. É uma História difícil de fazer, e se a História temática se fizesse assim, então eu diria "bravo". [Le Goff et al., 1983, pp. 15-16][17]

História Em Fatias

A proposta da história temática acarretou, ao menos entre os professores da rede paulista, uma consequência, embora involuntária: a produção em massa da ignorância. Os professores não apenas tinham dificuldades em agrupar por temas os conteúdos históricos, mas quando tentavam fazê-lo percebiam que nada sabiam sobre o tema assim construído. Uma coisa é, por exemplo, falar da caravela em meio à narrativa sobre a formação dos Estados nacionais, o mercantilismo, as grandes navegações e a chegada dos portugueses às terras que se chamariam mais tarde Brasil; outra coisa é falar dela numa eventual história de transportes. O mesmo ocorreu em relação à história do cotidiano, também insinuada na *Proposta Curricular*, cuja terceira versão afirmava: "nesta Proposta, o cotidiano assume sua dimensão histórica, revelando-se conforme Jacques Le Goff, 'como um dos lugares privilegiados nas luta sociais'" (p. 6). Como abordar, por exemplo, o cotidiano do engenho colonial, se este era até então apenas um dos tópicos econômicos do "Brasil Colônia?"

Talvez essa carência assim produzida explique o sucesso de uma publicação como *O engenho colonial*, de Luiz Alexandre Teixeira Jr. (pseudônimo de Antonio Augusto da Costa Faria, Antonio Mendes Jr., Edgard Luiz de Barros e Ricardo Maranhão), lançado em 1983 pela Ática. Esta obra inaugurou a coleção "O Cotidiano da História", uma série dos chamados "paradidáticos de cunho ficcional", por narrarem, segundo João Guizzo,

> uma história calcada no momento histórico, mas uma história ficcional, simulando personagens da época, caracterizados de acordo com a época e a ação se passando em torno de fotos da época, fatos concretos.

O recurso à ficção frequentemente serve para simular a reconstituição de um cotidiano ali onde há ausência de pesquisa histórica. Apesar dessas e outras deficiências, apontadas por Glazer (1984) e Zamboni (1991), a coleção "O Cotidiano da História", com um estilo que aproxima seus volumes a livros infantis – formato e letras grandes, farta ilustração e reduzido número de páginas (32) – pode ter servido para desmitificar as histórias temática e do cotidiano, até então encontráveis apenas em volumosos exemplares de autores eruditos.

Havia assim um terreno fértil para a proliferação dos chamados paradidáticos. É certo que o *boom* desse gênero literário obedeceu à dinâmica própria do mercado editorial e não se restringiu apenas à área de História, mas também não se pode desconsiderar que a indefinição do governo em relação à proposta curricular de História e a possibilidade da adoção de um currículo baseado nas histórias temática e do cotidiano criavam uma situação favorável para tal. O catálogo da Ática para 1997 registra, na coleção "O Cotidiano da História", o acúmulo de 17 títulos de História Geral e 22 de História do Brasil.

Outras editoras seguiram o veio aberto pela Ática. A coleção "Viramundo", da Moderna (São Paulo), para 1º a 4º séries, apresenta alguns volumes de História que também recorrem à ficção, embora seu material publicitário afirme serem "paradidáticos de não ficção". *No tempo da Abolição*, de Julieta de Godoy Ladeira, por exemplo, narra o movimento abolicionista por meio de um fictício diário de uma menina que viveu no tempo da escravidão; *7 de setembro*, da mesma autora, recorre à história de uma escola do interior que prepara a encenação de uma peça sobre a data para contar o episódio da independência do Brasil. O catálogo da editora para 1996 enumera dez títulos de História nessa coleção.

O cotidiano também é tema de parte da coleção "Povos do Passado", da Melhoramentos (São Paulo). Mas, aqui, "cotidiano" não passa de um artifício mercadológico, como denunciam os títulos da coleção, extremamente abrangentes para permitir descrição da vida cotidiana: *O cotidiano europeu no século XVI*, *O cotidiano europeu no século XVII*, *O cotidiano europeu no século XVIII*, *O cotidiano europeu no século XIX* e *O cotidiano europeu na Idade Média*. Outra parte dessa mesma coleção tem como tema povos pré-colombianos ou da Antiguidade: *Os incas*, *Os astecas*, *Os romanos*, *Os celtas*, *Os chineses* são alguns de seu títulos. Todos esses livros foram escritos por autores estrangeiros, à exceção da obra sobre *Os índios do Brasil*, de

Hernâni Donato. São na verdade "enlatados", isto é, coleções de editoras estrangeiras (no caso, Macdonald Educational ou Macdonald & Co., inglesa), de quem se compram não apenas os direitos sobre o texto, mas também sobre o uso das ilustrações e até mesmo da diagramação. À editora adquirente basta substituir o texto original pelo texto traduzido no fotolito das páginas. Esse é também o caso dos livros *Astecas*, *Egípcios antigos*, *Índios da planícies* e *Vikings*, assinados por Fiona MacDonald, da coleção "Desafios", da Moderna; ou os volumes das coleções "Como Seria Sua Vida" (*Na Idade Média*; *Na Grécia antiga* etc.) e "Crianças na História", da Scipione (São Paulo). Na Ática, a coleção "Guerras que Mudaram o Mundo" é de "enlatados" e acabou dando origem a um similar nacional: a coleção "Guerras e Revoluções Brasileiras".

Um outro padrão de paradidáticos é mais sóbrio, com características de livro comum, tanto no formato, quanto no tamanho das letras e no uso das ilustrações. Nesse padrão, a Ática mantém as coleções "História em Movimento" e "Retrospectiva do Século XX"; a Atual (São Paulo), "História Viva", "Discutindo a História", "Discutindo a História do Brasil", "História em Documentos", "História Geral em Documentos" e "Vida no Tempo"; a Scipione, "História em Aberto"; a Global (São Paulo), "História Popular"; a Contexto (São Paulo), "Repensando a História"; a Editora do Brasil (São Paulo), "Lutas do Nosso Povo"; etc. Algumas coleções mesclam livros de História com os de outras áreas, como "Ponto de Apoio", da Scipione, e "Pergunte ao José", da Lê. O paradidáticos de História da FTD (coleções "Cinco Séculos de Resistência", "Construindo Nossa Memória", "Para Conhecer Melhor") mantém um padrão próprio, com formato um pouco maior do que os livros normais, muita ilustração (mas não em todas as páginas) e, no caso de "Cinco Séculos de Resistência", utilização moderada de texto ficcional.

Apesar dessa diversidade da oferta e da inesgotabilidade de títulos que a abordagem temática propicia, o elenco de temas dessas coleções é consideravelmente restrito, mesmo porque muitas coleções lançam livros com temas similares aos dos concorrentes. Por exemplo, o tema da Abolição da escravatura no Brasil é tratado, pelo menos, pelas editoras Moderna (*Abolição*, coleção "Polêmica"); Global (*A Abolição*, coleção "História Popular"); Atual (*Reinventando a liberdade*, coleção "Discutindo a História do Brasil"); FTD (*13 de maio. Abolição resolveu?*, coleção "Construindo Nossa Memória") e Ática (*Os abolicionistas*, coleção "O Cotidiano da História"), além da obra já mencionada, da coleção "Viramundo", da Moderna. Também se repetem temas como Primeira e Segunda Guerras Mundiais, Revolução Industrial, transição no Brasil (fim do regime militar), queda do Muro de Berlim (e assuntos correlatos) etc.

Todos esses temas, de modo geral, podem se classificar em quatro grupos. O primeiro deles refere-se a obras que tratam da História Geral, destacando um de seus temas consagrados (feudalismo, Renascimento, Revolução Francesa etc.). O segundo grupo também aborda temas consagrados, mas referentes à História do Brasil (descobrimento, escravidão, Inconfidência, Independência, República etc.). O terceiro reúne títulos que abordam acontecimentos recentes, geralmente políticos, que ainda não chegaram aos capítulos dos livros didáticos. Nesse grupo, a competição pela atualidade mais imediata é acirrada: logo que ruiu a União Soviética, a Ática antecipou-se às demais editoras, lançando um caderno especial a esse respeito (*URSS. Formação e queda de um império*, de Alceu Luiz Pazzinato e Maria Helena Valente Senise) e distribuiu-o gratuitamente pela mala direta. Por fim, o quarto grupo engloba livros cujos temas não são usuais em livros didático de História. Tais temas podem ser questões polêmicas da atualidade, como o racismo (*Racismo na História do Brasil*, coleção "História em Movimento", da Ática; *Racismo*, coleção "Pergunte ao José", da Lê) e a reforma agrária (*Reforma agrária*, coleção "Polêmica", da Moderna; *Reforma agrária*, coleção "Pergunte ao José", da Lê). Ou então abordam pequenos episódios que normalmente não merecem mais do que um ou outro parágrafo num livro de história "global" (*As reações armadas ao regime de 64. Guerrilha ou terror?*, coleção "Lutas do Nosso Povo", da Editora do Brasil; *A Coluna Prestes*, coleção "História em Aberto", da Scipione, e *Uma epopeia brasileira – a Coluna Prestes*, coleção "Polêmica", da Moderna; *As heresias medievais*, coleção "Discutindo a História", da Atual; etc.). Esses temas também podem rastrear uma questão no tempo e no espaço, lançando luz a tópicos, como cotidiano e cultura, que ficam geralmente obscurecidos (*Cidades em tempos modernos*, coleção "A Vida no Tempo", da Atual; *Movimentos culturais de juventude*, coleção "Polêmica", da Moderna; ou *História da saúde pública no Brasil*, coleção "História em Movimento", da Ática).

Como se pode observar, apenas os livros desse quarto grupo seguem minimamente os protocolos de uma história temática, operando deslocamentos da narrativa histórica em relação à primazia da periodização e dos "grandes acontecimentos". No dois primeiros grupos, os "temas" não passam de itens do sumário de qualquer livro didático convencional de História e que são recortados para receberem aprofundamento vertical. No caso do terceiro grupo, "tema" corresponde a sinopse – com certo grau de elaboração, é verdade – de notícias da atualidade. O receio de Le Goff (1983) em relação à sorte da história temática na França aplica-se também no Brasil:

> O que é certo, infelizmente, é a falta de interesse dos poderes, das pessoas que impõem os programas. O que me preocupa é o fato de me parecer que a História Nova está precisamente a desabrochar no ensino secundário. Mas aí desabrocha duma maneira bastante perigosa, porque não colocou o problema do ensino e da divulgação de História. Assim, faz-se no ensino secundário, duma forma anárquica, selvagem, mal compreendida, um esforço, aliás interessante, de aclimatação da História Nova, que leva a coisas

> perigosas e absurdas. Consagrar, como me dizem que se faz, um ano inteiro de História, numa classe, a um tema histórico, é levar as crianças a não compreenderem nada de História. É substituir um saber histórico arcaico por absolutamente nenhum. Repare, por exemplo, na História dos Transportes, do segundo ano. De certo modo, estamos bastante satisfeitos, porque esse é o tipo de História que tentamos promover, mas esquecem-se de que, ainda que a História Nova seja uma História em migalhas, como o dissemos talvez um pouco apressadamente, ela continua a pretender ser uma História total. A História Nova em fatias é a pior das histórias. (pp. 13-14)

Vale observar, no entanto, que no Brasil é improvável que algum professor dedique um ano letivo inteiro a um tema apenas. Além disso, convém lembrar que a *Proposta Curricular* de 1986, exatamente para evitar o risco de dispersão em migalha, propunha como eixo um tema suficientemente amplo: o trabalho, "em suas inter-relações com o social" (*Proposta Curricular*, p. 7). Bem entendido: o fatiamento da história, de que se fala aqui, refere-se tão somente a livros paradidáticos de História, ou melhor, a sua maioria.

Geração Da Resistência Democrática

No caso dos didáticos propriamente ditos, a esmagadora maioria optou pelo de envolvimento de conteúdos já consagrados pela tradição. A sequência desses conteúdos podia sofrer variações; algumas obras mesclaram a História Geral com a História do Brasil; outras prestaram tributo a "novos objetos"; incluindo *flashes* do cotidiano ou mentalidades, mas o fundamental permaneceu inalterado. O quadro a seguir compara, a título de exemplo, partes dos sumários de algumas das obras de História do Brasil para 1º grau lançadas por editoras paulistas nesse período de indefinição curricular:

GC	SIC/EC	CV	FAS	CGM/AL
1. Reflexão sobre a História 2. O tempo e a História	Unid. I. A História e o tempo 1. Quem conta essa história		Introdução aos estudos históricos	Introdução 1. A Pré-História
3. A pré-história brasileira			1. A pré-história brasileira	2. As civilizações americanas
4. Expansão europeia e conquista do Brasil 5. O impacto da conquista	Unid. III. A Europa descobre o mundo 1. A Europa feudal 2. O oceano como desafio 3. A corrida pela conquista do mundo Unid. IV. Os brancos chegaram 1. Os índios do Brasil 2. O que os portugueses queriam	Unid. I. A transição dos tempos modernos 1. A expansão ultramarina europeia Unid. II. O Antigo Regime 5. A América Pré-Colombiana 6. O mercantilismo e a colonização da América	2. Portugal e a chegada dos portugueses ao Brasil	3. Os europeus e a América 4. O império colonial português 5. O Brasil e a França
6. A implantação do sistema colonial 7. Organização do poder político	3. Os brancos na terra dos índios	Unid. III. A integração do Brasil à Europa 7. O Brasil pré-colonial 8. A administração do Brasil colonial	3. O período pré-colonial (1500-1530) 4. A organização política do período colonial	
8. Economia colonial	Unid. V. Açúcar: o ouro branco da colônia 1. Navios negreiros: a viagem sem volta 2. Negros e brancos nas terras do açúcar	Unid. IV. A evolução brasileira 9. A economia canavieira	5. A formação econômica do Brasil	6. O açúcar e a colonização
			6. A formação da sociedade brasileira	7. As instituições coloniais 8. A Igreja colonial 9. O Brasil e a união ibérica
9. O Brasil holandês	3. Um Brasil holandês?	10. As invasões estrangeiras	7. As invasões holandesas (a guerra do açúcar)	10. As lutas contra os holandeses 11. O fim da União Ibérica
		11. A formação ética do Brasil		12. O ouro das "Gerais"
10. Expansão territorial e fixação das fronteiras	Unid. VI. A colônia cresce e aparece 1. A conquista se amplia no Norte e Nordeste 2. São Paulo: porta de entrada para os sertões 3. Em busca do continente	12. A expansão territorial brasileira	8. A expansão territorial	13. A definição das fronteiras
				14. A sociedade colonial

GC = Gilberto Cotrim. *História & consciência do Brasil*. Saraiva: SIC/EC – Sonia Irene do Carmo e Eliane Couto. *História do Brasil*. Atual: CV = Cláudio Vicentino, *História integrada*. Scipione: CGM/AL = Carlos Guilherme Mota e Adriana Lopez. *História & civilização. O Brasil colonial*. Ática.

Evidentemente, há diferenças entre esses livros, o que se percebe até mesmo na enumeração dos tópicos do sumário. A obra de Carlos Guilherme Mota e Adriana Lopez (no Quadro, CGM/AL), por exemplo, não esconde sua origem "uspiana" (da USP, isto é, Universidade de São Paulo), com seu curso de História que valoriza a história ibérica. As abordagens adotadas nesses livros e, principalmente, os modos de exposição – ou melhor, as estratégias editoriais e gráficas – também diferem entre si. Mas haveria divergências fundamentais? Tudo indica que não. Esses e outros livros parecem percorrer o caminho seguro do consenso, daqueles conteúdos que já estão solidamente assentados desde a época em que livro didático de História era sinônimo de Joaquim Silva ou Borges Hermida – ou mesmo antes. Teriam então razão os críticos dos livros didáticos que nele denunciam uma concepção de história "pronta e acabada", que impede a reflexão e que não faz mais que repor a sucessão de fatos, datas e personagens da "história oficial" – um história ideológica, em suma?

A referência a Borges Hermida é proposital. Um folheto publicitário da FTD, anuncia em 1995:

> Ele está de volta, pelas mãos da FTD. A coleção de HISTÓRIA de BORGES HERMIDA foi atualizada e recebeu um cuidadoso tratamento de texto e imagem. Tudo para manter a característica que a consagrou: a objetividade.

Ao folhear o livro, surpresa: o velho Borges Hermida (que, por sinal, morreu em 1995), aquele sempre criticado por fazer "história oficial", tornou-se "progressista", até mesmo "esquerdista"! O esquematismo de causas (políticas, econômicas, sociais, religiosas etc.) e consequências (políticas, econômicas, sociais, religiosas etc.) permanece lá, intacto (e até mesmo valorizado pela referida peça publicitária, que destaca: "texto esquemático, pontuado por destaques de conceitos, fatos relevantes e curiosidades"), mas agora a serviço de causas sociais! Basta, porém, examinar o expediente da coleção para tudo se esclarecer: lá aparece como copidesque o nome de um competente e veterano redator e jornalista.

O exemplo, por ser um caso-limite, revela o sentido do consenso acima mencionado: fazer ressaltar, mesmo no conteúdo tradicional, certos valores, certos raciocínios, certas histórias que possam apontar para as lutas sociais, as artimanhas dos dominantes e exploradores, os desejos de emancipação "dos de baixo". Por isso, há em todos esses livros, na sua parte introdutória, uma espécie de declaração de princípios:

> No emaranhado dos fatos, procuramos concentrar a atenção no seguinte: desde o momento em que os brancos chegaram a esta terra, que era habitada por povos indígenas, aqui passaram a existir os dominadores e os dominados.

> Percebendo isso, perguntamos: De que forma os dominadores conseguiram continuar dominando? E de que forma os dominados reagiram? Calaram-se? Lutaram? Fugiram? E hoje? Como agem os poderosos? Como reagem os outros? Essas perguntas estiveram sempre presentes enquanto escrevíamos este livro, que é a nossa maneira de contar a história. (Sonia Irene do Carmo e Eliane Couto. História do Brasil (1º grau), v. 1, "Apresentação")

> A História serve para interpretar o passado, tendo em vista a compreensão do presente. O objetivo é adquirir consciência do que fomos para transformar o que somos. Transformar para melhor. Assim, num país como o Brasil, marcado por tantas injustiças sociais, o estudo da história pode servir para ampliar nossa consciência sobre a imensa e urgente tarefa de construir uma sociedade mais justa, mais digna e mais fraterna. (Gilberto Cotrim. História & consciência do Brasil, v. 1, p. 9)

> Cabe a nós, como profissionais dessa ciência humana e como pessoas preocupadas com a justiça social, promover a reflexão e a visão crítica do estudante, para que ele possa avaliar sua própria importância como agente dinâmico do processo histórico. Esse deve ser o nosso principal objetivo. [...] Não basta dizer que houve ou que há opressores e oprimidos. É preciso que ensinemos nossos alunos a refletir sobre o relacionamento entre os que oprimem e os que sofrem opressão, e tiremos disso uma lição proveitosa que nos leve a entender o porquê de nossas ações. (Francisco de Assis Silva. História do Brasil. 1. Colônia. "Apresentação")

Mesmo quando o autor não empunha bandeiras tão explícitas, não é difícil surpreendê-lo fazendo parte do consenso: basta ler suas páginas dedicadas ao período do regime militar no Brasil.

Há, desse modo, nos livros didáticos, uma certa cultura, se não progressista ou esquerdista, ao menos democrática e a favor da abertura, pela participação e pela promoção da cidadania. Seria injusto dizer que isso não passa de uma jogada mercadológica. Se as editoras fazem dessa cultura sua fonte de lucro, isso não significa que os trabalhadores dessas empresas sejam igualmente movidos apenas pelo desejo de enriquecimento. Esses autores e esses editores são, quase todos, da mesma geração dos sindicalistas, intelectuais, estudantes, religiosos, donas de casa que participaram de várias jornadas da resistência democrática contra a ditadura militar. Lizânias de Souza Lima conta como concebeu uma coleção de paradidáticos invertendo os sinais das datas cívicas:

> Há uma coleção paradidática que eu fiz, para o 1º grau, que vendeu demais. Vendeu muito mesmo. Deve haver volume que já vendeu mais de 100 mil exemplares. E a venda do paradidático é sempre bem menor que o didático. Qual a ideia que eu tive? Data cívica. A coisa da data cívica é a coisa mais babaca que existe, né? Então, qual a ideia que eu tive? Abordar a data cívica relacionando com a questão da construção da memória. Cada grupo tenta construir a história de acordo com os seus interesses, de acordo com a sua visão. Então, existe data cívica que é criada a partir de um certo momento. Tiradentes, por exemplo. Tiradentes foi inventado pelos republicanos. Antes ninguém falava de Tiradentes. Até pouco tempo, 20 de novembro, que é, hoje, Dia Nacional da Consciência Negra, não era data. Então, o que levou a se criar essa data? Algum grupo da sociedade teve condições de fazer outra leitura do passado e criar uma outra memória. Então, a data, ou o monumento, é uma maneira de você tentar cristalizar uma determinada visão do passado. Entretanto, a data cívica tem sido sempre vista com desconfiança, porque, às vezes, a mesma data é comemorada com sentidos diferentes. Uma data que desapareceu foi o 31 de março. Essa data era comemorada, hoje não é mais, passa batido. Nem os militares querem lembrar disso mais. Houve uma época em que era desfile, era o diabo a quatro. Então, eu fiz uma coleçãozinha assim, tratando as datas cívicas dessa maneira. E pus o nome "Construindo a Nossa Memória". Fazia exatamente essa abordagem: uma historinha de ficção que era para esquentar o aluno; depois havia um texto intermediário que era para mostrar como é que essa data nasceu, com que sentido. Depois, no final, havia uma biografia com um personagem de cada data. Então, essa coleção fez muito sucesso.
>
> Outra coleção que eu fiz de paradidático – essa não deu certo, não vendeu nada – foi com aquela ideia de pegar eventos históricos que não são valorizados pela historiografia. Quer dizer, a história dos vencidos. São vencidos até pela memória, né? Então, por exemplo, houve a Guerra dos Tupinambás e quase ninguém aborda esse tema. Há, por exemplo, a greve dos cocheiros, que foi uma greve popular contra o progresso – então, isso não é abordado. Era assim que se chamava: "Cinco Séculos de Resistência", esse foi vencido até pelo mercado.

Convém lembrar que além dessas coleções, vários livros paradidáticos versam sobre temas que se poderiam denominar "progressistas": *O capitalismo*, coleção "Visão do Mundo", da Editora do Brasil; *Capitalismo*, coleção "Pergunte ao José", da Lê; *A formação da classe operária*, coleção "Discutindo a História", da Atual; *A guerra civil espanhola*, coleção "História em Aberto", da Scipione; *As ideias socialistas no Brasil*, coleção "Polêmica", da Moderna; *Política para quê?*, coleção "História Vida", da Atual; e assim por diante.

Chico Alencar, antes de ter sido candidato a prefeito do Rio de Janeiro pelo Partido dos Trabalhadores nas eleições de 1996, escreveu, juntamente com Marcus Venicio Ribeiro e Claudius Ceccon, *Brasil Vivo – Uma nova história da nossa gente*, da Vozes. Esse é talvez o livro didático que mais espelhe a geração da resistência democrática. Sua linguagem descontraída, quase uma fabulação, e sua diagramação lembram muito a chamada "imprensa nanica" – de *Pasquim* a *Opinião*; de *Movimento* a *Bondinho* e *Ex* –, na qual, por sinal, militou o cartunista Claudius (Ceccon), responsável pelas ilustrações e pela programação visual da obra. Trata-se de uma tentativa de escrever uma história dos vencidos (ou contravencedores) invertendo os significados e os sentidos da cronologia e da periodização tradicional.

Algumas Indagações

Na mesma época em que muitos pesquisadores universitários denunciavam nos livros didáticos as "belas mentiras", que favoreceriam a classe dominante, autores e editores produziam livros didáticos procurando, além de ganhar dinheiro, participar da luta pela consolidação da democracia e da cidadania no Brasil. Para isso, valeram-se de uma história consolidada, com seus temas, períodos e personagens bem-assentados, mas invertendo-lhes o significado ou reorganizando-os mediante certos conceitos como "modo de produção". Mas sabe-se, desde Vesentini e De Decca (1976), que o vencedor da história é também aquele que institui a memória da sua vitória como *a* História, cancelando nesse ato a história do vencido. Em outras palavras, a história do vencedor com sinais trocados (ou com outros conceitos) continua sendo a história do vencedor; inverter-lhe o significado não restitui a história do vencido. Teriam então razão os inquisidores das "belas mentiras", que souberam flagrar a ideologia que se ocultava por trás das boas intenções?

A que tão prática, no entanto, é outra: para além desses exercícios especulativos, o que se pode fazer efetivamente em relação aos livros didáticos? Lizânias de Souza Lima, que tem pós-graduação em História, desabafa:

> A discussão do livro didático no Brasil é muito desfocada, porque o indivíduo critica o livro didático pelo conteúdo. E criticar o livro didático pelo conteúdo é criticar aquilo que ele tem de mais frágil. Então, vou dar um exemplo aqui na área de História. Nós podemos pegar qualquer assunto. Vamos pegar, por exemplo, Roma

> Antiga. A bibliografia sobre Roma Antiga é uma coisa assustadora, são milhões de páginas. Você tem uma quantidade de documentos, de textos historiográficos e de visões, de interpretações e de discussões entre os historiadores. E essa complexidade você não consegue trazer para o livro didático de maneira nenhuma. Então, escrever um livro didático é fazer uma escolha. Tudo isso que eu conheço de Roma e todo esse problema, vou simplificar. Eu vou reduzir às coisas muito consensuais. Além disso, vou ainda ter que "didatizar" a linguagem. Então, logicamente, se eu pegar pelo critério da produção historiográfica, a cada linha eu posso dizer que não é aquilo. Claro, é óbvio!
>
> Agora, eu acho que o livro didático teria que ser julgado pela sua característica essencial, que é o seu caráter didático. Se ele consegue colocar as coisas com clareza, se tem um encadeamento, se respeita a maturidade do aluno. Um aluno de oito anos é incapaz de fazer abstrações, ele é incapaz de fazer múltiplas relações, se você chama a atenção dele para o espaço ele esquece o tempo, se chama para o tempo ele esquece o espaço. Então, às vezes, o indivíduo que não tem essa vivência pedagógica, didática, pensa: "Eu sei História, então para dar aula eu [não] preciso saber mais nada". No entanto, não é assim. É mais importante, talvez, um professor que não tenha um conhecimento tão profundo – sempre é bom que ele tenha, talvez é até essencial que tenha –, mas, às vezes, um professor que não tenha nem tanto conhecimento assim, mas ele tem uma boa didática, uma boa maneira de expor, ele tem um conhecimento principalmente da psicologia da criança, as etapas de desenvolvimento mental dela, ele acaba tendo mais sucesso do que um que tenha, talvez, títulos etc. e tal. No entanto, as críticas ao livro didático no Brasil pega pelo conteúdo, que é o lugar mais fácil. Pelo conteúdo, qualquer livro aqui eu posso dizer que está certo ou errado: "Ora, imagina, isso aqui não é assim". Lógico que não é assim, nós estamos sabendo, também! Só que você tem oito páginas e você vai falar para uma criança de 5ª série.
>
> E, às vezes, escrevo o livro me dirigindo quase que ao professor. E o professor também embarca nessa. Ele gosta do livro, ele adota. Depois, o livro cai na mão do aluno e o aluno que tem que ler aquilo não entende. Quer dizer, como é que o livro vai para sala? Então, esse livro aqui para o aluno é inútil.

Dito de modo mais atrevido: a história que é pesquisada na universidades pelos historiadores de ofício é diferente da história que é narrada nos livros didáticos e que é ensinada nas escolas. Como observa Goodson (1990):

> Análises mais atentas das matérias escolares revelam uma série de paradoxos inexplicados. Em primeiro lugar, o contexto escolar é, sob muitos aspectos, muito diferente do contexto universitário [...] Em segundo lugar, as matérias escolares são, com frequência, ou divorciadas de sua disciplina-base ou não têm uma disciplina-base. Muitas matérias escolares, portanto, representam comunidades autônomas [...]. [p. 234]

Empregando uma terminologia distinta, Chervel (1990) aponta para a mesma questão:

> Na opinião comum, a escola ensina as ciências, as quais fizeram suas comprovações em outro local. Ela ensina a gramática porque a gramática, criação secular dos linguistas, expressa a verdade da língua; ela ensina as ciências exatas, como a matemática, e, quando ela se envolve com a matemática moderna é, pensa-se, porque acaba de ocorrer uma revolução na ciência matemática; ela ensina a história dos historiadores, a civilização e a cultura latinas da Roma Antiga, a filosofia dos grandes filósofos, o inglês que se fala na Inglaterra ou nos Estados Unidos, e o francês de todo o mundo. [...] Mas três resultados da análise histórica impedem definitivamente que se considere essa matéria [gramática escolar] como uma vulgarização científica. Ela mostra, primeiro, que contrariamente ao que se teria podido acreditar, a "teoria" gramatical ensinada na escola não é a expressão das ciências ditas, ou presumidas "de referência", mas que ela foi historicamente criada pela própria escola, na escola e para a escola. Em segundo lugar, o conhecimento da gramática escolar não faz parte [...] da cultura do homem cultivado. [...] Enfim, a própria gênese dessa gramática escolar não deixa nenhuma dúvida sobre sua finalidade real. A criação de seus diferentes conceitos tem constantemente coincidido no tempo com seu ensino, assim como com o ensino da ortografia [...]. Na sua realidade didática, cotidiana, como nas suas finalidades, a gramática escolar francesa embarcou, de fato, na grande empresa nacional de aprendizagem da ortografia, empresa que não tem nada a ver com qualquer vulgarização. [pp. 180-2]

É possível (e desejável) introduzir a pesquisa histórica universitária nas salas de aula do 1º e 2º graus? Le Goff, no trecho citado, alertava para os riscos de introduzir a Nova História no secundário sem atentar para "o problema do ensino e da divulgação", o que ocasionaria a substituição de "um saber histórico arcaico por absolutamente nenhum saber". No Brasil, os livros didáticos de História pelo menos resguardam o seu público (professores e alunos) do risco do nenhum saber, por mais que essa história seja suspeita aos olhos do historiador acadêmico.

Seja como for, o que acabou prevalecendo como currículo de História no vazio da iniciativa do governo é esse conteúdo consensual dos livros didáticos, complementado pelos paradidáticos. E na medida em que as editoras paulistas têm praticamente o monopólio do mercado de livros didáticos de todo o país (inclusive de edições regionais), não é exagero supor que tal "currículo" informal tenha alcançado abrangência nacional. Diante desse fato consumado, a *Proposta Curricular* de 1992 caiu no vazio, mesmo porque a enumeração dos conteúdo – a despeito da sua introdução teórica, que propõe uma abordagem próxima à da história do cotidiano tendo como eixo quatro temas – em quase nada difere dos já consagrados.

O que os professores e os alunos fazem efetivamente com tudo isso é uma outra história, a ser pesquisada.

REGIONALISMO E HISTÓRIA DA LITERATURA: QUEM É O VILÃO DA HISTÓRIA?[1]

Marisa Lajolo (UNICAMP)

> (...) questionamento de conceitos substancialistas de literatura e história, um reduzindo literatura a obras literárias e suas supostas marcas de literariedade e essencialidade, o outro compreendendo a história como repositório de fatos e eventos ocorridos no passado. A imensa ampliação do objeto sob investigação a história pulverizada em infindáveis histórias locais, construídas a partir de interesses plurais, e a literatura articulada como processo instável em uma rede de múltiplos sistemas sociais interativos – suscita, como consequência, modelos mais densos e plurifacetados[2] [...] não há tais coisas como os significados, as obras de arte, a história, a realidade, mas em vez disso, significados, obras de arte, histórias e realidades. Sua objetividade intuitivamente sentida pode ser explicada como o resultado da intersubjetividade, ocasionada por uma socialização bastante homogênea dos grupos sociais que estão integrados por interesses, necessidades e intenções similares.[3]
> E se acaso o sabiá de Gonçalves Dias vinha bicar "pomos de Hespérides" na laranjeira de seu quintal, Aldrovando esfogueteava-o com apóstrofes:
> – Salta fora regionalismo de má assonância![4]

A intenção deste ensaio é discutir algumas histórias literárias na expectativa de que isto permita falar de História Literária. Sim... das minúsculas para as maiúsculas! Na discussão, as histórias revisitadas não serão lidas como fonte de informações sobre autores, obras e estilos, que é o ofício mais comum das histórias literárias. Nada disso...

Serão lidas levando em conta sua espessura discursiva, de linguagem produzida por alguém, que fala a partir de algum lugar, em determinada situação, com certos objetivos, transformando-se assim seus conteúdos – autores, obras e estilos – em pretextos para a discussão do papel que o discurso da história literária – ou, vá lá... o discurso de alguns de seus espécimens – ensina sobre o que a História Literária pode ensinar sobre outras coisas que não apenas a literatura.

O recorte será o tratamento dispensado ao regionalismo e a hipótese, a história como texto escorregadio e sinuoso, que diz sempre muito mais ou muito menos do que parece estar dizendo.

A Literatura Da América Portuguesa Em Bouterwek E Sismondi E No Olhar Solidário E Didático DE Ferdinand Denis E De Almeida Garrett

Friedrich Bouterwek, professor da Universidade alemã de Göttingen, convidado por seu colega Eichhorn para assumir a parte ibérica de uma monumental *História da poesia e da eloquência* (doze volumes publicados entre 1801 e 1819), no volume dedicado a *História da poesia e da eloquência portuguesa* (4º volume, publicado em 1805) inaugura o olhar europeu que se volta para nossa literatura. Em seu texto, ao levantamento das influências europeias em escritores brasileiros (isto é, *portugueses da América*, no correto dizer dele...)[5] alinham-se conselhos sobre os mais recomendáveis rumos a serem assumidos pela incipiente produção literária da então colônia portuguesa.

O tratamento dispensado por Bouterwek a Cláudio Manuel da Costa é exemplar da metodologia que tanto se utiliza de paráfrase e de leituras autobiográficas de textos literários, quanto do zelo do historiador na enumeração das influências europeias manifestadas pelo poeta-inconfidente. Este *eurocentrismo* fica menos estranho se se levar em conta que, para Bouterwek, Cláudio Manuel da Costa era, fora de qualquer dúvida, um *autor lusitano*.

A obra de Bouterwek trabalha com categorias que lembram a prolixa *Biblioteca lusitana* (1741) de Diogo Barbosa Machado. Na obra do prelado português Barbosa Machado, a interferência da crença traz, para a história que narra em verbetes traços de *maravilhoso*[6] que podem ser creditados à formação católica do autor. Já os procedimentos agenciados por Bouterwek parecem converter para o mundo leigo, reformado e universitário do professor alemão, as hoje pouco credenciadas categorias de *providencialismo* e *boas intenções*:

> nos cinco anos em que frequentou a universidade de Coimbra, ali continuava a imperar, segundo informações do próprio poeta, a corrompida moda poética do marinismo português. *Por sorte* (e isso constitui a primeira *prova de que estava predestinado* a melhor formação), o jovem Costa começou a estudar e imitar os poetas italianos mais antigos, ao lado de Metastásio, durante sua estada em Coimbra. Tentou, mesmo, escrever sonetos à maneira de Petrarca, em língua italiana e teve êxito.

Após regressar ao Brasil, continuou a cultivar a poesia, nas montanhas auríferas e nas terras do diamante, mas *essas riquezas certamente não o seduziram*. Naquelas montanhas – disse ele – não havia regatos arcádicos, cujo suave murmúrio inspirasse melodiosos versos. As águas turvas e feias dos riachos apenas suscitavam ideias ligadas à difícil e ambiciosa mineração, que poluía essas mesmas águas. (p. 9)

Mas em conjunto, nenhum português, nos últimos cem anos, conseguira escrever sonetos como os de Costa, os quais se assemelham, de maneira mais encantadora, aos de Petrarca. [...] tais sonetos podem ser considerados os mais perfeitos da literatura portuguesa. Por vezes, pensamos ouvir o tom ingênuo de antigas canções portuguesas, que nos fosse restituído pelo eco italiano.

Mas o gosto francês, do mesmo passo, exerceu certa influência, embora menos acentuada, sobre a poesia de Costa. (grifos meus) (p. 10)

Em sequência ao projeto para o qual Bouterwek contribui com a parte relativa a Portugal (e, por inclusão colonial, ao Brasil...), a próxima obra a cuidar das produções literárias brasileiras é a do suíço Simonde de Sismondi, cuja *De la Litterature du Midi de l'Europe* foi editada em 1813 e teve várias reedições. Cotejo desta obra com a de Bouterwek sugere algumas semelhanças e outras tantas diferenças.

As primeiras referem-se sobretudo ao *corpus* ao qual ambos os historiadores recorrem: aparentemente, Sismondi inspirou-se bastante na obra de seu antecessor (que ele, aliás, refere em rodapé), de quem chega a parafrasear textos. Veja-se a semelhança entre o parágrafo no qual Sismondi trabalha elementos biográficos de Cláudio Manuel da Costa e o já transcrito excerto de Bouterwek: como o historiador alemão, também Sismondi interpreta *literalmente* as mesmas passagens do *Prólogo* que Cláudio Manuel da Costa apõe às suas *Obras*, texto já comentado por Bouterwek:

Durante cinco anos recebeu ele educação europeia; mas, nesta cidade, a escola de Gôngora dominava ainda, e foi o gosto pessoal de Costa que o decidiu a buscar modelos nos antigos poetas italianos e em Metastásio. De regresso ao Brasil, continuou os seus estudos poéticos nas minas de ouro e de diamante, cujas riquezas parece que não o fascinaram. Naquelas montanhas, diz ele, não se veem regatos da Arcádia, cujo doce murmúrio produza sons harmoniosos; a torrente que se despenha, turva e imunda, lembra somente a ambição dos homens que represaram e conspurcaram as águas em busca de tesouros. (pp. 23-4)

As diferenças vão por conta dos traços proféticos e pedagógicos do texto de Sismondi. Ele se inclina a vaticinar *futuro grandioso* para a produção literária da colônia portuguesa e a valorizar a cor local, isto é, o *americanismo* que aplaude na produção de alguns árcades, numa espécie de aplicação pioneira de ideias da relação entre *literatura* e *sociedade* que corriam soltas nas discussões do grupo dos Schlegel e de Mme. de Stael, círculo intelectual frequentado por Sismondi.

E a propósito de Manuel Inácio da Silva Alvarenga e de sua *Glaura* que o pendor para o aconselhamento leva Sismondi a americanizar os olhos e critérios a partir dos quais, para além de ler e avaliar a produção literária brasileira, aponta caminhos para ela. Comentando o que bem mais tarde e com muita propriedade Sérgio Buarque de Holanda vai chamar de conquista de *cidadania poética da natureza brasileira*[7], Sismondi registra que

> O principal atrativo desses poemas é ainda a sua cor local, as imagens sugeridas pelas árvores, pelas borboletas, pelas serpentes da América; ou o convite para mitigar os calores de dezembro nas frescas ondas de um regato. (p. 26)

O tropicalismo, ativado, rende ainda mais dividendos, ao prognosticar para a literatura brasileira futuro brilhante e quiçá superior ao da Metrópole. É como se Sismondi inaugurasse (do avesso, de vez que sua perspectiva é *europeia*) o daí para frente corrente *me-ufanismo* dos olhos que viram e analisaram nossas primeiras manifestações literárias. Observador atento da política europeia que, ao tempo de elaboração de sua obra assistia à expansão napoleônica, Sismondi inscreve na transferência da Coroa Portuguesa para o Brasil os bons auspícios do desenvolvimento literário da colônia, para o qual, na retórica da pergunta que fecha a transcrição abaixo, ele vaticina futuro resplandecente:

> No mais aprazível dos climas e no mais rico dos solos, fundaram [os portugueses] uma colônia que ultrapassa doze vezes a superfície da antiga mãe-pátria; para lá transportaram hoje a sede de seu governo, sua marinha e seu exército; acontecimentos de todo imprevistos conferem à nação outra juventude e novas energias; e não estarão próximos os tempos em que o Império do Brasil venha a produzir, em língua portuguesa, dignos sucessores de Camões? (p. 26)

Mas, assim como Bouterwek, Sismondi conhecia a colônia que éramos e a literatura que por aqui se fazia apenas de ouvido, e (talvez...) de leituras. E a (re) interpretação de tais leituras inscrevia-se dentro de monumental projeto continental *De la Litterature du Midi de l'Europe* no qual, talvez, não fosse de tanto relevo o papel representado por Portugal e suas colônias...

É só nos arredores da Independência brasileira que o redesenho do mapa político da Europa favorece novo ângulo para os olhos europeus que, nos olhando, historizam-nos. É o caso dos próximos historiadores, o primeiro dos quais, inclusive, viveu no Brasil por muitos anos.

A estreia de Ferdinand Denis em assuntos brasileiros deu-se em *Scenes de la nature sous les tropiques et de leur influence sur la poesie* de 1824. Nessa obra, o viajante francês fascinava-se com a brasilidade que, expressa nas cores e formas da natureza, vai ser decisiva na sistematizacão com que, dois anos depois (1826), no *Résumé de l'Histoire Littéraire du Portugal, suivi du Résumé de l'Histoire Littéraire du Brésil,* Ferdinand Denis trataria da história da literatura brasileira.

Já o subtítulo do *Résumé*[8], revela seu caráter normativo: Denis anuncia-o como "Considerações gerais sobre o caráter que a poesia *deve assumir* no Novo Mundo (p. 35, grifo meu)", atitude didática que se derrama pelo texto. A pedagogia manifesta-se tanto nas reflexões mais gerais sobre a cultura brasileira, como nos momentos em que Denis se detém miudamente na obra de diferentes escritores. O projeto *educativo* materializa-se, por exemplo, na sucessão de verbos normativos (grifados por mim) que se esparramam pelo seu texto:

> Se essa parte da América adotou uma língua que a nossa velha Europa aperfeiçoara, *deve rejeitar* as ideias mitológicas devidas às fábulas da Grécia. [...] A América, estuante de juventude, *deve ter* pensamentos novos e enérgicos como ela mesma; nossa glória literária não pode sempre iluminá-la como um foco que se enfraquece ao atravessar os mares, e destinado a apagar-se completamente diante das aspirações primitivas de uma nação cheia de energia. Nessas belas paragens, tão favorecidas pela natureza, o pensamento *deve alargar-se* como o espetáculo que se lhe oferece; majestoso, graças às obras-primas do passado, tal pensamento *deve permanecer* independente, não procurando outro guia que a observação. Enfim, a América *deve ser livre* tanto na sua poesia como no seu governo. (p. 36)

Mais adiante, Denis anuncia o prêmio ao aconselhado abandono dos *topoi* mitológicos: à inspiração na natureza americana o francês credita a possibilidade de os poetas brasileiros virem a suplantar os europeus. Solidariedade tropical explicita, mas de refolhos contraditórios, visto que a literatura europeia (e o público europeu) ainda constitui matriz da linguagem (inclusive das metáforas) e horizonte em que fala de poesia:

> A aurora da Grécia, com seus róseos dedos, abrirá aquele céu ofuscante de esplendor, cujo brilho faria empalidecer o mesmo

> Apolo? Se os poetas dessas regiões fitarem a natureza, se se penetrarem da grandeza que ela oferece, dentro de poucos anos serão iguais a nós, talvez nossos mestres. Essa natureza, muito favorável ao desenvolvimento do gênio, esparze por toda parte seus encantos, circunda os centros urbanos com os mais belos dons; e não é como em nossas cidades, onde a desconhecem, onde muitas vezes não a percebem. (p. 37)
>
> É verdadeiramente lastimável que não se encontre no Brasil um Cooper[9] para dar à Europa uma ideia exata dessas tribos cujos remanescentes vagam ainda nas florestas das capitanias desertas. (p. 53)

O esboço histórico de Denis ocupa-se de inúmeros escritores cuja *americanidade* se autentica indiferentemente pelo nascimento ou pela temática[10] e mede pela fidelidade à natureza tropical e abandono da linguagem poética europeia a qualidade poética, pontilhando seu texto, quer de excertos comentados de poemas, quer de alusões a historiadores da literatura que o precederam.

Ao se debruçar analiticamente sobre os textos que comenta, Denis não abre mão dos valores que advoga e, fiel à proposta de ruptura com a mitologia clássica, exproba em Gonzaga seu

> reiterado emprego de metáforas sugeridas pela mitologia, e de formas de poesia pastoril difundidas por Fontenelle uma vez que tudo isso pouco convém ao poeta brasileiro, habitante de regiões onde a natureza mais ostenta esplendor e majestade. (pp. 66-7)

Também Cláudio Manuel da Costa é réu do mesmo indesejável procedimento de reciclagem mitológica:

> percebe-se que estudou sobretudo os italianos; mas talvez se tenha tornado demasiado europeu nas suas metáforas; suas éclogas se nos afiguram submissas às formas poéticas impostas pelos séculos anteriores, como se os habitantes das campanhas do Novo Mundo devessem desencavar imagens semelhantes às anteriormente usadas. (p. 69)

Nas restrições de Denis à obra de Cláudio, há ecos de Bouterwek e de Sismondi, apontando o conjunto delas para o constante retorno, na história da literatura brasileira, de uma espécie de indecisão orbital, ora centrada na Europa, ora centrada na América.

Europeu de mais ou americano de menos, *tupy or not tupy? That is the question.*

No mesmo ano em que Denis lança seu *Resumé* (1826), Almeida Garrett escreve uma *História abreviada da língua e poesia portuguesa* publicada como introdução à antologia que reúne sob o título de *Parnaso lusitano ou poesias dos autores portugueses antigos e modernos*. Mais tarde a *História*... é republicada em volume independente, com o título *Bosquejo da história da poesia em língua portuguesa*.[11]

O movimento de reciclagem de um texto que originalmente constituía apresentação de antologia, dando-lhe a autonomia de uma publicação isolada repete-se com Varnhagen que, em 1856, republica e intitula *História da literatura brasileira* o ensaio histórico, que originalmente acompanhava seu Florilégio.

Essa reciclagem estreita o parentesco entre antologias e histórias literárias.

E talvez chegue, inclusive, à Teoria Literária.

A amputação da antologia que eles introduziam, no caso de Garrett e de Varnhagen, deixa-os pairando no ar. E acarreta a construção de um outro sentido; no contexto de uma antologia, o ensaio que a introduz ancora sua existência na seleção dos poemas, insinuando ao leitor da obra que a reflexão da *história literária* se exerce como forma de legitimação do que foi salvo e preservado nas *antologias*. Desaparecidas as poesias, porém, torna-se inevitável a naturalização do discurso originalmente historizante, dado que não mais estão presentes os textos que, sustentando-o, davam-lhe credibilidade ou, ao menos, concretude.

Relativamente a Cláudio Manuel da Costa, Garrett alternadamente louva-lhe a influência europeia ("Deixou-nos alguns sonetos excelentes, e rivalizou no gênero de Metastásio, com a melhores cançonetas do delicado poeta italiano"[12]) e recrimina-lhe a parcimônia de *americanidade*, como Denis, reclamando mais cor local e mais exotismo em suas composições:

> as majestosas e novas cenas da natureza naquela vasta região deviam ter dado a seus poetas mais originalidade, mais diferentes imagens, expressões e estilo, do que neles aparece; a educação europeia apagou-lhes o espírito nacional: parece que se receiam de se mostrar americanos; e daí vem uma afetação e impropriedade que dá quebra em suas melhores qualidades. (p. 90)

A propósito de Gonzaga, a atitude normativa sobreleva as informações factuais. Seu tom prescritivo traduz-se em comentários ao que está *ausente* da poesia de Gonzaga: *Se houvesse por minha parte de lhe fazer alguma censura, só me queixaria não do que fez, mas do que deixou de fazer*. Em pleno exercício de uma pedagogia da literatura romântica, Garrett inventaria elementos da fauna e da flora cuja presença no poema, ao conferir-lhe autêntica americanidade, *aumentar-lhe-ia a qualidade*.

Não causa espécie ao zeloso crítico da identidade cultural alheia ser francês – ergo, europeu – o modelo proposto:

> Explico-me: quisera eu que em vez de nos debuxar no Brasil cenas da Arcádia, quadros inteiramente europeus, pintasse os seus painéis com as cores do país onde os situou. Oh! e quanto não perdeu a poesia neste fatal erro! se essa amável, se essa ingênua Marília fosse, como a Virgínia de Saint-Pierre, sentar-se à sombra das palmeiras, e enquanto lhe revoavam em torno o cardeal soberbo com a púrpura dos reis, o sabiá, terno e melodioso, que saltasse pelos montes espessos a cotia fugaz como a lebre da Europa, ou grave passeasse pela orla da ribeira o tatu escamoso, ela se entretivesse em tecer para o seu amigo e seu cantor uma grinalda não de rosas, não de jasmins, porém de roxos martírios, das alvas flores dos vermelhos bagos do lustroso cafezeiro; que pintura, se a desenhara com sua natural graça o ingênuo pincel de Gonzaga! (p. 91)

Fica convidativo conduzir ao implacável divã de Sigismundo estes primeiro historiadores de nossa literatura, cujos ensaios dão superioridade virtual à literatura brasileira sobre a portuguesa. Enquanto intelectuais europeus que se ocupam de uma literatura americana, vivem ambos o papel de agentes duplos: são, de um lado, homens da virada romântica, filhos que precisam matar o pai; de outro, homens de seu tempo, são pais de si mesmos, e assim, candidatos exemplares ao papel de vítima deste Édipo de espelhos...

A Historiografia Da Literatura Brasileira Sem Sotaque Europeu

A historiografia da literatura brasileira começa a perder o sotaque europeu no projeto que a acopla à organização de antologias de nossa produção poética, confirmando-se aqui a hipótese de Carpeaux[13] para quem a aliança antologias/histórias da literatura é muito antiga.

No Novo Mundo, e particularmente no caso brasileiro, fortalecem a história literária as antologias organizadas com o objetivo de resgatar do esquecimento a literatura aqui produzida quando ainda não se dispunha de imprensa.

O *Parnaso lusitano* de Almeida Garrett, que inclui autores brasileiros, foi o modelo seguido por Januário da Cunha Barbosa, cujo *Parnaso brasileiro* (1829) inspira, em 1840, Pereira da Silva que publica o segundo volume de seu *Parnaso brasileiro*, o qual, em 1850-1853 ressurge como paradigma quando Varnhagen seleciona o *Florilégio da poesia brasileira*, obra sobre a qual Sílvio Romero estabeleceu em 1888 sua *História da literatura brasileira*, numa espécie de legitimação final do parentesco entre antologias e histórias literárias. Essa aliança moderna vai encontrar expressão tanto na pioneira e popular série *Nossos Clássicos* da Editora Agir, como, um pouco depois, as utilíssimas séries da *Presença da literatura portuguesa* e *Presença da literatura brasileira*.

Estreita-se, assim, o parentesco entre história literária e antologias, deflagrando-se entre ambas curioso ciclo de retroalimentação: a história literária que se produz a partir de uma antologia torna articulados e coesos os textos da antologia que introduz. Por outro lado, os textos constantes da antologia tornam-se o limite e o horizonte da reflexão histórica que, alicerçando-se naqueles textos e não em outros, erige-os em *canon*, e a si mesma canoniza.

Januário da Cunha Barbosa, que entre 1830 e 1834 dirige a Imprensa Régia, organiza em 1829 o primeiro tomo de seu *Parnaso brasileiro*. Nas considerações *Ao público*[14] entre as justificativas para sua obra, elencam-se o amor à pátria, a missão civilizatória das antologias e histórias literárias[15], acrescentando-se a elas a dificuldade de acesso às obras anteriores sobre a literatura brasileira, a precariedade da conservação de manuscritos e as vantagens da imprensa:

> Empreendi esta coleção das melhores Poesias dos nossos Poetas, com o fim de tornar ainda mais conhecido no mundo literário o Gênio daqueles brasileiros, que, ou podem servir de modelos, ou de estímulo à nossa briosa mocidade, que já começa a trilhar a estrada das Belas Letras, quase abandonada nos últimos vinte anos dos nossos acontecimentos Políticos.
>
> Os que se deram a semelhante tarefa na Inglaterra, França, Portugal e Espanha, de certo não tiveram tantas dificuldades a vencer, como as que encontro neste país, onde a Imprensa é moderna, e por isso os escritos, por mais de uma vez copiados, podem ser, em muitas partes, diferentes dos que saíram da pena de seus autores.

Em 1850, os dois primeiros tomos do *Florilégio da poesia brasileira* de Varnhagen[16] vêm à luz, com subtítulo que apresenta a obra como

> coleção das mais notáveis composições dos poetas brasileiros falecidos, contendo as biografias de muitos deles, tudo precedido de um Ensaio histórico sobre as letras no Brasil.[17]

Esta obra de Varnhagen, escrita num país já independente, polemiza com nossa herança literária portuguesa, bem como com o policiamento que, em nome disso, intelectuais d'além mar queriam exercer sobre as letras brasileiras. O *Florilégio* mostra ainda traços de um projeto histórico mais geral no qual o *americanismo* (forma de designar, então, o *regionalismo*) é uma das categorias mais fortemente envolvidas e constantemente invocadas.

Em Varnhagen avulta a oposição regional/universal tão assídua na história literária *made in Brazil*. Já visível e pressuposta em obras anteriores, é em Varnhagen que ela se explicita: quando de 1847, o crítico expõe os critérios que nortearam a seleção de poemas do *Florilégio*:

> não queremos por isso dizer que oferecemos o melhor desta, porém sim o que por mais americano tivemos...

Opondo de um lado *o que é bom* ao que é *americano*, Varnhagen sugere que ambos os predicados – qualidade estética e americanidade – não andam, necessariamente, juntos. E que, no caso de discreparem, sua antologia favorece a *americanidade*, amparando-se em argumentação não muito distinta daquela de que dois séculos antes lançara mão Barbosa Machado para justificar o vernaculismo de sua obra.

Em trecho subsequente do mesmo prólogo, as razões da eventual antinomia qualidade *versus* americanidade ganham luzes, quando Varnhagen põe na mesa suas crenças e pressupostos relativos à qualidade artística:

> enganar-se-ia o que julgasse que, para ser poeta original, havia que retroceder ao ABC da arte, em vez de adotar e possuir-se bem dos preceitos do belo, que dos antigos recebeu da Europa.

Varnhagen discorda, assim, frontalmente, das normas que os primeiros historiadores da literatura brasileira traçaram para ela e, no mesmo gesto *rebelde*, insurge-se contra o *espírito moderno* patrocinador de todo o projeto ocidental de história literária do qual a sua obra faz parte: para o Visconde, existiam, sim, preceitos do Belo, que vinham dos antigos e o *habitat* deles era a Europa...

Mais adiante, ao ocupar-se do nascente indianismo (também parente, e agora ancestral próximo... do regionalismo) Varnhagen também ajusta contas com antigas sugestões de Sismondi, de que certos árcades sairiam lucrando se substituíssem suas rosadas pastorinhas por acobreadas índias: mais uma vez o texto de Varnhagen é *do contra*, *e*, porque *do contra*, desvenda os limites de suas apostas no americanismo:

> O contrário [isto é, o abandono dos preceitos do belo] podia comparar-se ao que, para buscar originalidade, desprezasse todos os elementos da civilização, todos os preceitos da religião, que nos transmitiram nossos pais. Não será um engano, por exemplo, querer produzir efeito e ostentar patriotismo exaltando as ações de uma caterva de canibais que vinha assaltar uma colônia de nossos antepassados só para os devorar?

A esta implacável censura do canibalismo segue-se inventário de funções da poesia, recolocando-se, no texto, a tensão entre os polos universal/regional, que a partir de então continua e continuará uma das mais recorrentes obsessões da história da literatura brasileira.

Em texto de junho de 1869, muito apropriadamente intitulado *Carta sobre a literatura brasílica*, que responde a artigos do mesmo ano publicados no jornal[18], Araripe Júnior, no verdor de seus 21 anos inscreve-se nas hostes dos que reivindicam a *americanização* plena da imaginação poética. Mas os termos desta reivindicação continuam muito próximos dos que discutiam o assunto já no começo do século. A reivindicação vem da Europa romântica proclamada por Mme. de Stael e seu círculo:

> Deixemos à antiga Grécia os seus risonhos bosques povoados por ninfas e sátiros, as suas musas e os seus deuses, os seus heróis e os seus pastores, as suas montanhas e as suas fontes; não passem da Índia as suas extraordinárias crenças, a sua ruidosa teogonia e as lutas estupendas de seus semideuses, de que são verdadeiros intérpretes os Vedas, o Mahabárata e o Sacuntala; fique a Alemanha com a sua atmosfera carregada e as inspirações sombrias que lhe produziram o *Fausto* e o *Werther*; permaneçam na Itália os pálidos gondoleiros, o seu azulado céu e a sua poesia cismadora; não transponha os montes da Escócia o eco dos misteriosos cantos do bardo Morven; deixemos, afinal, à França a sua literatura multiforme, porque novos e brilhantes mundos se patentearam, aos voos da poesia, desde que Colombo, transpondo as balizas da velha navegação e atirando-se aos tenebrosos mares do Ocidente, franqueou um imenso estádio às imaginações ardentes e aos espíritos empreendedores.
>
> De impressões completamente estranhas, de uma natureza tão cheia de esplendores como a da América, dessas florestas seculares, desses rios colossais, não deve por certo surgir senão uma literatura original, melancólica e ao mesmo tempo pasmosa, impregnada desse poderosíssimo sentimento religioso que por si só se expande toda vez que o homem curva-se ante o Senhor, abismado pelos portentos da criação.
>
> Poesia soberba! poesia filha do assombro e da admiração!
>
> Foi da contemplação dos magníficos espetáculos do encantado novo mundo, que nasceram os Ercilla, os Chateaubriand, os Cooper, os Durão e os Basílio da Gama. (p. 10)

Já vê o leitor paciente que estes primórdios de nossa história literária foram pontuados por repetições, como se vê no texto de Araripe que ao sentimento entre místico e profético (não obstante normativo) dos primeiros estudiosos de nossa literatura abre espaço para a paisagem americana, entregando-se a uma prospecção que, não obstante a religiosidade, tem ecos de um certo positivismo, enriquecendo muito a relação literatura/sociedade, bem mais frouxamente postulada por Mme. de Stael e seus convivas.

Sistematização e Especialização na História da Literatura Brasileira: De Machado de Assis ao Regionalismo em Grande Ocular de Alceu Amoroso Lima

Originalmente escrito para o jornal *Novos Mundos*, que circulava nos Estados Unidos, o artigo *Notícia da atual literatura brasileira: instinto de Nacionalidade*[19], de Machado de Assis é de 1873 e já no título, registra a aparente hegemonia do (por assim dizer) *localismo* no momentoso embate entre o *cá* e o *lá* que tantas palmeiras e passarinhos renderam a Gonçalves Dias.

A supremacia do *localismo* de que se ocupa Machado não é apenas o da produção literária, mas também o do discurso *sobre* a literatura, da crítica e da história literária, dando força à hipótese de que tanto a literatura quanto o discurso sobre ela se retroalimentam harmoniosamente, não obstante as polêmicas que às vezes parecem azedar o idílio:

> Quem examina a atual literatura brasileira reconhece-lhe logo, como primeiro traço, certo instinto de nacionalidade. Poesia, romance, todas as formas literárias buscam vestir-se com as cores do país, e não há negar que semelhante preocupação é sintoma de vitalidade e abono de futuro [...] (p. 801)
> [...] manifesta-se às vezes uma opinião que tenho por errônea: é a que só reconhece espírito nacional nas obras que tratam de assunto local, doutrina que, a ser exata, limitaria muito os cabedais de nossa literatura. (p. 803)

Entrando na questão, e não obstante o travo naturalista que reponta na expressão *instinto*, Machado começa a desbastar a assertividade de receituário que o tema vinha acumulando: em defesa de sua posição convoca um tal *sentido íntimo* de nacionalidade, em torno ao qual gravitaria uma espécie de *alma nacional*, personagem esta que faz carreira nos estudos literários brasileiros:

> não há dúvida que uma literatura, sobretudo uma literatura nascente, deve principalmente alimentar-se dos assuntos que lhe oferece sua região; mas não estabeleçamos doutrinas tão absolutas que a empobreçam. O que se deve exigir do escritor, antes de tudo, é

> *certo sentimento íntimo*, [grifo meu] que o torne homem de seu tempo e do seu país, ainda quando trate de assuntos remotos no tempo e no espaço. (p. 804)

No implacável balanço da produção brasileira que empreende, o texto de Machado inscreve suas observações num outro patamar. Ao *valorizar diferentemente diferentes modalidades e diferentes gêneros literários* parece fazer, com as obras que o precedem, o mesmo que Alencar, preparando a chegada do seu *O guarany* fez com *A confederação dos tamoios* de Gonçalves de Magalhães. Assim como Alencar descarta a epopeia indianista opondo a ela o romance indianista, Machado desqualifica o romance que não seja o romance *de análise interior*... ou seja... o dele próprio. É como se o mestre Machado preparasse o berço esplêndido. Afinal, em 1873 já fazia um ano seu romance *Ressurreição* e nada indicava que o *localismo* se incluísse ou fosse incluir-se entre as estratégias romanescas machadianas.

> Do romance puramente de análise raríssimo exemplar temos, ou porque a nossa índole não nos chame para aí, ou porque seja esta casta de obras ainda incompatível com a nossa adolescência literária. (p. 805)
>
> Pelo que respeita à análise das paixões e caracteres são muito menos comuns os exemplos que podem satisfazer a crítica [...] Esta é, na verdade, uma das partes mais difíceis do romance, e ao mesmo tempo das mais superiores. Naturalmente exige da parte do escritor dotes não vulgares de observação que, inda em literaturas mais adiantadas, não andam a rodo nem são a partilha do maior número. (p. 805)

Nesta espécie de legislação em causa própria, e que de qualquer forma não se encanta com nada que se aproxime do regionalismo, parece ouvir-se sub-reptícia queixa de um escritor ainda não ungido pelas bênçãos do público, e que tinha a fazer-lhe sombra, por exemplo, a verde-amarela, nacionalistíssima e muito apreciada pelo leitor figura de Alencar no romance.

Sendo, no entanto o texto de Machado uma espécie de *panorama para estrangeiros* – afinal *Novos mundos* era editado em Nova York – é só na caudalosa obra de Sílvio Romero, em sua *História da literatura brasileira*, de 1888, que o diálogo com a tradição crítica e histórica questão assume a sistematização até então inexistente, e na qual não se disfarça – ao contrário, se alça – a imensa simpatia de Romero pelo *não urbano*, sobretudo se o não urbano *vier do norte*.

Esta obra de Sílvio Romero, a muitos respeitos fundadora e a muitos outros divisora de águas[20] inspira, a partir do fim do século XIX outras tantas histórias literárias que, aliás, multiplicam-se na esteira de um desenvolvimento maior das instituições culturais.

Da Academia Brasileira de Letras fundada em 1897 aos cursos de Letras criados na terceira década do século XX, o encorpamento institucional ao mesmo tempo que enseja multiplicação de histórias literárias (bibliografia obrigatória de cursos de Letras...) abre espaço para o ensaísmo que, menos judicativo do que a crítica e também menos linearmente cronológico do que histórias literárias tradicionais, reformata a discussão do problema.

Na sua *Pequena história da literatura brasileira* de 1919, já posterior portanto a uma produção bastante significativa de *ficção não urbana*, Ronald de Carvalho não se delonga por considerações teóricas sobre o regionalismo. Sem teses nem paixões, leva adiante, e agora de forma apaziguada, o reconhecimento de diferentes *vertentes* da literatura brasileira buscando, em tradições literárias estrangeiras, termos de comparação para tais vertentes:

> Com Bernardo Guimarães tivemos as primícias do sertanismo, do romance campesino, que Arinos, nos rápidos contos de *Pelo Sertão*, poliu e desenvolveu de um modo quase definitivo, usando dos mesmos processos de Turgueniff nas *Histórias de um Caçador*. (p. 287)

A mudança qualitativa no discurso sobre ficção não urbana vem de forma definitiva com Alceu Amoroso Lima, ao inscrever seu estudo sobre Afonso Arinos[21] numa reflexão sobre a questão do regionalismo na literatura brasileira.

Seu ensaio, longo e competente, atribui genealogia ilustre (isto é, europeia) a essa vertente de nossa tradição literária, acompanha as transformações sofridas ao longo do tempo por essas manifestações e estabelece paralelo entre o desenvolvimento dessa vertente na literatura brasileira e na de outras comunidades latino-americanas.

Ao lado da mestiçagem de nossas letras, Amoroso Lima registra afunilamento progressivo no recorte regionalista, traduzindo-se tal afunilamento nas sucessivas designações que recobrem o percurso trilhado pela vertente literária que desemboca em Afonso Arinos: a sucessão dos termos *americanismo*, *nacionalismo* (patriotismo, brasileirismo) e *regionalismo* sugere um movimento do *zoom* ao *close*, gerando uma especificação cada vez maior da imagem que esta tradição da literatura brasileira tinha de si mesma e de seus contextos:

> No correr de toda a nossa história literária, foi o contato da literatura importada com esse elemento local – cujo primeiro fruto surge portanto com essas canções e contos do povo – que provocou a diferenciação nacional de nossa literatura e especialmente de certas figuras literárias.
>
> Daí nasceram o americanismo, mais tarde o brasileirismo e afinal o regionalismo, formas cada vez mais acentuadas do espírito local. (p. 589)

É no interior desta sucessão cronológica de *modos de designação* de nossa(s) identidade(s) nacional(is) que Amoroso Lima estabelece as subdivisões geográficas, dentre as quais o regionalismo vai desenvolver-se enquanto contexto e enquanto limite:

> Este brasileirismo literário, que já não era o americanismo de aparência dos tempos coloniais e ainda não chegara ao regionalismo de raiz dos tempos de hoje, caracterizou-se, especialmente durante o século XIX, por uma consciência maior da nacionalidade, por um desejo especial de exprimir essa nacionalidade, naquilo que parecia mais profundo e sincero, e por uma *subdivisão em várias correntes que abrangeram então as diferentes faces dessa realidade nacional*. (p. 593) [grifo meu]
>
> Cinco parecem ser em geral esses meios diferentes: *as cidades, as praias, os campos, as selvas* e *a roça*. Antes de encará-los isoladamente é mister lembrar que a *literatura da escravidão* constituiu também uma espécie particular de brasileirismo, não fundada no meio, mas no mais grave dos nossos problemas do século XIX. (p. 593)

Ao fazer a literatura da escravidão ombrear com modalidades literárias de caracterização geográfica, o crítico propõe um critério mais *cultural* do que *geográfico*, para a classificação de diferentes manifestações literárias brasileiras, o que é muito interessante.

A especificidade da literatura da escravidão, por exemplo, aparentada por afinidade com a literatura *das selvas* e *da roça*, poderia explicar o equívoco literário representado por *A escrava Isaura*: quem sabe o romance de temática não urbana carece de linguagem narrativa distinta da linguagem da narrativa citadina? Ao agenciar um modelo literário nitidamente urbano, Bernardo Guimarães, rompendo com o acerto com que narrara seus casos mais especificamente regionalistas, sobretudo em *O ermitão de Muquém*, erra tom e melodia; mas antes que a hipótese se enrijeça em tese, vale registrar que o desafino, intolerável a ouvidos críticos, parece não ter incomodado em absoluto o respeitável público que consumiu e continua consumindo muitos e muitos milhares de escravas Isauras que, inclusive migram com bastante sucesso para outras mídias...

Prosseguindo, no entanto, no encalço das origens do regionalismo, Amoroso Lima as encontra, no que denomina de *brasileirismo do século XIX*, que não é nem *a cidade, nem o campo, nem a selva, nem a praia, mas a roça*, identificando nesta o hibridismo de *gestos da cidade no cenário dos campos* (p. 594), identificando em Martins Pena o início desta linhagem literária:

> Foi essa roça que iniciou, pode-se dizer, o brasileirismo do século, e iniciou-o por meio das *Comédias* de Martins Pena, que começaram a ser conhecidas em 1838 [...] (p. 594)

Estudando mais detalhadamente o sertanismo, Amoroso Lima frisa, junto com todos os demais *ismos*, seu parentesco original com o indianismo, sublinhando no entanto seu caráter *mais nacional* (p. 595), e estabelecendo a obra de Bernardo Guimarães como seu marco inicial (*O ermitão de Muquém*, 1858):

> Dissipada a ilusão das selvas, mas sentindo sempre a necessidade de procurar uma originalidade local, voltaram-se para os campos habitados por essa raça cruzada, já nacionalizada e integrada no corpo da nação: o mestiço sertanejo. Daí resultou o sertanismo. (p. 596)

Não obstante tantos acertos, ao discutir a natureza das manifestações literárias chamadas *sertanistas* da literatura, Amoroso Lima destempera e, à semelhança de seus pares, invoca razões extratextuais, reincidindo na metafísica ao comentar a força de autores e textos cearenses no Regionalismo. Derrama-se, proclamando o "Ceará, terra predestinada à arte pela dor [...] Não podiam deixar de possuir expressão literária própria essa terra e essa gente predestinadas" (p. 602) fundando aí o julgamento de valor, a partir do qual desqualifica essa vertente da literatura, a propósito da qual ressurgem categorias tão inconsúteis como o *sentimento íntimo* que brandia Machado de Assis:

> Era o brasileirismo de então mais teórico que espontâneo, e o mesmo aconteceu naturalmente com o sertanismo, ramo daquele. Procurava-se o sertão para assunto ou para ambiente de literatura, *não porque essa fosse a tendência invencível da alma do autor* [grifo meu], mas por ver nesse sertão o meio próprio para criar uma literatura nacional. (p. 597)

O equívoco não impede, porém, que um pouco depois, o crítico, de novo, manifeste intuição luminosa, ao amarrar a questão regionalista a questões de linguagem, justificando por dimensões formais do texto a supremacia literária de *Inocência* de Taunay sobre outras obras do mesmo recorte:

> Outro motivo da superioridade de *Inocência* sobre os romances regionalistas da época está na língua empregada. Já não se fala do sertão em linguagem clássica ou apenas vulgar, mas com a língua renovada pelo contacto com a terra, embora apenas no léxico. (p. 598)

A partir daqui enveredando pelo mapeamento dos debates sobre *língua brasileira*, *língua portuguesa* e *língua nacional* que então se travavam, e assinalando ainda as rupturas entre Romantismo e Naturalismo, o crítico dá 1875 (ano da publicação de *O cacaulista* de Inglês de Sousa) como marco da abertura de uma segunda fase do sertanismo, a partir de então de inspiração naturalista e de orientação regional, que gera uma *literatura das secas* (p. 604), na qual se destaca a figura de Oliveira Paiva (*Dona Guidinha do poço*, parcialmente publicado em 1897 na *Revista Brasileira*), ficando as vertentes mineira e paulista respectivamente representadas por Affonso Arinos e Valdomiro Silveira.

É a propósito de Valdomiro Silveira que Amoroso Lima de novo embarca em categorias além de extratextuais para a discussão da *maior ou menor qualidade* de umas ou de outras obras, já agora definitivamente regionalistas:

> Se faz caipirismo literário, sem o menor grau de artifício, *é que viveu e deixou de viver a vida que anima os seus contos*. Viveu, e *a traz portanto gravada em seu coração*. Deixou de vivê-la e pode então observá-la, compreendê-la, e traduzi-la como só é quase sempre possível a quem considera as coisas de fora e de cima, depois de as ter considerado do seu âmago. Literariamente, sentir é a consciência de ter sentido. Viveu, porém, essa vida com tanta absorção e deixou de vivê-la com tanta lucidez que nela se dispersou, e *a vida que anima seus contos regionalistas é a da sua alma*, revivendo, irreconhecível e transubstanciada, no próprio ambiente local. Não se sente, portanto, o criador nesses quadros sucessivos e flagrantes de absoluta veracidade. As próprias descrições da natureza são feitas em notas tão sóbrias e de tanta propriedade, que evocam irresistivelmente o quadro esboçado. É que *a natureza está em seu coração*. [grifos meus] (p. 610)
>
> *Esse estímulo à espontaneidade e à originalidade é toda a justificação literária do sertanismo* [...] Nele hão de outros talvez encontrar a repercussão social, expressa por um conhecimento mais profundo da terra, pelo *desenvolvimento do espírito regional*, fundamento do *amor à grande pátria*, pela revelação ao litoral deste povo imenso e desamparado do sertão, que tece a unidade da Pátria. Nada disso, porém, interessa diretamente, e se o sertanejo nos tem dado algumas obras que hão de ficar em nossa literatura, é apenas por contarem estas uma *expressão natural e vigorosa da alma de seus autores*. [grifos meus] (pp. 611-2)

Amoroso Lima, como se vê, erigia a *autenticidade* como selo de qualidade da produção *sertanista*, que considera *renovada por Monteiro Lobato* (p. 611), de quem comenta, ao lado da obra doutrinária de Lobato, *A onda verde*, a ficção de Armando Caiuby, *Sapezais e Tigueras*, e de Oliveira e Souza, *Piraquaras*.

Este texto recapitula a avassaladora influência europeia na literatura brasileira: *ismo a ismo*, Amoroso Lima inventaria a importação de estilos, de linguagens, de temas e de assuntos, inscrevendo a importância de Lobato na ruptura desta cadeia de importações:

> Se os ventos de além-mar sopram para o classicismo camoniano, para lá se dirigem nossos poetas, com raras exceções. Se a agulha indica o arcadismo, árcades seremos. Se o romantismo acompanha a nossa independência política é menos por independência literária que repercussão do movimento universal. Se na Europa, em nome da verdade científica se reage contra a fantasia romântica, não devíamos acompanhar a onda? E se, exaustos do famigerado documento humano, buscam refúgio num espiritualismo envolto em símbolos, logo passamos docilmente à tarefa inveterada de nacionalizar correntes exóticas. (p. 462)
> [...] sua contribuição característica e valiosa é chamar a atenção dos brasileiros para a sua terra, criticar asperamente aqueles que se comprazem em formas artificiais de civilização, mas não para deixá-los embasbacados, em contemplação perante uma pátria de compêndio cívico, mas perante um país cuja civilização é apenas de fachada e cujo corpo ao desamparo se estende por horizontes sem fim. (p. 465)

A discussão do sertanismo moderno lido a partir da extratextualidade prossegue com Mário Hora (*Tabaréus e Tabaroas*), Carlos Dias Fernandes (*Os cangaceiros*) e Roque Callage (*Rincão*), aderindo Amoroso Lima a uma visão anímica da produção literária que, para descartar-se da perspectiva taineana, identifica *valor estético* com *autenticidade*:

> Não devemos restringir-nos a indagar se os livros que surgem confirmam ou não as características de nossa raça, a civilização de nosso meio, as ideias de nosso tempo. Tudo o que criamos é naturalmente situado no seio dessas circunstâncias e, para cada caso, devemos dosar as influências respectivas. Essas investigações, porém, nada resolvem do problema estético que contém cada verdadeira obra de arte. Devemos procurar se o poema, se o romance, se o conto, se a página literária que defrontamos possui ou não uma força interior de perpetuação, se é viva, pura, verdadeira, comovida, se é livre, se revela uma personalidade original e forte, se nos prende e repercute em nossa alma, se possui essa simplicidade natural das coisas sinceras e essa radicação profunda das coisas vividas. Esse o critério justo com que devemos julgar as obras de arte, pouco nos importando que revejam em sua superfície um trecho do sertão, uma calçada de avenida ou uma paisagem dos antípodas. (p. 677)

O Regionalismo Em Banho De Mau Humor: Lucia Miguel Pereira

Também na *História da literatura brasileira. Prosa de ficção. 1870-1920*, de Lúcia Miguel Pereira[22], publicada em 1950[23], o regionalismo sai contundido a partir de concepções essencialistas de literatura, que parecem acrisolar-se aqui, intensificando a visão implacavelmente negativa do regionalismo que parece ter começado a sistematizar-se em 1873, com o já mencionado *O instinto da nacionalidade* de Machado de Assis, onde, como vimos, o anterior encaminhamento positivo da questão inverte seu rumo.

Grande achado ou equívoco alvar? pergunta-se o regionalismo, entre as extremidades do arco em que se dispõe, em diferentes longitudes nossa melhor crítica, na qual se inclui Dona Lúcia. No primeiro movimento do capítulo *Regionalismo*, ela propõe que se considere regionalista

> qualquer livro que intencionalmente ou não, traduza peculiaridades locais, (p. 179)

para afunilar a definição, restringindo-a a

> obras cujo fim primordial for a fixação de tipos, costumes e linguagens locais, cujo conteúdo perderia sem esses elementos exteriores, e que se passem em ambientes onde os hábitos e os estilos de vida se diferenciem dos que imprimem a civilização niveladora. (p. 179)

A ensaísta acerta em parte, ao menos pelo avesso: o *não regionalismo* enquanto literatura articula-se, efetivamente, com o que se pode chamar de *civilização niveladora*; mas o recurso a categorias extratextuais e quase tão metafísicas quanto as invocadas por Amoroso Lima também leva a discussão para fora do texto, ao amarrar o regionalismo à finalidade da obra.

Ao longo do texto, a menção ao *regionalismo* acompanha-se de expressões como *ruralismo*, *provincianismo*, *pitoresco*, *cor local*: no sentido pejorativo com que comparecem ao texto, essas palavras guardam a poeira do longo caminho por elas trilhado, desde os ingênuos textos fundadores de Sismondi e Denis até este requintadamente exigente no meio do século XX. É a partir deste chão, já lexicamente minado, que Lúcia Miguel Pereira tece outras considerações sobre o regionalismo, frisando sempre seus aspectos negativos ou deficitários:

> pela sua natureza (o regionalismo) desvia-se do caminho habitual da ficção

reservando, com isso, a categoria do *habitual* (é claro que a anos-luz da noção positiva de *estranhamento*...) à ficção *não regionalista* que, na sequência e de lambuja, ganha também atavios de *universalidade*. Para Lúcia Miguel Pereira, a ficção não regionalista

> vê *um* homem em seu meio – ou contra o seu meio – mas vê também *o* homem, alguém que por suas reações mais profundas se imana, por sobre as diversidades de expressão, aos outros seres; interessa-se pelos indivíduos especificamente, mas na medida em que se integram na humanidade. (grifos da autora) (p. 180)

enquanto a ficção regionalista

> entende o indivíduo apenas como síntese do meio a que pertence e na medida em que desintegra da humanidade [...] busca nas personagens não o que encerram, de pessoal e relativamente livre, mas o que as liga a seu ambiente. (p. 180)

Opera-se, com isso, brutal radicalização da postura etnocêntrica que vê no olhar branco, urbano, burguês e moderno, e nas linguagens a ele correspondentes, modelo correto de olhar e padrão de linguagem sem sotaque. Ou seja: estudos literários como este de Lúcia Miguel Pereira talvez sejam, por deformação do ofício, baluarte de visões extremamente conservadoras: afinal, desde os anos 30 e sobretudo nos anos 50, brasilianistas nativos descobrem de novo o Brasil, tentando evitar, nas representações que constroem para o país os preconceitos etnocêntricos que vincavam grande parte da produção das ciências humanas e da literatura do (supostamente já) extinto século XIX.

Assim, postulando como *naturais*, atributos, valores e comportamentos que são *culturais*, o texto de Miguel Pereira desistoriza a noção de homem com que opera. Tais comportamentos, valores e atitudes, tidos em primeira instância como apanágio dos *seres humanos em geral* são, logo a seguir, representados como *universais* pela literatura, ao menos na leitura que da ficção (ou, melhor dizendo, de *uma certa ficção*) faz a crítica (ou, melhor dizendo, *uma certa crítica*).

Em consequência deste a-historicismo, elementos como conduta social e linguagem ganham foros de exterioridade ao serem convocados para a desqualificação do regionalismo, que, segundo a autora, é

> fatalmente levado a conferir às exterioridades – a conduta social, a linguagem uma importância exclusiva, e a procurar ostensivamente, o exótico, o estranho.

O ponto é crucial: de que *linguagem* fala a crítica, para considerá-la como elemento exterior? exterior a quê? Trata-se da linguagem *relatada*, da linguagem colocada na boca das personagens? Não seria isto um grande viés empobrecedor?

Seria, e é.

A questão da literatura regionalista é, como todas as questões literárias, uma questão de linguagem: por um lado, *linguagem como o código de que se tece a literatura*, e, de outro, *concepção da literatura como linguagem*.

Este duplo enfoque renova o parentesco dos estudos da literatura com os estudos da linguagem e a questão que coloca não é normativa nem valorativa, mas sim especulativa: que razões levam, a partir de um certo momento histórico, segmentos representativos da crítica e da história da literatura a excluir linguagens não urbanas nem cultas do horizonte de possibilidades de expressão literária?

A resposta emaranha-se nas entrelinhas de textos como o de Lúcia Miguel Pereira, o qual, ao prosseguir na discussão de modos de ser do romance regionalista, condena, na metáfora do *turismo*, a posição do autor regionalista:

> Há, na sua atitude, alguma coisa do turista ansioso por descobrir os encantos peculiares de cada lugar que visita, sempre pronto a extasiar-se ante as novidades e a exagerar-lhes o alcance. (p. 180)

Talvez não seja descabida a expressão *turista* no contexto desta discussão, já que a expressão marca a posição de exterioridade, de passagem rápida e de não comprometimento do viajante em face dos locais percorridos, paisagens vistas e pessoas encontradas. *Turismo* e *turista* são sugestivos, sim, mas não para necessariamente representar a posição do escritor regionalista em face da sua matéria, mas sim para metaforizar a posição da crítica e da história literária em face de textos regionalistas!

Este distanciamento não comprometido parece ser a relação da instituição literária posterior ao século XIX com a literatura não urbana, em meio à qual destacam-se, por antiguidade e vigor, as manifestações regionalistas.

A partir de *O instinto da nacionalidade* (1873) de Machado, *turísticas* parecem ter sido as incursões críticas aos rincões regionalistas das letras nacionais. Espírito leve de viageiro que se explica – inclusive – pela face urbana do discurso sobre literatura e, consequentemente, pela inevitabilidade do sotaque que atribui a seus *outros*, sejam estes outros a literatura de caipiras, de crianças ou de negros, o que traz a literatura regionalista para o contexto das literaturas adjetivadas, isto é, *literaturas marginalizadas*, como, com justiça, as nomeia Arnaldo Saraiva.[24]

... ou, para ficar numa formulação leve, como dizia a senhora portuguesa de quem a esposa de Rui Barbosa comentava o sotaque: – *Pois minha rica senhora, se a língua é minha, o sotaque é seu*... Moral da história: o sotaque é sempre do outro!

Reconhecer como inevitável a face urbana da literatura não fortalece o argumento de qualquer *literariedade imanente*: a face urbana da literatura esculpe-se no bojo do *modo de produção* e de *circulação* dos objetos (livros) nos quais circula o texto literário, e na galáxia de discursos (história, crítica e teoria da literatura) que o legitimam.

É curioso observar que, não obstante a sofisticação de certas categorias convocadas, e que rimam bem com a pretendida modernidade dos anos 50 brasileiros, o texto de Lúcia Miguel Pereira acaba reassumindo o tom complacentemente pedagógico dos longínquos primeiros historiadores da literatura brasileira. Ao aconselhar os rumos da *simplicidade*, *espontaneidade*, *fluência* e *facilidade*, dona Lúcia exerce a *tutela normativa* muito semelhante à que já marcava o discurso dos primeiros estudiosos de nossa literatura, naquele então *regional* face à literatura europeia. Parece, com isso, confirmar-se que a função *gerenciadora e normativa* é tentação irresistível para a crítica e história literárias e dá vazão a seu furor civilizatório todas as vezes que tem de haver-se com formas *outras* de literatura, como é o caso da literatura popular, da feminina, da infantil e/ou da negra, para ficar só em modelitos que hoje já têm trânsito mais livre na *cidade das letras*, como dizia Angel Rama.

Mais adiante, ao ancorar outras considerações sobre o regionalismo na perspectiva dos gêneros *literários*, Lúcia Miguel Pereira assinala como compensatória

> sua predileção pelo conto, onde a tarefa do artífice se dissimula melhor e que, além disso, sendo uma anedota breve, permite apresentar as personagens unicamente como expressões de seu meio, porque as mostra sob uma só face, coisa difícil de se conseguir no romance. (p. 181)

A questão é interessante.

Mas as conclusões, pífias, são o resultado de uma concepção de conto que o concebe como narrativa que apresenta *um conflito único*. Para não polemizar mais, e também porque Mário de Andrade já disse que conto é o que cada um diz que conto é, talvez não seja criticamente muito eficiente estabelecer parentesco formal entre *conto* e *regionalismo* a partir de considerações sobre a *natureza* deste controvertido e polimorfo gênero literário. Talvez melhor fosse relacionar o predomínio da ficção curta regionalista à proximidade das raízes populares e orais do *gênero conto*, no caso, aparentado ao *causo*, o que faria reverberar com outras luzes a questão benjaminiana de progressivo declínio da narratividade, historizando-a ao trazer para a discussão diferentes formas de narração e de narratividade.

Mais adiante, Lúcia Miguel Pereira aponta como contradição do regionalismo ser ele fruto

> do encontro com formas de vida rudimentares, de espíritos que lhes sentem a sedução precisamente por conhecerem outras mais complexas. (p. 181)

e ter sido *descoberto* tarde, ao menos no relógio de Dona Lúcia, que se desagrada do que chama:

> as anomalias de nossa evolução literária, indo do universalismo clássico para o americanismo romântico, deste para o brasileirismo, e descobrindo tarde o regionalismo, quando, naturalmente, o sentimento local deveria anteceder o nacional este o continental, que, por sua vez, viria antes do universal. (p. 182)

Mas, mesmo desaguando num equívoco, a questão é importante. É possível que o reconhecimento de certas manifestações culturais como *sendo ou não Literatura* só seja possível quando o aparato crítico da teoria da literatura bem como os procedimentos e valores da crítica se tenham refinado o suficiente para uma (ainda que tênue) percepção da *alteridade*. Essa percepção exige não só refinamento e pluralidade de categorias no interior do aparato crítico, mas também (e também principalmente) solidez no aparelho social que o formula, de modo que *as alteridades* reconhecidas não mais constituam riscos para a identidade hegemônica do grupo social que, formulando-as ou reconhecendo-as, proclama sua existência.

É escusado dizer que no caso da literatura regionalista brasileira estas questões nascem lá longe, e talvez inscrevam-se na esteira do modo de dominação física, política e econômica vigente por longo tempo e por diferentes modos na América Latina... Talvez as questões com que hoje a crítica e a história literária veem-se a braços enraízem-se no subsolo da dominação cultural.

Um dos primeiros gestos desta dominação foi a *gramaticalização das línguas indígenas*: ainda que castelhanizadas, aportuguesadas e latinizadas pelo esforço jesuítico de descrevê-las, são vistas, nos primeiros ensaios que sobre elas se escrevem, *sobretudo pelo que nelas não há*, interpretando-se tais ausências como sintomas da precariedade do arcabouço civilizacional de seus falantes nativos[25]. É bastante conhecida a rapidez com que, a partir da inexistência dos sons *F*, *L* e *R*, em línguas americanas, alguns cronistas deduziram a inexistência de *Fé*, de *Lei* e de *Rei*, valores metafísicos, é certo, pelo que representam de abstrações, mas *também* sustentáculos da ordem europeia a ser instituída na Colônia.[26]

Talvez sejam, assim, ancestralmente fortes as razões pelas quais é tão difícil falar de literatura enquanto manifestação cultural *produzida por* e *gravitando muito próxima a* comunidades ágrafas. Tais comunidades são de alguma forma herdeiras (e nem sempre étnicas, com certeza econômicas e sociais) de outras comunidades, cujo contato com as civilizações europeias se deu em situação de inferioridade (tinham sido invadidas...) e num momento histórico em que o poder e a autoridade de formulações como a estética, por exemplo, não tinham um poder de fogo menor que o poder de arcabuzes e crucifixos.

Talvez, então, o *regionalismo* só pudesse ter sido desentranhado de um determinado conjunto de obras e *lido como projeto* no fim do século XIX porque foi só então que amadureceram as condições socioculturais necessárias para que *as vozes da alteridade* não representassem riscos para a instituição literária brasileira; os arredores da República são o tempo de consolidação e modernização, isto é, de *aburguesamento* das instituições culturais, o que lhes garante a necessária consistência para, sem muitos riscos, (re)conhecer práticas e discursos culturais desenvolvidos para fora de seus (da instituição) limites, e dialogar com eles, deixando-se, inclusive, permear por alguns de seus traços e usando deles, inclusive, para renovar-se.

Em resumo: a cotação de certos gêneros literários na bolsa da história e da crítica está sujeita a oscilações gerenciadas tanto pela economia interna do sistema literário quanto pela relação deste sistema com outros sistemas sociais. Talvez por isso possa postular a relação das obras literárias com diferentes elos das redes pelas quais elas circulam como uma *relação de interlocução*: assim como indivíduos e grupos sociais interagem na comunidade pela interação de seus discursos, idioletos e dialetos, também suas *linguagens simbólicas* (incluindo-se aqui gêneros e vertentes literárias) interagem, mesclam-se e alteram-se, num diálogo infinito de culturas.

A questão do *extraliterário* continua frequente no ensaio da historiadora, também no varejo de estudo de alguns escritores:

> Pouco depois no sul, Simões Lopes Neto dava ao gauchismo, talvez a manifestação mais legítima e viva – certamente por vir de uma zona mais nitidamente diferenciada – de nosso regionalismo. (p. 183)

Na visão da autora, a qualidade da obra de Simões Lopes Neto deve-se menos ao trabalho artístico do escritor e mais à identidade forte da região que ele tematiza como se o regionalismo se resolvesse ao *tematizar* regiões menos ou mais literarizáveis. Mas a questão é outra: trata-se de *textualizar* todas e cada uma das regiões brasileiras e, textualizando-as, *literarizá-las ou não*.

Certamente, a autora não pretende, com sua teoria, enfraquecer a identidade regional de nenhum rincão brasileiro, assim como Amoroso Lima não pretendia, ao proclamar a vocação literária regionalista do Ceará pôr em dúvida a especificidade regional de outros recantos brasileiros. Mas são ambas abordagens que passam ao largo de questões propriamente literárias. Lúcia Miguel Pereira estabelece o ano de 1917, em que Hugo Carvalho Ramos publica *Tropas e boiadas*, como marco da atitude que

> não se contenta com descrever, mas fá-lo com intenções denunciadoras. (p. 183)

Sublinha-se aqui, no discurso de Lúcia Miguel Pereira, o critério de *intencionalidade* que, eticamente positiva, ganha aplausos da historiadora que, na carona do texto, denuncia, solidária, a desumanidade das condições de vida do mundo narrado... Coerentemente, os adjetivos que passam a caracterizar a produção literária de Carvalho Ramos são extraídos de um paradigma ético, ou vezes moral, ou cristão, mas nunca literário:

> A natureza e os hábitos goianos que segue com amor não o fazem esquecer que os tropeiros, boiadeiros e camaradas são sobretudo homens – homens que vivem ainda mais miserável do que pitorescamente. (p. 186)

concluindo, como seria de esperar-se, pela aclamação da obra de Carvalho Ramos como *literariamente sincera e humanamente generosa* numa equivocada relação literatura-sociedade.

A extensão dedicada ao comentário da obra de Miguel Pereira deveu-se à riqueza com que seu ensaio incorpora os principais tópicos que, daí para a frente, pontuarão o discurso da crítica sobre o regionalismo. Como se vê, sofistica-se a estratégia discursiva pela qual historiadores mais vasculham o regionalismo na (vã) expectativa de fazê-lo (o regionalismo) dialogar de igual para igual com a ficção não regionalista.

Como, no entanto, o relato de tal diálogo só se trava no discurso da crítica, é muito significativo o refinamento de voz da crítica, já que, na repartição dos poderes da instituição literária, é ela (a crítica) quem fornece não só genealogias menos ou mais ilustres para uma e outra modalidade literária, mas ainda os títulos de cidadania para *o que é* e o *que não é* literário.

Lavra o decreto de expulsão do Parnaso do que não é literário e ainda providencia os passaportes necessários para o que é *literário ma non troppo*.

O Regionalismo Na História Literária Da Segunda Metade Do Século XX

Em 1959, na sua *Introdução à literatura no Brasil*[27], Afrânio Coutinho dedica cinco páginas a *O regionalismo na prosa de ficção*, desagradado do regionalismo romântico por

> supervalorizar o pitoresco, a cor local do tipo, ao mesmo tempo que procura encobri-lo, atribuindo-lhe qualidades, sentimentos, valores que não lhe pertencem, mas à cultura que se lhe sobrepõe. (p. 201)

Depois de levantar diferentes acepções para a expressão *regionalismo* e deter-se no pouco operacional conceito de que "Num sentido largo, toda obra de arte é regional", (p. 202) propõe delimitação do conceito, postulando que "para ser regional uma obra de arte não somente tem de ser localizada numa região, senão também deve tirar sua substância real deste local" (p. 202), identificando tal *substância* como decorrência, primeiramente, do *fundo natural* e, em seguida, "das maneiras peculiares da sociedade humana estabelecida naquela região e que a fizeram distinta de qualquer outra". (p. 202)

Comentando diferentes manifestações históricas do regionalismo no Brasil, hierarquiza-as, apontando maiores qualidades em umas e menores em outras: "numa fase mais tardia, esse sertanismo corrompeu-se no caipirismo, representação caricatural e grotesca" (p. 205), propondo que, do conjunto de regionalismos emerja o todo nacional, sugerindo (mas em momento algum praticando...) para o estudo do regionalismo critérios culturais em vez de naturais.

A partir da *A formação da literatura brasileira* obra de Antonio Candido, também publicada em 1959[28], a discussão do regionalismo reponta, em modulações diferentes, quer nas considerações gerais que a propósito da ficção brasileira Antonio Candido espalha ao longo de toda a obra, quer nos capítulos em que se detém especificamente em autores que se dedicaram ao regionalismo.

O mestre é pouco paciente com histórias do sertão, sendo várias as passagens em que, com severidade, acusa-as de crime de lesa-literatura, como por exemplo no ensaio *Literatura e cultura de 1900 a 1945 (panorama para estrangeiros)*, texto redigido em 1950, publicado em 1953 na Alemanha[29] e incluído em 1965 em *Literatura e sociedade*.[30]

Referindo-se à produção literária do período compreendido entre 1900 e 1922, Antonio Candido é implacável:

> O regionalismo, que desde o início do nosso romance constitui uma das principais vias de autodefinição da consciência local, com José de Alencar, Bernardo Guimarães, Franklin Távora, Taunay, transforma-se agora no conto sertanejo que alcança voga surpreendente. Gênero artificial e pretensioso, criando um sentimento subalterno e fácil de condescendência em relação ao próprio país, a pretexto de amor da terra, ilustra bem a posição dessa fase que procurava, na sua vocação cosmopolita, um meio de encarar com olhos europeus as nossas realidades mais típicas. Forneceu-lho o conto sertanejo, que tratou o homem rural do ângulo pitoresco, sentimental e jocoso, favorecendo a seu respeito ideias-feitas perigosas tanto do ponto de vista social quanto, sobretudo, estético. É a banalidade dessorada de Catulo da Paixão Cearense, a ingenuidade de Cornélio Pires, o pretensioso exotismo de Valdomiro

> Silveira ou do Coelho Neto de *Sertão*: é toda a aluvião sertaneja que desabou sobre o país entre 1900 e 1930 e ainda perdura na Literatura e no rádio. (pp. 113-4)

Também em vários e diferentes momentos da sua *Formação da literatura brasileira*[31], o crítico franze o cenho:

> o regionalismo pós-romântico dos citados autores [trata-se de Afonso Arinos, Simões Lopes Neto, Valdomiro Silveira, Coelho Neto, Monteiro Lobato] tende a anular o aspecto humano, em benefício de um pitoresco que se estende também à fala e ao gesto, tratando o homem como peça da paisagem, envolvendo ambos no mesmo tom de exotismo. É uma verdadeira alienação do homem dentro da literatura, uma reificação de sua substância espiritual, até pô-lo no mesmo pé que as árvores e os cavalos, para deleite estético do homem da cidade. Não é à toa que a literatura sertaneja, (bem-versada, apesar de tudo, por aqueles mestres), deu lugar à pior subliteratura de que há notícia em nossa história, invadindo a sensibilidade do leitor mediano como praga nefasta. [p. 210, v. 2]
>
> [...] persistente exotismo, que eivou a nossa visão de nós mesmos até hoje, levando-nos a nos encarar como faziam os estrangeiros, propiciando, nas letras, a exploração do pitoresco no sentido europeu, como se estivéssemos condenados a exportar produtos tropicais também no terreno da cultura espiritual. (p. 318, v. 2)

Contextualizando de forma ampla o regionalismo, Antonio Candido acena com uma relação interessante entre projetos (políticos) separatistas e projetos (literários) regionalistas, na qual os segundos seriam a expressão cultural dos primeiros. Opondo a falência do projeto político *de dar expressão política a diferenças regionais* à permanência de projeto similar *no plano da inteligência* (p. 292, v. 2), Antonio Candido encontra na Recife dos anos 70 do século XIX "o máximo desta tendência, prolongando-se por todo o pós-romantismo e, em nossos dias, pelo romance nordestino e a obra de Gilberto Freyre". (p. 293)

Na gênese dessa ideia de diferenciação cultural, da qual Franklin Távora foi militante incansável, Antonio Candido assinala "que dissociar o que era uno e fazer de características regionais princípio de independência, traía de certo modo a grande tarefa romântica de definir uma literatura nacional" (p. 293, v. 2).

É neste momento que se torna sugestivo traçar um paralelo entre esta posição de Antonio Candido e as posições defendidas pelos iniciadores de nossa historiografia e crítica literárias: não se poderia ler, nas reivindicações de Franklin Távora de que Antonio Candido se ocupa, *uma outra* manifestação do mesmo nacionalismo, correspondente agora a outro momento histórico? O que, aliás, Antonio Candido intui ao considerar que

> Távora foi o primeiro romancista do Nordeste, no sentido em que ainda hoje entendemos a expressão; e deste modo abriu caminho a uma linhagem ilustre, culminada pela geração de 1930, mais de meio século depois de suas tentativas, reforçadas a meio caminho pelo baiano fluminense d'*Os sertões*. (p. 294, v. 2)

É a propósito de Bernardo Guimarães que Antonio Candido tem as observações mais fecundas para o desenvolvimento de uma *teoria* do regionalismo que não escorra para o exterior do texto, ao analisar que

> os romances deste juiz, Bernardo Joaquim da Silva Guimarães, parecem boa prosa de roça, cadenciada pelo fumo de rolo que vai caindo no côncavo da mão ou pela marcha das bestas de viagem, sem outro ritmo além do que lhes imprime a disposição de narrar sadiamente, com simplicidade, o fruto de uma pitoresca experiência humana e artística. *O ermitão de Muquém* é contado em quatro pousos por um companheiro de jornada; e quase todos os outros livros não deixam de apresentar esta tonalidade de conversa de rancho. Conversa de bacharel bastante letrado para florear as descrições e suspender a curiosidade do ouvinte, mas bastante matuto para exprimir fielmente a inspiração do gênio dos lugares. (p. 233, v. 2)

Ao destacar neste comentário a *oralidade do texto*, a *dualidade de procedimentos narrativos*, de origem urbana e de origem rural, em voz de matuto e em voz de bacharel letrado, Antonio Candido está cifrando em procedimentos formais o modo de ser do regionalismo que, em textos posteriores do crítico[32] vão dar uma legibilidade muito específica à cultura da América Latina, do terceiro mundo e do subdesenvolvimento. Navegando agora rente à especificidade literária – isto é, o ser de *linguagem* do regionalismo Antonio Candido faz a discussão decolar ao incluir nela as necessárias *condições de produção do texto e da leitura literárias* essenciais para que a literatura cumpra sua função simbólica.

Na *História concisa da literatura brasileira* de Alfredo Bosi, lançada em 1970[33], bem como no volume em que o mesmo crítico estuda especificamente o pré-modernismo[34], categoria na qual inscreve a obra de Monteiro Lobato, a questão ressurge.

Por um lado, a impaciência com que o crítico lê Monteiro Lobato não destoa do tom em que outros críticos em outros tempos cuidaram do regionalismo. Como tantas outras vezes, é em nome da *universalidade* que Lobato é despachado do altar das letras:

> Não se deve procurar, por outro lado, mesmo nos momentos mais felizes do contista, a categoria da profundidade enquanto projeção de dramas morais que revelem um destino ou configurem uma existência. Lobato era escritor de outro estofo: sabia narrar com brilho um caso, uma anedota e sobretudo um desfecho feito de acaso ou violência. (p. 68)

Talvez por integrar uma seleção que concebe a história literária como sucessão ininterrupta de estilos monolíticos, o livro *O pré-modernismo*, a partir de seu título, já revela sua parcialidade: voltado para o modernismo[35], detém-se na observação de carências, lamentando, sobretudo, as que poderiam ter identificado o pré-modernismo a certas preocupações e posturas da moçada paulistana de 22.

Se Alfredo Bosi registra e aplaude em Lobato o *desabusado demolidor da República das Letras*, ele não deixa de incluir, entre os problemas que aponta na produção lobatiana, a crença numa *racionalidade progressista*, muito próxima do que o crítico considera o *modernismo da República Velha*, incompatível com o espatifamento da racionalidade e com a valorização do irracionalismo pregados e praticados pelas vanguardas.

> Moralista e doutrinador aguerrido, de acentuadas tendências para uma concepção racionalista e pragmática do homem, Lobato assumiu posição ambivalente dentro do pré-Modernismo. Na medida em que a cultura do imediato após-guerra refletia o aprofundamento de um filão nacionalista, o criador do Jeca mantinha bravamente a vanguarda; com efeito, depois de Euclides e de Lima Barreto, ninguém melhor do que ele soube apontar as mazelas físicas, sociais e mentais do Brasil oligárquico da I República, que se arrastava por detrás de uma fachada acadêmica e parnasiana. Nessa perspectiva, Lobato encarnou o divulgador agressivo da ciência, do progresso, do mundo moderno, tendo sido um demolidor de tabus, à maneira dos socialistas fabianos, com um superávit de verve e de sarcasmo. Entretanto... esta mesma nota moralista e polemicamente didática afastava-o do Modernismo de 22, ou ao menos das correntes irracionalistas que lhe permeavam a estética. Lobato sentiria a vida toda em nome do bom senso e da razão (como se fora um velho acadêmico), total repulsa pelos ismos que definiram as grandes aventuras e as grandes conquistas da arte novecentista: futurismo, cubismo, expressionismo, surrealismo, abstracionismo. (pp. 67-8)

É na *História concisa*, no capítulo O regionalismo como programa, que Alfredo Bosi fere nota estimulante e promissora ao propor, na obra dos regionalistas do fim do século, a *pesquisa de uma possível poética da oralidade*, retornando à linguagem e nela fundando a categoria que faltava: com Alfredo Bosi, pela primeira vez, o peso da oralidade no regionalismo é entrevisto como estruturante.

À obra de Bosi segue-se, dez anos depois, um estudo específico do regionalismo, de José Maurício Gomes de Almeida[36], que a partir do título, *A tradição regionalista no romance brasileiro*, indica sua especificidade, que rima bem com um tempo universitário de especializações, doutorados e pós-doutorados.

Esta obra de Gomes de Almeida, ao mesmo tempo que prolonga questões mais antiga, encaminha novas, mas, no geral, não altera o patamar em que a questão vem se colocando desde os anos 50, sobretudo em função da multiplicação de estudos sobre o Brasil que se desenvolvem em instituições como o ISEB que, à semelhança do IHGB do século XIX, vai fornecendo as bases da cada nova do país.

A tradição regionalista no romance brasileiro define o regionalismo com base no referente, e não no discurso, envereda nas rarefeitas formulações substancialistas, ao pretender manter a discussão em termos do que chama *primado absoluto da obra literária em si* (p. 16), e atribui *o primeiro plano na atenção do público e da crítica de que goza o romance de 30 à sua excepcional fecundidade e qualidade*:

> Partimos da ideia básica de que, para que uma criação artística possa ser considerada regionalista deve haurir a sua matéria e a sua substância na própria realidade físico-cultural da região, ainda que para transcendê-la. Admitimos também que a criação regionalista surge normalmente quando esta realidade se apresenta suficientemente diferenciada – no todo ou em alguns de seus aspectos decisivos – para alimentar uma obra peculiar. (pp. 159-60)

Se nestes pressupostos há grandes promessas, como por exemplo levar em consideração o público na avaliação do regionalismo, por outro lado, a argumentação apresentada funda-se ainda em categorias incompatíveis com a prometida perspectiva recepcional, tais como *obra literária em si*, ou à oposição entre *discurso* e *referente*. São, porém, inspiradas e promissoras as considerações de Gomes de Almeida relativas ao romance *Inocência*.

Discute uma quarta edição do romance (1898), na qual o editores aludem à vontade de Taunay de excluir do livro epígrafes, grifos no dialeto e explicação vocabular, no intuito de tornar a leitura da obra mais corrente. A partir desse projeto, o crítico aponta o caráter universal das epígrafes de Taunay, assinalando, no fim do século, a predominância do conto regionalista (e não do romance), relacionando esta predominância com o Naturalismo (busca de objetividade, etc...), insistindo, assim, em matrizes europeias para a literatura brasileira.

Nesta acidentada história do percurso da noção de regionalismo, percebe-se como o conceito – independentemente da nomenclatura que receba–, desenvolvido a partir e a propósito de certo tipo de produção literária brasileira, é requisitado com frequência na tradição de nossa crítica e história literárias como divisor de águas entre a boa e a má literatura.

Desde o *Florilégio* de Varnhagen, passando pelas sistematizações pioneiras de Sílvio Romero e José Veríssimo, até obras mais contemporâneas, a identificação de uma literatura *americana*, *sertaneja* ou *regionalista* acompanha a diferenciação de um determinado segmento da produção literária brasileira. Marcando-o através do adjetivo que o qualifica, opõe este segmento a outro que, na ausência de uma qualificação específica, deixa subentendido seu caráter, senão urbano, ao menos *não regional*. Inscreve-se, assim, o binômio regional/urbano em outro, a antinomia universal/particular de tradição antiga nos estudos literários, e transforma-se num dos divisores de água da literatura brasileira.

Mas a inclusão de um texto na categoria *regionalismo* não é neutra: no limite, regionalismo e regionalista são designações que recobrem, desvalorizando, autores e textos que não fazem da cidade moderna matriz de sua inspiração, nem da narrativa urbana padrão de linguagem. Obras e autores regionalistas – salvo exceções como alguns romancistas de 30 e as veredas sertanejas de Guimarães Rosa – costumam ser vistos pela crítica (e consequentemente pelas histórias literárias) como esteticamente inferiores, sendo a superioridade da produção literária não regionalista vinculada à sua universalidade, categoria também responsável pela redenção de escritores como Graciliano Ramos e Guimarães Rosa que em nome da abrangência de sua obra alçam voo da vala comum do regionalismo.

Distinção homóloga vige no resto da literatura latino-americana e também na africana, contextos dos mais promissores para estudar a questão do regionalismo. Nesse âmbito maior, o regionalismo pode ser visto de outra maneira: ele talvez constitua uma dissidência da matriz literária europeia e através de procedimentos literários pouco ortodoxos busque articular-se ao hibridismo mestiço das várias culturas latino-americanas. É nesse sentido que apontam instigantes trabalhos de Angel Rama, Cornejo Polar, Fernandes Retamar e Walter Mignolo.

E é também desta perspectiva que os preconceitos com que a crítica e a história literária brasileiras lidam com o regionalismo podem desvelar seus contornos ideológicos e sua dimensão política: seus protocolos de leitura literária são urbanos e ortodoxos e talvez codifiquem, no rótulo *regionalismo/regionalista* sua incapacidade de dar conta do *modo de ser mestiço* da literatura regionalista que, produto cultural crioulo como o país, é carimbado como estrangeiro pelos olhos urbanos e europeizados da crítica...

A CONFIGURAÇÃO DA HISTORIOGRAFIA EDUCACIONAL BRASILEIRA

Marta Maria Chagas de Carvalho (PUC-SP)

Nos últimos anos, a historiografia educacional brasileira tem sido amplamente reconfigurada por redefinições temáticas, conceituais e metodológicas que põem em questão a sua forma tradicional. O mapeamento e a crítica dessa produção vêm sendo objeto de vários estudos que, sob ângulos diversos, têm posto em evidência os constrangimentos teóricos e institucionais que marcaram o processo de constituição da História da Educação como disciplina escolar e campo de pesquisas. Não é meu objetivo, neste ensaio, retomar o investimento descritivo e o percurso crítico de tais estudos, mas interessa-me recortar, neles, um ponto de partida e o campo de questões que delimitam o itinerário deste ensaio.

Em artigo de 1990, Warde sustenta que, na "sua gênese e no seu desenvolvimento, a História da Educação Brasileira carrega uma marca que lhe é conformadora: a de ter nascido para ser útil e para ter sua eficácia medida não pelo que é capaz de explicar e interpretar... mas pelo que oferece de justificativas para o presente." Essa espécie de "presentismo pragmatista" é, segundo Warde, decorrência do processo que instituiu a disciplina e marcou o seu desenvolvimento no Brasil. Em tal processo, a "gênese e o desenvolvimento da História da Educação estão no campo da Educação, do qual ela foi convertida em enfoque, em abordagem." O que significou não ter sido instituída como especialização temática da História, mas como *ciência da educação* ou como *ciência auxiliar da educação*. No Brasil, esse processo de subtração da História da Educação do campo da História e de sua inserção entre as ciências da educação subordinou-se aos critérios de hierarquização e composição que comandaram os investimentos teóricos e institucionais do grupo de intelectuais que ficou conhecido como *renovadores da educação*. Foi assim que a História da Educação teve o seu estatuto configurado: instituiu-se como disciplina escolar, nos cursos de formação de professores, nos anos 30. Nesse processo, foi apartada do campo da investigação histórica e, ao mesmo tempo, secundarizada no campo da educação, no qual a Sociologia, a Psicologia e, por extensão, a Biologia ganharam, no mesmo processo, o estatuto de ciências matriciais. Subordinada à Filosofia, configurou-se como disciplina escolar de caráter formativo, marcadamente moralizador. Posteriormente, por volta da década de 1950, quando efetivamente começam a surgir os estudos de História da Educação, a produção nesse campo é, segundo Warde, hegemonizada pelo que chama de "presentismo pragmatista". Essa hegemonização se dá, segundo a autora, a partir do momento em que "a memória dos renovadores se apropria dos fatos e é, enfim, erigida à condição de conhecimento histórico".[1]

Penso que esses constrangimentos teóricos e institucionais apontados por Warde são efetivamente determinantes do perfil da História da Educação como campo de pesquisa. O atrelamento originário da disciplina a objetivos institucionais de formação de professores e pedagogos dificultou, até muito recentemente, a sua constituição como área de investigação historiográfica capaz de se autodelimitar e de definir, com base em sua própria prática, questões, temas e objetos. Isso tornou a disciplina frágil diante das demandas postas a partir de outros campos de investigação sobre educação que hegemonizaram a produção da pesquisa, a partir da instalação dos Programas de Pós-Graduação, na década de 1970; o que, do meu ponto de vista, reforçou a dificuldade de a disciplina definir-se a partir de questões postas do seu interior. Esses constrangimentos teóricos e institucionais são ainda atuantes, sobretudo porque reforçados por políticas editoriais muito pouco interessadas em trabalhos historiográficos sobre educação que escapem às determinações acima referidas; talvez porque sejam essas mesmas determinações que comandem as expectativas do público-leitor visado. Quero, aqui, reter das considerações de Warde, principalmente a sua ênfase no que chama de "presentismo pragmatista" e sua pontuação no momento em que "a memória dos renovadores se apropria dos fatos e é, enfim, erigida à condição de conhecimento histórico".

As concepções desses *renovadores* sobre a natureza do conhecimento e dos processos de sua produção e transmissão foram sem dúvida determinantes na configuração das instituições de ensino e pesquisa no Brasil, a partir dos anos 20. Por mais de meio século, puderam pô-las em prática, na intensa atividade que tiveram como idealizadores e organizadores dessas instituições. Como reformadores dos sistemas públicos de ensino e como técnicos ou assessores de órgãos estatais, priorizaram questões relativas à formação de professores e ao desenvolvimento da pesquisa sobre educação, o que faz com que sua presença no campo da produção e transmissão de conhecimento sobre educação seja especialmente incisiva. Mas, além dessa notável participação no processo de institucionalização do ensino e da pesquisa no país, eles se firmaram no mercado editorial através de obras próprias ou da organização de coleções. A hegemonia que, desse modo, conquistaram, era objetivo que norteava seus investimentos intelectuais e suas iniciativas como homens públicos, na consecução do que entendiam ser um programa de "organização nacional através da organização da cultura".[2]

A hegemonia que os *renovadores da educação* consolidaram no campo educacional e no mercado editorial lhes possibilitou não somente fixar orientações doutrinárias no campo da pedagogia como também difundir, largamente, representações sobre a história educacional brasileira e sobre o seu próprio papel nela. Tal hegemonia torna pertinente rastrear, em sua extensa produção intelectual, as representações instituintes do modo de conceber a história, a educação e a sociedade que configurou a historiografia educacional brasileira. Essas representações são fortemente perspectivadas em razão das posições de seus autores como intelectuais empenhados na organização da cultura e da educação no país. Situar a sua produção relativamente ao que foi seu programa de intervenção cultural e político interessa tanto à critica das representações que se instituíram como memória como também para a desmontagem do "*presentismo pragmatista*" a que Warde se refere.

Tenho insistido, em trabalhos anteriores[3], na hipótese de que, na obra de um desses renovadores – *A cultura brasileira*, de Fernando de Azevedo –, cristalizam-se representações sobre a educação no Brasil e sua história que têm sido atuantes na configuração da historiografia educacional. Esta hipótese é parcialmente respaldada por Zaia Brandão, em trabalho que toma "como eixo para a releitura da historiografia, a problematização do processo de construção e desconstrução das memórias sobre o movimento da escola nova no Brasil".[4] Partindo da "construção da memória-monumento por Azevedo", analisa o modo como, nessa historiografia, tal memória-monumento é sucessivamente relativizada, desconstruída e re-historicizada. Com essa análise, evidencia a importância de Azevedo na configuração da produção historiográfica sobre o movimento da Escola Nova, mostrando como o passado que ele constrói se reproduz nessa produção, nas periodizações, nos conceitos e nas categorias que utiliza, assim como nos "fatos" que seleciona. Limitando-se à análise da historiografia sobre as décadas de 1920 e 1930, contudo, Brandão deixa em aberto o papel de Azevedo na configuração da História da Educação em outros períodos.

As representações sobre a educação no Brasil e sua história, articuladas na obra de Azevedo, não foram ainda suficientemente desarticuladas e criticadas, enquanto dispositivos de produção de rígidos esquemas de enquadramento da disciplina. Estruturando-se monumentalmente como obra de síntese, *A cultura brasileira* é uma espécie de compêndio em que se apagam as posições da enunciação e, por isso, é sem dúvida um lugar no qual a "memória dos renovadores é erigida em conhecimento histórico". Na medida em que, por seu tamanho e formato editorial, é obra de consulta destinada a pesquisadores, ganha especial relevância a análise dos dispositivos textuais que, nela, definem o que é pertinente ao campo da história da educação a ser narrada, prefigurando os elementos da intriga e constituindo o seu sentido.

Em artigo de 1989[5], detive-me na narrativa de Fernando de Azevedo, examinando a versão que nela se elabora sobre o movimento educacional brasileiro dos anos 20 e 30, versão elaborada na posição de intelectual comprometido com a política cultural do *Estado Novo* e de escritor de uma obra de síntese como *A cultura brasileira*. Meu interesse era apanhar, em um de seus movimentos, o processo de fundação de uma memória sobre a prática político-pedagógica da chamada geração dos *Pioneiros da Educação Nova* nas décadas de 1920 e 1930, tendo em vista que a sua versão sobre a importância e o caráter dessa prática, assim como sobre os impasses e desafios que a configuraram, vinha sendo amplamente retomada na historiografia educacional. Eu sustentava que a versão de Azevedo vinha sendo lida como relato não perspectivado, devido a um horizonte de expectativa pouco atento às estratégias discursivas de apagamento das posições a partir das quais o autor constrói sua narrativa.

No mesmo artigo, chamei a atenção para os procedimentos discursivos que, no texto de *A cultura brasileira*, operam o esvaziamento político das proposições pedagógicas formuladas no debate que se processara em torno do tema *Escola Nova*. Posicionando-se como intelectual interessado na legitimação da política educacional do *Estado Novo*, Azevedo apresenta-a como coroamento de anseios de modernização e homogeneização sociocultural que foram amplamente partilhados no *movimento de renovação educacional* iniciado nos anos 20. Construindo a narrativa pela polarização entre o "novo" e o "velho", o discurso de Azevedo produz um relato apologético dos acontecimentos que teriam tido "o seu ponto culminante no golpe de estado e na Constituição de 1937".[6] Nessa polarização, captura o embate travado no campo doutrinário da pedagogia nos anos 30. Tudo que seu discurso não enquadra como oposição entre *tradicionalistas* e *renovadores* é remetido para uma "zona de 'pensamento perigoso'"[7], em torno da qual produz censura, silêncio e invisibilidade. Assim, aquele embate é descaracterizado enquanto conflito de posições nitidamente demarcadas num território político: o da luta pelo controle do aparelho escolar enquanto dispositivo institucional de "organização nacional através da organização da cultura".[8] É esse procedimento de apagamento do conflito que produz a representação do movimento educacional como "marcha ascensional do novo" que atingia então o seu ponto culminante, na política educacional e cultural do Estado Novo.

É como iniciativa dessa política cultural do Estado Novo que *A cultura brasileira* é publicado, pela Imprensa Nacional, em 1943, como volume introdutório da Série Nacional que o Instituto Brasileiro de Geografia e Estatística editava para trazer a público os resultados do Recenseamento Geral de 1940.[9] Na apresentação do volume, J. Carneiro Felipe, presidente da Comissão Censitária Nacional, dimensionava o empreendimento editorial, cuja Introdução fora confiada, "em cumprimento a dispositivo expresso de lei", ao "consagrado sociólogo e educador", Fernando de Azevedo. Tratava-se de editar em "tantos volumes quanto os censos executados", "valiosa documentação" – sobre aspectos demográficos econômicos e sociais – coligida pela mais "extensa investigação censitária até agora realizada no Brasil". A monumental iniciativa estava sendo introduzida pelo tomo *A cultura brasileira*, que, "pelo seu caráter histórico, documentação e generalidade do plano", vinha oferecer "os elementos indispensáveis" para que os resultados censitários pudessem "ser apreciados à luz da evolução da cultura brasileira".

O trabalho tinha, assim, uma destinação específica, com implicações na sua arquitetura e formato. A finalidade do volume introdutório era tornar "a significação dos resultados censitários... mais compreensiva da realidade brasileira contemporânea", pelo confronto "com os antecedentes históricos que lhe determinaram os traços dominantes".[10] Essa finalidade cognitiva, no entanto, concebida nos marcos explicativos de relações de determinação entre traços dominantes de uma cultura no presente e seus antecedentes históricos, revestia-se de uma significação suplementar, que a eloquência da Apresentação do volume capturava:

> Na verdade erigiu o povo brasileiro, em pouco mais de quatro séculos, uma civilização peculiar e cuja interpretação pressupõe o conhecimento dos fatores que lhe permitiram, ao mesmo tempo que a posse de um imenso território e não obstante a influência regional das características do meio nas atividades de ordem econômica, a assimilação – como o revela unidade da língua, costumes, crenças e sentimentos – de três grupos étnicos em períodos diversos de desenvolvimento cultural.[11]

As palavras do presidente da Comissão Censitária Nacional na apresentação de *A cultura brasileira* explicitam o caráter da encomenda. Esperava-se que o trabalho viesse tornar compreensível uma representação da civilização brasileira que a política cultural do Estado Novo queria ver legitimada pela contagem censitária e pelo estudo de seus antecedentes históricos. Tal representação era a de uma "civilização peculiar" erigida pelo "povo brasileiro, em pouco mais de quatro séculos", que se dera como obra de unificação cultural, de assimilação étnica e de expansão territorial, vencendo, heroicamente, os fatores desagregadores que atuavam nas diferenças de etnia e na diversidade regional do país.

Não pretendo, aqui, aquilatar o quanto a obra de Azevedo correspondeu a essa expectativa. É inegável que sobreviveu ao Estado Novo, sendo reeditada e lida muito tempo depois. É inegável também que essa sobrevivência só pode ser explicada pelas qualidades de um texto que é produto de exaustivo trabalho de pesquisa bibliográfica e elaboração intelectual. O que significa dizer que, por maior que possa ser o grau de correspondência entre a interpretação produzida na obra e a referida expectativa, a coincidência não pôde ser total. Por isso, seria muito interessante ler *A cultura brasileira*, atentando para as estratégias textuais do autor visando a compatibilizar o atendimento à encomenda e a autonomia de seu trabalho intelectual. Mesmo sem se fazer tal leitura, não é possível deixar de ler, nela, a epopeia de um processo de unificação e organização do que é disperso, inorgânico, fragmentário e desagregado.

Uma análise interessada em pensar a configuração de um campo disciplinar valendo-se de representações instituintes de um determinado padrão de visibilidade interessa-se pelos procedimentos retóricos de estruturação da narrativa como dispositivos de produção de objetos de conhecimento. Procedimentos, estes, legíveis no modo como o narrador perspectiva o narrado. Procedimentos legíveis também no modo como a narrativa opera a seleção e a disposição sequencial do que narra e atribui caracteres aos agentes da ação narrada, produzindo sentido. Esta análise supõe, também, o exercício de uma espécie de arqueologia que escave, no discurso, as regras de conformação do objeto investigado que presidem a sua estruturação em uma forma narrativa. É o interesse de apanhar alguns procedimentos retórico como dispositivos de produção de objetos de conhecimento que orienta a leitura que passo a fazer da narrativa de Azevedo. Com ela, pretendo configurar alguns dispositivos textuais que permitam ler *A cultura brasileira* como texto instituinte de um padrão de visibilidade que torna invisível o que não é capturável nas malhas do sentido que se articula nele.

Na narrativa de *A cultura brasileira*, o processo de unificação não é, apenas, ação narrada; é o agente e o sentido da ação. Agente que se transubstancia pentecostalmente numa pluralidade de atores que o encarnam, condensando-o em graus distintos e hierarquizáveis de abrangência e síntese. No topo da hierarquia, está um megapersonagem, que não somente atua, levando o processo a seu bom termo, como detém um saber sobre o sentido do processo, fazendo ouvir a sua voz de intérprete na fala do narrador: os *renovadores da educação*. Em bravura e capacidade de sintetizar o sentido do processo, a ele só se equipara um seu homólogo, os jesuítas:

> O que foi a atividade dêsses homens admiráveis, na defesa e conversão dos gentios e nas suas entradas aos sertões, entre perigos e trabalhos de toda ordem, não se pode avaliar senão medindo-a pela extensão da área geográfica e social em que se desenvolveu e pela variedade de serviços em que se repartiu, projetando-se em todos os domínios.[...] Eles formavam, pela sua rígida disciplina na sociedade colonial, incoerente e fragmentária um todo homogêneo e compacto, capaz de resistir às influências dissolventes e de estabelecer um *minimum* de unidade moral e espiritual entre os colonos portuguêses e os povos primitivos, assimilados à nova civilização.[12]

Os atores que, em graus e momentos distintos, encarnam esse processo de unificação, preenchendo-o com o significado que é atribuído a suas ações, nunca o fazem completamente. Alternando procedimentos de condensação e esvaziamento da exemplaridade de seus personagens, a narrativa de Azevedo faz com que o sentido do processo narrado nunca seja completamente capturado neles. Das ações desses personagens, escorre uma sobra de sentido que será investido depois, no fluxo da narrativa, como sentido atualizado em outro ator ou reativado na representações que produzem a desagregação do meio em que atuam. Para produzir esse efeito, a narrativa teatraliza vozes de outros intérpretes. Essas vozes intervêm num espaço narrativo nitidamente demarcado pela voz do narrador, que as produz como dispositivos que deslocam o princípio de unificação encarnado nos personagens para além deles. Capturando as vozes para com elas representar a dissolução do meio, ou para introduzir fissuras de sentido nos personagens-heróis, a voz do narrador captura também o que dizem por procedimentos de seleção e distribuição que o ressignificam, no encadeamento da intriga. A alternância de procedimentos de condensação e esvaziamento de sentido ordena toda a composição de *A cultura brasileira* e se dá, exemplarmente, na composição dos jesuítas como personagem da história colonial.

Constituídos como "um dos fatores mais importantes de integração e unidade nacional" por um conjunto de feitos memoráveis, os jesuítas são também caracterizados como princípio de desagregação. Não porque, como pretendia Gilberto Freyre, tivessem sido "puros agentes europeus de desintegração dos valores nativos".[13] Na relação com os indígenas, a destruição de suas culturas era questão menor, se comparada à magnitude da obra de "assimilação e de uniformização"[14] que realizaram. Obra de unificação tão mais memorável, quanto maior a força desagregadora do meio:

> Por toda parte, os conflitos entre o colonizador e o natural; as influências dos negros ou dos índios, ou das duas raças e culturas [...]; por toda parte, a explosão irreprimível dos instintos de libertinagem favorecidos e estimulados pelo clima, pela mestiçagem praticada em larga escala, pela desenvoltura e liberdade de costumes [...].[15]

É sobretudo o investimento jesuítico nos colégios que põe em cena o princípio de desagregação. Não que tenha sido menor o papel unificador que desempenharam na educação das elites nacionais:

> Às gerações que se formaram sob sua direção espiritual, em mais de dois séculos, souberam, pois, transmitir quase na sua integridade o patrimônio de uma cultura homogênea, – a mesma língua, a mesma religião, a mesma concepção de vida e os mesmos ideais de "homem culto", soldando, pelas camadas

> superiores da sociedade, todos esses núcleos dispersos que, do sul ao norte, se desagregavam ao assalto de poderosas forças de dissolução.[16]

O princípio de desagregação que a obra de unificação nacional por meio da unificação de suas elites põe em cena será apenas virtualmente atuante, no caótico e inorgânico espaço colonial do conflito e da mestiçagem. Na caracterização do personagem e de seus feitos, a voz do narrador seleciona temas sobre os quais faz falar as vozes de outros intérpretes. Elitismo, lusitanismo, tradicionalismo, aristocratismo, europeísmo, verbalismo, cultura literária e livresca, menosprezo pelo trabalho manual, distanciamento da vida rude e primitiva da Colônia – são alguns dos temas cuja discussão introduz fissuras de sentido na caracterização do jesuíta como agente de unificação. Tais fissuras permanecem, no entanto, virtualidades de sentido que escorrem pelo texto, para só se consumar – passados os duzentos anos de educação jesuítica, a destruição pombalina e os desacertos descentralizadores do Império e da República – quando o movimento de renovação educacional toma a si, na década de 1920, a tarefa jesuítica de unificação nacional. Nesse momento, quando o trabalho das fissuras se organiza como sobra e o sentido se consuma, a educação jesuítica torna-se legado desagregador. Legado que, como tradição cultural, é uma das principais figurações do *velho* que as forças unificadoras do *novo* deverão combater. A cultura livresca, intelectualista, literária, elitizante e divorciada da realidade que se condensa nessa tradição é princípio desagregador da nova política educacional. Não apenas porque tal cultura resista à política de implantação de um sistema único de ensino com outro desenho cultural. Mas, também, porque nela se desenha o avesso do intelectual atuante no processo de conformação nacional, que a narrativa de Azevedo compõe como ator no processo de unificação atualizado pelo movimento de renovação educacional.

É assim que, alternando procedimentos de condensação e esvaziamento de sentido, a narrativa de Azevedo vai compondo os seus personagens. Para que o sentido se vá acumulando como sobra, até condensar-se no movimento de renovação educacional, o recurso narrativo às forças desagregadoras do meio social não é suficiente para produzir o herói. É preciso que essas forças se instalem no âmbito das instituições educacionais. A narrativa que constitui esse processo é inaugurada com a entrada em cena de Pombal. Na sua montagem, a voz do narrador intervém, duplamente: fazendo ver na pluralidade dos colégios jesuíticos a unidade de um *sistema de ensino* e, nas Reformas Pombalinas, o ato inaugural que instaura a desagregação:

> Em 1759, com a expulsão dos jesuítas, o que sofreu o Brasil não foi uma reforma de ensino, mas a destruição pura e simples de todo o *sistema colonial* do ensino jesuítico.[17]

> [...] é certo que, do ponto de vista formal, de organização, à '*unidade de sistema*' sucedeu a *fragmentação* na pluralidade de aulas isoladas e dispersas.[18] (grifos meus)

É com o Ato Adicional de 1834 que a desagregação se instala arrasadoramente no âmbito das instituições educacionais. Para constituir a cena, o narrador faz falar, na sua voz de intérprete, o seu programa de *renovador da educação*, constituindo como carência do passado aquilo que, no presente, era prioridade política: a unidade orgânica de um sistema que fornecesse o suporte institucional de uma política nacional de educação que se autoconcebia *civilizadora*:

> Do ponto de vista educativo, o Ato Adicional [...] suprimia de golpe todas as possibilidades de estabelecer a *unidade orgânica de um sistema* em formação que, na melhor das hipóteses (a de estarem as províncias em condições de criá-los), se *fragmentaria* numa pluralidade de *sistemas regionais*, funcionando lado a lado [...][19]
>
> O ensino público estava condenado a não ter *organização*, quebradas como foram as suas *articulações* e paralisado o *centro diretor nacional*, donde devia se propagar às instituições escolares dos vários graus uma *política de educação*, e a que competia *coordenar*, num *sistema*, as forças e instituições civilizadoras, esparsas pelo território nacional.[20] (grifos meus)

Com tal procedimento, monta-se o cenário para a intervenção dos *renovadores da educação*. Fazendo ler, na descrição calamitosa do fragmentário, o seu avesso, esses procedimentos constituem a cena em que ganha sentido o trabalho unificador do *novo*, de que os *renovadores* serão os agentes. Mas não produzem somente isso. Eles legitimam a intervenção na justa proporção em que produzem adequação às expectativas de legitimação do Estado Novo, expressas na voz do presidente da *Comissão Censitária Nacional*: a de que a obra de Azevedo buscasse os "antecedentes históricos que [...] determinaram os traços dominantes" da "realidade brasileira". E é correspondendo a essa expectativa que legitimam a intervenção dos renovadores como política fundada num saber que é também legitimado pelo mesmo procedimento. Saber tão mais autorizado quanto mais atento às *realidades nacionais*. Tipo de saber, também, legitimado, pois suporte necessário da política que, por ele sustentada, se legitima. A circularidade do argumento que produz essa dupla legitimação é contornada pela voz do narrador, que põe em cena e avalia saberes e políticas discrepantes. Esse é o caso, por exemplo, dos Pareceres de Rui Barbosa:

> nesse parecer que, do ponto de vista da forma e da erudição, é realmente uma obra-prima, [...] o que se justifica não é um plano de

> reforma ajustado à realidade nacional, mas um plano ideal e teórico, em que se coordenam, por uma espécie de ecletismo, elementos e instituições discordantes, inspirados nos meios sociais mais diversos [...] Impelido, sem dúvida por um idealismo ardente e generoso, que não lhe permite tomar pé na realidade, e deixando-se dominar pela sua erudição e eloquência que o afastam do espírito crítico, erguendo, acima do valor ideológico, o valor literário e informativo de seu parecer, prefere o eminente relator as largas esquematizações teóricas à observação objetiva dos fatos e à reflexão sobre êles. Êle propõe todo um plano sob a forma de reorganização, [...] *sem proceder a um inventário do estado material, social, econômico e moral do país, e sem estabelecer antes a finalidade pedagógica, social e política, a que devia orientar-se toda a estrutura do sistema e para a qual deviam convergir, coordenadas e subordinadas a uma unidade fundamental de princípios, as suas instituições escolares de vária natureza e de todos os níveis.*[21] (grifos meus)

Condensando, na voz de Rui Barbosa, os desacertos de uma elite bem-intencionada, mas incapaz de equacionar politicamente o necessário processo de unificação, a voz do narrador configura, concomitantemente, no avesso dos juízos que emite, o perfil da política capacitada para equacioná-los. Com o procedimento, compõe a fôrma que será preenchida mais tarde, pela clarividência dos *renovadores da educação*, no resultado de suas lutas pela implantação de uma "política nacional de educação, cujos princípios fundamentais informassem de alto abaixo a organização de todos os sistemas escolares".[22] Política essa que será também validada pela acumulação dos índices de desagregação inventariados pela narrativa sobre os desacertos descentralizadores do Império.

Mas a voz de Rui Barbosa não é uma voz isolada. Os juízos articulados nas representações sobre o desperdício de sua erudição e eloquência são expandidos para a totalidade das vozes das elites imperiais que se ocuparam da educação. Valendo-se de Bibliografia Pedagógica publicada por Lourenço Filho, que compendia as obras sobre educação publicadas no Império, o narrador retoma a tópica da cultura livresca e divorciada da realidade, legado jesuíta desagregador de soluções políticas organicamente construtivas:

> São todas, obras mais ou menos eruditas, geralmente livrescas, sem vistas gerais e sem espírito crítico e construtivo. Para estudar um assunto, bastava insinuar-se entre os livros, manuseá-los e confrontá-los, opô-los às vezes uns aos outros, recolher dados e indicar soluções ideais e, depois de um passeio mais ou menos longo pelos países europeus, saturar a obra de erudição e pulverizá-la de reflexões pessoais.[23]

É com essa tradição produzida que manifestações do *novo*, como o *Manifesto dos Pioneiros da Educação Nova*, mas também, e, principalmente, a obra que as nomeia e compendia – *A cultura brasileira* –, pretendem romper. Ruptura que não implicou desistir desses passeios mais ou menos longos pelos países europeus. Afinal, até mesmo a designação do Manifesto – *A reconstrução educacional do Brasil* –, assim como o termo *pioneiros* são emprestados ao movimento europeu organizado na *Liga Internacional pela Educação Nova*.[24] Mas, ainda assim, ruptura com o que era constituído como tradição livresca, divorciada da realidade nacional, afeita à erudição e a soluções ideais, que se pulverizava em reflexões pessoais. Contra tal pulverização – essa figura do fragmentário que se instala no domínio do pensamento e da política que lhe é correlata – o livro de Azevedo opunha o conhecimento da realidade nacional (no caso, da cultura brasileira), que trazia a público. Tal conhecimento era o que havia faltado a Rui Barbosa: aquele "inventário do estado material, social, econômico e moral do país", que lhe permitiria propor "um plano de reforma ajustado à realidade nacional". O que se produzia em *A cultura brasileira* era o lastro de conhecimento da *realidade nacional* de que necessitava o programa unificador da renovação educacional para se impor como política. Não vinha esse programa suprir uma carência comprovada à exaustão por esse inventário das figurações do embate entre forças desagregadoras e intervenções unificadoras que é o livro de Azevedo? Não formulava o Manifesto, expressão máxima desse programa, a política de unificação necessária à supressão da carência?

> Seja qual for o ponto de vista em que nos coloquemos, para apreciar esse documento e que nos poderá levar a combatê-lo ou a apoiá-lo, não se pode contestar que no manifesto de 1932, [...] se analisa o problema da educação nacional sob todos os seus aspectos, se definem os princípios e se traçam, pela primeira vez, as diretrizes de um programa geral de educação, cujas peças articuladas entre si, num plano sistemático, são subordinadas a finalidades precisas que atuam sobre todo o conjunto.[25]

Aquilo que é apontado como carência, no desacerto recorrente de proposições políticas como as do plano de Rui Barbosa, é o que está presente na positividade unificadora do *programa geral de educação* proposto no Manifesto. Estabelecendo correlações como essa, a narrativa de Azevedo captura todo o investimento cognitivo, que configura textual e editorialmente *A cultura brasileira*, como legitimação da política consubstanciada no Manifesto. No entanto, a legitimação sabe-se insuficiente, pois o Manifesto surgira naqueles anos de *crise* em que não existia consenso em torno da "causa educacional":

> Já não se podia mais alimentar a esperança, aliás ilusória, de se constituírem os educadores numa organização que fosse não um "partido", mas uma "associação nacional" em que se agrupassem todos, sem distinção de religião e de partido, para traçarem uma política escolar que fosse o programa do governo, na parte educacional, para a obra de reorganização do país.[26]

A alusão ao malogrado e ilusório intento da Associação Brasileira de Educação põe em cena as divergências doutrinárias e políticas que podiam ofuscar a clarividência das soluções do Manifesto. Neutralizá-las é objetivo que se concretiza, na narrativa de Azevedo, por procedimentos de rarefação do sentido de tais divergências, que as produzem como indeterminação. Assim, por exemplo, as diferenças religiosas e políticas, que o narrador constata na citação acima, são imediatamente capturadas, no parágrafo seguinte, como "perplexidades e hesitações, [...] suspeitas e divergências".

Procedimentos de seleção vocabular como esses, que, no exemplo citado, operam a indeterminação do significado das tensões da situação narrada, são recorrentemente utilizados. Aliados a procedimentos de ordenação sintática, são aplicados também para hiperdeterminar o sentido da obra de renovação, compondo a "marcha resoluta do novo". Assim é que, por exemplo, em meio àquelas "perplexidades e hesitações", um grupo da Associação Brasileira de Educação – a "corrente ideológica" partidária de "uma nova política educacional no Brasil" – resolve "consubstanciar num manifesto os novos ideais e fixar dessa maneira o sentido fundamental da política brasileira de educação".[27]

A alternância de procedimentos de rarefação e condensação de sentido constitui a narrativa da "marcha resoluta do novo", operando, tropologicamente, seleções vocabulares e sintáticas que compõem tal *marcha* por acumulação enumerativa das realizações que a demarcam. Para torná-la mais delimitada e nítida, outras estratégias narrativas são mobilizadas, produzindo, ao seu redor, indeterminação. Por toda a parte, constituindo um cenário opaco que, por contraste, destaca o *novo* na exemplaridade significante dos personagens e das ações que o condensam, viceja a indeterminação do fragmentado, do confuso, do genérico, do impreciso:

> [a] fragmentação do pensamento pedagógico, a princípio numa dualidade de correntes e depois numa pluralidade e confusão de doutrinas, que mal se encobriam sob a denominação genérica de "educação nova" ou de "escola nova", suscetível de acepções muito diversas. Assim a oposição da política escolar da Igreja; a coincidência, no tempo, do movimento de reformas pedagógicas e a propagação de doutrinas extremistas; a própria imprecisão e

variedade de conteúdo conceitual de educação nova, e a reação dos conservadores a todo transe...[28]

Produzindo o fragmentado como indeterminação, a narrativa de Azevedo pulveriza o movimento renovador, para instalar a persistência insidiosa do *velho* no *novo*. Fazendo-o, produz a necessidade de recortar, na indeterminação produzida por toda a sorte de confusões e imprecisões que embaralham o movimento de renovação, a inteireza do sentido unificador do *novo*, na exemplaridade significante das ações e personagens que o condensam. O que se efetua por sutis depurações do perigo que, habitando o *novo*, é produzido como indeterminações de todo tipo. Os perigos do velho – mas também os perigos da radicalização do *novo* – devem ser expelidos para as margens deste e da sua *marcha resoluta*. Assim, a narrativa de Azevedo se assenhoreia do *novo*, delimitando-lhe a abrangência. Produz o fundo opaco do indeterminado para recortar, nele, *obra de reconstrução educacional*, que condensa o *novo*. No emaranhado da desagregação que se instala no *novo* pela ação de falsos pretendentes – análogos do embuste do demo, que também os jesuítas perseguiam nas práticas indígenas – a voz do narrador recorta, íntegra, a *obra de reconstrução educacional*.

> [Assim é que,] apesar desse estado de espírito que se desenvolveu, sobretudo a partir de 1932, com a publicação do manifesto e a vigorosa ofensiva renovadora da V Conferência Nacional de Educação, e, com que se pretendeu deturpar por todos os meios, a obra de reconstrução educacional do país, *não sofreu desfalecimento a campanha iniciada com as reformas de 1928, no Distrito Federal e prosseguida, em 1931, no Estado de São Paulo, logo depois da revolução.*[29] (grifos meus)

Azevedo prossegue, arrolando sequencialmente um conjunto de feitos que, por acúmulo, consumam o resgate do *novo* da indeterminação que o ronda. Assim, alternando procedimentos de condensação e rarefação de sentido que repartem o narrado em duas séries, a narrativa de Azevedo encarna o *novo* na *obra de reconstrução educacional* e configura essa *obra* pelo arrolamento sequencial de suas figurações. O rol dos feitos legitimados é extenso e o procedimento que os dispõe cumulativa e sequencialmente, compondo e delimitando a *obra de reconstrução educacional*, consiste em nomeá-los como exemplaridade significante do *novo*.

Atores nessa *obra*, os *renovadores da educação* não são, propriamente, os agente dela. O *novo* age neles, expandindo-se dos seus feitos onde se encarna. Sua função narrativa é figurar a potencialidade unificadora do *novo*. Dessa forma, são alegorias, pois figuram, como portadores do sentido, a potência de atuação do *novo*. Não têm outra identidade senão a que lhes é conferida como atores na *obra de reconstrução educacional*. O que os individualiza é apenas a particularidade possível ao exemplo. Como não agem, não pode haver propriamente descrição de suas ações, mas apenas enumeração dos feitos que lhes são imputados como glórias. Receptáculos do sentido que a narrativa condensa na *obra de reconstrução educacional*, os *renovadores da educação* são, também, personagens-síntese que condensam o sentido *unificação* e o processo de unificação narrados em *A cultura brasileira*.

Algumas das representações sobre a educação brasileira e sua história articuladas na narrativa de Azevedo ganham longa vida na historiografia educacional. Constantemente reatualizadas e reificadas, instituem um padrão de visibilidade que delimita e organiza o campo da investigação, constituindo também os objetos que lhe são pertinentes. As recentes reorientações temáticas, conceituais e metodológicas que vêm reconfigurando a historiografia educacional talvez tornem inoportuna a escolha de tratar, neste ensaio, o tema de sua conformação a partir desse padrão instituinte. A desenvoltura com que a historiografia vem incorporando novos temas, reconfigurando os seus objetos e redefinindo perspectivas e procedimentos de análise não desqualificaria tal enfoque? Ou, ao contrário, tal desenvoltura não seria senão mais um índice da fragilidade de uma disciplina incapaz de se autodefinir a partir de questões postas de seu interior? Está essa historiografia sendo capaz de, efetivamente, desenvolver novas abordagens de velhos objetos, refigurando-os? Ou, ao contrário, tal incorporação tem-se dado pelas margens da produção anterior, deixando intocados os seus velhos objetos, temas e problemas? Sem tentar responder a essas questões, este ensaio pretende, provocativamente, configurar o padrão que se institui modelarmente na narrativa de Azevedo.

O efeito mais nefasto dela foi o produzido pelo modo como fez falar, na voz do narrador, um critério de avaliação do passado educacional extraído da ênfase dos renovadores na organização de um sistema unificado de educação nacional. Essa espécie de presentismo é anacronismo constitutivo dos dispositivos de produção de sentido mobilizados na narrativa de Azevedo como legitimação da política de unificação nacional pela educação. Ele tendencialmente produz a História da Educação como história do que não houve e deveria ter sido. Para que essa teleologia possa exercer-se como tribunal, a voz do narrador unifica no juízo que emite o que a narrativa reparte em duas séries independentes e paralelas, articuladas sequencialmente segundo temporalidades distintas – o que está instituído e o que é ideia ou projeto. Dicotomizando desse modo a história da educação narrada, produz dois campos de investigação cuja intersecção só pode se dar como cotejo ou confronto que exibe a coincidência ou a discrepância pontual entre eles. É em um desses campos que o sentido unificador da educação produzido como programa político instala os sistemas de ensino e as políticas educacionais instituídas como objetos privilegiados da investigação. Ao fazê-lo, produz também o lugar em que se perspectiva a análise da instituição escolar e o crivo que seleciona as fontes principais da análise. É assim que a História da Educação é instituída como história da organização dos sistemas de ensino por políticas educacionais emanadas do Estado. Assim é, também, que o estudo das instituições escolares é configurado como procedimento que recorta, no *continuum* do processo de institucionalização dos sistemas educacionais, um momento e um modo institucional em que tal processo se concretiza. Desses recortes, decorre a seleção da legislação como fonte privilegiada na investigação. Com esses procedimentos, a narrativa de Azevedo estrutura um campo bipartido por estruturas temporais paralelas e apenas pontualmente conectáveis, nas quais constrói dois domínios apartados de investigação: o da história das ideias e projetos pedagógicos e o da história da organização dos sistemas de ensino. O campo se estrutura tendo como eixo a história dos sistemas educacionais instituídos e das políticas que jurídica e pedagogicamente os instituíram. Produzindo-o, a obra de Azevedo se constitui como um modo de narrar que se propõe como regra de narração para outros textos, prescrevendo não somente as regras de configuração do objeto pelo seu enquadramento em uma das séries referidas como também o modo de relacioná-las no espaço narrativo das explicações sobre o seu descompasso. Falando do lugar de produção das políticas que pedagógica e juridicamente instituem o sistema de ensino – o Estado –, a voz do narrador de *A cultura brasileira* pode ser ouvida, ainda hoje, nas seleções de períodos e de temas de estudo, nos padrões descritivos e explicativos e nas periodizações que configuram o objeto da investigação e o modo de narrá-lo. É no mínimo intrigante a correspondência entre esse padrão que se institui modelarmente na narrativa de Azevedo e o que se instala na produção historiográfica sobre educação. Alguns dos estudos que vêm mapeando e efetuando a crítica dessa produção[30] identificaram procedimentos de seleção temática, delimitação temporal, utilização de fontes e estruturação do campo narrativo que atestam essa correspondência. De um desses estudos, extraio a descrição:

> Presos ao tempo linear, os livros de história da educação examinados constroem seu conteúdo a partir de dois eixos: a organização escolar e o pensamento pedagógico. O primeiro também define não só um lugar privilegiado a partir do qual se registra a memória educacional (o Estado), mas também as fontes privilegiadas para sua reconstituição (os instrumentos legais e normativos), além de conferir um tratamento legislativo à narrativa. O segundo eixo elege a evolução das ideias pedagógicas como conteúdo dessa história, compila dados biográficos de educadores selecionados e confere um tratamento tipológico à narrativa, isto é, o autor afirma-se como alguém que escreve não com a intenção de expor fatos

> e sim com o intuito de descrever tipos ou modelos de educação e de educadores.[31]

É sobretudo perseguindo os desacertos descentralizadores das políticas e das ideias educacionais no Império e na República que o anacronismo constitutivo do investimento narrativo de Azevedo produz o apagamento da zona de intersecção entre o instituído e o projetado no campo educacional. Constituindo uma espécie de abismo intransponível, sua narrativa produz aqueles desacertos como ideias fora do lugar e promove a história das instituições escolares no Império como história do que não houve. Fazendo-o, não somente biparte o campo da investigação como produz, nele, a tópica do abismo e o modelo de suas explicações: o legado cultural jesuítico. Preenchendo personagens que são sistematicamente submetidas ao confronto avaliativo das realidades nacionais, esse legado é reativado como explicação do referido abismo e, também, como índice da incapacidade das elites, geralmente bem-intencionadas, de aboli-lo. Essa espécie de produção do não ser e da carência que perpassa toda a narrativa de Azevedo remete ao limbo do desconhecido não somente a história das modalidades não escolares de ensino como também a das instituições de instrução pública no Império. Não apenas porque é ínfima a produção historiográfica que dela trata.[32] Mas também porque a carência educacional que a narrativa de Azevedo produz no Império encoraja um tipo de leitura documental que, não levando em conta as refrações do signo em situações de uso[33], amarra o significado de termos como *escola* aos uso dominantes no presente do historiador, desistoricizando o objeto da investigação.

A mesma teleologia que produz, em nome do *novo*, o não ser da educação no Império é a que instala a plenitude do ser no personagem que não somente prefigura o processo de unificação como condensa o sentido da educação colonial: os jesuítas. Esse procedimento de saturação de sentido aliado à teatralização da destruição pombalina produz a história da educação colonial como mito. Encerrada definitivamente, essa história é mito que pode ser continuamente reatualizado, mas que, como todo mito, é remetido para fora do processo histórico teleologicamente instituído. Seria essa a razão do quase absoluto desinteresse dos historiadores da educação por temas de história colonial?[34]

Quando o que não houve começa a ser, entra em cena, como se viu, o personagem-síntese da narrativa de Azevedo: os *renovadores da educação*. A produção desse personagem como estratégia do sujeito histórico, Fernando de Azevedo, interessado em consolidar e difundir as posições e o papel de seu grupo, não está em questão aqui, mas, sim, o efeito produzido por sua narrativa. Esse efeito materializou-se em uma espécie de abstração itinerante que, carregando no nome um sentido, ronda os textos de História da Educação. O leitor deste ensaio, que porventura desconheça os processos históricos em que os sujeitos designados por essas expressões atuaram, deve ter-se perguntado ao se defrontar com elas: "Afinal, quem são?" E não há como responder-lhe com precisão, a não ser dizendo que, sempre que é usada, designa pelo menos três desses sujeitos: o próprio Azevedo, Lourenço Filho e Anísio Teixeira. Na discussão historiográfica sobre o sentido das práticas em que esses sujeitos atuaram como grupo, não há como descartar as expressões "renovadores da educação" ou "pioneiros da educação nova". E não há problema com esses usos, desde que tais práticas sejam suficientemente determinadas para evitar que o sentido que o nome carrega se sobreponha à análise, o que, espero, não venha ocorrendo neste ensaio. A abstração itinerante a que me refiro é de outra natureza. Ela se materializa em um modo de apropriação desse personagem por procedimentos narrativos que o cristalizam em uma espécie de etiqueta que, desencarnada dos sujeitos históricos que designa, propaga o sentido que carrega no nome para as ações que lhe são atribuídas. E assim que esse personagem circula, com identidade vaga o suficiente para que lhe sejam imputadas ações também suficientemente indeterminadas, por muitas páginas de livros, revistas e teses acadêmicas produzidas, ainda hoje, com a desenvoltura e a omnipresença que lhe foram atribuídas por Azevedo. E é no mínimo intrigante que esse ser de papel venha tendo vida tão longa. Principalmente quando o seu referente é uma pluralidade de agentes que se destacaram como autores e editores de vasta e diferenciada produção no campo da educação. Produzindo a cristalização do *novo* e a reificação dos personagens que o encarnam, a narrativa de Azevedo talvez seja responsável por fazer deles personagens em torno dos quais se concentra a maioria avassaladora das pesquisas em História da Educação. Isso talvez porque esses personagens, por sua extraordinária capacidade de condensar o sentido do processo histórico, tenham obscurecido não somente os sujeitos que representam, mas também muitas práticas e sujeitos ao seu redor. O efeito mais nefasto da circulação desse megapersonagem de Azevedo é que sua presença torna invisível a materialidade dos processos e das práticas escolares, relegando-a à esfera do não dito e, portanto, do não exposto. Não me refiro somente às práticas escolares que foram objeto das intervenções remodeladoras dos *renovadores*, nas décadas de 1920 e 1930.

Tome-se o exemplo do atrelamento da *arte* de ensinar – tal como a concebia a *moderna pedagogia* que circulou no país em fins do século XIX e início do XX – a seus suportes materiais. Nessa pedagogia como *arte de ensinar*, fala-se mais de "instrução" do que de "educação" e ensinar é prática que se materializa em outras práticas; práticas nas quais a *arte* de aprender materializa-se no exercício de competências bem determinadas e observáveis em usos escolarmente determinados. Na pedagogia da *Escola Nova*, de que os renovadores são, no Brasil, os arautos, não se fala mais em "instrução", mas em "educação". Embora os objetivos instrucionais permaneçam na mira dessa pedagogia, o deslocamento que ela efetua desvia o olhar da materialidade das práticas de um *saber fazer com*[35] e faz recair a ênfase na formação de corpos e de mentes por dispositivos materiais de controle e disciplinarização cuja condição de eficácia é a sua invisibilidade. Além disso, os objetivos dessa formação não são topicamente mensuráveis, pois priorizam a interiorização de normas e a reprodução dos comportamentos desejados, fora do tempo e do espaço escolares. Na produção do sentido unificador da educação, a narrativa de Azevedo captura esse deslocamento e hiperboliza o apagamento da materialidade dos processos de instrução/educação. O sentido "educação", que a narrativa produz, ganha a dimensão de um processo civilizatório cuja única determinação é a potência unificadora do *novo*. Processo civilizatório que se dá como intervenção da racionalidade dos planos e das políticas de unificação em um espaço e em um tempo históricos que a narrativa produz como indeterminação material pela teatralização de forças, potências e fatores em que faz falar o desagregado. Com a remissão do sentido *educação* para o plano da intervenção de uma racionalidade que atua sobre forças sociais, a narrativa de Azevedo opera o apagamento das práticas e dos saberes que se articulam nos processos de ensinar e de aprender. Um dos efeitos dessa espécie de sociologização da história e da educação foi o de produzir uma modalidade adicional de anacronismo na história da instituições educacionais. Apagando a especificidade de uma pedagogia em que saber ensinar era arte de "saber fazer com", apaga também a historicidade dos processos de institucionalização escolar dessa *arte*. *Arte* que se inscrevia num domínio imaginário que não era o da geração de Azevedo. Domínio no qual, podia-se até esperar novos materiais escolares, esses produtos industriais que, segundo o mesmo imaginário, condensavam usos pedagógicos de povos mais civilizados, pudessem funcionar como suportes de rotinas inéditas nas salas de aula. Nesse imaginário, fazia sentido até mesmo pretender que tais materiais pudessem catalisar, no Brasil, o processo de implantação de novas práticas escolares mais conformes à *pedagogia moderna*, como o fizeram alguns reformadores da Instrução pública.[36] Isso porque, na lógica que tece os fios desse imaginário, a Instrução Pública é *signo* do Progresso que advém da escolarização dos saberes e das práticas que se formalizam, como práticas escolares, nos usos desses materiais. Afinal, o que havia tornado possível o ensino simultâneo, condição da extensão da escola popular, senão a presença desses produto que a indústria moderna havia tornado disponíveis nos países mais civilizados? O livro único de leitura, o caderno, a pena de metal, os inúmeros materiais que traziam para dentro dos muros escolares o mundo condensado em *lições de coisas*, não eram eles os índices do Progresso inscritos na *moderna pedagogia* que permitiriam ao país postular sua inserção no *concerto das nações*?

Não é esse o imaginário que se articula na *obra de reconstrução educacional*. Não porque os *renovadores* descurassem das condições materiais de exercício da pedagogia da *Escola Nova*, na hierarquia das providência que tomaram como reformadores das instituições de ensino público. No projeto de reforma da sociedade pela reforma do homem que encamparam, a concepção da instrução (e não educação) como signo de Progresso e como índice de pertença de um país ao *concerto das nações*, que era hegemônica no fim do século XIX e início do XX, cede lugar à convicção de que a educação (e não a instrução) era, não mais índice ou signo, mas fator inarredavelmente constitutivo da sociedade como nação. É a convicção de que a educação constitui a nação, como espécie de amálgama que agrega num corpo as populações, que, nos anos 30, norteia a prática desses renovadores. Convencidos, com Alberto Torres, de que as nações modernas são obras de arte política, entenderão necessário instituir, técnica e juridicamente, no país, uma política nacional de educação. Foi abraçando a "*causa educacional*" constituída por essa ruptura que se articulou o grupo dos chamados *renovadores da educação*. Quando ele se tornou hegemônico no movimento, obtendo o controle da Associação Brasileira de Educação, instituir uma política nacional de educação tornou-se questão prioritária. Tratava-se de conceber e institucionalizar pedagógica, política e juridicamente – um sistema nacional de educação que exprimisse o programa de "*organização nacional pela organização da cultura*" que se gestara no movimento. O lançamento do Manifesto, essa figura do *novo* que condensa o sentido civilizador do processo de unificação em *A cultura brasileira*, foi, no entender de Azevedo, o "ponto culminante da grande campanha [...] pela renovação pedagógica e por uma política escolar de caráter nacional, nas linha gerais de seu plano e nos seus objetivos essenciais".[37]

É articulando esse imaginário que a narrativa de Azevedo produz a educação como síntese do sentido unificador do processo de civilização. A condensação desse sentido nos *renovadores da educação* os produz como tipos. Como esse personagem não age, porque o sentido o habita; como sua ações são apenas nomeadas, já que o sentido que ele condensa as invade, por emanação do *novo* que encarna; como suas ações são glórias que lhe são imputadas torna-se impossível, enfim, falar de sujeitos e de suas práticas. Desse modo, é apagada a pluralidade dos saberes e das práticas que expressões *movimento de renovação educacional* e *Escola Nova* designam. Esse apagamento é reforçado pelos procedimentos narrativos de Azevedo que capturam a polissemia dessas expressões (e os embates travados no domínio das ações que são o seu referente) para produzir indeterminação e demarcar a *obra de reconstrução educacional*. Com esses procedimentos, é o próprio processo de institucionalização do *modelo escolar* de educação no Brasil que fica obscurecido. Pois, diferentemente da Europa, onde o movimento da Escola Nova representou a crítica de um modelo escolar já institucionalizado, no Brasil esse movimento se defrontou com a situação-problema de sua não implantação na maior parte do país. Em muitas das reformas dos sistemas públicos de ensino que os *renovadores* empreenderam, é essa situação-problema que determina a busca dos recursos técnicos, científicos e doutrinários que a nova pedagogia tornava disponíveis. Nas apropriações que os *renovadores* fizeram desses recursos, estava em jogo a produção de condições materiais e técnicas para implantar esse *modelo escolar* que, em outros países, tinha viabilizado a escola de massas: seriação, classes homogêneas, ensino simultâneo, regulamentação e uniformização do tempo escolar, enquadramento disciplinar, organização do espaço escolar etc.

Ler *A cultura brasileira* como texto instituinte de um padrão de visibilidade no campo da História da Educação propõe o tema da configuração da disciplina, pondo em foco os dispositivos textuais de produção de sentido atualizado nas leituras (mesmo que mediatizadas por outras leituras) do livro de Azevedo, que se materializam nos textos de História da Educação. Como o sentido de um texto só se efetua na sua leitura, propor esse livro como texto instituinte desse padrão de visibilidade implica a presunção sobre modos de ler que atualizam tais dispositivos, a partir de expectativas e competências de leitura determinadas.

Em trabalhos anteriores fiz referência a um destes modos de ler, sustentando que, na ausência de uma tradição sedimentada de procedimentos de crítica bibliográfica e documental, uma determinada leitura de *A cultura brasileira* vinha sendo efetuada pela historiografia educacional, leitura cuja característica era fazer do texto lido uma espécie de molde de enquadramento da investigação. Porque o texto de Azevedo não era lido como discurso perspectivado ou pragmaticamente posicionado; produzia-se o que chamei de "história de preenchimento": um tipo de produção historiográfica que, mesmo quando crítica às interpretações de Azevedo, não escapa do enquadramento imposto pela pré-configuração de seu objeto. Em outros termos, o produto de um tipo de investigação que, partindo daquele modo de ler, parte também de um objeto pré-configurado.

Nesse modo de ler, articula-se uma concepção do trabalho historiográfico que não leva em conta o seu lugar de produção e as relações que ele estabelece com o objeto, o arquivo e a prática da escrita que será o seu produto. Essa concepção se materializa em práticas de leitura e escrita pouco atentas às estratégias discursivas de produção de sentido. Nessas práticas, atuam expectativas que constituem o texto lido como manancial de informações cujo conteúdo e significado pode ser abstraído das formas discursivas que os articulam. Repetindo os esquemas de ordenamento sincrônico e diacrônico que estruturam a narrativa de Azevedo, os textos historiográficos em que tal modalidade de leitura se materializa repetem também o sentido cristalizado nesses esquemas. O que significa dizer que o objeto é conformado pelo que se toma como já conhecido.

Há outra modalidade de leitura da obra de Azevedo que também não escapa do enquadramento imposto pela pré-configuração do objeto. A escrita que a articula retém a narrativa de Azevedo, conservando o sentido que é nela produzido, não porque, necessariamente, não se dê conta das operações discursivas que o produzem, mas por partilhá-lo. Esse tipo de leitura supõe expectativas do leitor que, operando num domínio que não é o da ordem do conceito, mas do imaginário, operam uma espécie de *comunhão no sentido*. Nessa modalidade de leitura, o objeto a ser conhecido é, no próprio movimento de sua constituição, capturado pela espécie de comunhão que se consuma no ato da leitura. Nela, a investigação e, com ela, a escrita em que se articulam os seus resultados, não têm como horizonte produzir, com a análise de seus objetos e temas, qualquer inflexão, deslocamento ou redefinição do significado que lhes foi conferido pela reverberação do sentido efetuado na leitura do texto de Azevedo.

Em artigo de 1996[38], Clarice Nunes problematiza a configuração da historiografia educacional brasileira, focalizando a "historicidade dos modos de narrar essa história". Interessada na História da Educação como disciplina escolar, propõe-se a "apreendê-la como uma área de conhecimento que tem um 'domínio próprio', uma 'certa tradição' e maneiras próprias de perceber a sociedade e as relações entre sociedade e educação". Analisando um *corpus* de livros produzidos para os cursos de formação de professores, sustenta algumas hipóteses e conclusões preliminares sobre essa produção historiográfica. O teor dessas hipóteses e conclusões instiga o seu registro, neste ensaio, propondo-as como índices de competências, mas, sobretudo, de expectativas que conformam um modo de ler, constituindo o que Roger Chartier chama de uma *comunidade de leitura*.

Nunes identifica, na produção historiográfica sobre educação largamente utilizada, até a década de 1960, nos cursos de formação de professores, a presença de um ideal conformador – "A formação de um país grande, uno e cristão":

> Ela [a historiografia] é expressão do registro da permanência dos valores de uma civilização cristã. Apesar das concepções teóricas, da formação e dos pertencimentos institucionais de seus autores, a história da educação difundida entre os professores primários e secundários tem uma função e um efeito doutrinário que se prolonga e se atualiza, revelando o peso da influência religiosa apesar do todo o movimento de secularização da sociedade e do Estado a partir da implantação do regime republicano.[39]

Constatando que tal função e efeito doutrinário persiste na historiografia posterior, observa que o impacto da produção advinda dos cursos de pós-graduação, a partir dos anos 70, não produz ruptura nesse padrão. Isso a conduz a interrogar a "espécie de transformismo conservador, extremamente poderoso, que fez do dogma a forma privilegiada de apropriação das categorias marxistas dentro dos cursos de pós-graduação em educação".[40]

Indagando-se sobre a rede de solidariedade que "pode existir entre assertivas religiosas e seculares, permitindo a transfiguração simbólica das primeira nas segundas", arrisca uma resposta:

> a manutenção da fé na educação como símbolo do poder de intervenção no domínio das consciências.
>
> [...]
>
> Foi justamente a crença salvífica na transformação social que permitiu, em muitos casos, uma espécie de deslizamento das opções religiosas para o campo das opções político-ideológicas. [...] O paradigma marxista funcionou, para muitos, como tese integradora que substituiu o suporte perdido da omnipresença unificadora ou harmonizadora da divindade.[41]

Essas hipóteses e conclusões de Nunes acerca de um modo de narrar dominante na historiografia educacional que analisa podem ser tomadas como índices das expectativas que conformam um modo de ler *A cultura brasileira*. Tomá-las como índices desse modo de ler não significa postular que, empiricamente, foi a leitura do livro de Azevedo que configurou o modo de narrar dos livros de História da Educação que Nunes analisa, embora muitos dos autores desses livros possam tê-lo não somente lido como também se utilizado dele como fonte em suas investigações. Tomá-las como índices significa afirmar que os procedimentos retóricos de produção de sentido articulados na narrativa de Azevedo são eficazes como esquemas de modelização de leitura em uma determinada comunidade de leitores, na medida em que, muito possivelmente, não encontram resistência nas disposições e expectativas dos mesmos. Isto porque o imaginário religioso e político que constitui as expectativas e disposições de seus leitores potenciais – os historiadores da educação – parece ser conformado pelo mesmo sentido de unificação e de crença salvífica no poder da educação que é produzido na narrativa. Leiga, a teleologia do *novo* de Fernando de Azevedo mantém relação de analogia com o esquema temporal da tipologia cristã, em que a identidade de *Deus* se revela nas semelhanças temporais dos eventos. No caso, o sentido *unificação* é uma forma leiga de Deus, de que o *novo* é a principal figuração, como um protótipo.

O engendramento e a sobrevivência desse imaginário que Nunes constata nos livros de História da Educação suscita outro tipo de indagação sobre a "rede de solidariedade que pode existir entre assertivas religiosas e seculares, permitindo a transfiguração das primeiras nas segundas". Embora não tenha resposta para essa questão, penso que uma pista pode estar na elaboração sociológica que deu Azevedo às crenças no poder salvífico da educação e da unidade que permearam o movimento chamado por Jorge Nagle de "entusiasmo pela educação".[42]

É nos anos 20, no âmago desse movimento, que se estabelece a já referida ruptura no modo de relacionar educação e sociedade. Produzindo a nação como carência que só a educação poderia suprir, tal ruptura incidia no modo de pensar a educação, concebendo-a como função essencial à sobrevivência da sociedade.

Essa ruptura vinha sendo preparada lentamente. Um dos marcos importantes nesse processo foi, sem dúvida, o livro de José Veríssimo, *A educação nacional*.[43] Na memória de alguns dos "entusiastas" dos anos 20, o livro havia sido decisivo na configuração das convicções que haviam tomado forma no movimento. Em Veríssimo, estão presentes alguns dos fios de que se tece o *entusiasmo pela educação*: a crítica à *mera instrução* e a valorização da educação cívica e nacional, por sua *eficácia* em termos de *progresso* e por sua articulação a uma *ideia moral superior*. No *entusiasmo pela educação, porém*, a trama do tecido rearranja os fios, pois a *causa educacional* tem outros componentes: as crenças, solidárias, de que o país é "uma nacionalidade em ser" e de que só a educação pode tornar efetivo o processo de constituição da nação redefinem seu lugar. Embora Veríssimo afirme sua eficácia para o "progresso, a civilização e a grandeza de um povo", ela não decorre, como será o caso do movimento, de um diagnóstico sobre as carências do país. Em Veríssimo, afirmar tal eficácia equivale a destacar atributos da educação, distinguindo-a da instrução, para estabelecer uma relação de correspondência entre o que deve ser um país e o que a educação deve ser. Mantém-se, assim, a ideia de que a qualidade e o grau da educação são índices do que é e do que pode ser o país. Nos anos 20, o que se afirma é que ele não pode ser ou subsistir como sociedade e nação sem a educação. Esta passa a ser o que agrega, condensa, unifica e constitui o corpo social da nação. É assim que, nos marcos do nacionalismo em que se sedimentam os projetos dos entusiastas da década de 1920, instala-se a *campanha cívica de regeneração nacional pela educação*. A crença salvífica no seu poder unificador é o cerne da propaganda da "causa educacional", que a campanha promove. É no âmbito desse entusiasmo que Fernando de Azevedo se constitui como reformador da educação; e é do grupo que se forma nesse movimento – *os renovadores da educação* – que ele se faz porta-voz, redigindo, em 1932, o *Manifesto dos Pioneiros da Educação Nova*.

A elaboração sociológica do *entusiasmo pela educação* pode ser um dos elos explicativos da longa permanência de um modo de narrar a História da Educação. A hegemonia da análise sociológica, que se instala no campo da pesquisa educacional a partir dos anos 50, facilitou a circulação de *A cultura brasileira* como obra de referência que atendia a demanda de síntese, abrangência e totalização explicativa. Provavelmente, a sociologização do campo educacional também moldou um padrão de apropriação historiográfica dessa obra de sociologia que é o livro de Azevedo, constituindo disposições e expectativas de leitura pela sedimentação que promoveu de concepções sobre a sociedade e a função social da educação.

Levar em conta a sociologização do campo de pesquisas educacionais e o peso que tiveram os *renovadores da educação* no processo que configurou a historiografia educacional é perspectiva também assentada em trabalhos de Warde e nas hipóteses que nortearam as pesquisas desenvolvidas no âmbito de projeto por ela coordenado.

O papel de Fernando de Azevedo na sociologização da disciplina vem sendo sublinhado por alguns dos resultados desses trabalhos, aliás. Examinando as escolhas temáticas e as periodizações das teses e dissertações em História da Educação produzidas nos Programas de Pós-Graduação entre 1972 e 1988, Bruno Bontempi Junior constata que a "força de *A cultura brasileira* no campo do pensamento educacional brasileiro [...] projeta sua sombra sobre o universo de escolhas de períodos disponível aos que o sucederam na tarefa de explicar a educação brasileira." Perguntando-se "como e por que os marcos azevedianos (incluam-se temas, personagens e fontes) permaneceram solidamente fincados na historiografia brasileira", sugere que tal permanência se deu por leituras que, apesar de críticas às suas matrizes teóricas, não se dispuseram a articular o seu investimento crítico de modo a "operar uma revisão da narrativa histórica consagrada em *A cultura brasileira*". Com isso, sedimentaram o "caráter suplementar e acessório da História perante a Sociologia, que talvez seja o legado azevediano mais presente na historiografia da educação brasileira".[44] Por sua vez, Maria Rita de Toledo sugere que a própria disposição das partes e capítulos de *A cultura brasileira* é matriz de um padrão de exposição nos trabalho de História da Educação, que se evidencia "no modo como articulam suas fontes (secundárias), no tipo de fontes documentais que utilizam e na função atribuída à História". E pergunta: essa produção historiográfica "não estaria mais interessada em buscar no passado a explicação sociológica para o presente atribuindo à história uma função tal qual propôs Azevedo?"[45]

Explorar a pista de que é a elaboração sociológica das crenças sedimentadas no *entusiasmo pela educação* que explica a eficácia de *A cultura brasileira* implica o exercício de uma espécie de arqueologia que escave, na narrativa, as regras de conformação do objeto investigado em um determinado modo de narrar. Tais regras se configuram na intersecção da aparelhagem conceitual e metodológica mobilizada para configurar o seu objeto – a cultura e a educação brasileiras – e o imaginário que ele partilhou com "seus companheiros de campanha e de jornada educacional" nos anos 20 e 30.

Analisando o modo como Fernando de Azevedo organiza o largo universo de fontes utilizadas em *A cultura brasileira*, Toledo pretende desvendar "a lógica pela qual o Autor constitui a sua história da educação brasileira que, por sua vez, tem se perpetuado como memória". Suas análises sobre o método e a arquitetura da obra permitem evidenciá-la como fruto de criteriosa aplicação de referenciais teóricos buscados à Escola de Sociologia Francesa, sobretudo em Durkheim e em Faucounnet. Se, com a leitura do primeiro, Azevedo construiu o método sociológico de análise e os procedimentos no trato com as fontes, é de Faucounnet que extrai a perspectiva de investigar "a Educação e a História da Educação com o objetivo de elucidar os problemas da cultura postos pelo presente".[46] Ressalta das análise de Toledo a possibilidade de estabelecer uma estrita correspondência entre os procedimentos narrativos e a concepção teórica que, articulada em um método, preside a composição da obra. Não será possível retomar as análises neste ensaio, recuperando, passo a passo, o modo como dão conta do método que produziu *A cultura brasileira*, nem tampouco evidenciar a correspondência entre este e os procedimentos narrativos. Mesmo assim, quero insistir na hipótese de que é a elaboração sociológica da crença salvífica no poder unificador da educação que se constitui na regra de conformação do objeto em *A cultura brasileira*, ressaltando algumas das concepções que, segundo Toledo, presidem a montagem da obra. Lá estão, metodologicamente enredadas, as convicções de que só há "sociedade se há unidade de seu sistema de valores" e de que é pela "educação que a sociedade transmite o que lhe é essencial para conservar-se como organismo social"[46]. Lá estão também as concepções de que só há "possibilidade de estudar a mudança em uma determinada sociedade se houver uma 'unidade' capaz de lhe explicar a continuidade".[47] Lá estão ainda, as concepções de que da "manutenção da tradição depende o equilíbrio da sociedade e a sua continuidade como organismo social"[48] e de que a "introdução de inovações pode provocar a desordem social e essa, o fim de uma determinada sociedade".[49] Articuladas no presentismo que concebe metodologicamente a sociologia como busca do passado no presente e ordenadas pela concepção de unidade do organismo social que se rebate como sentido, tais concepções põem em cena os anos 20 e 30 como época de crise que produz o *reformador* como tipo social organizador da sociedade no domínio espiritual. Nas palavras de Azevedo[50], "tipo que encarnando ideias novas rompe com as tradições e se caracteriza pela audácia de pensamento, pela liberdade do juízo e pelo ímpeto da ação." Tipo que, como personagem de *A cultura brasileira*, age prefigurando o advento de períodos sociais orgânicos que produzem não mais o reformador, mas o formador como "tipo autêntico de educador, modelador de caracteres e de almas".

HISTÓRIA DOS INTELECTUAIS NOS ANOS CINQUENTA

Leandro Konder (PUC-RJ)

> Em conversa ouvida na rua, a ausência de algumas sílabas me levou a conclusão falsa – e involuntariamente criei um boato. Estarei mentindo? Julgo que não. Enquanto não se reconstituírem as sílabas perdidas, o meu boato, se não for absurdo, permanece; e é possível que esses sons tenham sido eliminados por brigarem com o resto do discurso.
>
> (Graciliano Ramos, *Memórias do Cárcere*, 1953)

HISTÓRIA

"Escrever a história significa atribuir aos anos a sua fisionomia", ensinava Walter Benjamin (Benjamin, 1982: 595). Atentos à lição do fino ensaísta alemão, cabe-nos perguntar: que fisionomia os historiadores brasileiros têm atribuído aos anos 50 no Brasil? Mais precisamente: que fisionomia os historiadores brasileiros dos anos 50 atribuíram ao tempo que estavam vivendo?

Para tentar responder a essa pergunta, entretanto, precisamos começar por recordar algumas das características do "ambiente cultural" que existia no Brasil daqueles anos. Precisamos lembrar qual era o quadro das referências imediatas com que se defrontavam, no presente, aqueles que se empenhavam em compreender o movimentos que – hipoteticamente – vinham do passado.

Num exame preliminar, sem necessidade de maiores aprofundamentos, pode-se constatar, com facilidade, que a fisionomia do começo da década era uma e a do final já era outra, bastante diferente. Observando o que se passava no início da segunda metade do século a partir do ponto de vista que nos é proporcionado pelas condições históricas atuais, neste fim do século XX, não podemos deixar de nos impressionar com as transformações aceleradas e imprevistas que se desencadearam naquele momento. Mesmo que nos escapem algumas sílabas, como diz Graciliano Ramos na epígrafe deste trabalho, o "discurso" da década – sem dúvida – se apoiava numa modificação facilmente perceptível.

O clima em que se iniciou a década de 1950 não era o de uma grande expectativa em relação ao novo. Ao contrário: em muitos aspectos se podia ter a sensação do *déja vu*. As mudanças se prefiguravam lentas, as coisas não davam indício de estar se modificando substancialmente (em alguns casos davam mesmo a sensação de que não iam se alterar). O passado, aparentemente, insistia em se repetir.

Na política internacional, prevalecia a "Guerra Fria". Os otimistas achavam que ela ia durar muito tempo, com suas tensões e seu mal-estar. Os pessimistas estavam convencidos de que ela ia degenerar em "guerra quente" (e o conflito da Coreia tornava muito verossímil a imagem de uma nova conflagração mundial).

Stálin, no Kremlin, parecia preparado para durar uma eternidade. Nos Estados Unidos, o general Eisenhower ainda não havia substituído na Presidência o rude Harry Truman, que era encarado como um símbolo eloquente do estilo da atuação do "imperialismo norte-americano" no mundo.

No Vaticano, o aristocrático Papa Pio XII encarnava o espírito da conservação: sua fisionomia austera, suas palavras grave, sua atuação "imperial", tudo sublinhava a marca de uma instituição que não se deixaria abalar por sobressaltos indignos da sua perenidade.

No Brasil, com uma população predominantemente rural (64% dos habitantes viviam no campo), Getúlio Vargas era eleito e voltava, em 1950, democraticamente, ao poder que havia exercido como ditador até ser deposto em 1945. Jânio Quadros iniciava a fulminante ascensão política que haveria de levá-lo em 1961 à Presidência, mas praticamente ninguém o levava a sério.

No Rio de Janeiro, era inaugurado o imenso estádio do Maracanã e a população entusiasmada se preparava para festejar a conquista da Copa do Mundo, porém a seleção brasileira acabou perdendo para a seleção do Uruguai e o nosso time não conseguiu se tornar campeão mundial de futebol, mesmo jogando em casa.

Não existiam ainda, nas grandes cidades brasileiras, os supermercados. O rádio estava no apogeu do seu prestígio e não temia a concorrência da televisão, que começava a ser instalada no país, com aparelhos receptores caros e bisonhos, que transmitiam imagens confusas, trêmulas, em preto e branco. Os jornalistas que faziam a cobertura de eventos carnavalescos, costumavam lamentar: "É pena que a televisão não seja a cores!".

As pessoas abastadas possuíam automóveis grandes, importados dos Estados Unidos: cadillacs, buicks, etc. As moças não ousavam ir à praia com os novos modelos de maiôs (*maillots*) inspirados na explosão de uma bomba atômica, os minúsculos "bikinis". Os colégios dirigidos por religiosos recusavam o sistema misto e preferiam manter separados os meninos e as meninas.

Ao longo da década, a situação foi se modificando, no mundo e no Brasil. Stálin morreu em 1953, e com Nikita Kruchov a tensão da "Guerra Fria" foi sendo substituída pela "coexistência pacífica". A União Soviética, pela boca da sua nova liderança, anunciou que ultrapassaria os Estados Unidos no terreno onde o capitalismo sempre fora mais forte: o do aumento da produção de bens materiais. Os norte-americanos, diga-se de passagem, ficaram impressionados com o êxito tecnológico-propagandístico dos russos ao lançarem o primeiro satélite artificial, em 1957: o "Sputnik".

A vitória da Revolução Cubana no final de 1958, sob a liderança de Fidel Castro, acabou se transformando num poderoso argumento da propaganda dos que se dispunham a demonstrar que o socialismo era uma possibilidade concreta no continente americano.

Pio XII faleceu e seu sucessor, o Papa João XXIII, desencadeou um surpreendente processo de atualização política (*aggiornamento*) na hierarquia da Igreja Católica.

No nosso *front* doméstico, Getúlio Vargas se suicidou em 1954, numa crise que sacudiu a nação. E Juscelino Kubitschek, eleito presidente em 1955 com o apoio dos herdeiros de Vargas, prometia promover um desenvolvimento de "cinquenta anos em cinco". Juscelino determinou a construção acelerada de Brasília e no final do seu mandato, em 1960, transferiu a capital da República do Rio de Janeiro para a cidade recém-fundada.

Uma grande campanha, com ampla mobilização popular, brandindo o *slogan* "o petróleo é nosso", levou à criação da Petrobrás e à exploração do petróleo em regime de monopólio estatal.

Um discreto deslocamento para a esquerda no seio da Juventude Universitária Católica (JUC) logo se acentuou e provocou alguma apreensão na Conferência Nacional dos Bispos do Brasil (CNBB), criada em 1952.

As tensões socais ligadas às desigualdades características da nossa sociedade passavam a se manifestar com maior desenvoltura. Foram organizadas as primeira Ligas Camponesas em Pernambuco. Foram concedidos aumentos significativos no salário-mínimo dos trabalhadores e nos meios conservadores apareceram sinais de insatisfação, vozes que protestavam contra a política econômica do governo, acusando-a de ser inflacionária e demagógica. A Escola Superior de Guerra (ESG), criada na década anterior, aumentou sua influência, tornando-se um polo de elaboração de outra opção de política econômica, em oposição às bandeiras da esquerda.

O consumo se expandiu. Multiplicaram-se as vendas de aparelhos eletrodomésticos. Cresceu bastante o número de mulheres no mercado de trabalho. Foi implantada com capital estrangeiro, aqui, a indústria de automóveis, que em 1955 lançou o primeiro carro de fabricação nacional, a Romi-Isetta. Em poucos anos, os carrões importados cederam espaço ao "fusca" da Volkswagen. A urbanização se acentuou e em 1960 as cidades passaram a concentrar 45% da população brasileira, contra os 36% de 1950.

Foram feitos os primeiros filmes do "cinema novo". Nas artes visuais, os artistas foram incentivados pela criação da Bienal em São Paulo e do Museu de Arte Moderna

(MAM) no Rio. Na música popular, houve o sucesso do *rock* e a invenção da "bossa nova". O maiô biquíni, completamente abrasileirado, se impôs nas praias metropolitanas como sinal de sofisticação cosmopolita. E a seleção brasileira conquistou na Suécia em 1958 o título de campeã mundial de futebol, que lhe havia escapado em 1950.

Decididamente, ao chegar ao fim, a década mostrava uma fisionomia mais animadora do que no começo.

Historiadores & Conservadorismo

> Não há nunca testemunhas. Há desatentos. Curiosos, muitos.
> Quem reconhece o drama, quando se precipita, sem máscara?
> (Carlos Drummond de Andrade, 1951)

As mudanças que ocorriam na sociedade brasileira, nos costumes, na vida cultural, nas atividades políticas, no cotidiano da população e nas relações com o mundo "lá fora" (no exterior), não podiam deixar de influir nas modificações da maneira de pensar a história. O processo pelo qual a história era repensada, entretanto, era inevitavelmente contraditório.

Os intelectuais refletiam sobre a história de ângulos diversos e viam nela coisas muito diversas. Os historiadores não se moviam numa mesma direção. As análises e revisões que eram então empreendidas se faziam em torno de questões distintas e a partir de avaliações fundadas sobre critérios não coincidentes. Definiam-se pontos de vista contrastantes a respeito dos problemas que haviam sido enfrentados nos caminhos que havíamos trilhado. A história era reconsiderada à luz de preocupações que divergiam conforme a interpretação que era feita por cada um dos seus intérpretes.

Em alguns aspectos, a divergência se ligava à diversidade de experiências particulares de uma história vivida em espaços específicos distintos: era compreensível que a ênfase posta na seleção de tendências e eventos mais importantes não fosse exatamente a mesma aos olhos de um historiador – ou de um intelectual, em geral – situado em São Paulo, no Rio de Janeiro, em Minas Gerais, no Norte, no Centro-Oeste, no Sul ou no Nordeste.

Mas a variação de ótica nunca depende exclusivamente da localização geográfica do observador; de certo modo, na abordagem de certas questões, ela depende – decisivamente! – das opções filosóficas, das posições teórico-políticas, da escala de valores, da inserção social de quem formula as ideias. Quem reage diante dos movimentos sociais, diante dos conflitos políticos, adota sempre, implícita ou explicitamente, normas e princípios que fundamentam a decisão a respeito do que deve ser alterado e do que deve ser conservado. Ou, às vezes, a respeito do que deve ser destruído e do que deve ser preservado. Ou, ainda, a respeito do que deve ser eternizado e do que precisa ser inventado.

Os pressupostos ideológicos no trabalho dos intelectuais (e também, é claro, dos historiadores) nem sempre são assumidos francamente por eles, seja porque nem sempre são perceptíveis aos olhos daqueles que os encampam, seja porque não convém serem abertamente proclamados.

As características desses pressupostos, por sua vez, não são homogêneas; uma mesma tendência pode se expressar através de diversas concepções. Não há um modo único de se propor uma perspectiva conservadora: o conservadorismo pode assumir figuras muito distintas no pensamento.

No âmbito das avaliações da nossa história que eram empreendidas a partir de perspectivas conservadoras, no começo da década, não se pode deixar de assinalar a influência exercida por Gilberto Freyre. O autor de *Casa-grande & senzala*, que nos anos 30 havia prestado uma contribuição tão relevante para que os brasileiros se debruçassem menos preconceituosamente sobre as diferenças internas da sociedade em que viviam, chegou aos anos 50 imbuído de convicções políticas marcadas pela "Guerra Fria" e por uma acentuada hostilidade à esquerda, em geral.

Do ângulo conservador peculiar adotado pelo ilustre sociólogo pernambucano, a história que estava se fazendo não era motivo de orgulho, mas de apreensão. Forças destrutivas estavam atuando de maneira pérfida, sob a influência do comunismo internacional.

Numa conferência que fez para militares e foi publicada em 1949 (Freyre, 1949), Gilberto Freyre advertia seus ouvintes para o fato de que a demagogia e a inflação estavam promovendo a degradação da "gente média" e do "trabalhador, tanto intelectual como manual". Impunha-se, então, à polícia e às Forças Armadas que agissem com a necessária energia "contra os excessos criminosamente demagógicos e contra as infiltrações estrangeiras de caráter político nas atividades nacionais".

Mas a posição assumida por Gilberto Freyre não era a única encarnação possível de ideias e valores comprometidos com a perspectiva da direita. Outra modalidade de manifestação do espírito conservador era a da concepção segundo a qual o movimento da história não passava da explicitação de algo que já existiria antes, "em germe". Um texto que ilustra bem esse procedimento pode ser encontrado na obra ricamente documentada de Wilson Martins *História da inteligência brasileira*, numa passagem na qual ele comenta as eleições realizadas em 1955, que levaram Juscelino Kubitschek à Presidência da República. Diz o crítico: "A Revolução de 1964 está em germe nessas eleições, assim como o Estado Novo estava em germe na Revolução de 1930" (Martins, 1977/1978: 346).

A tônica também é posta na dimensão da continuidade, de maneira a repelir o reconhecimento da importância da ruptura (ou da falta dela), na perspectiva adotada por Djacir Menezes, ao organizar para o Ministério da Educação uma antologia intitulada *O Brasil no pensamento brasileiro*, lançada em 1956. Na introdução ao volume, Djacir Menezes perguntava, retoricamente, porque incluíra textos polêmicos na antologia (Menezes, 1956). E em seguida acrescentava: a obra "visa a fomentar a indisciplina e o desrespeito aos nossos maiores? A solapar créditos firmados? A semear o desprezo cívico pelo passado?". Para responder: "Deus me livre, este livro visa exatamente ao contrário; pretende dirigir-se à inteligência do leitor para que ame a Pátria na Verdade e na Justiça". Com toda a irreverência que gostava de mostrar, o ensaísta deixava claro que se movia no âmbito de um compromisso estrito com a Ordem (com maiúscula, tal como a Pátria, a Verdade e a Justiça...).

Outra vertente do pensamento conservador influente dos anos 50 pode ser localizada em alguns historiadores ligados ao tradicionalismo católico, inclinados a enxergar nas vicissitudes da história a marca da Providência divina.

Numa *História da escravidão* publicada em 1955, com prefácio de Pedro Calmon, Maurílio de Gouveia fazia aos seus leitores a advertência preliminar sintomática: por mais contraditório que seja, o ser humano "não tem sabido resistir à ação das diretrizes da providência que conduzem o universo moral" (Gouveia, 1955: 9). Independentemente dos méritos do esforço realizado na pesquisa e da serventia das informações colhidas, não se pode deixar de levar em conta o viés da ótica de que a história da escravidão era encarada.

Há indícios de que pontos de vista resolutamente afinados com tradições conservadoras tiveram uma influência maior no início do que no final dos anos 50. Um desses indícios se encontra na recepção alcançada por uma coletânea de ensaios que foram encomendados e publicados pelo *Jornal do Commércio* em 1952. O livro que reuniu os ensaios no ano seguinte se intitulava *Aspectos da formação e evolução do Brasil* e fez considerável sucesso. Em alguns dos textos constantes da obra se nota uma desenvolta apologia das forças que têm comandado a nossa história. Há narrativas nas quais as lideranças das classes dominantes têm seus feitos evocados em um tom quase de epopeia.

Lembremos rapidamente algumas passagens. Arthur Cézar Ferreira Reis assegurava que os portugueses que para cá vieram no século XVI não eram degredados e sim "homens limpos, dignos, saídos das várias províncias do Reino"; de fato, "foram uma estirpe pura, de que não podemos nem nos devemos envergonhar" (Reis, 1953: 154). Pouco depois, a convicção é reafirmada: "em trezentos anos, o povoamento processou-se com gente limpa" (p. 155). Limpa e generosa, fraterna: "Profundamente fraternais nos seus contactos com outras etnias, os portugueses mostraram-se sem os escrúpulos racistas peculiares a outros povos" (p. 157).

No mesmo livro, defendendo posição análoga, Enéas Martins de Barros explicava que, por ser "superior em cultura" aos negros e aos índios, os portugueses brancos fizeram prevalecer seu idioma na nossa terra. Portugal tinha se preparado para preponderar, dispunha de uma língua rica e bem-ordenada, cultivada por escritores magníficos.

"Portugal pôde dar-se ao luxo de nos enviar, ao lado de lavradores, escritores que escrevem as belezas da terra adotiva e conseguem mostrar à metrópole a dádiva que a Portugal fora oferecida com o feito de Cabral e seus marinheiros" (Barros, 1953: 200).

Outro colaborador de *Aspectos da formação e evolução do Brasil*, Maurício de Medeiros, endossava a caracterização dos portugueses colonizadores como pessoas de grande bondade: "um povo humanitário, tradicionalmente caritativo e gostando de praticar o bem para aliviar os sofredores" (Medeiros, 1953: 299). E S. Froes Abreu via nesse sentimento caritativo e nessa vocação da solidariedade a verdadeira causa da abolição da escravidão negra, em 1888: "Os sentimentos de solidariedade humana que foram se alargando no decorrer do século XIX levaram à extinção do trabalho escravo no Brasil" (Abreu, 1953: 40).

Nenhum dos ensaístas acolhidos no livro, entretanto, era tão enfático como Hamilton Barata, que acusava os autores de questionamentos pessimistas de sofrerem de "incapacidade mental", por não admitirem a existência de um processo evolutivo inexorável do qual o Brasil participava, "num maravilhoso crescendo". Como uma mente sadia poderia se recusar a ser otimista diante de um quadro tão animador? "Desenvolve-se a ciência, aperfeiçoa-se a medicina, torna-se maior a média de duração da vida humana, precipitam-se as miraculosas conquistas da técnica" (p. 582). Todos estamos sendo impelidos para a frente e para o alto; e o Brasil tem se destacado nesse movimento ascensional.

Em tom de triunfo e de euforia, Hamilton Barata garantia: o Brasil é "a mais alta civilização que a espécie humana já produziu em todos os tempos nas regiões tropicais e subtropicais do globo" (p. 583). Explorando o orgulho patriótico dos brasileiros, o ensaísta propunha uma surpreendente homenagem às classes dirigentes e aos detentores do poder, que, com uma ação plenamente bem-sucedida, têm conduzido a nossa sociedade.

Segundo Hamilton Barata, os críticos não têm o direito de nos comparar com a França, a Inglaterra ou a Alemanha, culturas de zonas temperadas e países de longa história. A comparação que deve ser feita é com a experiência de outros povos que vivem em regiões tropicais e subtropicais. Em comparação com o Congo, Angola, Moçambique, Madagascar, Abissínia, Burma, Sumatra, Filipinas ou Nova Guiné, devemos concluir que nossos sábios líderes nos levaram a atingir uma situação privilegiada (Barata, 1953).

Historiadores & Nacional-Desenvolvimetismo

> No mentido alicerce de morta civilização
> a luta que sempre ocorre não é tema de canção.
> (João Cabral de Melo Neto, 1950)

Outra linha que pode ser reconhecida nas tentativas de interpretação da história da sociedade brasileira, ao longo dos anos 50, é aquela que tem sido designada como nacional-desenvolvimentista. É uma linha que, sem dúvida, se fortaleceu ao longo da década. Um de seus precursores é, certamente, Hélio Jaguaribe.

Desde o início da década, o conhecido cientista político se empenhava em compreender aspectos importantes da nossa história à luz de um projeto comprometido com a promoção do nosso desenvolvimento. Ele se perguntava, por exemplo, por que não tínhamos uma reflexão filosófica significativa. E respondia dizendo que faltou a Portugal e por extensão ao Brasil a experiência de uma crise capaz de desafiar os nossos antepassados a uma revisão mais dramática de seus princípios e convicções fundamentais. Os alemães, os ingleses, os franceses e os italianos viveram terríveis conflitos religiosos, crises que lhes impuseram graves acertos de conta teóricos. Já os portugueses, sob o manto da Inquisição, ficaram "congelados num medievalismo arcaico" e não chegaram a "penetrar na Idade Moderna" (Jaguaribe, 1957). O texto original era de 1952.

O desafio que estava posto no nosso caminho, portanto, era o de penetrarmos na Idade Moderna; para isso, deveríamos promover o nosso desenvolvimento.

Coerente com seu ponto de vista, Hélio Jaguaribe fundou o Instituto Brasileiro de Economia, Sociologia e Política (IBESP), que passou a editar a revista *Cadernos do Nosso Tempo*, cujo programa era o de simultaneamente examinar o Brasil na perspectiva do nosso tempo e o nosso tempo na perspectiva do Brasil.

No primeiro número da revista se tentava uma previsão a respeito da sucessão de Stálin, que tinha acabado de morrer na União Soviética (1953); o analista previa uma árdua disputa pelo poder entre Malenkov e Molotov. Os sucessores, contudo, acabaram sendo Bulganin e Kruchov.

No segundo número, Hélio Jaguaribe se movia em terreno mais seguro e abordava um tema teórico delicado: o marxismo. Caracterizava como reacionária a posição de hostilidade ao marxismo, tal como costumava se apresentar, em ligação com uma postura de oposição às transformações sociais. Advertia, porém, que existiam outras posições que criticavam o marxismo por seu caráter de seita e por seu uso alienante como "instrumento de manipulação política" e acrescentava que ideias do próprio Marx podiam ser invocadas para combater a construção ideológica que pretendia situar-se sob a sua autoridade (Jaguaribe, 1955).

Nos números seguintes, independentemente do interesse suscitado pelas matérias publicadas, não foi dado, de fato, um desdobramento consequente à perspectiva sugerida no número 2, de um aproveitamento de conceitos de Marx na visão de análises não marxistas da atualidade brasileira e internacional. No entanto, fazia-se, de passagem, uma observação que lembrava o conceito de "classe em si" e "classe para si" da *Miséria da Filosofia*: dizia-se que a burguesia industrial, o proletariado e os técnicos recrutados na classe média eram os destinatários principais da "carta-testamento" de Getúlio Vargas (que se suicidara em 1954) e se acrescentava que constituíam um conjunto de forças em si, mas precisavam se tornar "forças para si mesmas, isto é, com plena consciência de seus interesses".

Em seguida, encerrou-se a experiência do IBESP e de *Cadernos do Nosso Tempo* e começou a experiência do Instituto Superior de Estudos Brasileiros (ISEB).

O ISEB reunia, no Rio de Janeiro, uma gama bastante variada de intelectuais, desde Álvaro Vieira Pinto, Roland Corbisier, Nelson Werneck Sodré, Guerreiro Ramos, Cândido Mendes de Almeida e Hélio Jaguaribe até Adroaldo Junqueira Aires, Evaldo Correa Lima, Miguel Reale, Alexandre Kafka, Roberto Campos e o padre Augusto Magne. O programa que a instituição se propunha era o de contribuir para a construção de uma ideologia do desenvolvimento nacional, identificada com os anseios das massas populares. Não havia, entretanto, nenhum consenso no que se refere a como deveria ser essa ideologia ou como ela deveria e identificar com o povo.

Na primeira publicação feita pelo ISEB já apareciam com nitidez as tendências diversas. Em *Introdução aos problemas do Brasil*, de 1956, confrontavam-se teóricos que representavam opções muito diferentes para quem desejava pensar "o presente como história". De um lado, os que preconizavam a participação ampliada, a mobilização de massas, o uso do Estado para conter excessivas desigualdades econômico-sociais; do outro, os que defendiam a dinâmica inerente à sociedade capitalista, à economia de mercado, sem e impressionarem com preocupações sociais que lhes pareciam demagógicas.

Roberto Campos lamentava que os brasileiros, que não tinham, afinal, "vocação cultural" para o socialismo, manifestassem uma incompreensível vergonha em adotar "os valores essenciais – cruéis, às vezes, porém eficazes – do projeto capitalista" (Campos, 1956). E Alexandre Kafka criticava o "redistribucionismo", isto é, "a ideia de que o problema da pobreza pode ser resolvido pela redistribuição" (e advertia que, segundo os dados de que dispunha, a distribuição de renda no Brasil era menos desigual que a da Argentina ou a da Venezuela) (Kafka, 1956).

Não cabe aqui, evidentemente, uma discussão do pressupostos das teses teórico-políticas de Campos e Kafka, que, diga-se de passagem, permaneceram fiéis a suas convicções ao longo das décadas subsequentes. O que se pretende no presente trabalho é registrar no quadro inicial das atividades do ISEB a presença de uma avaliação da atualidade brasileira que deixava transparecer uma concepção da história afinada com a apologia do capitalismo.

O ISEB, contudo, privilegiou outras tendências teórico-políticas e histórico-filosóficas. O compromisso com a inspiração proporcionada pelo capitalismo clássico foi suplantado pela busca de caminhos que, embora não renegassem em princípio a economia de mercado, inclinavam-se pela atribuição de tarefas cruciais ao Estado na promoção de uma política de afirmação nacional através do desenvolvimento.

Entretanto, não havia consenso entre os formuladores das teorias propostas à perspectiva do nacional-desenvolvimentismo. Todos concordavam quanto ao caráter multidisciplinar do trabalho da elaboração teórica. Evaldo Correa Lima escrevia: "Uma autêntica teoria do desenvolvimento econômico supõe muito mais do que oferece a ciência econômica em sentido estrito, pois envolveria, em um resultado unificado, a sociologia, a antropologia, a economia e a história" (Lima, 1956). Insinuava, portanto, um trabalho que se desenvolveria na linha daquilo que estava sendo feito pela Comissão Econômica para a América Latina (a CEPAL), entidade criada em 1948 e que vinha funcionando em Santiago do Chile. Mas outras análises, provenientes, não da economia, mas da sociologia e da filosofia, eram invocadas na fundamentação de outros discursos.

Na mesma *Introdução aos problemas do Brasil*, Guerreiro Ramos já dava ênfase aos procedimentos de assimilação crítica das ideias elaboradas em outros países, àquilo que ele chamaria em seguida de "redução sociológica". Recusava, com veemência, a superficialidade do empirismo de sociólogos norte-americanos em voga e defendia, com entusiasmo, uma concepção dialética e totalizante ilustrada por nomes como Hegel, Lukács, Henri Lefebvre e Ernst Bloch: "a teoria global de uma sociedade é o requisito prévio para a compreensão de suas partes" (Ramos, 1956).

Roland Corbisier, aparentemente, movia-se em análoga direção, porém sublinhava a importância da autonomia e da autoconsciência do sujeito totalizante no processo histórico. E chegava à conclusão de que, enquanto não houve autoconsciência na história do Brasil, de fato, não houve história. Até a Semana de Arte Moderna, de 1922, sustentava Corbisier, "não há propriamente história, mas pré-história do Brasil".

Naquele momento – 1956 – Roland Corbisier ainda rejeitava o que entendia que fosse a concepção marxista da história; e esclarecia que não pretendia "adotar a tese marxista, segundo a qual as criações culturais não passam de epifenômenos do processo de produção econômica" (Corbisier, 1956-b). Nos anos que se seguiram, Corbisier mudou seu entendimento do que era a "tese marxista" e aderiu, em princípio, à perspectiva do materialismo histórico.

A trajetória do ISEB foi bastante acidentada. O responsável pelo Departamento de História do Instituto era Nelson Werneck Sodré (de quem falaremos adiante): ele, Álvaro Vieira Pinto e Roland Corbisier imprimiram à elaboração teórico-política da organização uma orientação que se pautava por uma inspiração marxista e que pretendia promover uma "radicalização" do nacional-desenvolvimentismo. E outras expressões do nacional-desenvolvimentismo, como Hélio Jaguaribe e Guerreiro Ramos, acabaram sendo afastadas do ISEB.

Quem quiser examinar esse processo pode ler, com proveito, o estudo de Caio Navarro de Toledo, *ISEB: fábrica de ideologias*, no qual o crítico analisa as posições teórico-políticas dos isebianos, as divergências internas da equipe, e observa: "A rigor não teria existido uma única ideologia isebiana; várias, isto sim, foram as compreensões ideológicas do nacionalismo dentro dessa instituição. A linguagem, muitas vezes comum, não deixaria, porém, de ocultar alguns desacordos, polêmicas e tensões internas" (Toledo, 1977).

O ISEB não conseguiu atuar como um núcleo articulador de todas as expressões do nacional-desenvolvimentismo. Uma dessas expressões, por exemplo, o economista Celso Furtado, manteve contato com a instituição, mas não se integrou a ela; preferiu criar seu próprio espaço e agir por conta própria. Seu livro *Formação econômica do Brasil*, publicado em 1956, exerceu considerável influência. Celso Furtado, atento às lições de Keynes, analisava na obra os movimentos da economia brasileira e sublinhava a importância da ação do Estado e da independência das iniciativas estatais no mercado, em face das flutuações da oferta e da demanda. Por um caminho um pouco diferente do que trilhavam os isebianos, mas paralelo ao deles, Furtado estimulava a busca de caminhos para uma política econômica apoiada em uma intervenção governamental comprometida com o ideal do desenvolvimento nacional (Furtado, 1956). O desafio com que se defrontavam tanto os isebianos como Celso Furtado, na época, era o de esclarecerem com precisão em que consistia o adjetivo nacional que acompanhava o substantivo desenvolvimento.

Sintomaticamente, a crise que resultou no afastamento de Hélio Jaguaribe aconteceu antes da "radicalização" do nacional-desenvolvimentismo, ou, ao menos, antes do crescimento da influência de formulações marxistas na linguagem da direção do ISEB. De fato, a crise se desencadeou a partir de questionamentos suscitados por estudantes em torno da questão do nacionalismo. Hélio Jaguaribe publicou em 1958 um livro, *O nacionalismo na atualidade brasileira* (Jaguaribe, 1958), cuja perspectiva foi considerada inaceitável pela direção do ISEB (e foi criticada sobretudo por Vieira Pinto).

A década de 1950 foi marcada por apaixonados debates a respeito da opção entre a abertura para um mercado mundial hegemonizado por forças estranha aos interesses nacionais brasileiros ou a proteção das riquezas e da economia do Brasil contra a cobiça "imperialista". Logo no início da década, em 1952, a discussão repercutiu nas eleições realizadas para a direção do Clube Militar, quando se defrontaram uma chapa nacionalista, encabeçada pelos generais Newton Estillac Leal e Horta Barbosa, e uma chapa de oposição (afinal, vitoriosa), liderada pelos generais Alcides Etchegoyen e Nelson de Melo.

Houve também a campanha nacionalista que levou à criação da Petrobrás, com monopólio estatal. Os comunistas tiveram participação destacada nessa e em outras campanhas análogas (como, por exemplo, a da defesa das nossas areias monazíticas). A União Soviética, após a morte de Stálin, adotou a linha política da "coexistência pacífica" entre estados socialistas e capitalistas, com o propósito de superar os norte-americanos no plano do crescimento econômico. Estavam longe os tempos do fascínio exercido pelo modelo revolucionário do leninismo: Nikita Kruchov estava empenhado em mostrar ao mundo a imagem de uma União Soviética tecnologicamente desenvolvida, que em 1957 colocou em órbita o primeiro satélite artificial da Terra, o "Sputnik". Nessas condições, os soviéticos estimulavam, naturalmente, os movimentos nacionalistas e "anti-imperialistas", que criavam ou agravavam as dificuldades internas do campo sobre o qual os Estados Unidos da América exerciam sua hegemonia.

Convém observarmos, contudo, que nem as campanhas nacionalistas eram "inventadas" pelos comunistas brasileiros, nem a orientação "anti-imperialista" deles era "ditada" pela União Soviética. Na realidade, a repercussão da mobilização realizada em torno das palavras de ordem do nacionalismo ou do "anti-imperialismo" estava ligada a tensões internas verdadeiras, a um forte sentimento de desconfiança ou mesmo de franca hostilidade que se difundia em setores significativos da população brasileira em face da ação das corporações, das grandes empresas e do governo dos Estados Unidos em relação ao nosso país. A denúncia da "ganância" dos "trustes" era acolhida com simpatia e ganhava apoio na medida em que muita gente se dava conta, aqui, de que o "imperialismo" se aproveitava de privilégios e muitas vezes atuava predatoriamente, para obter lucros fáceis, numa ótica de rapinagem e imediatismo.

Um dos fatores mais efetivos de fortalecimento das tendências nacionalistas veio da "carta-testamento" que o presidente Getúlio Vargas deixou, em 1954, denunciando a ação de empresas estrangeiras poderosas no agravamento da crise econômica brasileira. A partir daquele instante, houve uma vigorosa confluência de comunistas, trabalhistas e socialistas moderados na defesa do nacionalismo. Hermes Lima, por exemplo, um socialista moderado, que tinha ligação com o ISEB, criticava posições que considerava "isolacionistas" ou "jacobinas", porém explicava que o nacionalismo, a seu ver, não se confundia com elas; insistia, ao contrário, em sua convicção de que o nacionalismo era o despertar de uma consciência política adequada a um país que reagia contra seu próprio subdesenvolvimento. E afirmava que "só a política nacionalista possibilitaria a mobilização da consciência popular na obra coletiva de conquista de níveis superiores de civilização" (Lima, H., 1957).

Em áspera contraposição a essa perspectiva, insurgiam-se, naturalmente, algumas vozes. Um polemista extremamente combativo, como o escritor Gustavo Corção, por exemplo, dizia: "O nacionalismo é uma espécie de reação neurótica coletiva, cujo fundo é o ressentimento" (*O Globo*, 2 ago. 1957).

> Todo caminho da gente é resvaloso. Mas, também, cair não prejudica demais – a gente levanta, a gente sobe, a gente volta. (Riobaldo, em *Grande Sertão: Veredas*, de João Guimarães Rosa, 1956).

Como os intelectuais viam a década de 1950 enquanto a viviam? E, depois que ela se encerrou, como aqueles que a viveram fizeram a avaliação dela? Em alguns casos, manifestaram-se sinais de contentamento pelo clima que pudera ser criado a partir do fim do Estado Novo. Ou, como disse Florestan Fernandes, a partir do "restabelecimento dos padrões normais das atividades intelectuais das elites".

Numa longa entrevista que concedeu à revista *Trans-form-ação* (nº 2), da Faculdade de Filosofia, Ciências e Letras de Assis (SP), em 1975, o combativo sociólogo relembrava o grau de autonomia conseguido pelos professores nas universidades e concluía: "Nesse quadro geral, a década de 1950 aparece como uma década fecunda, de renovação e de esperanças" (Fernandes, 1975).

Florestan tinha enfrentado dificuldades no início de sua carreira universitária e, quando entrou em contato com um grupo trotskista e com as ideias de Marx, não conseguiu enxergar caminhos pelos quais pudesse canalizar para o seu trabalho acadêmico o que aprendia fora da Academia. Nos anos 50, entretanto, ele já dispunha de meios para tentar utilizar o instrumental marxista em suas pesquisas. Suas investigações a respeito do racismo ajudaram a desmoralizar a crença generalizada de que a sociedade brasileira não alimentava fortes preconceitos contra os negros. A partir delas, empreender-se-iam algumas revisões históricas significativas nas décadas seguintes, submetendo as manifestações do preconceito racial a uma análise crítica mais atenta.

Paralelamente à trajetória de Florestan Fernandes, Antonio Candido empreendia, ao longo de toda a década, a elaboração de seu estudo sobre a *Formação da literatura brasileira: momentos decisivos* (Candido, 1959). Essa obra, que viria a exercer uma poderosa influência obre numerosos historiadores e cientistas sociais nas décadas subsequentes, era uma abordagem profundamente inovadora da literatura brasileira.

A primeira inovação, que saltava aos olhos de todos os leitores, perturbadoramente, estava explicitada no próprio título: ao optar pelo exame concentrado dos "momentos decisivos", Antonio Candido recusava claramente a tese historicista do alemão Leopold von Ranke, segundo a qual todas as épocas estavam igualmente próximas de Deus e por conseguinte mereciam igual atenção por parte dos historiadores. A segunda inovação era a da interpretação dada à ideia de "formação", também presente no título (Candido, 1959).

A palavra "formação" estava no título de dois estudos importantes, de publicação recente: *Formação do Brasil contemporâneo*, de Caio Prado Júnior, e *Formação econômica do Brasil* de Celso Furtado, há pouco referido. O termo sugeria a busca de um processo que fizesse algum sentido, em meio à fragmentariedade e dispersão dos fatos. Antonio Candido reconhecia com clareza a "inviabilidade da crítica determinista" e não pretendia, em nenhuma hipótese, forjar um pretenso "fio condutor" que conferisse ao movimento um tanto caótico da literatura brasileira o caráter de uma necessidade lógica. No entanto, ao longo do seu trabalho, ele conseguiu fazer emergir uma certa continuidade em meio às evidentes descontinuidades; conseguiu enxergar e mostrar um certo "sistema" que funcionava em torno de um desejo, o desejo dos brasileiros de terem uma literatura.

As circunstâncias se modificavam incessantemente, porém esse desejo recorrente agia sobre a literatura do arcadismo e continuava a agir sobre a literatura do romantismo. Abria-se, então, para os brasileiros a possibilidade de encarar com espírito realista e sóbrio esse "sistema", sem ignorar suas conexões internas ou seus vínculos externos. Sem minimizar sua dimensão subjetiva de invenção, de criação literária, e sem subestimar sua inserção na dinâmica da sociedade.

Antonio Candido repelia tanto o "velho método histórico" que lidava com as obras literárias como "meros documentos", reduzindo a literatura a simples "episódio da investigação sobre a sociedade", como também o "esteticismo mal compreendido", que se dispensava de "considerar o papel da obra no contexto histórico". Com firmeza, resistia ao "imperialismo formalista". E não abria mão das prerrogativas e responsabilidades que assumia como crítico literário e historiador da literatura, não cedia a nenhuma pressão no sentido de abdicar de seu ponto de vista em favor de um ponto de vista sociológico, político ou psicanalítico. Sua busca era a da apreensão da coerência, tanto interna como externa, das produções literárias.

Ao debruçar-se sobre a literatura brasileira, não se deixava cegar por entusiasmos patrióticos, não se sentia inclinado a exaltá-la em termos sentimentais. Caracterizava-a, com franqueza, em suas limitações, como "galho secundário" da literatura portuguesa, que, por sua vez, era um "arbusto de segunda ordem no jardim das Musas". Admitia: "comparada às grandes, nossa literatura é pobre e fraca". Em seguida, porém, fazia a ressalva: "Mas é ela, não outra, que nos exprime".

Em entrevista à revista *Praga* (ano 1, nº 1, 1996), Antonio Candido observou que a geração de intelectuais brasileiros a que ele mesmo pertence foi a primeira que, a partir dos anos 30, passou a ser desafiada a fazer escolhas no âmbito de correntes filosófico-políticas que tinham repercussão mundial, em decorrência da experiência do comunismo na Rússia, do fascismo na Itália, do nazismo na Alemanha e do agravamento dos problemas que se manifestavam nos países que se consideravam expressões da "democracia liberal".

Terminada a guerra de 1939-1945, a opção pelo fascismo ou pelo nazismo foi descartada, porém o confronto entre capitalismo e socialismo acabou sendo reproposto e exasperado nas condições da "Guerra Fria". E Antonio Candido dá conta dos esforços de alguns intelectuais que se dispunham a aderir aos ideais do socialismo sem deixar-se assimilar, contudo, pela disciplinada ação dos comunistas, comandados pela União Soviética (Candido, 1996).

Naquelas circunstâncias, a relação desses intelectuais socialistas independentes com o marxismo passava por uma persistente desconfiança em face de seu uso doutrinário. Antonio Candido explica: "Sofri muito a influência do marxismo, mas nunca fui marxista propriamente dito. O marxismo me interessou sobretudo como filosofia política, não como filosofia em geral, nem como estética, embora ele possa dar contribuições importantes para qualquer setor".

Em suas expressões mais condensadas e mais aguerridas, nos termos em que foi difundido mais sistematicamente, o marxismo ficou, em geral, identificado à doutrina utilizada pelo Partido Comunista (apesar dos esforços dos trotskistas, que se empenhavam em resgatar o que consideravam ser o genuíno "marxismo-leninismo" daquilo que caracterizavam como deturpações stalinistas).

No entanto, o próprio marxismo doutrinariamente codificado apresentava curiosas diferenças internas. Aplicado, por exemplo, à análise de Machado de Assis, em dois estudos publicados quase simultaneamente por dois ex-dirigentes do Partido Comunista, o "marxisrno-leninismo" levava a conclusões praticamente opostas. Astrojildo Pereira, admirador do genial autor de *Dom Casmurro*, via nele elementos de materialismo e de dialética (Pereira, 1956). E Octavio Brandão caracterizava-o como um "niilista", um "negativista", um "anti-humanista", cuja análise era "frágil e frouxa"; um escritor que "caiu no psicologismo burguês", que "poderia ter conhecido a obra de Marx e Engels", porém "ignorou o materialismo dialético e o materialismo histórico" (Brandão, 1956).

Outra contraposição entre dois importantes intelectuais que em momentos diferentes exerceram influência significativa sobre o marxismo dos comunistas: Leôncio Basbaum publicou em 1957 o primeiro volume da sua *História sincera da República*, com o subtítulo "tentativa de interpretação marxista". Para ele, o povo não desejava o novo regime porque era influenciado por "quatro séculos" (?) de "tradição monárquica" (Basbaum, 1957: 283). Rui Facó, resenhando o volume, discordou do autor e sustentou que o povo ansiava pela República e que a incipiente burguesia urbana destronou o imperador "com a simpatia e o apoio do povo" (Facó, 1958).

Na prática, além das divergências internas entre os teóricos, podiam ser constatados elemento de oportunismo no modo como o "marxismo" se adaptava a surpreendentes combinações ecléticas, para atender a conveniências políticas circunstanciais, ainda que com a flexibilização viesse a sacrificar algumas das suas características mais imponentes como doutrina. Um livro que mostra claramente essa flexibilização é *Os espiritualistas perante a paz e o marxismo*, de Eusínio Lavigne, kardecista convicto e atuante, muito bem acolhido pelos comunistas.

Eusínio Lavigne reconhecia no marxismo uma "ciência irrecusável", que trouxe uma "nova luz" para a compreensão do Evangelho. "Só pelo Marxismo atinamos com a profundeza do pensamento de Jesus" (Lavigne, 1955: 211). Como o insólito apoio teórico ao marxismo se desdobrava numa postura de solidariedade à política da União Soviética e do movimento comunista, os dirigentes do PCB não hesitaram em prestigiar o generoso autor espírita.

Após a crise que se desencadeou em 1956, com a denúncia dos crimes de Stalin por Kruchov, o próprio Partido Comunista admitiu explicitamente que sua maneira de conceber o "marxismo" revelara-se problemática. Na revista *Estudos Sociais*, lançada em 1958, dirigida pelo veterano Astrojildo Pereira, lia-se o reconhecimento da grave deficiência: "O marxismo entre nós foi algo em si mesmo fechado e dogmático, e não chegou a ser, ou foi apenas em mínima proporção, um instrumento de investigação".

Contudo, o marxismo já tinha nos anos 50 um representante altamente qualificado entre os historiadores brasileiros: Caio Prado Júnior. Depois de ter publicado *Evolução política do Brasil* (1933), *Formação do Brasil contemporâneo* (1942) e *História econômica do Brasil* (1945), entretanto, ele estava dedicado à elaboração de estudos filosóficos, como *Dialética do conhecimento* (1952) e *Notas introdutórias à lógica dialética* (1959), a estudos econômicos, como *Esboço dos fundamentos da teoria econômica* (1957), e a artigos políticos, que saíam na *Revista Brasiliense*.

O historiador marxista afinado com a perspectiva do PCB que se destacou e alcançou respeitabilidade nos anos 50 foi Nelson Werneck Sodré, que desenvolvia intensa atividade no ISEB, através de cursos muito concorridos e numerosas publicações, entre as quais *O tratado de Methuen* (1957), *As classes sociais no Brasil* (1957), *Introdução à revolução brasileira* (1958), *Raízes históricas do nacionalismo brasileiro* (1958) e o texto em que se baseavam suas aulas e que saiu no começo dos anos 60, *Formação histórica do Brasil* (mais uma "formação"!).

Para Nelson Werneck Sodré, a iniciativa das forças empenhadas na transformação da estrutura classista da sociedade brasileira deveria levar em conta as condições do momento, as características do período que estava sendo vivido no presente. "A estrutura da sociedade brasileira", dizia ele, "reflete a etapa que vamos atravessando" (Sodré, 1961: 401). Uma certa evolução por etapas impunha limites às pretensões revolucionárias. A economia brasileira sofria uma dupla pressão: "a externa, com o imperialismo, e a interna, com o latifúndio" (p. 361). "Latifúndio e imperialismo aparecem como peças conjugadas, trabalhando no mesmo sentido" (p. 398).

A etapa, por conseguinte, impunha uma mediação à luta de classes. A contradição fundamental na sociedade brasileira não era entre o capital e o trabalho, mas entre a Nação e o imperialismo (com seus "agentes internos"). Uma contradição que se desenvolvia "paralela e intimamente associada à contradição entre as forças produtivas em desenvolvimento e o monopólio da terra que as entrava" (p. 400). Em torno do polo da Nação (com maiúscula), era preciso mobilizar todo o povo brasileiro. E o historiador explicava: "Povo brasileiro, nesta fase histórica, compreende o proletariado, o campesinato, a pequena burguesia e a parte da alta e da média burguesia conhecida como burguesia nacional" (p. 403).

Essas ideias combinavam muito com a perspectiva do Partido Comunista do Brasil, que terminava a década se preparando para mudar de nome (tornando-se Partido Comunista Brasileiro) e apresentando nova fisionomia, comprometida com um esforço drástico no sentido de um enraizamento mais visível na realidade nacional. Nas décadas subsequentes, a avaliação crítica do trabalho de Nelson Werneck Sodré como historiador viria a ser com frequência feita em termo acentuadamente polêmicos por pessoas que estavam empenhadas, de fato, antes de mais nada, em investir contra as posições políticas do PCB, e só secundariamente se interessavam pelos escritos do autor de *Formação histórica do Brasil*.

Paralelamente à elaboração das concepções de Nelson Werneck Sodré, na segunda metade dos anos 50, em São Paulo, de envolviam-se outras interpretações – também inspiradas pela leitura de Marx – de aspectos significativos da realidade brasileira e de sua história.

Um programa de investigação proposto por Florestan Fernandes era executado por Fernando Henrique Cardoso e Octavio Ianni, que levantavam dados sobre a situação social dos negros no sul do Brasil (em Curitiba, Florianópolis, Porto Alegre e Pelotas). Desse trabalho resultaram os livros *A metamorfose do escravo*, de Octavio Ianni, e *Capitalismo e escravidão*, de Fernando Henrique Cardoso. A inspiração marxista era clara. Fernando Henrique anunciava que tinha procurado guiar-se pelos "cânones gerais da dialética marxista" (Cardoso, 1962: 22). Trata-se, porém, de um marxismo que não coincidia com o do PCB.

Aliás, uma das características do aproveitamento do marxismo no final dos anos 50 pode ser enxergada exatamente num movimento pelo qual, na universidade, independentemente do Partido Comunista, crescia o número dos intelectuais que empreendiam suas próprias leituras e interpretações das concepções de Marx, muitas vezes combinando-as com concepções de outros pensadores.

Inquietações, Ampliações

> O melhor momento da flecha
> não é o da sua inserção no alvo,
> mas o da trajetória entre o arco
> e a chegada – passeio fremente.
> (Aníbal Machado, 1957)

Multiplicavam-se os casos de intelectuais que se dispunham a incorporar ideias de Marx (e de autores marxistas) que lhes pareciam interessantes – e até indispensáveis – articulando-as, corrigindo-as ou complementando-as com outras teorias.

Na Faculdade de Filosofia da Universidade de São Paulo, formou-se um grupo de estudos para a leitura de *O capital*, de Marx, integrado pelo filósofo José Arthur Gianotti, pelos sociólogos Octavio Ianni e Fernando Henrique Cardoso (discípulos de Florestan Fernandes), pela antropóloga Ruth Cardoso, pelo economista Paulo Singer e pelo historiador Fernando Novais. Outros intelectuais mais jovens também foram envolvidos pelas atividades do grupo, como Bento Prado, Francisco Weffort, Roberto Schwarz, Gabriel Bolaffi e Michael Löwy. Entre os integrantes desse círculo predominava claramente a disposição de primeiro entender bem Marx para que depois cada um resolvesse em que condições poderia adotar (ou não) a perspectiva do pensador alemão.

Mais tarde, comentando a experiência do grupo, Roberto Schwarz diria que seus integrantes não manifestavam "muito interesse pela crítica de Marx ao fetichismo da mercadoria", e também pecavam por "uma certa indiferença em relação ao valor de conhecimento da arte moderna, incluída a brasileira, a cuja visão negativa e problematizadora do mundo atual não se atribuía importância" (Schwarz, *Folha de S.Paulo*, 8 out. 1995).

Na época, entretanto, o que se destacava era a aguda percepção de que o quadro de referências proporcionado pela cultura tradicional, herdado das experiências realizadas nas décadas anteriores, precisava ser submetido a uma rigorosa revisão crítica, para a qual era essencial que se pudesse assimilar as armas teóricas proporcionadas pelo arsenal marxista, limpando-as das incrustações dogmáticas, das esquematizações doutrinárias simplificadoras e das adaptações consideradas mais ou menos oportunistas a que eram submetidas pelos stalinistas.

Na disposição de fazer história, de empreender uma ação transformadora substantiva e eficaz, fortalecia-se um sentimento de revolta contra uma história que estava sendo feita por outros, que tratavam de mascará-la. Fortalecia-se a convicção de que era necessário que os projetos de intervenção do sujeito na realidade objetiva se relativizassem para poderem ser reformulados, atualizados e enriquecidos. O crítico literário Sérgio Milliet, em 1955, já advertia seus contemporâneos para a importância da autorrelativização: "O que hoje nos parece de suma importância, porque nos toca de perto, amanhã não o será; o grande revolucionário do dia pode não passar mais tarde de um vulgar reacionário" (Milliet,1955).

Havia, entretanto, em alguns historiadores, certa apreensão em face da possível reação dos marxistas contra inovações ideologicamente suspeitas, formulações relativistas ou infiltrações conservadoras habilmente camufladas. O marxismo, em sua expressão mais aguerrida, tinha representantes combativos dotados de um alto poder de fogo. Octavio Tarquínio de Souza, em sua *História dos fundadores do Império do*

Brasil, procurava justificar sua pesquisa sobre as trajetórias biográficas lembrando que Marx reconhecia que "toda sociedade tem necessidade de seus grandes homens" e, quando não os encontra, cria-os.

Logo, porém, lhe ocorria a objeção que os marxistas poderiam lhe fazer, de que a ação dos "grandes homens" dependeria sempre do condicionamento socioeconômico e dos movimentos coletivos da luta de classes. E, antecipando-se à hipotética ressalva, fazia uma ironia com seus interlocutores: "A importância da personalidade, a importância dos líderes políticos, ninguém põe mais em evidência que os marxistas, procurando impressionar a opinião das massas com a superioridade dos seus condutores e guias" (Souza, 1958).

A referência aos "condutores e guias" aludia a Stalin e não tardou a confrontar-se com a onda da crítica ao "culto da personalidade", desencadeada pelo XX Congresso do PC da URSS em 1956. Se, por um lado, a "desestalinização" confirmava a observação irônica feita por Octavio Tarquínio de Souza, mostrando que os comandados de Stalin haviam atribuído enorme importância à pessoa de seu comandante, por outro ela permitia aos comunistas argumentarem que estavam corrigindo, autocriticamente, os efeitos do "desvio individualista" detectado...

Em outros historiadores, a disposição com que as pesquisas eram empreendidas parecia não se incomodar nem um pouco com qualquer "patrulhamento" ideológico. Este era o caso de Sérgio Buarque de Holanda e Raimundo Faoro.

Sérgio Buarque de Holanda tinha estreado em livro com *Raízes do Brasil*, em 1936. Tinha publicado *Cobra de vidro* em 1944 e *Monções* em 1945. Nos anos 50 lançou *Caminhos e fronteiras* e *Visão do paraíso*. Empenhava-se em reconstituir a vida dos colonos, aventureiros anônimos, o sistema do poder político em que viviam, o intercâmbio cultural que mantinham com os índios, no século que se seguiu à chegada de Cabral (Holanda, 1957). Debruçava-se tanto sobre as condições materiais, objetivas, como sobre as aspirações, os mitos, as representações subjetivas que inspiravam os homens em suas ações cotidianas (Holanda, 1959).

A ambição de Sérgio Buarque de Holanda como historiador era a de contribuir para que dispuséssemos de um vasto quadro de temas interligados, abrangendo instituições políticas, interesses materiais, mas também sonhos, crenças e costumes. Para tentar alcançar esse objetivo, servia-se do marxismo, porém se dispunha a ir além dele, ainda que corresse o risco de se ver desprovido de uma "bússola" e de se perder no emaranhado do material empírico que recolhia.

Em todo caso, tinha em comum com os marxistas a convicção de que a sociedade brasileira precisava superar a situação histórica na qual se encontrava, prisioneira de um sistema que condicionava todas as grandes transformações a iniciativas e controle de "cima" para "baixo". E foi com essa convicção que no final da década empreendeu a organização de uma obra coletiva que viria a ser publicada a partir dos anos 60: a *História geral da civilização brasileira*.

Raymundo Faoro também partilhava da preocupação de contribuir para uma compreensão histórica mais aprofundada das causas do vigoroso conservadorismo que tem caracterizado o exercício do poder ao longo das mudanças que têm ocorrido na nossa sociedade.

No livro *Os donos do poder*, de 1958, Faoro defendia a tese de que um regime de *patrimonialismo* desenvolvido em Portugal fora trazido para o lado de cá do Atlântico e vinha se adaptando eficaz e perversamente a todas as novas situações, demonstrando, com isso, uma perturbadora capacidade de se perpetuar, mesmo em condições de capitalismo ou de socialismo.

A crítica que Faoro fazia ao "simplismo esquemático do materialismo histórico" (Faoro, 1958: 262) era a de que ele subestimava os problemas ligados à superposição do Estado em relação à realidade social da nação. O *patrimonialismo* tinha como consequência a criação de condições nas quais a mobilização das massas populares se tornava muito problemática: ou o povo era enredado no cipoal da burocracia ou era posto sob uma liderança de tipo "paternalista", que não lhe permitia organizar-se por sua própria conta. Faoro citava Max Weber, grande teórico do *patrimonialismo*: "o ideal dos Estados patrimoniais é o 'pai do povo'". E concluía: "A principal consequência cultural do prolongado domínio do patronato do estamento burocrático é a frustração do aparecimento da genuína cultura brasileira" (Faoro, 1958: 269).

Era um diagnóstico sombrio, com um extraordinário poder de advertência. Na intenção do historiador, um chamamento à luta, uma convocação para a dureza da guerra. Alguns críticos observaram, entretanto, o risco de que a descrição excessivamente pessimista tivesse o efeito de desmobilizar os combatentes, deprimindo-lhes o ânimo. A perspectiva adotada por Antonio Candido a respeito da cultura brasileira era crítica, mas não chegava a ser tão "negativista" como aquela que se lia no livro de Faoro.

De qualquer modo, havia na tese proposta, por discutível que possa ser considerada, uma significativa disposição para reexaminar com espírito mais inquieto a nossa história. E essa disposição nos parece ser uma característica que distingue o pensamento típico do final da década das concepções que prevaleciam no início dos anos 50.

Se nos remetermos à citação de Walter Benjamin com que se abriu este texto, poderemos dizer que a "fisionomia" do final da década prenunciava, com suas inquietações, com suas revisões, com sua busca de novos caminhos para a reflexão sobre a nossa realidade e de novas possibilidades para a história a ser feita, algo das ousadias que caracterizariam os anos 60.

A PINTURA E O OLHAR SOBRE SI: VICTOR MEIRELLES E A INVENÇÃO DE UMA HISTÓRIA VISUAL NO SÉCULO XIX BRASILEIRO

Jorge Coli (UNICAMP)

Ao desdém com que, há alguns anos, os quadros ditos acadêmicos eram ignorados segue-se hoje uma atenção carinhosa e interessada. Tal mudança é fato consumado: o Museu d'Orsay, em Paris, surge como a brilhante afirmação dessa reviravolta e o cuidadoso trabalho de restauração das soberbas batalhas de Victor Meirelles e Pedro Américo, realizadas no Museu de Belas Artes do Rio de Janeiro, se inscrevem naturalmente nesse empenho renovado.

Tais telas, não percebidas e desprezadas durante um longo período de olvido, não se entregam tão facilmente. Os critérios formais e seletivos que educaram gerações, mostraram-se insuficientes para uma compreensão larga dos fenômenos artísticos e culturais do século XIX; é preciso proceder a uma ampliação na inteligência do olhar contemporâneo. Trata-se de um desafio e de uma lição: decifra-me ou tens tudo a perder.

Importa não atribuir às palavras mais poderes do que elas realmente possuem, nem carregá-las de uma afetividade excessiva, sobretudo no que concerne aos conceitos classificatórios. Eles seriam muito úteis se apenas agrupassem objetos através de algumas afinidades, mas tornam-se perigosos porque tendem rapidamente a exprimir uma suposta essência daquilo que recobrem e substituir-se ao que nomeiam, como falsos semblantes escondendo os verdadeiros.

Vale mais, portanto, colocar de lado as noções e interrogar as obras. É evidentemente mais difícil. Se eu digo: "Victor Meirelles é romântico", ou "Pedro Américo é acadêmico", projeto sobre eles conhecimentos, critérios e preconceitos que dão segurança ao meu espírito. Se me dirijo diretamente às telas, de modo honesto e cuidadoso, percebo que elas escapam continuamente àquilo que eu supunha ser a própria natureza delas e, o que é pior, fogem para regiões ignotas, não submetidas ao controle do meu saber. Assim, ao invés de discutir se Meirelles ou Américo são ou não são clássicos, são ou não são românticos, são ou não são pré-modernos – o que me coloca em parâmetros seguros e confortáveis, mas profundamente limitados – é preferível tomar esses quadros como projetos complexos, com exigências específicas e precisas, muitas vezes inesperadas.

Essa atitude não é "ingênua", ou culturalmente desarmada. Ao contrário, ela pressupõe uma revisão no saber. São – se se quiser – precauções metodológicas em um momento de mudanças de posições. Seja como for, diante de qualquer obra, o olhar que interroga sempre me pareceu mais fecundo do que o conceito que define.

Afastando o véu das tiranias classificatórias, as telas se revelam ricas, sutis, fascinantes – o oposto do dever escolar sem inspiração ao qual a ideia de "acadêmico" está com frequência ligada. E em pinturas que se espraiam sobre tão imensas superfícies, achados e soluções sedutores multiplicam-se, permitindo que o percurso do olhar se torne uma extraordinária aventura. Tomemos um pequeno detalhe da *Batalha de Avaí*: no limite esquerdo da tela, por trás do oficial que, abre na mão, empina seu cavalo, há um grupo de soldados envolvidos pela fumaça, baionetas em riste. As que estão próximas são definidas por seu volume e pela sua cor cinza; atrás, elas sobressaem na fumarada, adquirindo um reflexo longilíneo, de tom creme. Ainda mais longe, o que era palpável desaparece e resta apenas o brilho, através de longo traço claro: do mais sólido ao mais imaterial, o objeto persiste enquanto visualidade.

A atenção é bastante para observações deste gênero. Mas ela não é suficiente se tentarmos aprofundar as relações culturais intrincadas que estes quadros determinam e cujo acesso perdemos porque as obras não nos interessavam mais. As razões delas se foram, esquecidas durante o longo período de desafeição.

Assim, desaprendemos que os pressupostos culturais sobre os quais repousam as telas de Meirelles e Américo são tão constitutivos da imagem quanto as cores e as pinceladas. Um dos pontos importantes, é que a pintura do século XIX – e não apenas a dita "oficial" – mantinha um diálogo denso com a história da arte, mais antiga ou mais recente.

Os pintores jovens se inspiravam, citavam os mestres que os precederam. Mesmo aqueles que parecem romper de modo radical, como Manet, se não forem percebidos na perspectiva da história das imagens recorrente nas telas por eles produzidas, perdem, em muito, seu sentido. Foi a partir do impressionismo que a ideia de originalidade se modificou, e que realizar uma grande obra não significou mais orquestrar uma multiplicidade de imagens harmoniosamente organizadas numa grande superfície, fazendo apelo a um passado visual que nelas se insere, dentro de uma nova atualização.

O público de hoje, acostumado com a genialidade mais imediata, formalmente originalíssima e com referências culturais estritamente concentradas numa subjetividade, como no caso de Monet, Van Gogh ou Picasso, não sabe que até Manet as dimensões do quadro eram algo de essencial – só numa tela vasta podia eclodir a grande obra. E certamente também ignora as ambições da "pintura de História", gênero então considerado como hierarquicamente superior aos outros – retrato, natureza-morta, paisagem – porque os engloba todos, numa articulação complexa, arduamente obtida.

Assim, a inovação, a especificidade do fazer não eram tidos então como valores tão fundamentais como para o público de hoje. O que importava era dar conta de um programa ambicioso: menos contava a novidade individual, do que a felicidade em vencer os escolhos inerentes ao projeto. Nesse contexto, a citação, a referência ao passado não são, de modo nenhum, pastichos originados pela falta de imaginação, mas um modo de mostrar como aquele elemento preexistente ressurge numa outra relação.

Em *Mocidade morta*, Gonzaga Duque faz uma crítica "moderna" ao pintor Telésforo – em realidade Pedro Américo, e à sua *Batalha de Avaí*. Vale a pena transcrever alguns excertos aqui:

> diga o senhor que originalidade ele desenvolveu e apresentou na sua obra, qual a escola que ele chefia? Tudo o que vemos nesse quadro, tudo, sem exceção de um ponto, já foi feito, já foi produzido, é composto de regras usuais e cediças. [...] Pedíamos, no entanto, uma maneira nova de pintar, o modelado seguro, palpitante, dos mestres contemporâneos, um arrojo de cor ou de pincel, alguma coisa que nos empolgasse de improviso ou nos atraísse paulatinamente, fascinado e nos obrigasse a murmurar emocionado – aqui está um artista! [...] o que exigíamos desse vencedor era a sua vitória ... Onde está ela ? [...] Ele criou alguma coisa? [...] Modificou as linhas do arabesco acadêmico? ... Alcançou alguma perfeição no expressivismo das suas figuras? [...] Descobriu processos de pintura que nos dessem efeitos novos? [...] Fundou a arte nacional? [...] (O grupo dominante) não passa de flagrante reprodução da Batalha de Austerlitz de Gérard; os demais grupos são cópias flagrantes das composições de Horácio Vernet, de Yvon, de Philippoteaux![1]

No que concerne às "cópias flagrantes" – as observações são injustas e as verdadeiras referências vão bem mais longe do que os quatro pintores citados. Interessa-nos, agora, essa exigência de originalidade, de novidade: Gonzaga Duque, precocemente no que concerne às luzes brasileiras, posta-se num excelente ponto de vista – o da pintura do futuro, aquela que vingará. Tem, portanto, a mesma posição mantida ao longo do século XX pelo gosto e pela crítica esclarecidos. Mas é ela, justamente, que o impede de ver na *Batalha de Avaí* um quadro admirável que se insere brilhantemente num procedimento pictural característico do século XIX, procedimento que, em 1900, quando o livro foi publicado, realmente se extinguia, dando lugar a uma nova arte. As grandes batalhas de Meirelles e Américo não são, entretanto, apenas resíduos caducos de uma tradição morta – no momento em que foram feitas correspondiam a correntes culturais ainda vigorosas.

Gonzaga Duque tem razão, do ponto de vista moderno, em seu ataque violento – ele toma partido por uma certa concepção artística nova, que vinha se afirmando. Durante muito tempo vivemos nesta mesma polêmica, mas depois de a arte "acadêmica" ter sido vencida, podemos nos interrogar sobre ela e nos surpreendermos com a riqueza das respostas. Basta colocar as questões adequadas. É bobagem acusar uma bananeira de não produzir mangas.

Atentar, porém, para um outro tipo de recuperação insidiosa que esta pintura pode sofrer é muito necessário: o de ser considerada como "precursora". Podemos ter, por exemplo, uma alta estima pelo "modernismo", e julgarmos baixos os critérios estéticos do que chamamos "academismo". A isto se associa uma concepção teleológica da história da arte, muito presente ainda, na qual se insere a ideia de progresso. Buscamos, então, em Pedro Américo ou Victor Meirelles sinais do futuro, soluções anunciadoras de uma pintura que virá. Estas obras são, deste modo, valorizadas com base em critérios que lhes são exteriores, aplicados de trás para frente.

Esta é uma forma ainda mais traiçoeira, pois nos faz crer que estamos nos aproximando desses artistas, quando, em verdade, estamos percebendo e nos referindo a elementos projetados neles – isto é, não aos critérios que presidiram à criação de suas obras, mas a um construto, um fantasma, que os substitui. O antecedente pré, por exemplo, possui armadilhas por vezes definitivas. Raramente designa apenas uma anterioridade: ele faz com que um conjunto de obras e de acontecimentos deixem de adquirir sentido em si próprios para definirem-se através do futuro, ele faz esquecer que os critérios culturais presentes à criação existiam numa coerência específica, numa complexidade onde o pensamento e o sensível se misturaram de maneira singular.

É legítimo buscar nas obras e nos momentos artísticos o seu passado: os criadores do quais eles derivaram servem-lhes de raízes. É, ao contrário, enganoso construir-lhes um futuro, e adivinhar neles aquilo que não podiam prever.

A Inveção Da Primeira Missa

A chegada das naves portuguesas pela primeira vez ao Brasil foi, é sabido, acompanhada por um documento excepcional. O escrivão da frota, Pero Vaz de Caminha, mandava ao rei de Portugal um relato narrando, passo a passo, do dia 21 de abril a primeiro de maio de 1500, a aproximação e abordagem das novas terras.

O caráter documental, por si só, conferiria a esta "Carta do achamento do Brasil" um alto valor. Mas ela adquire um caráter mítico de "ato fundador" do país a partir de duas qualidades que Caminha possuía largamente: legítimo e elevado talento literário vinculado à capacidade aguda de observação.

Vista pela primeira vez, a terra brasileira foi descrita por meio de um olhar interessado e atento, cujo caráter "antropológico" nos parece tão moderno e cuja tranquilidade guardava provavelmente na memória o tema clássico das Ilhas Afortunadas[2], além de estabelecer, de imediato, um elo com o paraíso primordial da Bíblia. Assim, por exemplo, nesta passagem: "Entre todos esses que hoje vieram, não veio mais que uma mulher moça, a qual esteve sempre à missa, à qual deram um pano, com que se cobrisse, e puseram-lhe ao redor de si. Porém, ao sentar, não fazia memória de o muito estender para se cobrir; assim Senhor, que a inocência dessa gente é tal, que a de Adão não seria mais quanta em vergonha".

Embora de relance, esse olhar possui natureza semelhante àquele, mais prolongado, de Jean de Léry, alguns decênios depois. De modo retrospectivo, é possível perceber na carta de Caminha o núcleo primordial daquilo que Sérgio Buarque de Holanda chamaria de "Visão do Paraíso"[3] e que, de Léry a Montaigne, e de Montaigne a Rousseau, constituiria o tema do "bom selvagem", instrumento reflexivo capital para que a cultura do Ocidente pudesse pensar-se a si própria. Enfim, esse bom selvagem francês, nascido da reflexão sobre o índio brasileiro dos primeiros tempo, finalmente, no século XIX, voltaria para seu lugar de origem através do romantismo.

Porém, nesta sequência, a Carta indica antes um olhar comum possível do que um efetivo primeiro núcleo do tema paradisíaco. Pois ela foi publicada pela primeira vez somente em 1817, na *Corografia Brasílica* de Aires de Casal. É aí que a Carta de Caminha entra como documento primordial na História do Brasil – e, sobretudo, na História da História do Brasil.[4]

Límpido, preciso, visual, com um frescor tão adequado ao mundo inocente que reconstitui, o estilo de Caminha confere ao documento o poder definitivo de projetar-se no imaginário histórico que emerge e atravessa o século XIX brasileiro. As imagens tão marcantes da carta perpassam pela produção literária de um romantismo "indianista", elas reforçam a crença na fusão das raças presente em *Iracema*[5], obra nuclear que preside à criação de uma consciência nacional da origens, na qual seu autor, José de Alencar, vai buscar o tom em *Atala* e *René*. Ao fixar no verbo a observação "verdadeira", a carta legitima e confirma, segundo a História, as convicções que a literatura criava: Caminha garante Chateaubriand e confere verdade virtual a *Iracema*.

Deste modo, a carta foi publicada quando o devia ser. Correspondia perfeitamente à solicitação de historiadores e literatos que construíam então o passado brasileiro através da história e da literatura – essas duas grandes disciplinas do imaginário.[6]

Além de seu poder em tornar presentes aqueles acontecimentos remotos, primevos, quase míticos, a carta trazia também a associação dos dois elementos humanos nobres, tomados no século XIX como ancestrais legítimos para a recente nação: os índios e os portugueses. Mais do que isso, a carta juntou, fazendo desenrolar essa fusão com clareza inaudita, pagãos e católicos.

O cerne do texto concentra-se na cerimônia mais significante: a missa, que congregou navegadores e índios. Caminha detalha os preparativos, assinalando as diferenças de cultura: a grande cruz, feita por carpinteiros, o espanto dos índios diante da "ferramenta de ferro", eles que possuíam apenas "pedras feitas como cunhas, metidas em um pau entre duas talas, mui bem atadas"; a cruz, que repousava contra uma árvore, à espera de sua ereção, devotamente beijada pelos portugueses, imitados em seguida por dez ou doze nativos; a escolha de um lugar de destaque para a instalação do altar. Por fim, a cerimônia propriamente dita:

> Ali estiveram conosco a ela obra de cinquenta ou sessenta deles, assentados todos em giolhos, assim como nós, e quando veio ao Evangelho, que nós erguemos todos em pé, com as mãos levantadas, eles se levantaram conosco e alçaram as mãos, estando assim até ser acabada e então tornaram-se a assentar como nós, e quando levantaram a Deus, que nos pusemos de giolhos, eles se puseram todos, assim como nós estávamos, com as mãos levantadas e em tal maneira assossegados, que certifico a Vossa Alteza, que nos fez muita devoção. E estiveram assim conosco até acabada a comunhão...

Caminha conclui inserindo o personagem de um índio mais idoso, "homem de cinquenta ou cinquenta e cinco anos", que parece ter compreendido o sentido da cerimônia, chamando a atenção de outros índios – "falando-lhes acenou com o dedo para o altar, e depois mostrou o dedo para o céu, como quem dizia alguma coisa de bem e nós assim o tomamos". Caminha sabe singularizar, e deste modo, dar mais vida ao geral.

Assim, sob a égide católica, associam-se, numa cena de elevação espiritual, as duas culturas. Criava-se ali o ato de batismo da nação brasileira. Momento prenhe de significados, que o projeto de construção de um passado histórico para o Brasil, ocorrido no século XIX, saberia explorar.

Será a pintura a encarregada de fixar e de imprimir nas mentes esse instante inaugural através do pincel de Victor Meirelles, então jovem e promissor talento.

Meirelles havia partido para a Europa em 1853, quando recebera o Prêmio de Viagem da Academia de Belas Artes do Rio de Janeiro. Depois de um período romano, instala-se em Paris. Ali, em 1859, decide pintar a *Primeira missa no Brasil*.

Seu mentor brasileiro era Araújo Porto-alegre, diretor da Escola de Belas Artes do Rio. Na esteira de Ferdinand Denis[7] que, em suas obras sobre o Brasil propusera uma inflexão cultural de cunho nativo para o jovem país independente, Porto-alegre foi o primeiro catalisador do romantismo brasilianista[8] exercendo atividades literárias, ao mesmo tempo que plásticas. Esse importante animador de uma cultura artística de cunho nacional insistira para que Meirelles se embebesse do texto de

Caminha: "Leia cinco vezes o Caminha, que fará uma cousa digna de si e do país". Insistia também para que reproduzisse uma natureza tropical, inserindo na paisagem imbaíbas, coqueiros, palmeiras.[9] Preparava-se um ícone da história nacional.

Há mais. Meirelles inspira-se, para seu grupo principal, da *Première messe en Kabilie*, obra pintada por Horace Vernet, e apresentada em 1855 no *Salon*. Vernet presenciara a cena. Ele havia mesmo projetado o altar provisório ao ar livre. A imagem, embora contemporânea, tinha pontos em comum com a cerimônia de Frei Henrique, o capelão da frota portuguesa de 1500 – uma celebração em terra de infiéis que se uniam com europeus na assistência. Este modelo oferecia, paralela e adicionalmente, uma certa verdade antropológica transistórica de articulação entre culturas por meio do mesmo ritual, que Meirelles percebe e capta.

Ele não fora o único a fazê-lo. Tais afinidades transistóricas, através de um raciocínio analógico e intuitivo, pareciam conferir um cunho de verdade às obras contemporâneas: é assim que o poeta Gonçalves Dias irá buscar, no Brasil, o modelo das baladas alemãs, elas próprias de origem popular, para seus poemas indianistas[10], e é através do mesmo procedimento que Longfellow – amigo e correspondente de Pedro II do Brasil, o "imperador filósofo", o cultíssimo neto de Marco Aurélio, como o chamava Victor Hugo, promotor da cultura indianista, romântica e nacionalista – recriará as lendas indígenas da Nova Inglaterra tomando como inspiração as formas rítmicas do *Kalevala* da Finlândia! Estes paralelismos comparativos chegam a claras posturas oficiais: em 1849, o imperador consigna ao mesmo Gonçalves Dias, um dos mais elevados poetas de língua portuguesa e vate por excelência do movimento indianista, a dissertação seguinte: "Comparar o estado físico, intelectual e moral dos indígenas da quinta parte do mundo com o estado físico, intelectual e moral dos indígenas do Brasil, considerados uns e outros na época da respectiva descoberta, e deduzindo desta comparação quais ofereciam nessas épocas melhores possibilidades à empresa de civilização".[11] A ingrata tarefa seria satisfeita por meio de um ensaio intitulado *O Brasil e a Oceania*, onde o autor exaltou o caráter heroico do índio brasileiro.

Os vínculos entre Meirelles e Vernet trazem-nos, no sentido dessas relações fecundantes, paradoxalmente paralelas e incidentais, uma situação intrincada que vale analisar. O grupo central de ambos os quadros é evidentemente o mesmo, disposto de modo invertido. Entretanto, ideia de plágio, que surge imediatamente ao espírito, deve ser tomada com precaução.

O procedimento por citações, dentro da pintura de História, era um instrumento legítimo à natureza do gênero. Os achados insignes voltavam nas obras mais ilustres, incorporados: a cultura visual configurava-se tão importante quanto a invenção. Não é inútil lembrar que os pressupostos culturais sobre os quais repousava o gênero pintura de História revelavam-se tão constitutivos da imagem quanto cores e pinceladas. A arte do século XIX – e não apenas a dita "pompier" – mantinha um diálogo denso com a história da arte, mais antiga ou mais recente.

O jovem Meirelles, em Paris, devia fazer um quadro significativo para a cultura nacional. Ele tinha, diante dos olhos, como referência obrigatória, o quadro que Horace Vernet, mestre indiscutível, expusera, poucos anos antes, cujo título e o essencial do tema estavam muito próximos do projeto brasileiro. Tratava-se, para Vernet, de misturar cabilas e soldados franceses, criando uma barreira de personagens entre a cerimônia e o espectador, como Meirelles devia misturar portugueses e índios, diante da celebração que se passa, nos dois quadros, à frente de um altar improvisado ao ar livre. Como já foi assinalado, Vernet presenciara o acontecimento, fora mesmo seu *metteur en scène*, concebendo o cenário. Essa situação, na qual um outro pintor, ainda mais de grande prestígio, era testemunha e participante do fato histórico, introduz um aspecto suplementar na "verdade" que Meirelles buscava: além da carta de Caminha, além do estudo da natureza local, havia uma experiência visual contemporânea análoga àquela passada em 1500, que permitia um reforço na verossimilhança da imagem. Por todas essas razões, nosso brasileiro tomou-a como modelo, e dela extraiu o núcleo da sua.

Tudo isto torna ainda mais fascinantes as grandes distâncias que existem entre a pintura de Vernet e a de Meirelles. A incorporação, na obra brasileira, do achado do mestre francês não significou cópia, plágio, ou pastiche. Porque a *Primeira missa* mostra que a retomada de Vernet deu-se em benefício de um resultado muito diferente.

Um dos pontos mais evidentes nessa diversidade, é a distância da cena. Vernet quer narrar, com precisão, um episódio, e ele o traz para a proximidade dos olhos, de modo a que adquira impacto. Meirelles quer a cena principal mais ao longe, integrando-a numa suavidade atmosférica, num clima espiritualizado. Vernet quer o efeito teatral. Sua cruz é envolvida por uma nuvem de fumaça, diminuída ao pé das montanhas áridas que barram o céu, comprimindo o espaço e impondo-se majestosamente. A cruz de Meirelles, longilínea, traça o eixo condutor que leva o olhar para o alto, enquanto o horizonte abre-se no fundo como um instrumento da serenidade. Vernet impõe a cena através do impacto oferecido pelo formato vertical da tela; Meirelles desenrola com calma seu episódio numa horizontalidade um pouco onírica.

Vernet quer a descrição pitoresca das roupas, dos detalhes, em coloridos vivos, e não possui o sentido da organização conjunta, da integração das personagens. Meirelles trata seus índios de maneira pouco descritiva, numa concepção abstrata[12], integrando-os numa cadência sucessiva de gestos, inserindo cada elemento de maneira precisa diante de cada exigência da composição, introduzindo indizíveis passagens de tons. Vernet narra anedoticamente, *en gazetier*, como dele diria Baudelaire. Preocupa-se com o pitoresco minucioso do trajes, mas coloca sem cuidado uma fieira de soldados e suas baionetas que se sucedem com dureza banal. Ele desconhece essas secretas intimidades entre os elementos que se encadeiam num sentido poético da organização, tão caras ao pincel de Meirelles. São gritantes as diversidades essenciais de ambos os quadros. Entre a anedota pitoresca contada por Vernet e o sentimento elevado obtido por Meirelles, há um abismo separando duas concepções artísticas.

Em 1861, a obra é apresentada no *Salon* parisiense.[13] Era a primeira vez que um pintor brasileiro conseguia tal proeza, e isto acentuou, aos olhos nacionais, a importância do quadro.

Ele se tornou a verdade visual do episódio narrado na carta. Como diria, em 1888, o crítico Gonzaga Duque[14]: "A primeira missa não poderia ser senão aquilo que ali está". Isto é, Caminha não encontrara apenas um tradutor visual moderno. Era outra coisa, mais forte, mais profunda: o espectador moderno *assistia* à primeira missa no Brasil. Quem o assegurava era, de um lado, o documento e, de outro, o poder demiúrgico da arte. Detalhe significativo: quando o grande cineasta brasileiro Humberto Mauro realizou seu filme *A descoberta do Brasil*, em 1937, não pode evitar de reconstituir, diante da câmara, a cena idealizada por Victor Meirelles.

O ícone estava terminado. Meirelles faria outras, admiráveis, obras. Nenhuma delas teria a presença, o impacto, a popularidade, a verdade da *Primeira missa*. Mais tarde, em 1879, Pedro Peres executaria a *Elevação da Cruz em Porto-seguro*, belo quadro, sem dúvida, mas tão anedótico, e sem essa existência culturalmente ontológica da admirável pintura de Meirelles. Seria necessário esperar outro pintor, Pedro Américo, que, em 1885, realizaria outra obra que se tornaria outro ícone fundador da história brasileira: *O grito do Ipiranga*, celebrando a independência do Brasil. Este último, entretanto, poderá parecer, talvez, a certos olhos de hoje, um pouco envelhecido pela alta veemência retórica fortemente afirmada. A *Primeira missa*, não.

É bem evidente que, para atingir esse poder e esta permanência, a obra possui os meios formais adequados. Meirelles estudara na Academia de Belas Artes do Rio de Janeiro, que fora fundada por professores franceses vindos em 1816, de boa cepa neoclássica. Mas os anos que passara em Roma, trabalhando sobretudo com um discípulo de Minardi, Nicola Consoni, fizeram-no entrar em contato com a chamada pintura "purista" – arte onde desenho é mais frágil, tênue e delicado do que os da tradição inaugurada por David, onde as anatomias se simplificam, onde as cores se suavizam, onde uma geometria interna preside à composição, – geometria de tranquilo equilíbrio. Arte de abstrações que se distanciam, por essência, da cor local pitoresca, cara ao narrador Vernet. Aqui atingimos o núcleo irredutível da distinção entre os dois pintores. Na Roma de Pio IX, a formação neoclássica de Meirelles se atenuara, se espiritualizara, adquirindo uma configuração definitiva que o período parisiense não saberia apagar. Todos estes princípios surgem com clareza na *Primeira missa*, cujo projeto era o de instaurar um momento harmônico e espiritual, onde se concertavam mundos opostos. Para tanto, Meirelles dispôs as multidões conforme um triângulo largo que se abre para o espectador, evitando a rigidez simétrica. Ali os personagens, sem perderem a variedade individual, por vezes mesmo singularizando-se, como o velho índio de Caminha, integram-se numa massa de tons onde predomina o ocre. No primeiro plano, os índios compõem um friso a contraluz, que faz recuar a cena principal, onde frei Henrique de Coimbra procede à elevação. Vemos a missa à distância, projetada mais longe pelas sombras do primeiro plano, que nos separam da cena principal. A luz é nacarada, em brilhos excessivos. A atmosfera difusa não permite que o branco das vestes do sacerdote ressalte em demasia; ela antes o incorpora ao azul esbranquiçado da paisagem ao longe. O instante é contemplativo. O movimento é suspenso.

Meirelles atingiu a convergência rara de formas, intenções e significados que fazem com que um quadro entre poderosamente dentro de uma cultura. Esta imagem do descobrimento dificilmente poderá vir a ser apagada, ou substituída. Ela *é* a primeira missa no Brasil. São os poderes da arte fabricando a História.

Pensamento Visual e Lentidão

"Quem é maior: Gonçalves Dias ou Castro Alves? Nunca soube responder à incômoda pergunta. Mas entre Pedro Américo e Victor Meireles não hesito".[15] E Manuel Bandeira toma claro partido pelo pintor de Santa Catarina, num texto despretensioso, mas notável pela acuidade inteligente do olhar.

É compreensível: o poeta possuía afinidade fraterna com tudo que fosse contido, que expressasse uma sinceridade íntima, uma certa ingenuidade luminosa, sem grande habilidade aparente, ou astúcias, ou efeitos. Bandeira gosta do fazer dificultoso que descobre nas telas de Meirelles:

> o pincel resistia, mas o artista duvidava, refletia, teimava, e o pincel acabava obedecendo da mesma maneira, mas transmitindo à tela o calor da luta. Em quase todos os quadros do pintor se nota o mesmo cuidado que ele punha nos pequeninos estudos de trajos.

É verdade que a *Batalha dos Guararapes* não possui virtuosidade evidente. A ela se substitui uma fatura serena e sólida, uma composição muito pensada e clara. À paisagem que ocupa o canto esquerdo superior da tela, apresentada como massa vegetal dissolvida na atmosfera, se contrapõe o grupo de militares no canto direito inferior, em primeiríssimo plano e contraluz. Entre esses dois grupos se situa a batalha, limpidamente organizada, aos poucos desaparecendo em direção ao espaço aberto à direita, que nos mostra, ao longe, o Cabo de Santo Agostinho, o mar e o céu imenso. Esses são os pontos principais de organização do quadro. Acrescente-se, indo para o lado esquerdo, em direção das terras, soldados que e misturam com a fumaça e a vegetação.

Trazidos para perto de nós, os personagens principais se impõem, com marcada presença. O ponto nevrálgico da construção é o confronto entre André Vidal de Negreiros e o coronel holandês Pedro Keeweer. E para que esse confronto se afirme todo poderoso, Victor Meirelles faz prova de uma extraordinária ciência na disposição da cena. Da esquerda para a direita, avançam os brasileiros: a atitude dos corpos inclinados para a frente conduz o olhar, e o movimento é ativado por três figura mais importante – Henrique Dias, atrás, seu escudo levantado no braço esquerdo e contrastando, quase silhueta, com o fundo luminoso; João Fernandes Vieira, que vem a cavalo, brandindo a finíssima lâmina de sua espada; Antônio Dias Cardoso, Sargento-mor dos Infantes, claramente iluminado, a figura mais nítida de todo o quadro, correndo a passos largos, com a espada abaixada, cuja linha acentua a inclinação do corpo.

Eles todos convergem para André Vidal de Negreiros. Este, monumentalizado ao modo de uma estátua equestre, está, como convém, numa posição mais alta do que todos os outros, no topo de um triângulo vasto, cujos ângulos da base são ocupados por Cardoso e Keeweer.

Em frente deles se amontoam os holandeses, subalternos, com as lanças erguidas, tentando uma defesa vã: a derrocada parece definitiva com a queda de Keeweer e seu cavalo branco. O arremesso e a defesa não se concretizam em nenhuma imagem efetiva de luta; o confronto entre os dois grupos é concentrado no afrontamento dos dois chefes, opostos num notável efeito de tensão: Negreiros, empinando seu cavalo, freia as oblíquas que avançam; Keeweer, desmoronado, forma uma espécie de barricada, por trás da qual se levantam as lanças holandesas. E o retesamento se cristaliza no espaço vazio entre as duas montarias, centro virtual de oposições, habitado pela invisível trajetória dos olhares trocados por vencido e vencedor.

Victor Meirelles dispõe, no primeiro plano, alguns soldados feridos ou mortos, segundo uma tradição que remonta pelo menos às batalhas napoleônicas de Gros. Eles se inscrevem num pequeno triângulo, cuja extremidade é indicada pela ponta da lança e se encontra no mesmo eixo da composição maior, marcado pela mão do comandante: note-se o arranjo estudado, de maneira a não encobrir o cavalo de Negreiros, cujas patas traseiras se localizam perfeitamente na parte superior e "transparente" do triângulo.

Meirelles era notável colorista, mas é preciso entender bem o sentido que este termo toma aqui. Em sua pintura, a cor é um dos fatores dentro da construção pictural, onde possui papel constitutivo. Ela cria oposições, embora sem contrastes fortes, ou volta de modo recorrente, "mapeando" cromaticamente a tela, ou promovendo passagens. O quadro possui também uma alta qualidade luminosa feita de vibrações discretas, de transições muito sensíveis, de oposições cuidadas. O pintor de luzes suaves desdobra aqui as mesmas qualidades que possui a *Primeira missa* ou os panoramas cariocas.

Sabe-se que a obra foi criticada por "estática", inda mais confrontada com a fúria dinâmica de *Avaí.* Victor Meirelles respondeu, num escrito de 1880, definindo sua concepção de movimento:

> O movimento resulta do contraste das figuras entre si e dos grupos entre uns e outros; desse contraste, nas atitudes e na variedade das expressões, assim também como nos efeitos bem calculados das massas de sombra e luz, pela perfeita inteligência da perspectiva que, graduando os planos, nos dá também a devida proporção entre as figuras e seus diferentes afastamentos, nasce a natureza do movimento, sob o aspecto do verossímil, e não com o cunho do delírio.[16]

Este texto enuncia aquilo que a observação descobre no quadro: uma arquitetura promovida através de etapas claramente isoladas, que se articulam por meio de calma e lenta reflexão, no qual o movimento só tem lugar como um sistema de tensões, e não como ilusão dinâmica. Os instrumentos picturais de Meirelles, entre eles os do parcelar e os do acabar minuciosamente as partes para uma metódica recomposição do todo, eram, sob esse aspecto, os mesmos da tradição neoclássica, e incapazes para a ilusão dinâmica. Ele poderá, nessas unidades trabalhadas, dilatar o traço, de maneira, por exemplo, a alongar um pescoço de cavalo. Disporá no conjunto, refletidamente, o vetores contrários. O próprio vocabulário empregado por Victor Meirelles é significativo: "contrastes", "efeitos bem calculados", "perfeita inteligência da perspectiva', "devida proporção", "graduando os planos" – tudo isso revela um saber que se quer regrado, que afasta o "cunho do delírio", e que busca um resultado claro.

Gênese da Lentidão

De onde viria, historicamente, esse "far adagio" de Victor Meirelles? Em primeiro lugar, ele faz parte sem dúvida da natureza intrínseca ao pintor. Gonzaga Duque a descreve com rara felicidade no personagem comedido e em sua arte contida:

> É ainda o homem que vemos, de quando em quando, atravessar a rua de Ouvidor, sem companheiros ao lado, depressa sempre, asseado, sempre com a mesma fisionomia, o arzinho de preocupação, o bigode frisado sobre os talhos dos lábios, o olhar perdido no espaço. Não há forças humanas capazes de modificarem-lhe os hábitos. (...)

> Toda obra produzida por esse artista é, pois, uma obra vagarosa, cuidada, caprichada no arabesco, de colorido bem combinado, em suma, correta.
>
> Não será, nunca, uma obra extraordinária, opulenta de vigor, audaciosa, sincera, espontânea, vivificada por esse clarão estranho que se intitula o gênio. Não; isto nunca.[17]

E ainda

> O seu desenho parece feito a compasso, é exato. Estuda-o durante horas e horas, bosqueja-o, mede, relaciona, estabelece proporções precisas, nos mais insignificantes trabalhos e a mesma paciência emprega na execução.[18]

É muito claro que, além das vocações próprias ao artista, existem grandes tradições culturais nas quais elas podem se inserir. Esta pintura lenta, no século XIX tem uma história, que se origina mais remotamente dentro dos métodos picturais instaurado pelo neoclassicismo, no final do século XVIII. À habilidade barroca, David substituíra um fazer lento, permeado pela reflexão racional e em tudo avesso à fúria do gênio. O rastro da pincelada desaparece; a cor, o desenho, a composição se encontram, num primeiro tempo, dissociados; os estudos, isolados, se resolvem num produto final que lhes é distinto – estamos muito distantes de um Tiepolo, por exemplo, em que, da "lavada" que esboça a primeira ideia se passa, sem dificuldade e sobretudo sem ruptura de natureza, para o grande afresco.

A base primordial da pintura neoclássica é o desenho. Não o croqui rápido, feito com virtuosidade, mas o contorno aplicado, clara e lentamente traçado, associado a uma definição de volumes por um sombreamento cuidadoso. A ele se acrescenta o estudo por partes – persistente, repetido – daquilo que se quer representar. Ou seja: uma vez estabelecida a ideia geral dos quadros, procede-se ao trabalho sobre cada elemento, sobre cada ser, e isto parte por parte: olhos, narizes, cabeças, mãos, braços, e pernas.

Daí advém a importância fundamental da anatomia, cujo perfeito conhecimento permite a coerência da junção dos pedaços, sob pena de surgirem monstros (como o fez Ingres, que dispensava a síntese anatômica), ou manequins sem força. Daí a necessidade de desenhá-los nus, numa primeira etapa, e vesti-los apenas quando a estrutura do corpo estivesse perfeitamente solucionada. Os resultados primordiais de tensão seriam particularmente debilitados sem a expressão vigorosa dos músculos: num quadro como o *Juramento dos Horácios*, o grupo principal, construído essencialmente através de efeitos de retesamento, tem necessidade absoluta desse extraordinário eriçar dos músculos sob a pele. O *Juramento dos Horácios*, como se sabe, foi o quadro-manifesto do neoclassicismo: note-se, nele, embora de modo mais violento, o emprego dos vazios com papel dramático preponderante, como na batalha de Victor Meirelles.

Sabemos que esse trabalho de decomposição e recomposição do mundo está por trás da *Batalha dos Guararapes* graças aos inúmeros estudos deixados pelo pintor. Mas é possível articular muito claramente esse processo à sua formação através de uma carta a ele dirigida em 1855 por seu mentor, Manuel Araújo Porto-alegre.

Nessa carta, Porto-alegre indica alguns ilustres exemplos internacionais como modelos ao jovem Victor. São nomes da geração que sucedeu a David na primeira metade do século e que já havia tomado suas distâncias com o neoclassicismo ortodoxo dos primeiros tempos, pintores que se situam nas águas do romantismo: Gros, Horace Vernet, Delaroche. Mas a crítica feita por Porto-alegre à *Degolação de São João Batista* que Meirelles realiza na Europa é reveladora de fidelidade aos preceitos estritos do neoclassicismo, mantidos na Escola de Belas Artes do Rio de Janeiro, desde a chegada da Missão Francesa. As indicações são claras.

> Antes de compor, veja a ação em geral, veja depois, cada uma das suas personagens: estude-as moral e fisiologicamente para que elas possam, cada uma de per si, compor um todo harmônico e verdadeiro.[19]

A análise proposta a respeito do algoz da *Degolação* é ainda mais expressiva, escrita numa linguagem que parece saída de manual anatômico para estudante de medicina:

> A figura do algoz tem boa cabeça; o pescoço, o tórax e o abdômen estão sofrivelmente modelados e melhor coloridos, porque não tem tons sujos, porém, parece-me que há uma falhazinha miológica na região intercostal. O braço direito, no que toca o antebraço, não está mau, porém não está acentuado com energia, nem tem clareza na musculação: o deltoide deveria ser mais fibroso, assim como mais marcado o tríceps braquial; quanto ao antebraço, punho e mão, esses não foram estudados com tanto amor como o tórax e o abdômen. (...) As pernas parecem curtas, e um tanto inertes no modo de acentuar a musculação: o que está perfeitamente modelado é a parte externa da região poplítea e, sobretudo, a inserção posterior do tríceps da coxa.[20]

Desse modo, pela sua formação, Meirelles é devedor dos mais nítidos processos neoclássicos. Por ele, os personagens são concebidos com precisão anatômica, transpostos para a tela um por um, numa junção harmoniosa com os outros.[21] Veremos, mais adiante, a distância que Meirelles toma em relação à ortodoxia do neoclassicismo – a carta de Porto-alegre, em verdade, se configura como um alarme.

Mas esses princípios básicos determinados pelo ensino neoclássico, que levavam à concepção ponderada das partes, nunca serão, por Meirelles, abandonados: na *Batalha*, gestos e atitudes muito pensados atingem por vezes uma beleza comovente: assim, o oficial holandês, caído em meio ao exército brasileiro, logo atrás de Antônio Dias Cardoso, que ergue a mão num gesto vencido de lassitude e desalento. Ou Keewer, por terra, numa posição retorcida, levantando os olhos ao opositor – possivelmente a mais bela figura do quadro.

Apenas um personagem corre: é o Sargento-mor dos Infantes – e ele demonstra as dificuldades na expressão do movimento que o método neoclássico trouxe consigo. O contorno impecavelmente definido, o modelado aplicado e lento que uniam as partes previamente estudadas com muita minúcia, não eram próprios a criar a impressão dinâmica. E desse modo, avançando com as pernas abertas, o pé no ar num passo largo e consciencioso, nos dá a impressão de ter sido fixado nessa postura ao ser transposto para a tela. Temos, desse modo, uma "leitura' que significa "corrida" (no mesmo sentido em que Mário de Andrade empregou a expressão "leitura de voo", a respeito dos anjinhos do Padre Jesuíno), mas não a miraculosa ilusão dinâmica que o barroco conseguia produzir. Victor Meirelles, por causa de sua formação, cria um mundo cristalizado.[22]

Guararapes e a Arte Francesa de Seu Século

Gros

Como se sabe, a *Batalha dos Guararapes* foi realizada de 1875 a 1879 e exposta ao lado da *Batalha de Avaí* de Pedro Américo, confronto que engendrou ruidosa polêmica. Américo trazia uma concepção de liberdade pictural, de dinâmica da pincelada, de riqueza cromática, de uma imensa orquestração universal do furor guerreiro, não apenas inteiramente diverso de Meirelles, como muito distante dos parâmetros da tradição clássica. Entretanto, dos primórdios do neoclassicismo até *Guararapes*, muita água havia corrido. Sem distorcer seus princípios formadores, Meirelles não podia ter ficado indiferente a vários aspectos de tudo o que se passara no domínio das artes durante o longo período que separa seu quadro do momento da eclosão neoclássica.

Relacionar *A Batalha dos Guararapes* com uma produção artística que lhe é mais contemporânea não parece, no entanto, tão fácil quanto estabelecer sua descendência neoclássica. Porque esta depende de matriz genética muito mais geral, enquanto a articulação com a pintura recente se faz por ramificações menos evidentes. Acrescente-se – e isto é fundamental – que os estudos sobre pintura dita "acadêmica" (ou oficial, se se quiser), só agora tomaram impulso e inúmeras zonas ficam ainda na sombra.

Um setor particularmente pouco desvendado pela história da arte internacional é justamente o da pintura militar, pela causa muito provável do peso ideológico que traz consigo. O antimilitarismo do nosso tempo fez com que o "revival" dos quadros oficiais do século XIX a que assistimos se concentre nos temas anedóticos ou eróticos, nos retratos ou cenas de gênero; as pinturas de batalha emergem apenas de modo episódico ou acidental na renovação desse interesse. Por enquanto, neste domínio, as interrogações ou hipóteses são muito mais frequentes que as certezas.

Para avançarmos nessas relações, tomemos os pintores aconselhados a Meirelles por Araújo Porto-alegre como modelos: Gros, Vernet e Delaroche.

Os três são, aproximadamente, da mesma geração, e já estavam mortos na época de *Guararapes*. Derivam, de um modo ou de outro, da linhagem neoclássica, que enriquecem e dilatam, cada um à sua moda.

Gros inaugura o gênero da pintura de batalha dentro da iconografia contemporânea, nesse momento da França pós-revolucionária, correspondendo à constituição de um estado fortemente militarizado. Em 1800, lembra Susan Locke Siegfried:

> Graças a um aumento no lastro do estado das artes sob Napoleão, imagens militares com força total de uma invasão, entraram no salão. Os salões do Império, como é colocado por um crítico, pareciam um diário oficial ilustrado; anos mais tarde, Quatremére de Quincy ainda deplorava as conscrições de Napoleão da pintura a serviço da política.[23]

Esta produção intensa vem acompanhada por renovações tão radicais, propostas por Gros, que o gênero se altera de modo substancial. À herança do século XVII e XVIII, onde o caráter de documentação exigia uma distância que expunha visualmente o campo da luta *à vol d'oiseau*, Gros aproxima violentamente a cena, dispondo-a sobre as imensas superfícies das telas, impondo-a dramaticamente ao espectador.[24]

Guararapes inclui-se nesta tradição instaurada por Gros, da imensa tela, dos personagens em grandes dimensões que o olhar defronta. Mas inclui-se de longe, num momento em que esses dados formais já haviam sido plenamente absorvidos e transformados pelas práticas picturais.

A relação não pode ser imediata: Gros, e toda tradição das batalhas napoleônicas, também desenvolvida por Girodet, Colson ou Meynier, não apresentam pontos comuns diretos de feitura com o quadro de Meirelles. Aqui é impossível encontrar nem o colorido suntuoso e quente, nem a gesticulação larga e afetuosa que une os diversos personagens em enlaçamentos, apoios ou socorros, nem pretextos para nus de soldados anônimos e, sobretudo, muito pouco vigor nervoso que o autor da *Batalha de Nazaré* inoculava nos seres, particularmente em seus cavalos eletrizados. É o que Siegfried chama de "modo afetivo" na representação dos combates, cuja presença na pintura de Meireles é extremamente atenuada.

Ainda mais: *Guararapes* nos conta o episódio em sua inteireza, dando-nos a totalidade da ação por meio de evidente clareza compositiva, oposta à batalha que, *for Gros, it is a chaotic, partially obscured mêlée.*[25]

Quanto aos soldados que encontramos em *Guararapes* atirados ao primeiro plano, efeito utilizado com frequência por Gros e ao qual fizemos referência mais atrás, há muito que haviam passado para o repertório das grandes telas guerreiras. Mesmo, poder-se-ia dizer, haviam perdido o sentido forte e original da concepção de Gros. E Jean Clay[26] que assinala:

> Dentro das vastas biografias que Gros consagra aos campos Napoleônicos, a função tradicional da cavilha – assegurado por um objeto ou área vazia, no primeiro plano, a impressão de uma escadaria dentro da profundeza é substituída pelo seu contrário: a frente do quadro, longe de ser vazio ou neutro, se preenche com imagens violentas e agressivas que quebram como ondas sobre o espectador, contradizem o caráter heroico da obra e se constitui em contradiscurso.

Ora, bem evidentemente, não é este o caso de *Guararapes*. Ao contrário, a ideia de *repoussoir* é ali fundamental.[27] O próprio texto do pintor, que acompanhava o esboço número dois, transcrito acima, já se falava no contraste de disposições que "ajudam a fugir". Os personagens do primeiro plano – incluindo os soldado que tentam se levantar – servem exatamente para salientar o episódio no qual a obra se concentra, e que se encontra mais atrás. Sem contar que os primeiros planos violentíssimos de Gros – pensemos nos cadáveres enregelados de *Eylau* – são esvaziados de horror em *Guararapes*. Nesta tela, o primeiro plano torna-se secundário de um ponto de vista narrativo, não perturbando em nada a hierarquia das intenções, e sobretudo, não contradizendo o sentido geral da batalha, integrando-se num projeto que se resolve – como veremos melhor adiante – menos no corpóreo do que no abstrato.

O fato de que Meirelles tenha copiado *Jaffa* não significa muito para os fundamentos de sua arte, como não significam muito suas cópias de Géricault, Salvator Rosa, Rubens ou Tintoretto. É verdade que a veemência "barroca" de *Nazaré* cede lugar, na trajetória de Gros, a uma síntese de preocupações realistas e de tradições originadas na antiguidade romana, como o demonstrou McCoubrey.[28] Estes dois caminhos são, em verdade, convergentes: o realismo da antiguidade romana serve de guia ao realismo moderno. Eles conduzem também a uma organização mais clara e ordenada da composição. Foi com *Eylau*, em 1808, que o pintor promoveu, esplendidamente, a renovação de sua arte no sentido desse realismo equilibrado.

Ainda assim, qualquer vínculo entre Meirelles e Gros revela-se tênue, muito diluído no interior de generalidades pouco significativas. *Aboukir*, cujo núcleo central nos mostra, de modo destacado, um cavalo branco voltado para a direita, e um homem, de pele escura, no chão, tentando se levantar[29] – arranjo visual que poderia eventualmente fazer pensar no fulcro da composição de *Guararapes* – constitui-se, entretanto, por uma frisa onde se encadeiam seres muito individualizados, no qual o horror da embriaguez combativa se concentra em expressões paroxísticas – algo que se opõe inteiramente à imagem da guerra que Meirelles entende expor, onde o personagem diminui sua presença em benefício de sua integração nos grupos.

O papel do exotismo racial, com a exibição de anatomias de negros, entra, na obra de Gros, através da suntuosidade bárbara que o imaginário ocidental projetava então no Oriente, e se afirma ali de modo espetacular: ele está no oposto da discrição com a qual Henrique Dias é inserido na batalha de Meirelles. Delestre, o primeiro grande biógrafo de Gros, comenta, sobre *A batalha das Pirâmides*:

> Gros também desejava mostrar que homens estavam contra o sistema muscular da etíope, a força herculana do muçulmano, a estrutura nervosa e seca do árabe são características da mão do mestre, dentro dessas figuras formando entre elas vivas oposições de desenho e cor. Um modelo firme, sábio e verdadeiro, dos tipos bem escritos, são as qualidades principais deste grupo onde o autor pode ficar mais à vontade que nas figuras dos nossos, vestidos com a parcimônia e estreiteza da roupa francesa.[30]

Meirelles, ao contrário, desdenha a caracterização racial – e note-se que estamos num quadro celebrando miticamente a união das raças, cuja força conjunta constituirá a nova nação.[31] A Academia do Rio de Janeiro insistira para que Meirelles copiasse "o árabe que está sob o cavalo de Murat, se possível em tamanho natural"[32], na *Batalha de Aboukir*. Pouco importa, Meirelles é fiel a si próprio. Muito ao contrário de Gros, ele irá cobrir, disfarçar os corpos, seja de que raça forem – exatamente com a parcimônia e estreiteza das roupas ocidentais a que se refere Delestre: basta evocar o estudo para Felipe Camarão, que analisamos mais atrás. Nem a lição de colorido, do tratamento das matérias, da insistência nas tensões musculares, advindas de Gros, atingem a arte do catarinense.

A questão da diversidade dos tipos raciais na pintura de batalhas, trazidas pela pintura de Gros, onde anatomias e trajos concorrem para efeitos de oposição cultural, é formulada, como desejável e positiva, por Baudelaire, muito tempo depois das obras do pintor de *Eylau*:

> Eis aqui os Kurdes à Sartari (de Constanteni Guys) tropas estranhas cujo aspecto faz sonhar com uma invasão de hordas bárbaras; eis aqui os bachibozoks, não menos singulares, com seus oficiais europeus, húngaros ou poloneses, onde a fisionomia dos dandis corta singularmente sobre o caráter no estilo barroco oriental de seus soldados.[33]

O exotismo, as culturas diversas, o fascínio pelo outro, pelo diferente, que o espírito romântico cultuou, que Gros inseriu em suas batalhas e que Baudelaire celebra, não pode participar de *Guararapes*. A diversidade dos tipos raciais não deveria, por razões ideológicas, ser contrastante: portugueses, índios, negros, tudo é brasileiro. Meirelles vai além, no entanto, de uma união – ele tende à anulação das diferenças, como acima foi demonstrado. Este princípio de intenção iconográfica encontra o instrumento formal que o serve, norteado pelo unificador, pelo uno.

A obra, por si só, o proclama. Mas o próprio pintor explicita que, em primeiro lugar, foi necessário estabelecer uma precisa hierarquia de merecimentos:

> A minha preocupação foi tornar saliente, pelo modo que julguei mais próprio e mais digno, o merecimento respectivo de cada um deles (dos heróis de Guararapes), conforme a importância que se lhes reconhece de direito. [Em seguida, o sentido desta batalha não é destrutor, mas positivo, calculadamente heroico:] Os episódios, por mais característicos e pitorescos de uma batalha, cujo fim fosse tão somente representar a destruição ou o extermínio de uma raça pela outra, não poderiam, na tela de Guararapes, contribuir senão para excitar o interesse calculado pelo artista, que só cogitou de chamar atenção do espectador sobre os personagens principais. [O cálculo não se confunde com habilidade, porém. Ele é reflexão que subordina as partes ao todo, que elimina as autonomias singulares, os detalhes pitorescos, em nome de uma ideia primordial que é a unidade:] É dessa subordinação rigorosa na disposição dos episódios e sua relativa importância que resulta sempre, num painel, o caráter de grandiosidade, a simplicidade e a perfeita unidade [...].

Enfim, a proclamação de uma síntese draconiana, onde acidente e diversidades são abolidos: tudo se constrói em benefício do uno:

> Para que a ação seja uma, deve apresentar uma ideia dominante, sem ter nada de estranho, nem de supérfluo ao assunto de que se trata, mesmo porque do sublime ao ridículo a distância é só de um passo.[34]

Mesmo se quisermos fazer apelo a obras de Gros, posteriores à ruptura instalada por *Eylau*, onde a veemência das batalhas é atenuada em benefício da clareza, não conseguiremos ainda ligação convincente com *Guararapes*. Tomemos *Napoleão em Wagram*, de 1810. Gros procede a uma ordenação dos grupo que permite concatenar um duplo episódio: o deslocamento de um trem de artilharia sob o comando do imperador, e o ferimento de Bessières. Já a própria preponderância da narração sobre o esquema compositivo nos afasta do princípio de afrontamento, essencial e quase abstrato, que preside ao quadro de Meirelles, onde o avanço dos brasileiros se contrapõe às lanças levantadas do grupo holandês, amontoado em resistência.

Mais ainda, os diálogos de grandes gestos concatenando as subdivisões de massas humanas, as formas habilíssimas dos escorços – o cavalo de Napoleão que gira para o fundo, em direção contrária ao olhar do Imperador, o canhão do primeiro plano, a montaria de Bessières, agitando-se com as patas no ar à maneira de monstruoso inseto, *morceau de bravoure* atirado num primeiríssimo plano –, e ainda esta ideia de um exército imerso no luxo das cores e das matérias, tudo assinala as grandes diferenças que opõem as intenções artísticas dos dois pintores.

Delaroche

Outro mestre citado por Porto-alegre foi Delaroche, célebre por suas cenas ligadas à vida – antes, mais frequentemente, à morte – de personagens históricos. *O assassinato do Duque de Guise*, o admirável *Suplício de Jane Grey*, da National Gallery de Londres, os *Filhos de Eduardo*, provavelmente sua mais conhecida obra, a *Morte de Mazarino*, o *Cromwell contemplando o cadáver decapitado de Carlos I*, do museu de Nîmes, a *Morte de Elisabeth da Inglaterra*, que o Louvre, há alguns anos, recolocou em lugar de honra, são quadros de fatura muito habilidosa, traduzindo com fidelidade os tecidos, dando às matérias um aspecto porcelanizado, muito "distingué".

As composições são equilibradas e largas, as atitudes possuem uma elegância convincente, e o resultado final alcança, indiscutivelmente, uma certa grandeza. Delaroche sabia contrastar a miséria física com o luxo mundano – assim, o retrato emaciado, lívido e velho, de Elisabeth agonizante, se opõe aos tecidos preciosos; a roupa suntuosa de Jane Grey se dobra sobre a palha do chão, vestindo uma belíssima mulher que, com os olhos vendados, é levada ao cepo do patíbulo. Talvez essa constância no tema da suprema infelicidade dos poderosos que se encontram diante da morte, traduzido por uma pintura impecável, seja o que tenha levado Porto-alegre a considerar, na carta a qual fazemos referência, "M. Delaroche (...), que é hoje o pintor mais filosófico e mais estético que eu conheço". Hébert diria de Delaroche, que, retratando estas situações terríveis, havia conseguido uma análise visual da ação dos afetos obre o corpo:

> Você é o homem que soube se comover pela emoção profunda do dramático concentrado e pelo terrível véu [...] As qualidades do desenho, cor ou arranjo, foram desenvolvidas pelos antigos: restou o estudo da alma e sua ação sobre a aparência; você se apossou disto e o levou tão longe que há desespero em fazê-lo dar mais um passo.[35]

Delaroche havia realizado, no início de sua carreira, um quadro de batalha bastante conhecido então, *A tomada do forte Trocadero*, onde, elegantemente, o Duque de Angoulême contempla a luta, juntamente com seu Estado-maior. Muito notável a destreza com que o princípio de fidelidade aos retratos é associada a uma "naturalidade" das atitudes. A luz, proveniente de clarões, infiltra-se entre os volumes, jogando com as projeções das sombras, de modo muito fino. Tudo possui esse tratamento delicado e característico das matérias que seus quadros posteriores apresentam. Seria forçado encontrar aqui pontos comuns com a batalha de Meirelles. Este não pudera estudar – como o desejava Porto-alegre – com Delaroche, que falece pouco depois da chegada do pintor brasileiro em Paris. De todo modo, as afinidades entre a obra de Meirelles e Delaroche são pequenas, a não ser por aspectos bastante gerais.[36]

Horace Vernet

Resta Horace Vernet, último rebento de uma ilustre dinastia de artistas. Vernet pintou muitas batalhas, foi um dos principais artífices do Museu Nacional de Versalhes, cujo projeto havia estimulado, de modo considerável, a pintura militar. Talvez não seja inútil relembrar aqui do que se trata. A monarquia de Julho conseguira recuperar todas as tradições históricas: Luís Felipe, o rei-burguês, podia tanto reivindicar suas origens antiquíssimas de grande príncipe, como seu passado jacobino, como filho de regicida e herói nas batalhas revolucionárias de Valmy e Jemmapes, e ainda a epopeia napoleônica, na medida em que esta fora uma consequência da Revolução. A bandeira tricolor devia fazer convergir a mais diferentes origens políticas, e um pluralismo histórico se constituía num auxiliar eficaz para tanto.

Versalhes se transforma então num museu consagrado "a todas as glórias da França".[37] Nele são reunidos obras e objetos das mais diferentes proveniências e são encomendadas grandes telas que, associadas a outras mais antigas, contassem, numa ordem cronológica, os acontecimentos mais importantes da história francesa. O catálogo de 1839 assinala mais de mil pinturas, das quais a grande maioria era consagrada aos feitos militares.

O palácio foi consideravelmente alterado em sua estrutura; criou-se, em particular, uma enorme galeria no primeiro andar da ala sul: a *Gallerie des Batailles*. Delacroix contribuiu com a *Bataille de Taillebourg*, uma chusma de outros pintores de celebridade variável, concorreu para a execução do projeto. Entre eles se destacava, pela frequência e pelo renome, Horace Vernet.

Vernet, dizia Porto-alegre em sua carta, era exímio *expert* em cavalos: "conhece as raças e o animal melhor do que ninguém". Efetivamente, o pintor possuía essa reputação, embora se possa contrapor aqui a observação de Van Gogh, segundo a qual um só cavalo de Delacroix devorava a tropa inteira de Vernet. Esta metáfora caracteriza e sintetiza a oposição entre uma arte de ambições elevadas, e outra, que se contenta com um *métier* bem-conduzido: situação que será explicitada por alguns historiadores, e, melhor que todos, Léon Rosenthal, como mais adiante veremos.

Pintor elegante, em seus quadros cada raça equina era perfeitamente figurada: se é inútil buscar neles a mesma energia vital dos de Géricault, é preciso lembrar que ambos os pintores se ligaram por uma amizade grandemente alimentada pela paixão comum nutrida pelo esporte equestre.

Nas telas de Vernet, as pelagens são fielmente traduzidas e os animais por vezes possuem, romanticamente, uma agitação febril, como no vertiginoso *Mazzepa* do museu Calvet. Suas batalhas e seus cavalos são executados numa fatura brilhante e suntuosa, destinada a ilustrar uma guerra pitoresca. Voltaremos a essas composições guerreiras.

Seria interessante, entrementes, tomar uma obra precisa, para colocá-la em relação com o núcleo central de *Guararapes*. Trata-se da *Corrida dos cavalos livres em Roma*, que se encontra hoje no Metropolitan Museum de Nova York.

Nas duas telas, os cavalos principais empinam, numa atitude semelhante: a cabeça se volta para o espectador, a pata traseira esquerda se dobra, de modo a que o peso repouse na direita. Se as posturas são, portanto, muito parecidas, o tratamentos picturais, porém, opõem-se de modo radical. O modelado de Vernet é produzido por pinceladas não disfarçadas, a musculatura de seu cavalo sobressai estirando o pelame com relevos ressaltados na coxa, que recebe o peso maior, e no pescoço arqueado. Todo o corpo é investido por um frêmito muscular.

Ao contrário, a montaria de André Vidal de Negreiros é luzidia, lisa, a anca brilha numa superfície uniforme, o conjunto tem um certo aspecto de rigidez – se a alimária de Vernet se levanta do chão, a de Meirelles está como que suspensa no ar, fixa, tendo alguma coisa dos cavalos de carrossel. Embora sem a veemência de um Géricault ou de um Delacroix, Vernet se articula às contribuições românticas.

Meirelles ignora-as e suas telas adquirem, ao lado das do mestre de *Mazzepa*, um certo sabor arcaico.

Também aqui a lição não foi seguida. É possível verificar se as batalhas de Vernet possuem alguma coisa em comum com *Guararapes*. Tomemos a *Bataille de Bouvines* e a *Bataille de Fontenoy*, dois admiráveis quadros, e dos mais importantes dentre os que se encontram na *Gallerie des Batailles*.[38] Em realidade, trata-se de um antes e de um depois da luta propriamente dita. *Bouvines* traz o momento no qual Felipe Augusto, colocando sua coroa sobre o altar, é aclamado ao pedir que os barões entreguem-na ao mais digno; em *Fontenoy*, os troféus são trazidos a Luís XV. A cenas pressupõem, no entanto, agitação, onde bandeiras e lanças são levantadas.

Elas não possuem, porém, a univocidade de ação de *Guararapes*. *Bouvines* é mais concentrada num triângulo largo, onde o grupo dos barões levanta os estandarte em direção ao rei, criando um efeito visual de confronto. Mas em ambas, os grupos paralelos ao acontecimento principal acrescentam diversões narrativas que fascinam o olhar e neles o pitoresco é elemento inevitável. Victor Meirelles, segundo o que pode ser lido com frequência, buscava com minúcia a fidelidade aos acessórios e cenários da época – o que é verdade. A cor local, no entanto, embora presente em seu quadro, possui função muito secundária, contando fundamentalmente a qualidade construtiva da composição, cuja força neutraliza esse mesmo pitoresco de trajos e objetos, tratados, aliás, por meio de procedimentos simplificadores.

Nos quadros de Vernet desdobram-se as variantes dos uniformes, roupas, acessórios, gestos que estabelecem ritmos elegantes e diversificados no conjunto. Além disso, a maestria nos modelados, o desempenho nas atitudes, introduzem uma "aisance" que não interessava o pintor de *Guararapes*. Aliás, Vernet demonstra – malgrado seu grande valor e a forte impressão que algumas obras-primas podem produzir no espectador – uma destreza e um engenho que se repetem em diversos quadros, enquanto as grandes telas de Meirelles se apresentam sempre com soluções renovadas. Vernet desfraldava com garbo seu talento habilidoso em inúmeras obras que ilustravam a história da França. Meirelles construía cada quadro como um problema novo: *Guararapes*, *Riachuelo* ou *A primeira Missa*, tomou, cada um deles, caminho diverso. Enfim, nem pela feitura, nem pelo que pintar significava, é possível articular *Guararapes* e às batalhas de Vernet.

Este traço da arte de Vernet, assinalado por Baudelaire ao compará-lo a Constantin Guys, caracteriza-o como *gazetier*, jornalístico, interessado em trazer para a imagem das batalhas aspectos extraídos da observação e que complementam a figuração essencial da luta. São aspectos que possuem, sem dúvida, o cunho da reportagem, mas ainda introduzem diversões visuais pitorescas:

> Eu examinei atentamente esses arquivos da guerra do Oriente (campos de batalha repletos de restos fúnebres, um carreto de

materiais, embarcação de gado e de cavalos) quadros vivos e surpreendentes copiados da própria vida, elementos de um pitoresco precioso que muitos pintores de renome, colocados nas mesmas circunstâncias, teriam negligenciado impensadamente; não obstante daqueles, excluirei de bom grado M. Horace Vernet, verdadeiro gazeteiro ao invés de pintor essencial, com o qual MG. Artista mais delicado, tem semelhanças visíveis, se queremos não considerá-lo apenas como arquivista da vida.[39]

Claramente, Meirelles não possui esse tipo de interesse. Ele é um pintor do essencial, onde a diversidade deve ser submetida ao projeto principal, seja no seu aspecto iconográfico, seja formal. A ideia de unidade, onde as partes se integram e se correspondem, é, em sua pintura, determinante. Para ele, a reconstituição pictural da história não possui um aspecto meramente ilustrativo. Ela subordina-se a princípios superiores da arquitetura visual, fixada fora do tempo, fora do efêmero. Ele está no oposto do pintor da vida moderna desejado por Baudelaire.

A Batalha Sem Violência

A França em verdade teria pouco a lhe ensinar. O que ele incorpora do ambiente parisiense é superficial. A formação decisiva de Meirelles é romana.

Meirelles afinou sua formação neoclássica por meio do Purismo romano. O Purismo possivelmente fizesse ressurgir as primeiríssimas determinantes de seu aprendizado, quando iniciava-se com o engenheiro argentino D. Marciano Moreno aos rudimentos do desenho geométrico[40]. Há uma coincidência entre as vocações plásticas de Meirelles, e aquilo que ele descobre em Roma. É o ambiente romano que contribui para enfraquecer a materialidade das linhas, para simplificar os volumes, para definir a nitidez das superfícies, para submeter o traço à regência das formas abstratas, para tornar discreto o colorido sensível, sem violências, de sua pintura.

Este "sem violência" pode parece paradoxal: os instrumentos picturais do Purismo não são próprios, evidentemente, para os ímpetos e horrores da fúria guerreira[41]. Ao contrário, tudo é feito com as nuances de um trabalho pictural meditado. Um dos grandes prazeres, diante de *A Batalha dos Guararapes*, é observar os contornos que se desenvolvem num percurso ao mesmo tempo sólido e muito trabalhado, com frequência sublinhados pelos efeitos de contraluz ou pela fronteira das cores, perfeitamente inseridos nas necessidades da composição, criando requintados subritmos internos. Veja-se, por exemplo, o contorno exterior do cavalo de Keeweer, que recua, veja-se o dorso do negro que se prolonga no braço esquerdo levantado – a figura que se situa logo atrás de Cardoso, com uma lança quebrada na mão – veja-se os ritmos ascendentes, descendentes, curvos, que encontramos no grupo de soldados por terra, no primeiro plano, ritmos determinados por braços, botas, barras amarelas dos gibões, superfície luzidia dos metais. Todo o quadro possui efeitos circulares: escudos, capacetes, golas, tambor, que povoam, em contraste, o ouriçamento das espadas e lanças. A sutileza da linha permite os efeitos raros.

A composição ampla é um dom próprio ao catarinense: perfeitamente concebida, ela se enriquece assim dessas primorosas cadências internas. Compare-se, por exemplo, *A Batalha de Guararapes* com *A Batalha de Lipadusa*, de Schnorr von Carosfeld no qual, apesar do número consideravelmente menor de figuras, do tratamento nítido das formas, da rigidez dos gestos, dos efeitos de tensão e oposição, aquilo que se busca não são cadências nuançadas, mas um acúmulo de volumes, nos quais sobressaem cores ácidas: o resultado geral é o de uma grande confusão. O quadro de Carosfeld é fascinante pela minúcia "primitiva" com que ele traduz cada detalhe, apesar de emaranhada refrega. Mas é evidente que Carosfeld não possui a invenção rítmica, poética e harmônica dos grandes conjuntos e dos pequenos grupos que *Guararapes* nos revela.

Preencher uma tela tão vasta (4,95 cm x 9,23 cm) não é tarefa simples. Meirelles evita as fórmulas elegantes e banais da tradição francesa, assim como as incertezas de composição que denunciam a marca primitiva dos nazarenos. Tudo é concentrado numa só ação que não dá lugar aos combates singulares: o confronto dos dois chefes, a cavalo, adensando os vazios, é o ponto nevrálgico da luta coletiva: o conjunto é definido geometricamente pelos triângulos superpostos: não há distração para o olhar, nem por fatos paralelos, nem por destaques particulares consagrados aos acessórios[42]: a animação interior vem das posturas traduzidas visualmente, ao mesmo tempo específicas e integradas no conjunto.

A passagem por Roma foi decisiva. Ela serviu para dar uma inflexão purista aos meios neoclássicos que Meirelles adquirira no Rio. Como dissemos, o Purismo – nesse meio romano papal da *Accademia de San Luca*, muito fechado sobre si mesmo – sobrevivia com grande vigor, indiferente às grandes inquietações que perpassavam pela pintura internacional, ou mesmo pelo resto da pintura italiana.[43] Meirelles, por sua rarefação linear, pela crença numa geometria que ordena não só a estrutura interna da obra, mas ainda a figuração do próprio movimento, pela imaterialidade cromática, é sem dúvida devedor das concepções do Purismo. Por isso seus quadros, diante da produção francesa contemporânea exposta nos mesmos *Salons* de que ele participou, possuem um sabor tão arcaizante. Não é um caso singular. Fortunato Bellonzi[44] traça um esboço justo da situação artística entre Roma e Florença, assinalando o lugar desses remanescentes puristas:

> Cultura romana e toscana, com forte influência de Morelli, continuaram a proceder juntas, enquanto os propósitos moderadamente

inovadores do nosso prudente romantismo não se vulgarizando na ilustração verdadeira, que uma vez esquecida a função ressurgimento se transformará num fenômeno de moda, análogo àquele dos "quadros vivos" do qual ficou complacente então a sociedade senhoril; e enquanto a tenaz aspiração purista vem cá e lá reflorescendo com acolhimentos tardios do pré-rafaelismo por aquela oscilação, típica do nosso 1800, entre idealismo e verdade (...)

O "verismo" como uma das metamorfoses do romantismo, encontrá-lo-emos mais adiante com Pedro Américo. À "tenaz aspiração purista", que desabrocha aqui e ali, pertence o comportamento de Meirelles – e de vários outros.[45] Assim, o quadro *Cimodocea e Eudoro*, de Luigi Mussini, pintor também marcado pelas preocupações puristas, será visto como arcaizante pela crítica francesa[46] no *Salon* de 1857, embora essa obra pareça ainda – por um certo tipo de realismo anatômico, de musculatura não rija nem heroica, pela sensibilidade às matérias dos tecidos, pelo colorido brilhante – mais "moderna" que a pintura de Meirelles. Em 1879, a *Batalha dos Guararapes* revela-se, sem dúvida, como obra de marcado arcaísmo – resultado de uma fidelidade extrema aos meios picturais próprios que o artista sempre guardou.[47]

Por isto, a sedutora sugestão de Lincoln Kirstein, no capítulo "Nationalism and Battle Painters", de "Latin-American art", in *The Latin-American collection in the Museum of Modem Art*[48] deve ser tomada com cuidado. Kirstein procede a um excelente resumo da trajetória de Meirelles, que vale a pena ser transcrito aqui:

> O caso de Victor Meirelles é típico não apenas do Rio mas da escola através do continente. Nascido em 1832, num estado ao sudeste, chamado Santa Catarina, ele ingressou na Academia na capital em 1847. Lá seu mestre foi Correa Lima, o qual tinha sido aluno de Debret, o litógrafo da Missão Francesa. Em 1853 ele estava em Roma estudando com acadêmicos esquecidos, tais como, Minardi e Nicola Cansoni da Academia de San Luca. Em Paris, ele teve como professor Paul Delaroche, um pintor muito influente na América do Sul; ele observou com admiração as peças de batalha Napolionicas de Versailles e copiou Savator Rosa. Sob a tutela do "Saloneur", Leon Cogniet, ele enviou de volta para o Rio, réplicas de Raft of The Medusc de Géricault, Pest House at Jaha do barão Gros, e de Any Scheffer, Mulheres Zeliot. [...]
>
> Seu esforço mais típico e bem sucedido é, no entanto, A Segunda Batalha de Guararapés, pintado para um ministro imperial em 1879, e agora em exposição no Museu de Artes Finas do Rio de Janeiro.

Esta biografia bastante precisa[49] e sucinta, mostra sem dúvida uma boa familiaridade de Kirstein com Meirelles, embora com afirmações que necessitam nuanças. Mais à frente, o autor avança pontos de comparação:

> A Composição deriva do barão Gros, mas existem algumas partes dela que são espantosamente próximas da Batalha de Bunker Hill de John Trumbull, pintado pelo jovem americano no estúdio de Benjamin West em Londres em 1786, estando agora na Galeria de Arte da Universidade Yale. À direita na obra de Trumbull pode ser visto um tenente americano, Grosvernor, seu servo negro ao seu lado. O mesmo grupo parece reaparecer como um motivo na posição idêntica no quadro de Meirelles, até mesmo a pena nos chapéus e o ângulo da lança. Gravações foram inteiramente circuladas, para ter certeza, e, desde que West surpreendeu as academias oficiais em 1771 com a Morte de Wolf, a "Escola Americana" e seus alunos desfrutaram de considerável prestígio Europeu.

No que concerne à descendência de uma composição de Gros, é pena que o texto não explicite a referência precisa. Já vimos, no entanto, e não é preciso voltar aqui a este respeito, o quanto a pintura de Meirelles deve pouco à de Gros, para acreditarmos numa derivação próxima e clara. Mais original é o cotejamento entre a *Batalha de Bunker-Hill* e *Guararapes*. Mas, em verdade, ela se resume apenas nos dois personagens à direita, que se encontram em ambas as obras. Nem a composição, nem o tratamento pictural fluido, tão setecentista no quadro americano, encontram pontos comuns. Quanto aos personagens referidos, é possível que Meirelles conhecesse o quadro por gravura, como sugere Kirstein, e dela partisse para pintar os seus. A hipótese, entretanto, resta a ser confirmada: a celebridade de Trumbull[50], quase um século depois de sua pintura, talvez não fosse assim tão evidente como o afirma o texto, embora Meirelles, pintor do Novo Mundo, pudesse buscar alguma inspiração em obra americana. Além disto, já vimos como, de esboço para esboço, o personagem que segura o tambor passa, de uma concepção solitária e mais central, para o diálogo com um cúmplice, deslocando-se, enfim, para o canto direito. De qualquer modo, os personagens possuem gestualidades, situam-se entre si, e em relação aos outros, de modo muito diverso em cada uma das telas, restando, como último argumento, apenas o penacho.[51]

Os meios de Meirelles não se afinam em nada com os de Trumbull. Eles vão em direção muito diversa. São eles que garantem a existência, em *Guararapes*, de uma espécie de suporte interno geométrico, linear, "abstrato", coincidentes com o Purismo romano neoplatônico. Mostra-se muito clara, em Meirelles, essa ciência da composição, com leis harmônicas secretas, à qual tudo é submetido. Note-se que, na grande tela guerreira que analisamos, não há combate, não há realmente batalha, não há sequer soldados mortos, afora dois ou três no primeiro plano, exigidos pelas convenções. Não há sangue: a guerra de Meirelles é limpa, feita de energias contrárias e não de detalhes horripilantes.

O próprio pintor sublinhou esse aspecto, escrevendo para defender-se contra críticos que o acusavam de excessiva serenidade: "Na representação da *Batalha dos Guararapes*, não tive em vista o fato da batalha, aspecto cruento e feroz propriamente dito. Para mim, a batalha não foi isto, foi o encontro feliz onde os heróis daquela época seriam todos reunidos".[52] Curioso paradoxo: guerra e felicidade. É que *Guararapes* não se quer ilustração de um episódio histórico ou um testemunho de horror sangrento: ela vai além. É a manifestação visível de tensões subjacentes e sob a imagem do embate se encontra a batalha verdadeira. Cada personagem traz a tranquila afirmação energética de si e encontra sua suprema coerência inserindo-se num princípio superior, global, que ao mesmo tempo organiza as energias particulares e se nutre delas.

Manuel Bandeira, de uma certa forma, havia intuído essa feitura pictural que, conjugada ao tema, o transfigura. Aqui está como o poeta enxerga a *Primeira Missa*:

"Eis aquilo que me parece um grande quadro, em que tudo concorre harmoniosamente para a composição; em que todos os tons se combinam e progridem para o branco esplendor da casula de Frei Henrique, repousante como uma cadência perfeita naquele movimento ascensional das almas".[53] Bandeira atribui um papel primordial à unidade harmônica. A síntese dos elementos é a chave da pintura de Meirelles, é o fato do subjacente equilíbrio obtido que nos oferece, as razões profundas do pintar: por trás das imagens, as almas.

As ideias de Meirelles sobre o movimento parecem derivar, em seu propósitos mais gerais, das concepções professadas por Joachim Lebreton. É McCoubrey que vai buscar no *Rapport sur l'état des Beaux-Arts*, de 1810, as críticas que Lebreton levanta contra Gros:

> Num endereço no estado de artes da França, Joachim de Breton disse ao pintor para moderar o "tipo de fuga" e a "grand é clat" o qual tinha até esta altura danificado suas pinturas. Falando de um ponto de vista Davidian, ele mais além lembrou Gros que uma pintura era um pensamento ou uma ação imobilizada para o observador e proposta sozinha ao seu intelecto.[54]

Alguns dos pontos fundamentais da arte e do pensamento de Meirelles encontram-se enunciados aqui. Arte que passa da materialidade visual, isto é, do sensível, para o domínio do pensamento, regida portanto por um inteligível que requer a instauração dos princípios da imobilidade de maneira a poder se dirigir, *essencialmente*, ao intelecto, corresponde não apenas ao que encontramos em *Guararapes*, mas ainda, às concepções que Meirelles teoriza por escrito. Dos ensinamentos de Lebreton, provavelmente presentes ainda muito no meio brasileiro, à conformação purista adquirida em Roma, Meirelles desenvolve os pontos essenciais de sua arte.

O modo como discorre sobre o movimento permite compreender bem a natureza de suas concepções e de sua arte. O texto escrito pelo pintor sobre o movimento, que já citamos, contém a seguinte passagem:

> Nunca o movimento em um quadro, no seu verdadeiro sentido tecnológico, se consegue senão à custa da ordem, dependente da unidade principal, que tudo subordina no acordo filosófico do assunto com os seres que retratam.
>
> Para que a ação seja uma, deve apresentar uma ideia dominante, sem ter nada de estranho ou de supérfluo ao assunto de que se trata, mesmo porque do sublime ao ridículo a distância é só de um passo.[55]

Que não se tome o termo "tecnológico" por mais moderno do que realmente é sob a pena de Meirelles. Quer dizer apenas o "logos" da "técnica", isto é, a linguagem específica, especializada, de um certo ofício: no texto, sentido tecnológico significa o sentido justo, no interior da linguagem própria do ofício de pintar. Já vimos, aliás, como num texto associado a um esboço para o quadro, Meirelles "arma" sua composição. Ele o faz ali numa linguagem que é, exatamente, a desta tecnologia a que se refere.

Mais misterioso é o "acordo filosófico". A ideia de uma pintura filosófica despontava na carta de Porto-alegre, ela não possuía ali maior clareza do que agora. Mas é possível apreender aqui a função preponderante de uma reflexão prévia sobre a "unidade principal", sobre a "ideia dominante", verdadeira essência da pintura, decisiva para a construção do artista e revelada ao espectador pela aparência exterior, "sensível", de suas imagens. Lembremos ainda o texto truncado do desenho, transcrito mais acima: ele nos fala das relações abstrata que forças internas mantêm umas com as outras. *Guararapes* nos leva para uma composição intelectual, espiritualizada, da pintura, através do desenho e de um suporte compositivo determinante, invisível geometria subjacente às imagens.

Há alguma coisa de profundamente original na pintura de Meirelles e essa originalidade não vem de novidade formais ou de "maneira" característica. Ela surge de uma fidelidade a si próprio. Uma vez o caminho traçado, o pintor não se afastou dele, que não quer dizer que repetiu fórmulas ou caiu num ramerrão estéril. A fidelidade a si próprio compreendia uma alta ideia do trabalho do artista e uma sinceridade no fazer que não se contentava com pouco. Há pintores assim, cuja devoção às suas obras é maior do que a tentação da novidade e que se mantêm afastados dos debates artísticos que lhes são contemporâneos. O evidentemente novo sempre foi um valor de muitas seduções nas artes – por vezes ele é ouro-besouro. Em Meirelles, nova é a resolução de cada quadro, que volta as costas às fórmulas, que é obtida com dificuldades e hesitações, para se afirmar, triunfadora. A tensão de *Guararapes*, o cromatismo da *Primeira Missa*, as imensas naves surgindo das fumaças, em *Riachuelo*, revelam a harmonia, cada vez renovada, que se instaura.

Meirelles possui muito a natureza de um Poussin e, como ele, não se deixa apreender imediatamente. Em ambos os casos, é preciso nos despojarmos do gosto pelo brilho e pela virtuosidade, acostumando-nos a uma pintura silenciosa e secreta, que concebe a visualidade como intermediário para um universo além dos sentidos, além do tempo. São pintores da meditação, amam o equilíbrio, as relações serenas de tons e de formas, a descrição nos sentimentos: são clássicos, na acepção mais alta, mais nobre, mais universal.

IRACEMA OU A FUNDAÇÃO DO BRASIL

Renato Janine Ribeiro (USP)

Para minha tia Iracema Ribeiro

Iracema, ao que consta, é nome de sonoridade indígena inventado por José de Alencar e que constitui anagrama de América. Temos assim o nosso mais destacado escritor romântico rodeando a identidade do continente, até chegar a um termo que teria enorme e fecundo destino: o de marcar – e legitimar – o encontro que deu início a nossa nacionalidade. Desde já adianto que o objetivo deste artigo é ressaltar ponto que me parece ter recebido atenção menor que a merecida, até hoje: o fato de que o sacrifício de Iracema *legitima* a ocupação da terra pelo invasor. O romance assim, embora tenha por título o nome da virgem dos lábios de mel, funda, no absoluto de seu amor, a invasão e a conquista da América. Desloca-se assim o eixo da história do amor de dois jovens, para um quadro mais amplo: o que Martim Soares Moreno efetua é, possuindo, desvirginando, engravidando e de certa forma levando à morte a moça, possuir, desvirginar, engravidar e conquistar sua outra identidade, o continente da América. Fique porém claro, nesta primeira abordagem a *Iracema*[1], que não pretendo reduzir as riquezas do livro ao papel que cumpre na referida legitimação: basta lembrar a importância da linguagem, em que Alencar acertada e pioneiramente valoriza fatores de tradição não europeia, como a parataxe e as metáforas e figuras de modo geral, ao mesmo tempo que, pelo tema, realça uma identidade igualmente americana, à qual dedica pesquisa que não se pode desdenhar.

Conhece-se a polêmica que opôs Joaquim Nabuco, então jovem escritor, a Alencar, já consagrado no *métier*. Dela, basta-me uma palavra: que um dia o pernambucano desdenhasse "essa *Norma* tupi", como se refere a *Iracema*. A alusão à *Norma* de Bellini não estranha, menos ainda sua presença no horizonte alencarino. Não apenas se trata de uma ópera importante, que até mesmo marca, no começo do Segundo Reinado, a volta à regularidade da *saison* lírica: também de Alencar, *Senhora* tem num de seus primeiros capítulos a furiosa execução ao piano, pela personagem-título, Aurélia Camargo, da "sublime imprecação de Norma, quando rugindo ciúme, fulmina a perfídia de Polião". Acompanha ela a música pela letra, num "acesso sentimental" em que expressa toda "a ferocidade da mulher enganada", a "sanha da leoa ferida"

(Primeira Parte, cap. 2). É a indignação de Norma, suma sacerdotisa gaulesa, depois de ouvir do procônsul romano da Gália, Pollione, seu amante em segredo desde alguns anos, que está apaixonado por outra sacerdotisa, Adalgisa. Ele somente voltará a ter amor por Norma no final da ópera e será um amor de admiração mas, sobretudo, sacrifício. Cumpre retomar a ópera para expô-lo.

A *Norma* (1831) é claramente uma ópera que encena, numa suposta rebelião gaulesa contra a tutela romana na Antiguidade, a desejada libertação dos italianos em face das potências estrangeiras – no caso, certamente a Áustria – que lhes vedam a independência e a unidade nacional. Como é de praxe em boa parte das óperas italianas do século XIX, ao posicionamento progressista nas grandes questões sociais ou nacionais se opõe um lastro, geralmente ocultado, que é de natureza mais propriamente pessoal, e serve de enorme peso – inconsciente, posto que até então desconhecido – contra aquela tomada de partido em favor do que podemos chamar do "bem" ou, pelo menos, da justiça e do progresso. Esse modelo aparece, para citarmos apenas algumas óperas, nas *Vespri siciliani* e no *Trovatore* de Verdi; poder-se-ia argumentar que a *Traviata* procede do mesmo modo. Assim, um recorte se delineia inicialmente, a opor as causa progressistas (a pátria livre, seja ela a Gália, a Sicília ou qualquer outra; a defesa dos pobres; a união de quem se ama) ao que existe de mais retrógrado; porém, a dramaticidade não procederá do conflito, num mesmo nível, entre progressistas e reacionários, mas da irrupção, no âmago mesmo da causa revolucionária avançada, de um elemento pessoal marcado pelo acumpliciamento secreto, arcaico e culpável com o inimigo. Dessa forma, o herói libertador dos sicilianos nas *Vespri* é na verdade filho ilegítimo do governador francês, o trovador na ópera homônima é o irmão perdido de seu próprio perseguidor – e aqui, na *Norma*, a sacerdotisa suprema dos gauleses é amante do chefe romano. É isso o que dilacera a alma, tanto do ator-cantor como do espectador-ouvinte, e confere a essas óperas seu caráter trágico.

Esta análise poderia prosseguir. Parece-me particularmente interessante o modo como parte da ópera italiana assim destila os limites da ação revolucionária: o fato de ancorar-se, ela, em vidas presas exatamente ao que se quer destruir. O anseio de fazer do mundo um lugar honesto, limpo, direito choca-se assim com os segredos profundos da vida, em especial aqueles que dizem respeito ao nascimento (de quem se é filho, de quem irmão). Essa parte de nossa vida, que não escolhemos e que se revela secreta, ocultada, obviamente refere o inconsciente. Por isso, o que a ópera diz são os limites postos pelo inconsciente – entendido como um peso, uma natureza (dado que alude basicamente a segredos que rodeiam algum *nascer)* – à ação decidida, consciente, luminosa que nos propomos encetar. As grandes causas do iluminismo e da Revolução Francesa, aquelas que o que há de melhor no século XIX se esmera em realizar, assim encontram seu momento de verdade: ao procurarem fazer-se carne, ao tentar-se a realização dos ideais, chega-se a séculos ou milênios de experiência oposta (figurada, aliás, pelo que é *natural*, pelo que está preso ao nascimento, ao *sangue* – portanto, ao que é quase imutável). A ópera – e sua tragicidade, porque uma e outra se fazem una – estão nessa terrível fronteira, em que o atávico barra o advento da luz.

Norma, porém, não é tão pessimista – se assim podemos dizer, de uma ópera que termina com os amantes engolidos pelas chamas! – quanto as obras que mencionei de Verdi. O que limita a ação revolucionária não é, aqui, o sangue, o atavismo, mas o amor. E, se este traga na sua voragem os amantes, não barra a ação propriamente dita; mais, até: se os enamorados sucumbem, sua herança – os filhos – permanece e assume a identidade, supõe-se, do povo rebelado, já que serão criados pelo avô gaulês. A ligação entre os dois povos, ou melhor, entre a mulher, ventre fecundo, que representa o máximo da espiritualidade das Gálias, e o homem, amante instável retornado ao amor inicial, que detém o máximo do poder romano, é rigorosamente um amor impossível. Mas os dois registros, aquele em que a política se trava e este em que o amor a trava ou é travado por ela, correm de certa forma autônomos. O amor não será óbice definitivo à política. Será ele que se sacrificará a ela. E assim, se pensarmos em termos de afeições privadas e de ações públicas, o particular não terá o condão de destroçar o que a todos diz respeito. O líder das *Vespri*, o trovador e seu irmão cumprem seus destinos trágicos, isto é, o fado que os destitui de sua dimensão pública libertadora para atá-los a sua condição rigorosamente privada, mas sem com isso aniquilarem o espaço própria e legitimamente público.

Inteiramente distinta é a situação em *Iracema*. Como a sua inspiração belliniana, ela detém um saber espiritual, aquele que institui um equilíbrio dos elementos na terra em que vive: filha do Pajé, frequenta o bosque sagrado, guarda o licor secreto dos índios, o vinho de Tupã. Como Norma, apaixona-se pelo invasor, por aquele que seria o inimigo de sua raça. Mas já aqui constatamos que os nativos se dividem em tribos distintas e, no seio do mesmo povo, em convicções opostas. Não há uma unidade indígena, brasilíndia, em guerra com os portugueses, já que aos tabajaras, aliados dos franceses, se opõem os pitiguaras, que acolhem, Poti à frente, os ibéricos. Estes não são conquistadores como eram os romanos. São uma raiz nossa, dos brasileiros.

O propósito de Alencar está em encontrar nossas raízes, descartando o que delas escapa, mas sem pôr em xeque um povo ou outro. Com isso, reduz a parte que se dava aos portugueses (basta ler, no Pós-Escrito à segunda edição, as páginas sagazes em que contesta o primado da gramática e do léxico lusitanos), mas sem jamais lhes negar a legitimidade. Buscar as raízes é, para Alencar, pluralizar a origem, assumindo o elemento ameríndio, mas, já pelo projeto, isso implica não repudiar a invasão do continente. O projeto das raízes e da identidade, aliás, constitui por si só um significativo contraste com Bellini. O italiano não pergunta pelas raízes de seu povo, ou porque não descende, ele, dos galo-romanos, ou porque o problema de se forjar uma unidade italiana não passa, então, por aí. *Norma*, com seu tempo, o que faz é tecer uma relação que podemos dizer analógica: a luta gaulesa de libertação nacional serve de *exemplum* às lutas italianas pela liberdade e unidade nacionais. O tempo passado é inspiração para a ação política contemporânea. Já, em nosso país, o tempo inicial serve de instituição, mais que de inspiração. O que Alencar pergunta é como nasceu um povo mestiço, apelando, no caso, para os dois elementos raciais nobres, o descobridor português e o guerreiro nativo (está fora de cena o terceiro elemento, o que veio à força, o que acatou o eito: o negro).

A busca das raízes obedece a interesses e anseios nitidamente distintos daqueles que presidem à caça do exemplo inspirador. Se neste caso o que se quer é a ação, que transforma o mundo, naquele se pergunta pela identidade, que nos faz encontrar o que somos. O risco é grande, pois, – e o leitor notará que este artigo pertence ao gênero, que se avoluma, de textos que buscam retraçar as nossas falhas, os nossos problemas –, o risco é grande de se chegar a uma legitimação do *statu quo*, em vez de se problematizar o que existe. A legitimidade é, em última análise, um dos traços quase essenciais de todo pensamento voltado para as raízes; e aí está seu problema, porque, com raras exceções (a legitimação pelo povo), o pensamento da legitimidade é conservador – como tão bem se vê na mais importante doutrina que levou o seu nome, o legitimismo dos nostálgicos da casa Bourbon na década de 1830.

Ora, como ocorre essa legitimação? A diferença entre as duas obras, a ópera italiana e a "lenda do Ceará", aqui é nítida. Em Bellini, como vimos, não ocorre legitimação; ao contrário, quando termina o canto o que se espera é que o invasor seja repelido. Sabemos, porque conhecemos a história, que tal não sucede – mas não é isso o que importa, e sim o sucesso emocional, artístico, com que se encerra a obra. Já em *Iracema*, o legado ao leitor é o pranto pela doce figura que abriu, ao europeu, seu corpo, isto é, o corpo da América. Voltaremos, adiante, a este tema do luto inicial, inaugural do continente.

A índia tem os traços que habitualmente se conferem à mulher, no pensamento que distingue os valores conforme os sexos (ou gêneros): é fecunda, é espontânea, é verdadeira, é doce. Finalmente, se o homem é mais ação e ela, passividade ou paixão, se ele é intelecto, e ela, emoção, se ele é, em termos aristotélicos constatados na gestação, mais forma e ela, matéria, ele é razão e ela, espiritualidade. Um espírito que gesta, uma matéria que se alça aos céus – eis, desde que o culto mariano se apossou dos cristãos, o paradoxo fundante da mulher. Não é pouco, então, que Iracema detenha os segredos, o sacerdócio. O que faz o português, conquistando-a, é pois tomar a alma mesma do mundo ameríndio. Para ter-se aos homens, era necessário começar pela mulher. Para apossar-se da terra, era preciso primeiro alcançar a alma.

Ainda, se somarmos a estas considerações um certo conhecimento da doutrina da honra, especialmente na Europa do Sul, lembraremos que a mulher é a via preferencial de toda conquista: é esse elo mais fraco dos machos que mais os fere e machuca quando nele se veem atingidos.

Mas certamente o mais importante, numa história e noutra, é o desenlace. Desde o início, *Norma* está marcada pela tragédia. Ou porque se sinta dilacerada entre o destino da pátria e o amor que a une ao inimigo da raça, ou porque a dor do abandono a fira profundamente, o *pathos* jamais abandona a personagem que dá nome à ópera. São dois conflitos, distintos, que a vitimam. O primeiro é o que se tornará quase podemos dizer habitual, com Verdi. É o que divide o herói das *Vespri siciliani*, ou que marca os irmãos inimigos do *Trovatore*. Há razões dramáticas para a este conflito se sobrepor outro. Se tivéssemos apenas este primeiro, que rasga o coração entre o amor da pátria e o amor ao homem, uma saída se tornaria difícil. É porque a ele se une outro conflito que Norma pode, mostrando-se de uma nobreza absolutamente desesperançada (poupa a rival a quem poderia exterminar, ao mesmo tempo que se condena à morte), recuperar aquilo com que já não contava mais – o amor de Pollione. "Renasce, amor, mais veemente ainda", proclamará ele enquanto se encaminha, com a amada, para a pira fatal. Este destino assinala, com toda a clareza, que no choque entre o amor pessoal e a pátria não há saída senão a morte. Quando muito, conseguirá Norma que seus filhos sobrevivam. Terá posteridade, mas matrilinear, matrilocal, e não segundo a linhagem e a residência do pai. Tudo indica que seus filhos serão gauleses, que provavelmente esquecerão o gene romano.

Nada mais diferente do final de *Iracema*. Morre, somente, a mulher. Ela e Martim sofriam internamente, ela por haver traído a tribo, ele em parte por pruridos de unir-se a uma mulher sem os sacramentos cristãos (para resistir ao sexo com Iracema invoca Deus, Cristo), mas, sobretudo, por saudades da Europa e, possivelmente, dos afetos castos da virgem loura, sua noiva portuguesa, a contrastar com os amores ardentes da virgem tabajara. Talvez a passagem mais bela do romance seja o momento em que Iracema, sentindo ter-lhe perdido o amor, analisa os sentimentos dele pela natureza e pelas cores:

> – Quando tu passas no tabuleiro, teus olhos fogem do fruto do jenipapo e buscam a flor do espinheiro; a fruta é saborosa, mas tem a cor dos tabajaras, a flor tem a alvura das faces da virgem branca. Se cantam as aves, teu ouvido não gosta já de escutar o canto mavioso da graúna, mas tua alma se abre para o grito do japim, porque ele tem as penas douradas como os cabelos daquela que tu amas! (cap. XXVIII).

São bem distintos os dois sofrimentos, embora ambos remetam a questões de identidade. Para Martim, esta se funda provavelmente na religião (veja-se a importância, no final, da vinda do padre e do batismo aceito por Poti, o duplo civilizável do indomável e intratável tabajara, ou seja, de Irapuã ou Mel-Redondo), como também na evocação das cores europeias e dos povos de seu afeto, portugueses e aliados. Não será incorreto dizer, porém, que a identidade a que se liga Martim é menos mencionada, quer porque o foco de que se narra a história é mais propriamente o de Iracema, quer porque o problema da identidade é, exatamente, o seu. A rigor, ela é uma traidora. Renegou os votos que a prendiam, pela virgindade, ao deus, e que por aí a tornavam uma vestal tupi, portadora da sobrevivência e do sucesso de seu povo. Opôs-se a seu povo, indo viver com quem ansiava a sua destruição. Ela é plenamente consciente desse destino trágico. Dos sacrifícios que se impôs pela veemência do amor – veemência esta que a leva, no cap. XV, a tomar a iniciativa de entregar-se a Martim, que embora muito a desejasse, resistia, por escrúpulos em relação a seu hospedeiro, o Pajé, pai da moça – Iracema tem perfeita noção, e jamais os cobrará de seu esposo, sabendo, desde quase o começo, que tem por destino morrer logo. Essa morte, porém, não é apenas sua, é a de seu povo, a de sua identidade. De todo modo, para essas dores desiguais a saída estará na morte do elo mais fraco. Iracema não pode suportar a situação de constituir-se como elemento terminal de sua tribo. Sua personagem estará fadada, aliás, a longa posteridade; um de seus descendentes mais próximos de nós é provavelmente o índio do filme de Hector Babenco *Brincando nos campos do Senhor*, que mau grado seu serve de veículo para a destruição de toda a sua comunidade, por um simples resfriado, fruto ainda por cima de um beijo casto e apaixonado.

Detenhamo-nos, por um momento, nesta obra mais recente. O que chama a atenção, em *Brincando*, é antes de mais nada a gratuidade da morte, a facilidade com que o branco traz o extermínio aos índios. Porque se trata de uma doença das mais banais, que não mata ninguém no mundo branco: o resfriado. Porque sua transmissão é das mais belas e até mesmo inocente: um beijo, é verdade que entre pessoas que não deveriam beijar-se e estão nuas, mas ainda assim um beijo sem continuidade, que não resulta em sexo. E, enfim, porque a morte vem sem dolo, mais que isso, sem vontade e sobretudo *contra a vontade* dos que a trazem, que, missionários ou não, desejam para o outro o que consideram ser o bem. Amor, morte: o enamorado extermina sua tribo.

Iracema não é, porém, desnecessário soa dizê-lo, uma obra de tal alcance filosófico. Se *Brincando* quer mostrar o caráter vão de tantos propósitos, mesmo inocentes, a futilidade com que a morte – e até mesmo a morte de uma cultura, de um povo – zomba dos nossos prognósticos, o objetivo de Alencar ao escrever *Iracema* é, mais propriamente, "construtivo". Longe de negar a obra do civilizado nos Trópicos, ou de assinalar-lhe o caráter duvidoso, ele aposta nela. Ao indígena cabe um papel, mas desde que saiba reconhecer seu lugar e aceitar uma posição subalterna: é o que Poti cumprirá. A busca das raízes aqui se inscreve. Isso não impede, contudo, que no caso extremo do encontro das culturas – a fundação do Ceará, a do Brasil – o único compromisso entre o português e a índia somente se possa saldar pela morte dela, figurando a morte dos tabajaras. E é esta morte que, coincidindo com o nascimento de Moacir, o "filho do sofrimento", legitima a ocupação do solo pelo europeu.

Prometia, antes, voltar à questão do luto. O que é fundar-se, um país ou uma província, na morte pranteada de um herói (ou heroína) quase epônimo? Esta pergunta, aliás, se desdobra em outras. Comecemos pela final. Iracema será uma heroína epônima? Epônimo é quem dá a um país ou povo seu nome. Neste sentido, o grande herói epônimo do século XX é Ibn Saud, o fundador da Arábia Saudita. Mas esta já é uma versão mais ou menos recente de algo que tem suas bases muito no passado, de sucessivos heróis antigos que deram nomes que ficaram na tradição. Ora, o que é distintivo na nominação iracêmica é que ela é inventada. Consta tratar-se do anagrama de *América*, constituído por Alencar, e que – genialidade do autor – expressa sonoridade tipicamente indígena. Aqui, temos então dois pontos. O primeiro consiste em conferir à América os traços que serão os da heroína: tudo o que se diga sobre esta valerá para aquela. Mas o segundo está em ser, esta transposição recíproca entre Iracema e América, uma invenção. Há nominações que são mais propriamente naturais. Esta não o é, ou pelo menos não o é para o leitor culto, que desde muito suspeita do caráter artificial do nome de sua heroína mais célebre.

Por que o luto fundará uma nacionalidade? E será este um fator decisivo em nosso continente? Ocorrem alguns exemplos, que não são pouco significativos. Na década de 1950, a Argentina viveu a agonia, a morte e o embalsamento de Eva Perón, cujos restos depois seguiram trajeto macabro[2]. Pela mesma época, o Brasil viveu a morte de Getúlio Vargas, trágica porque suicida, como a de Evita é trágica porque no esplendor da mocidade. Nos dois casos, tratava-se de heróis populistas, cuja enorme audiência se devia justamente a terem concorrido decisivamente para integrar, de algum modo, as classes mais miseráveis na vida urbana. Em ambos os exemplo, um elemento forte de transgressão estava presente. O presidente brasileiro matou-se, o que é tabu terrível, e além do mais condenado pela Igreja Católica, àquela época senhora quase inconteste das consciências. A primeira-dama argentina era tida, vezes sem conta, como quase uma prostituta, desdenhada pela hierarquia social de eu país. É significativo ainda que, poucos anos depois, o cineasta Jorge Ileli dedicasse à morte de Vargas um filme entitulado *O mundo em que Getúlio viveu*, mas que se centrava, na verdade, em sua morte. Toda a leitura da longa era Vargas estava condensada no luto popular por ele. E este filme, exibido entre nós em 1977, apresentava-se junto com um curta-metragem seu sobre Carmen Miranda, ou melhor, sobre a morte da pequena notável. Dois lutos eram, assim, conjugados:

a nacionalidade como perda. Forçava-se, é verdade, um pouco a nota: a partida de Carmen Miranda para os Estados Unidos, inegavelmente uma perda enorme sentida pelos brasileiros, quase se insinuava como se tivesse ocorrido à revelia da cantora, e não por sua vontade e opção. Assinalo-o só para indicar em que larga medida sentimentos como os de perda podem ser fictícios, exagerados. Constituir a nacionalidade a partir de um luto tem, pois, menos a ver com uma suposta realidade do que com modos, justamente, de constituí-la.

Evidentemente, o problema de constituir-se o Brasil é diferente do de unificar-se a Itália. Num caso, evocam-se os antigos, tradições, até mesmo uma língua, embora, na verdade, tão diversificada; no outro, o país ao mesmo tempo se "descobre" e se constitui. Nossa realidade é mais fugidia, e dela pode ser Iracema, mais uma vez, alegoria: fadada que está nossa natureza à posse pelo inimigo, à ocupação, à devastação mesma. Somente sobreviverá ela pela semente que deixa em Moacir. Mas, se retornamos à comparação com a *Norma*, aqui o pai sobrevive, para sustentar no "primeiro cearense" a legitimidade de sua conquista – como um Pollione que saísse da ópera com os filhos, convertendo os gauleses à fé romana, enquanto a mulher ardesse sozinha na pira. E é o nascimento do filho que devolve a Martim o amor pela companheira, o que na ópera ocorria ao perceber, o homem, o sacrifício que por ele fazia a mulher ainda e sempre apaixonada. Mulheres apaixonadas, homens nem tanto: como o continente, visto enquanto natureza, é feminino, será a volubilidade masculina o que lhe dará a marca futura, a que a fertilidade inicial servirá, simplesmente, de sustento e sustentáculo. Nossa história nasce em Martim Soares Moreno e em seu filho, o "primeiro" cearense. Iracema, a nativa, a mãe, a natureza, fica como lenda.

Alencar, perguntando pela fundação da pátria, quer volver os olhos para o momento de seu nascimento, como prenhe de um futuro. Seja o nobre Peri do *Guarani*, seja a nobilíssima Iracema, sejam os fidalgos portugueses como D. Antônio ou Martim Soares Moreno, o que temos é uma origem destacada, em que avulta a *vera nobilitas*. Haverá elementos nocivos, mas que se descartam. Contudo, por nobre que seja o nativo da terra, a aproximação ou o acasalamento com os do Reino não tem futuro, só se admite se tiver, por horizonte imediato, a morte. Não pairam dúvidas de que Peri e Ceci se amam; mas, tratando-se de um caso em que o lado masculino é o indígena, e em que portanto, segundo concepções tão arraigadas que delas ainda não nos desvencilhamos, o encontro sexual dos dois implicaria necessariamente a subordinação da branca ao selvagem, no *finale* do romance o que se destacará é a perda dos dois nas águas, seu destino fatal, e não um futuro possível, o desejado acordo sexual de seus corpos – ao qual, aliás, nunca passamos de alusões no correr da obra. Já em *Iracema* a conjunção sexual ocorre, mas em seu favor milita que o lado indígena esteja ocupado pela mulher. Resumindo, o amor dos dois povos é fatal; se a mulher é índia, ela pare e morre, enquanto o marido, português, herda a terra; se a mulher é branca, o amante índio e ela mesma morrem, sem-terra (no meio das águas), e sem sequer haverem aludido ao sexo. O ameríndio morre sempre. Noé às avessas, porque sem barco, sem terra a avistar, Peri só lega uma lenda. Iracema, com a lenda, lega o Ceará a seu primeiro senhor, a seu fundador.

Para concluir: Iracema é uma lenda inventada. Diz Alencar, na carta ao dr. Jaguaribe que publica como posfácio à primeira edição, que pensara escrever uma biografia de Poti, ou Camarão, que seria, ao que dá a entender, o herói fundador. Tudo encaminhado (com Moreno, Irapuã e todos os mais, "aí estava o tema"), "faltava-lhe o perfume que derrama sobre as paixões do homem a alma da mulher". Faltava, pois, tudo, se o romance se chama *Iracema*, se é pelo viés dela que se dá a maior parte da narração, se é ela o sujeito e o grande assunto do romance. Daí que, quando Alencar se tinha definido por esse "tema", ainda fosse preciso mexer em tanta coisa. Mas basta notar que fará ele, então, a passagem dos fatos históricos que havia elencado para a lenda que criará, dos nomes masculinos que a crônica ou o relato verazes atestam, para o nome feminino que inventa. A história, na sua secura, carecia de alma. Para esta, será preciso introduzir a mulher. E, se a palavra "perfume" pode parecer de pouco alcance, lembremos que em certo momento é o perfume de Iracema que conduz Martim: o odor tem a ver com a sedução, com o que faz *ducere*, seguir o caminho. Se Caubi, o filho de Araquém, é "senhor do caminho"[3], é sua irmã, Iracema, quem dá a Martim as rotas que permitem ocupar o país. Sem a mulher, o homem é nada – é o que entende, romântico, Alencar. Ou, sem a lenda que legitime, não haveria como realizar uma história nacional.

Sete Praias, 1996-1997.

NOTAS

INTRODUÇÃO (pp. 7-13)

Referências Bibliográficas

DIAS, Maria Odila Leite da Silva. *Quotidiano e poder em São Paulo no século XIX*. 2. ed. rev. São Paulo, Brasiliense, 1995.
GARCIA MARQUES, Gabriel. *Cem anos de solidão*. Rio de Janeiro, Record, 1976.
NOVAIS, Fernando. Clio, a musa da história, entrou no cio. *O Estado de S. Paulo*, São Paulo, 1º abr. 1995, Cultura, p. Q1.
PASSERON, Jean Claude. *O raciocínio sociológico*: o espaço não popperiano do raciocínio natural. Petrópolis, Vozes, 1996.
SARAMAGO, José. *História do cerco de Lisboa*. São Paulo, Companhia das Letras, 1989.
TODOROV, Tzvetan. *A conquista da América*: a questão do outro. São Paulo, Martins Fontes, 1991.

Parte I – HISTORIOGRAFIA BRASILEIRA: OS OLHARES SOBRE AS FONTES

Aspectos da Historiografia da Cultura sobre o Brasil Colonial (pp. 17-38)

1. Charles R. Boxer. *Salvador Correia de Sá and the struggle for Brazil and Angola – 1602-1686*, Londres, Athlone Press, 1952 (há tradução portuguesa); *A idade de ouro do Brasil*: dores de crescimento de uma sociedade colonial, trad. 2. ed., São Paulo, Companhia Editora Nacional, 1969; *O império colonial português*, trad., Lisboa, Edições 70, 1969. Alan Manchester, *Do escambo à escravidão*, trad., São Paulo, Companhia Editora Nacional Dauril Alden, *Royal government in Colonial Brazil*: with special reference to the administration of the Marquis of Lavradio, Viceroy, 1769-1779, Berkeley and Los Angeles, University of California Press, 1968. A.J.R. Russell-Wood, *Fidalgos and philantropists*: the Santa Casa de Misericórdia of Bahia, 1550-1755, Londres, Macmillan, 1968; *The Black man in slavery and freedoom in Colonial Brazil*, Londres, The Macmillan Press, 1982. Kenneth Maxwell, *A devassa da devassa*: a Inconfidência Mineira: Brasil-Portugal, 1750-1808, trad., Rio de Janeiro, Paz e Terra, 1977. Stuart B.Schwartz, *Burocracia e sociedade no Brasil colonial*: a Suprema Corte da Bahia e seus juízes, 1609-1751, trad., São Paulo, Perspectiva, 1979; *Segredos internos*: engenhos e escravos na sociedade colonial, trad., São Paulo, Companhia das Letras, 1988.

2. Carlo Ginzburg. *O queijo e os vermes*: o cotidiano e as ideias de um moleiro perseguido pela Inquisição, trad., 1. Reimp., São Paulo, Companhia das Letras, 1987. Clifford Geertz, *A interpretação das culturas*, trad., Rio de Janeiro, Editora Guanabara, 1989, sobretudo cap. I, "Por uma teoria interpretativa da cultura", pp. 13-41. À p. 15, Geertz resume sua posição: "O conceito de cultura que eu defendo [...] é essencialmente semiótico. Acreditando, como Max Weber, que o homem é um animal amarrado a teias de significados que ele mesmo teceu, assumo a cultura como sendo essas teias e sua análise; portanto, não como uma ciência experimental em busca de leis, mas como uma ciência interpretativa, à busca de significado". À p. 24, formula a ideia de que a cultura é um *contexto*.

3. Veja-se o percuciente ensaio de Stuart B.Schwartz, "A house built on sand: Capistrano de Abreu and the History of Brazil", introdução à edição norte-americana da obra de Capistrano de Abreu, exemplar datilografado.

4. Capistrano de Abreu, *Capítulos de história colonial*, 3. ed., s/l, F.Briguiet & Cia, 1934, pp. 121-2; p. 72.

5. *Capítulos*, 3. ed., p. 215.

6. *Capítulos*, p. 143.

7. *Retrato do Brasil*, edição crítica de Carlos Augusto Calil, São Paulo, Companhia das Letras, 1997, p. 145, grifo nosso.

8. *Vida e morte do bandeirante*, 2ª edição, São Paulo, Empresa Gráfica da Revista dos Tribunais, 1930; citações às pp. 59 e 85.

9. *Vida e morte do bandeirante*, p. 256.

10. *Tempo morto e outros tempos*: trechos de um diário de adolescência e de primeira mocidade – *1915-1930*, Rio de Janeiro, Livraria José Olympio Editora, 1975. À p. 173: "Minha parenta Dona Laura Wanderley Paranhos é o tipo da senhora de engenho pernambucana dos velhos tempos. [...] O tempo não a descaracteriza. É um regalo vê-la descer à cozinha para mandar preparar os pitus para o almoço: pitus do rio Una. [...] Pena, também, que o Brasil não seja, todo ele, um vasto Japaranduba, governado por um super Pedro Paranhos Ferreira". *Sobrados e mucambos*: decadência do patriarcado rural no Brasil, São Paulo, Companhia Editora Nacional, 1936; *Nordeste*: aspectos da influência da cana sobre a vida e a paisagem do Nordeste do Brasil, Rio de Janeiro, Livraria José Olympio Editora, 1937.

11. Para o conceito de objeto e de produto cultural, que para mim subsume a noção de suporte cultural, ver Roger Chartier, *A história cultural entre práticas e representações*, trad., Lisboa, Difel, 1990.

12. Algumas das questões aqui desenvolvidas acerca de *Casa-Grande & Senzala* haviam sido anteriormente esquematizadas por mim em resumo da obra elaborado para a revista *Senhor – Vogue*, n. 2, São Paulo, maio de 1978, pp. 117-21.

13. Para citar apenas alguns destes títulos: Michel Foucault, *Histoire de la sexualité*, 3 v., Paris, 1976. Philippe Ariès e André Béjin (orgs.), *Sexualidades ocidentais*, trad., Lisboa, Contexto, 1983; Jean-Louis Flandrin, *Le sexe et l'Occident*: évolutions des attitudes et des comportements, Paris, Seuil, 1981. Vários, *Amor e sexualidade no Ocidente*, trad., Porto Alegre, L & PM, 1992. Pierre Darmon, *Le tribunal de l'impuissance*: virilité et défaillances conjugales dans l'Ancienne France, Paris, Seuil, 1979. Pierre Darmon, *Le mythe de la procréation à l'âge baroque*, Paris, Seuil, 1981. François Lebrun, *A vida conjugal no Antigo Regime*, trad., Lisboa, Edições Rolim, s/d. Jacques Solé, *L'amour en Occident à l'époque moderne*, Paris, Albin Michel, 1976. Jean-Claude Bologne, *História do pudor*, trad., Rio de Janeiro, Elfos/Lisboa, Teorema, 1990. Peter Brown, *Corpo e sociedade*: o homem, a mulher e a renúncia sexual no início do Cristianismo, trad., Rio de Janeiro, Jorge Zahar, 1990: Peter Gay, *A experiência burguesa da rainha Vitória a Freud*: a educação dos sentidos, trad., São Paulo, Companhia das Letras, 1986.

14. Casa Grande & Senzala, 9. ed., Rio de Janeiro, Livraria José Olympio Editora, 1958, 2 v., pp. 512 e segs.; citação à p. 528.

15. *Casa Grande & Senzala*, pp. 120-1, nota 177.

16. *Casa Grande & Senzala*, p. 312.

17. *Casa Grande & Senzala*, pp. 342-3.

18. "O significado de Raízes do Brasil", prefácio a *Raízes do Brasil*, 9. ed., Rio de Janeiro, Livraria José Olympio Editora, 1976, p. XX.

19. "Pode-se notar, ao fazermos a síntese da cultura, no Brasil, depois de traçarmos, nas suas linhas essenciais, a evolução da sociedade brasileira, um fenômeno de *decallage* (*culture lag*) fortemente acentuado, entre a cultura e a civilização. Que a civilização se apresenta, entre nós, com os seus caracteres fundamentais, não há sombra de dúvida. A doçura de costumes, o respeito à pessoa humana, a tolerância e a hospitalidade, nas relações entre os cidadãos e em face do estrangeiro, o espírito de ordem e o culto da paz, o aperfeiçoamento constante da organização jurídica e da técnica social e, mais recentemente, o sentido do conforto, desenvolvido com as aplicações das ciências à vida material, põem à evidência o grau de civilização que já atingimos, e que, ainda comparado com os povos mais civilizados, só nos pode desvanecer sob diversos aspectos". Nesta passagem fica evidente, além do otimismo, a nítida clivagem de classe que norteia sua análise. Fernando de Azevedo, *A cultura brasileira*: introdução ao estudo da cultura no Brasil, Rio de Janeiro, Serviço Gráfico do Instituto Brasileiro de Geografia e Estatística, 1943, p. 11.

20. "Assim, limitando o conceito de cultura ou, por outro lado, tomado esse termo no seu sentido clássico, o estudo que fazemos incide diretamente sobre a produção, a conservação e o progresso dos valores intelectuais, das ideias, da ciência e das artes, de tudo enfim que constitui um esforço para o domínio da vida material e para a libertação do espírito". op. cit., p. 7.

21. Fernando de Azevedo, op. cit., p. 135.

22. Fernando de Azevedo, op. cit., pp. 127-288.

23. Baseio-me, aqui, no ensaio de Maria Odila Leite da Silva Dias, "Sérgio Buarque de Holanda, historiador" – *Introdução a Sérgio Buarque de Holanda*, Coleção Grandes Cientistas Sociais, São Paulo, Ática, 1985, pp. 25 e segs., e ainda em resenha de minha autoria, "Sérgio Buarque de Holanda, entre a História e a Sociologia", Jornal de Resenhas, *Folha de S.Paulo*, n. 1, 3/4/1995, pp. 10-11.

24. Sérgio Buarque de Holanda, *Monções*, 3. ed. ampliada, São Paulo, Brasiliense, 1990; *Caminhos e Fronteiras*, prefácio de Fernando A. Novais, 3. ed., São Paulo, Companhia das Letras, 1994, p. 12.

25. Uma análise do papel desempenhado pelo cotidiano e pelo movimento na obra de Sérgio Buarque de Holanda, com destaque para *Caminhos e Fronteiras* encontra-se em Ilana Blaj e Marina Maluf, "Caminhos e fronteiras (o movimento na obra de Sérgio Buarque de Holanda)", in *Revista de História*, n. 122, jan./jul. 1990, pp. 17-53.

26. *Caminhos e fronteiras*. pp. 78-80.

27. *Caminhos e fronteiras*, p. 12.

28. *Caminhos e fronteiras*, p. 136.

29. *Caminhos e fronteiras*, pp. 149-50.

30. *Visão do Paraíso*: os motivos edênicos no descobrimento e colonização do Brasil, 2. ed., São Paulo, Companhia Editora Nacional/Edusp, 1969, p. XIX, p. 10.

31. *Visão do Paraíso*, p. 236.

32. *Visão do Paraíso*, p. XIX.

33. A respeito, ver Joaquim Barradas de Carvalho, *A la recherche de la spécificité de la renaissance portugaise*: l' "Esmeraldo de Situ Orbis" de Duarte Pacheco Pereira et la littérature portugaise de voyage à l'époque des grandes découvertes. Paris, Fondation Calouste Gulbenkian/Centre Culturel Portugais, 1983, 2 v.

34. A ideia é de Federico Chabod, em *Questione di Storia Moderna*, e endossada por Sérgio à p. 305.

35. *Visão do Paraíso*, p. 309.

36. Sérgio Buarque de Holanda, *Capítulos de Literatura Colonial*, organização e introdução de Antonio Candido, São Paulo, Brasiliense, 1993.

37. *Formação da Literatura Brasileira*: momentos decisivos, 4. ed., São Paulo, Livraria Martins Editora, s/d, v. 1, p. 23.

38. *Formação da Literatura...*, pp. 43 e segs.

39. *Literatura e sociedade*: estudos de teoria e história literária, 2. ed., São Paulo, Companhia Editora Nacional, 1967, p. 167.

40. Maria Beatriz Nizza da Silva, *Cultura e sociedade no Rio de Janeiro (1808-1821)*, São Paulo, Companhia Editora Nacional, 1978, pp. XXI-XXII.

41. Afonso Ávila, *O lúdico e as projeções do mundo barroco*, São Paulo, Perspectiva, 1971; *Resíduos seiscentistas em Minas*: textos do século do ouro e as projeções do mundo barroco, Belo Horizonte, Centro de Estudos Mineiros, 1967, 2 v.

42. "A transplantação de uma mentalidade e um estilo de vida", in *Resíduos seiscentistas...*, v. 1, p. 9.

43. "Le niveau de l'histoire des mentalités est celui du quotidien et de l'automatique, c'est ce qui échappe aux sujets individuels de l'histoire parce que révélateur du contenu impersonnel de leur pensée, c'est ce que César et le dernier soldat de ses légions, Saint Louis et le paysan de ses domaines, Christophe Colomb et le marin de ses caravelles ont en commun. L'histoire des mentalités est à l'histoire

des idées ce que l'histoire de la culture matérielle est à l'histoire économique." Jacques Le Goff, "Les mentalités: une histoire ambigüe" in Jacques Le Goff e Pierre Nora (org.), *Faire de l'Histoire – III – Nouveaux Objects*, Paris. Gallimard, 1974. p. 80.

44. "O primado do visual na cultura barroca mineira". in *Resíduos seiscentistas...*, v. 1, pp. 115-6.

45. É de Arnold Wiznitzer um dos primeiros estudos mais significativos sobre o assunto, não chegando a problematizar, contudo, a questão dos cristãos novos, e atendo-se ao papel dos judeus propriamente ditos: *Os judeus no Brasil colonial*, trad., São Paulo, Pioneira, 1966 (publicado originalmente em inglês, em 1960, como *Jews in Colonial Brazil*). Dentre a série de trabalhos publicados por José Gonçalves do Salvador, que foram tomando paulatinamente um caráter mais econômico, destaque-se o de estreia, *Cristãos novos, jesuítas e Inquisição*, São Paulo, Pioneira/Edusp, 1969. De Anita Novinsky, *Cristãos novos na Bahia*, São Paulo, Edusp/Perspectiva, 1972. Para citar apenas dois trabalhos importantes realizados pelo grupo de estudiosos que, desde então, vem trabalhando sob sua inspiração: Maria Luiza Tucci Carneiro, *Preconceito racial no Brasil Colônia*, São Paulo, Brasiliense, 1983. Lina Gorenstein Ferreira da Silva, *Heréticos e impuros*: a Inquisição e os cristãos-novos no Rio de Janeiro, século XVIII. Rio de Janeiro, Prefeitura da Cidade do Rio de Janeiro, Biblioteca Carioca, 1995.

46. Yves Révah escreveu inúmeros trabalhos sobre o marranismo em Portugal, e indignou-se com a obra de Antonio José Saraiva, reconhecido historiador da literatura mas diletante no âmbito dos estudos inquisitoriais. Entre ambos, no ano de 1971, travou-se polêmica acalorada. Ver *Inquisição e cristãos novos* (1969), 5. ed., Lisboa, Imprensa Universitária, Editorial Estampa, 1985, onde a polêmica se encontra reproduzida nas páginas 213-291. Ilustrados como D. Luís da Cunha e o Cavaleiro de Oliveira foram opositores acerbos do Santo Ofício, e influenciaram a perspectiva de Alexandre Herculano, Mendonça e Moreira ou Oliveira Martins. Luís da Cunha, *Testamento político*, prefácio e notas de Manuel Mendes, Lisboa, Seara Nova, 1943. Cavaleiro de Oliveira, *Opúsculos contra o Santo Ofício*, publicação e prefácio de A. Gonçalves Rodrigues, Coimbra. Publicação subsidiada pelo Fundo Sá Pinto da Universidade de Coimbra e pelo Instituto para a Alta Cultura, 1942. Alexandre Herculano, *História da origem e estabelecimento da Inquisição em Portugal*, 4. ed., Lisboa, Tavares Cardoso & Irmãos, 1896, 3 v. José Lourenço D. de Mendonça e Antonio Joaquim Moreira, *História dos principais actos e procedimentos da Inquisição em Portugal*, introdução de João Palma Ferreira, Lisboa, Imprensa Nacional/Casa da Moeda, 1980. Oliveira Martins, *História de Portugal*, Lisboa.

47. *Cristãos Novos na Bahia*. p. 121.

48. *Idem*. p. 143 e p. 162.

49. Robert Mandrou, *Des humanistes aux hommes de science – XVIe et XVIIe siècles*, Paris: Seuil, 1973. Creio que a obra magna de Mandrou, *Magistrados e feiticeiros na França do século XVII*, publicou-se no Brasil por sugestão de Anita Novinsky. No momento, não disponho da citação correta da obra em português, que data de meados da década de 1970. Cf. *Magistrais et sorciers en France au XVIIe siècle, une analyse de psychologie historique*, Paris, Plon, 1968. Em seus cursos na Universidade de São Paulo, por volta de 1974, Anita Novinsky discutia sistematicamente a obra de Mandrou, autor que, como se sabe, foi seguidor, à la Lucien Febvre, da tendência mais psicologizante da história das mentalidades, da qual já era um expoente nos anos 60. Ver, entre outros, Peter Burke, *A escola dos Annales – 1929-1989 – a revolução francesa da historiografia*, trad., São Paulo. Editora da Unesp, 1991, p. 84.

50. *Olinda Restaurada*: guerra e açúcar no Nordeste, 1630/1654, Rio de Janeiro e São Paulo, Forense Universitária/Edusp, 1975; O *Norte agrário e o Império – 1871-1889*, Rio de Janeiro, Nova Fronteira, Brasília, INL, 1984; *Rubro veio*: o imaginário da restauração pernambucana, Rio de Janeiro, Nova Fronteira, 1986; *O nome e o sangue*: uma fraude genealógica no Pernambuco colonial, São Paulo, Companhia das Letras, 1989; *A fronda dos mazombos*: nobres contra mascates – Pernambuco, 1666-1715, São Paulo, Companhia das Letras, 1995.

51. *Olinda restaurada*, p. 219.

52. *Idem*, cap. VII, "Guerra de Flandres e guerra do Brasil", parte referente a "Guerra e ecologia", pp. 220-30.

53. Gilberto Freyre, *Nordeste*: *aspectos da influência da cana sobre a vida e a paisagem do Nordeste do Brasil*, Rio de Janeiro, Livraria José Olympio Editora, 1937.

54. *Silvestre Pinheiro Ferreira*: ideologia e teoria, Lisboa, 1975; *Cultura e sociedade no Rio de Janeiro (1808-1821); Vida privada e quotidiano no Brasil na época de D. Maria e de D. João VI*, Lisboa, Referência/Estampa, 1993.

55. *Cultura e sociedade...*, p. XXIV; ver também p. XXIII.

56. Ronaldo Vainfas, *Ideologia e escravidão*: os letrados e a sociedade escravista no Brasil colonial, Petrópolis, Vozes, 1986, p. 13.

57. *A sátira e o engenho*: Gregório de Mattos Guerra e a Bahia do século XVII, São Paulo, Companhia das Letras, Secretaria de Estado da Cultura, 1989.

58. *Teatro do sacramento*: a unidade teológico-retórico-política dos sermões de Antonio Vieira, São Paulo, Edusp; Campinas, Editora da Universidade de Campinas, 1994.

59. Kátia M. de Queirós Mattoso, *Presença francesa no movimento democrático baiano de 1789*, Bahia, Editora Itapuã, 1969.

60. Carlos Guilherme Mota, *Atitudes de inovação no Brasil – 1789-1801*, Lisboa, Livros Horizonte, 1970; *Ideia de revolução no Brasil (1789-1801)*, 2. ed., São Paulo, Cortez, 1989.

61. Afonso Carlos Marques dos Santos, *No rascunho da nação*: a inconfidência do Rio de Janeiro, Rio de Janeiro, Prefeitura da Cidade do Rio de Janeiro/Biblioteca Carioca, 1992.

62. István Jancsó, *Na Bahia, contra o Império*: história do ensaio de sedição de 1798, São Paulo, Hucitec, Salvador, Editora da Universidade Federal da Bahia, 1996.

63. Rubens Borba de Moraes, *Livros e bibliotecas no Brasil Colonial*, Rio de Janeiro, Livros Técnicos e Científicos; São Paulo, Secretaria da Cultura, Ciência e Tecnologia, 1979. Eduardo Frieiro, *O diabo na livraria do cônego*: como era Gonzaga? e outros temas mineiros, Belo Horizonte, Itatiaia, 1957. Sílvio Gabriel Diniz, "Um livreiro em Vila Rica no meado do século XVIII", *Kriterion*, Belo Horizonte, jan./jun. 1959, n. 47-48.

64. De Roger Chartier, *Lectures et lecteurs dans la France de l'Ancien Régime*, Paris, Seuil, *1987; A ordem dos livros*: leitores, autores e bibliotecas na Europa entre os séculos XIV e XVIII, trad., Brasília, Editora da Universidade de Brasília, 1994. Ver ainda, sob a organização de Chartier, *Práticas da leitura*, trad., São Paulo, Estação Liberdade, 1996. De Robert Darnton, *Edição e sedição*: o universo da literatura clandestina no século XVIII, trad., São Paulo, Companhia das Letras, 1992; *Boemia literária e revolução*: o submundo das letras no Antigo Regime, trad., São Paulo, Companhia das Letras, 1987; O *iluminismo como negócio*: história da publicação da Enciclopédia – 1775-1800, trad., São Paulo, Companhia das Letras, 1996.

65. *Acervo – Revista do Arquivo Nacional*, v. 8, n. 1/2, jan./dez. 1995. Os artigos são os seguintes: Luís Carlos Villalta, "Os clérigos e os livros nas Minas Gerais da segunda metade do século XVIII", pp. 19-52; Berenice Cavalcante, "Os 'letrados' da sociedade colonial: as academias e a cultura do iluminismo no final do século XVIII", pp. 53-66; Marcus Alexandre Motta, "Servidão e dúvida: o leitor da *História do Futuro* de Antonio Vieira", pp. 67-82; Lorelai Brilhante Kury e Oswaldo Munteal Filho, "Cultura cientítica e sociabilidade intelectual no Brasil setecentista: um estudo acerca da Sociedade Literária do Rio de Janeiro", pp. 105-122; Lúcia Maria Bastos Pereira das Neves, "Leitura e leitores no Brasil, 1820-1822: o esboço frustrado de uma esfera pública de poder", pp. 123-38; Paulo Gomes Leite, "Revolução e heresia na biblioteca de um advogado de Mariana", pp. 153-66; Nireu Oliveira Cavalcanti, "A livraria do Teixeira e a circulação de livros na cidade do Rio de janeiro em 1794", pp. 183-94.

66. Luís Carlos Villata, "O que se fala e o que se lê: língua, instrução e leitura", in Laura de Mello e Souza (org.), *História da Vida Privada no Brasil* – v. 1 – *Cotidiano e Vida Privada na América Portuguesa*, São Paulo, Companhia das Letras, 1997; pp. 331-85.

67. Leila Mezan Algranti. "Os livros de devoção e a religiosa perfeita – normatização e práticas religiosas nos recolhimentos femininos do Brasil colonial", in Maria Beatriz Nizza da Silva (org.), *Cultura Portuguesa na Terra de Santa Cruz*, Lisboa, Editorial Estampa, 1995, pp. 109-24.

68. Laura de Mello e Souza, O *diabo e a terra de Santa Cruz*: feitiçaria e religiosidade popular no Brasil Colonial, São Paulo, Companhia das Letras, 1986.

69. Luís Mott, *Rosa Egipcíaca*: uma santa africana no Brasil, Rio de Janeiro, Bertrand Brasil, 1993.

70. Ronaldo Vainfas, *A heresia dos índios*: catolicismo e rebeldia no Brasil colonial, São Paulo, Companhia das Letras, 1995.

71. Marlyse Meyer, *Maria Padilha e toda a sua quadrilha*: de amante de um rei de Castela a pomba-gira de umbanda, São Paulo, Duas Cidades, 1993.

72. Ronald Raminelli, *Imagens da colonização*: o índio de Caminha a Vieira, Rio de Janeiro, Jorge Zahar, São Paulo, Edusp, 1996. Plínio Freire Gomes, *Um herege vai ao paraíso*: cosmologia de um ex-colono condenado pela Inquisição (1680-1744), São Paulo, Companhia das Letras, 1997.

73. Mariano Picón-Salas, *De la conquista a la independencia*: tres siglos de Historia Cultural Hispanoamericana, Mexico, Fondo de Cultura Economica, 1944. Fernando Ortiz, *Contrapunteo cubano del tabaco y dei azúcar*, Barcelona, Ariel, 1973.

74. Laura de Mello e Souza, *Inferno Atlântico – demonologia e colonização – séculos XVI-XVIII*, São Paulo, Companhia das Letras, 1993.

A Sociedade Brasileira e a Historiografia Colonial (pp. 39-56)

1. Gabriel Soares de Sousa, *Tratado descritivo do Brasil em 1587*. 4. ed. São Paulo, Cia. Editora Nacional/Edusp, 1971.

2. Pero de Magalhães Gandavo. *Tratado da Terra do Brasil. História da Província Santa Cruz*. Belo Horizonte, Itatiaia; São Paulo, Edusp, 1980. (Reconquista do Brasil, nova série, v. 12).

3. Manoel da Nóbrega. *Cartas do Brasil, 1549-1560*. Belo Horizonte, Itatiaia; São Paulo, Edusp, 1988. (Cartas jesuíticas 1). Navarro, Aspicuelta e outros. *Cartas avulsas (1550-1568)*. Belo Horizonte, Itatiaia; São Paulo, Edusp, 1988. (Cartas jesuíticas 2). José de Anchieta, *Cartas*: *informações, fragmentos históricos e sermões*. Belo Horizonte, Itatiaia; São Paulo, Edusp, 1988. (Cartas jesuíticas 3).

4. Pero de Magalhães Gandavo, op. cit., p. 52.

5. Gabriel Soares de Sousa, op. cit., pp. 40 e 58.

6. Manuel da Nobrega, op. cit., pp. 94 e 125.

7. José de Anchieta, op. cit., p. 196.

8. Manuel da Nobrega, op. cit., pp. 109, 111 e 207.

9. José de Anchieta, op. cit., p. 57.

10. Gabriel Soares de Sousa, op. cit., pp. 58 e 62.

11. Laima Mesgravis, "Os aspectos estamentais da estrutura social do Brasil Colônia", *Estudos Econômicos*, São Paulo, IPE/USP, v.13 n. esp., 1983.

12. (Anônimo) (Ambrósio Fernandes Brandão), *Diálogos das grandezas do Brasil*. Salvador, Livraria Progresso Editora, 1956.

13. *Diálogos das grandezas do Brasil*, p. 38.

14. Idem, pp. 38-9.

15. João Antonio Andreoni, (André João Antonil), *Cultura e opulência do Brasil*, São Paulo, Cia Editora Nacional, 1967.

16. Idem, pp. 263-5.

17. Idem, pp. 270-1.

18. Luiz dos Santos Vilhena, *Notícias soteropolitanas e brasílicas*, Bahia, Imprensa Oficial do Estado, 1921. 3 v.

19. Idem, p. 142.

20. Laima Mesgravis, op. cit.

21. Luiz dos Santos Vilhena, op. cit., p. 77.

22. Idem, pp. 127-31.

23. Tollenare, *Notes dominicales prises pendant un voyage en Portugal et au Brésil en 1816, 1817 e 1818*. Paris, Presses Universitaires de France, 1972.

24. Henry Koster, *Viagens ao Nordeste do Brasil*, São Paulo, Cia. Editora Nacional, 1941. (Brasiliana, v. 221.)

Sociabilidade sem História: Votantes Pobres no Império, 1824-1881 (pp. 57-72)

* Artigo escrito em maio de 1985 e revisto em 1997. Estas pesquisas foram iniciadas graças a uma bolsa da Fundação John Simon Guggenheim. Posteriormente, outros artigos correlatos ao tema foram escritos, e diversas teses sob minha orientação foram realizadas sobre o tema proposto neste trabalho, que serão citadas individualmente nas notas. Agradeço a Paulo Garcez Marins e Paula Porta a revisão cuidadosa que fizeram deste texto.

1. Caio Prado Jr, *Formação do Brasil Contemporâneo*, São Paulo, Martins, 1942.

2. Peter L. Eisenberg, *The sugar industry in Pernambuco*: modernization without change, 1840-1910, Los Angeles, Univ. of California Press, 1974. J. H. Galloway, "The last years of slavery on the sugar plantations of northeastern Brazil", *Hispanic American Historical Review*, 57 (1971). Martha Knisely Huggins, *From Slavery to Vagrancy in Brazil, Crime and social control in the third world*, Nova York, Rutgers Univ. Press, 1985. Evaldo Cabral de Mello, *O Norte agrário e o Império 1871-1889*, Rio de Janeiro, Nova Fronteira, 1984.

3. Warren Dean, *Rio Claro: a Brazilian plantation system, 1820-1920*, Stanford, Univ. of California Press, 1976. Warren Dean, "Latifundia and land policy in 19th Century Brazil", *Hispanic American Historical Review*, v. 51 (nov. 1971).

4. Maria Inez Machado Borges Pinto, *Cotidiano e sobrevivência*: a vida do trabalhador pobre na cidade de São Paulo (1890-1914). Tese de doutoramento sob orientação da profa. dra. Maria Odila Leite da Silva Dias (1984), São Paulo, Edusp/Fapesp, 1994. Maria Cristina C. Wissenbach, *Sonhos africanos, vivências ladinas. Escravos e forros em São Paulo (1850-1880)*, São Paulo, FFLCH, Dep. de História, 1989. Maria Helena Toledo Machado, *O plano e o pânico. Os movimentos sociais na década da Abolição*. Tese de doutoramento sob orientação da profa. dra. Maria Odila Leite da Silva Dias (1991), São Paulo, Edusp, Rio de Janeiro, UFRJ, 1994. Emilia Viotti da Costa, *Da senzala à colônia*, São Paulo, Difel, 1966. Paula Beiguelman, *A formação do povo no complexo cafeeiro*, São Paulo, Pioneira, 1968. Maria Silvia Carvalho Franco, *Homens livres na ordem escravocrata*, São Paulo, USP, 1969.

5. Hebe Maria Mattos de Castro, *Ao sul da História. Lavradores pobres na crise do trabalho escravo*, Dissertação de mestrado sob orientação da profa. dra. Maria Yedda Linhares, São Paulo, Brasiliense, 1987. Hebe Maria Mattos de Castro, *Das cores do silêncio. Os significados da liberdade no sudeste escravista*, Rio de Janeiro, Arquivo Nacional, 1995. Maria Ines Cortes de Oliveira, *O liberto*: o seu mundo e os outros. Dissertação de mestrado sob orientação da profa. dra. Katia Queiroz Mattoso, São Paulo, Corrupio, 1988. Maria Manuela Carneiro da Cunha, *Negros, estrangeiros*, São Paulo, Brasiliense, 1987. Maria Silvia Carvalho Franco, *Homens livres na ordem escravocrata*, São Paulo, USP/IEB, 1969.

6. Ilmar Rohloff de Mattoso, *O tempo Saquarema*, São Paulo, Hucitec, 1987. Jeanne Berrence de Castro, *A milícia cidadã*: a guarda nacional de 1831 a 1850. São Paulo, Cia.Editora acional, 1977. Sérgio Buarque de Holanda, "Do Império à República", *História Geral da Civilização Brasileira*, v. 7.

São Paulo, Difusão Europeia do Livro, 1972. Maria Isaura Pereira de Queiroz, *O mandonismo local na vida política brasileira*, São Paulo, USP/IEB, 1965.

7. Warren Dean, *Rio Claro. Um sistema brasileiro de grande lavoura, 1820-1920*. São Paulo, Paz e Terra, 1977. Emilia Viotti da Costa, *Da Monarquia à República*: momentos decisivos. São Paulo, Grijalbo, 1977. Caio Prado Jr., *Formação do Brasil Contemporâneo*, São Paulo, Brasiliense, 1969. Stanley Stein, *Grandeza e decadência do café no Vale do Paraíba*, São Paulo. Brasiliense, 1961.

8. Maria Cristina Wissenbach, *Sonhos africanos, vivências ladinas*, op. cit. Hebe Mattos de Castro, *Ao sul da História*, ob. cit. Maria Mafalda Baldoino de Araujo, *Cotidiano e pobreza. A magia da sobrevivência em Teresina, 1877-1914*. Tese de doutorado sob orientação da profa. dra. Maria Odila Leite da Silva Dias (1994), Teresina, Fundação Cultural Monsenhor Chaves, 1995. Junia Ferreira Furtado, *O livro da Capa Verde O regimento diamantino de 1771 e a vida do Distrito Diamantino no período da real extração*, Dissertação de mestrado sob orientação da profa. Maria Odila Leite da Silva Dias (1990), São Paulo, Annablume, 1996. Alcir Lenharo, *As tropas da moderação*, Dissertação de mestrado sob orientação da profa. Maria Odila Leite da Silva Dias (1972), São Paulo, Símbolo, 1979. Monica Duarte Dantas, *Relações sociais de sobrevivência dos moradores do ltapicuru, na Bahia (1860-1900)*. Wilson Toledo Munhoz, *Do trabalho livre ao trabalho assalariado, São Paulo, 1880/1914*, Tese de doutoramento em elaboração sob orientação da profa. dra. Maria Odila Leite da Silva Dias, na Universidade de São Paulo.

9. Sérgio Buarque de Holanda, "Da Monarquia à República", pp. 239 e seg.; José Murilo de Carvalho, *Os bestializados. O Rio de Janeiro e a República que não foi*, São Paulo, Cia das Letras, 1987. Antonio Pereira Pinto (org.), *Reforma Eleitoral*, Brasília, Editora Universidade de Brasília, 1983.

10. *Relatório do Presidente de Província de São Paulo – 1854*. José Procópio Camargo, *Crescimento da população no estado de São Paulo e seus aspectos econômicos*, São Paulo, IPE, 1978. Maria Thereza S. Petrone, *A lavoura canavieira em São Paulo*, São Paulo, DIFEL, 1968. Sheila de Castro Faria, *Terra e trabalho em Campos dos Goitacazes, 1850-1920*, Dissertação de mestrado sob a orientação da profa. dra. Maia Yedda Linhares, Niterói, UFF/ICHF, 1986. João Luis R. Fragoso, *Sistemas agrários em Paraíba do Sul*, Dissertação de mestrado sob orientação da profa. dra. Maria Yedda Linhares, Rio de Janeiro, UFRJ, 1983. Margarida Moura, *Os deserdados da terra*, São Paulo, Difel, 1988.

11. Stanley Stein, op. cit., 36. Warren Dean, op. cit., 73. Alida C. Metcalf, *Families of planters, peasants and slaves*: strategies of survival in Santana do Paraiba 1720-1820. Tese de doutoramento, Universidade do Texas, 1983.

12. Eni Mesquita, "O papel do agregado em Itu", *Anais do Museu Paulista*, 1977. Alzira Lobo Arruda Campos, *O agregado na cidade de São Paulo*, Dissertação de mestrado, USP, 1978. Maria Odila Leite da Silva Dias, *Quotidiano e poder em São Paulo no século XIX*, São Paulo, Brasiliense, 1984 (trad. para o inglês: *Power and everyday life. The lives of working women. in 19th century Brazil*, Cambridge, Polity Press, 1995).

13. Celso F. de Figueiredo Castro, *Os sertões de leste. Achegas para a história da Zona da Mata*, Belo Horizonte, Imprensa Oficial, 1987. Paulo Pereira dos Reis, *O caminho novo da Piedade no nordeste da Capitania de São Paulo*, São Paulo, Conselho Estadual de Cultura, 1971. Fidelis Reis, *A política da gleba*, Rio de Janeiro, Leuzinger, 1919. Lucila R. Brioschi et al., *Entrantes do sertão do Rio Pardo. O povoamento da freguesia de Batatais – séculos XVIII e XIX*, São Paulo, Ceru/USP, 1991. Adriano Campagnole, *Memórias da cidade de Caconde*, Caconde, 1979; Prudente de Moraes e João Pedro Cardoso, *Limites de São Paulo e Minas Geraes*, Rio de Janeiro, Comissão Geográfica e Geológica, 1920.

14. Heloisa Rodrigues Fernandes, *Política e Segurança*, São Paulo, Alfa-Omega, 1974. Peter L. Eisenberg, *Homens esquecidos*, São Paulo, Editora da Unicamp, 1989. Maria Lucia Lamounier, *Da escravidão ao trabalho livre*, Campinas, Papirus, 1988.

15. Wilma P. Campos, *Ferrovias e trabalho assalariado em São Paulo*, Tese de doutoramento, Unicamp, 1976.

16. Alfredo D'Escragnolle Taunay, *História do café*, Rio de Janeiro, Departamento Nacional do Café, 1939, v. 3 e 4. Sérgio Milliet, *Roteiro do café*, São Paulo, Estudos Paulistas, 1938.

17. Lucila Hermann, "Evolução da estrutura social de Guaratinguetá num período de trezentos anos", *Revista do Instituto de Administração da Universidade de São Paulo*, 2(5-6), 1948. Antonio Candido, *Os parceiros do Rio Bonito*, Rio de Janeiro, José Olympio, 1964. A. C. Metcalf, *Families of planters, peasants and slaves*, op. cit.

18. Sérgio Buarque de Holanda, "Movimentos de população no século XVII", *Revista do Instituto de Estudos Brasileiros*, v. 1, 1966, p. 55. Alice P. Canabrava, "A repartição da terra na Capitania de São Paulo, 1818", *Estudos Econômicos*, v. 2, n. 6, 1972, p. 77.

19. W. Dean, art.cit. p. 623 n. 33.

20. Maria Thereza S. Petrone, *A imigração assalariada*, São Paulo, Brasiliense, 1983. José de Souza Martins, *O cativeiro da terra*, São Paulo, Ciências Humanas, 1976. Entretanto, os escravos persistiram nas propriedades e somente perderam valor às vésperas da abolição: Robert Slenes. *The demography and economics of brazilian slavery*: *1850-1888*. Tese de doutoramento. Universidade de Stanford, California, 1976; R.B Toplin. *The abolition of slavery in Brazil*. Nova York, Atheneum, 1975, Pedro C. de Mello, *A economia da escravidão nas fazendas de café, 1850-1888*, Rio de Janeiro, PNPE, IPEA, 1984. Robert Conrad, *Os últimos anos da escravatura no Brasil*. Rio de Janeiro, Civilização Brasileira, 1978.

21. Maria Lucia Lamounier, *Da escravidão ao trabalho livre*, op. cit. Ademir Gebara, *O mercado de trabalho livre no Brasil*, São Paulo, Brasiliense, 1986. Lucio Kowarick, *Trabalho de vadiagem. A origem do trabalho livre no Brasil*, São Paulo, Brasiliense, 1987. Iraci Galvão Salles, *Trabalho, progresso e a sociedade civilizada*, São Paulo, Hucitec, 1986.

22. Maria Odila Leite da Silva Dias, *Quotidiano e Poder*, op. cit.

23. Cansanção de Sinimbu foi um dos pioneiros de organização de colônias de trabalhadores nacionais na Bahia, assim como os Ottonis no Vale do Mucuri. Sebastião Ferreira Soares, *Notas estatísticas sobre a produção agrícola e carestia dos gêneros alimentícios no Império do Brasil*, Rio de Janeiro, Ipea-Inpes, 1977, p. 353. Paula Beiguelman, *A formação do povo no complexo cafeeiro*: aspectos políticos, São Paulo, Pioneira, 1968.

24. Maria Paes de Barros, *No tempo de Dantes*, São Paulo, Brasiliense, 1944, pp. 125-6.

25. Alice Canabrava, *O desenvolvimento da cultura do algodão na Província de São Paulo (1861-1875)*, São Paulo, 1951.

26. Stanley Stein, *Grandeza e decadência do café no Vale do Paraíba*, op. cit., cap. 3.

27. Provisão de 4 de janeiro de 1822, Colleção de Leis do Brasil, 1822, pp. 1-2.

28. Maria Yedda Leite Linhares, *História do Abastecimento*: uma problemática em questão (1530-1918). Brasília, Binagri, 1979. Katia Queiroz Mattoso, *Bahia*: *a cidade de Salvador e seu mercado no século XIX*, São Paulo, Hucitec, 1978. Maria Odila Silva Dias, *Quotidiano e poder*, op. cit.

29. John C. Super, e Thomas C. Wright, *Food, politics and society in Latin America*, Nova York, 1985. Richard N. Adams, "Food habits in Latin America", Iago Goldston, *Human nutrition*: historic and scientific, Nova York, International Universities Press, 1960. John C. Super, "Bread and the provisioning of Mexico City in late 18th century", *Yahrbuch fur Geschichte von Staat, Wirtschaft und Geselschaft Latein Amerikas* 19, 1982, p. 159. John C. Super, "Pan, alimentación y política en Querétaro en la última década del siglo XVIII", *Historia Mexicana*, v. 30, n. 2, out/dez. 1980, p. 255.

30. Antonio Caetano da Fonseca, *Manual do agricultor dos gêneros alimentícios*, Rio de Janeiro, 1863. Eduardo Silva, *Barões e escravidão*: três gerações de fazendeiros e a crise da estrutura escravista, Rio de Janeiro, Nova Fronteira, 1984.

31. Sebastião Ferreira Soares, op. Cit. André Rebouças, *Agricultura Nacional. Estudos Econômicos*, Rio de Janeiro, A. J. Lamoureux, 1883. Maria Odila Leite da Silva Dias (ed.), *André Rebouças. Diário*: *A Guerra do Paraguai (1866)*, São Paulo, USP/IEB, 1973.

32. Maria Odila Leite da Silva Dias, *Quotidiano e poder*, 2. ed., São Paulo, Brasiliense, 1984. Maria Cristina Wissenbach, *Sonhos africanos, vivências ladinas*, op. cit.

33. Marcia Regina Capelari Nayara, *Estrangeiro em sua própria terra*: representações do trabalhador nacional, 1870-1920. Dissertação de mestrado sob orientação do prof. dr. Robert Slenes, Unicamp, 1991.

34. Herbert S. Klein. "The colored freedman in Brazilian Slave Society", *Journal of Social History*, III (1970), n. 3 p. 36. José Francisco Camargo, *Crescimento da população no estado de São Paulo e seus aspectos econômicos*, São Paulo, USP/IPE, 1981.

35. Douglas H. Graham e Sérgio Buarque de Holanda Filho, *Migration, regional e urban growth and development in Brazil*: a selective analysis of the historical record 1872-1970, São Paulo, USP/IPE, 1971. Thomas Merrick e Douglas H. Graham, *Population and economic development in Brazil. 1800 to the present*, Nova York, Johns Hopkins Univ. Press, 1979. Nathaniel E. Leff, "O crescimento da população não europeia antes do início do século XIX", *Anais de Historia*, v. 6, 1974, p. 51.

36. Maria Cristina Wissenbach, *Sonhos africanos, vivências ladinas*, op. cit. Maria Cristina Wissenbach, *Rituais de magia e sobrevivência. Sociabilidades e estratégias mágico-religiosas (1890-1940)*, Tese de doutoramento sob orientação da profa. dra. Maria Odila Leite da Silva Dias, São Paulo, USP, 1997.

37. *Colleção das Leis do Brasil*, 1846, 1. parte, 54. Francisco Belisário Soares de Souza, *O sistema eleitoral no Império*, Brasília, 1979.

38. Antonio Edmilson Martins Rodrigues, Francisco Jose Calazans Falcon e Margarida de Souza Neves, *A Guarda Nacional no Rio de Janeiro 1831-1918*, Série Estudos, PUC, n. 5, Rio de Janeiro, 1981.

39. Sebastião Ferreira Soares, op. cit., p. 44.

40. Heloísa Rodrigues Fernandes, *Politica e segurança*, São Paulo, Alfa-Omega, 1974.

41. Heloísa Rodrigues, op. cit.

42. Patricia Ann Aufderheide, *Order and social deviance and social control in Brazil 1780-1840*, Tese de doutoramento, Universidade de Minnesota, 1976.

43. Decreto de 29 de março de 1833, *Colleção de Leis do Brasil, 1833*.

44. Vitor Nunes Leal, *Coronelismo, enxada e voto*, São Paulo, Alfa-Omega, 1975.

45. Alice P. Canabrava, "Uma economia de decadência: os níveis de riqueza na Capitania de São Paulo, 1765-67", *Revista Brasileira de Economia*, v. 26, n. 4 out./dez., 1972, p. 77.

46. Heloísa Rodrigues Fernandes, op. cit., p. 112.

47. Sérgio Buarque de Holanda, "Do Império à República", op. cit.

48. João Manuel Cardoso de Mello, *O capitalismo tardio*, São Paulo, Brasiliense, 1982. Rui Granziera, *A Guerra do Paraguai e o capitalismo no Brasil*, São Paulo, Hucitec, 1979.

49. Hamilton Nascimento, *Insurreições populares no Nordeste*, São Paulo, Brasiliense, 1982. Eulalia Maria Lahmeyer Lobo. *História do Rio de Janeiro (do capital comercial ao capital industrial e financeiro)*, Rio de Janeiro, IBMEC, 1978.

50. Sandra Lauderdale, "The vintem riot and political culture. Rio de Janeiro, 1880", *Hispanic American Historical Review*, August 1980. Armando Souto Maior, *Quebra Quilos. Lutas sociais no outono do Império*, São Paulo, Nacional, 1978.

51. Rebeca Scott, et al. *The abolition of slavery and the aftermath of emancipation in Brazil*, Durham, Duke University Press, 1988. Maria Helena Toledo Machado, *O plano e o pânico*, op. cit.

52. Maria Cristina Wissenbach, *Sonhos africanos, vivências ladinas*, op. cit. Maria Cristina Wissenbach, *Rituais de magia e sobrevivência*. op. cit.

O Império da Revolução: Matrizes Interpretativas dos Conflitos da Sociedade Monárquica (pp. 73-101)

1. Respectivamente: J. Armitage, *História do Brasil desde o período da chegada da família de Bragança, em 1808, até a abdicação de D. Pedro I, em 1831, compilada a vista de documentos públicos e outras fontes originais formando uma continuação da História do Brasil de Southey*, 2. ed., Belo Horizonte, Itatiaia; São Paulo, Edusp, 1981. F. S. Torres Homem, *O libelo do povo*, in R. Magalhães Jr, *Três Panfletários do Segundo Reinado*, São Paulo, Cia. Ed. Nacional, 1956, pp. 47-126. J. J. da Rocha, *Ação, Reação, Transação*: duas palavras acerca da atualidade, in idem, ibidem, pp. 161-218. T. B. Ottoni, *Circular dedicada aos senhores eleitores de senadores pela província de Minas Gerais no quatriênio actual e especialmente dirigida aos senhores eleitores pelo 2º districto eleitoral da mesma província para a próxima legislatura, pelo ex-deputado Teophilo Benedicto Ottoni*, prefácio de Basílio de Magalhães, 2. ed., *Revista do I.H.G.B.* Tomo LXXVIII (2. parte), Rio de Janeiro, Imprensa Nacional, 1916. J. Nabuco, *Um Estadista do Império*: Nabuco de Araujo, sua vida, suas opiniões, sua época, 2. ed. São Paulo, Ed. Nacional, Rio de Janeiro, Civilização Brasileira, 1936.

2. J. Armitage, op. cit., p. 227. C. H. L. de Salles Oliverira, *A Astúcia Liberal*: relações de mercado no Rio de Janeiro (1820-1823), Tese de Doutoramento, FFLCH-USP, 1986, mimeo, pp. 8-17.

3. Idem, ibidem, p. 25.

4. Menciona, por exemplo, na nota 17, o *Jornal de uma viagem ao Brasil*, de Graham e *Notícias do Brasil*, do Dr. Walsh. ARMITAGE, J. *Ob. cit.* p. 236.

5. Idem, ibidem, p. 25.

6. Idem, ibidem, pp. 30-1.

7. Idem, ibidem, p. 211.

8. Idem, ibidem, pp. 212-3.

9. Idem, ibidem, pp. 216-26.

10. Idem, ibidem, p. 25.

11. F. S. Torres Homem, op. cit., p. 62.

12. Torres Homem inspirou-se na figura de Tímon de Atenas, o misântropo, mas fez uma apropriação invertida do personagem ao substituir seu desencanto e melancolia pela esperança no futuro e no progresso. Este foi também o pseudônimo literário do visconde de Cormenin, que escreveu panfletos contra Luís Felipe.

13. F. S. Torres Homem, op. cit., p. 26.

14. Idem, ibidem, pp. 108-11.

15. Idem, ibidem, p. 65.

16. Idem. ibidem, p. 62.

17. Idem, ibidem, pp. 67-9.

18. Idem, ibidem, p. 67

19. Idem, ibidem, pp. 76-80.

20. Idem, ibidem, p. 83.

21. Idem. ibidem, p. 90.

22. Idem, ibidem, p. 87.

23. Idem, ibidem, pp. 100-2.

24. Idem, ibidem, pp. 92-5.

25. Idem, ibidem, pp. 100-2.

26. Idem, ibidem, p. 126.

27. J. J. da Rocha, op. cit., p. 175. Sobre Justiniano José da Rocha ver também M. L. M. Janotti, *A Falsa Dialética*, São Paulo, *Revista Brasileira de História*, 2(3):3-17, mar. 1982.

28. J. J. da Rocha, op. cit., p. 165.

29. Idem, ibidem, pp. 165-7; 216-8.

30. Idem, ibidem, pp. 217-8.

31. Idem, ibidem, p. 163.
32. Idem, ibidem, p. 178.
33. Idem, ibidem, p. 179.
34. Idem, ibidem, pp. 176-82.
35. Idem, ibidem, p. 193.
36. Idem, ibidem, p. 187.
37. Idem, ibidem, p. 188.
38. Idem, ibidem, pp. 195-8.
39. Idem, ibidem, pp. 207-12.
40. Idem, ibidem, p. 203.
41. Idem, ibidem, p. 168.
42. Idem, ibidem, p. 205.
43. Idem, ibidem, pp. 216-8.
44. T. B. Ottoni, op. cit., p. 73.
45. A fidelidade ao programa é demonstrada pela inserção no texto de inúmeros fragmentos da *Sentinella do Serro*, jornal redigido pelo autor entre 1831 e 1834.
46. T. B. Ottoni, op. cit., pp. 60-1.
47. Idem, ibidem, p. 69.
48. Idem, ibidem, pp. 69-70.
49. Idem, ibidem, p. 72.
50. Idem, ibidem, p. 208.
51. Idem, ibidem, p. 81.
52. Idem, ibidem, p. 93.
53. Idem, ibidem, p. 95.
54. Idem, ibidem, p. 130.
55. Idem, ibidem, p. 174.
56. Idem, ibidem, p. 208.
57. Afastando-se da política em 1849, Ottoni se dedicou, até 1857, à Companhia de Comércio e navegação do Rio Mucury. Ver Cap. XII, pp. 225-32.
58. T. B. Ottoni, op. cit., p. 200.
59. Idem, ibidem, p. 223.
60. Idem, ibidem, p. 236.
61. J. Nabuco, op. cit., pp. 74-5.
62. Para os acontecimentos de 1822 a 1837 recorre também a: Raiol, *Motins Políticos*, Abreu e Lima, *Compêndio de História do Brasil*. Pereira da Silva, *História do Brasil de 1831 a 1840*. Mello Morais, *A Independência*. Visconde de Goyanna, *Apontamentos da vida política do visconde de Goyanna;* e artigos do *Correio Mercantil* da Bahia e do Rio de Janeiro.
63. J. Nabuco, op. cit., pp. 3-6.
64. Idem, ibidem, pp. 15-6.
65. Idem, ibidem, p. 15.
66. Idem, ibidem, p. 17.
67. Idem, ibidem, p. 18.
68. Idem, ibidem, p. 21.
69. Idem, ibidem, p. 22.
70. Idem, ibidem, p. 23.
71. Idem, ibidem, p. 22.
72. Idem, ibidem, p. 24.
73. Idem, ibidem, p. 30.
74. Idem, ibidem, p. 31.
75. Idem, ibidem, p. 32.

76. Idem, ibidem, p. 25.
77. Idem, ibidem, p. 75.
78. Idem, ibidem, p. 65.
79. Idem, ibidem, pp. 72-3.
80. Idem, ibidem, pp. 66-7.
81. Idem, ibidem, pp. 57-65.
82. Idem, ibidem, p. 72.
83. Idem, ibidem, p. 73.
84. Idem, ibidem, p. 80.
85. J. Nabuco, *O abolicionismo*, introdução de Marco Aurélio Nogueira, 5. ed. Petrópolis, Vozes, 1988, pp. 126-7. Izabel A. Marson, *Liberalismo e escravidão no Brasil*: Joaquim Nabuco e o jogo de temas, argumentos e imagens na re(criação) do progresso. São Paulo, *Revista USP* 17:102-13.
86. J. Nabuco, *Um estadista do Império*, pp. 375-85.

Escravidão Negra em Debate (pp. 103-117)

* A pesquisa sobre "Fontes Primárias" citada no texto, faz parte de outra mais ampla que contou com o apoio do CNPq.

1. Gilberto Freyre, *Casa-grande e senzala*, Brasília, Ed. Universidade de Brasília, 1963, p. 393.
2. Eugene Genovese, *O mundo dos senhores de escravos*, Rio de Janeiro, Paz e Terra, 1979, p. 17.
3. Jacob Gorender, *A escravidão reabilitada*, São Paulo, Ática, 1990.
4. Pela mesma razão, e, também, porque não seria realmente possível citar toda, ou mesmo parte, da alentada bibliografia sobre escravidão, a referência aos autores será apenas exemplificativa.
5. Maria de Lourdes Monaco Janotti, *João Francisco Lisboa: jornalista e historiador*, São Paulo, Ática, 1977, p. 10.
6. R. Nina Rodrigues, *Os africanos no Brasil*. 6. ed., São Paulo, Ed. Nacional, 1982. Oliveira Vianna, *Populações Meridionais do Brasil*, São Paulo, Monteiro Lobato & Cia, 1920. *Evolução do povo brasileiro*, Rio de Janeiro, José Olimpio, 1956.
7. Gilberto Freyre, *Casa Grande & Senzala*, loc. cit., p. 107.
8. Gilberto Freyre, *O escravo nos anúncios de jornais brasileiros do século XIX*, São Paulo, Ed. Nacional; Recife, Instituto Joaquim Nabuco de Pesquisas Sociais, 1979, prefácio à 2. edição, p. XII.
9. A expressão foi utilizada nos anos 80 por José Honório, que definiu Gilberto Freyre como um conservador-revolucionário, porque estaria sofrendo influências opostas. Ou seja, tanto a da ideologia da direita autoritária simbolizada pela Action Française, de Charles Maurras, quanto pelo pensamento anarquista de George Sorel. Ver José Honório Rodrigues, *Vida e História*, Rio de Janeiro, Civilização Brasileira, 1966, p. 112.
10. José Honório Rodrigues, *Vida e história*, loc. cit., p. 19.
11. V. Oliveira Lima, *O Império brasileiro*: *1821-1889*, São Paulo, Melhoramentos. 2. ed., s/d, e Pandiá Calógeras, *Política exterior do Império*, 2 v., *Revista do Instituto Histórico e Geográfico Brasileiro*, tomo especial, Rio de Janeiro, Imprensa Nacional, 1927.
12. Discurso de José de Alencar em 13 jul. 1871, *Anais da Câmara dos Deputados*, Rio de Janeiro, Tipografia Nacional, 1871, p. 139.
13. Discurso de Andrade Figueira em 31 jul. 1885, *Anais da Câmara dos Deputados*. Rio de Janeiro, Tipografia Nacional, 1885, p. 258.
14. Gilberto Freyre, *O escravo nos anúncios*..., p. XV.
15. Frank Tannenbaum, *El negro en las Americas. Esclavo y ciudadano*, trad. Buenos Aires, Paidós, 1968.

16. Stanley M. Elkins, *Slavery: A problem in American Institucional and Intelectual Life*, Chicago, The University of Chicago Press, 1959.

17. O principais pontos de vista de alguns desses historiadores estão expostos na coletânea editada por Genovese e Laura Foner sob o título *Slavery in the New World: a reader in comparative history*, New Jersey, 1969.

18. Fernando Henrique Cardoso, *Capitalismo e escravidão no Brasil meridional*, São Paulo, Difusão Europeia do Livro, 1962, p. 155.

19. Emília Viotti da Costa, *Da senzala à colônia*, São Paulo, Difusão Europeia do Livro, 1966, p. 280.

20. Jacob Gorender, *O escravismo colonial*, São Paulo, Ática, 1978.

21. Idem, ibidem, pp. 356-7.

22. Idem, ibidem, p. 466.

23. Idem, ibidem, p. 467.

24. Otávio Ianni, *Escravidão e racismo*, São Paulo, Hucitec, 1978, p. 87.

25. Clóvis Moura, *Rebeliões da senzala*, São Paulo, Edições Zumbi, 1959.

26. Suely Robles Reis de Queiroz, *Escravidão negra em São Paulo. Um estudo das tensões provocadas pelo escravismo no século XIX*, Rio de Janeiro, José Olympio, 1977.

27. Maria Helena P. T. Machado, *Crime e escravidão*, São Paulo, Brasiliense, 1987.

28. Leila Mezan Algranti, *O feitor ausente*, Petrópolis, Vozes, 1988, p. 203.

29. Idem, ibidem, p. 202.

30. Stuart Schwartz terá sido provavelmente o primeiro a utilizar o binômio "resistência – acomodação" em relação ao Brasil, quando estudou a revolta dos escravos do engenho Santana em "Resistance and accomodation in eightenth century Brazil: the slaves view of slavery", *The Hispanic American Historical Review* (Duke University Press, 57 (1) 1977). O episódio resultou em derrota para os negros que não tiveram nenhuma reivindicação atendida, razão pela qual, assinala Gorender, não houve "acomodação", sendo injustificável a aplicação do mencionado binômio.

31. Jacob Gorender, *A escravidão reabilitada*, loc. cit., p. 20.

32. Kátia Mattoso, *Ser escravo no Brasil*, São Paulo, Brasiliense, 1982.

33. Jacob Gorender, *A escravidão reabilitada*, loc. cit., p. 21.

34. Kátia Mattoso, *Ser escravo no Brasil*, loc. cit., p. 102.

35. Kátia Mattoso, op. cit., p. 103.

36. Idem, ibidem.

37. Idem, ibidem, (ver capítulos 2,3,6...)

38. Kátia Mattoso, O filho da escrava (em torno da Lei do Ventre Livre), *Revista Brasileira de História*, São Paulo, ANPUH/Marco Zero, 8(16) 1988; *Família e sociedade na Bahia do século XIX*, São Paulo, Corrupio, 1988.

39. Sílvia H. Lara, Campos da violência, Rio de Janeiro, Paz e Terra, 1988, p. 354.

40. Jacob Gorender, *A escravidão reabilitada*, p. 24.

41. Idem, ibidem, p. 23.

42. Idem, ibidem, p. 23.

43. Idem, ibidem, p. 43.

44. Eduardo Silva, Entre Zumbi e Pai João, o escravo que negocia, *Jornal do Brasil*, Rio de Janeiro, 18.08.85, Caderno especial, p. 3.

45. Ronaldo Vainfas, *Ideologia e escravidão. Os letrados e a sociedade do Brasil colonial*, Petrópolis, Vozes, 1986.

46. Sidney Chalhoub, "Os mitos da abolição", *Trabalhadores*, Campinas, Secretaria Municipal de Cultura, (1): 36-40, 1989.

47. Ciro Flamarion S. Cardoso, *Escravo ou camponês? O protocampesinato negro nas Américas*, São Paulo, Brasiliense, 1987.

48. Por exemplo, Ademir Gebara, O mercado de trabalho livre no Brasil: 1871-1888, São Paulo, Brasiliense, 1986. Maria Lúcia Lamounier, *Da escravidão ao trabalho livre*: a lei de locação de serviços de 1879, Campinas, Papirus, 1988.

49. Edward P. Thompson, *Senhores e caçadores*: a origem da lei negra, Rio de Janeiro, Paz e Terra, 1987. Eugene Genovese, *A terra prometida*: o mundo que os escravos criaram, Rio de Janeiro, Paz e Terra, 1988. (Este autor vem se aproximando progressivamente das ideias de Gilberto Freyre, como se vê pela interpretação de que há um consenso na escravidão).

50. Jacob Gorender, *A escravidão reabilitada*, pp. 27 e 34.

51. Ver Florestan Fernandes, *A integração do negro na sociedade de classes*, São Paulo, Dominus/Edusp, 1965.

52. Herbert Gutman, *The black family in slavery and freedom* (1750-1925), Nova York, Vintage Books, 1976.

53. Melville J. Herskowits, *The myth of the negro past*, Nova York, Harper and Brothers Publisher, 1941.

54. Robert W. Slenes, Escravidão e família, padrões de casamento e estabilidade familiar numa comunidade escrava (Campinas, século XIX), *Estudos Econômicos*, São Paulo, IPE, USP, 17 (2), 1987.

55. Iraci del Nero da Costa, Robert W. Slenes e Stuart B. Schwartz, A família escrava em Lorena, *Estudos Econômicos*, São Paulo, IPE, USP, 17 (2), 1987.

56. Richard Graham, A família escrava no Brasil, *Escravidão, reforma e imperialismo*, São Paulo, Perspectiva, 1979.

57. Robert Slenes, *Escravidão e família*, loc. cit., Esc

58. Stuart Schwartz, op. cit.

59. Herbert S. Klein, *The middle passage comparative studies in the Atlantic slave trade*, New York, Princeton University Press, loc. cit., p. 61.

60. Robert Conrad, *Os últimos anos da escravatura no Brasil*: *1850-1888*, Rio de Janeiro, Civilização Brasileira; Brasília, INL, 1975, p. 347.

61. Alida C. Metcalf, Vida familiar dos escravos em São Paulo no século dezoito: o caso de Santana do Parnaíba, *Estudos Econômicos*, São Paulo, IPE/USP, 17 (2), 1987.

62. Perdigão Malheiros, *A escravidão no Brasil. Ensaio histórico, jurídico, social*, São Paulo, Cultura, 1944.

63. Kátia Mattoso, *Ser escravo no Brasil, pp.* 127-8. Ver também Ventre Livre. *Revista Brasileira de História*, São Paulo, ANPUH; Marco Zero, 8 (16), 1988; Família e sociedade na Bahia do século XIX, São Paulo, Corrupio, 1988.

64. Jacob Gorender, *A escravidão reabilitada*, p. 48.

65. J. E. Pohl, *Viagem no interior do Brasil*, Belo Horizonte, Itatiaia; São Paulo, Edusp, 1976. J. J. von Tschudi, *Viagem às províncias do Rio de Janeiro e São Paulo*, Belo Horizonte, Itatiaia, São Paulo, Edusp, 1980. John Lucock, *Notas sobre o Rio de Janeiro e partes meridicionais do Brasil*, São Paulo, Livraria Martins Editora, 1942.

66. Richard Burton, *Viagem de canoa de Sabará ao Oceano Atlântico*, São Paulo, Edusp; Belo Horizonte, Itatiaia, 1977.

67. João Maurício Rugendas, *Viagem pitoresca através do Brasil*, São Paulo, Edusp; Belo Horizonte, Itatiaia, 1979.

68. Henry Koster, *Viagens ao nordeste do Brasil*, São Paulo, Ed. Nacional, 1942.

69. C. Schlichthorst, *O Rio de Janeiro como é* (1824-1826), Rio de Janeiro, Liv. Ed. Zélio Valverde, 1943, p. 135.

70. Auguste de Saint-Hilaire, *Viagem à Província de São Paulo e Resumo das Viagens ao Brasil, Província Cisplatina e Missões do Paraguai*, São Paulo, Livraria Martins Editora, 1945; Viagem a Curitiba e à Província de Santa Catarina, 1. ed. bras. em 1936.

71. F. Biard, *Dois anos no Brasil*, São Paulo, Ed. Nacional, 1945.

72. Hermann Burmeister, op. cit., p. 72.

73. Maximiliano de Habsburgo, Bahia, 1860, *Esboços de viagens*, Rio de Janeiro, Tempo Brasileiro; Bahia, Fundação Cultural do Estado da Bahia, 1982, p. 131.

74. W. L. Eschewege, *Pluto Brasiliensis*, Belo Horizonte, Itatiaia; São Paulo, Edusp, 1979.

75. J. J. von Tschudi, op. cit.

76. Charles Ribeyrolles, *Brasil pitoresco*, 2. v., São Paulo, Livraria Martins Editora, 1941, v. 2, p. 67.

77. R. Walsh, *Notícias do Brasil*, Belo Horizonte, Itatiaia; São Paulo, Edusp, 1985, p. 162.

78. Luís D'Alincourt, *Viagem do Porto de Santos à cidade de Cuiabá*, São Paulo, Liv. Martins Editora, 1976, p. 80.

79. João Maurício Rugendas, op. cit., p. 262.

80. O. Auguste Saint-Hilaire, *Viagem pelo distrito dos diamantes e litoral do Brasil*, Belo Horizonte, Itatiaia; São Paulo, Edusp, p. 201.

O Diálogo Convergente: Políticos e Historiadores no Início da República (pp. 119-143)

1. Karl Mannheim, *Ideologia e utopia*, trad. Emílio Willems, Porto Alegre, Globo, 1950.

2. Lucien Goldmann, *Dialética e cultura*, trad. Luiz Fernando Cardoso, Carlos Nelson Coutinho e Giseh Vianna Konder, Rio de Janeiro, Paz e Terra, 1967.

3. Michel de Certeau, "A operação histórica", in Jacques Le Goff e Pierre (dir.) Nora, *História: novos problemas*, trad. de Theo Santiago, Rio de Janeiro, Livraria Francisco Alves Editora, 1976.

4. Walter Benjamin, *Obras escolhidas. Magia e técnica, arte e política*, 2. ed., São Paulo, Brasiliense, 1986, p. 232.

5. Claude Lefort, *As formas da História*, São Paulo, Brasiliense, 1979.

6. Antonio Candido, *Formação da literatura brasileira. Momentos decisivos*, 2. ed., v. 1., São Paulo, Livraria Martins Editora, 1964, p. 29.

7. *Apud* João Cruz Costa, *O desenvolvimento da filosofia no Brasil no século XIX e a evolução histórica nacional*, São Paulo, Ind. Graf. José Magalhães, 1950, p. 107.

8. As seguintes obras atestam a contemporaneidade entre a produção historiográfica e a historiografia, *A década republicana*, Rio de Janeiro, Companhia Typographica do Brasil, I-VIII vols. 1899 a 1901. Frederico de S. (pseud. de Eduardo da Silva Prado), *Fastos da dictadura militar no Brasil*, S.l.p., s.c.e., 1890. M. E. de Campos Porto, *Apontamentos para a História da República dos Estados Unidos do Brasil*, Rio de Janeiro, Imprensa Nacional, 1890. Afonso Celso de Assis Figueiredo, (Visconde de Ouro Preto), *Advento da dictadura militar no Brazil*, Paris, Imprimerie F. Pichon, 1891. Oliveira Melo, *Revolta de São Paulo...*, São Paulo, Messagero, 1892. Américo Werneck, *Erros e vícios da organização republicana*, Petrópolis, Tipografia do Correio de Petrópolis, 1893. Felisberto Freire, *História constitucional da República dos Estados Unidos do Brasil*, 2. ed. Rio de Janeiro, Typ. Aldina, 1894. Alcindo Guanabara, *História da Revolta de 6 de Setembro de 1893*, Rio de Janeiro, Mont'Alverne, 1894. Felício Buarque, *Origens republicanas*, Recife, Francisco Soares Quintas Ed., 1894. João Manuel, *Reminiscências sobre vultos e factos do Império e da República*, Amparo, *Correio Amparense*, 1894. Honorato Cândido Ferreira Caldas, *A deshonra da República*, 2. ed. cor. e aum., Rio de Janeiro, Imprensa Montenegro, 1895. Afonso Celso, *Contradictas monarchicas*, Rio de Janeiro, Domingos de Magalhães Editor, 1896 e *Oito anos de parlamento*, São Paulo, Melhoramentos, 1901. Tobias Monteiro, *Pesquisas e depoimentos para a História*, Rio de Janeiro, Francisco Alves, 1913 (coletânea de artigos publicados em 1903 no *Jornal do Comércio*, Rio de Janeiro).

9. Pedro Calmon, *História do Brasil*, v. V – A República, São Paulo, Cia. Editora Nacional, 1956 e Hélio Vianna, *História do Brasil*, tomo I, Período Colonial, São Paulo, Melhoramentos, 1961.

10. Caio Prado Jr., *Evolução política do Brasil e outros estudos*, 2. ed. São Paulo, Brasiliense, 1957.

11. Luís Washington Vita, *Alberto Sales*, Ideólogo da República, São Paulo, Cia. Editora Nacional, 1965, pp. XIV e 164.

12. Afonso Celso de Assis Figueiredo, (Visconde de Ouro Preto), *Advento da ditadura militar no Brasil*, Paris, Fichon, 1891, escrito como crítica ao livro do republicano Christiano Benedicto Ottoni, *O advento da República no Brasil*, Rio de Janeiro, Tipografia Perseverança, 1890.

13. *Apud* R. Magalhães Jr., *Deodoro*, A espada contra o Império, v. 2, São Paulo, Cia. Editora Nacional, 1957, pp. 111-2.

14. Governo Provisório chefiado pelo Marechal Deodoro da Fonseca de 15.11.1889 a 25.2.1891; 1º Governo Constitucional da República presidido pelo Marechal Deodoro da Fonseca de 25.2.1891 a 23.11.1891 (data de sua renúncia), complementação do mandato pelo vice-presidente Marechal Floriano Peixoto de 23.11.1891 a 15.11.1894; 2º Governo Constitucional presidido pelo político civil paulista Prudente de Morais de 15.11.1894 a 15.11.1898.

15. Eduardo Prado, "Os acontecimentos do Brasil", in *Revista de Portugal*, Porto, Lugan & Genelioux, v. II, 1890, p. 140 e "Brazil. Fastos da ditadura militar", idem, v. II, p. 245.

16. Alfredo Bosi, *Dialética da colonização*, São Paulo, Companhia das Letras, 1992.

17. João Neves da Fontoura, *Discursos parlamentares* (1921-1928), org. por Carmen Aita, Gunter Axt e Vladimir Araujo, Porto Alegre, Assembleia Legislativa do Estado do Rio Grande do Sul, 1997, pp. 197-8.

18. 24ª Seção Ordinária de 13 set. 1909. *Apud*, Zita de Paula Rosa, *A dominação legitimada*, São Paulo, Contexto; Brasília, CNPq, 1990, p. 89.

19. A partir de então, a temática sobre o capitalismo e a organização do espaço regional tornou-se núcleo de um número considerável de publicações: Celso Furtado, *Formação econômica do Brasil*, São Paulo, Difel, 1959 e outras mais. Fernando Henrique Cardoso, "Alguns problemas da análise do desenvolvimento. Notas sobre o estado atual dos estudos sobre a dependência", in José Serra (coord.), *América Latina*: ensaio de interpretação econômica, Rio de Janeiro, Paz e Terra, 1976. Francisco de Oliveira, *Crítica à razão dualista*, São Paulo, Brasiliense/Cebrap, 1976 e *A economia de dependência imperfeita*, 2. ed., Rio de Janeiro, Graal, 1977. Wilson Cano, *Raízes da concentração industrial em São Paulo*, Rio de Janeiro/São Paulo, Direi, 1977. João Manuel Cardoso de Mello, *O capitalismo tardio*, São Paulo, Brasiliense, 1980.

20. Victor unes Leal, *Coronelismo, enxada e voto*. S.l.p., Revista Forense, 1949 e José Maria Bello, *História da República*, São Paulo, Cia. Ed. Nacional, 1952.

21. Nelson Werneck Sodré, *Formação histórica do Brasil*, São Paulo, Brasiliense, 1962 e *História militar do Brasil*, Rio de Janeiro, Civilização Brasileira, 1965. Caio Prado Jr., *A revolução brasileira*, São Paulo, Brasiliense, 1966. Octávio Ianni, *Estado e planejamento econômico no Brasil 1930/1970*, Rio de Janeiro, Civilização Brasileira, 1971. Florestan Fernandes, *Revolução burguesa no Brasil*, Rio de Janeiro, Zahar, 1974. Sobre o assunto ver, entre outros: Edgard Carone, *Revoluções do Brasil contemporâneo* (1922-1932), São Paulo, Desa Editora, 1965; *A República Velha* (Instituições e classes sociais), São Paulo, Difel, 1970; *A República Velha* (Evolução política), São Paulo, Difel, *1971; A República Nova* (1930-1937), São Paulo, Difel, 1974; *O tenentismo*, São Paulo, Difel, 1975 e *O Estado Novo* (1937/1945), Rio de Janeiro/São Paulo, Difel, 1976. Francisco C. Weffort, *Classes populares e políticas*, Fac. Filosofia, Ciências e Letras da Universidade de São Paulo, 1968; artigos de Maria do Carmo Campello de Souza, "O processo político-partidário na Primeira República"; Boris Fausto, "A Revolução de 1930"; Lourdes Sola, "O golpe de 37 e o Estado Novo"; Paula Beiguelman, "O processo político-partidário brasileiro de 1945 ao plebiscito", in Carlos Guilherme Mota, (org.), *Brasil em perspectiva*, São Paulo, Difel, 1968 e Boris Fausto, *Pequenos ensaios da História do República*: 1889/1945, São Paulo, Cebrap, 1972.

22. As ideias aqui expostas tiveram sua primeira versão em Maria de Lourdes Monaco Janotti, "Historiografia, uma questão Regional? São Paulo no período republicano, um exemplo", in Marcos

A. da Silva (coord.), *República em migalhas*, História regional e local. São Paulo, Marco Zero; Brasília: MCT-CNPq, 1990, pp. 86-90.

23. A título de exemplo ver Antônio Barreto do Amaral, *Prudente de Moraes*. Uma vida marcada, São Paulo, Instituto Histórico e Geográfico de São Paulo, 1971. Afonso Arinos de Melo Franco, *Rodrigues Alves*. Apogeu e declínio do presidencialismo. Rio de Janeiro, José Olympio; São Paulo, Edusp, 1973. 2 v. Célio Debes, *Campos Salles*. Perfil de um estadista, São Paulo, Instituto Histórico e Geográfico de São Paulo, 1977 e Américo Jacobina Lacombe, *Afonso Pena e sua época*, Rio de Janeiro, José Olympio, 1986.

24. Emília Viotti da Costa, *Da Monarquia à República*: momentos decisivos, São Paulo, Grijalbo, 1977, pp. 276, 286, 290 e 326.

25. Caio Prado Jr., op. cit., pp. 86 e 91.

26. Significativa contribuição são os livros de Fernando A Novais, *Portugal e Brasil na crise do antigo sistema colonial* (1777-1808), São Paulo, Hucitec, 1979. José de Souza Martins, *O cativeiro da terra*, São Paulo, Liv. Ed. Ciências Humanas, 1979 e Jacob Gorender, *O escravismo colonial*, São Paulo, Ática, 1978.

27. Leôncio Basbaum, *História sincera da República*, Das origens até 1889 (tentativa de interpretação marxista), Rio de Janeiro, Livraria São José, 1957 e *História sincera da República de 1889 a 1930*, Rio de Janeiro, Livraria São José, 1958. Nelson Werneck Sodré, op. cit,

28. Nelson Werneck Sodré, *História Militar do Brasil*, pp. 174 e 177-98.

29. Raymundo Faoro, *Os donos do poder*: formação do patronato político brasileiro, 2. ed. ver. aum., Porto Alegre, Globo; São Paulo, Edusp, 1975, 2 v., pp. 739 e 747.

30. *História geral da civilização brasileira*, São Paulo, Difel, 1960-1984, III t., 11 v.

31. Sérgio Buarque de Holanda, "Do Império à República", in *História geral da civilização brasileira*. O Brasil Monárquico, t. II, v. 5, São Paulo, Difel, 1972, pp. 346 e 350.

32. Márcia Mansor D'Alessio e Maria de Lourdes Monaco Janotti, "A esfera do político na produção acadêmica dos programas de pós-graduação (1985-1994), *Estudos Históricos*, Rio de Janeiro, CPDOC/Fund. Getúlio Vargas, v. 9, n. 17, 1996, pp. 123-49.

33. Não desconhecemos a importância da contribuição de brasilianistas para o estudo do período, apenas o recorte teórico deste artigo não os contempla especificamente. Destacamos os seguintes trabalhos: George C. A. Boehrer, *Da Monarquia à República*. História do Partido Republicano no Brasil (1870-1889), Rio de Janeiro, Serviço de Documentação do Ministério da Educação e Cultura, 1954. Alfred Stepan, *Os militares na política*. As mudanças de padrões na vida brasileira, Rio de Janeiro, Artenova, 1975. Joseph Love, *O regionalismo gaúcho*, São Paulo, Perspectiva, 1975. June E. Hahner, *Relações entre civis e militares no Brasil* (1889-1898), São Paulo, Pioneira, 1975 e "Jacobinos versus galegos. Urban radicais versus portuguese immigrants in Rio de Janeiro in the 1890", separata do *Journal of Interamerican Studies and World Affairs*, 18 (2), may 1976. Thomas E. Skidmore, *Preto no branco*. Raça e nacionalidade no pensamento brasileiro, Rio de Janeiro, Paz e Terra, 1976. Steven Topik, "Middle-class brazilian nationalism (1889-1930): from radicalism to reaction". *Social Science Quarterly*, 59 (1), jun. 1978 e *A presença do Estado na economia política do Brasil*, 1889 a 1930, Rio de Janeiro, Record, 1989, tendo este último trabalho uma 1. ed. publicada nos Estados Unidos em 1987.

34. As seguintes obras apresentam balanços historiográficos: Carlos Guilherme Mota, *Ideologia da cultura brasileira* (1933-1974). (Pontos de partida para uma revisão histórica), São Paulo, Ática, 1977. Rosa Maria Godoy Silveira, *Republicanismo e Federalismo*. Um estudo da implantação da República brasileira (1889-1902), Brasília, Senado Federal; João Pessoa, Editora Universitária-UFPa, 1978. Edgar Salvadori de Decca, *O silêncio dos vencidos*, São Paulo, Brasiliense, 1981. Ângela de Castro Gomes e Marieta de Moraes Ferreira, "Primeira república: um balanço historiográfico", *Estudos Históricos*, Rio de Janeiro, CPDOC/FGV, 2 (4), 1989, pp. 244-89 e José Roberto do Amaral Lapa, "Historiografia da República", in José Roberto do Amaral Lapa (org.), *História política da República*, Campinas, Papirus, 1990.

35. Nicolau Sevcenko, *Literatura como missão*. Tensões sociais e criação cultural na Primeira República, São Paulo, Brasiliense, 1983 e José Murilo de Carvalho, *Os bestializados*. Rio de Janeiro e a República que não foi, São Paulo, Companhia das Letras, 1987.

36. Helga I. L. Piccplo, "A política Rio-grandense no Império"; Hélgio Trindade, "Aspectos políticos do sistema partidário republicano rio-grandense (1882-1937) e Sandra Jatahy Pesavento, "República Velha gaúcha; 'Estado autoritário e economia'", in José Hildebrando Dacanal e Sergius Gonzaga (org.), *RS*: *economia e política*, Porto Alegre, Mercado Aberto, 1979. Hélgio Trindade, *Poder legislativo e autoritarismo no Rio Grande do Sul* 1891-1937, Porto Alegre, Sulina, 1980. Angela Maria de Castro (coord.), *Regionalismo e centralização política*, Rio de Janeiro, Nova Fronteira, 1980. Reynaldo Xavier Carneiro Pessoa, *O ideal republicano e seu papel histórico no segundo reinado*: 1870-1889, São Paulo, Edições Arquivo do Estado, 1983. José Sebastião Witter, Partido político, federalismo e República, São Paulo, Edições Arquivo do Estado, 1984. José Ênio Casalecchi, *O Partido Republicano Paulista*. Política e poder (1889-1926), São Paulo, Brasiliense, 1987 e Marieta de Moraes Ferreira, *Em busca da Idade de Ouro*: as elites políticas fluminenses na Primeira República (1889-1930), Rio de Janeiro, Editora UFRJ, 1994.

37. Suely Robles Reis de Queiroz, *Os radicais da República*. Jacobinismo: ideologia e ação 1893-1897, São Paulo, Brasiliense, 1986, pp. 12-3. A respeito, ver Paulo Sérgio Pinheiro, "Classes médias urbanas: formação, natureza, intervenção na vida política" e José Murilo de Carvalho, "As forças armadas na Primeira República: o poder desestabilizador", in Boris Fausto (dir.), *História Geral da Civilização Brasileira*. O Brasil Republicano. Sociedades e Instituições (1889-1930), t. III, v. 2. Rio de Janeiro/São Paulo, Difel, 1977. Décio Saes, *Classe média e sistema político no Brasil*, São Paulo, T. A. Queiroz, 1984 e *A formação do Estado burguês no Brasil* (1888-1891), Rio de Janeiro, Paz e Terra, 1985.

38. Maria de Lourdes Monaco Janotti, *Os subversivos da República*, São Paulo, Brasiliense, 1986, pp. 263-5 *passim*.

39. Aldo Janotti, "Como e porque terminou a Monarquia brasileira", *Revista de História*, São Paulo, ano XXII, XLII (86): 305-34, abr./jun. 1971, pp. 333-4.

A Historiografia da Classe Operária no Brasil: Trajetória e Tendências (pp. 145-158)

1. Esses relatórios publicados em uma coluna intitulada "Documentos para a História" aparecem na *Voz do Trabalhador* do n. 41 de 15 out. 1913 ao n. 67 de 1º fev. 1915. Vários desses relatórios são reproduzidos por Pinheiro e Hall (1979, pp. 132-72).

2. Reproduzo as análises dessas obras de Juarez Brandão e de Fernando Henrique Cardoso elaboradas por Paoli, Sader, Telles (1983, pp. 135-37).

3. Obras como Capelato (1995) e Fico e Polito (1992, 1994) fornecem dados que permitem essa avaliação.

4. Para um exemplo dessa discussão sobre o uso da linguagem na análise da história do trabalho, ver a coletânea organizada por Berlanstein (1993).

5. Tanto esse texto como o de James (1994), anteriormente citado, figuram na coletânea organizada por Angela Maria Carneiro Araújo, *Trabalho, Cultura e Cidadania*: Um balanço da história social brasileira, São Paulo, Scritta (no prelo).

Referências Bibliográficas

ANDRADE, Silvia Maria Belfort Vilela de. *Classe operária em Juiz de Fora*: uma história de lutas (1912-1924). Juiz de Fora, Editora da Universidade Federal de Juiz de Fora, 1986.

BATALHA, Claudio H. de Moraes. *Le Syndicalisme "amarelo" à Rio de Janeiro (1906-1930)*. Thèse de Doctorat de l'Université de Paris I. Paris, Université de Paris I (Panthéon-Sorbonne), 1986. Mimeo.

______. Uma outra consciência de classe?: o sindicalismo reformista na Primeira República. *Ciências Sociais Hoje, 1990*, São Paulo, 1990.

BATINI, Tito. *Memórias de um socialista congênito*. Campinas, Editora da Unicamp, 1991.

BARBOSA, Luiz. *Serviços de assistencia no Rio de Janeiro*. Rio de Janeiro, Typ. Ao Luzeiro, 1908.

BERLANSTEIN, Lenard R. (org.). *Rethinking Labor History*: Essays on discourse and class analysis. Urbana/Chicago, University of Illinois Press, 1993.

CAMPOS, Cristina Hebling. *O sonhar libertário*. movimento operário nos anos de 1917 a 1921. Campinas, Pontes/Editora da Unicamp, 1988.

CAPELATO, Maria Helena R. (coord.). *Produção Histórica no Brasil 1985-1994*: Catálogo de dissertações e teses dos programas e cursos de pós-graduação em história. São Paulo, CNPq/ História USP-ANPUH, 1995.

CARDOSO, Ciro Flamarion e VAINFAS, Ronaldo (orgs.). *Domínios da história. Ensaios de teoria e metodologia*. Rio de Janeiro, Campus, 1997.

CARDOSO, Fernando Henrique. Situação e composição social do proletariado brasileiro, *Sociologie du Travail* (4),1961.

CARONE, Edgard. *Movimento operário no Brasil*. São Paulo, Difel, 3 v.

______. *Classes sociais e movimento operário*. São Paulo, Ática, 1989.

CASTORIADIS, Cornelius. *A experiência do movimento operário*. São Paulo, Brasiliense, 1985.

CHALHOUB, Sidney. *Trabalho, lar e botequim*: o cotidiano dos trabalhadores no Rio de Janeiro da Belle Époque. São Paulo, Brasiliense, 1986.

CONNIFF, Michael L. Voluntary associations in Rio (1870-1945), *Journal of Interamerican Studies and World Affairs*, fev. 1975.

______. *Rio de Janeiro during the Great Depression (1928-1930)*, Tese PhD, Stanford University, 1976.

COSTA, Emília Viotti da. Estruturas *versus* experiência. Novas tendências na história do movimento operário e das classes trabalhadoras na América Latina: O que se perde o que se ganha, *BIB – Boletim Informativo e Bibliográfico de Ciências Sociais*, Rio de Janeiro (29), 1º semestre de 1976.

COSTA, Hélio da. *Em busca da memória*: comissão de fábrica, partido e sindicato no pós-guerra. São Paulo, Scritta, 1995.

DECCA, Maria Auxiliadora Guzzo. *A vida fora das fábricas*: cotidiano operário em São Paulo 1920-1934. Rio de Janeiro, Paz e Terra, 1987.

DIAS. Everardo. *Memórias de um exilado*: episódios de uma deportação. São Paulo, 1920.

______. *História das lutas sociais no Brasil*. 2. ed. São Paulo, Alfa-Omega, 1977.

DUARTE, Regina Horta. *A imagem rebelde*: a trajetória libertária de Avelino Fóscolo. Campinas, Pontes/Editora da Unicamp, 1991.

DULLES, John W.F. *Anarquistas e comunistas no Brasil (1900-1935)*. 2. ed. rev. e amp. Rio de Janeiro, Nova Fronteira, 1977.

DUTRA, Eliana Regina de Freitas. *Caminhos, operários nas Minas Gerais*: um estudo das práticas operárias em Juiz de Fora e Belo Horizonte na Primeira República. São Paulo, Hucitec/UFMG, 1988.

FAUSTO, Boris. *Trabalho urbano e conflito social (1890-1920)*. Rio de Janeiro/São Paulo, Difel, 1977.

FERREIRA, Maria Nazareth. *A imprensa operária no Brasil, 1880-1920*. Petrópolis, Vozes, 1978.

FICO, Carlos & POLITO, Ronald. *A história do Brasil (1980-1989)*, Ouro Preto, Editora da UFOP, 1992. v. 1 (Elementos para uma avaliação historiográfica).

______. *A História do Brasil (1980-1989)*. Ouro Preto, Editora da UFOP, 1994. v. 2 (Série de dados).

FOOT, Francisco & LEONARDI, Victor. *História da indústria e do trabalho no Brasil (das origens aos anos vinte)*. São Paulo, Global, 1982.

FRECH, John D. *O ABC dos operários*: conflitos e alianças de classe em São Paulo, 1900-1950. São Paulo/São Caetano do Sul, Hucitec/Prefeitura de São Caetano do Sul, 1995.

GITAHY, Maria Lucia Caira. *Ventos do mar*: trabalhadores do porto, movimento operário e cultura urbana em Santos, 1889-1914. São Paulo/Santos, Editora Unesp/Prefeitura Municipal de Santos, 1992.

GOMES, Angela de Castro. *A invenção do trabalhismo*. São Paulo, Vértice/IUPERJ, 1988.

______. (coord.). *Velhos militantes*: depoimentos. Rio de Janeiro, Zahar, 1988b.

GORDON, Eric; HALL, Michael M., & SPALDING JR., Hobart A. A survey of Brazilian and Argentine material at the Internationaal Instituut voor Sociale Geschiedenis in Amsterdam, *Latin American Research Review*, 8/3, 1973.

GUTMAN, Herbert G. *Work, Culture and Society in Industrializing America. Essays in American working-class and social history*. Nova Iorque: Vintage Books, 1977.

HALL, Michael M. *The Origins of Mass Imigration in Brazil, 1871-1914*. Tese PhD, Nova Iorque, Columbia University, 1969. (Mimeo.)

HALL, Michael M. & PINHEIRO, Paulo Sérgio. Alargando a história da classe operária: organização, luta e controle. *Remate de Males*, Campinas, (5), 1985.

______. Imigração e movimento operário no Brasil: uma interpretação. In: DEL ROIO, José Luiz (org.). *Trabalhadores no Brasil*: *imigração e industrialização*. São Paulo, Ícone/Edusp, 1990.

HALL, Michael M. & SPALDING JR., Hobart A. The urban working class and early labour movements. In: BETHELL, Leslie (org.). *The Cambridge History of Latin America*. Cambridge/ Nova Iorque/Melbourne, Cambridge University Press, 1995. v. IX (Bibliographical Essays).

HARDMAN, Franciso Foot. *Nem pátria, nem patrão!. Vida operária e cultura anarquista no Brasil*. São Paulo, Brasiliense, 1983.

HAUPT, Georges. Por que a história do movimento operário?, *Revista Brasileira de História*, v. 5, n. 10, 1985.

HOBSBAWM, Eric J. *Trabalhadores. Estudos sobre a história do operariado*. Rio de Janeiro, Paz e Terra, 1981.

______. *Mundos do trabalho. Novos estudos sobre história operária*. Rio de Janeiro, Paz e Terra, 1987.

HOFFNAGEL, Marc. Republicanismo e utopia, In: GABEIRA, Alexandrina (org.). *Sociedade e utopia*. s.l., Massangana, 1994.

JAMES, Daniel. Something Old, Something New? The Emerging Parameters of Latin American Labor History. Texto apresentado no Seminário "AEL 20 Anos", Arquivo Edgard Leuenroth/ IFCH/UNICAMP, Campinas, 1994. (Mimeo.)

JONES, Gareth Stedman. *Languages of Class. Studies in English working class history*. Cambridge/ Londres/Nova Iorque, Cambridge University Press, 1983.

KEREMITSIS, Eileen. *The Early Industrial Worker in Rio de Janeiro (1870-1930)*. Tese PhD, Nova Iorque, Columbia University, 1982. (Mimeo.)

KHOURY, Yara Aun. *As greves de 1917 em São Paulo e o processo de organização proletária*. São Paulo, Cortez Editora/Autores Associados, 1981.

LIMA, Heitor Ferreira. *Caminhos percorridos*: memórias de militância. São Paulo, Brasiliense, 1982.

LINHARES, Hermínio. *Contribuição à história das lutas operárias no Brasil*. São Paulo, Alfa-Omega, 1977.

LOBO, Eulália Maria Lahmeyer. Condições de vida dos artesãos e do operariado no Rio de Janeiro da década de 1880 a 1920, *Nova Americana*, (4). Turim, 1981.

______ & STOTZ, Eduardo Navarro. Flutuações cíclicas da economia, condições de vida e movimento operário – 1880 a 1930, *Revista do Rio de Janeiro*, Niterói, (1), dezembro, 1985.

______ (org.). *Rio de Janeiro operário*, Rio de Janeiro, Access editora, 1992.

LOPES, José Sérgio Leite. *A tecelagem dos conflitos de classe na cidade das chaminés*. São Paulo/ Brasília, Marco Zero/Editora da UnB, 1988.

LOPES, Juarez Brandão. *Sociedade industrial no Brasil.* São Paulo, Difel, 1964.
MAGNANI, Silvia Ingrid Lang. *O movimento anarquista em São Paulo (1906-1917).* São Paulo, Brasiliense, 1982.
MARAM, Sheldon Leslie. *Anarquistas, imigrantes e o movimento operário brasileiro (1890-1920).* Rio de Janeiro, Paz e Terra, 1979.
MARONI, Amnéris. *A estratégia da recusa. Análise das greves de maio/78.* São Paulo, Brasiliense, 1982.
MOISÉS, José Alvaro. *Greve de massa e crise política. Estudo da greve dos 300 mil em São Paulo – 1953-54.* São Paulo, Polis, 1978.
MORAES, Evaristo de. *Apontamentos de direito operário.* 2. ed. São Paulo, LTr Editora, 1971.
MORAES FILHO, Evaristo de. *O problema do sindicato único no Brasil*: seus fundamentos sociológicos. 2. ed. São Paulo, Alfa-Omega, 1978.
MUNAKATA, Kazumi. O lugar do movimento operário. In: CASALECHI, J. E. e TELAROLLI, A. (orgs.). *Movimentos Sociais. Anais do IV Encontro Regional de História de São Paulo.* Araraquara, ANPUH/UNESP, 1980.
______. *A legislação trabalhista no Brasil.* São Paulo, Brasiliense, 1981. (Col. Tudo é História, n. 32.)
NEVES, Maria Cecília Baeta. Greve dos sapateiros de 1906: notas de pesquisas, *Revista de Administração de Empresas*, jun, 1973.
PAOLI, Maria Célia. Os trabalhadores urbanos na fala dos outros: tempo, espaço e classe na história operária brasileira. *Comunicação*, Rio de Janeiro, Museu Nacional-UFRJ, (7), outubro 1973.
PAOLI, Maria Célia; SADER, Eder; & TELLES, Vera da Silva. (1983). Pensando a classe operária: os trabalhadores sujeitos ao imaginário acadêmico. *Revista Brasileira de História*, 3 (6).
PENA, Maria Valéria Junho. *Mulheres e trabalhadoras. Presença feminina na constituição do sistema fabril.* Rio de Janeiro, Paz e Terra, 1981.
PEREIRA, Astrojildo. *A formação do PCB.* Rio de Janeiro, Editorial Vitória, 1962.
PERROT, Michelle. *Les Ouvriers en Grève – France 1871-1890.* Paris/Haia, Mouton, 1974. 2 v.
PETERSEN, Sílvia R. F. & LUCAS, Maria Elizabeth (orgs). *Antologia do movimento operário gaúcho, 1870-1937.* Porto Alegre, Editora da Universidade – UFRGS/Tchê!, 1992.
PETERSEN, Sílvia R. F. Cruzando fronteiras: as pesquisas regionais e a história operária brasileira, Texto apresentado no Seminário "AEL 20 Anos", Arquivo Edgard Leuenroth/IFCH/UNICAMP, Campinas, 1994. (Mimeo.)
PINHEIRO, Paulo Sérgio & HALL, Michael M. (orgs.). *A classe operária no Brasil 1889-1930*: documentos, São Paulo, Alfa-Omega, 1979. v. 1 (O movimento operário).
PINHEIRO, Paulo Sérgio & HALL, Michael M. (orgs.). *A Classe operária no Brasil 1889-1930*: documentos, São Paulo, Alfa-Omega, 1981. v. 2 (Condições de vida e de trabalho, relações com os empresários e o Estado).
REZENDE, Antônio Paulo de Morais. *A classe operária em Pernambuco*: cooptação e resistência (1900-1922). Dissertação de mestrado. Campinas, Unicamp, 1987. (Mimeo.)
______. *História do movimento operário no Brasil.* São Paulo, Ática, 1986.
RIBEIRO, Gladys Sabina. *Mata galegos*: os portugueses e os conflitos de trabalho na República Velha. São Paulo, Brasiliense,1990. (Col. Tudo é História, n. 129)
RIBEIRO, Maria Alice Rosa. *Condições de trabalho na indústria têxtil paulista, 1870-1930.* São Paulo/Campinas, Hucitec/Editora da Unicamp, 1988.
[RIO DE JANEIRO]. PREFEITURA DO DISTRITO FEDERAL. *Assistência Pública e Privada no Rio de Janeiro (Brazil)*: *história e estatística.* Rio de Janeiro, Typ. do *Annuario do Brazil, 1922.*
RODRIGUES, Edgar. *Socialismo e Sindicalismo no Brasil (1675-1913).* Rio de Janeiro, Laemmert, 1969.
______. *Nacionalismo & Cultura Social 1913-1922.* Rio de Janeiro, Laemmert, 1972.
______. *Novos Rumos*: história do movimento operário e das lutas sociais no Brasil 1922-1946. Rio de Janeiro, Mundo Livre, s.d.

______. *Alvorada operária*: os congressos operários no Brasil. Rio de Janeiro, Mundo Livre, 1979.
RODRIGUES, José Albertino. *Sindicato e desenvolvimento no Brasil*. São Paulo, Difel, 1968.
RODRIGUES. Leoncio Martins. *Conflito industrial e sindicalismo no Brasil*. São Paulo, Difel, 1966.
SADER, Eder et al. *Introdução a uma história do movimento operário brasileiro no século XX*. Belo Horizonte, Veja, 1980.
SEGATTO, José Antonio. *Breve história do PCB*. São Paulo, Ciências Humanas, 1981.
______. *A formação da classe operária no Brasil*. Porto Alegre, Mercado Aberto, 1987.
SCHMIDT. Benito Bisso. *Uma reflexão sobre o gênero biográfico*: a trajetória do militante socialista Antônio Guedes Coutinho na perspectiva de sua vida cotidiana (1868-1945). Porto Alegre, 1996. Dissertação de mestrado em História.
SILVA, Fernando Teixeira da. *A carga e a culpa. Os operários das Docas de Santos*: direitos e cultura de solidariedade 1937-1968. São Paulo/Santos, Hucitec/Prefeitura Municipal de Santos, 1995.
SILVA, Lígia Maria Osório. *Movimento sindical operário na Primeira República*. Dissertação de mestrado IFCH/UNICAMP. Campinas, Unicamp, 1977. (Mimeo.)
SIMÃO, Azis. *Sindicato e Estado. Suas relações na formação do proletariado de São Paulo*. São Paulo, Editora da Universidade de São Paulo, 1966.
TELLES, Jover. *O movimento sindical no Brasil*. Rio de Janeiro, Vitória, 1962.
UNIÃO DOS OPERARIOS EM C. CIVIL. *Historico (18 de março de 1917 a 31 de dezembro de 1919)*: um por todos, todos por um. Rio de Janeiro, Typo-Arte, 1920.
VELASCO E CRUZ, Maria Cecília. *Amarelo e negro*: *matizes do comportamento operário na República Velha*. Dissertação de mestrado. Rio de Janeiro, IUPERJ, 1981. (Mimeo.)
______. Portos, relações de produção e sindicato: o caso do Rio de Janeiro na Primeira República, *Ciências Sociais Hoje*, São Paulo, 1986.
VIANNA, Luiz Werneck. Estudos sobre sindicalismo e movimento operário. Resenha de algumas tendências. *BIB – Boletim Informativo e Bibliográfico de Ciências Sociais*, Rio de Janeiro, (3), 1978a.
______. *Liberalismo e sindicato no Brasil*. 2. ed., Rio de Janeiro, Paz e Terra, 1978b.
VITORINO, Artur José Renda. *Processo de trabalho, sindicalismo e mudança técnica*: o caso dos trabalhadores gráficos em São Paulo e no Rio de Janeiro. 1858-1912. Dissertação de mestrado, Unicamp, 1995. (Mimeo.)
WEFFORT, Francisco. *Sindicatos e política*. Tese de livre docência, USP, 1975. (Mimeo.)
WEID, Elisabeth van der & BASTOS, Ana Marta Rodrigues. *O fio da meada. Estratégia de expansão de uma industria fabril*: *Companhia America Fabril, 1878-1930*. Rio de Janeiro, FCRB/CNI, 1986.
WOLFE, Joel. *Working Women, Working Men. São Paulo and the rise of Brazil's industrial working class, 1900-1955*. Durham/Londres, Duke University Press, 1993.
ZAIDAN, Michel. *Pão e Pau*: *política de governo e sindicalismo reformista no Rio de Janeiro (1923-1926)*. Dissertação de mestrado. Campinas, Unicamp, 1981. (Mimeo.)

Anos Trinta e Política: História e Historiografia (pp. 159-182)

1. Vamos empregar a palavra historiografia também em seu sentido amplo, isto é, referente ao conjunto de obras do conhecimento histórico e não somente em seu sentido mais estrito, que seria o de análise deste conhecimento, como é o caso do conjunto desta obra.

2. Essa afirmação está em inquérito realizado pelo *Diário de Notícias* no Rio de Janeiro. Este volume, já por mim anteriormente utilizado, consiste em exemplo evidente da efervescência política de pensamentos, propostas, dispositivos-utópicos, etc. Nele estão presentes as mais diversas tendências políticas, evidenciando uma certa diluição das propostas de resolução dos problemas nacionais entre os extremos do espectro político. Indicam soluções ditatoriais, (por exemplo, Gustavo

Barroso, um dos expoentes do integralismo) e Maurício de Medeiros (de esquerda). Não faltam os que preveem soluções comunistas, como João Ribeiro, católicas, como Tristão de Athayde, ou integralistas, como Plínio Salgado. Muitos são os que consideram a possibilidade de um governo sob controle militar, pautados por critérios técnicos de administração e afastados das ingerências dos políticos. Cf. *Para onde vai o Brasil? Para o comunismo? O fascismo? O integralismo? A democracia? O socialismo? O federalismo? A ditadura?*, Rio de Janeiro, Renascença, 1933, apud Lúcia Lippi de Oliveira (coord.), *Elite Intelectual e debate Político nos Anos 30*, Rio de Janeiro, FGV/INL/MEC, 1980.

3. Na discussão política das reformas então em curso na presidência Fernando Henrique Cardoso, ouve-se constantemente menção a que finalmente se chega ao final dos "anos Vargas". Exemplo de emprego em trabalho acadêmico: Luiz Werneck Vianna, "O coroamento da Era Vargas e o fim da história do Brasil", em *DADOS*, v. 38, n. 1, 1995, UNICAMP.

4. No início dos anos 90, M. Helena Capelato advertia: "A historiografia não pode ignorar os personagens que se destacam na cena da história", "sobretudo entre nós, que temos uma tradição de política personalista". Ver "O Personagem na História – Perón e Eva: Produtos da sociedade argentina pp. 239-46) em M. Stella Bresciani et alii, *Jogos da Politica*, São Paulo, ANPUH/Marco Zero, s.d.(1992) pp. 239-46.

5. Entre inúmeros exemplos, encontro uma observação feita por Carlos Heitor Cony, após uma sua leitura do programa da Aliança Liberal: "[...] De 1930 a 1994 [...] basicamente as questões são as mesmas e as mesmas soluções prometidas"; enumera a questão do campo, o desemprego, educação, saúde, moralidade administrativa". Cf. *Folha de S.Paulo*, 9 set. 1994.

6. Essa tradição tem seu berço especialmente na França e na Inglaterra. Ver também Ernesta Zamboni, "O conservadorismo e os paradidáticos em História", *Revista Brasileira de História*, n. 25/26, São Paulo, ANPUH/Marco Zero, set, 1992/ago. 1993, pp. 175-92.

7. O governo de Getúlio Vargas promove uma Reforma do Ensino em 1931 em que o ensino da história é colocado, através de uma formação do cidadão, como fator de coesão nacional. Ver Kátia Abbud, "O ensino da história como fator de coesão nacional: os programas de 1931 ", *Revista Brasileira de História*. n. 25/26, op. cit. pp. 163-174. Também se assinala como importante a aproximação entre o governo de Getúlio Vargas e o Instituto Histórico e Geográfico Brasileiro (IHGB); ver Lucia M. P. Guimarães, *História em debate*, Anais do XVI Simpósio da ANPUH, Rio de Janeiro, 22 a 26 de jul. 1991, pp. 73-82. Ver ainda Ângela M. C. Gomes, *História e Historiadores*, Rio de Janeiro, FGV, 1996.

8. Ver, por exemplo, a coleção sobre a *História da Vida Privada no Brasil* em curso de publicação pela Cia. das Letras; o primeiro volume, já publicado, é sobre o Brasil Colônia; o seguinte será sobre Império; os dois últimos sobre República, o primeiro até 1930 e o segundo até nossos dias.

9. Vários autores, *A Revolução de 30*: *textos e documentos*, Brasília, Universidade de Brasília/ Fundação Roberto Marinho 1981.

10. Já nos anos vinte a ideia estava presente, como se pode ver entre muitas outras análises; pensando o panorama cultural do momento, Wilson Martins qualifica-a como a "década empenhada no processo revolucionário". Cf. *História da Inteligência Brasileira*. São Paulo, Cultrix, 1978, v. 6 (1915-1933). Daniel Pécaut, apoiando-se em Martins, faz análise semelhante, mostrando a efervescência político-cultural dos anos vinte. Cf. *Os intelectuais e a política no Brasil*, São Paulo, Ática, 1990. Para uma visão da historiografia sobre os anos vinte como cruciais para a ruptura pós-30, ver Ângela M. de C. Gomes e Marieta M. Ferreira, "Primeira República: Um balanço historiográfico", *Estudos Históricos*, Rio de Janeiro, CPDOC/FGV, v. 2, n. 4, 1989, pp. 244-80.

11. Reinhart Kosseleck assinala, nas falas das declarações americana, francesa ou russa o indubitável fato de que essas mostram que suas "conquistas" deveriam beneficiar todos os homens; nessa diferença assinala ele a passagem da revolução política para a revolução social. Ver "Le concept de révolution des Temps Modernes" em Reinhart Kosseleck, *Le Futur Passé*: contribution à la sémantique des temps historiques, Paris, EHESS, 1990, pp.62-80.

12. *A Revolução de 30*: *textos e documentos*. op. cit., pp. 51-2. Discurso feito em 21 dez. 1931. Em mais um exemplo de retórica demagógica há uma resposta de Oswaldo Aranha à pergunta do *Diário Carioca* no já citado inquérito sobre os rumos do Brasil: "O Brasil vai para aonde o povo quiser". Em documentação privada, em carta a Flores da Cunha em 1932, Aranha escreve: "Como era lógico, a Revolução deu lugar a curso a todas as opiniões e tendências. É chegada a hora da conformação política da Revolução. Devemos fazer a organização como fizemos a revolução, se possível, com os mesmos homens e as mesmas ideias. [...] – A revolução se fez para arrancar o poder das mãos de alguns homens e restituí-los ao povo. Não para ficar nas nossas mãos. [...] Devemos por fim à Ditadura. Precisamos ter a segurança de que os processos e as práticas do passado estão excluídos das normas governamentais. E, mais ainda, que no futuro, as ideias novas serão adotadas". Cf. *A Revolução de 30*: *textos e documentos*, op. cit., pp.376-8.

13. Ver José M. dos Santos, *Notas à História recente*, São Paulo, Brasiliense, 1944; são artigos dos anos trinta publicados posteriormente.

14. Cf. Lucien Fébvre, *Pour une histoire a pari entière*, Paris, 1962, apud Bronislaw Baczko, *Lumières de l'Utopie*, Paris, Payot, 1978; ver ainda "Imaginação social" em Ruggiero Romano (org.), *Anihropos-Homem*. Enciclopédia Einaudi-5, Lisboa, Imprensa Nacional/Casa da Moeda, Portugal, 1985.

15. Cf. *Para onde vai o Brasil?...*, op. cit.; ver também Humberto Freire, *O Carnaval de outubro*: a revolução nos estados, Rio de Janeiro, Coelho Branco, 1933.

16. Por exemplo, como presidente, Fernando Collor de Mello chamou seu governo de Nova República.

17. Cícero Santos, *Os anões do circo*, Rio de Janeiro, s.e., 1934.

18. Ver dentre inúmeros títulos os exemplos de Cincinato Braga: *Brasil Novo*, Rio de Janeiro, Imprensa Nacional, 1930. Azevedo Amaral, *A renovação nacional*, Rio de Janeiro, Imprensa Nacional, 1936. Felix C. Rodrigues, *Novos rumos políticos e sociais*, Porto Alegre, Globo, 1933. Mario Pinto Serva, *Renascença Nacional*, São Paulo, Ferraz, 1930.

19. Encontrei a expressão usada por Oswaldo Aranha, Góes Monteiro e Virgínio de Santa Rosa.

20. Ver João Cruz Costa, *Pequena história da República*, Rio de Janeiro, Civilização Brasileira, 3. ed., p. 111.

21. Sobre a Coleção Azul ver Laurence Hallewell, *O Livro no Brasil (sua história)*, São Paulo, T. A. Queiroz/EDUSP, 1985, p.341. Uma análise dessa coleção está em Edgar Carone, "'Coleção Azul': uma crítica pequeno-burguesa à crise brasileira de 1930". Separata da *Revista Brasileira de Estudos Políticos*, n. 25/26, Belo Horizonte, 1968/1969.

22. Em 1935 V. de Santa Rosa adere à Aliança Nacional Libertadora. Engenheiro, escreve o livro aos 26/28 anos. Santa Rosa coloca-se explicitamente como fazendo sociologia.

23. Ver Vavy Pacheco Borges, *Tenentismo e revolução brasileira*, São Paulo, Brasiliense, 1992, cap. 6.

24. Para Wilson Martins, é um "livro psicanalítico", pois os "bacharéis fardados" haviam matado o pai, tentaram a expiação por novas manobras contra o novo pai, o novo presidente da República. Conta que o livro então, em 1979, estava na segunda edição. Ver *História da Inteligência Brasileira*, op. cit. v. VII, p. 325.

25. Enquanto eu escrevia este capítulo, ele festejou seus 100 anos mostrando a mesma capacidade e lucidez com que sempre se destacou no panorama político-intelectual desde essa sua análise.

26. Cf. *Tenentismo e Revolução Brasileira*, op. cit., cap. 4 e 5.

27. Francisco Campos, *Os problemas do Brasil e as grandes soluções do Novo Regime*, Rio de Janeiro, 1938, apud Pedro Calmon, *História do Brasil*, Rio de Janeiro, José Olympio, p. 2245.

28. Ver *História da Inteligência Brasileira*,. v. VI (1915-1933), op. cit. p. 487.

29. Apud Flora Sussekind e Roberto Ventura *História e Dependência*: *cultura e sociedade em Manuel Bonfim*, São Paulo, Moderna, 1984.

30. Como exemplo entre os não historiadores, Wilson Martins, no já citado trabalho (v. VI 1 p. 496) a severa: "A Revolução de 1930 representou para as gerações contemporâneas uma ruptura mental tão completa com o passado que não seria extravagante vê-la como o fenômeno histórico e social que assegurou e consolidou a vitória do Modernismo, já agora superando-se a si mesmo e transformando-se em moderno".

31. Angela M. de C. Gomes chama de "exercício arriscado" fazer este tipo de "rápida incursão" no qual ela se lança. Ver "Política: História, Ciência, Cultura, etc", *Estudos Históricos*, n. 17, op. cit., pp. 59-84.

32. Luciano Martins, por exemplo, afirma que há duas correntes interpretativas do Estado Novo: 1) seria um parênteses ditatorial provocado por causas conjunturais internas e externas no processo de democratização começado em 30 e retomado em 45; 2) seria o prevalecimento da vertente autoritária contida na própria Revolução de 1930, vertente essa que expressaria uma tendência estrutural nos países de capitalismo retardatário e dependente. Ver item Estado Novo em Alzira Abreu e Israel Beloch (orgs.), *Dicionário histórico-biográfico Brasileiro (1930-1983)*, Rio de Janeiro, CPDOC/FGV, 1984, v. 2.

33. Em relato, Octávio Ianni remete a Aroldo de Azevedo, professor dele de Geografia Humana em curso na USP em 1949. Ianni conta que ao lhe perguntar: "Afinal, professor, houve a Revolução de 30?", A. de Azevedo ouviu-o e respondeu sério e firme: "Não, não houve, mas na verdade depois disso, tudo mudou". Essa era uma interpretação fora do campo do marxismo, porém que aceitava uma ruptura e uma recomposição de forças depois de 1930. Ainda segundo relato do próprio Ianni, foi a partir dessa ideia que ele, Ianni, se preocupou com a ideia de revolução não como algo de abrupto ou enfrentamento armado (como tinha sido a Revolução Francesa); começou a pensar que poderiam existir revoluções num processo histórico-social não abrupto ou violento, mas de forma lenta e incruenta.

34. O livro foi publicado pela Cia. Editora Nacional; 1. ed. 1940; 2. ed. 1952. A 3. ed. foi publicada e teve muito sucesso por ocasião de meu curso de graduação, na segunda metade dos anos 50. Essa foi a edição definitiva, quando Bello passa a analisar o período que nos interessa.

35. Político militante, era candidato da situação ao governo de Pernambuco quando se deu a revolução de 30; parece ter uma visão idealizada da política e, num tom realista/pessimista, parece encarar a história com um sentido pragmático de mestra da vida; sua descrição é muito viva. A análise é feita a partir de obras fundamentais da época e da experiência pessoal, descrita sem maiores teorizações.

36. Já em seu primeiro livro, *Evolução Política do Brasil e outros estudos*, publicado pela primeira vez em 1933, Caio Prado Júnior anuncia sua intenção de escrever a história a partir do método interpretativo das relações entre as classes. No prefácio dessa segunda obra, pretende explicar as relações sociais a partir de suas bases materiais, opondo-se ao idealismo que afirma o primado do espírito sobre a matéria, vendo a história e sua "própria evolução, o seu autodinamismo". Essa mesma orientação marcou toda sua obra.

37. Não aplica a categoria de análise revolução burguesa; embora fosse ligado ao Partido Comunista Brasileiro, nega as teses dualistas nele predominantes desde os anos vinte nas formulações de Octávio Brandão; não utiliza um modelo dualista, ou seja, para ele não haveria no Brasil uma contradição básica entre latifúndio semifeudal e imperialismo. Assim, pensa a evolução do sistema econômico brasileiro de forma original em relação a um sistema capitalista mundial, e não segundo modelos de evolução das nações europeias. Para Francisco Iglésias, Caio Prado procura, ao ver as sucessivas articulações dos sistemas de produção brasileiros, "uma linha mestra ininterrupta de acontecimentos que se sucedem em ordem rigorosa e dirigida numa determinada orientação"; vê-o como "avesso aos simplismos que frequentemente liquidaram ou esvaziaram na esquerda o pensamento marxista". Ver Francisco Iglésias (org.), *Caio Prado Júnior: história*, São Paulo, Ática, 1982.

38. Alguns de nós que nesses anos escrevemos dissertações ou teses, hoje brincamos que era então necessário primeiro resolver que modo de produção vigorava no país, para depois poder começar o trabalho.

39. Ângela M. de C. Gomes, op.cit., 1996 p. 61 aponta "uma tradição disciplinar por demais homogênea e dominada pela 'velha' história político-administrativa, a partir da qual se definiu a estratégia de combate, renovação e afirmação dos 'novos estudos sociais e econômicos'".

40. José Roberto do Amaral Lapa, *A História em questão*, Petrópolis, Vozes, 1976, pp. 77 e 78. Segundo o autor, a primeira tese sobre República é de 1969.

41. Creio que a forte presença no debate político-intelectual das análises citadas e os engajamentos tumultuados de alguns intelectuais marxistas das ciências sociais (Ex-cassações de grandes nomes da universidade, fundação do CEBRAP, etc...) inspiravam um respeito muito grande por esses nomes e por suas análises. Para alguns levantamentos sobre essa produção, ver José R. do A. Lapa, *História e Historiografia*: Brasil pós-64. Rio de Janeiro, Paz e Terra, 1985.

42. Ver Ana Maria Burmester, *A (des)construção do discurso histórico*: a historiografia brasileira dos anos 70, tese de titulação, Departamento de História, Universidade Federal do Paraná, mimeo, 1992. A autora analisa as teses do Departamento de História da USP que trabalham o tema da revolução, movimentos revolucionários, momentos de transição, vendo-as bastante marcadas pelo marxismo, levanta seus conceitos, sua bibliografia teórica, etc. Na p. 158 lê-se que, em um posicionamento político, "nossos historiadores deixam se seduzir pela heterodoxia, iniciando um movimento de pensar à esquerda, porém desvinculados da ortoxia partidária e conceitual".

43. O fato já era apontado e discutido na primeira parte de um artigo que chamou atenção para os usos dos conceitos de ideologia. Ver M. Stella M. Bresciani, "As voltas de um parafuso", *Tudo é História, Cadernos de Pesquisa* n. 2, São Paulo, AUPHIB/Brasiliense, 1978. Em 1990, uma comissão da ANPUH nacional, ao me propor para iniciar um trabalho de levantamento sobre os trabalhos de história política em 1991 para o Simpósio do Rio de Janeiro, encarregou-me de analisar a área de "Política e Ideologia".

44. Em entrevista concedida sete anos depois, Fausto diz que ela reflete "um produto excepcional" de "um estágio da produção não apenas historiográfica, mas das disciplinas próximas à história, como a ciência política e a sociologia"; as "fronteiras" entre as ciências não sendo "muros", era preciso que se as ultrapassasse, "com cuidado, com passaporte e a devida licença". Ver *Estudos Históricos*, Rio de Janeiro, n. 1, 1988, pp. 162-6.

45. Ver Francisco Weffort, *Classes Populares e Política*, Tese de doutoramento, USP, 1968, apud Boris Fausto, *A Revolução de 1930*: história e historiografia, São Paulo, Brasiliense, 1970.

46. Francisco Weffort, *O Populismo na política brasileira*, Rio de Janeiro, Paz e Terra, 1978, p. 51, aspas no original.

47. Ver análise feita por Bolivar Lamounier e Fernando Henrique Cardoso "A Bibliografia de Ciência Política sobre o Brasil (1949-1974)", *Dados*, n. 18, IUPERJ, 1978, pp. 3-32. Segundo os autores, Faoro "critica as interpretações ancoradas no marxismo vulgar que atribuem às classes sociais fundamentais as características que elas tiveram em alguns países da Europa, diminuindo o peso da burocracia patrimonial na vida brasileira".

48. Circulara antes cópia datilografada em inglês, fornecida por Sérgio Buarque de Holanda, que trouxera Skidmore para palestras em seu curso na USP.

49. Brincando, arriscaríamos classificar, com Hayden-White, que resulta num estilo de epopeia ou drama; vários volumes são publicados, entre os quais *1930: uma revolução traída*, Rio de Janeiro, Civilização Brasileira, 1996.

50. Fazia parte da Coleção de Temas político-econômicos da DIFEL em São Paulo (organizada pelo historiador Carlos G. Motta) e se constituiu em um marco na época, pois punha em cheque, a partir de uma reunião de contribuições, uma visão mais estabelecida do passado brasileiro.

51. Por exemplo, Eli Diniz cita sua "excelente resenha das principais análises e retoma em item: "1930: continuidade ou ruptura", em função da problemática central de seu trabalho *Empresário, Estado e capitalismo no Brasil*: *1930-1945*, Rio de Janeiro, Paz e Terra, 1978.

52. Ver José Meirelles, Nôtes sur le rôle de l'ètat dans le développement du capitalisme au Brásil" in *Critique d'économie politique – Amérique Latine – accumulation et surexploitation*, Paris,

Maspero, 1974, e Angelo José da Silva, *Crítica operaria à Revolução de 1930*: *comunistas e trotskistas*, Dissertação de mestrado, IFCH, Unicamp, 1996, mimeo.

53. Essa interdisciplinaridade é tratada da por Angela M. de C. Gomes em "Política: história, ciência, cultura etc.", *Estudos Históricos*, n. 17, op. cit., pp. 59-84.

54. Nelson W. Sodré foi um militar, que escreveu durante o Estado Novo na Revista do DIP. Para José Roberto do Amaral Lapa é um autor "pretensamente marxista"; a grande aceitação de seus esquemas simplificadores mostra a forte presença de um marxismo vulgar no ensino universitário.

55. Para alguns historiadores, o uso dos modelos em história é válido como parâmetros de análise ou auxiliar para formulações hipotéticas. O uso é discutido recentemente por Virgínia Fontes em "História e Modelos" em *Domínios da História*: ensaios de teoria e metodologia, Rio de Janeiro, Campus, 1997.

56. "Apontamentos para uma crítica da Ação Integralista Brasileira", em Marilena de S. Chaui e M. Sylvia de C. Franco, *Ideologia e mobilização popular*, Rio de Janeiro, CEDEC/Paz e Terra, 1978. A partir de suas colocações, surgiu uma plêiade de trabalhos que procuram mostrar a burguesia como capaz de defender seus interesses e impor seu projeto de dominação.

57. Manuel de Andrade vê o momento do cinquentenário como sendo o momento apropriado para se escrever sobre esses fatos, pois muitas testemunhas ainda estão vivas porém dotadas de maior isenção. Pensa a "Revolução de Trinta" como um processo de transformações de estruturas econômicas e sociais que se opera em um período histórico relativamente curto e acha que foi em 1937 que essa revolução se concluiu. O último capítulo resume o que ele vê como sua atualidade: "ela continua a influenciar a vida do país, quer por seu ideário, quer por sua ação, até os dias atuais". Fala do ideário do conjunto de forças que "provocou a derrocada da República Velha", chamando 64 de "contrarrevolução" e mostrando "problemas e caminhos" que "se assemelham, em grande parte, àqueles levantados em 1929 e 1930" que tinham provocado aquela revolução. Ver *1930*: a atualidade da Revolução, São Paulo, Moderna. 1980.

58. Ver *A Revolução de 30*: Seminário Internacional, Brasília, Univ. de Brasília /Fundação Roberto Marinho.

59. O arquivo do CPDOC constituiu-se sobre o "período que se convencionou chamar de revolucionário, estendendo-se do movimento de 1930 até os nossos dias e (que) contém fundamentalmente informações sobre a classe política nacional – governo e oposição, políticos, militares, técnicos, empresários, jornalistas." Ver Guia dos Arquivos do CPDOC 1979., apresentação por Celina do Amaral Peixoto Moreira Franco, p. 8. Publicações informativas como os já citados dicionários dos personagens e o levantamento das memórias e ensaios dos anos trinta são fundamentais para as pesquisas e introduzem entre nós a denominação "anos 30".

60. Ver prefácio por ela feito ao livro de Angela M. de C. Gomes, *Regionalismo e centralização política*: Partido e Constituinte nos Anos 30, Rio de Janeiro, Nova Fronteira, 1980, pp. 15-16.

61. Em artigo posterior, ao analisar autores que trabalham o sindicalismo, a mesma autora lembra a crítica feita em 1966 por José Albertino Rodrigues, alertando contra a ênfase no corte exagerado em 1930 para o estudo desse tema. Ver Angela C. Gomes e Marieta M. Ferreira, "Primeira República: um balanço historiográfico", em *Estudos Históricos*, n. 4, op. cit.

62. Ver Angela M. de C. Gomes, op. cit., 1980, Introdução e Capítulo III, pp. 237-338; neste capítulo, aceita a explicação tradicional dos anos trinta (pois pensa a história do período como um processo em boa parte explicado pelo choque entre oligarquias e tenentismo) assim como pela ideia de centralização e descentralização.

63. Ver "O redescobrimento do Brasil", Lúcia L. de Oliveira, *Estado Novo*: ideologia e poder, Rio de Janeiro, Zahar, 1982.

64. É importante lembrar, com uma autora, que a evolução da história brasileira a partir de meados do século passado tem sido explicada pela história do complexo agroexportador cafeeiro e de sua industrialização; a hegemonia econômica inconteste do estado de São Paulo, o centro dinâmico do capitalismo brasileiro, identificou sua história com a história do Brasil republicano. A burguesia

paulista ocupou também um espaço hegemônico na reflexão histórica, os temas da história de São Paulo e de sua elite política são os temas dominantes: republicanismo, política dos governadores, expansão cafeeira, imigração, urbanização, politica cambial e financeira, depois de 1945 industrialização, camuflada de "industrialização brasileira", o operariado paulista sendo o modelo da "classe operária no Brasil". Ver M. de Lourdes M. Janotti, "Historiografia, uma questão regional? São Paulo no período republicano, um exemplo" em Marcos Silva, (org.), *A República em migalhas*. São Paulo, Marco Zero/CNPq, 1990.

65. Ver Carlos A. Vesentini e Edgar De Decca, "A revolução do vencedor" Contraponto, n. 1, Belo Horizonte, 1978. Ver ainda Edgar De Decca, *O silêncio dos vencidos*, São Paulo, Brasiliense, 1980.

66. Ver "A fulguração recorrente" em *Tudo é História, Cadernos de Pesquisa* n. 2. São Paulo, AUPHIB/Brasiliense, 1978.

67. M. Lourdes M. Janotti e Márcia D'Aléssio observam a existência de uma "matriz interpretativa abrangente que direciona o discurso histórico em sua ordenação e constituição. A concepção de história nacional subjacente a antigos e novos temas tem um substrato persistente identificado mesmo em momentos de adoção de posturas teóricas consideradas por seus produtores como renovadoras de conhecimento (e que chegam) a análises muito semelhantes do empírico e suas representações. [...]" Ver "A esfera do político na produção acadêmica dos programas de pós-graduação (1885-1994)", *Estudos Históricos*, n. 17, Rio de Janeiro, FGV, 1996, pp. 123-50. A citação está na p. 147. No mesmo artigo, observam ainda que "o Estado e o poder são vítimas de posturas contestadoras de uma 'historiografia oficial', figura ainda pouco definida e estudada, que se constituiu na maior interlocutora do discurso universitário, onde aparece sempre de maneira implícita ou explícita". Ver "A esfera do político na produção acadêmica dos programas de pós-graduação (1985-1994), *Estudos Históricos*. n. 17. op. cit..

68. Ver Adalberto Marson, "Lugar e Identidade na historiografia de movimentos sociais", in M. Stella M. Bresciani et alii, op. cit., pp. 31-50.

69. O corte proposto é 1928, quando teriam se associado em outro projeto de revolução setores tenentistas, o Partido Democrático de São Paulo e o Bloco Operário Camponês (BOC).

70. Ver Carlos A. Vesentini, *A teia do fato*: uma proposta de estudo sobre a memória histórica, São Paulo, HUCITEC/História Social USP, 1997.

71. "Como o ar que se respira: uma resenha de algumas ideias que se disseminavam pelo Brasil nos anos 30", *Horizontes*, Bragança Paulista, v. 14, 1996, pp. 187-213.

72. *"Para onde vamos?" Alternativas políticas no Brasil 1930-1937*, Tese de doutoramento, São Paulo, FFLCH, USP, 1997, mimeo.

73. Francisco Iglésias, em trabalho de divulgação para o público letrado da Cia das Letras, escreve em 1993 uma *Trajetória política do Brasil 1500-1964*. Nesse, a ideia de ruptura em 30 aparece muito nítida, pois seu capítulo se intitula: "A linha divisória de 1930". Para ele, esse foi o momento mais marcante de "republicanização", e "o Brasil entra em nova fase, tenta articular-se melhor".

74. O já citado levantamento sobre a produção acadêmica brasileira de História dos anos 1985-1994 corrobora claramente essa afirmação.

75. Aproveitei essa imagem da entrevista dada à revista *Veja* em 24 jul. 1981 por Edgar De Decca, Italo Tronca e M. Stella M. Bresciani; a entrevista se refere ao que chama de "mais assíduo tema de nossa historiografia", a "Revolução de 1930" e faz uma citação dos professores de que "A História é mais um caleidoscópio do que uma régua". A imagem do caleidoscópio tem sido usada para este momento da historiografia.

76. Ver Edgar De Decca, "A revolução acabou" em *Revista Brasileira de História*, n. 20, ANPUH/ Marcos Zero, mar./ago. 1990.

77. Sobre essa passagem, observa Elias T. Saliba: Não por acaso e de maneira bastante simplificada, como historiadores [...] nos introduzimos não no mundo real do passado e sim no seu sistema

de representação, o que quer dizer que é o estatuto da 'representação' que está em jogo, tanto nas 'mentalidades' quanto na história cultural: *"reconstruímos o mundo real do passado ou apenas interpretamos esse mundo no seu retrocesso infinito de disfarces?"*. Ver "Mentalidades ou história sociocultural: a escolha de um eixo teórico para o conhecimento histórico", *Margem*, n. 1. Faculdade de Ciências Sociais, PUC-SP, 1992, pp. 29-36; a citação é da p. 36. Ver para discussão mais ampla da problemática Roger Chartier, *História cultural; entre práticas e representações*, São Paulo/Lisboa, Difel/Bertrand Brasil, 1992.

Estado Novo: Novas Histórias (pp. 183-213)

1. Ângela Castro Gomes, no artigo "Política, história, ciência, cultura, etc.", mostra o interesse dos cientistas políticos e sociólogos pelos anos da redemocratização (1946-1964), vistos como estratégicos em termos da expansão da democracia no Brasil e do exercício da participação (através de movimentos sociais) e da representação (direito de voto). Esse interesse, segundo a autora, explica a realização de estudos sobre partidos políticos e movimentos sociais (Gomes, 1996). A constatação, porém, não é válida para a historiografia, que tem dado reduzida contribuição para a análise desse período.

2. Peter Burke, ao analisar as tendências atuais da historiografia, chama a atenção para o retorno da história política. Jacques Le Goff também se refere a uma "volta", mas, como ele mesmo observa, empregar tal termo é um equívoco, pois cada gênero histórico "volta" com uma problemática profundamente renovada. A história que hoje se impõe afasta-se das anteriores na medida em que coloca o estudo do poder no centro da nova problemática; esse estudo não se confunde com as teorias do Estado, e se desenvolve na perspectiva inaugurada pela análise dos micropoderes (na trilha aberta por Foucault) e no reconhecimento de outras formas políticas. A história do poder, vista por ângulos diversos, abriu possibilidades de exploração de novos temas de pesquisa relacionados à cultura política ou à história das representações políticas, constituídas por imagens, símbolos, mitos e utopias.

3. A autora faz menção a um conjunto de orientações inovadoras dentre elas: a) a negação da sua condição de reflexo superestrutural de uma determinante qualquer de outra natureza; b) a aceitação de fronteiras fluidas com outros campos da realidade social, especialmente com as questões culturais, na medida em que as interpenetrações políticas abarcam tanto fenômenos sociais conjunturais – mais centrados em eventos – quanto fenômenos sociais de mais longa duração – como a maior ou menor conformação de uma mentalidade ou "cultura política" de um grupo; c) a incorporação do tempo presente como objeto de estudo; d) a absorção de novos objetos e metodologias, especialmente quando associada à história cultural (Gomes, 1996).

4. Guita Grin Debert, em sua análise sobre *Ideologia e populismo*, questiona as teses de Germani em seus pressupostos básicos: a teoria funcionalista que informa essa análise explica o conflito de classes como resultado de disfunções do sistema, e não como chave para a compreensão dos processos de mudanças sociais e políticas; a participação das classes populares no momento de transição do tradicional para o moderno é vista como consequência do sistema, e não como produto de agentes do processo histórico (Debert, 1980).

5. As teses do Partido Comunista sobre o período não se identificam com o modelo funcionalista de Germani, mas, numa perspectiva marxista evolucionista e etapista, também interpreta o populismo como um momento de transição (que possibilitaria a afirmação do capitalismo e do Estado democrático) necessário à passagem para o socialismo.

6. O artigo refere-se a cerca de 120 textos, e nesse elenco os historiadores estão em fragorosa minoria. O levantamento da produção historiográfica acadêmica entre 1973 e 1985 (dissertações de mestrado e teses de doutorado), indica que o número de trabalhos relacionados ao Estado Novo foi muito reduzido: das 304 dissertações e teses defendidas junto aos 14 programas de pós-graduação em história existentes no país à época, apenas 7 estavam voltadas para temáticas relacionadas ao

Estado Novo ou correspondentes ao período. No que se refere às publicações, nota-se que há poucos livros sobre o Estado Novo produzidos na década de 1970; as obras de Edgar Carone e Hélio Silva, de caráter predominantemente descritivo, são os mais conhecidos.

7. Entre 1980 e 1995 constata-se que, num total de 1.688 dissertações e teses defendidas junto aos 19 programas de pós-graduação existentes no país, cerca de 100 trabalhos versam sobre problemáticas referentes ao Estado Novo. O levantamento das pesquisas em andamento nos respectivos programas mostra que, dos 1.512 estudos historiográficos em elaboração, 46 se debruçam sobre o período. Esses dados foram retirados do *Catálogo das dissertações e teses dos cursos de Pós-Graduação em História*, elaborado por Carlos Humberto Corrêa (1980 a 1985), e da *Produção histórica no Brasil (1985-1994)*, obra publicada, em 1995, em 3 volumes, realizada por uma equipe sob minha coordenação; essa equipe realizou também o levantamento das pesquisas em andamento dos pós-graduandos em história nos mesmos programas até 1995. As referências permitem constatar que, entre 1973 e 1980, a temática do Estado Novo representava cerca de 2% do total da produção historiográfica; a porcentagem elevou-se para 5% entre 1980 e 1994, o que constitui ainda uma cifra pouco significativa.

8. O aumento do número de pesquisas, como vimos, é pouco significativo, mas as investigações produzidas nesse período abordam temas novos e bem variados, como: ideólogos (Oliveira Vianna foi o mais estudado), ideologias (autoritarismo, fascismo, corporativismo, integralismo, catolicismo, nacionalismo, comunismo, eugenismo, antissemitismo), política externa, mundo do trabalho, movimento sociais, educação (livros didáticos, reformas escolares, educação moral e cívica), cultura (música, arquitetura, teatro), criança, mulheres, juventude, saúde, meios de comunicação (imprensa, rádio, cinema, fotografia), esporte (festas esportivas, ginástica, desfiles, futebol), militares, interventorias, imaginário social, propaganda política, órgãos de repressão, Getúlio Vargas.

9. Cabe esclarecer que o estilo biográfico, embora tenha sido a marca característica da produção estadonovista, não deixou de existir na última década. No entanto, os autores que a ele se dedicaram, abandonaram completamente o tom elogioso, imprimindo, na maioria das vezes, um sentido crítico. Dentre eles, cabe mencionar: Maria Lúcia Werneck Vianna, *Getúlio Vargas* (1974); John Foster Dulles, *Getúlio Vargas*: biografia política (1974); Antonio Augusto Faria e Edgar Luis de Barros, *Getúlio Vargas e sua época* (Série "História Popular); Fernando Jorge, *Getúlio Vargas e o seu tempo*: um retrato em luz e sombra (1985); Paulo Brandi, *Vargas, da vida para a história* (1985); Bolívar Lamounier, *Getúlio* (Série "Os Grandes Líderes", 1988); e Vânia Machado, *A permanência de um mito* (1992).

10. Para exemplificar a mudança de enfoque temático a partir dos anos 80, cabe mencionar algumas publicações de destaque: Ângela Castro Gomes e Maria Celina Soares D'Araújo, *Getulismo e trabalhismo* (1980); Robert M. Levine, *O regime de Vargas. Os anos críticos*: 1934-1938 (1980); Plício de A. Ramos, *Os partidos paulistas e o Estado Novo* (1980); Célio Cunha, *Educação e autoritarismo no Estado Novo* (1981); Helena Maria Bousquet Bonemy, *A organização nacional da juventude*: a política de mobilização da juventude no Estado Novo (1981); Lucia Lippi Oliveira, Mônica Pimenta Velloso e Ângela Castro Gomes, *Estado Novo*: ideologia e poder (1982); Helena Maria Bousquet Bomeny, *Nacionalização do ensino*: a gênese da intolerância. Educação e política no Estado Novo (1982); Helena Maria Bousquet Bomeny, *Política e educação em regime autoritário*: a questão do livro didático (1982); Nelson Jahar Garcia, *O Estado Novo*: ideologia e propaganda política (1982); Vanda Maria Ribeiro Costa, *Educação e política no Estado Novo*: a reforma do ensino secundário de 1942 (1982); Jairo Severino, *Getúlio Vargas e a música popular* (1983); Lucia Lippi Oliveira, *O romance e o pensamento político nos anos 1930* (1983); Ricardo Benzaquem de Araújo, *Totalitarismo e revolução. O integralismo de Plínio Salgado* (1983); Paulo Figueiredo, *Aspectos ideológicos do Estado Novo* (1984); Simon Schwrtzman e outros (org.), *Tempos de Capanema* (1984); Ricardo Antonio Silva Seitenfus, *O Brasil de Getúlio Vargas e a formação dos blocos*: 1930-1942 (1985); Gerson Moura, *Tio Sam chega ao Brasil* (Coleção "Tudo é História", 1985); Antonio Pedro Tota, *O Estado Novo* (Coleção "Tudo é História", 1986); Alcir Lenharo, *A sacralização da política* (1986);

Ângela Castro Gomes, *A invenção do trabalhismo* (1987); Mônica Pimenta Velloso, *Os intelectuais e a política cultural do Estado Novo* (1987); Ricardo Siqueira, *Getúlio Vargas e o Estado Novo* (1987); Mônica Pimenta Velloso, *A literatura como espelho da Nação* (1988); Maria Luiza Tucci Carneiro, *O antissemitismo na era Vargas*: *fantasmas de uma geração* (1988); Pedro Cezar Dutra Fonseca, *Vargas*: *o capitalismo em construção* (1989); Silvana Goulart, *Sob a verdade oficial. Ideologia, propaganda e censura no Estado Novo* (1990); Ângela Castro Gomes, *República, trabalho e cidadania*: *representação, trabalho e cidadania no Brasil (1991);* José Luiz Werneck da Silva (org.), *O feixe e o prisma. Uma revisão do Estado Novo* (2 v., 1991-2); Gerson Moura, *Sucessos e ilusões*: *relações internacionais do Brasil durante e após a Segunda Guerra Mundial* (1991); Suely Braga da Silva, *O Instituto Nacional do Livro e a institucionalização de organizações culturais no Estado Novo* (1992); Maria Antonieta Antonacci, *A vitória da razão (?) O Idort e a sociedade paulista* (1992); Elizabeth Cancelli, *O mundo da violência*: a polícia na Era Vargas (1993); Maria Celina Soares D'Araújo, *Entre a Europa e os Estados Unidos*: diálogos de Vargas com seu diário (1996); Ângela Castro Gomes, *História e historiadores* (1996), Jorge Ferreira, *Trabalhadores do Brasil. O imaginário popular* (1997).

11. A obra contém artigos das autoras Lucia Lippi Oliveira, Mônica Pimenta Velloso e Ângela Castro Gomes, pesquisadoras do Centro de Pesquisa e Documentação de História Contemporânea do Brasil da Fundação Getúlio Vargas (CPDoc/FGV). Cabe lembrar que esta instituição foi criada em 1973 a partir da doação de arquivos privados de políticos (Getúlio Vargas e Gustavo Capanema), com valiosíssima documentação sobre o período. Os novos estudos puderam ser realizados, principalmente, graças a esse material inédito colocado à disposição dos pesquisadores.

12. A pesquisa de Silvana Goulart foi apresentada como dissertação de Mestrado no Depto. de História da USP em 1984; transformou-se em livro, com o título *Sob a verdade oficial. Ideologia, propaganda e censura no Estado Novo*, 1990.

13. A contribuição de Arnaldo Contier para o estudo desse período não se limita à referida tese; além de explorar o tema em cursos, seminários, conferências, orienta trabalhos acadêmicos relacionados à cultura política no varguismo.

14. O trabalho foi apresentado como Doutorado no Depto. de História da USP em 1985 e transformado em livro, em 1986, com o título *A sacralização da política*. Lenharo inspirou-se em reflexões de intelectuais *franceses* que denunciaram o stalinismo, definindo-o como totalitário. As análises de Félix Guatarri, Cornelius Castoriadis e Claude Lefort são referências importantes nesse estudo sobre o imaginário, definido, por Lenharo, como totalitário. Do ponto de vista teórico-metodológico, o autor se valeu das reflexões de Claude Lefort, principalmente na parte em que estuda "A imagem do corpo e o totalitarismo" (Lefort, 1987). Os trabalhos de Roberto Romano (1979 e 1981) também constituíram referência fundamental para a interpretação do imaginário político brasileiro, na medida em que permitiram mostrar a importância das imagens religiosas para a política e explicitar de que forma o culto das imagens e símbolos do cristianismo é apropriado e retrabalhado pelo discurso político. Com o auxílio dessas reflexões da filosofia política transpostas para o campo da história, Aleir Lenharo interpretou o significado da imagens difundidas no período estadonovista.

15. Pierre Birnbaum chama a atenção para um aspecto importante do problema: "Para se exercer de maneira homogênea sobre o conjunto da sociedade, o poder totalitário pretende substituir o Estado. A expressão 'Estado totalitário' é contraditória em si mesma: um poder totalitário se apresenta, com efeito, sempre como um movimento de recusa da proeminência do Estado. [...]". O autor considera que, longe das puras representações da filosofia política, a análise sócio-histórica contemporânea dos fenômenos totalitários leva a uma revisão tanto do conceito como das críticas frequentemente enunciadas de maneira normativa. Conclui que, assim como um Estado não pode ser totalitário sem desaparecer enquanto tal, uma sociedade organizada de modo totalitário não se torna menos habitada por reivindicações de autonomia e de preservação de formas múltiplas de auto-organização (idem, p. 731).

16. O trabalho deverá ser apresentado, neste ano, como tese de livre docência no Departamento de História da FFLCH da USP.

17. Em seu livro *Conservadorismo romântico: origens do totalitarismo*, Romano apresentou como traço essencial do pensamento totalitário a manipulação das massas através dos símbolos. Lenharo, já vimos, seguiu suas pistas ao escrever *A sacralização da política*. Minha pesquisa atual sobre *A propaganda política no varguismo e peronismo* foi inspirada, em grande parte, no trabalho desses dois autores.

18. Em 1982, Nelson Jahr Garcia (comunicólogo) publicou o livro *Estado Novo. Ideologia e propaganda política*. Essa leitura chamou minha atenção, pela primeira vez, para a importância do tema na compreensão do autoritarismo brasileiro. No mesmo ano, a historiadora Mônica Pimenta Veloso publicou o artigo "*Cultura e poder político: uma configuração do campo intelectual*", em que analisou as principais revistas publicadas pelo DIP. Para outras obras, veja-se *Ditadura: controle, coerção e propaganda política nos meios de comunicação durante o Estado Novo*, (Dissertação de mestrado, apresentada na ECA/USP, 1990).

19. O tema da propaganda relacionada à política e à cultura tem sido bastante explorado entre os estudiosos do nazismo e fascismo. Algumas obras se destacam nesse campo: o trabalho de Laura Malvano, por exemplo, *Fascismo e politica dell'imagine* (1988), levanta questões muito pertinentes para a compreensão do fascismo por novo ângulo. A grande contribuição da autora reside, justamente, no fato de não estabelecer uma oposição entre "arte pura" e "arte propaganda", o que permite refletir sobre a relação política e cultura num outro patamar. O estudo do nazismo também recebeu contribuições novas, que privilegiaram a análise dos imaginários políticos veiculados pela propaganda oficial. Dominique Pélassy, em *Le signe nazi* (1982), estuda detalhadamente o significado dos símbolos manejados pelo regime. A autora insiste no fato de que o nazismo não representou uma experiência de uma geração alemã apenas, e sim, um movimento mais amplo, que ocorreu na Europa do entreguerras, época dos grandes fenômenos de massa e surgimento dos fascismos. Considera que a ocorrência desse movimento leva os investigadores a se interrogar sobre a lógica de dominação e das estratégias de manipulação que resultam em consentimento. E sugere que a aproximação de experiências similares é muito fértil: elas não se equivalem, mas a visão comparativa permite apreciar as especificidades.

20. Esse trabalho de Mestrado, realizado sob minha orientação, foi apresentado no Depto. de História da FFLCH da USP em 1985.

21. a Alemanha, as atribuições do Ministério de Goebbels não se restringiam à informação e à comunicação; cobriam o conjunto da cultura. Criou-se uma Câmara de Cultura subdividida em câmaras profissionais (imprensa, literatura, teatro, música, rádio, cinema e Belas Artes). Artistas, escritores e profissionais da mídia eram obrigados a nela se inscrever para poder exercer a profissão.

22. O nazismo, logo no início, estimulou o desenvolvimento desse sistema de comunicação: a fabricação de aparelhos acessíveis a todos os bolsos permitiu que, já em 1934, o rádio tivesse conquistado 1 milhão de ouvintes suplementares (Guyot e Restellini, 1983). O veículo também apresentou crescimento espantoso na Itália: meio milhão de ouvintes, antes da guerra da Etiópia; 30 mil a mais, em 1937, e 1 milhão e 200 mil no final de 1939 (Canistraro, 1975, e Castronovo, 1970). Nos dois países, o rádio desempenhou papel principal na divulgação das mensagens propagandistas.

23. O trabalho foi desenvolvido sob minha orientação e apresentado no Depto. de História da FFLCH da USP em 1995.

24. A propósito do rádio no Estado Novo, ver também Sonia Virgínia Moreira, 1992 e Doris Haussen, 1992.

25. Trata-se de uma dissertação de Mestrado, realizada sob minha orientação e apresentada no Depto. de História da FFLCH da USP, em 1993

26. A propósito dos valores que nortearam o cinema hollywoodiano da época e sua penetração/recepção no Brasil, cabe consultar o interessante trabalho de mestrado de Maurício Reinaldo Gonçalves, *O cinema hollywoodiano nos anos 30: o american way of life e a sociedade brasileira*, apresentado na ECA/USP em 1996.

Referências Bibliográficas

ALMEIDA, Cláudio Aguiar. *O cinema como "agitador das almas". Argila, uma cena do Estado Novo*. São Paulo, 1993, Dissertação de mestrado, USP.

ANSART, Pierre. *La gestion des passions politiques*. Lausanne, L'Age d'homme, 1993.

BACZKO, Bronislaw. *Les imaginaires sociaux*. Paris, Payot, 1984.

BALANDIER, George. *O poder em cena*. Brasília, Ed. da UnB, 1980.

BIRNBAUM, Pierre. Critiques du totalitarisme. In: ORY, Pascal (org.). *Nouvelle histoire des idées politiques*, Paris, Hachete, 1986.

CAPELATO, Maria Helena. *Os arautos do liberalismo*. Imprensa paulista (1920-1945), São Paulo, Brasiliense, 1989.

CARONE, Edgar. *O Estado Novo* (1937-1945). Rio de Janeiro e São Paulo, Difel, 1976.

CONTIER, Arnaldo Daraya. *Música, nação e modernidade. Os anos 20 e 30*, São Paulo, 1988. Tese de livre-docência. USP.

DEBERT, Guita. *Ideologia e populismo*, São Paulo: T.A. Queiroz, 1980.

DUTRA, Eliana Freitas. *O ardil totalitário ou a dupla face na construção do Estado Novo no Brasil*. São Paulo, 1990. Tese de doutorado, História/USP.

FALCON, Francisco Calazans. Fascismo, autoritarismo e totalitarismo. In: WERNECK DA SILVA, José Luiz (org.). O feixe. O autoritarismo como questão teórica e historiográfica. Rio de Janeiro, Jorge Zahar Editora, 1990. v. 1.

FERREIRA, Jorge Luiz. *Prisioneiros do mito*: cultura e imaginário político dos comunistas no Brasil (1930-1956). São Paulo, 1996. Tese de doutorado, História/USP.

______. *Trabalhadores do Brasil. O imaginário popular*, Rio de Janeiro, Editora Fundação Getúlio Vargas, 1997.

GARCIA, Nelson Jahar. *Estado Novo, ideologia e propaganda política*, São Paulo, Loyola, 1982.

GERTZ, René. Estado Novo: um inventário historiográfico. In: WERNECK DA SILVA, José Luiz (org.). *O feixe. O autoritarismo como questão teórica e historiográfica*. v. 1, Rio de Janeiro, Zahar, 1990. v. 1.

GOMES, Ângela Maria de Castro. *A invenção do trabalhismo*. Rio de Janeiro, Vértice/IUPERJ, 1988.

______. Política: história, ciência, cultura, etc. In: *Estudos Históricos. Historiografia*, Rio de Janeiro, v. 9, n. 17, 1996.

GOULART, Silvana. *Sob a verdade oficial. Ideologia, propaganda e censura no Estado Novo*. Brasília, CNPq São Paulo, Marco Zero, 1990.

GURGUEIRA, Fernando Limongeli. *A integração nacional pelas ondas. O rádio no Estado Novo*, São Paulo, 1995. Tese de mestrado, História/USP.

GUYOT, Adelin e RESTELLINI, Patrick. *L'Art nazi*, Bruxelles, Editions Complexe, 1983.

HAUSSEN, Doris Fagundes. *Rádio e política*: tempos de Vargas e Perón. São Paulo, 1992. Tese de doutorado, ECA/USP.

LEFORT, Claude. *A invenção democrática. Os limites do totalitarismo*, 2. ed. São Paulo, Brasiliense, 1987.

LENHARO, Alcir. *Sacralização da política*, Campinas, Ed. Unicamp/Papirus, 1986.

MALVANO, Laura. *Fascismo e politica dell'imagine*, Torino, Bollati Boringhieri, 1988.

MELLO BARRETO Fo. *Anchieta e Getúlio Vargas*, Rio de Janeiro, DIP, 1941.

MICELI, Sérgio. *Intelectuais e classe dirigente no Brasil (1920-1945)*. Rio de Janeiro/São Paulo, Difel, 1979.

OLIVEIRA, Lucia Lippi et al. *Estado Novo. Ideologia e poder*, Rio de Janeiro, Zahar, 1982.

PAOLI, Maria Célia. *Os trabalhadores urbanos na fala dos outros. Cultura e identidade operária*. São Paulo, Marco Zero, s.d.

PÉCAUT, Daniel. *Os intelectuais e a política no Brasil. Entre o povo e a nação*. São Paulo, Ática. 1990.

PÉLASSY, Dominique. *Le signe nazi*, Paris, Fayard, 1983.
PESCHANSKI, POLLAK, ROUSSO (orgs.) *Histoire politique et sciences sociales*, Bruxelles, Editions Complexe, 1991.
PIOZZI, Patrizia. *O ato livre. Considerações a respeito da política operária*, São Paulo, 1982. Dissertação de mestrado, Filosofia/USP.
REZNIK. Luis. *Tecendo o amanhã (a história do Brasil no ensino secundário: programas e livros didáticos*. 1931 a 1945), Niterói, 1992. Dissertação de mestrado, História/UFF.
ROMANO, Roberto. *Brasil. Igreja contra Estado*. São Paulo. Kairós, 1979.
______. *Conservadorismo romântico. Origem do totalitarismo*, São Paulo, Brasiliense, 1981.
______. O conceito de totalitarismo na América Latina. In: *América Latina contemporânea: desafios e perspectivas*. v. 4, São Paulo/Rio de Janeiro, Edusp/Perspectiva e Cultura, 1996. v. 4.
SCHEMES, Cláudia. *Festas cívicas e esportivas no populismo*: um estudo comparativo dos governos Vargas (1937-1945) e Perón (1946-1955). São Paulo, 1995. Dissertação de mestrado, História/USP.
SCHWARTZMAN, Simon, et al. *Tempos de Capanema*, São Paulo, Edusp/Rio de Janeiro, Paz e Terra, 1984.
SOUZA, José Inácio de Melo. *Ação e imaginário de uma ditadura; controle, coerção e propaganda política nos meios de comunicação durante o Estado Novo*. São Paulo, 1990. Dissertação de mestrado, ECA/USP.
VARGAS, Getúlio. *As diretrizes da nova política do Brasil*. Rio de Janeiro, José Olympio, 1942.
VELLOSO, Mônica Pimenta. Cultura e poder político, In: OLIVEIRA. Lucia Lippi, et al. *Estado Novo. Ideologia e poder*. Rio de Janeiro, Jorge Zahar, 1982.
______. *Os intelectuais e a política cultural do Estado Novo*. Rio de Janeiro, CPDoc. 1987.
WEFFORT. Francisco. *O populismo na política brasileira*, Rio de Janeiro, Paz e Terra, 1978.
WERNECK DA SILVA. José Luiz (org.). O feixe e o prisma. Uma revisão do Estado Novo. *O feixe: o autoritarismo como questão teórica e historiográfica*, Rio de Janeiro, Zahar, 1990. v. 1.

Parte II – HISTORIOGRAFIA BRASILEIRA: NOVAS FONTES PARA NOVOS OLHARES

História das Mulheres: As Vozes do Silêncio (pp. 217-235)

1. Aqueles que forem ler este artigo como um « who is who » da produção historiográfica sobre a mulher, irão se frustrar. Não quero cometer, aqui, injustiças involuntárias, pois é impossível cobrir a produção inteira e atualizada sobre a história da mulher no Brasil. Nomes de autores não serão deliberadamente citados no texto e as notas referir-se-ão àqueles cujos trabalhos já publicados marcaram, nacionalmente, os rumos da história da mulher. Infelizmente, não é possível levar em conta artigos ou teses de mestrado e doutorado, que embora relevantes, não caberiam num simples artigo.

2. Friedrich Engels, *L'Origine de la famille, de la propriété et de l'État*, Paris, Les Éditions sociales, 1974, p. 74.

3. Ver a este respeito a opinião da antropóloga Françoise Héritier-Augé, *Les deux soeurs et leur mère*, Paris, Odile Jacob, 1994, pp. 23-4.

4. No primeiro, livro II, 9, 200; no segundo, livro II, 4, 415; ver também "Partes dos animais" ou "A geração".

5. Livro VIII, 1314.

6. Ver Giulia Sissa, "Philosophies du genre, Platon, Aristote et la différence des sexes", *Histoire des femmes*, org. Georges Duby e Michelle Perrot, v. I, dirigido por Pauline Schmitt-Pantel, Paris, Plon, 1991.

7. Apud Geneviève Fraisse, *La difference des sexes*, Paris, PUF, 1996, pp. 62-3.

8. Veja-se o livro V do seu *Emílio*.

9. É o caso de *Les lettres d'un bourgeois de New Haven* ou *Le fragment sur l'Atlantide*.

10. Ian Maclean, *The Renaissance Notion of Woman, a study in the fortunes of scholasticism and medical scince in European life*, Cambridge University Press, 1980.

11. Em seu *Tratado da natureza humana*, livro III, 2. parte, 11; "Castidade e modéstia".

12. Empresto, aqui, ideias desenvolvidas por Cécile Dauphin et allie, num seminário no Centre d'Études Historiques, sobre as problemáticas entre masculino/feminino e posteriormente publicado nos Annales, E.S.C., n. 2, mar./abr., 1986, pp. 271-93.

13. Veja-se o seu belo *Le chevalier, la femme et Le prêtre*, Paris, Hachette, 1981.

14. É o caso de Roger Chartier, cuja obra, *A história cultural entre práticas e representações*, Lisboa, Difel, 1989, resume o programa desta nova abordagem.

15. Esta é a opinião de Cécile Dauphin, op. cit., p. 373

16. Ver, sobre este debate, Jacques Revel, "Masculin/Féminin: sur l'usage historiographique des rôles sexuels", *Une histoire des femmes est-elle possible?* dir. Michelle Perrot, Paris, Rivages, 1984, pp. 122-40.

17. Sobre estas questões ver Annie Goldmann, *Les combats de femmes – XXe siècle*, Florença, Casternon-Giunti, 1996.

18. Constatação feita por Michelle Perrot a 18 fev. 1982, em reunião do Grupo de Estudos Feministas da Universidade Sorbonne Paris VII consagrada "Où on-est l'histoire des femmes?"

19. Foi o caso de Ann D. Gordon, Marie Jo Buhle e Nancy Schrom Dye, "The problem of Women's History" in Bernice Carroll (org.) *Liberating Women's History*, Urbana, (III), 1976. Ver, também, Joan W. Scott, "Dix ans d'histoire des femmes aux Etats Unis", *Le Débat*, dez. 1981.

20. Referimo-nos, aqui, à coleção *Faire de l'histoire – Nouveaux problèmes – Nouvelles aproches – Nouveux objets*, ed. J. Le Goff e P. Nora, Paris, Gallimard, 1984.

21. O livro anuncia a passagem de um paradigma, no qual a análise macroeconômica era primordial a uma história que se focaliza nos sistemas culturais apreendidos no sentido mais amplo possível. Ver sobre o assunto: Jean Botier et Dominique Julia, *Passés ecomposés, champs et chantiers de l'histoire*, Paris, Autrement, 1995, especialmente o 1º capítulo, "À quoi pensent les historiens?"

22. Empresto aqui algumas ideias a Marie-Jo Bonnet, "Adieux à l'histoire...", *Strategies des femmes*, org. Marie Claire Pasquier et alii, Paris, Tierce, 1984, pp. 363-72.

23. Apud o meu *Ao sul do corpo*: condição feminina, maternidades e mentalidades no Brasil Colônia, Rio de Janeiro, José Olympio, Brasília, EDUNB, 1. ed. 1993, p. 130.

24. Marie-Jo Bonnet, op. cit., p. 367.

25. Vejam-se, por exemplo, os lúcidos comentários de Arlette Farge no artigo "L'Histoire ebruitée des femmes dans la société pré-révolutionnaire parisienne", in *L'Histoire sans qualités*, org. Christiane Dufrancatel et alii. Paris, Galilée, 1979, pp. 14-39.

26. Emprestarei, aqui, algumas ideias a A. Farge, op. cit. pp. 19-20.

27. Procurarei dar a imagem mais nítida possível da situação no Brasil; mas, quero sublinhar que a dificuldade de troca de informações sobre o tema e as dimensões do país, tornam esta tarefa quase impossível.

28. Refiro-me a Maria Beatriz Nizza da Silva, uma das pioneiras dos estudos sobre o casamento e a família, que colocaram a mulher como protagonista da história. Veja-se seu artigo: "Women's History in Brazil: Production and Perspectives", *Writing women's history – International perspectives*, org. Karen Offen, Ruth Roach Pierson, Jane Randall, Hong Kong, MacMillan, 1991, pp. 369-80.

29. É o caso dos *Cadernos Pagu* – Núcleo de Estudos de Gênero/Unicamp ou da *Revista de Estudos Feministas* da Escola de Comunicações da UFRJ. Uma das pioneiras, a revista *Impressões*,

publicação da Rede de artes e Literatura feminista não passou de alguns números iniciais. A explicação de que as revistas acadêmicas tem, em geral, pequena circulação, não dirime o fato de que revistas sobre história da mulher não sejam lidas.

30. Alguns livros têm sido reeditados, como é o caso de *Cotidiano e poder em São Paulo no século XIX*, São Paulo, Brasiliense, 1984 e segunda edição em 1995 de Maria Odila Silva Dias, *Do cabaré ao lar*, Rio de Janeiro, Paz e Terra, de Margarteh Rago em sucessivas edições em 1985, 1986 e 1997 e os meus *Ao sul do corpo*, op. cit, 2. ed. em 1995 e *A Mulher na História do Brasil*, São Paulo, Contexto, 1988, tendo merecido quatro edições até 1995.

31. Levantamento feito pela profa. Vanessa Delatorre, pesquisadora do CNPQ para o CAPH/USP revelou que de 1945 a 1996 apenas 22 teses tendo no título a palavra "mulher" foram defendidas no Departamento de História da USP. Já na PUC-SP, segundo a profa. Maria Izilda Mattos, a situação nos anos de 1995-1997 é bem diferente, havendo várias teses em curso sobre a história do feminino. Todavia, os resultados deste interesse ainda não foram quantificados nem relacionados com outras linhas de pesquisa da mesma faculdade de História.

32. Um exemplo: no Departamento de História da FFLCH/USP a linha de pesquisa sobre "populações, família e gênero" só tem 4 professores enquanto a linha de "Cultura" possui 25. Reúne, apenas 21 alunos dos quais nem todos trabalham com o tema "mulher", contra um total 597 pós-graduandos em História.

33. Cabe aqui ressaltar o pioneirismo de Miriam Moreira Leite que por duas vezes organizou as bases para a pesquisa empírica sobre as mulheres com os seus *A mulher no Rio de Janeiro no século XIX* (com a coautoria de Maria Lúcia Mott e Bertha Appenzeller), São Paulo, Fundação Carlos Chagas, 1982 e *A condição feminina no Rio de Janeiro século XIX*, São Paulo, Hucitec, DF, INL/Pró-Memória, 1984 além de ter assessorado, junto com Maria Lúcia Mott, duas bibliografias sobre mulher brasileira, ambas editadas pela Brasiliense e Fundação Carlos Chagas.

34. A profa. Albertina de O. Costa explica que o concurso será mantido para outras áreas como Saúde, Higiene, Educação. Ver a conferência pronunciada por Cristina Bruschini, "Os estudos de gênero na Fundação Carlos Chagas", no NEnGE/USP, 1997 onde a pesquisadora e socióloga anunciou a criação de um "Tesauro para estudos de gênero no Brasil".

35. Maria Beatriz Nizza da Silva, op. cit., p. 371.

36. Dois livros foram pioneiros nestes assuntos: Lana Gama Lima, *Mulheres. adúlteros e padres*, org. Rio de Janeiro, Dois Pontos, 1987 e Ronaldo Vainfas, *História e sexualidade no Brasil*, org., Rio de Janeiro, Graal, 1986.

37. Maria Beatriz Nizza da Silva tem vários artigos sobre a questão que mereceriam ser reunidos num livro.

38. Ver Magali Engel, *Meretrizes e doutores, saber médico e prostituição no Rio de Janeiro (1840-1890)*, São Paulo, Brasiliense, 1989.

39. Ver de Luiz Mott, *Rosa Egipcíaca, unia santa africana no Brasil*, Rio de Janeiro, Bertrand Brasil, 1993.

40. Ver Leila Mezan Algranti, *Honradas e devotas*: *mulheres na Colônia*, Rio de Janeiro, José Olympio, Brasília, EDUNB, 1993.

41. Ver Luis Mott, *O lesbianismo no Brasil*, Porto Alegre, Mercado Aberto, 1987.

42. Ver Marta Abreu, *Meninas perdidas*: o cotidiano do amor na Belle Époque, Rio de Janeiro, Paz e Terra, 1989.

43. Ver Joana Maria Pedro, *Mulheres honestas, mulheres faladas*: uma questão de classe, Florianópolis, EDUSFC, 1994.

44. Ver Angela Mendes de Almeida, *O gosto do pecado*, Rio de Janeiro, Rocco, 1992.

45. Ver Maria Clementina Pereira da Cunha, "Loucura, gênero feminino: as mulheres do Juquery na São Paulo do início do século XVIII", *Revista Brasileira de História*, v. 9, n. 18, ago./set. 899, p. 114.

46. Ver Maria Luiza Marcílio org., *A mulher pobre na história da Igreja latino-americana*, São Paulo, Paulinas, 1984.

47. Ver Constância Lima Duarte, *Nísia Floresta – Vida e Obra*, Natal, Editora da UFRGN 1995.

48. Ver Miridan Konx Falci, *Escravas do sertão*, Teresina: Fundação Cultural Monsenhor Chaves, 1966.

49. Ver Maria Luiza Renaux, *O outro lado da história, o papel da mulher no vale do Itajaí*, Blumenau, EDDFURB, 1995.

50. Ver outros trabalhos fundamentais como os de Margareth Rago, e o seu já clássico *Do cabaré ao lar*, Rio de Janeiro, Paz e Terra, 1985 e o mais recente *Os prazeres da noite, prostituição e códigos da sexualidade feminina*, Campinas, Unicamp, 1990. Raquel Sohiet, *Condição feminina e formas de violência*: mulheres pobres e ordem urbana 1890-1910, Rio de Janeiro, Forense Universitária, 1989. Tania Quintaneiro, *Retratos de Mulher*: o cotidiano feminino no Brasil sob o olhar dos viajeiros do século XIX, Petrópolis, Vozes, 1996.

51. Impossível não homenagear, aqui, Caio Graco Prado, cuja pequena, mas preciosa coleção, "Tudo é História" e a tradução dos historiadores, ditos "das mentalidades", trouxe novos ares à historiografia existente no Brasil, permitindo-lhe o acesso a temas que eram fortemente discutidos, fora dele.

52. Ann Pescatello, Susan Soeiro, June Hahner, Elizabeth-Ann Kuznesof, Muriel Nazzari, Sandra Graham, A.J.R. Russel-Wood, Stuart Schwartz, tiveram fundamental importância na divulgação de fontes sobre a história da mulher ou da família, bem como para a divulgação de específicas abordagens metodológicas no tratamento das mesmas. Raros os trabalhos recentemente publicados que não tenham uma dívida para com os colegas americanos.

53. O papel de Maria Luíza Marcílio, autora de inúmeros trabalhos pioneiros sobre a história das populações e seu comportamento demográfico foi, então, fundamental. Fundadora do CEDHAL – Centro de Estudos Demográficos e Históricos da América Latina e introdutora de uma vertente da historiografia francesa no Brasil, orientou, pelo menos, uma quinzena de teses sobre questões como família, abandono de crianças, concubinato, mulher, criança nos anos 80. Os vários trabalhos de Eni Samara, notadamente o seu *As mulheres, o poder e a família* – São Paulo, século XIX, São Paulo, Marco Zero, 1989, combinando história e as técnicas demográficas, foram de grande importância na área. O livro organizado por Maria Angela D'Incao, *Amor e família no Brasil*, São Paulo, Contexto, 1989, teve também relevância.

54. Ver Maria Lucia Mott, *Submissão e resistência, a mulher na luta contra a escravidão*, São Paulo, Contexto, 1988.

55. Ver Ronald Raminelli, "Eva Tupinambá", *As mulheres na história do Brasil*, org. Mary Del Priore, São Paulo, UNESP/Contexto, 1997

56. Ver NOVINSKY, Anita, "O papel da mulher no cripto-judaísmo português" in *O rosto feminino na expansão portuguesa*, Lisboa, Comissão para a igualdade das mulheres, 1994.

57. Ver o livro de MOTT, Luiz, *O sexo proibido, virgens, gays e escravos nas garras da Inquisição*, Campinas: Papyrus, 1988.

58. Ver, de FIGUEIREDO, Luciano, *O avesso da memória*: *cotidiano e trabalho da mulher em Minas Gerais no século XVIII*, Rio de Janeiro: José Olympio, DF, EDUNB, 1993.

59. Os trabalhos de DEL NERO, Iraci e LUNA, Francisco Vidal "A vida cotidiana em julgamento: devassas em Minas Gerais" in *Minas colonial*: *economia e sociedade*, São Paulo: FIPE/Pioneira, 1982, sobre as populações mineiras inspiraram métodos que foram adaptados por vários historiadores nos seus estudos sobre a mulher.

60. Vejam-se, por exemplo, RIBEIRO, Luis Felipe, *Mulheres de papel – um estudo do imaginário em José de Alencar e Machado de Assis*, Niterói, EDUFF, 1996; MARCO, Valéria de, *O império da cortesã*, São Paulo: Martins Fontes.

61. Ver o belo livro de Carla Bassanezi, *Virando as páginas, revendo as mulheres*: revistas femininas e relações homem-mulher 1945-1964, Rio de Janeiro, Civilização Brasileira, 1996.

62. Ver Maria Fernanda Bicalho, "A arte da sedução: a representação da mulher no cinema mudo brasileiro", Albertina Costa e Cristina Bruschini, org., *Entre a virtude e o pecado*, São Paulo, Fundação Carlos Chagas, Rio de Janeiro, Rosa dos Ventos, 1992, p. 89.

63. Sobre mulheres na música ver, por exemplo, de Alcir Lenharo, *Cantores do rádio: a trajetória de Nora Ney e Jorge Goulart e o meio artístico de seu tempo*, Campinas, Unicamp, 1995; *Lupicínio Rodrigues, o feminino e o masculino e suas relações* de Maria Izilda Matos e Fernando Faria, Rio de Janeiro, Bertrand Brasil, 1996.

64. O belo livro *Behind the lines: gender in the Two World Wars*, org. Margareth Randolph Higonnet, Jane Jenson, Sonya Michel e Margareth Collins Weitz, New Haven and London, Yale University Press, 1987, traz um artigo importante de Joan Scott sobre a questão: "Rewriting History", p. 29.

65. Natalie Zemon Davies em seu *Fiction in the Archives*: Pardon Tales and their Tellers in the Sixteenth-Century France, Stanford, Stanford University Press, 1987, chama atenção para o problema da credibilidade no relato oral. Na linha de pesquisa sobre história oral do Departamento de História da USP, 50% dos trabalhos orientados pelo coordenador, prof. José Carlos Sebbe incidem sobre vidas de mulheres.

66. Ver Marina Maluf, *Ruídos da memória*, São Paulo, Siciliano, 1996.

67. Ver Lígia Bellini, *A coisa obscura, mulher, sodomia e inquisição no Brasil colonial*, São Paulo, Brasiliense, 1989. Mary Del Priore, o já mencionado *Ao sul do corpo* e *A maternidade da mulher negra no período colonial brasileiro*, Cadernos do CEDHAL, IV, 1989. Denise Sant'ana, *Políticas do corpo*, São Paulo, Estação Liberdade, 1996. Richard Parker, *Sexualidades brasileiras*, Rio de Janeiro, Relume Dumará, 1996.

68. Em 1974, Raquel Sohiet defendeu uma tese sobre "Berta Lutz e a ascensão social da mulher, 1919-1932"; em 1986, Sonia Machado Lino debruçou-se sobre "Ideais feministas no Brasil 1918-1932"; a socióloga Branca Moreira Alves representa, por sua vez, o grupo de feministas que estudou o femismo; veja-se sua dissertação de mestrado, defendida em 1977, no Rio de Janeiro, "Em busca de nossa história: o movimento pelo voto feminino no Brasil 1919-1932"; Margareth Rago prepara o lançamento de o seu *História do feminismo no Brasil: utopias da emancipação feminina*.

69. Informação fornecida por Jane Rendall em seu artigo "Uneven developments: Women's History and Gender History in Great Britain" in Karen Offen et allie, op. cit., p. 48.

70. Joan Kelly, "The Social Relations of the Sexes", Signs, 1, n. 4 (1976), pp. 809-23.

71. Empresto, aqui, várias informações a Olwen Hufton, "Femmes/hommes: une question subversive", *Passés recomposés – champs et chantiers de l'histoire*, Paris, Autrement, 1996, pp. 238-39.

72. Refiro-me a Raquel Sohiet em "História das mulheres", *Domínios da História – ensaios de teoria e metodologia*, org. Ciro Flamarion Cardoso e Ronaldo Vainfas, Rio de Janeiro, Campus, 1997, p. 279.

73. A antropóloga Maria Luiza Heilborn tem dedicado alguns artigos a teorizar o tema e Maria Odila Silva Dias, historiadora, publicou dois artigos nos quais discute a adoção de marcos teóricos dominantes como uma questão a ser repensada.

74. Ver seus lúcidos comentários em "Histoire des femmes, histoire du genre", *Femmes et Histoire*, org. Georges Duby e Michelle Perrot, Paris, Plon, 1992, pp. 25-37.

75. Idem sobre o artigo de Chartier. intitulado "L'Histoire des Femmes XVIe-XVIIIe: Différences entre le sexe et violence symbolique" in *Femmes et Histoire*, op. cit., pp. 39-47.

76. Passo, a seguir, a desenvolver algumas ideias sobre as quais tenho escrito e que encontram-se sintetizadas no prefácio de *A história das mulheres no Brasil*, org. Mary Del Priore, São Paulo, Unesp/Contexto, 1997.

77. Ver *História das Mulheres no Brasil*, org. Mary Del Priore, op. cit.

78. Além dos autores já citados aqui, ver os capítulos escritos por Ronaldo Vainfas, Emanuel Araujo, Renato Venâncio em *História das Mulheres no Brasil*, op. cit. Ver de Luís Carlos Soares,

Rameiras, ilhoas e polacas... A prostituição no Rio de Janeiro do século XIX, São Paulo, Ática, 1992. Ver também os textos de Fernando Londoño e Luiz Meyer, que tratam indiretamente das mulheres e de seus sentimentos em *Amor e família no Brasil*, Maria Angela D'Incao, org., São Paulo, Contexto, 1989.

79. Entrevista da profa. Marta Abreu do Departamento de História da UFF a esta autora.

História e Historiografia das Cidades, um Percurso (pp. 237-258)

1. O trecho completo do poema de Wordsworth é o seguinte:
"Rise up, thou monstrous ant-hill on the plain
of a too busy world! Before me flow,
Thou endless stream of men and moving things!"
Thy every-day appearance, as it strikes –
With wonder heightened, or sublimed by awe –
On strangers of all ages; the quick dance
Of colours, lights and forms; the deafening din;
The comers and the goers face to face,
Face after face; the string of dazzling wares,
Shop after shop, with symbols, blazoned names,
And all the tradesman's honours overhead.

Em tradução literal:
Levanta, oh! Tu monstruoso formigueiro na planície
De um mundo muito agitado! Perante mim flui
Tua infindável corrente de homens e coisas em movimento!
Tua aparência diária deslumbra –
Pelo fascínio magnífico ou pelo sublime terror –
Os estranhos de todas as idades; a dança rápida
De cores, luzes e formas; o barulho ensurdecedor;
Os que vêm e os que vão, face a face,
Face após face; o cordão de mercadorias cintilantes,
Loja após loja, com símbolos, nomes brasonados,
E todas as honras do comerciante enaltecidas".

2. Sobre a relação imagem e imaginário, ver Lucrécia d'Aléssio Ferrara, *Ver a cidade*, Nobel, 1988.

3. Mário Andrade, "Arte em São Paulo – I – O burguês e a ópera", *Taxi e Crônicas do Diário Nacional*, Duas Cidades/Secretaria da Cultura. Ciência e Tecnologia do estado de São Paulo, 1976, p. 65.

Asa Briggs afirma em *Victorian Cities* (Pelican, 1968, p. 61) que mesmo os ingleses da época vitoriana que, como Wordsworth, eram avessos à crença nas virtudes morais das pequenas aglomerações e pouco valorizavam os mitos pastorais, sentiam-se assustados frente às grandes cidades, em particular, as novas cidades industriais.

4. MOREIRA PINTO, Alfredo, *A cidade de São Paulo em 1900*, Governo do Estado de São Paulo, 1979.

5. Ver, por exemplo, Ernani da Silva Bruno, *História e Tradições da cidade de São Paulo*, Hucitec/Prefeitura do Município de São Paulo, 1984, v. III, pp. 1131-3.

6. Paulo Cursino de Moura, *São Paulo de Outrora (Evocações da metrópole)*, Itatiaia/Edusp, 1980, p. 20.

7. Walter Benjamin, *Paris, capital du XIXe siècle. Le livre des Passages*, CERF, 1989, p. 536.

8. Keith Thomas, *O homem e o mundo natural. Mudanças de atitude em relação às plantas e aos animais (1500-1800)*, Companhia das Letras, 1994, pp. 232-3 e 288-92.

9. "A cidade encanta o entendimento. É feita de finitudes; linhas curtas, agudas, matemáticas, todas calculáveis. Cheia de variedades, repetições, artefatos. (...) Ela é a Escola da Razão". Ralph Waldo Emerson, *The Journals and Miscellaneous Notebooks*.

10. Carl E. Schorske, "A cidade segundo o pensamento europeu, de Voltaire a Spengler", *Espaço e Debates*, n. 27, NERU, 1989, pp. 47-58.

11. S. Freud, "El malestar en la cultura", (1929-30), *Obras Completas*, tomo III, pp. 3017-67.

12. Georg Simmel, "Les grandes villes et la vie de l'esprit", *Philosophie de la modernité*, t. I, Payot, 1989, pp. 233-64.

13. Lewis Mumford é autor de vários estudos sobre a cidade moderna, em especial *A Cidade na História*, Itatiaia, 1964, que engloba e amplia o anterior *A cultura das cidades* (1938).

14. BURKE, Edmund, *Uma investigação filosófica sobre a origem de nossas ideias do sublime e do belo*, (1759) Ed. Unicamp/Papirus, 1993.

15. François Beguin, "As maquinarias inglesas do conforto", *Espaço e Debates*, n. 34, 1992, publicado originalmente na revista *Recherches*, n. 29, CERF, 1978.

16. Centre d'Etudes, de Recherche et de Formation Institutionnelles. A formação de um coletivo de pesquisa, seus sucessos e problemas de percurso, é descrita nesse n. 13 dedicado ao tema "Villes, territoires et équipaments colletifs", de dezembro de 1973.

17. Sobre o tema da medicalização da desrazão como loucura, ver o cap. 2 da 1ª Parte da *História da loucura* (Perspectiva, 1978) de Michel Foucault.

18. Além do item 3 do capítulo XXIV "A assim chamada acumulação primitiva" de O *Capital* (edição Os Economistas, Abril Cultural 1984, v. I, tomo 2) há o estudo de Karl Polanyi, *A Grande Transformação. As origens da nossa época*, Campus, 1980, em particular, o capítulo 10.

19. F. Engels, *A situação da classe trabalhadora na Inglaterra*, Editorial Presença, 1975.

20. É difícil estabelecer uma prioridade de leitura dos trabalhos de Walter Benjamin. Comecei por "Sobre alguns temas em Baudelaire", editado no volume XLVIII de Os Pensadores, Abril Cultural, 1975; há a trilogia *Walter Benjamin. Obras Escolhidas*, 3 v., Brasiliense, 1985, 1987 e 1989, respectivamente. Em *Paris Capitale du XIXe siècle Le Livre des Passages*, já citado, encontram-se os "Exposés" de 1935 e 1939 "Paris, capitale du XIXe siècle" e notas e demais materiais coletados pelo autor.

21. Sobre a faceta romântica no pensamento de Marx, ver Roberto Romano *Corpo e cristal. Marx romântico*, Editora Guanabara, 1985 e Michel Löwy e Robert Sayre, *Revolta e melancolia. O romantismo na contramão da modernidade*, Vozes, 1995.

22. Georg Simmel, "Les grandes villes et la vie de l'esprit", *Philosophie de la Modernité*, Payot, 1989.

23. De Willi Bole, cito o imprescindível, *Fisiognomia da Metrópole Moderna*, FAPESP/Edusp, 1994; também remeto para *História e Narração em W. Benjamin*, Perspectiva, 1994, de Jeanne Marie Gagnebin e *O iluminismo visionário*: Benjamin, leitor de Descartes e Kant, de Olgária de C. F. Matos, Brasiliense, 1993.

24. São eles, *Culture and Society. 1780-1950*, Harper & Row, Publishers, Nova York, 1958 e o já citado *O Campo e a cidade*.

25. O livro *Urbanismo. Utopias e realidade* (Perspectiva, 1974) realiza no plano das concepções urbanísticas e arquitetônicas aquilo que Raymond Williams faz com a produção literária inglesa.

26. De Mumford, remeto para os dois livros já citados e ainda para *Arte e Técnica*, Martins Fontes, 1980. Leonardo Benévolo é também autor de longa lista de estudos imprescindíveis ao conhecimento da relação arquitetura, cidade, urbanismo, entre eles, *História da Arquitetura Moderna*, Perspectiva, 1989 e *Origines de la urbanistica moderna*, Tekne, 1967.

27. *Londres e Paris no século XIX. O espetáculo da pobreza* (Brasiliense, 1981) foi o primeiro resultado dessas leituras que prosseguindo deram ensejo a uma sequência de artigos, dos quais

destaco: "Metrópoles, as faces do monstro urbano. As cidades no séc. XIX" e "Lógica e Dissonância. Lei, ciência e resistência operária", ambos publicados na *Revista Brasileira de História*, n. 8/9 (1985) e 11 (1986), respectivamente; "Século XIX: a elaboração de um mito literário", acolhido por *História: Questões e Debates*, n. 13 (1986); "A cidade das multidões, a cidade aterrorizada", publicado em *Olhares sobre a Cidade*, coletânea organizada por Robert Pechman (IPPUR/UFRJ. 1994); e "Permanência e Ruptura no estudo das cidades", publicado em *Cidade & História. Modernização das Cidades Brasileiras nos séculos XIX e XX*, coletânea organizada por Ana Fernandes e Marco Aurélio A. Gomes (FAU/UFBA, 1990), que completa-se com "As sete portas das cidades", publicado em *Espaço & Debates*, n. 34 (NERU, 1992). "Nas ruas, os caminhos da cidade" foi o resultado do desafio de trabalhar com uma cidade brasileira, proposto por Ulpiano Bezerra de Menezes, organizador da coletânea que o publicou *A rua e a cidade. Cadernos de História de São Paulo*, n. 2 (Museu Paulista/USP, 1993)

28. Ver o livro de Milton Santos, *Metrópole Corporativa Fragmentada. O caso de São Paulo*, Nobel/Secretaria de Estado da Cultura, 1990.

29. Lúcio Kowarick, *As lutas sociais e a cidade. São Paulo: passado e presente*, Paz e Terra, 2. ed. 1994, rev. e aum. da 1ª, 1988.

30. Eva A. Blay, *Eu não tenho onde morar. Vilas operárias na cidade de Sã Paulo*, Nobel, 1985. Ver também o artigo de Nabil Bonduki "Habitação popular: contribuição para o estudo da evolução urbana de São Paulo", *Repensando a habitação no Brasil, Debates Urbanos* 3, Zahar, 1983.

31. "Espaço urbano e espaço político", pp. 150-1.

32. Esta pesquisa foi publicada em *Casas proletárias em São Paulo*, Perspectiva, 1994.

33. Maria Ruth A. de Sampaio coordenou também importante levantamento de estudos sobre problemas de moradia, indústria, trabalho e intervenções em S. Paulo, publicado com o título de *Transformações Urbanas e Mercado de Trabalho em São Paulo. 1870-1954*, FAU/USP, 1994.

34. "Cem anos de promiscuidade: o cortiço na cidade de São Paulo", pp. 73-91.

35. Marisa Varanda T. Carpintero, *A construção de um sonho. Os engenehiros-arquiteto e a formulação da política habitacional no Brasil*, Editora da Unicamp, 1997.

36. Maria Alice Rosa Ribeiro, *História sem fim... Inventário da saúde pública*, Ed. Unesp, 1993. Liane Maria Bertucci, *Saúde: arma revolucionária. São Paulo 1891-1925*, CMU/Unicamp, 1997.

37. Myrian Bahia Lopes, *Práticas médico-sanitaristas e remodelação urbana na cidade do Rio de Janeiro*, Monografia de Mestrado, Unicamp, 1976 e Tese de doutorado, Universidade Paris VII, 1997.

38. Sidney Chalhub, *Trabalho, lar e botequim. O cotidiano dos trabalhadores no Rio de Janeiro da Belle Époque*, Brasiliense, 1986, e mais recente, *Cidade febril. Cortiços e epidemias na corte imperial*. Companhia das Letras, 1996.

39. Teima de Barros Correa, *Pedra: plano e cotidiano operário no Sertão. O projeto urbano de Delmiro Gouveia*, Tese de doutorado, FAU/USP, 1995.

40. José Tavares de Lima, *Mocambo e cidade. Regionalismo na arquitetura e ordenação do espaço habitado*, Tese de doutorado. FAU/USP, 1997.

41. Maria Auxiliadora G. Decca, *A vida fora das fábricas*: cotidiano operário em São Paulo. 1920-1934, Paz e Terra, 1987 e Margareth Rago, *Do cabaré ao lar*: a utopia da cidade disciplinar. 1890-1930, Paz e Terra, 1985 e *Os prazeres da noite. Prostitutas e códigos da sexualidade feminina em São Paulo (1890-1930)*, Paz e Terra, 1995.

42. Maria Inez Borges, *Cotidiano e sobrevivência. A vida do trabalhador pobre na cidade de São Paulo. 1890-1914*, Tese de doutorado, FFLCH/USP, 1984.

43. Estudo das relações entre sanitarismo e concepções estéticas é tema de uma pesquisa que desenvolvo sobre as intervenções urbanísticas na cidade de São Paulo nas quatro primeiras décadas do século.

44. *Relatório da Comissão de exame e inspecção das habitações operarias e cortiços no districto de Santa Ephigienia*, no *Relatório do intendente Municipal Cesário Ramalho da Silva, 1893*, Typ. A Vapor de Espindola, Siqueira & Comp., 1894.

45. Richard M. Morse. *Formação histórica de São Paulo. (De comunidade à Metrópole)*, Difel, 1970.

46. A 2. ed. é da editora Duas Cidades, 1984.

47. Vários trabalhos publicados pela Secretaria Municipal de Cultura, Turismo e Esportes, e outros mais desenvolvidos em instituições de ensino e/ou pesquisa, compõem um repertório considerável que mereceu a publicação *O Rio de Janeiro em teses. Catálogo Bibliográfico. 1960-1990* (organizado por Licia do Prado Valladares e Maria Josefina G. Sant'Anna), URBANDATA. CEP: RIO (UERJ e IUPERJ), 1992. O catálogo não se restringe à apresentação dos estudos urbanísticos, arrolando também outros assuntos relativos à cidade.

48. Sonia Gomes Pereira, *A reforma urbana de Pereira Passos e a construção da identidade carioca*, EBA/UFRJ, 1996.

49. Entre eles, os de Jaime Bechimol, *Pereira Passos um Haussmann tropical*, de Evelyn F. W. Lima, *Avenida Presidente Vargas*: uma drástica cirurgia, e de Sérgio T. de N. Lamarão, *Dos trapiches ao Porto*.

50. Sebastião Rogério Ponte, *Fortaleza Belle Époque. Reformas Urbanas e Controle Social. 1860-1930*, Fundação Demócrito Rocha/Multigraf, 1993 e Sandra J. Pesavento, *Memória Porto Alegre*: espaços e vivência, Ed. da Universidade UFRGS/Prefeitura Municipal de Porto Alegre, 1991 e *O espetáculo da rua*, Ed. da Universidade UFRGS/Prefeitura Municipal de Porto Alegre, 1992. Monteiro, Cláudia Pilla Damasio, *Porto Alegre na década de trinta. Uma cidade idealizada, uma cidade real*, Monografia de mestrado, FAU/UFRGS, 1996, Charles, *Porto Alegre. Urbanização e Modernidade. A construção do espaço urbano*, EDIPUCRS, 1995, Cynthia Greive, *Cidadania e educação na trama da cidade*: a construção de Belo Horizonte em fins do séc. XIX, Tese de doutorado, História Unicamp, 1994.

51. Trata-se do livro do professor José Roberto Amaral Lapa, *Os cantos e os antros*, Edusp, 1996.

52. Carlos Roberto Monteiro de Andrade, *A peste e o plano*: o urbanismo sanitarista do engenheiro Saturnino Brito, Monografia de mestrado, FAU/USP, 1992. Ana Lúcia Duarte Lanna, *Uma cidade na transição. Santos: 1870-1913*, Hucitec/Prefeitura Municipal de Santos, 1996. Wilma Therezinha F. de Anadrade *O discurso do progresso*: a evolução urbana de Santos. 1870-1930, Tese de doutorado, FFLCH/USP, 1989.

53. Hugo Segawa, *Alguns aspectos da arquitetura e do urbanismo em São Paulo na passagem do século*, TGI, FAU/USP, 1979.

54. Maria C. da S. Leme, *Um estudo sobre planejamento urbano em São Paulo. 1930*, Tese de doutoramento, FAU/USP, 1990.

55. Regina Maria Prosperi Meyer, *Metrópole e urbanismo. São Paulo anos 50*, Tese de doutorado, FAU/USP, 1991.

56. Raquel Rolink, *A cidade e a lei. Legislação, política urbana e Territórios na cidade de São Paulo*, FAPESP/Studio Nobel, 1977. Este estudo dá continuidade ao trabalho pioneiro da historiadora Janice Theodoro da Silva, *São Paulo 1554 -1880. Discurso ideológico e organização espacial*, Moderna, 1984.

57. E. Debenedetti, e A. Salmoni, *Architettura Italiana a San Paolo*, Insituto Cultural Ítalo-Brasileiro, 1953.

58. *São Paulo: três cidades em um século*, op. cit., p. 67. Sobre a formação de espaços públicos ajardinados no Brasil, vem de Hugo Segawa, *Ao amor do público. Jardins no Brasil*, Studio Nobel/ FAPESP, 1996.

59. David Harvey, *Condição pós-moderna*, Loyola, 1992, p. 21.

60. Carlos A. C. Lemos, *Alvenaria burguesa (breve história da arquitetura residencial de tijolos em São Paulo a partir do ciclo econômico liderado pelo café)*, Nobel, 1985, p. 14.

61. Nestor Goulart Reis Filho, *Quadro da Arquitetura no Brasil*, 6. ed., Perspectiva, 1987.

62. Carlos Lemos, *Noras sobre a arquitetura tradicional de São Paulo*, 3. ed. FAU/USP, 1992, Nestor Goulart Reis Filho, op. cit. Maria Amélia Salgado Loureiro, *Evolução da casa paulistana e*

a arquitetura de Ramos de Azevedo, Voz do Oeste/Secretaria da Cultura/São Paulo, 1981. Murilo Marx, *Cidade brasileira*, Edusp/Melhoramentos, 1980.

63. Geraldo Gomes da Silva, *Arquitetura do ferro no Brasil*, Nobel, 1988. Annateresa Fabris e outros orgs., *Ecletismo na Arquitetura Brasileira*, Nobel/Edusp, 1987. Mária Cecília Naclério Homem, *O palacete paulistano e outras formas urbanas de morar da elite cafeeira. 1867-1918*, Martins Fontes, 1996.

64. *Imagens da cidade. Séculos XIX e XX* foi organizada por mim, na qualidade de diretora da ANPUH-SP no biênio 1988-1990.

65. *Cadernos de História de São Paulo*, "A cidade e a rua", 2 v., organizados por Ulpiano Bezerra de Meneses. É importante lembrar a publicação do Departamento de Patrimônio Histórico da Eletropaulo, *Memória*, que deu sequência a *História e Energia*, e que fornece subsídios para o estudo da implantação da infraestrutura urbana de São Paulo.

66. *Cidade & História. Modernização das Cidades Brasileiras nos séculos XIX e XX*, congrega trabalhos apresentados ao I Seminário de História Urbana, realizado em Salvador, em novembro de 1990 e organizados por Ana Fernandes e Marco Aurélio A. F. Gomes, FAU/UFBA, ANPUR, 1992; *Olhares sobre a cidade*, é o resultado de um curso proposto por Robert Moses Pechman, que também organizou a coletânea publicada pela Editora UFRJ, 1994; *Imagens urbanas. Os diversos olhares na formação do imaginário urbano* resultou de um encontro promovido pela Associação Nacional de pós-graduação em Planejamento Urbano e Regional, realizado na Universidade Federal do Rio Grande do Sul em abril de 1994, organizado por Célia Ferraz de Sousa e Sandra Jathay Pesavento, Editora da UFRGS, 1997.

67. *Cidade, povo e nação. Gênese do urbanismo moderno*, organizado por Luiz Cesar de Queiroz Ribeiro e Robert Pechman, Civilização Brasileira, 1996.

68. O tema do congresso foi *Novos recortes territoriais, novos sujeitos sociais: desafios do planejamento* e contou com a participação de pesquisadores de diversas áreas.

Sobre História, Braudel e os Vaga-Lumes. A Escola dos *Annales* e o Brasil (ou vice-versa) (pp. 259-270)

1. Sérgio Buarque de Holanda, *Raízes do Brasil*, 5. ed. revista, Coleção Documentos Brasileiros, v. 1., Rio de Janeiro, Livraria José Olympio Editora, 1969, pp. xi-xxii.

2. Idem, p. xi.

3. Idem, p. xiii.

4. A Universidade do Distrito Federal foi idealizada e fundada por Anísio Teixeira, quando Secretário de Instrução Pública do Rio de Janeiro, em 1935. Assim como na Universidade de São Paulo, também foram contratados professores estrangeiros para atuar junto a intelectuais brasileiros, dentre os quais podem ser destacados, além de Sérgio Buarque de Holanda, Josué de Castro, Gilberto Freyre, Lúcio Costa, Heitor Villa-Lobos, Cândido Portinari, Antenor Nascentes e Lourenço Filho. Desde o início de sua curta história, a Universidade do Distrito Federal incomodou os setores conservadores do país, não resistindo ao Estado Novo. Extinta em janeiro de 1939, teve seus cursos transferidos para a Universidade do Brasil, que foi como passou a ser chamada, em 1937, a Universidade do Rio de Janeiro, criada em 1920, e afinal rebatizada, em 1965, como Universidade Federal do Rio de Janeiro.

5. Sérgio Buarque de Holanda, op. cit., p. 117.

6. Idem. ibidem.

7. Cf. *Jornal da Tarde*, Caderno de Programas e Leituras, 28 jan. 1984, p. 1, entrevista a Reali Júnior.

8. Idem.

9. Idem.

10. Idem.

11. Idem.

12. Idem.

13. Idem.

14. Inaugurada sua edição em 1950, com uma palestra de Lucien Febvre, a *Revista de História* circulou até 1977, quando morreu Eurípides Simões de Paula. Reavivada, pouco depois, sem sucesso, pelo Departamento de História da Universidade de São Paulo, apenas em 1995 ressurgiu como órgão oficial do mesmo Departamento.

15. Cf. Entrevista a Reali Júnior, *cit.*

16. *Idem.*

17. Já no primeiro número da *Revista de História*, editada em 1950, ao anunciar a posse de Braudel no College de France, o professor Eduardo d'Oliveira França escreveu: "A propósito conta Lucien Febvre o seguinte episódio. Escrevera-lhe o Prof. Braudel da África anunciando sua tese de doutoramento na esperança de tê-lo por membro da banca. Sua tese: Felipe II e o Mediterrâneo no século XVI. Respondeu-lhe Febvre: por que não: "O Mediterrâneo e Felipe II no século XV?" Braudel recomeçou os estudos e só defendeu suas ideias 10 anos mais tarde". (Cf. p. 122) Considerando a proveniência da informação, seja pela publicação que a estampa, seja, principalmente, pelo autor do texto, a ideia de trocar o Rei Prudente pelo mar como personagem central da tese deve ter nascido, de fato, nessa correspondência entre os dois historiadores. O professor Eduardo França pôde recolher esses dados diretamente dos protagonistas, já que fora, a exemplo de Eurípedes Simões de Paula, assistente de Braudel na Universidade de São Paulo. França foi um dos principais discípulos de Braudel, atuando em especial na valorização do ensino de História e no seu reconhecimento como atividade fundamental para a formação das novas gerações de professores-historiadores.

18. Napoleão Sabóia, "Em dois novos livros, a trajetória de Braudel", *O Estado de S. Paulo*, Caderno 2, 26 nov. 1995, p. D2.

19. Georges Duby, *Le dimanche de Bouvines*: 27 *juilliet 1214*, Paris, Gallimard, 1985.

20. Cf. Conferência pronunciada em setembro de 1936 no Instituto de Educação da Universidade de São Paulo, publicada pela primeira vez nos *Archivos do Instituto de Educação*, ano II, n. 2 e reeditada pela *Revista de História*, v. 11, n. 23, jul./set. 1955, pp. 3-21.

21.Idem, p. 5.

22. Idem, p. 4.

23. Idem, p. 8.

24. Idem, ibidem.

25. Idem, ibidem.

26. Paule Braudel, Cf. Conferência nas "Jornadas Braudelianas", realizadas em 1995, na Universidade do México, e reproduzida no jornal *O Estado de S. Paulo*, Caderno 2, 26 nov. 1995, p. D3.

27. Idem.

28. No arquivo de Simancas, Valladolid, Braudel "estava tentando encontrar uma oferta de ocasião para comprar um dos aparelhos especializados da época, cuja única vantagem era a de tirar (aliás muito lentamente, porque os filmes eram então desenrolados à mão) uma sequência de 100 fotografias de documentos, em vez de 16, como se fazia normalmente numa mesma película. E aconteceu que um viajante que trabalhava no cinema norte-americano, de passagem por Argel, ofereceu-lhe um velho aparelho cinematográfico, muito rudimentar, feito para esboçar uma cena. O vendedor provou-lhe que o aparelho poderia fazer maravilhas para o que Braudel queria porque, graças ao bobinamento automático, produziria [mais de duas mil] fotografias numa tarde por meio de bobinas de filmes de 30 metros de comprimento. Um milagre! Braudel usou assim o predecessor do microfilme, que não existia na época. Seu aparelho de leitura era uma simples lanterna mágica, astuciosamente disposta para que a imagem fosse projetada sobre uma escrivaninha". (Cf. Paule Braudel, op. cit.)

29. Idem, p. D2.

30. Idem, p. D3.

31. Lucien Febvre, "O homem do século XVI", *Revista de História*, São Paulo, n. 1.,1950, p. 7.

32. Idem, p. 15.

33. Neste subcapítulo, reproduz-se, com ligeiras modificações, texto incluído no Caderno 2-Especial, dedicado ao 10º aniversário da morte de Fernand Braudel. (Cf. Paulo Miceli, "No confinamento forçado a concepção longa do tempo", *O Estado de S. Paulo*, 26 nov. 1995, p. D4.)

34. Cf. ed. brasileira: *Escritos sobre a História*, São Paulo, Editora Perspectiva, coleção Debates, trad. Jacob Guinsburg e Tereza Cristina Silveira da Mota, São Paulo, s.d.

35. Fernand Braudel, "História e Ciências Sociais – A longa duração", editado pelos *Annales*, em out./dez. 1958, Cf. *Escritos sobre a história*, cit., pp. 41-78.

36. Idem.

37. Fernand Braudel, *Una lección de historia de Fernand Braudel*, México, Fondo de Cultura Economica, 1989.

Histórias que os Livros Didáticos contam, depois que acabou a Ditadura no Brasil (pp. 271-296)

* Muitas das informações aqui apresentadas foram parafraseadas ou mesmo transcritas da minha tese de doutorado, *Produzindo livros didáticos e paradidáticos*, PUC-SP, 1997.

Devo a Maria do Carmo Martins, a quem sou sempre muito grato, incontáveis informações, esclarecimentos e sugestões para a redação deste artigo. Ela só não é coautora porque não teve nenhuma participação nas sandices e asneiras que possam ter sido cometidas aqui.

1. Aqui cabe uma advertência aos eventuais leitores que, repetindo o cantor e compositor Cazuza, já falecido, reivindicam uma ideologia: houve época em que o termo ideologia apresentava uma conotação extremamente pejorativa, podendo significar desde o avesso da Ciência até o ocultamento da divisão social, só desvendável mediante crítica. As referidas pesquisas sobre livros didáticos empregam invariavelmente a palavra ideologia nesse sentido pejorativo.

2. Essas expressões encontram-se nos títulos de, respectivamente, Franco (1982), Telles (1984) e Deiró (s.d.).

3. A respeito da implantação dos Estudos Sociais e das lutas pela sua revogação, ver Fonseca (1993), cap. 1.

4. Como o objetivo deste artigo não é o de propor um *index* dos livros com erros, será omitida a referência a esta obra, que situa o Iluminismo um ou dois séculos antes de seu florescimento.

5. Entrevista realizada em 2 de maio de 1996.

6. Do inglês *copydesk*.

7. Entrevista realizada em 19 set. 1996.

8. Entrevista realizada em 16 dez. 1996.

9. Entrevista realizada em 20 nov. 1996.

10. "MODO DE PRODUÇÃO – é a maneira pela qual os homens se organizam para obter os bens materiais de que necessitam para viver. Todo Modo de Produção engloba as Forças Produtivas e também as Relações Sociais de Produção. Ao longo da História existiram vários e diferentes Modos de Produção, que serão estudados nesta coleção." (v. 1, p. 9.)

11. "As forças produtivas, associadas às relações de produção formam o modo de produção de uma sociedade. Modo de produção é a maneira pela qual os homens se organizam para obter os bens materiais de que necessitam para viver." (v. 1, p. 13.)

12. No Brasil é extremamente difícil restabelecer a história das edições dos livros didáticos apenas pelo expediente (parte do livro em que se relacionam os nomes das pessoas envolvidas na produção da publicação e outras informações sobre a edição), pois as editoras sistematicamente

sonegam a informação a esse respeito. O exemplar de 1990 do volume "Das sociedades modernas às sociedades atuais" apresenta na capa os dizeres "21ª edição revista e atualizada" e, na página do expediente, "Copyright © 1978, 1982, 1988 by...", o que é um indicativo de que a primeira edição tenha ocorrido em 1978. A relação dos detentores dos direitos autorais (copyright), porém, menciona Clymene Vieira de Rezende no lugar de Francisco Jarques Moreira de Alvarenga.

13. Aos leitores mais jovens que não conhecem o peso do althusserianismo nos anos 70-80, recomenda-se a comparação desta citação com a obra *Os conceitos elementares do materialismo histórico*, de Marta Harnecker, a principal obra de divulgação do marxismo à Althusser no Brasil e na América Latina (há várias edições disponíveis).

14. A história da elaboração dessa proposta encontra-se em Martins (1996).

15. Associação Nacional dos Professores Universitários de História, Regional de São Paulo.

16. Esses dados foram obtidos informalmente em contatos pessoais com cerca de 200 professores de História, participantes dos cursos de qualificação do Programa de Qualificação do Ensino de História, promovidos pela UNESP/CENP, em 1991-1992. Convém esclarecer, que muitos desses professores não manifestavam nenhuma opinião sobre a proposta; estavam por demais acostumados a seguir as determinações dos "de cima" e não conseguiam entender que uma "proposta" pudesse ser apenas isto – uma proposta.

17. Curiosamente, este mesmo trecho foi transcrito na terceira versão da *Proposta Curricular* (São Paulo, 1986, p. 5), com a finalidade de mostrar que os proponentes haviam evitado os riscos apontados por Le Goff.

Referências Bibliográficas

CHERVEL, André. História das disciplinas escolares: reflexões sobre um campo de pesquisa. *Teoria & Educação*, 2, pp. 177-229, 1990.

CORDEIRO, Jaime Francisco Parreira. *A história no centro do debate: da crítica do ensino ao ensino crítico. As propostas de renovação do ensino de história nas décadas de setenta e de oitenta.* São Paulo, 1994. Dissertação de mestrado em Educação, Faculdade de Educação da Universidade de São Paulo.

DEIRÓ, Maria de Lourdes Chagas. *As belas mentiras. A ideologia subjacente aos textos didáticos.* 12. ed. São Paulo, Moraes. (A ficha catalográfica preserva os dados da 4. ed., quando a autora assinava com o sobrenome Nosella.) s.d.

ECO, Umberto & Bonazzi, Marisa. *Mentiras que parecem verdades*. 6. ed. São Paulo, Summus. 1980.

FERRO, Marc. *A manipulação da história no ensino e nos meios de comunicação.* São Paulo, Ibrasa, 1983.

FONSECA, Selva Guimarães. *Caminhos da história ensinada.* Campinas, Papirus, 1993.

FRANCO, Maria Laura P. Barbosa. *O livro didático de História no Brasil. A versão fabricada.* São Paulo, Global, 1982. (Teses, 9.)

GLEZER, Raquel. Novos livros & velhas ideias. ¿Hay gobierno? *Revista Brasileira de História*, v. 4, n. 7, pp. 149-54, 1984.

GOODSON, Ivor. Tornando-se uma matéria acadêmica: padrões de explicação e evolução. *Teoria & Educação*, 2, pp. 230-54, 1990.

LE GOFF, Jacques *et alii*. *A nova história*. Lisboa, Edições 70, 1983.

MARTINS, Maria do Carmo. *A construção da proposta curricular de História da CENP no período de 1986 a 1992: confrontos e conflitos.* Campinas, 1996. Dissertação de mestrado em Educação, Faculdade de Educação da Universidade Estadual de Campinas.

REVISTA BRASILEIRA DE HISTÓRIA. Ensino de História: opções em confronto. Instituições. *Revista Brasileira de História*, v. 7, n. 14, pp. 231-48, 1987.

TELLES, Norma Abreu. *Cartografia Brasilis ou: esta história está mal contada*. São Paulo, Loyola, 1984.

VESENTINI, Carlos Alberto & DE DECCA, Edgar Salvadori. A revolução do vencedor. *Contraponto*, ano 1, n. 1, pp. 60-71,1976.

ZAMBONI, Ernesta. *Que história é essa? Uma proposta analítica dos livros paradidáticos de história*. São Paulo, 1991. Tese de doutorado em Educação, Faculdade de Educação, Universidade de São Paulo.

Regionalismo e História da Literatura: Quem é o Vilão da História? (pp. 297-327)

1. Esta pesquisa foi desenvolvida com bolsa do CNPq.

2. Heidrun Krieger Olinto, *Introdução* apud Olinto, Heidrun Krieger, org., *Histórias de literatura* (As novas teorias alemãs). São Paulo, Ática, 1996, p. 7.

3. Siegfried J. Schmidt, *Sobre a escrita de histórias literárias* apud Olinto, Heidrun Krieger, org., *Histórias de literatura* (As novas teorias alemãs). São Paulo, Ática, 1996, p. 114.

4. Monteiro Lobato, O colocador de pronomes, Negrinha, São Paulo, Brasiliense, 7. ed.; 1956, p. 122.

5. As referências a Bouterwek, Sismondi, Garrett são extraídas de GUILHERMINO CÉSAR *Historiadores e críticos do romantismo* – 1: a contribuição europeia, crítica e história literária/ seleção e apresentação de Guilhermino César, Rio de Janeiro, Livros Técnicos e Científicos; São Paulo, Edusp, 1978. Ao final das transcrições e entre parêntesis, indicam-se as páginas desta edição de onde foram retiradas as citações.

6. A biblioteca inclui, entre seus nomeados, santos, reis e *até* mulheres. A seleção dos tópicos das biografias, além de ter sempre um sentido plutarquiano, faz ombrear o discurso histórico de datas e especificações geográficas com outros, resultando de qualquer leitura moderna, um texto deliciosamente híbrido: *Santo Antônio imortal glória, e ilustre brasão do reino de Portugal, e particularmente da famosa Lisboa, que foi o venturoso berço de tão ilustre Taumaturgo dilatando mais vastamente a fama do seu nome com a produção deste grande filho, do que o tinha alcançado pela fundação do Capitão Ulisses. No faustíssimo dia 15 de agosto consagrado a Triunfante Assumpção de Maria Santíssima do ano de 1195. (p. 184) "[...] como lhe perturbasse a quietação, que apetecia seu espírito, as frequentes visitas de parentes, e amigos, se retirou para o convento de Santa Cruz de Coimbra [...] Como depositário da Divina Onipotência, usou tão despoticamente de seus poderes, que teve sujeita a seu domínio a natureza, sendo o principal empenho de sua beneficência restituir olhos aos cegos, ouvidos aos surdos, língua aos mudos, juízo aos loucos, liberdade aos cativos, e vida aos mortos. Foi Apóstolo no Ofício, Mártir no desejo, Doutor na Ciência, e Virgem por privilégio. Vaticinou o futuro, revelou o encoberto, ilustrou Lisboa com o nascimento e honrou Pádua com a sepultura. [...] em 29 de abril de 1263, trinta e dois anos passados depois da sua morte se tresladou [...] aberto o cofre [...] se achou o corpo resoluto em areia, e a língua contra o império da morte, e do tempo, viva, e incorrupta, e depois de lhe fazer o Seráfico Doutor um breve elogio, a colocou em um cofre de cristal.*

7. S. Buarque de Holanda, *Capítulos de literatura colonial*, org. e introd. de Antonio Candido, São Paulo, Editora Brasiliense, p. 79.

8. Guilhermino César, *Historiadores e críticos do romantismo* – 1: a contribuição europeia, crítica e história literária/seleção e apresentação de Guilhermino César, Rio de Janeiro, Livros Técnicos e Científicos; São Paulo, Edusp, 1978.

9. Fenimore Cooper, autor norte americano (1789-1851) que tematiza a vida norte americana, destacando-se entre suas obras anteriores ao texto de Denis, *The pioneers* (1823) e *The last of the mohicans* (1826).

10. Dinis da Cruz e Silva, cidadão português, por exemplo inclui-se no Resumé: *Embora [...] não tenha nascido na América, colocá-lo-ei aqui, entre poetas que honram o Parnaso brasileiro.*

A natureza do Novo Mundo inspirou-lhe formosos trechos, conhecidos sob o nome de Metamorfoses do Brasil, (p. 70) Em histórias literárias posteriores, a questão do *abrasileiramento* de Tomás Antônio Gonzaga recoloca a questão.

11. cf. *Obras completas*, org. de Teófilo Braga, 1904.

12. Guilhermino César, *Historiadores e críticos do romantismo* – 1: a contribuição europeia, crítica e história literária/seleção e apresentação de Guilhermino César, Rio de Janeiro, Livros Técnicos e Científicos; São Paulo, Edusp, 1978.

13. Ela data, pelo menos de *Instituto Oratória* de Quintilião, organizada entre 35 e 95 DC pelo zeloso professor de retórica descontente com o baixo nível da educação e que via, nos excertos que recolheu em sua obra, garantia de seus alunos terem acesso a bons textos. Depois, por razões inteiramente alheias ao modesto projeto original de seu organizador, os textos por ele preservados acabaram constituindo documento base da cultura greco-latina, sobre o qual se debruçaram gerações e gerações de letrados: os monges da Idade Média em busca de textos para a educação clerical, os humanistas que os sucederam, tendo sido igualmente neles que se abasteceram de argumentos, no século XVIII, tanto os *anciens*, quanto os *modernes* querelantes da Academia Francesa. Otto Maria Carpeaux, *História da literatura ocidental*, Edições O Cruzeiro, v. I, 1959.

14. Januário da Cunha Barbosa, *Parnaso brasileiro* ou Coleção das melhores poesias dos poetas do Brasil, tanto inéditas, como já impressas. Rio de Janeiro, na Tipografia Imperial e Nacional, 1829. Agradeço à professora doutora Maria Eunice Moreira a cessão de cópia da obra, cujo original se encontra na Biblioteca Nacional do Rio de Janeiro.

15. Relativamente à questão na América Latina, conferir o instigante ensaio de Roberto Gonzalez Echeverria, *Albuns, ramilletes, parnasos, liras y guirnaldas*: fundadores de la historia literária latinoamericana Hispania (75), october 1992, pp. 873-83.

16. Ver Nelson Schaposchinik.

17. Varnhagen, *Florilégio da Poesia brasileira ou Coleção das mais notáveis composições dos poetas brasileiros falecidos contendo as biografias de muitos deles tudo precedido de um ensaio histórico sobre as Letras no Brasil*, tomo I, Lisboa, Imprensa Nacional, 1850.

18. Araripe Jr., *Teoria, crítica e história literária*. Seleção e apresentação de Alfredo Bosi JR. Livros Técnicos e Científicos, São Paulo, Edusp, 1978.

19. J. M. Machado de Assis, Notícia da atual literatura brasileira: instinto de nacionalidade, *Obra Completa*, Rio de Janeiro, José Aguilar, 1962, 3 v.; 3. v. O número entre parênteses indica a página desta edição.

20. Antonio Candido, *O método crítico de Sílvio Romero*. Angel Rama, *A cidade das Letras*.

21. Alceu Amoroso Lima, *Affonso Arinos*. Rio de Janeiro, Annuário do Brasil, 1922. Posteriormente transcrito na primeira série de seus *Estudos literários*. O número entre parênteses que se segue a cada transcrição indica a página, na edição...

22. Vale a pena assinalar, com vistas a possíveis interesses pela história familiar da crítica literária brasileira, as antigas e sólidas relações familiares de Lúcia Miguel Pereira (tia, aliás, de Antonio Candido...) com o aparelho cultural brasileiro, no que ela prossegue uma antiga tradição dos intelectuais patrícios. Filha do justamente famoso médico Miguel Pereira, participante do Centro Dom Vital e do Boletim de Ariel LMP foi biógrafa de Machado de Assis (obra lançada em 1936), ocupou o cargo de sub-chefe do gabinete do Secretário Geral de Educação e Cultura do Distrito federal entre 1937 e 1939, foi Chefe da Biblioteca Central de Educação, foi romancista e casou-se em 1940 com Otávio Tarquínio de Souza (diretor da terceira fase da Revista do Brasil) e esta sua *História da literatura brasileira* faz parte de uma inacabada História da Literatura Brasileira, projeto concebido e coordenado por Álvaro Lins.

23. Lúcia Miguel Pereira, *História da literatura brasileira. Prosa de ficção. 1870-1920*, 3. ed., Rio de Janeiro. José Olympio/MEC. (Os números entre parênteses indicam a página da qual a transcrição foi extraída.)

24. Arnaldo Saraiva, *Literatura marginal(izada)*, Lisboa, 1985.

25. Cf. meu texto no livro dos quinhentos anos de América.

26. O primeiro capítulo da gramática de Anchieta registra que *nesta lingoa do Brasil não há* ***f, l, z rr*** *dobrado nem muta com líquida, vt. cra,pra &c...*" Relativamente ao que se poderia chamar de *semantização* desta carência é bastante sugestiva a impregnação ideológica subjacente às reflexões que tal fato instiga a alguns dos primeiros cronistas; cf: *"A língua deste gentio todo pela costa é uma: carece de três letras -scilicet, não se acha nela F nem L nem R, cousa digna de espanto, porque assim não têm Fé, nem Lei, nem Rei; e desta maneira vivem sem Justiça e desordenadamente.* (Pero de Magalhães Gandavo, *Tratado da terra do Brasil* escrito por volta de 1570); *"A língua de que usam, toda pela costa, é uma: ainda que em certos vocábulos difere n'algumas partes; mas não de maneira que se deixem uns aos outros de entender:* (...) *Alguns vocábulos há nela de que não usam senão as fêmeas, e outros que não servem senão para os machos: carece de três letras, convém a saber, não se acha nela F nem L, nem R, cousa digna de espanto porque assim não têm Fé nem Lei, nem Rei, e desta maneira vivem desordenadamente sem terem além disto conta, nem peso, nem medida* (Pero de Magalhães Gandavo. *História da Província de Santa Cruz a que vulgarmente chamamos Brasil* publicada em 1576)" "(...) *faltam-lhes três letras das do ABC, que são F, L, R grande ou dobrado, coisa muito para se notar; porque, se não têm F, é porque não têm fé em nenhuma coisa que adorem; nem os nascidos entre os cristãos e doutrinados pelos padres da companhia têm fé em Deus Nosso Senhor, nem têm verdade, nem lealdade a nenhuma pessoa que lhes faça bem. E se não têm L na sua pronunciação, é porque não têm lei alguma que guardar, nem preceitos para se governarem; e cada um faz lei a seu modo, e ao som da sua vontade; sem haver entre eles leis com que se governem, nem têm leis uns com os outros. E se não têm esta letra R na sua pronunciação, é porque não têm rei que os reja, e a quem obedeçam, nem obedecem. a ninguém, nem ao pai o filho, nem o filho ao pai, e cada um vive ao som de sua vontade;* (Gabriel Soares de Sousa. *Tratado descritivo do Brasil* escrita em 1587); *...se diz geralmente que este gentio do Brasil carece na sua língua, de três letras principais, as quais são F, L, R -em sinal de que não têm fé, lei, nem rei;* (...) (Ambrósio Fernandes Brandão, *Diálogos de grandezas do Brasil;* escrita em 1618;)

27. Afrânio Coutinho, *Introdução à literatura no Brasil*, Rio de Janeiro, Livr. São José, 1959.

28. Antonio Candido, *Formação da literatura brasileira* (momentos decisivos), São Paulo, Livraria. Martins Editora, 2 v., s/d,

29. Sônia C. Vollet Sachs, Antonio Candido: uma bibliografia, in *Dentro do texto, dentro da vida*: ensaios sobre Antonio Candido; org. Maria Angela d'Incao, Eloísa Faria Scarabotolo, São Paulo, Companhia das Letras/Instituto Moreira Salles, 1992, pp. 330-62.

30. Antonio Candido, *Literatura e sociedade* São Paulo, Editora Nacional, 1975.

31. Como informa o próprio Autor em prefácio da primeira edição datado de 1957, foi o livro *preparado e redigido entre 1945 e 1951* (...) *retomado em 1955, para uma revisão terminada em 1956, quanto ao primeiro volume, e 1957 para o segundo.*

32. Cf "Literatura e subdesenvolvimento", cuja primeira publicação data de 1970 e que foi republicado em *A Educação pela noite* (São Paulo, Ática, 1987) e "La literatura latino-americana como processo", org. Ana Pizarro. Vários autores, Bibl. Universitárias. Association pour l'etude socioculturelle des Arts, des Literatures de l'Amerique Latine – Centro editor de América Latina, 1985.

33. Alfredo Bosi, *História concisa da literatura brasileira*, São Paulo, Cultrix, 1970.

34. Alfredo Bosi, *A literatura brasileira*: o Pré-modernismo, São Paulo, Cultrix, 1973.

35. Muito embora Bosi, na *História Concisa* (p. 232) insinue uma espécie de autocrítica do encaminhamento da questão n' *O Pré modernismo* (*...o autor destas linhas não pode, a certa altura evitar os escolhos da ambígua etiqueta, mas sempre é tempo de desfazer equívocos*) penso que todo o enfoque do crítico continua sempre a privilegiar a perspectiva *modernista* da questão.

36. José Maurício Gomes de Almeida, *A tradição regionalista no romance brasileiro*. RJ. Achiamé. Série Universidade Teoria Literária. 1980.

Referências Bibliográficas

BOSI, Alfredo. *A literatura brasileira*: o pré-modernismo. São Paulo, Cultrix, 1973.

BOSI, Alfredo. *História concisa da literatura brasileira*. São Paulo, Cultrix, 1970.

AMOROSO LIMA, Alceu *Affonso Arinos*. Rio de Janeiro, Annuário do Brasil, 1922. (Posteriormente transcrito na primeira série de seus *Estudos literários*.)

CANDIDO, Antonio. *A educação pela noite*. São Paulo, Ática, 1987; "La literatura latino-americana como processo". Org. Ana Pizarro. Vários autores. Bibl. Universitárias. Association pour l'etude socioculturelle des Arts, des Literatures de l'Amerique Latine – Centro editor de América Latina. 1985.

CANDIDO, Antonio. *Formação da literatura brasileira* (momentos decisivos). São Paulo, Livraria Martins Editora, 2 v. s/d.

CANDIDO, Antonio. *Literatura e sociedade*. 4. ed. São Paulo, Editora Nacional, 1975.

CANDIDO, Antonio. *O método crítico de Sílvio Romero*. cf.

ARARIPE JR. *Teoria, crítica e história literária*._Seleção e apresentação de Alfredo Bosi JR. Livros Técnicos e científicos. São Paulo, Edusp, 1978.

BARBOSA, Januário da Cunha. *Parnaso brasileiro* ou Coleção das melhores poesias dos poetas do Brasil, tanto inéditas, como já impressas. Rio de Janeiro, Tipografia Imperial e Nacional, 1829.

BARBOSA, João Alexandre. *A biblioteca imaginária*. São Paulo, Ateliê editorial, 1996.

BRAGA, Teófilo. *Obras completas*, 1904.

BUARQUE DE HOLANDA, Sérgio. *Capítulos de literatura colonial*. (organização e introd. de Antonio Candido) São Paulo. Editora Brasiliense. p. 79.

Cadernos do Centro de Pesquisas Literárias da PUCRGS. Porto Alegre, v. I n. 2 jun. 1995.

CAIRO, Luis Roberto. *O salto por cima da própria sombra. O discurso crítico de Araripe Jr: uma leitura*. São Paulo, Annablume, 1996.

CARPEAUX, Otto Maria. *História da literatura ocidental*. Edições O Cruzeiro. v. I, 1959.

ECHEVERRIA, Roberto Gonzalez. *Albuns, ramilletes, parnasos, liras y guirnaldas*: *fundadores de la historia literária latinoamericana Hispania* (75), october 92, pp. 873-83.

GOMES DE ALMEIDA, José Maurício. *A tradição regionalista no romance brasileiro*. Rio de Janeiro, Achiamé. Série Universidade Teoria Literária, 1980.

GUILHERMINO CÉSAR. *Historiadores e críticos do romantismo* – 1: a contribuição europeia, crítica e história literária/seleção e apresentação de Guilhermino César. Rio de Janeiro, Livros Técnicos e Científicos: São Paulo, Edusp, 1978.

LAJOLO, Marisa. *Usos do livro e da leitura na América Portuguesa* apud *América*: *ficção e utopia*. São Paulo, Expressão e Cultura/Edusp. pp. 241-52.

Letras hoje. dezembro de 1996. n. 106. *Pontifícia Universidade Católica do Rio Grande do Sul*. Curso de Pós graduação em Linguística e Letras. Centro de Estudos da Língua Portuguesa. Rio Grande do Sul, 1996.

MACHADO DE ASSIS, J. M. Notícia da atual literatura brasileira: instinto de nacionalidade. In: *Obra Completa*. Rio de Janeiro, José Aguilar, 1962. 3 v.

MIGUEL PEREIRA, Lúcia. *História da literatura brasileira. Prosa de ficção. 1870-1920*. 3. ed. Rio de Janeiro, José Olympio/MEC. (Os números entre parênteses indicam a página da qual a transcrição foi extraída).

MOREIRA, Maria Eunice. *Nacionalismo literário e crítica romântica*. Porto Alegre. Instituto Estadual do Livro, 1991.

OLINTO, Heidrun Krieger (org.). *Histórias de literatura* (As novas teorias alemãs). São Paulo, Ática, 1996.

RAMA, Angel. *A cidade das letras*.

SACHS, Sônia C. Vollet. *Antonio Candido*: *uma bibliografia* in *Dentro do texto, dentro da vida*: *ensaios sobre Antonio Candido;* org. Maria Angela d'Incao, Eloísa Faria Scarabotolo. São Paulo. Companhia das Letras/Instituto Moreira Salles, 1992. pp. 330-62.

SARAIVA, Arnaldo. *Literatura marginal(izada)*. Lisboa, 1985.
VARNHAGEN. *Florilégio da poesia brasileira ou Coleção das mais notáveis composições dos poetas brasileiros falecidos contendo as biografias de muitos deles tudo precedido de um ensaio histórico sobre as Letras no Brasil*. Tomo I. Lisboa, Imprensa Nacional, 1850.
ZILBERMAN, R. e MOREIRARA, M. E. *História da literatura e literatura brasileira*. Publicação do Curso de Pós-graduação em Letras. Instituto de Letras e Artes, PUCRGS. 1995.

A Configuração da Historiografia Educacional Brasileira (pp. 329-353)

1. Mirian Jorge Warde, "Contribuições da História para a Educação" *Em Aberto*. Brasília, INEP, ano 9, n. 47, jul./set. 1990, pp. 3-11.

2. A expressão é utilizada por Lourenço Filho em discurso de abertura da VII Conferência Nacional de Educação para referir-se à campanha desencadeada pela Associação Brasileira de Educação desde os anos 20 .

3. Marta Maria Chagas de Carvalho, "O novo, o velho, o perigoso: relendo a cultura brasileira", *Cadernos de Pesquisa*, São Paulo, Fundação Carlos Chagas, novo 1989, n. 71, pp. 29-35; "Escola, Memória, Historiografia: a produção do vazio", *São Paulo em Perspectiva*, São Paulo, Fundação SEADE, jan./mar. 1993, v. 7, n. 1, pp. 10-15.

4. Zaia Brandão, *Por entre histórias e memórias*: Paschoal Lemme e a Escola Nova no Brasil, mimeo., Rio de Janeiro, PUC, 1992, Tese de doutoramento.

5. Marta M.C. de Carvalho, "O novo, o velho e o perigoso: relendo a *Cultura Brasileira"*, ed. cit.

6. Idem, ibidem, p. 689

7. Idem, ibidem, p. 672

8. Fernando Azevedo, *A cultura brasileira*, Rio de Janeiro, Instituto Brasileiro de Geografia e Estatística, 1943.

9. Idem, ibidem.

10. Idem, ibidem.

11. Fernando de Azevedo, *A cultura brasileira*: introdução ao estudo da cultura no Brasil. 4. ed. Brasília, Editora Universidade de Brasília, 1963, pp. 244-5.

12. Gilberto Freyre, *Casa grande & senzala*. Rio de Janeiro, 1933, apud Fernando de Azevedo, op. cit. p. 509.

13. Idem, ibidem, p. 510.

14. Idem, ibidem, p. 511.

15. Idem, ibidem, p. 516.

16. Idem, ibidem, p. 539.

17. Idem, ibidem, p. 543.

18. Idem, ibidem, p. 566.

19. Idem, ibidem, p. 567.

20. Idem, ibidem, pp. 600-1.

21. Idem, ibidem, p. 651.

22. Idem, ibidem, p. 601.

23. O termo "pioneiros" aparece recorrentemente na revista "Pour L'Ère Nouvelle", órgão da Liga, além de ser título de livro de Ferrière. O título do Manifesto: A Reconstrução Educacional (no Brasil) era o tema central do Congresso da Liga, realizado em Nice, em 1932.

24. Fernando de Azevedo, ed. cit., pp. 667-8.

25. Idem, ibidem, p. 666.

26. Idem, ibidem, p. 666.

27. Idem, ibidem, p. 671.

28. Idem, ibidem, pp. 672-3.

29. Cf., entre outros, Clarice Nunes, "Ensino e historiografia da educação: problematização de uma hipótese", *Revista Brasileira de Educação*. ANPED, jan./fev./mar./abr./ 1996, n. 1; "História da Educação Brasileira: novas abordagens de velhos objetos", *Teoria e Educação* n. 6, Porto Alegre, 1992 (Dossiê História da Educação); Eliane Marta T. Lopes, Perspectivas históricas da educação, São Paulo, Ática, 1986. Mirian Jorge Warde, "Anotações para uma historiografia da educação brasileira", *Em Aberto*. Brasília, ano 3, n. 23, set./out. 1984, pp. 1-6; "A Historiografia da Educação Brasileira: Construção da Memória e do Conhecimento". Mimeo., São Paulo, 1990 (Projeto de Pesquisa para o CNPq); Bruno Bontempi Júnior, *História da educação brasileira*: o terreno do consenso, mimeo, São Paulo, PUC-SP, 1995, Mestrado em História e Filosofia da Educação, Luiz Carlos Barreira, *História e historiografia*. As escritas recentes da História da Educação Brasileira (1971-1988), mimeo., Campinas, Faculdade de Educação – Unicamp, 1995, Tese de doutorado.

30. Clarice Nunes, "Ensino e historiografia da educação: problematização de uma hipótese", op. cit., p. 71.

31. Bruno Bontempi Júnior, op. cit., p. 83.

32. Mikhail Bakhtin, v. N. Volochinov – *Le marxisme et la philosophie du langage. Essai d'application de la méthode sociologique en linguistique*, Paris, Les Édiitons de Minuit, 1977.

33. Bruno Bontempi Júnior e Maria Rita de Almeida Toledo afirmam que nenhum trabalho de História da Educação se dedicou especificamente aos séculos XVII e XVIII. Cf. B. Bontempi, e M. R. A. Toledo, "Historiografia da Educação Brasileira: no rastro das fontes secundárias", *Perspectiva*, Florianópolis, Núcleo de Publicações da Universidade Federal de Santa Catarina, 1994, apud TOLEDO, Maria Rita de Almeida, Fernando de Azevedo e a Cultura Brasileira ou as Aventuras e Desventuras do Criador e da Criatura, mimeo., São Paulo, PUC-SP, 1995, p. 2 Mestrado em História e Filosofia da Educação.

34. Michel de Certeau, *A invenção do cotidiano*: 1. Artes de fazer, trad. de Ephraim Ferreira Alves, Petrópolis, Vozes, 1994.

35. Marta Maria Chagas de Carvalho, "A escola do olhar" in Maria Candida Delgado Reis, org., *"Caetano de Campos"*: fragmentos da história da instrução pública em São Paulo. São Paulo, Associação de Ex-Alunos do Instituto de Educação Caetano de Campos, 1994, pp. 53-9; A escola e a República, São Paulo, Brasiliense, 1989, Col. Tudo é História.

36. Fernando de Azevedo, *A cultura brasileira*: introdução ao estudo da cultura no Brasil, 4. ed. Brasília, Editora da Universidade de Brasília, 1963.

37. Clarice Nunes, "Ensino e historiografia da educação: problematização de uma hipótese" in *Revista Brasileira de Educação*, ANPEd, jan./fev./mar./abr. 1996, n. 1.

38. Idem, ibidem, p. 70

39. Idem, ibidem, p. 77.

40. Idem, ibidem, p. 78.

41. Jorge Nagle, *Educação e sociedade na Primeira República*. São Paulo, Edusp, 1974.

42. José Veríssimo, *A educação nacional*, 2. ed. Rio de Janeiro, Francisco Alves, 1906.

43. Bruno Bontempi Júnior, op. cit. pp. 107-8.

44. Maria Rita de Almeida Toledo, op. cit., p. 78.

45. Idem, ibidem, p. 113.

46. Idem, ibidem, p. 119.

47. Idem, ibidem, p. 120.

48. Idem, ibidem, p. 125.

49. Idem, ibidem, p. 125.

50. Fernando de Azevedo, cito M. R. A. Toledo, op. cit., pp. 128-9.

História dos Intelectuais Nos Anos Cinquenta (pp. 355-374)

Referências Bibliográficas

ABREU, S. Fróes. "Os fatores naturais no desenvolvimento do Brasil". *Aspectos da formação e evolução do Brasil.* Rio de Janeiro, Ed. Jornal do Commercio, 1953.

BARATA, Hamilton. "Grandezas positivas do Brasil no plano da evolução humana". *Aspectos da formação e evolução no Brasil.*

BARROS, Eneas Martins de. "Evolução do idioma português no Brasil". *Aspectos da formação e evolução no Brasil.*

BASBAUM, Leoncio. *História sincera da República.* São Paulo, 1957.

BENEVIDES, Maria Victória. *O governo Kubitschek*, Rio de Janeiro, Paz e Terra, 1976.

BENJAMIN, Walter. *Gesammelte Schriften*, v. V, Frankfurt/Main, Suhrkamp, 1982.

BRANDÃO, Octávio. *O niilista Machado de Assis.* Rio de Janeiro, Simões, 1956.

CAMPOS, Roberto. "Cultura e desenvolvimento". *Introdução aos problemas do Brasil.* Rio de Janeiro, ISEB, 1956.

CANDIDO, Antonio. *Formação da Literatura Brasileira.* São Paulo, Martins, 1958.

CANDIDO, Antonio. Entrevista à revista *Praga*, São Paulo, n. 1, 1996.

CARDOSO, Fernando Henrique. *Capitalismo e escravidão.* São Paulo, Difel, 1962.

CARDOSO, Miriam Limoeiro. *Ideologia do desenvolvimento. Brasil: JK-JQ*, Rio de Janeiro, Paz e Terra, 1977.

CORBISIER, Roland. "Situação e alternativas da cultura brasileira". *Introdução aos problemas do Brasil*, ISEB., 1956.

CORBISIER, Roland. *Formação e problema da cultura brasileira*, Rio de Janeiro, ISEB, 1956b.

CORÇÃO, Gustavo. Artigo publicado em *O Globo*, Rio, 2 ago. 1957.

FAORO, Raimundo. *Os donos do poder.* Porto Alegre, Globo, 1958.

FACÓ, Rui. Resenha publicada na revista Estudos Sociais, n. 1 de 1958, Rio de Janeiro.

FERNANDES, Florestan. Entrevista à revista *Trans-form-ação*, n. 2 de 1975, São Paulo, Assis.

FREYRE, Gilberto. *Nação e exército*, Rio de Janeiro, José Olympio, 1949.

FURTADO, Celso. *Formação econômica do Brasil.* Rio de Janeiro, Companhia Editora Nacional, 1956.

GOUVEIA, Maurílio de. *História da escravidão*, Rio de Janeiro, Gráfica Tupy, 1955.

HOLANDA, Sérgio Buarque de. *Caminhos e fronteiras.* Rio de Janeiro, José Olympio, 1957.

HOLANDA, Sérgio Buarque de. *Visão do Paraíso.* Rio de Janeiro, José Olympio, 1959.

JAGUARIBE, Helio. Artigo publicado na revista *Cadernos do Nosso Tempo*, n. 2 de 1955, Rio de Janeiro.

JAGUARIBE, Helio. *O nacionalismo na atualidade brasileira.* Rio de Janeiro, ISEB, 1958.

KAFKA, Alexandre. "Estrutura da economia brasileira". *Introdução aos problemas do Brasil*, ISEB., 1956.

LAVIGNE, Eusínio. *Os espiritualistas perante a paz e o marxismo.* Niterói, Renovação, 1955.

LIMA, Evaldo Correa. "Política do desenvolvimento", *Introdução aos problemas do Brasil*, ISEB., 1956.

LIMA, Hermes. *Ideias e figuras.* Rio de Janeiro. MEC, 1957.

MARANHÃO, Ricardo. *O governo Juscelino Kubitschek.* São Paulo, Brasiliense, 1981.

MARTINS, Wilson. *História da inteligência brasileira.* São Paulo, Cultrix/USP, 1977/1978. v. VII.

MEDEIROS, Maurício de. "A evolução da medicina brasileira". *Aspectos da formação e evolução no Brasil, 1953.*

MENEZES, Djacir. *O Brasil no pensamento brasileiro.* MEC, 1956.

MILLIET, Sérgio. *Diário crítico.* São Paulo, Martins-USP, v. X. 1982.

PEREIRA, Astrojildo. *Machado de Assis.* Rio de Janeiro, Livraria São José, 1956.

RAMOS, Guerreiro Alberto. "A problemática da realidade brasileira". *Introdução aos problemas do Brasil*, ISEB., 1956.
REIS, Arthur Cézar Ferreira. "A contribuição portuguesa na formação da nacionalidade brasileira". *Aspectos da formação e evolução no Brasil*, 1953.
SCHWARZ, Roberto. Artigo publicado na *Folha de S.Paulo*, 8 out. 1995.
SODRÉ, Nelson Werneck. *Formação histórica do Brasil*. São Paulo, Brasiliense, 1961.
SOUZA, Octávio Tarquínio de. *História dos fundadores do império do Brasil*. Rio de Janeiro, José Olympio, 1958.
TOLEDO, Caio Navarro de. *ISEB: fábrica de ideologias*. São Paulo, Ática, 1977.

A Pintura e o Olhar Sobre Si: Meirelles e a Invenção de uma História Visual no Século XIX Brasileiro (pp. 375-404)

1. Luís Gonzaga Duque-Estrada, *Mocidade morta*, São Paulo, Editora Três, 1973, pp. 128-9.

2. Como lembra Luciana Stegagno Picchio in *La letteratura brasiliana*. Sansoni-Accademia, Firenze, 1972. Sobre os modelos culturais que se impunham à visão dos cronistas no século XVI, cf. Franck Lestringant, *L'Amérique dans la mythologie classique*, *Revista de História da Arte e Arqueologia*, Campinas, 1994.

3. Sergio Buarque de Holanda, *Visão do paraíso*: os motivos edênicos no descobrimento e na colonização do Brasil, 4. ed., São Paulo, Companhia Editora Nacional, 1985.

4. Depois da publicação de Aires de Casal, que expurga a carta das passagens referentes à sexualidade, as edições e traduções se multiplicam ao longo do século XIX. A segunda dentre elas foi a tradução francesa, em 1821, feita por Ferdinand Denis, no seu *Journal des voyages*, retomada em 1822 pelo mesmo autor, em *Le Brésil, ou histoire, moeurs, usages et coutumes des habitants de ce royaume*, obra redigida em colaboração com H. Taunay. De 1822 data também a tradução inglesa do texto, incluída na segunda edição da *History of Brazil*, de Robert Southey. Denis a publica mais uma vez em 1825, nos *Scènes de la nature sous les tropiques*; em 1826 o documento conhece uma edição portuguesa da Academia de Ciências de Lisboa e, em 1828 é traduzida em alemão no *Feliners Reisen Durch Brasilien*, por D'Olfers. Cf. Leonardo Arroyo, "Inventário bibliográfico", *A carta de Pero Vaz de Caminha*, São Paulo, Melhoramentos, 1971. Além da edição de Arroyo, ver também, entre as recentes, a de Sílvio Castro, Porto Alegre, L&PM ed., 1987.

5. *Iracema* foi publicada em 1865.

6. A carta de Caminha, no século passado, foi acompanhada pela descoberta ou pela leitura atualizada do textos de viajantes do século XVI (Staden, Thévet, Léry) e dos antigos memorialistas. Alencar, na "Advertência" à *Ubirajara*, a última de suas obras indianistas, insistirá na necessidade de estudar "com alma brasileira, o berço de nossa nacionalidade". Neste conjunto, entretanto, a carta, percebida como texto fundador, guardará sempre seu brilho primordial.

7. Ferdinand Denis percorreu a América do Sul durante cinco anos, demorando-se sobretudo no Brasil. Escreveu abundantemente sobre a cultura brasileira. Seu *Scènes de la nature sous les tropiques*, de 1824, no qual celebrava os poderes da natureza sobre a imaginação dos homens que vivem na exuberância dos países quentes, teve um papel determinante sobre o romantismo que nascia no Brasil. Esta obra inclui, por sinal, a transcrição da carta de Caminha.

8. Porto-alegre cria a palavra *brasiliana* para designar uma produção lírica que fundia, no modelo da balada romântica, temas e termos da natureza e da cultura brasileira. A palavra terá uma grande fortuna: ainda no século XX ela serviu de título para uma importante coleção de estudos diversos sobre a história e a cultura do Brasil, e foi incorporada aos dicionários para definir uma coleção de obras ou um conjunto de estudos sobre o Brasil.

9. Apud Donato Junior Mello, "Temas históricos", in *Victor Meirelles de Lima*, Rio de Janeiro, Pinakotheke, 1982. Eis o que diz Porto-alegre na carta de 4.2.1859: "Não se esqueça de por

algumas embaíbas (sic), que são formosas e enfeitam o bosque pelo caráter especial de suas folhas [...] Lembre-se bem das nossas árvores e troncos retos, carregados de plantas diversas, altas e com coqueiros ou palmitos pelo meio, pois estes crescem à sombra dos grandes madeiros. Pouco, mas característico, mas genuinamente brasileiro". E ainda, em 11.3.59: "Na minha última carta lhe recomendei muito a leitura da carta de Pero Vaz de Caminha, que veio com Cabral na ocasião da descoberta. Ela o inspirará."

10. Acrescente-se, nesta esplêndida e embaralhada mistura de fontes, que se Gonçalves Dias concebe suas baladas através do modelo germânico, inspira-se em Montaigne – e não nos cronistas – para a cena central de seu poema mais célebre, o admirável *I-Juca-Pirama*, que narra uma cerimônia antropofágica (a análise da relação entre Montaigne e Gonçalves Dias, e de seus vínculos também com a obra de Alencar, encontra-se em Cavalcanti Proença, *José de Alencar na literatura brasileira*, Rio de Janeiro, Civilização Brasileira, 1966, pp. 46 e segs.)

11. Apud Wilson Martins, *História da inteligência brasileira*, São Paulo, Cultrix, 1977, p. 415.

12. Meirelles dissolve o pitoresco local, as citações destinadas a oferecer um reconhecimento anedótico dos personagens nesta concepção abstrata e sintética da tela. É isto que faz com que Barros Cabral, professor de Pintura Histórica na Academia de Belas-Artes do Rio de Janeiro, escreva, criticando os índios de Meirelles: "Em segundo, a cor dos índios é muito vermelha e em nada se assemelha a raça do Norte, a qual tem uma cor muito mais avermelhada e escura. Em terceiro deve aver so um indio com cocar porque é este o sinal do Chefe da Tribu ou Cacique." O primeiro argumento refere-se ainda a detalhes de cor local: "acho que o altar onde se selebra a Missa deve ser coberto com panos de navio ou barraca para impedir que esteija assim esposto o Calix, pois é costume em campo aberto selebrar-se a missa em uma tenda, cuja frente seja aberta nos espectadores" (ortografia original, apud Jr. Donato Mello, "Temas históricos", op. cit., p. 61). Vernet saberia melhor incluir estes saborosos detalhes na obra, multiplicando-os. Meirelles submete tudo à sua concepção unitária, espiritual, muito alta, de pintura.

13. O catálogo do *Salon* de 1861 inscreve, à p. 263: nascido em Santa Catarina (Brasil) aluno de MM Léon Cojuiet e A. Gastaldi, Rua do Cherdo. Midi 109. 2183, Primeira missa celebrada no Brasil.

"Na sexta-feira, 1º de maio de 1500, o Padre Henrique celebra a missa na presença dos selvagens que pareciam prestar a mais viva atenção a cerimonia e se levantaram no momento do evangelho".

Meirelles é ainda mencionado em notas explicativas, históricas, biográficas sobre as principais obras de pintura e escultura expostas no palácio do Champs-Elysées, Ano 1861 – Paris, Plon, 1861, p. 54: ... Primeira missa celebrada no Brasil. Cena interessante, onde os personagens principais são os indígenas. Suas características exprimem a surpresa, a emoção, que lhes causa o espetáculo imposto onde são as testemunhas. O altar, protegido por magníficas árvores, foi levantado sobre uma elevação. Era 5 de maio de 1500. No momento do Evangelho, todos os indígenas se levantam como os europeus que assistiam a missa.

14. Gonzaga Duque, *A arte brasileira*, São Paulo, Mercado das Letras, 1995, p. 173.

15. Manuel Bandeira, "Pedro Américo e Vítor Meirelles", *Flauta de Papel, obras completas*, Rio de Janeiro, Aguillar, 1967, pp. 553 e segs.

16. Apud Luiz Gonzaga Duque-Estrada, *A arte brasileira, pintura e escultura*, Rio de Janeiro, H. Lombaerts, 1888, p. 143.

17. Luiz Gonzaga Duque-Estrada, *A arte brasileira, pintura e escultura*, op. cit., pp. 144-5. É evidente que Meirelles não pertence à família dos pintores de pincel agilíssimo e inspirado; antes, pertence àquela do fazer árduo e trabalhoso – a de Cézanne, por exemplo, pintor que não possuía o dom da rapidez e da facilidade. Ele também não entraria nesta categoria dos gênios, definida por Gonzaga Duque.

18. Luís Gonzaga Duque-Estrada, *A arte brasileira, pintura e escultura*, op. cit., p. 153.

19. Alfredo Galvão, "Manuel de Araújo Pôrto-Alegre – sua influência na Academia Imperial das Belas Artes e no meio artístico do Rio de Janeiro", *Revista do Patrimônio Histórico e Artístico Nacional*, 14, Rio de Janeiro, 1959, p. 87.

20. Idem, p. 86.

21. Modesto Brocos deixou um depoimento a respeito de um curso dado por Meirelles. Nele, as rigorosas etapas de construção do quadro são perfeitamente respeitadas: "Assim, depois de nos explicar o assunto que tínhamos de compor, nos mandou: 1., fazer um esboceto que, executado, levamos para a aula, onde o velho professor fez a crítica das composições cada uma por sua vez, e fez proceder as correções que julgou indispensáveis; 2., desenhar a carvão e a *crayon*, e fazer estudos parciais das personagens que entravam na composição; 3., combinar esses desenhos e pintá-los na tela a claro-escuro; 4. finalmente, dar-lhes cor". Apud Ângelo Proença Rosa e Elza Ramos Peixoto, "Biografia", Alcídio Mafra de Souza (coord.), *Victor Meirelles*, op. cit., p. 44. Sobre o problema de um método meirelliano, cf. Rosa, "Análise da composição", idem, pp. 117 e segs.

22. Gonzaga Duque, com sua percepção sempre muito certeira dos fenômenos picturais, formula, a respeito de *Guararapes*: "O espectador é obrigado a despender duas, três horas de observação, de paciência, de trabalho analítico, para convencer-se que o movimento das figuras foi precisado. Creio que me faço compreender. Dizendo que o movimento foi precisado, e que esta precisão só é encontrada depois de um lento estudo parcial do quadro, não quero dizer, está claro, que o movimento seja sentido – ao primeiro golpe de vista". Luís Gonzaga Duque-Estrada, *A arte brasileira, pintura e escultura*, op. cit., pp. 144-5.

23. Susan Locke Siegfried, "Naked History: the Rhetoric of Military Painting in Postrevolucionary France", in *The Art Bulletin*, Junho de 1993, v. LXXV n. 2, p. 235.

24. A análise de Siegfried nesse sentido é impecável: (...) Gros quebrou com a linguagem tanto de pinturas de paisagem quanto históricas. Nas telas de Gros, a proximidade da ação é dramatizada pelo modo que a cena inteira avança além da moderna, podado a medida que está nas laterais. Nós vemos apenas uma fatia de grande batalha, imensurável na sua extensão e ainda tão próximo que ameaça nos engolir (op. cit., p. 236).

25. Susan Locke Siegfried, "Naked History: the Rhetoric of Military Painting in Postrevolucionary France", op. cit., p. 236.

26. Jean Clay, *Le romantisme*, Paris, Hachette, 1980, p. 286.

27. Como também no caso da *Primeira Missa*, onde o primeiro plano de índios e de vegetação faz recuar a cena principal.

28. John W. Mc Coubrey, "Gros *Battle of Eylau* and Roman Imperial Art", *The Art Bulletin*, The College Art Association of America, jun. 1961, v. XLIII, n. 2, pp. 135 e segs. O artigo, seguindo Friedlander, in *From David to Delacroix*, coloca como momento de ruptura, a *Batalha de Eylau*, mas é bem evidente que os princípios enunciados em *Nazaré* nunca serão retomados.

29. Cuja cópia foi recomendada a Meirelles pela Academia de Belas Artes do Rio, apud Ângelo Proença Rosa e Elza Ramos Peixoto, "Biografia", *Victor Meirelles de Lima*, op. cit., p. 32.

30. Jean-Baptiste Delestre, *Gros et ses ouvrages*, Paris, 1867, p.174.

31. Não fosse evidente no próprio quadro, este projeto ideológico é claramente explicitado no programa que acompanhava a exposição da obra em 1879: "Nobre e cívico exemplo de amor da pátria! Aquele exército que se erguera disposto a morrer pela salvação do princípio sublime da nacionalidade, compunha-se de três classes: pretos, índios e brancos que, embora bem distintos pela cor, nem por isso deixavam de se igualar pelo valor que se afinara nas amarguras da mesma adversidade". *Catálogo das obras expostas na Academia das Belas Artes, em 15 de março de 1879*, Rio de Janeiro, Tipografia Pereira Braga, 1879, apud Donato Mello Jr., "Temas históricos", *Victor Meirelles de Lima*, op. cit., pp. 97 e segs.

32. Apud Ângelo Proença Rosa e Elza Ramos Peixoto, *Victor Meirelles de Lima*, op. cit., p. 32.

33. In "Les annales de la guerre", *Le peintre de la vie moderne, Oeuvres complètes*, Paris, Robert Laffont, 1980, p. 800.

34. Artigo de Victor Meirelles publicado por Luís Gonzaga Duque-Estrada, *A arte brasileira, pintura e escultura*, op. cit., pp. 142 e segs., apud R. S. Paio, *A batalha dos Guararapes*.

35. Apud Léon Rosenthal, *Du romantisme au réalisme, la peinture en France de 1830 à 1848*, Paris, Macula, 1987, p. 215.

36. É preciso lembrar que havia, entre Delaroche e os puristas, isto é, com os primeiros formadores europeus de Meirelles, uma relação admirativa mútua. Há portanto, uma coerência, ou se se quiser, um princípio de continuidade, no projeto da formação europeia de Meirelles – da Roma Purista à Paris de Delaroche e Fleury. Delaroche admirava a *Aparição da Virgem* de Minardi e, em 1900, De Sanctis analisa: Sorsero entretanto, com diversas formas e propósitos firmes, o Cericault e Orazio Vernet, e mais tarde, o Decamps, Daubigny, Roussean, Couture, Roberto Fleury, o Scheffer e Paolo Delaroche, sendo que o último soube dar aos artistas novos exemplos do modo de expressar e manifestar, com meios mais simples, uma ação trágica, assim como fez, representado *La Morte del Duca di Guisa*. Quem antes dele teria ousado deixar um espaço vazio entre o sujeito principal e as figuras secundárias? Vazio que separa, nesta composição, de um lado o Duca moribundo deitado no chão; do outro os conjurados, que, completado o manifesto, se retraem, recolocando a espada na bainha, enquanto aparece na saída Enrico II visivelmente comovido, precedido por seu cachorrinho que vai farejando o cheiro de sangue.

Este modo de compor, fruto de longa observação do real e do estudo das obras dos antigos maestros, marcadamente nas de Giotto, que na pintura teve a eficácia dantesca no expressar das paixões, usou o Delaroche não somente na *La Morte del Duca de Guisa*, mas também o representar, os *Figli di Edoardo*, na *Givanna Grey*, na *Vergine*, que ouve passar o filho divino levado a ser crucificado, no *Conte di Strafford*, e em outras belíssimas composições, nas quais, além da nobreza do estilo e a exatidão do caráter histórico, é sempre expresso naquele não sei o que da qual nação e o coração permanecem presos. (De Sanctis, op. cit., pp. 176-7). É curiosa a leitura "purista" de um Delaroche inspirando-se em Giotto. Essa alta consideração demonstrada por De Sanctis, no entanto, não deve enganar a respeito das afinidades reais desse artista (e dos outros, citados no início, evidentemente heterogêneos), com os princípios do Purismo, que Meirelles encontrará em Roma. (cf. Sandra Pinto, in Federico Zeri (curador), *Storia dell'arte italiana*, v. II, t. II, Turim, Einaudi, 1982, p. 969).

37. O catálogo *Notice historique des peintures et sculptures du palais de Versailles*, Thomassin, Paris, 1839 traz uma introdução na qual o projeto ideológico da constituição de uma história pelas imagens, capaz de fabricar um sentimento de nacionalidade, não pode ser mais claro: Quando em 1832, a lei sobre a lista civil mantinha o palácio de Versailles sob o domínio da coroa, o primeiro pensamento do rei Luis Filipe foi dar a esse monumento um destino digno de sua grandeza. Consagrar a antiga residência de Louis XIV com todas as glórias na França, reunir dentro de suas paredes todas as grandes lembranças de nossa história, tal foi o projeto imediatamente concebido por Sua Majestade. Mas o palácio de Versailles, naquela época, não continha nem quadros, nem estátuas: somente o teto havia sido restaurado. O rei deu a ordem de procurar nos depósitos da coroa e nas residências reais todas as pinturas, estátuas, bustos ou baixo relevo representando fatos ou personagens famosos de nossos anais e também todos os objetos de arte que oferecem um caráter histórico. As obras, na maioria notáveis, esquecidas por muito tempo nos armazéns do Louvre e nos celeiros dos Gobelins, foram tirados da poeira; outras, dispersas em diversos palácios, foram reunidas no Versailles: teve-se enfim o mesmo cuidado para juntar tudo que foi produzido pela pintura e escultura moderna.

Entretanto essas diversas reuniões estão bem longe de serem suficientes para completarem o projeto concebido por Sua Majestade. Nem todos os grandes homens, nem todos os grandes eventos de nossa história têm seu lugar nesta coleção, emprestadas de épocas diferentes. O Rei preencheu esta lacuna ao pedir aos nossos mais distintos artistas um número considerável de quadros, estátuas e bustos destinados a completarem a coleção magnífica de todas as ilustrações da França. As lembranças militares, sempre as mais lisonjeiras por seu sentimento nacional, ocupam naturalmente a maior parte dessas vastas galerias; e se há alguém que se surpreende de não as encontrar, é porque a ideia que dirigiu este trabalho não quis perpetuar a triste lembrança de nossas discórdias civis: ela não deu lugar senão aos acontecimentos com finais felizes. O público é prevenido que foram colocados chapeleiros para bengalas e os guarda-chuvas, ao sul no vestíbulo da Corte de Princes e ao norte no vestíbulo da Corte de Chapelle...

38. O primeiro é de 1827, o segundo de 1836, ambos encomenda de Carlos X para o Louvre, acabaram integrando o museu de Luís-Felipe de Versalhes.

39. In "Les annales de la guerre", op. cit., p. 801.

40. Ângelo Proença Rosa e Elza Ramos Peixoto, in *Victor Meirelles de Lima*, op. cit., p. 27.

41. Críticos da época assinalavam o paradoxo aparente: assim DUQUE-ESTRADA, Luís Gonzaga – *A Arte Brasileira*, op. cit., e mais tarde, Argeu Guimarães em 1922 (apud Donato Mello Jr., "Temas históricos", op. cit., p. 79.): "Victor Meirelles se lança ao gênero de batalhas, não *sponte sua*, mas estimulado pelo poder público. Desviam-no do caminho natural do seu espírito e impõem um constrangimento às suas tendências". Seria desejável "[...] que Meirelles pusesse mais ardor nas figuras, pintasse nas fisionomias uma alucinação mais voraz. Pediriam tons mais crus, paletadas mais vibrantes para o quadro que fixava a maior batalha do continente." Evidentemente, exige-se aqui o lugar comum das cenas violentas. A arte equilibrada e mental de Meirelles conduzia suas grandes obras para outros caminhos. Gonzaga Duque escreve: "Produzindo a 'Primeira Missa' Victor alcançou um verdadeiro triunfo porque escolheu assunto simpático às suas ideias e de acordo com as suas convicções íntimas. [...] Sem cuidado, porém, andou aceitando incumbência de pintar quadros de batalha. [...] Estreou o autor da 'Primeira Missa' neste gênero difícil e para o qual nunca sentiu o menor impulso, já por seu temperamento, já por não ter até então ligado a menor importância a tais assuntos, com a Passagem de Humaitá" (pp. 145-6). E sobre *Riachuelo*: "Mas a natureza de Victor é tímida, não lhe consente ver o lado trágico da luta E, por este motivo, o quadro é sereno [...] A tranquilidade que caracteriza os combatentes no convés do vapor paraguaio, longe está de nos transmitir o angustiado transe, por que passam esses vencidos" (pp. 148-9).

42. Como vimos, a tentação de introduzir alguns deles nos primeiros esboços, é eliminada no projeto definitivo.

43. A revalorização da pintura purista, como aliás a de muitos setores da arte do século XIX, é recente. No passado, historiadores servir-se-iam do provincianismo romano para reforçar seus preconceitos. Por exemplo, in CECCHI, *Pittura italiana dell'ottocento*, Verico Hoepli, Milão, 1946, pp. 8-9, encontramos: Somente um reflexo da autoridade milenar deu a Roma, neste período, a fama de um Record que essa não teve; porque, tirando a beleza das ruínas e dos museus, havia em Roma condições talvez mais tristes que em outros lugares.

44. Na *cética* tranquilidade administrada pelo governo papal vegetava um academismo um tanto inquieto/exausto de refutar a mesma disciplina neoclássica. E verdadeiramente também pelo efeito das ordenanças eclesiásticas em grande parte, ou das quais deveriam-se excluir motivos muito profanos, o classicismo, mais que tudo se referindo ao Carraci e de Domenichino, não conseguiu que uma continuação do maneirismo, com gestos catedráticos e uma imensidade de trapos, até que por último o purismo dos Nazarenis, e assim tudo terminou.

45. Fortunato Bellonzi, *La pittura di storia dell'ottocento italiano*, Milão, Fabbri, 1967, p. 23.

46. Spaletti, por exemplo, espanta-se que Dupré fizesse cópias das ilustrações de Flaxman para a *Ilíada* e para a *Odisseia*, numa data tão tardia como 1859, referindo-se mesmo ao "embaraço" que elas poderiam causar, e, apoiado em Raffaella Marcucci, busca explicar este interesse por meio de um argumento de circunstância – a viagem que Dupré teria realizado a Londres em 1857, e por meio de um outro, baseado na singular atenção revelada pelo escultor a tendências neoprimitivas, que incidiriam sobre aspectos altamente abstratos de suas obras. Estes argumentos certamente verdadeiros, são insuficientes, no entanto, se atribuirmos ao Purismo o impulso, a importância e a longevidade que efetivamente possuiu. Isto nos permite perceber as cópias flaxmanianas de Dupré num fluxo mais geral e mais largo, in Prefácio a Paolo Ciardi-Dupré e Raffaella Marcucci, op. cit., p. 9.

47. BELLONZI, op. cit., p. 19.

48. Com sua percepção agudíssima, Gonzaga Duque formularia, em tom de crítica: "Todos os seus quadros, desde o da "Primeira Missa" até o da "Vista de um cemitério" constatam, precisamente,

esta maneira de ver, maneira que, para ele, é a última palavra da estética de mil oitocentos e trinta e com a qual pretende descer à campa", in Luís Gonzaga Duque-Estrada, *A arte brasileira, pintura e escultura*, op. cit., p. 145.

49. Lincoln Kirstein, The latin-american collection of the museum of Modern Art, Moma, Nova York, 1947, p. 13.

50. Afora a informação que Meirelles teria efetivamente estudado com Delaroche.

51. Lembremos, entretanto, que Trumbull foi recebido na Accademia di San Luca como *artista d'onore* em 1817. Isto evidentemente confirma seu prestígio nos primeiros decênios do século. Cf. Gaetanina Scano, "Pittori, scultori, architetti e incisori accademici d'onore di San Luca (1811-1832)", *Studi offerti a Giovanni Incisa della Rochetta, Miscelanea della Società Romana di Storia Patria*, XXIII, 1973.

52. A aproximação entre os dois quadros é, sem dúvida, tentadora, ainda mais se lembrarmos que o texto de Kirstein está diretamente inserido num projeto cultural promovido pela política da boa vizinhança.

53. Luís Gonzaga Duque-Estrada, *A arte brasileira, pintura e escultura*, op. cit., p. 142.

54. Manuel Bandeira, "Pedro Américo e Vítor Meirelles", op. cit., p. 555.

55. MC COUBREY, op. cit., p. 135.

56. Luís Gonzaga Duque-Estrada, *A arte brasileira, pintura e escultura*, op. cit., p. 143.

Iracema ou a Fundação do Brasil (pp. 405-413)

1. Uma vez que se trata de projeto de mais longo fôlego, que tem neste artigo sua primeira estação, mas que deverá prolongar-se.

2. De forma mais ou menos romanceada, é este o tema da obra de Tomás Eloy Martínez, *Santa Evita*, Companhia das Letras, 1996.

3. Alencar insiste neste exemplo. "Guia, chamavam os indígenas, senhor do caminho, *pinguara*. A beleza da expressão selvagem em sua tradução literal e etimológica, me parece bem saliente. Não diziam sabedor, embora tivessem termo próprio, *couab*, porque essa frase não exprimiria a energia de seu pensamento. O caminho no estado selvagem não existe; não é coisa de saber; faz-se na ocasião da marcha através da floresta ou do campo, e em certa direção; aquele que o tem e o dá, é realmente senhor do caminho." (Carta ao dr. Jaguaribe).